# 鎌倉幕府礼制史

――儀礼論と組織論

桃崎有一郎［著］

思文閣出版

## 第二部　執権政治期鎌倉幕府の儀礼——一揆型組織への転換——

# 鎌倉幕府礼制史——儀礼論と組織論

# 序章　鎌倉幕府儀礼論・垸飯論再構築の意義と派生的諸問題

## 一　鎌倉幕府垸飯の基礎研究再構築の意義 ――儀礼論的側面と幕府論的側面から――

本書は、鎌倉幕府儀礼の総合的な再検討を主軸として、「垸飯《おうばん》」（「垸」は「椀」の異体字）という名の共食儀礼が鎌倉幕府においていかに実践され、その態様がいかに変容・派生し、それらがいかなる歴史的意義を有したかを追究することを目的とする。この序章ではそれに先立って本書の執筆意図と意義を述べ、次に儀礼論一般・武家儀礼論・幕府儀礼論における既往の課題を析出し、その克服を目指すのに必要な視座について論じてから、本書をこの形に構成した理由を述べたい。

### Ⅰ　武家儀礼の原点としての鎌倉幕府儀礼の重要性

本書が主な照準を鎌倉幕府に絞り、取り扱う儀礼を主に垸飯に絞った理由は、端的にいえば、鎌倉幕府垸飯が武家儀礼研究の原点と見なされるからにほかならない。

鎌倉幕府は日本史上最初の幕府であって、その後の室町幕府・江戸幕府は何らかの意味において鎌倉幕府を意識し、その後継組織たることを標榜した。とりわけ室町幕府は、その成立経緯においても、また自ら策定した制度においても、鎌倉幕府の再起動たる性質が濃厚であった。具体的には、それらは次の諸側面に観察できる。

まず、成立経緯の面からいえば、後醍醐天皇による建武政権の始動により幕府が消滅し、武士の権利保護システムと、鎌倉幕府において成熟した紛争解決システム（訴訟制度）が失われる中で、それらの環境を取り戻したいという武士階級の要望が高まった。それに応えて、建武政権の一部（雑訴決断所の関東分局）という建前で、足利直義が鎌倉幕府を再生する意図を隠さずに鎌倉に設けた行政機関が、室町幕府の原初的形態であった[1]。

また、制度面からいえば、室町幕府は開創期に策定した基本法『建武式目』において、源頼朝や北条義時・泰時の政務運営方法を鑑とすると標榜した。守護・地頭制度も、御家人制度も、任官推挙制度も、御家人役の賦課体系や儀礼体系等も、草創期の室町幕府は鎌倉幕府の制度を直接継承しており、垸飯をはじめとする儀礼の多くも継承されて、鎌倉幕府との等質性がアピールされた。

周知の通り、室町幕府は観応の擾乱という形で激発した内部分裂や、それと連動した南朝との長い抗争を経て、それらの克服としての〈室町殿率いる公武統一政権〉という、鎌倉幕府からかけ離れた組織態様に変容した[2]。さらにその態様も、応仁の乱や戦国期の混乱を経て形骸化し、著しい変容を遂げた。その形は、末期室町幕府の代替を部分的にでも志した政権、すなわち三好長慶や織田信長の政権に継承され、それを継承した豊臣秀吉政権において室町幕府的な要素は限りなく薄まり、それを江戸幕府が継承した。したがって、ある段階以降の室町幕府やその代替的政権、そして江戸幕府には、一部の制度的名辞や理念等を除けば、鎌倉幕府的性質は希薄である。

しかし、幕府儀礼は、幕府という場を発信源として構成員個々人へと浸潤してゆこうとするモーメントを有する。そのため、現実の幕府儀礼の場が消滅してもなお、幕府儀礼のエッセンスは（武士の）社会全体に文化（行動様式・思考様式）としてバックアップされ、大名領国をはじめとする地方社会に持ち込まれる、という形で自律的（惰性的）に持続しようとする志向性を有し、持続よりも改廃にこそ人為的な働きかけを要する慣性を有した。

儀礼が文化として自律的持続性を有すること自体は、表層的現象に過ぎない。その本質・根源は、儀礼と結合した理念が、社会において容易には解消されない持続性を持つことにこそある。幕府という形に具象化された理念が国家統治の最適解として選択され続ける限り、その一部を成す部分的理念を具象化する儀礼群においてもまた、原理的に、鎌倉幕府が原点・源流として与える影響は皆無となり得ない。幕府に特定の要素が存在した意義や、出現した意義、消失した意義等の評価は、原点・源流たる鎌倉幕府との比較を経てのみ、初めて適確であり得る。その意味において、鎌倉幕府の態様は、後続幕府の歴史的評価に必須の物差しといってよい。鎌倉幕府の態様を誤解することは、幕府を論じる物差しが狂うことであり、その物差しをもってしか測れない後続幕府の歴史的評価がすべて狂うことを意味する。

しかも、幕府の外（個々の武士の家・地域・コミュニティ等）で実践された武家儀礼の多くは、幕府儀礼の派生型である。ならば、幕府儀礼の歴史学的評価を誤れば、幕府外も含めた武家儀礼全体の評価を誤ることになる。

以上から、時系列の先後関係に即しても、また武家文化の最も重要な発信源であるという因果関係に即しても、武家儀礼研究で最も重要なのは鎌倉幕府儀礼であると断じて差し支えない。筆者がまとまった幕府儀礼論の題材として鎌倉幕府儀礼を集中的に取り扱う理由は、そこにある。

## Ⅱ　武家儀礼論・幕府論に占める垸飯儀礼の致命的重要性

もっとも、同じ論理に基づけば、鎌倉幕府儀礼に先行する武家儀礼がより重要となるのだが、関係史料の量が極端に少ない。『将門記』や『陸奥話記』に代表される合戦実録や、『奥州後三年記』をはじめとする軍記物も、主題が合戦や政治的経緯にあるため、儀礼の記事が極めて乏少である。残る取材源としては、『今昔物語集』や『宇治拾遺物語』等の説話集、あるいは『新猿楽記』といった往来物等、さらにはフィクションの物語に題材を求めざるを得ないが、直接に武家儀礼を伝える描写は乏しく、朝廷儀礼や寺社儀礼、また武士を必ずしも当事者としない在地儀礼等から類推するほかなく、限界がある。確度が高い推論・考証に堪える史料の絶対量を求めて遡れる限度は、どうしても鎌倉幕府儀礼の段階になる。

その中で本書が垸飯に特化した議論の立て方を採用した最大の理由は、鎌倉幕府儀礼体系中における垸飯の特殊性である。既に知られている垸飯の重要な特質の一つに、鎌倉幕府御家人役における垸飯が、大番（京都大番・鎌倉大番）と並ぶ最重要の二本柱であった、という事実がある。大番は儀礼ではなく軍役なので、右の事実はすなわち、御家人役において最も重要なのが幕府儀礼負担と軍役負担であったこと、そして平時の軍役負担の最たるものが大番役であったと同時に、儀礼負担の最たるものが垸飯役であったことを意味する。これは、幕府儀礼において垸飯が別格に最重要であったことを強く示唆する。

また垸飯は、的始（弓始）・行始等を含めた年始儀礼の中で、必ず最初に行われた。『三代実録』貞観一八年一二月二〇日条に「停仏名懺悔之事、受禅之後、将先行神事也」とあることから端的に知られるように、平安期の朝廷儀礼においては、特段の理由がない限り〈先に行う儀礼は重要な儀礼である〉という原則があった（以下、本書では〝重要儀礼先行原則〟と呼ぼう）。この原則は、古代・中世儀礼全般に拡張して一般化できる可能性が極めて高く、それを鎌倉幕府儀礼に適用した場合、あらゆる恒例行事の中で必ず最初に行われた垸飯は、あらゆる恒例行事の中で最も重要であった、と推認できることになる。

以上のように考える時、垸飯自体の理解を誤った場合のデメリットがいかに大きく致命的かが、見えてこよう。鎌倉幕府内部で垸飯が儀礼体系の根幹にあるのならば、鎌倉幕府垸飯の歴史学的・礼制史的評価を見誤ると、鎌倉幕府の儀礼体系全体を見誤る。そして後続幕府の儀礼体系は（部分的ながら）鎌倉幕府儀礼体系を初期条件として踏まえているので、鎌倉幕府の儀礼体系全体を見誤れば、後続幕府の儀礼体系全体が正しい理解に到達することはあり得ない。同様に、幕府を離れて存在する武家儀礼に対しても幕府儀礼は強い規範性を有し、しばしば幕府儀礼自体が源泉であったため、幕府儀礼を見誤れば、武家儀礼全体を見誤る。

さらに、鎌倉幕府儀礼論は往々にして、鎌倉幕府の政治史や、それによって規定されてゆく鎌倉幕府の組織構造と関連づけられて論じられてきた。とすれば、鎌倉幕府儀礼論の原点たる垸飯の評価を見誤れば、連鎖的に鎌倉幕府政治史や鎌倉幕府構造論を見誤ることになり、鎌倉幕府に対する十全な理解に到達する可能性は失われる。そうなれば、鎌倉幕府を原点として意識したすべての後続幕府の十全な理解は得られる見込みがなくなり、したがって幕府論全体への無理解が永続化してしまう。

時代が降るにつれ、後続幕府が鎌倉幕府の態様に依存する部分は急速に小さくなるが、少なくとも足利直義によって末期鎌倉幕府の忠実な再現として始動した初期室町幕府の儀礼論・組織論には、大きな無理解が残る。そうなれば、直義的態様が残した負の遺産の克服という形で成立した義満期以降のいわゆる〝公武統一政権〟論、すなわち「室町殿」権力の評価も、無視できないレベルの無理解を伴い続けることになる。

## Ⅲ　礼制史の不在を克服する重要性

以上の理由から筆者は、武家儀礼論に着手するにあたって垸飯論に焦点を絞り、その根幹たる〈垸飯＝服属儀礼〉説の適否の判断にまず注力した。そして、本書第一章に再録した筆者の最初の垸飯論(3)により、〈垸飯＝服属儀礼〉説は完全な誤りと判明し、同説に依存してきた既往の垸飯論が崩壊した。垸飯論や鎌倉幕府儀礼論は、もはや既往の建物の上に上階を付け足すという形では進められず、倒壊した建物の中から、使える部品とそれ以外を弁別し、使える部品はすべて適切な位置に配置し直し、一階から積み重ね直してゆくという、膨大な作業を避けて通れなくなった。本書は、如上の作業・論理構成と学術的必然性に基づいて、鎌倉幕府儀礼論はもとより、派生する武家儀礼論や鎌倉幕府論、さらに派生する儀礼論一般や幕府論一般の礎を再構築すべく、鎌倉幕府垸飯論を白紙から再構成する作業を集中的に行い、それを通じて、今後長い作業を伴うであろう鎌倉幕府・幕府一般・武家・中世社会一般の儀礼像と、それに連動する鎌倉幕府・幕府一般の組織論の序説たらんと志したものである。

垸飯論の倒壊をもたらした最大の原因は、先入観に基づく史料の誤読や飛躍にあることが明瞭であるから、その対策とは畢竟、かかる史料操作に陥らないよう、取り組み方を根本的に変えることにほかなるまい。これまで、武家儀礼（儀式・年中行事）論は、個別的な形態・淵源・展開過程や武士・在地の負担構造等について詳細に解明され、派生的に政治・制度・文化・社会史的意義も様々に論じられてきた。しかし、その実、少なくとも政治史との関係において見る限り、武家儀礼論は一個の学問分野たり得てこなかった。

先学の論考を通覧すると、武家儀礼論が単独で儀礼の歴史学的意義を導き出そうとした試みは、後に詳述する藤直幹の先駆的な専論[4]に限られる。まとまった儀礼論としては当然、二木謙一の諸業績を挙げるべきであるし、近年では書札礼に特化した小久保嘉紀の業績もあるが[5]、二木や小久保の研究スタイルは個別具体的な礼節作法の解剖学的な分析であり、そこから抽象的な儀礼論へと向かうことは、かなり意図的に抑制されているように見える。かかる基礎研究なくして抽象的議論は不可能であり、その基礎研究の遂行を自らの任としたのが右諸研究であるから、それ自体は問題ではない。

問題は、かかる基礎研究を欠いたまま扱われてきた垸飯論であり、それらが常に、政治史・権力論に従属してきた事実にある。それらにおいて、武家儀礼論の知見は政治史を論ずる材料へと回収され、というよりも最初から政治史を論ずる目的で立論され、〈儀礼Aは権力者（たらんとする）Bがその支配力・権力・権威を向上／維持／再生産／誇示するための道具として機能／存在した〉という結論に帰着してきた。かつて石母田正が行った注意喚起[6]、すなわち〈〝礼〟の秩序は現実の権力・支配や法と別個の次元で存在・機能したらしい〉という示唆は、その後の武家儀礼論で活かされず、すべて権力・支配の話に回収されてしまったばかりか、あたかもそれが儀礼論の常道・王道であるかのような誤解が蔓延した。

かかる結論が、儀礼の分析からのみ導かれたのであれば、まだ儀礼論として成立していたといえる余地があった。ところが、その結論はあらかじめ政治史において用意（予想）されており、儀礼の態様に関する史料上の記述はそれを演繹した解釈に終始した。すなわち、史料から帰納的に結論を導くという論理構造になっていなかった。かかる手法は、武家儀礼論が政治史から離れて一歩たりとも自立し得ない従属性に囚われ続けることを宿命づけた。というよりも、そもそも〈予断に基づく史料の演繹的解釈〉という作業が科学としての歴史学たり得ていない点において、武家儀礼論が真の意味で〝学問分野〟となれる可能性を奪った。

垸飯に即していえば、垸飯は最初から〈服属儀礼だ〉という先入観に支配され、垸飯のいかなる分析も〈やはり将軍・北条氏の御家人に対する支配の道具だった〉という結論から先へ進めなかった。その結論は予定調和的である、というよりも論理的に破綻している。政治史によって〈垸飯は支配の道具〉と予想を立て、その予想に沿って垸飯の史料を解釈し、その解釈によって予想が証明されたと見なし、その〝証明〟によって政治史の既知の結論（頼朝や北条氏は御家人支配に儀礼を用いた）の証明が一つ増えた、と考えるのは循環論法であって、結論に至る論理的推論の出発点が存在しない。

なぜ、かかる論理構成が主流となったのか。それは、政治史によって用意された結論以外に、結論たり得る仮説の存在を誰も想定しなかったからであろう。このことは、前述の石母田の示唆が無視された理由と直結する。

現実の権力・支配や法については研究蓄積が豊富であり、研究動向がどれほど進展を見せようとも、一定の最大公約数的な〝常識〟は常にあった。ところが、それらと別個の次元で存在・機能したらしい〝礼〟の秩序については、同等の研究蓄積が存在してこなかった。なぜか、法制史や政治史と対等に対話できるレベルの〝礼〟の体系的研究、いわば独立した〝礼制史〟の蓄積・体系化は、日本中世史に即してはなされなかった（石母田自身も右の示唆的な予言を、日本中世法の史料集の解説で、圧倒的大部分を占める法と政治と支配の議論の後に付言したにとどまった）。

もし、自立した一学問分野としての〝礼制史〟の蓄積・体系化が果たされていれば、当該分野に特有の論法や一般則が得られ、それらから独自の仮説を導き得たはずで、政治史に干渉する武家儀礼論の推論過程にも独自の指向性・自立性が生まれ、政治史側が用意した結論に一方的に従属しなかったであろう。しかし、現実には遂に礼制史の蓄積・体系化が果たされなかったため、政治史側の仮説と対峙すべき儀礼論独自の仮説が生まれようもなく、そうしたものがあり得ると想像さえされなかった、と推察される。

自立した学問分野としての〝礼制史の不在〟というべきこの既往の学界動向は、武家儀礼論の他分野（政治史等）に対する存在意義を下げたのみならず、論法自体を誤らせ（循環論法）、結論を誤らせた。この現状を克服し、武家儀礼論を有意義な学問分野たらしめるためには、自律的・自立的な学問体系としての礼制史の確立を図る以外に、術があるとは思われない。

礼制史の確立を図るにあたっては、絶対的・相対的の両面において、最重要の課題が明らかである。前者はいうまでもなく、礼制史（儀礼論）内部における基礎的な研究蓄積の絶対量を増やし、知見の質を絶対的に高めること。後者は、他分野（政治史・法制史等）の結論に随従してその演繹に満足する従属的な精神に、再び儀礼論を乗っ取らせないことである。

両者を総合すると、現段階での礼制史の望ましいあり方として、次のような青写真を得られよう。まず、意図的に他分野との回路を遮断して儀礼論内部で議論を煮詰め、内部完結的かつ帰納的に確度の高い知見を蓄積する。しかる後に、再び回路を開いて他分野の結論と対比し、結論が異なれば純粋に根拠の強さによって一方が他方を更新する。すなわち絶対的かつ相対的に十分強力な根拠があれば、儀礼論のみによって導かれた仮説によって、政治史・法制史等に認識・常識の更新を迫る、という形になる。筆者は、かかる形での〝礼制史の構築〟を長期的な研究テーマとし、その序説として本書を世に問うものである。

## 二　儀礼と秩序の対応関係 ――選択的可視化、秩序の無矛盾性欠如・段階差――

かかる観点から、本書序章では、個別具体的な儀礼の実践例を評価する儀礼論に取り組む前に、より抽象的な儀礼論の方法論について、現状で筆者が気づいている問題点を指摘し、克服可能ならばその方向性を示しておきたい(7)。儀礼に関して、先学を束縛・誤誘導してきた誤解・先入観を排除し、陥りやすい陥穽をあらかじめ塞いでおきたいのである。

儀礼を歴史学的に意義づけるに際しては、考慮すべき諸要因がある。現状で筆者が展望し得るものを列挙すると、〈儀礼と秩序の対応関係〉、〈選択的可視化〉、〈秩序内の無矛盾性（の欠如）〉、〈儀礼の段階差〉等である。以下、先学によって自明視され、鎌倉幕府儀礼論を規定してきた諸テーゼを、垸飯論に即して再検討するとともに、それを踏まえて、他の学問分野が示唆・証明してきた世界・人間の仕組み（物事同士の関係のあり得る形）を参考にして、儀礼論・礼制史の今日的課題と若干の展望を述べたい。なお、ここで扱う他の学問分野の知見は、文字通り参考であり、直ちに歴史学に適用すべきと主張しているのではなく、検討に値する着想があるという意味で参照するものである。

従前の日本中世史学における儀礼論では、一つのテーゼが、あたかも自明の公理のように信じられてきた。その源流は管見の限り、終戦直後の一九四九年に藤直幹が公表した『武家文化の構造』（河原書店）まで遡り得る。『三議一統大草紙（三議一統当家弓法集）』という武家故実書は(8)、足利義満が今川氏頼・小笠原長秀・伊勢満忠

（一説に憲忠）に命じてまとめさせたと序文に謳われている。同じ故実家伊勢氏の末裔伊勢貞丈が、「伊勢満忠（憲忠）」なる人物の非実在を指摘して看破したように、その序文のいう来歴は虚偽であり、同書は偽書なのだが、貞丈は同時に、義満の時に定められた礼法の書が応仁の乱で紛失した、という『道照愚草』（伊勢貞久〔道照〕の説を子息貞順が筆録した故実書）の説を紹介している。(9) 確かに『道照愚草』には「鹿苑院殿様の御代ニ以条数ヲ被二定置一訖、為御物殿中不出の御式目也、応仁一乱に紛失云云」とあり、義満期に武家故実をまとめる作業が果たされたのは確実らしく、義満は後代、武家故実を集成・整備・制定した将軍と認識されていた。藤は、これを踏まえて次のように述べた。

斯く社会の統一と故実の整備が時を同じくする事は、故実が社会秩序を表現する性格に基づくのである。この時期における故実整備の現象として、義満の意を体して行はれた異説の統一および諸故実の綜合のことがある。

（第二章「故実的世界の成立」、九九頁）

義満は今日〝公武統一政権〟と呼ばれる朝廷（北朝）・幕府の統一的支配を果たし、それを足場にして南北朝合一等の課題を果たした。そうした社会統一という政治的事績と、故実書の編纂整備が、ともに義満によって果たされた事実を藤は重視して、両者に相関関係を認め、〈社会の統一、すなわち秩序の統一が、秩序を表現する故実をも統一へ向かわせる指向性を生んだ〉という図式を見出した。

この図式は一見もっともだが、少なくとも二つの陥穽がある。一つは事実レベルの誤解（見落とし）である。確かに『道照愚草』には、義満が「条数」を「定め置」いたと明記されている。また、同書は前掲の文章に続けて「此段常々汲古被仰聞しとなり、貞仍も同前に物語申たる由、貞遠注置内に在之」と載せ、右の事実を「汲古斎」すなわち伊勢氏嫡流の幕府政所執事伊勢貞宗が常々将軍家（義政・義尚か）から仰せ聞かされ、また同族で故実家の伊勢貞仍（初名貞頼、法名宗五。『宗五大草紙』著者）も同様に語っていたと、貞仍の実弟伊勢貞遠（貞扶の次男で貞仍〔貞頼〕の弟だが、貞宗の猶子になった）の著書にも書かれていた、と証言している。義満による故実の「条数」制定は、史実と考えてよいだろう。[10][11]

しかし、それについて前掲の『道照愚草』に「為御物殿中不出の御式目也」とあることを、藤は見落とした。この一文は、「将軍が占有し、将軍家が門外不出とした式目である」と述べている。義満の制定した故実「条数」は、将軍家に抱え込まれて一切流布せず、施行されなかった規定なのである。施行されなかったのなら、社会的には存在しなかったのと同じであり、藤の認識は根本において修正されねばならない。義満は「条数」を編纂させたものの発効させず、武家社会で現に実践されていた故実体系には手を加えず、その意味において「整備」は存在しなかった、と（偽書たる『三議一統大草紙』を除き、義満の故実整備を伝える証左はない）。

右記事から読み取るべきは、次のような情報である。一つは、義満が一度は〈社会の統一に伴って武家故実も上意によって公的に定めよう〉と考えて準備を整えながら、いざ施行する段になって〈それを全幕府的に強制的に守らせることは不適当〉と思い直した、という微妙な態度。もう一つは、〈将軍家が上から故実を公定・強要すべきでない〉と結論せざるを得なかった、室町幕府の故実観である。

> 斯く何人も従ふべき行為の規準を設定する事は、社会成員の恣意を拘束しその類型化を齎すものとして社会紐帯の確立を意味するものであるが、其等が徳化の目的をもつて制定せられたところに時代的意義が考へられるであらう。
>
> （第二章「故実的世界の成立」、一〇七頁）

藤は、〈義満が故実を整備した〉ことを大前提として右のように議論を派生させたが、そもそもの大前提が史実に反するので、派生的議論も白紙に戻る。義満は「社会成員の恣意を拘束しその類型化を齎す」「何人も従ふべき行為の規準を設定」しなかったし、その存在しない規準が臣・民の「徳化」を目的とした可能性もない。

かかる史実の誤認に加えて、藤の前掲の著述にはもう一つ陥穽がある。その陥穽こそ、後の日本中世史学的な儀礼論を致命的な誤解に導き、今なお当該分野のみならず隣接分野の議論までもをその呪縛で苦しめているテーゼ、すなわち「故実が社会秩序を表現する」という表現である。

当該部分の藤の文意は、前後の文脈や、右の二つ目の引用文と総合するに、〈儀礼・故実を固定化することで人々の行動を一定方向へ誘導し、社会秩序を義満が望む形へと誘導しようとしている〉という主張である。これを筆者なりに換言すれば、〈儀礼・故実とは、導きたい社会秩序を記述する意志を表明する所作である〉という定義を導ける。さらに縮約すれば、〈儀礼・故実は願望の表現である〉ともいえる。これは、儀礼と秩序についての否定し難い根本的関係である。

ところが、藤以降、特に二〇世紀末頃の日本中世史における儀礼への言及においては、まさにその逆の理解が広まった。その現象が手がつけられないほど広がる直前までは、儀礼論には次のような冷静さがあった。

幕府内公的序列は儀礼の場において最も明確に——視覚的・空間的に——表現される。

一九八五年に青山幹哉が表明した右の言説[12]は、まだ藤の論旨を逸脱していない。儀礼の外形が序列を「表現」している、と述べられるにとどまり、それが現実の秩序とどう関わるかについては、慎重に明言が避けられている。当該論考において、青山はあくまでも、制度的指標たる官位が整序する家格（諸大夫・侍身分）に問題を限定した。儀礼上の序列という話題を、静的な制度の次元に限定して捉えたのである。それは、大いに動的・非制度的な政治に影響を受けた現実の秩序まで話を広げてしまうと、儀礼上の序列と一意に関連づけるのが困難で、学術的論議として破綻する可能性が見えていたからではないか、と筆者は推察する。

ところが、一九九六年の永井晋の言説[13]になると、右段階まで存在した限定性や抑制が姿を消し、一気に飛躍した論理が普遍的真理として語られる。

儀礼は、その儀礼を行う集団の秩序を再現している。

藤や青山は、儀礼が「表現」に過ぎず、表現の内容が現実であるか否かは不明であり、現実と整合しない希望の表明に過ぎない可能性を否定しなかった。ところが永井は、儀礼が秩序の「再現」、すなわち現実の映し鏡であると述べ、現実と儀礼的表現の間に整合的な相関関係がある、という趣旨へと飛躍した。かかる理解は、必ずしも大多数の関連研究で直接的に言明されたわけではないが、暗黙の了解として常識化したらしい。二〇〇三年には、池亨が次のように表明する[14]に至る。

政治的儀礼における行列などの序列が、現実の秩序の象徴化であることは、もはや常識化された理解であろう。

池は、儀礼が表現するものが「現実」と一対一関係にあると明言し、しかもそれが学界では「常識」である、とまで述べた。かつて〈願望の表明〉とされた儀礼が、いつの間にか〈現実の描写〉にすり替わり、しかも異口同音に反復的に主張されて通説となり、最終的に「常識」すなわち定説であるとさえ主張されたのである。

いかなる常識も一種の共同幻想であるとはいえ、早くに藤によって微妙な含意が示されたにもかかわらず、なぜその後の日本中世史学ではそれが失われたのか。

理由は、日本中世史学において、儀礼論が自ら結論を出すことをやめたからと思われる。

行始之儀や鶴岡奉幣の供奉人を垸飯出仕衆の中から撰定している。これは時頼政権が年初に御家人統制の手段として垸飯献儀を利用していたことを表している。

右の、垸飯の専論の嚆矢というべき八幡義信の論考[15]は、垸飯儀礼の意義を御家人支配の手段と見なす見解の嚆矢でもあった。八幡はその見解の根拠として、行始等の将軍出行の供奉人が年始垸飯の参加者から選ばれた事実を挙げた。それが実際に御家人支配を目的としなかったことは筆者が以前に指摘した（本書第一章に再録）通りであり、八幡の解釈は根拠を失う。しかし、そのことは筆者の指摘まで気づかれず、垸飯を〈御家人に服属を強いる儀礼〉と見なす見解は根強く継承され、通説化し、あたかも定説のようになった。

その後、一九九〇年代から日本中世史学において儀礼論が活発化し、広汎な武家儀礼がこの潮流で理解された。また一般的にも、儀礼は伝統の記憶・再生装置としての役割を有しているといえる。しかし儀礼といえども、たんに繰り返されるだけでなく、社会の変化により刷新や変形が行われるのであり、それにより、伝統に依拠する形を取りながら、新たな支配の正当性を表現するものになるのである。

右において池享は、行列型行事の分析を起点として、〈儀礼は他者に服属を強いる支配を正当化する〉というテーゼを、儀礼万般に一般化した。しかし、行列が「支配の正当性を表現」しているというのは池の解釈であり、実証されてはおらず、他の可能性が反証によって消去されてもいない。[16]

〈桃崎注――頼朝の意図は〉自らの東国戦士社会の棟梁としての地位を武芸作法の統合によって確立すること、また日本国総守護としての軍事統率権を独自の武芸作法によって京・畿内貴賤の面前で視覚的に表示すること、の二点である。

奇しくも同年、岡田清一が源頼朝の武芸故実整備について右のように述べた。[17] 頼朝が「東国戦士社会の棟梁」であるという事実と、頼朝が「武芸作法の統合」を行った事実が、〈新たな支配者は新たな統一ルールを制定したがるものだ〉という一般論によってつながる、と推論したのだろう。しかし史実では、頼朝は武芸作法を蒐集・記録・議論したものの、それらを統合・統一しておらず、右推論の大前提となる事実の一方が存在しない。仮にその事実が存在したとしても、武芸作法の統合が、なぜ戦士社会の棟梁の地位を高めるのかが説明されず、飛躍がある。前述の通り、豊臣秀吉以前において最も強大な「戦士社会の棟梁の地位」の一つを築き上げた足利義満さえ、故実の統合を断念させられたのである。それは、現に最大級の権力を有していてさえ、故実の統合が極めて困難であったことを意味する。まして、未だ最大級の権力に至っていない者が、それを手にする手段として故実の統合を行い得たか、大いに疑問がある。

岡田は右引用の後半で、「独自の武芸作法」を他者〈従前の支配者層以下〉に見せることが、「日本国総守護としての軍事統率権」を示すことになる、と論じた。これも、前者がなぜ後者をもたらすのか、特に「独自の」武芸作法をまとめあげて示すことがなぜそのように機能し、なぜ必要なのか、メカニズムが不明であり、飛躍がある。幕府が「日本国総守護としての軍事統率権」を有することは、岡田自身が「権」の字を用いたように、公家法の手続きによって公家の法圏（法が捕捉する範囲）内部で規定された法的権限の問題であり、その大前提には既成事実の積み重ねとしての政治的経緯（源平合戦）がある。その二者によって幕府の権限を理解している京畿の貴賤にとって、幕府がいかなる武芸作法を用いるかが、権限の有無や大小へといかに影響するのか、明らかでない。

岡田説においては、儀礼の機能が権限の話、それも国家的な公権の話に及んだため、日本中世の規範史全体を視野に入れた、比較的射程の広い議論を経ることが必須となる（法のすべてが公権に直結・依存しないことが中世法の態様において明白な中で、法のどの部分がなぜ公権と直結するのかという問題、あるいは本書第三章で詳述するような、法と礼の関係性や、複数の法圏の関係性等）。しかし、議論はその方向へは進まなかった。

儀礼は決して形式的なものではなく、様々な身分を統合し、権威や権力の正当性を対外的に示すための必要不可欠な行為であり、各儀礼に則して、その意味や目的を捉えることは重要な課題である。

その後の議論がどの方向へ向かったかは、右の盛本昌広の言説から窺い知られる[18]。儀礼の機能は主に権威・権力の問題として、すなわち政治史に回収される問題として論じられるようになったのである。法・（思想の体系としての）礼・公権等との綿密な対照やそれらを総合した検討は棚上げされ、問題としては矮小化した。二〇〇〇年代の儀礼論も、純粋に一九九〇年代の延長線上にあると評し得る。個別具体的な儀礼やその実践例の分析は増えた一方で、方法論の深化は認め難い。

移徙の儀は鎌倉殿の権威の表象として機能したわけである。

菱沼一憲は、治承四年一二月一二日の源頼朝の新造大蔵亭への移徙について右のように述べた(19)。移徙儀礼も権威の問題に回収され、それ以上の評価へは進められなかった。

> 内乱期に培った御家人制を平時に定着させる一方策として、従来戦勝祈願の場であった鶴岡を幕府儀礼の場に転化し、儀礼を通じて御家人を臣従させようとしたのかもしれない。実際、時期的にはやや遅れるものの、文治三年から四年にかけて放生会や月次臨時祭などが鶴岡八幡宮の行事として成立しており、そこに御家人を参仕させている。（傍点引用者）

菱沼説において鎌倉殿移徙儀礼に拡大適用された〈鎌倉殿儀礼は御家人への服属を強要・正当化する〉というテーゼは、右の滑川敦子の言説(20)において、祭礼にまで拡張され、如上の諸事例が重ねてきた拡大適用と合わせて、ほとんど幕府儀礼における一般則であるかのようになった。

しかし、最も重要なことは、如上の諸研究において〈鎌倉殿儀礼は御家人への服属を強要・正当化する〉というテーゼが、一度も実証されなかった事実である。特定のテーゼが、証明抜きに自明の鉄則・公理のように語られる現象が、なぜ学問的に成立し得ないと誰からも指摘されなかったのか、不思議でならない。いずれにせよ、池が「常識」と明言したこと等が後押しとなって、誰もが疑いなく用いるテーゼであることから、錯誤である可能性を再検証・反証するメリットがデメリットを上回るとは誰からも思われず、それがためにさらに用例が重ねられ、さらに疑われなくなる、という循環に陥っていたのだろう。それは畢竟、群衆心理以上のものではなく、いわば天文学史における〝天動説〟と同じだ。

かくいう筆者も、初学者であった二〇〇〇年代には、これが学界の常識であると認識していた。しかし、鎌倉幕府儀礼について概説する原稿執筆依頼を受けた時、先行研究で直ちに豊富な用例を確認できるこのテーゼに、証明が見あたらないことに困惑した。著名な研究者を何人も含む誰もが正しいと信じるテーゼなので、無批判に乗るのが処世術としては安全であった。しかし、天動説と地動説がそうであったように、科学的真実は多数決で決まらない。もしこのテーゼに依存して論を進め、テーゼが誤っていた場合、その論文も、それを踏まえて今後著すであろう論文も、すべて無価値になる。そのリスクがどうしても恐く、先行研究を洗い直した。その結果、この「常識」が史料的な裏づけを持たず、一切の証明を経ていないことは比較的すぐに判明した。そして、証明もしくは反証が可能かどうか検討すべく関係史料を見直した結果、反証の材料は見つかっても証明の材料は見つからないことに気づき、当該テーゼが〝天動説〟であると確信した。その結論を述べた垸飯の基礎研究〈本書第一章〉を初めて公表したのが、二〇一三年のことである。

かかる群衆心理的な「常識」が罷り通っていた理由は、その「常識」の中身から推察し得る。その「常識」に依拠した儀礼論はすべて、異口同音に、〈儀礼は権力・権威・支配を積み重ね、再確認し、再生産する手段である〉という趣旨を述べていた。以下、行論の便宜のため、これを〝儀礼即支配説〟と呼ぼう。

誰かが権力・権威・支配をいかに成立させ誇示したか、という議論は、伝統的な政治史の話題である。すなわち、少なくとも日本中世史学の枠内に入る儀礼論は、自らを政治史と関連づけなければ面白味や価値がない、と信じるに至っていたと見ざるを得ない。

なぜ、そうなったか。少なくとも理由の一つは明らかである。この儀礼即支配説が〝天動説〟であると筆者が気づいたのは、それまで垸飯を論じた論者が行わなかった古代古記録の網羅的調査を行い、そこに直ちに、縦

（上下）関係・支配関係ではなく横関係・同輩関係を見出したからである。すなわち、儀礼即支配説の盛行は、史料調査の不足を解消しなかったために議論を深めようがなくなり、権力・権威・支配の話に回収しやすい政治史の単純な構造に結合することでしか、儀礼論の活用可能性を見出せなくなった結果と推察される。

近年、舩田淳一は、「文字テキストの読誦（音声化）がそく儀礼である」[21]という特色を持つ「講式」という儀礼の言語表現分析等を通じて、日本中世の宗教儀礼における宗教者の神仏に対する姿勢（直面・交渉、力の探究等）と、それに伴って変容する神仏の姿を明らかにする取り組みを、著書に集成した。そこでなされた研究史整理は、儀礼研究の主軸をそもそも宗教儀礼に置いてきた西洋の儀礼研究をはじめとして、隣接・関係諸分野の達成・課題を総合的に俯瞰しており、昨今の儀礼研究における学界展望として突出した有益さを持つ。

その中で、自己の研究を歴史学の枠組みと別個の「宗教儀礼研究」と自覚する舩田は、日本中世史学の宗教儀礼研究を他者として観察し、我々歴史学者が示し得ない鳥瞰図を示した。そこでは、「歴史研究の最前線」と銘打たれた国立歴史民俗博物館の『儀礼を読みとく』（二〇〇六）等を材料として、次のように総括された[22]。

歴史学における宗教儀礼研究は全体として、中世寺院が支配と運営を行ってゆくに当たって、様々な宗教的権威を用いて、その支配を実行してゆくために、各寺院においては数々の修法や法会が整備され、日常の寺院活動を支えてゆく重要な機能を担っていた、といった視座に則って展開されていると総括してよかろう。

全く適切な総括であり、これに続けて、舩田は簡約に次のように結論した。

歴史学において儀礼の機能は、民衆統合というタームに象徴されるようにおおむね「支配イデオロギー」として見出されたのである。

全体の文脈から見ても、舩田は隣接他分野の状況を観察記録的に叙述しようとしており、当否の判断を下していない。しかし、この前後に舩田が挙げた仏教学・中世文学・文化人類学・宗教学等の先行研究の数々を総合的に俯瞰して、それらに疎い筆者が一読して感じた第一印象は、それら全体の精彩に富む多様性や洞察・含蓄の深みであった。その全体の中では、右引用で言及された歴史学（日本中世史学）の成果のみ、精彩を欠く矮小で硬直的な議論という印象を否定し得ない。宗教儀礼や歴史学の当事者でない人がこの総括を読めば、そうした印象を抱く可能性が極めて高く、それは歴史学から見ても正しい。舩田は、歴史学における儀礼観を物足りないと明示的に批判しなかったが、行間を読むと、それは慎重に言葉を選んだ結果に過ぎない気がしてならない。

かくして儀礼論は政治史に従属し、政治史単体で既に到達済みの結論を所与の前提として論じ、当然同じ結論を出すという作業が繰り返された。あたかも政治史の結論を儀礼論という別角度からも別途独立して証明可能であり、儀礼論は政治史の結論の正しさを裏づけることで日本中世史学に寄与する学問分野であるかのように。

近年では、二〇一六年の歴史学研究会大会において「日本中世の権威と秩序」と題した報告が二本立てられ、谷口雄太が次のように表明した[23]（括弧内は桃崎注）。

（佐藤進一は）儀礼をとおして足利氏はこの観念（足利絶対観）を大名らに植えつけ、権威を確立したとして、画期としての義満期に着目した……足利氏はその絶対観を大名らに浸透させるための装置として各種武家儀礼を整備した。儀礼の繰り返し的実践をとおして足利氏＝正統なる支配者・君臨する王とのイメージは武家間に定着した。

谷口は、藤直幹・石母田正・二木謙一らの儀礼研究について、その論点が書札礼・路頭礼・対面儀礼・年中行事等と広く日常・非日常・恒例・臨時にわたることを理由として、それらすべてを「総体として」の儀礼と一括して捉え、個別の儀礼の性格や、儀礼実践の実例に一切言及することなく、あらゆる儀礼・儀礼的行為を一緒くたに権威確立の手段と述べた。かかる考え方を、かつて池が「常識」と述べ、実際に常識化したかのように多くの論者が唱えたので、確認不要の真実だと速断したのであろう。

また、同じ大会において、石原比伊呂は次のように表明した(24)。

……将軍には、儀礼を繰り返すことで自己の超越性を可視化することが求められたのである。

「室町幕府体制」とは足利将軍家家長が「室町殿故実」(「将軍儀礼」の繰り返しを含む)を遵守することで再生産される将軍権威を、守護・大名が感知して承認することで維持される政治秩序であったといえる。

石原は、将軍(室町殿)の昇進拝賀等を材料として右テーゼを主張したが、拝賀の具体的考証、すなわち元来は公家儀礼である拝賀が、本質的にいかなる意義を有したのかを(右に先行する石原の研究でも)確認していない。当該論文発表やそのベースとなった大会発表以前に、筆者は五本の拝賀の専論を公表してまさにその作業の一部に取り組み(25)、なおかつ当時、拝賀の専論はそれらしか存在しなかったはずだが、それらが参照された形跡もない。石原は、取り上げた儀礼について自ら具体的に基礎研究・検討を施すことなく、先行研究も参照せず、ただ自説に合わせて拝賀の史料を断章取義的に用いた。

かかる問題の主因を、歴研という一学会か、日本中世史学か、儀礼論か、いずれに求めるべきかは難しい。ただ、〝儀礼論〟と銘打つ研究の最新の、それもある範囲において代表的と見なされた日本中世史研究者の動向がこのようであるから、儀礼論の衰退傾向は疑うべくもなく、他分野から〈日本中世史学は学問に非ず〉と謗られる日は目前に迫っている。儀礼論だけでは責任を負いきれない日本中世史学はともかく、儀礼論だけに即していえば、ここまで衰退した儀礼論は根本から立て直すか、それが不可能ならこれ以上のミスリードで日本中世史学を混乱させないために一度消滅させるべき分野ではないかとさえ疑われる。

その中で筆者は、幕府儀礼の原点・根幹たる垸飯においてその克服が可能、すなわちアップデートされた垸飯論を土台として、全面的な幕府儀礼論の書き換えが可能であると展望している。具体的には、本書第一章に再録した二〇一三年の論文「中世武家礼制史の再構築に向けた鎌倉幕府垸飯儀礼の再検討」がその最初であり、同じく第四章〜第六章に再録した二〇一六年の論文三本（「鎌倉幕府垸飯儀礼の変容と執権政治」「鎌倉幕府垸飯役の成立・挫折と〈御家人皆傍輩〉幻想の行方」「北条時頼政権における鎌倉幕府年中行事の再建と挫折」）が、その取り組みであった。

これらのうち、最初の一本は二〇一六年歴研大会の三年前であり、続く三本も二〇一七年一〇月に載った大会報告の活字化より一年ほど前だが、それらはすべて、石原・谷口に参照された形跡がない。これと前述の諸事実は、政治史の一部の有力な論者が、自説の補強として「儀礼」（と彼らが呼ぶ何か）を我田引水的に用いる一方で、儀礼自体や儀礼論自体への興味を欠くことを意味するであろう。

かくして学問としての儀礼論は、政治史側から見捨てられた。それが、二〇一六年歴研大会に居合わせ、意見を求められ、若干の意見を述べた筆者が受け取ったメッセージであった。当時は困惑したが、今は少し考えを整理でき、展望を抱けるに至った。儀礼論側から見れば、政治史に捨てられた今こそ、政治史に従属した儀礼論が自立する好機である、と（もっとも、二〇二三年歴研大会で応仁の乱後の武家における栄典授与について論じた水野嶺の報告「戦国・織豊期における室町礼法の展開と終焉」など、儀礼の中身への関心が再生産されつつある印象を抱いた）。

自立するならば、一つの学問分野となるべき展望を措定せねばならない。名前は何でもよいが、筆者はさしあたりこれを〝礼制史〟と呼ぶことにした。そして、礼制史でなければ導き得ない結論・洞察を積み重ね、上位概念たる〝規範史〟全体を視野に入れ、その中で法制史との間に確固たる連絡回路を形成し、政治史・法制史単体では得られない知見によってそれら分野にアップデートを迫る。さしあたりその辺りまでを射程に入れて、自立を図る必要性と実現可能性を、本書第一章の初出時に主張した。

政治史的な先入観によって結論を急ぐ〝儀礼即支配説〟を脱すれば、これまでにほとんど検討し尽くされたかのような印象を与える周知の諸事例から、多くの情報を引き出せる。

例えば、本書第一・四・五章で解明した、鎌倉幕府が垸飯に与えた儀礼的意義の本質を踏まえれば、菱沼が「権威の表象」と述べるにとどまった頼朝の治承四年一二月の鎌倉新亭移徙が垸飯を伴った事実の重要性に注目可能であり、その垸飯が、実は鎌倉幕府の創立を彼ら自身が（儀礼の形で）宣言した唯一の史料的所見であったという重大な評価が可能である（本書補論・結章で詳述）。〈鎌倉幕府成立は何年か〉という政治史上の問題は、諸説紛々としたまま、学界が結論を放棄したのと実質的に同じ状況にある（中世史学の泰斗が執筆する近年の中等教育の教科書はいずれも、鎌倉幕府の成立年を諸説併記もしくは言及しない形で処理している）。その政治史学が解決できなかった政治史上の重要問題に、礼制史学は史料的裏づけをもって解決を与えられる。その説の当否は学界の検証を経るべきだが、少なくとも、自立した礼制史学とはこうした議論の立て方をし得る、という一案は示せた。

## 三　儀礼とは何か――諸分野の知見と礼制史的立場からの仮説――

学説史としての問題点と解決案の骨子を以上のように考えるとして、次に具体的事例を議論する前に掘り下げておくべきは、儀礼一般の機能・性質である。「儀礼は、その儀礼を行う集団の秩序を再現している」という永井の端的な言明に代表される従前の未証明テーゼには、証明もしくは反証を与えなければ話を進められない。既に本書では、儀礼論が矮小化する以前の藤直幹の研究に立ち返り、藤の説と中世日本の故実書・実例、そして人間行為の普遍的性質を総合して、〈儀礼・故実とは、導きたい社会秩序を記述する意志を表明する所作である〉という仮の定義を導いてある。それを踏まえて、関連諸分野の知見を参照し、〈儀礼・故実とは何か〉の答えを、もう少しだけ研ぎ出しておきたい。

実は、従前の未証明テーゼに対するアンチテーゼは、外の学問分野においては珍しくない。たとえば社会思想史では近年、「人類学者たちはある時期から「儀礼は象徴行為である」という考えに囚われたまま、そこから脱却できなくなった」[26]という批評が現れ、その人類学の内部でも、「今日にいたるまで、おびただしい数の人類学者が儀礼の表現する意味について語ってきた。だが、儀礼が意味作用をすることを論証した者はいない」[27]という主張さえ現れるに至っている。

いずれも、儀礼研究の根幹的意義を揺るがす警鐘だが、それらは儀礼研究自体の価値・意味を否定しているのではない。何らかの儀礼が実践された事実がある時、そこから意味作用を読み取ろうとする研究者が、しばしば先入観に基づく飛躍を犯し、実証が欠けることを問題視すらしていない点を、問題としているのである。そこにあるのは畢竟、〈儀礼が何かの表象であるとすれば、儀礼は何を表しているのか〉という問いである。

かかる問題意識は、日本中世史学においても皆無ではなかった。例えば、村井章介は注意深く、年始垸飯の沙汰人の顔ぶれが、政治的地位の高い顔ぶれと「近似することが推察される」[28]（傍点引用者）と述べた。儀礼で可視化される序列が、想起されやすい権力構造の〝近似値〟に過ぎないことは、気づかれていたのである。

従前の未証明テーゼは、一つの根底的な前提に立っている。〈儀礼という単一次元の序列に矛盾なく投影可能な秩序・勢力図が、常にただ一つ存在する〉と。この前提が、そもそも誤っている。そのことは、次の史料によって容易に示せる。

〔史料1〕『吾妻鏡』宝治元年（一二四七）一一月一六条

今日、三浦五郎左衛門尉盛時捧状有訴申事、其旨趣雖多之、詮句如昨日随兵風記者、以盛時被書載于出雲前（波多野）司義重之下訖、当家代々未含超越遺恨之処、匪啻被書番于一眼之仁、剰又被註其名下、旁失面目之間、可止供奉儀之由云々、出雲前司義重聞此事、殊憤申云、於累家規模者、誰比肩哉、至一眼事者、承久兵乱之時、抽抜群軍忠被疵、施名誉於都鄙之上、還面目之疵也、今更難覃盛時横難云々、為陸奥掃部助（金沢実時）奉行、相州（執権重時・連署時頼）幷左親衛等凝評定、被宥両方、但為五位之間、猶以義重所被注上也、

鎌倉幕府四代将軍藤原頼嗣の出行に際し、随兵が選出され、二人ずつ左右に番えられた。その選定結果に対して、三浦盛時が抗議した。隻眼の波多野義重と番えられたのみならず、下位（右）に番えられてしまい、初めて波多野家に超越されたことを屈辱としたからである。これに対して、波多野義重も反論した。波多野家の家格は三浦家に優越する上、眼の傷も武勲すなわち主君頼経への抜群の奉仕の証であって、賞賛される理由はあっても蔑視される理由はない、と。互いに譲らないため、幕閣は双方を宥めつつも、位階の高下をもって結論を下すと決めて双方を納得させ、五位の義重を左、六位の盛時を右と定めた。

この史料を根拠に滑川敦子は、頼朝期と異なって当該期には随兵の序列が位階で決まるように変容していた、と指摘した[29]。しかし、そうした結論は、ことの表層に過ぎない。「序列」について論じるならば、結論と同等以上に、相論のプロセスにこそ評価材料を求めねばならない。

最初に幕閣が提示した序列（波多野が左）を、三浦は「超越」と断じた。波多野もまた「当家の来歴に比肩する家はない」と主張した。すなわち、三浦・波多野のいずれもが、自らの家格が相手より上位と信じていた。幕府内の家格秩序に関する幕府構成員たちの認識の間に、かくも明白な矛盾が存在したこと自体に、「序列」を単純化して論ずることを拒否する幕府の複雑さが明瞭で、大変興味深い。

しかし、ここで最も注意すべきは、この明白な矛盾が、随兵の交名作成段階で初めて矛盾として現出した事実である。三浦と波多野は、日常的にはかかる矛盾を表面化・問題化させる機会を持たないまま生きていた。三浦と波多野では、信じる家格秩序が違う。その点において、両家は異なる次元で日常を生きていた。そして、それにもかかわらず、〈相手も自分と同じ次元で生きている〉と信じていた。

さらに、幕閣はこの相論において、短絡的に位階の論理を用いたのではない。この件は解決すべき一議題として立てられ、取りまとめる奉行として小侍所別当金沢実時が指名され、執権北条重時・連署北条時頼が「評定を凝らし」た。幕閣はこの件について悩んだのであり、その事実こそが重要である。位階による機械的な決定は、当事者双方の主張する論理のいずれが優位か決着不可能であると見切った幕閣が、それでも決着をつけねば将軍出行が滞るため、当事者双方の持ち出したいずれの論点とも関わりのない第三の論点を出して問題をすり替え、議論の決着を避けて目下の問題（名簿の確定）の決着を図った工夫である。

位階によって序列を定めることは、幕府では頼朝期から大きな規範性を持ったという歴史的経緯があり（東胤頼が五位であることをもって、六位の父千葉常胤より上座に着いた事実が著名）[30]、それはこの幕閣の決定を双方に納得させる大きな説得材料になったと思われるが、単に位階が最優先の序列化規則であったならば、そもそも相論が起こるはずはない。〈家格や勲功の優越は、位階の優越とは別個に評価され得る〉と双方が信じ、かつ三浦有利の家格秩序と波多野有利の家格秩序の双方が（したがって論理的には、御家人の数だけ存在し得る家格秩序が）併存した事実、すなわち相互に交差せず整合性もない複数の評価基準の混在が、問題の本質なのである。

東国御家人は幕府草創から七〇年近い奉仕の歴史を独自に有した上、たとえば常陸大掾一族が〃曩祖平国香以来〃という「英雄時代」以来のアイデンティティを主張した事例等から筧雅博が指摘した如く[31]、幕府開創以前からの（したがって幕府の論理と根源的に無関係で、幕府によって侵害され得ないと信ぜられる）由緒来歴に立脚する自尊心を有した。

それらの多様で多量な、しかも次元が異なる故に優劣判定が不可能で、究極的には事実関係さえ確認不可能な族的優位性のすべてを確認し総合的に判断することは、幕府には原理的に不可能である。一方の優位を直ちに決定できるような、社会的に当然視され得る尺度を得なかったからこそ、幕閣は強権的命令を避け、双方を宥めた。最終的に位階という、御家人社会では甚だ一面的な尺度で決定が下されたのは、期日が迫る将軍出行の随兵交名を完成させる現実的責務の遂行が最優先され、ひとまず配列を決定するためにそれらしい位階の論理を適用した結果に過ぎず、当該論理が御家人配列時の優越的規範性を一般的に有したとは結論できない。幕府内勢力の下方の一部に限定してさえ、そこに忠実にトレース可能な一意の秩序が自ずから定まるわけではないのである。

次の史料は、この問題についてさらに知見を深める。

〔史料2〕『吾妻鏡』建保六年（一二一八）七月八日条

左大将（源実朝）家御直衣始也、仍御参鶴岡宮、……随兵之中、大須賀太郎道信依病痾申障之間、召民部丞広綱為其替、先度、道信与長江四郎明義行列、伊豆左衛門尉頼定与三浦左衛門尉義村行列、今度者頼定与広綱也、仍義村候左、明義可列右之由、被定之処、義村申云、明義為高年、難候于右云々、明義申云、義村有官之上継三浦介義澄之遺跡、尤可列左也云々、此礼節移剋、頗為御出煩之由、大夫判官行村（二階堂）参申于御前、仰曰、各存穏便、尤絶感、今日御出之儀、殊所被執思食也、而義村可有後栄、明義者無前途者歟、然者令候于左、可備子孫之眉目者、行村相触御気色趣之間、不能重申子細、長江為左、

将軍源実朝が任左大将後の直衣始《のうしはじめ》を行うべく鶴岡社参詣を企画した時、随兵の配列について最終段階の微調整がなされた。その結果、三浦義村を左、長江明義を右とする番が定まった。ところが、当の義村は「自分より年配である」として明義を左に推し、明義の方は「有官である上に、三浦介義澄の遺跡を継ぐ者である」として義

村を左に推した。二人は当日にこの謙譲を繰り返して行列が進発できず、奉行二階堂行村が実朝に善処を求めた。すると実朝は「どちらも穏便を旨とする主張で、全く感心である。今日は特に自分が重視する参詣だが、義村は今日でなくとも、若いので今後も栄誉の機会があろう。それに対し、明義は（家格・年齢等の限界で）そうではなかろうから、今日は明義が左となり、子孫に栄誉を伝えよ」と裁決した。

先の事例と正反対に、互いに譲り合って序列が定まらなかった事例だが、問題の本質は変わらない。長幼の序を重視する三浦の論理と、官位・家格を重視する長江の論理は全く別次元に属し、整序不能であった。そこで実朝が「家格が低い明義に機会を与えるべき」と家格の論理を逆手に取る判断を下したのは、家格論理を否定したのではなく、〈年齢的条件と複合すれば別の判断が可能〉として選択肢を増やし、それを採用することで、論理同士の優劣判断を回避した工夫である。

実朝が決着を急いだ理由は、この直衣始を特に重要視したからであって、実朝は〈遅滞を最小限に抑えた儀礼遂行〉という至上の目的を各論理よりも高次に措定した。それに媒介させることで、上下関係を持たない別々の次元に属する論理が統合され、結論が出されたわけだが、実朝が高次に措定したものは要するに自己都合であり、この統合は本質的に恣意的なのであって、唯一の必然的結末ではない。

このように、中世武家儀礼の運用現場は、「儀礼は、その儀礼を行う集団の秩序を再現している」というテーゼと合致しない。すなわち、〈一元的秩序を表現していそうな儀礼が、単純に一元的秩序と一対一関係にある〉という構造は存在しなかった。儀礼に現れた一元的秩序らしきものは、現実の多元的秩序を〝翻訳〟して得られた擬似的な一元的秩序に過ぎず、しかもその〝翻訳〟は恣意的で、常に、見る者の立場によって〝誤訳〟である可能性を孕んでいた。多元的な関係を一元化することは、そもそも原理的に無理を冒している。

その、唯一絶対の正解たる保証が全くない〝翻訳〟を当事者に受け入れさせるのは、右の事例においては君主権、すなわち政治権力であった。儀礼に関して社会通念の中に様々な論理が混在したが、それらのうちいずれが儀礼の現場で可視化される序列に作用するかは、終局的には政治権力に依存した。おのおのの論理は、決定権者の思考・判断を構成する（任意に取捨可能な）材料にはなっても、決定権者の専恣的な判断（と社会的支持）を規制する力を持たないのである。

それはあたかも、法廷における「由緒」の無力さに似ている。新田一郎は、室町幕府将軍親裁の構造における「由緒」と「施行」の関係について、こう指摘した。訴訟においては当事者から多様な由緒（権益所有の正当性）群が提示されるが、決定権者たる（権益を一方当事者に排他的に帰属させる）将軍が決着させるには、原理的に、すべての由緒群を超越した高次の立場から恣意的に決する以外になく、「施行」とはそうした高次元からの決定を現実化する行為である、と。(32)

個々人が抱く（あえていえば、幻想する）現実社会の多元的秩序を、儀礼の場における一元的秩序へ〝翻訳〟することは、かかる「由緒」と「施行」の関係とよく相似する。多元性を常に孕み、社会自体がより多元的な形へと向かおうとし続けるモーメントを有した中世社会においては、可視的で一元的な序列は自明でなく、訴訟判決や儀礼のたびに権力によって〝創造〟されるものに属した。そのような一般的関係を見出してよかろう。

儀礼をはじめとする可視的な序列に現れた秩序とは、不可視の間も一貫性を保つ唯一の秩序が外形を得たものではない。それは、複数のあり得る秩序の一つ（やそれらをシャッフル／再構成して創出された秩序）が、瞬間的かつ選択的に現れたものであり、そうした現実と儀礼的秩序の間の非連続性・恣意性・予測不可能性は、もう少し注意されてよい。

筆者は以前、治天たる上皇が天皇より上位の実権を有するにもかかわらず、可視的秩序においては両者の上下関係が近世まで明示されず、上皇が天皇の周囲を浮遊するかのように位置した、と評価したことがある。(33)そこで念頭に置いたのは、（上下の秩序を定める）個別の権力・権威が本質的に不可視の観念に過ぎず、行使された瞬間だけその姿を現したように見え、人はそれを〈権力の行使、権威の現出だ〉と認識する、という構造である。

それはあたかも物理学の量子論における、物事の状態と〝観察〟の関係に似ている。量子論では、通常、物ごとの状態には複数の可能性が併存し、観察された瞬間に他の全可能性が消失して唯一の可能性が現実となる、という考え方がある。(34)その発想では、時点1において物ごとが状態Xであると観察された場合、時点2で状態Yと観察されて、初めて状態XからYへと至る〝必然的な〟プロセスをたどったことが（逆算的に）確定する（観察の有無にかかわらずそのプロセスを辿ったはずだ、という決定論的世界観と大きく異なる）、という考え方になる。

また、脳と意識の関係に関する脳神経学の知見も参考になる。通常、脳の活動・反応・判断は意識抜きに行われ、意識はそれを後追いしてありそうな理由づけを行い、逆算的に〝辻褄の合うストーリー〟を創作し、自分の行動を〝理解した〟と信ずることがわかっている。(35)

観察者という立場に立つ限り、社会秩序にも類似の性質が認められる。当事者間の関係には様々な解釈可能性が併存するが、可視化されない限り、一意に断定することが不可能であるという点において。また、あたかも〈元来そうなるべき〉であったかのように見える社会関係の推移は、局所的な逆算の積み重ねによって、結果的にそうであったとされたに過ぎないという意味において、である。

さらに、各選択肢の内部においてさえも、一貫性＝無矛盾性が保証されないことにも注意してよい。通常、可視化された権力行使や社会関係は構造の断片であり、それは人間の生活環境一般における視野の限定性、すなわち照準範囲《スコープ》の問題（周囲にどこまでの広がりを認識するか）に依存するローカルなものである。下人Aが御家人Bとの主従関係を実感する行為において、御家人Bの背後に広がる人間関係を毎度視野に入れる必要はなく、（個別の関係内部で当該関係の妥当性・整合性が諒解される必要はあるが）それらすべてを総合した全体構造が整合的・無矛盾か否かを構成員が理解・検証する必要性は、通常存在しないと考えられる。

〝次元〟を〈二つ以上のルールが例外なく貫徹する閉じた世界〉と考えるならば、社会構造の総体とは、個別局所的な関係がそれぞれ次元を成す多次元世界と見なし得る。したがって、儀礼等で序列を一意に定める（たとえば交名に書き上げる）作業とは、多次元を一次元に変換する作業（先に〝翻訳〟に喩えたもの）に他ならない。相互に矛盾し得るルールが支配する各次元を一つにまとめ上げる作業に、厳密・統一的な変換規則を措定するのは原理的に不可能で、それを強行するならば、そのプロセスには恣意（≒ランダムさ）を介在させるしかない。史料1・史料2の事例は、複数の次元を随兵交名という一次元配列に割り当てようとして発生するトラブルの典型であって、幕府が暫定的に結論を出したプロセスこそ、その恣意≒ランダムさにほかならない。

加えて、文化人類学が次のようなアイディアを提示している。儀礼一般には、〈なぜその儀礼を行うのか〉という問いを生む外的視点（行為者を客観視する視点。研究者の視点が典型的）と、かかる問いを生まない内的視点（行為者の主観的視点）がある、と[36]。その説によれば、両視点は一人の行為者に矛盾なく併存可能だが、内的視点のみに立つ行為者は、〈何ごとかを表現したい〉という恣意すら持っておらず（習慣だから行う、という動機のみに立脚する）、外的視点を持つ行為者は自らの行為を解釈するケースが多い。行為者は儀礼や自他の参加者の意義を任意に理解するのであり、その帰結として、参加者全体が共有する儀礼的意義が存在する保証がない。

この枠組みによく適合しそうな事例を一つだけ挙げれば、源頼朝が熊谷直実に流鏑馬の的立役を命じた時に起こった、著名な事件がある（『吾妻鏡』文治三年八月四日条）。その時、〈その役が直実の御家人としての名誉を損なうか否か〉で両人は相剋し、最後まで折れなかった直実に対して、頼朝は所領没収刑を科すに至った。〈名誉を損なう〉と解釈した直実は外的視点に立つが、かかる解釈があり得ると想定しなかったと見られる頼朝は内的視点に立つと見なし得る。我々が儀礼の意義を解釈する以前に、当人・観覧者らも解釈に揺れ、解釈の必要性の有無で揺れており、儀礼参加者全体の認識は全くランダムな現象の積なのである。

このように、我々が観察し得る可視化された秩序の背後には、可視化過程で消滅させられた無数の（相互に矛盾し得る）潜在的秩序があったはずで、観察可能な形で生き残った秩序とは、決定権者が信じた（とアピールすべきと信ぜられた）秩序・理念が、惰性的習慣と綯い交ぜになって記録に痕跡を残した、ごく薄い表層に過ぎない。しかしそれは、〈儀礼に当事者の意図を見出すのは不可能だ〉ということを意味するわけでもない。

例えば、現代日本人の多くが年賀状という習慣をほぼ全自動で繰り返すが、年始を祝うべき理由や、その祝意を他者に伝えるべき理由を歴史的経緯に即して理解し、その上に立って自覚的に実践する日本人はほとんどなかろう。〈すべきとされているから〉〈しないと非難されるから〉という強度の習慣化・自動化へと至った現段階において、年賀状慣行の実践から直ちに〝意味作用〟を読み取るのは、確かに性急といわざるを得まい。

しかし、あらゆる儀礼には、それを意図的に行った段階（あるいは偶発的な所作を意図的に習慣化した段階）があったはずである。その段階では故意に行われた以上、〈その行為を行った場合の作用が、行わなかった場合とは異なる結果をもたらす可能性がある〉と（一部の人間からであれ、またそれが恣意的理解・信念の寄せ集めであったにせよ）信ぜられたに違いない。その信念が史料上に現れた痕跡を史料から捕捉し、儀礼実践と照合するならば、儀礼論・礼制史は往時の特定集団の〝ものの考え方〟＝文化を復元・理解するツールとして十分に有効であろう。むしろ、かかる作業こそ、前述の自己否定的疑問にまで回帰してしまった人類学に対して、歴史学が果たし得る役割ではないかと、筆者は展望する。

## 四　儀礼の機能　――メッセージ発信とアイデンティティ表明――

以上を踏まえて、本格的な儀礼の分析に進む前にもう一つ、儀礼の重要な性質を再確認しておきたい。具体的には、〈儀礼はメッセージ発信である〉というテーゼを措定し、それが真であるという前提で本論に取り組むための準備をしておきたい。当該テーゼを証明するのは容易でないが、その出発点となるべき、間違いなく真であると確言できる前提は直ちに用意できる。

わが国における《礼》という概念は、当然ながら、「礼（禮）」という中国語の文字の移入によって初めて確立する基礎を得た。漢字の移入後、古代日本人（倭人）は、「礼（禮）」にノリ／イヤという訓を宛て、確定させた。すなわち、「礼（禮）」字は、日本語（倭語）のノリ（宣《の》り）という言葉で表される規範（上位者の宣言によって定まる規範）や、イヤ（敬《いや》ふこと）という言葉で表される敬譲行為にほぼ該当する、と見なされた。

そのように日本（倭）側で該当する概念・行為が宛てられたが、「礼（禮）」字自体は、朝廷で中国由来の理念体系そのままに生き続けた。「礼（禮）」とは、儒教経典において最も重視された一つの思想体系を表す概念であり、それは一言でいえば、〈理性に基づいて、なすべき時に、なすべき者が、なすべきこと（だけ）を行うよう導くことで人間社会を最適化するための、天地世界の摂理に由来する合理性に基づく規範〉であった[37]。

日本史家はしばしば日本古代国家を〝律令国家〟と呼びたがるが、それはことの一面に過ぎない。律令制は国家統治の手段であって、理念ではない。日本古代国家のモデルとして参照された古代中国国家は、少なくとも後漢以降、常に律令を統治の道具として用いながら、同時に、というよりもそれより観念的には上位にあるものとして、常に《礼》を統治の至高の理念としてきた。そこにおいて国家機構のデザインのベースは『周礼《しゅらい》』（周の国家制度、特に官職制度を網羅的に記録したものとされる。実際には戦国時代に秦の制度等を参照して書かれた）に求められたため、そうした古代中国国家は中国の歴史家から〝周礼国家〟と呼ばれる。これを参照した日本古代国家も、より国家の理念に注意を払って〝周礼国家〟と認知すべきことを、日本史家は軽視し過ぎている。日本古代国家は、飛鳥時代の半ば以降、『周礼』を含む儒教経典に理念の源を求めて国家制度をデザインし、国家の儀礼もその理念体系のもとで整備され、大なり小なり儒教経典の理念の影響を根本に有してきた。

以上を念頭に置いた時、〈儀礼とは何であるか〉を朝廷がどう考えていたかについて、推知させる情報が儒教経典に見出される。具体的には、『春秋左氏伝』において、《礼》と《儀》の違いが説明されている(38)。それによれば、《礼》とは、前述の通り世界の仕組みに沿って社会を最適化するための規範であり、その理念を理解して実践することを「礼に適う」という。それに対して、《儀》とは、《礼》の実現のために必要な所作である。換言すれば、《礼》の仕組みを十分に理解しようとせず、立場に応じた最適な行動を取らず、ただ表面的に《礼》に適うかに見える行動を取るだけの者は、《儀》を知るといえるが、《礼》を知るとはいえない。より簡約すれば、《礼》の根本は理性的精神、《儀》の根本は形式的所作であって、《礼》の理解を伴わない《儀》は空疎で無価値な抜け殻でしかない。それが『春秋左氏伝』の説く《儀》であり、したがって儒教の精神を踏まえて儀礼を整備してきたわが国の朝廷においては、かかる認識が儀礼の根本にあったと見なしてよい。そして、垸飯が朝廷儀礼に由来した事実に代表される通り、武家儀礼もまた朝廷儀礼の精神を（部分的とはいえ）継承していた事実が明白である以上、たとえ直接に儒教経典の教えを知らないとしても、儀礼における如上の認識は、多かれ少なかれ継承されていたと考えてよい。

以上から、我々が一口に〝儀礼〟あるいは〝礼儀〟と呼ぶものは、正確にいえば、〈《礼》の実践として行われる《儀》である〉と再定義できる。そこでいう《礼》が、必ずしも古代中国の儒教の《礼》そのままである必要はなかろう。《礼》は理念、《儀》は形として分離可能であり、双方を相伴うものが《礼儀》であり、我々のいう〝儀礼〟である、と概括してよい。

ここで重要なのは、《儀》が〈形であること〉であり、その発想は、「儀」字に「スガタ」の和訓を宛てた事実によって、わが国にも継承されたことが明らかである。かくして、いわゆる儀礼が〈形であること〉を根幹の一つに持つとすると、儀礼について下記のことがいえるであろう。

儀礼でいうところの形とは、特定の身体的所作をしたり、特定の器物を特定の場所・用途に供することであり、それら全体を総合して〝所作〟と呼んでよい。そして、それらの所作には、必ず相手がある。祭祀の場合も含め、大多数の場合は何者かに対する敬譲として行われ（祭祀の場合は天・神祇・仏・霊等。それ以外の場合は主君、父母・兄姉等の尊属、賓礼の場合は先輩・同輩・後輩等の多様な賓客）、軍礼の場合は主君・指揮官等の敬譲すべき相手のみならず敵まで視野に入れて、〈すべき時に、すべき者が、すべきこと（だけ）をする〉のが、《礼》の具象化としての《儀》であった。

筆者の知る限り、少なくとも古代中国や古代・中世日本の儀礼には、相手を念頭に置かずになされた事例がない。相手を念頭に置いて特定の所作を行うということは、誰かに何かを伝えるメッセージ発信の機能が、儀礼にはあるということにほかならない。

そして、儀礼がしばしば敬譲の手段であったことは、儀礼実践の場において、常に相手と自分の相対的関係が問題となった、ということでもある。より掘り下げていえば、相手の絶対的地位と自分の絶対的地位を念頭に置き、彼我の相対的な差を自覚して、その自覚を適切な所作によって表明する、ということである。〈他者を何であると認識し、自らを何であると認識し、自他の相互関係をいかなるものと認識しているか〉の表明が儀礼であるならば、〈儀礼とは即ちアイデンティティの表明である〉ともいえるであろう。

人が自分の一部と認識できるものには限界があり、その外縁に断絶がある。その断絶を境界線として、境界線の内部を自己として認識し、同時にその外部を他者（環境）と認識し、同時に自他の相互関係を認識する。本書では〝アイデンティティ〟を、そうした〈自己認識・他者認識・自他関係認識の三者に立脚する自己規定〉と定義して論を進めたい。

重要なのは、儀礼におけるアイデンティティ表明があくまでも〝表明〟であって、原理的には事実と無関係である（事実に基づく場合が多いとはいえ）、という点だ。自己を自己として浮き立たせる〝他者（環境）〟を、人が必ずしも正しく認識するとは限らない（というより、これも原理的には、最適な認識というものは存在しない可能性が高い）。その〝他者（環境）〟との差異・断絶についての認識も、その認識に立脚する〝自己〟の認識も、正しい保証がない。まして、当人が表明するアイデンティティが、当人の信ずるアイデンティティの素直な表明である保証も、必要もない（卑近な例でいえば、〈自分は何者にも縛られない自由人である〉と信ずる個人が、現実社会では「自分は組織や上司や顧客に忠実な僕である」と口にするように）。

とすれば、儀礼における所作として表明されるアイデンティティは、つまるところ〈xである他者に対して、自己はyであり、その間の関係はzである〉と自分は信じている、という表明であり、それ以上でもそれ以下でもない、と捉えるべきである。その表明は、現実の全部でないどころか、現実の一部である保証もなく、当人自身が表明通りに信じている保証もない。それでも、〈そう信じている〉と表明することに何らかの価値がある、と当人が信じている。そういう情報を、歴史学は儀礼実践から読み取るべきである。

以上を踏まえると、鎌倉幕府儀礼論の価値とは、次のようにいえるだろう。鎌倉幕府儀礼の態様とは、当事者たちのアイデンティティ表明、すなわち〈鎌倉幕府が外部に対して何者であるか〉〈そうした鎌倉幕府の構成員たる自分は、幕府外部に対して、また幕府内部において何であるか〉を、当事者たちが表明したものである、と。そうであるならば、次の結論を導ける。鎌倉幕府儀礼の実践の一つ一つが、当事者たちにとっての〝鎌倉幕府論〟にほかならない、と。

鎌倉幕府儀礼論の進展が他分野と同等以上に重要であり、鎌倉幕府儀礼論が他分野に従属し結論を強要されることが学問的に被害の大きい停滞である、と筆者が信ずる理由は、ここにある。鎌倉幕府論は、従来は政治史・

制度史によって牽引されてきたが、政治史は客観的状況の分析と、政治的に重要と見なされた場面における当事者たちの表明の分析に重点がある。それ自体、重要であり有意義な作業ではあるが、それはいわば鎌倉幕府論の両翼のうち、片翼に過ぎない。

もう一つの片翼として、鎌倉幕府の当事者たちが、特段政治的な場面に限らず、恒例・臨時に表明してきた主観的な鎌倉幕府論、即ち自己規定《アイデンティティ》（自己認識）の表明に耳を傾けることが必要である。そうした自己規定の表明は、無論、彼らが制定・実践しようとした制度の分析によって果たされてきたわけだが、その題材は主に法であって、法は自己規定の表明の一部に過ぎない。本書は、同じく自己規定の表明である儀礼（具体的には儀礼当事者たちの所作）を、すなわち当事者自身の鎌倉幕府論をまずは聞き届けた上で、それらを法と同等以上に有用な情報源として活用可能にする道筋をつけ、今日的な歴史学における鎌倉幕府論を再構築しようと志す。

詳しくは補論・終章で述べるが、従来、儀礼論を度外視してきたこと、すなわち当事者たちの主体的な表明を聞き漏らしたことが、鎌倉幕府成立論の進展の足枷となった。鎌倉幕府の成立は、かつては〈源頼朝の征夷大将軍就任〉という全く制度史的な観点から語られ、近年ではその不適切さが学界周知の常識になったものの、代わって、頼朝の鎌倉定住開始や、幕府内の主要機構の登場や、寿永二年一〇月宣旨や文治勅許、また頼朝の上洛・右大将任官等といった、頼朝集団が置かれた客観的状況によってのみ鎌倉幕府の成立年が論じられてきた。

それらはそれぞれに重要であるが、どれが鎌倉幕府成立の決定的な指標となるかは、畢竟、論者の歴史観に依存しており、学界共通の理解がついに得られないまま今日に至った。そのため、ある時期以降の中等教育の教科書では、上記の各説が羅列されるだけになり、最近に至っては、〈鎌倉幕府の成立は〇〇年である〉という表現自体が消えた。学界は、〈鎌倉幕府の成立は特定の年に求められず、段階的に成立したと結論せざるを得ない〉と共通認識するに至ったと思しい。

頼朝たちは、鎌倉幕府の成立を言葉で宣言しなかった。しかし儀礼を用いて、すなわち非言語メッセージとして表明していた。ところが、それを聞き取る能力が、研究者側になかった。垸飯をはじめとする武家儀礼が発したメッセージ群の語彙リストが研究者側になかったからであり、つまりは武家儀礼の基礎研究の不足・不備である。鎌倉幕府より遡って垸飯の源流が探究されず、幕府政治史を離れて垸飯が分析されなかったため、垸飯が発するメッセージは誤読された。その結果、治承四年（一一八〇）に頼朝が鎌倉新亭に移徙した直後に行われた垸飯に彼らがこめたメッセージが、聞き逃されてしまったのである。

## 五　本書の構成

以上を踏まえて、本書の構成意図を各章に即して述べたい。

本書は、主に対象とする鎌倉幕府の段階に沿って、三部構成とした。すなわち、第一部は鎌倉幕府の草創期、第二部は執権政治期、第三部は得宗専制期を扱う。そして、これら全体を貫く基調として、〈そもそも鎌倉幕府儀礼を服属・支配の問題として主に理解しようとする通説的視座は、根本的に誤っているのではないか〉という疑義が根幹にある。

このうち、総論的であるためいずれの部とも異質で、結章にも組み込み難く、しかしながら本書に再録しておかねば本書全体の構成に支障を来すと判断した補論「鎌倉幕府の儀礼と年中行事――導入としての鎌倉幕府儀礼世界の素描」（初出二〇一六年）を、第一部の前に配置した。

これは本書再録論文の一部を公表した後、それを踏まえて一般向けに鎌倉幕府儀礼の全体像を素描した文章である。『現代語訳　吾妻鏡』（吉川弘文館）シリーズの別巻として、『吾妻鏡』現代語訳の作業に携わった研究者が、各自の専門分野を活かして『吾妻鏡』を彩る様々な話題群について平易な解説を行った巻に寄稿した文章で、学術論文ではないため、本来ならば研究書への再録には適さない。

しかし、これは筆者が〈鎌倉幕府の成立は治承四年一二月一二日〉説を初めて公表した文章である上、本書再録論文のいくつかが注でこの文章を参照している。そのため、同説を論旨の根幹の一部とする本書に再録する形で、本書各論と一体に主張初出時の文章を記録しておかねば、本書の一貫性・完結性や参照の便宜に問題が生じると判断し、文体の異質さや、叙述対象の範囲や、次に述べる構成上の問題を承知の上で、本書に再録することとした。

この補論は本書再録論文のいくつかの結論に言及しているため、本書に入れるならば本来、最後尾に入れるのが適する。また、研究者に対しては不要の記述を削除して終章に組み込むことも考え、その形で一度は終章を書いてみた。しかし、〝時の区切り目〟と儀礼催行契機の関係等、本書全体に関わりながらも本書各章では行論の都合上言及しなかった記述は、本書冒頭部に配する意味があろうと判断した。また、朝廷儀礼の世界まで視野に入れて鎌倉幕府の儀礼世界の入口へと読者を誘うような導入的記述は、儀礼研究を専門としない研究者に対しても無益でないと考えるに至り、全文を序章の次に再録することとした。再録に際しては、右趣旨を明瞭にするため、初出時になかった副題を補った。

## Ⅰ　第一部（第一章〜第三章）の執筆意図

前述の通り、原点に対して発生した誤解は派生するすべてに及ぶため、第一部「創立期鎌倉幕府の儀礼――上型組織の発足――」冒頭の第一章「中世武家礼制史の再構築に向けた垸飯儀礼の再検討序説――垸飯の源流と幕府儀礼化以前の沿革――」（一部初出二〇一三年）にて、垸飯儀礼の源流を可能な限り遡り、垸飯を服属儀礼と見なした先学の誤りを証明することも含めて、鎌倉幕府に導入される以前の垸飯（朝廷・寺社で実践された垸飯）の実例を網羅的に蒐集・分析した。そして、それらの儀礼的性質、すなわち鎌倉幕府における垸飯導入の大前提となる出発点を明らかにした上で、鎌倉幕府儀礼体系に垸飯が採用されたことの根幹的な意義を考究した。

なお、本章初出時には右に続けて、儀礼論一般の立脚すべき諸前提・概念の整理を試みる理論的叙述を展開させたが、抽象的な所論は序章に集約し、各論は具体的な事例検討として一貫させるべきと考え、当該叙述はこの序章の第二節・第三節に移した。また、第一章では初出時の論旨を維持しつつ、初出時以降に知り得た平安〜院政期の事例を大幅に増補し、論旨を補強した。そのため、原題「中世武家礼制史の再構築に向けた鎌倉幕府垸飯儀礼の再検討――垸飯は主従儀礼か――」を右のように改題した。

第二章「鎌倉幕府垸飯付帯引出物の儀礼的メッセージ――終わりなき戦時と伊勢遷宮・大仏再建――」（新稿）では、垸飯の基礎研究をさらに進め、垸飯の儀礼的細部について再検討を加えた。具体的には、従来漠然と一つの「垸飯」儀礼と考えられていた鎌倉幕府垸飯の実践の内容が、実は「垸飯」＋「引出物」という別個の儀礼の複合体であることを論じ、その上で、垸飯自体の踏み込んだ考察へと進む前に、垸飯から切り離して考えるべき、垸飯付随の引出物の意義を考察した。その内容は、それらの引出物の中でも顕著に目立ち、従来からも関心を惹いてきた砂金・鷲羽・馬という引出物の持つ意味の考察である。その考察は、それらの引出物が、旧説において全く関連性に気づかれなかった大仏造立という個別具体的な政治的事件との連関から分析すべきものである可能性を導き、その分析は〈鎌倉幕府が自己を何者と認識していたか〉という鎌倉幕府のアイデンティティ論へと帰着する。

第三章「創立期鎌倉幕府のアイデンティティ模索と礼制・法制――公武法圏の接続と常置の将軍――」（初出二〇二〇年）は、かかる鎌倉幕府のアイデンティティ論を、礼制と法制の関係如何という視座から論じ進め、もって幕府草創期について、少なくとも垸飯に即して議論可能な礼制史的総括を試みたものである。具体的には、内容が大々的に整備されたことが以前から注目されてきた建久二年（一一九一）正月の鎌倉幕府垸飯について、直前に果たされた頼朝の初度上洛（鎌倉帰着の翌日に建久二年正月垸飯）と、直後（同じ正月中）に果たされた幕府諸機関の大規模な整備（政所・問注所・侍所の拡充整備と、公事奉行人・京都守護・鎮西奉行人の初設置）、そして下文更改（頼朝袖判下文の回収と政所下文への書き換え）という三大事件との明白な時期的連続性に着目した。

これらはすべて従来別個に取り上げられ、特に頼朝初度上洛・幕府機関整備・下文更改は政治史的には議論の対象として周知であったが、本章では、それらの議論に従来活用されなかった建久二年正月垸飯の意義を投入し、すべて一連の大事件として総合的に考察した。それにより、政治史的に必ずしも明瞭な見通しを得なかったこの大事件に礼制史的な情報を補い、それをもって、より多角的・立体的な全体像の捕捉を可能にし、より適切な歴史的評価を導くことを試みた。

その根底には、〈鎌倉幕府の礼制史を追究してきた筆者の成果を踏まえる時、鎌倉幕府像はどうアップデートできるのか〉という問題提起があり、当該期日本国を律する最上位システムとしての国制とその具象化である朝幕関係を、やや理論的・俯瞰的に論ずることを意識した。そして、先学の蓄積に基づいて当該期朝廷・幕府をめぐる法制史的環境を押さえた上で、それが礼制史的環境といかなる関係にあり、両者の相互作用が何を目的になされ、何を生み出したかを論じた。そして、法制史と礼制史の上位あるいは根幹として念頭に置くべき大局的な〝規範史〟の観点から、その部分集合たる法制史と礼制史の有機的統合・接続を試み、実際に頼朝ら草創期幕府が《礼》と《法》を相互補完的かつ意図的に活用した可能性を論じた。

本書に再録した各論文の中で、第三章は最後に公にした論文だが、幕府草創という時期・段階に注目した論考群は、鎌倉幕府の全時期を視野に入れた本書では時系列的に先にまとめるべきである上、創立時に形成された幕府の根幹的アイデンティティを主題とする以上、それを原点として後に派生的に発現した〈鎌倉幕府＝御家人集団のアイデンティティの変容〉という行論へと話を進める前に配置すべきと考えて、第一部の末尾に配した。同章は〈〝終わりなき戦時〟を存続理由として幕府が必要とした〉という論点を含むが、この点は第二章と共通の論点であることからも、第二章に隣接させて配置し、なおかつ総括的な所論であることから第二章の後に配置したものである。

## Ⅱ　第二部（第四章〜第七章）の執筆意図

第一部にて、幕府創立という一連の大事業における垸飯の重要な役割を論じ、初期鎌倉幕府のアイデンティティ形成を一定程度明らかにしたことを踏まえ、第二部「執権政治期鎌倉幕府の儀礼——一揆型組織への転換——」では、頼朝期の第一次完成というべき段階を経て軌道に乗り始めた鎌倉幕府が、北条氏の擡頭と執権職独占、幕府主導者としての地位確立という組織自体の大変革を経る中で、垸飯儀礼の諸要素がいかに変容し、それが幕府の態様やアイデンティティのいかなる変化を示したかを論じた。

第四章「鎌倉幕府垸飯儀礼の変容と執権政治——北条泰時の自己規定と傍輩・宿老・御家人——」（初出二〇一三年）は、泰時執権期以降の幕府垸飯に関する旧説の全面的な再検討を試みたものである。旧説は、〈泰時期以降の北条氏が年始垸飯の「沙汰」をした事実は、確立する執権政治の御家人一般に対する主導権・支配権アピールを意味する〉という主張であった。しかし実のところ、〈垸飯を「沙汰」した〉という史料上の記述が具体的・即物的に何を意味するのかは追究されず、一足飛びに〈主催者として最大の脚光を浴びる立ち位置に立つ〉ことと同義と見なすという、致命的欠陥が旧説にはあった。

本章はこれを克服すべく、〈垸飯を「沙汰」する〉ことの具体的内実を史料に探る基礎研究からやり直した。そして、〈垸飯を「沙汰」した〉執権北条氏が必ずしも〈主催者として脚光を浴びなかった〉ことを論証した上で、鎌倉幕府垸飯が〈傍輩間の紐帯確認儀礼〉であるという第一章で明らかにした原点と照応させて、泰時期の執権政治の確立といかに関連するかを論じた。特に政治史的観点に即して、執権泰時が、伯母にして鎌倉殿権力の実質的保持者である北条政子から実質的最高権力を付託された実態が、創立時から共同幻想として幕府が保持してきた〈御家人皆傍輩〉原則と整合性を持たないことに着目し、その整合性の構築に泰時がいかに腐心したかを追跡し、その中で〈執権泰時が年始垸飯の沙汰を独占する〉ことの意義を、旧説とは正反対の結論を導く形で読み解いた。

第五章「鎌倉幕府垸飯役の成立・挫折と〈御家人皆傍輩〉幻想の行方──礼制と税制・貨幣経済の交錯──」（初出二〇一六年）は、かかる確立期執権政治と垸飯儀礼の態様の関係を念頭に置きつつ、御家人役としての「垸飯役」の成立・存続の意義を再評価しようと試みたものである。

〈垸飯は服属儀礼〉という旧説に立つ限り、垸飯の物資負担を全御家人に配分賦課する垸飯役には、疑念を差し挟む余地がなかった。服属儀礼において、支配者が被支配者に対する負担を強要するのは当然だからである。しかし、垸飯が〈傍輩間の紐帯確認儀礼〉であると明らかになった今、垸飯役の存在は極めて大きな疑問を惹起する。傍輩が傍輩に負担を強要するのは自明でない、というよりも原理的にあり得ない上、本質的に垸飯が贈与であると明らかになった以上、その負担は自発的供出であるのが当然であって、それが「垸飯役」という名の御家人役、すなわち強制徴収される租税と化すことには劇的な論理転換が不可欠である。垸飯役の成立と存続、そしてそれらの経緯や意義は、かかる観点から大きく問題視され解明に取り組まれるべきだが、垸飯の趣旨を誤解した旧説は必然的にこの問題の存在に気づかず、解明に取り組まれることもなかった。

そこで本章では、白紙から垸飯役を考究した。具体的には、垸飯役とともに御家人役の二本柱となった大番役と、さらにはほぼ同時に発足した評定制を総合して、当該期に執権泰時の主導で果たされたそれらの成立を一つの大事件と捉え、通底する一つの大理念の存在を想定して、その具体相を探った。

その背景には、第四章でも当該期幕府垸飯に関わる重大問題として見え隠れした、執権制確立の問題が見出される。すなわち、主従制や姻戚関係の論理によって幕府を主導してきた頼朝・政子夫妻とそれを補助した柱石（特に北条義時・大江広元ら）の退場によって、未だ十分な実績なき段階で実質的な最高権力者とならざるを得なかった泰時の、保身の問題である。

第六章「北条時頼政権における鎌倉幕府年中行事の再建と挫折――対話的理非究明と専制的権力の礼制史的葛藤――」（初出二〇一六年）は、鎌倉幕府儀礼体系の全体が時頼期に動揺し、岐路を迎えた様相を論じたものである。時頼期に入ると、御家人らが故障（不都合）を申し立て、幕府年中行事の参仕から逃れ（ようとす）る事例が激増した。時頼はこれに対して、申告された故障事由の事実確認調査を徹底し、当人を召喚して尋問し、故障に正当性が確認できなければ論駁し、催促するという形で、鎌倉幕府年中行事体系の正常化を目指した。しかし結果として、時頼はそれに成功することなく没する。本章はその失敗の要因を、前章までに明らかにした鎌倉幕府垸飯の本質と、北条氏が得宗専制へと傾斜してゆく政治史的経緯とを関連づけることで考究し、やはり〈幕府とは何か〉という鎌倉幕府のアイデンティティ論との関係から解くべき重大問題であることを論じたものである。

第七章「鎌倉幕府垸飯行事の完成と宗尊親王の将軍嗣立」（初出二〇一六年）は、時頼期に得宗家への権力集中を強めて執権政治が安定期を迎える中、変遷の末に完成を迎えた幕府垸飯の態様が、中期鎌倉幕府における儀礼と政治・制度のいかなる関係を浮き彫りにし、いかなる新たな知見を導くかを論じたものである。特に、先学によって知られていた垸飯参仕者・将軍出行供奉人の二重選抜方式（垸飯参仕者の中から将軍出行供奉人を選抜する方式）の意義を再検討し、そこに先学が証明抜きに投影してきた〈将軍宗尊の権力強化行動とそれに対する執権時頼の掣肘・反撃〉という構図に疑義を呈し、実証レベルではむしろ両者の協調を読み取るべき可能性を提言した。

また、宗尊の将軍就任が頼朝期以来構想されては潰えてきた〈親王将軍構想〉の完成、すなわち長らく温存されてきた青写真に基づく幕府の完成であることと、宗尊着任を機に将軍代始垸飯が出現し、なおかつ従来多様な機会に催されてきた幕府垸飯が将軍代始垸飯と年始垸飯の二種に収斂して、鎌倉幕府垸飯が完成形を得た事実を関連づけ、時頼政権が信じた鎌倉幕府垸飯の本質と頼朝期のそれの一貫性を、鎌倉幕府のアイデンティティ論に帰着させて論じた。

### Ⅲ　第三部（第八章〜第一〇章）の執筆意図

如上の第二部は、執権政治の成立・変容過程が幕府自体にもたらした変容の実相と意義を、〈幕府とは何か〉という問いに対する当事者（将軍・得宗家・御家人ら）の自己規定の表明たる垸飯を通じて、先学（特に政治史）と異なる角度から立体的に浮かび上がらせ、幕府論の進展を目指したものである。それを踏まえ、第三部「得宗専制期鎌倉幕府の儀礼——二系列型組織への帰着——」では、垸飯と不可分の関係にある〈御家人皆傍輩〉原則が露骨に崩壊した得宗専制期に、垸飯をはじめとする鎌倉幕府儀礼体系がいかなる変容を遂げ、それが鎌倉幕府の変容について、組織論的にいかなる新知見をもたらし得るかを論じた。

第八章「得宗専制期における鎌倉幕府儀礼と得宗儀礼の基礎的再検討」（初出二〇一八年）は、その大前提を成す基礎作業である。従来、鎌倉幕府儀礼に言及した旧説は、当該期における得宗が将軍儀礼に立ち並び、将軍儀礼を横から乗っ取り、将軍儀礼を掣肘する等の干渉により、将軍儀礼に露骨な対抗心を発露し、もって極限まで将軍に近づき将軍権威をわがものにしようとした、と説いてきた。その旧説の妥当性は、今や前章までの考察のみによっても大いに疑われるが、より精密に検討し、より生産的な結論を導くためには、幕府儀礼、とりわけ将軍儀礼の催行状況についての事実確認が欠かせない。そこで同章では、得宗専制期の幕府儀礼・将軍儀礼を網羅的に検出して当該作業を行い、幕府草創期・執権政治期と比較して変容した部分と保たれた部分を明らかにした。また同時に、元服儀礼に焦点をあてて幕府開創期から得宗専制期までの得宗家儀礼を追跡し、その変容を跡づけ、右に明らかにした幕府儀礼・将軍儀礼の態様と対比する準備を行った。

その対比から観察されるのは、〈得宗家が将軍権威に対抗し、圧迫し、権威を奪取せんと志した〉という旧説の構図の不成立である。むしろそこに見えるのは、肥大化した得宗家率いる北条一族以外に担い手を失った鎌倉幕府儀礼体系の全体を得宗家が苦心して運営する姿と、それが惹起した幕府構成員の顕著な二系列化、すなわち御家人の「外様（公）」と「御内（私）」への分離・並列化の様相、そしてそれがもたらした得宗家と「天下」の関係である。

第九章「北条氏権力の専制化と鎌倉幕府儀礼体系の再構築——得宗権力は将軍権力簒奪を志向したか——」（初出二〇一七年）は、もとは第八章と一つの論文として執筆したが、分量の関係で二分割せざるを得なかった論文の後半部分にあたり、第八章を直接承けて展開させ、得宗専制論を礼制史・政治史双方の観点から総合的に再考したものである。

同章では前章で見通しを得た御家人の〈外様・御内への二系列化〉という事実から出発し、以下の諸点を論じた。すなわち、鎌倉幕府の「公」が最終的に得宗と同化した事実。それが得宗による将軍権威の奪取ではなく、得宗が将軍と並列化する現象であったこと。その二頭体制の現出をトリガーとする、得宗側の「御内」に対する将軍側の「公方」という概念の出現。その概念が幕府組織上に広く適用された〈公方・御内への二系列化〉という現象。その二頭体制において幕府儀礼の大部分を丸抱え的に請け負わねばならなくなった得宗家が、運営を合理化すべく公方・御内の二系列を一体的に運営できる短絡回路《ショートサーキット》を設けた事実等である。そして最後に、それらの事実が、同じ態様を直接的に継承して始動した初期室町幕府の諸問題といかに関わるかを展望した。

第一〇章「鎌倉末期の得宗儀礼に見る長崎円喜・安達時顕政権の苦境――得宗空洞化・人材枯渇・幕府保守――」（初出二〇一九年）は、如上の通り将軍と並列化して至高の権威を獲得した得宗家が、嘉元の乱を経て高時期に自ら権力を空洞化させた結果、滅亡直前の約三〇年間という最終局面において鎌倉幕府がいかなる組織となったかを、主に当該期得宗家儀礼の実践態様から分析したものである。

北条高時は専制君主の家に生まれ、専制君主の座を保証されながら、幼少期・成人期を通じてついに専制君主の実質を具備し得なかった。かくして得宗において空白化した幕府主導者の人格的権威の多くを御内管領長崎円喜が代行したが、得宗家被官に過ぎない長崎氏が原理的に代位し得ず、埋められなかった空白もあった。そのように重大な欠損部を抱えたまま補修できなかった末期鎌倉幕府（長崎円喜政権）は、得宗・北条氏・御家人全体に及ぶ慢性的な人材枯渇に悩む中で、自らの限界と可能性をいかに自覚し、いかなる方向性をもって幕府運営に臨み、そのためにいかなる施策を試み、それがいかに成果を挙げなかったか。そして、その末期的症状にもかかわらず、常識的直感に反して幕府がいかに堅牢であったか。それらの論点について、高時期に滅亡を前にしてなおも試みられた幕府儀礼（それは既に得宗家儀礼と融合・一体化していた）の新規創出を切り口として、大局的に論じようと試みたのが、本章である。

本書各論の最終章となる本章では、さらに今後の研究の展開を意識して、展望を述べてある。すなわち、如上の末期幕府の実相・本質を踏まえる時、いわゆる鎌倉幕府の滅亡とされる現象をいかにして歴史学的に再評価可能か。そしてそれが、後続の建武政権の登場や足利氏による幕府再起動（室町幕府創立）の歴史的評価をいかに更新し得るのか、と。この展望は、建武政権・創立期室町幕府に関する総合的な歴史像の更新を目指して発表した論文「建武政権論」(39)に直接接続すること、さらにいえば、同論文を骨子として別途温めている建武政権の包括的な研究書に直接接続することを意識して述べたものであり、筆者の今後の研究計画の布石となっている。

本書は以上の三部により、主に垸飯を実証的基盤とする儀礼論の再構築を通じて、源頼朝政権期の創立から長崎円喜政権期の滅亡まで、鎌倉幕府全体の歴史を再評価することを企図する。これは、政治史・制度史に偏ってなされてきた鎌倉幕府論、とりわけその組織論を、礼制史という新視角に基づいて全く異なる材料・方法論から叙述し通せないか、という試論である。そして、その試論の大前提として、現段階で有害と断定可能な政治史由来の先入観をすべて排し、史料から導き得る事実や確度の高い推定によってのみ鎌倉幕府礼制史を再構築し、もって自律的学問分野として自立させ、他分野に依存しない武家礼制の体系の再構築を模索する試みである。

筆者はその先に、長期的目標として、日本礼制史の再構築と、中世幕府論の大幅な更新を志している。そこで、結章では、本書各章で得られた結論を踏まえて、それらを総合して初めて得られる結論を述べると同時に、右の長期的目標に対して本書から具体的にいかなる展開の道筋を展望できるかを、総括的に述べる。

また、本書前半（第一章～第五章）の考察が導いた最大の成果の一つは、〈鎌倉幕府はいかなる本質・形態の組織であると理念化・自覚されたか〉という問い、具体的には〈朝廷に代表されるピラミッド型組織に対して、鎌倉幕府は何型組織といえるか〉という問いへの解答に、垸飯の分析以外では今のところ導けそうにない確証を与えられた点にある。その解答は第五章・結章等で適宜言及するが、結章で総括的に強調した上で、それが日本中世史の歴史像（特に幕府論）にいかなるインパクトを与えるかを具体的に論ずる。

如上の試みがどの程度まで成功しているか、読者諸賢の検証を願う。

凡例

本書再録論文では、初出時に紙幅の都合等で筆を尽くせなかった一部箇所の言い回しを改めたほか、初出後に知り得た事例・知見を補ったが、初出時に提示した論旨を削除あるいは大幅に転換した部分はない（第一章にて論旨を大幅に掘り下げたが、初出時に示した結論には、追加はあっても改変はない)。

また、章単体での閲覧に資するよう、各章には凡例的前置き(掲出史料の略称と、関連拙稿の略号の定義)を設けた。

なお、本書第六章・第七章は、科学研究費補助金・若手研究(B)「中世礼制史の再構築に向けた鎌倉幕府儀礼の基礎的研究」(研究課題番号二五七七〇二四五)の研究成果の一部である。

(1) 桃崎有一郎「建武政権論」(『岩波講座日本歴史 第7巻 中世2』、岩波書店、二〇一四)。
(2) 富田正弘「室町殿と天皇」(『日本史研究』三一九、一九八九)。
(3) 桃崎有一郎「中世武家礼制史の再構築に向けた鎌倉幕府垸飯儀礼の再検討—垸飯は主従儀礼か—」(遠藤基郎編『生活と文化の歴史学　第2巻　年中行事・神事・仏事』、竹林舎、二〇一三)。
(4) 藤直幹『武家文化の構造』(河原書店、一九四九)。
(5) 二木謙一『中世武家儀礼の研究』(吉川弘文館、一九八五)、同『中世武家の作法』(吉川弘文館、一九九九)、同『武家儀礼格式の研究』(吉川弘文館、二〇〇三)、小久保嘉紀『室町・戦国期儀礼秩序の研究』(臨川書店、二〇二一)等。
(6) 『中世政治社会思想　上』(岩波書店、一九七二)解説(石母田正執筆)六四一頁以下。
(7) 以下の本節の所論は、垸飯を扱った筆者の最初の論文(前掲注(3)論考)から、本書第一章に再録した具体的分析部分を切り離した残りの、理論的部分の叙述をベースにしている。
(8) 『続群書類従』武家部所収。
(9) 『貞丈雑記』一上-礼法。
(10) 『沢巽阿弥覚書』(『続群書類従』武家部所収)。
(11) 『長禄二年以来申次記』(『続群書類従』系図部所収)申次人数之事-長禄年中以来に、伊勢下総守貞扶・伊勢下総守貞

持が見える。恐らく同一人物で、義持の偏諱「持」を下の字とする貞持が誤写と思われるが、貞持の項に「次郎左衛門貞頼幷右京亮貞遠以下之親父也」とあり、同書―〈東山殿様〉近年申次人数事―伊勢右京亮貞遠に「貞扶次男、下総守舎弟也、貞遠は貞宗朝臣猶子分云々」とある。

(12) 青山幹哉「王朝官職からみる鎌倉幕府の秩序」(『年報中世史研究』一〇、一九八五)一九~二〇頁。

(13) 永井晋「鎌倉幕府の的始」(『金沢文庫研究』二九六、一九九六)四七頁。

(14) 池享「聚楽第行幸における行列の意味」(『戦国・織豊期の武家と天皇』、校倉書房、二〇〇三、初出一九九三)二一七頁。

(15) 八幡義信「鎌倉幕府垸飯献儀の史的意義」(『政治経済史学』八五、一九七三)二七頁。

(16) 前掲注(14)池論考二一八頁。

(17) 岡田清一「合戦の儀礼」(福田豊彦編『中世を考える　いくさ』、吉川弘文館、一九九三)一五二頁。

(18) 盛本昌広「鎌倉幕府儀礼の展開」(『鎌倉』八五、一九九七)二三頁。

(19) 菱沼一憲「源頼朝「御権威」の成立と新秩序」(『中世地域社会と将軍権力』、汲古書院、二〇一一、第一節のみ初出二〇〇六)一七四頁。

(20) 滑川敦子「鎌倉幕府における正月行事の成立と発展」(上横手雅敬編『鎌倉時代の権力と制度』、思文閣出版、二〇〇八)一八〇頁。

(21) 舩田淳一『神仏と儀礼の中世』(法藏館、二〇一一)。引用部は「序章　中世宗教儀礼研究の射程―神仏をめぐる思想と表現―」二五頁。

(22) 前掲注(21)舩田著書一五頁。

(23) 谷口雄太「足利時代における血統秩序と貴種権威」(『歴史学研究』九六三、二〇一七)七〇頁。

(24) 石原比伊呂「室町幕府将軍権威の構造と変容」(『歴史学研究』九六三、二〇一七)。引用部前半は五九頁、後半は六〇頁。

(25) 桃崎有一郎「昇進拝賀考」(『古代文化』五八―Ⅲ、二〇〇六)、「中世後期における朝廷・公家社会秩序維持のコストについて―拝賀儀礼の分析と朝儀の経済構造―」(『史学』七六―一、二〇〇七)、「鎌倉幕府の秩序形成における拝賀儀

礼の活用と廃絶―鎌倉殿・御家人・御内人―」（阿部猛編『中世政治史の研究』、日本史史料研究会、二〇一〇）、「鎌倉殿昇進拝賀の成立・継承と公武関係」（『日本歴史』七五九、二〇一一）、「『西宮記』に見る平安中期慶申（拝賀・奏慶・慶賀）の形態と特質」（『立命館文学』六二四、二〇一二）。

(26) 今村仁司・今村真介『儀礼のオントロギー』（講談社、二〇〇七）第一章四三頁（今村真介執筆）。

(27) 杉島敬志「承認と解釈」（『岩波講座文化人類学　第9巻　儀礼とパフォーマンス』、岩波書店、一九九七）二四九頁。

(28) 村井章介「執権政治の変質」（『中世の国家と在地社会』、校倉書房、二〇〇五、初出一九八四）六～七頁。

(29) 滑川敦子「鎌倉幕府行列の成立と「随兵」の創出」（『立命館文学』六二四、二〇一二）三四一頁。

(30) 『吾妻鏡』文治二年正月三日条。

(31) 筧雅博「鎌倉幕府掌論」（『三浦古文化』五〇、一九九二）二五頁。

(32) 新田一郎「「由緒」と「施行」」（勝俣鎮夫編『中世人の生活世界』、山川出版社、一九九六）。

(33) 桃崎有一郎「中世後期身分秩序における天皇と上皇・室町殿」（『中世京都の空間構造と礼節体系』、思文閣出版、二〇一〇、初出二〇〇八）。

(34) 和田純夫『20世紀の自然観革命』（朝日新聞社、一九九七）、コリン・ブルース『量子力学の解釈問題』（和田純夫訳、講談社、二〇〇八）等。量子論では、一つの世界に複数の可能性が併存するのではなく、各可能性が現実である世界が無限に併存する〝多世界解釈〟が有力である由だが、そうであるにせよ、一つの世界から観察すれば本文で述べたように見える。

(35) デイヴィッド・イーグルマン『意識は傍観者である』（大田直子訳、早川書房、二〇一二）。

(36) 前掲注(27)杉島論考二五八頁以下。

(37) 桃崎有一郎『礼とは何か――日本の文化と歴史の鍵』（人文書院、二〇二〇）。

(38) 前掲注(37)桃崎著書二八五頁以下。

(39) 前掲注(1)桃崎論考。

# 補論　鎌倉幕府の儀礼と年中行事 ――導入としての鎌倉幕府儀礼世界の素描――

## 一　儀礼に載せる政治的メッセージ ――鎌倉幕府の出発宣言――

治承四年（一一八〇）、石橋山合戦に敗れた源頼朝は海路房総半島に逃れ、勢力を盛り返して一一月一七日に鎌倉に入り、一二月一二日に新たな第宅に移徙《いし》の儀を行った。移徙とは本宅（本拠とする第宅）の転居を宣言する式典で、頼朝は「今日以後、鎌倉を本拠地とする」と宣言したことになるが、もとより、それはただの転居ではない。そもそも頼朝は平治の乱で敗れた父義朝に連坐して伊豆に流された流人であり、要するに服役中の犯罪者であって、その彼に転居する権利など、あるはずがない。つまり右の移徙は、「もう受刑者を続ける気はない」という、（平家が牛耳る）朝廷の法秩序からの離脱宣言にほかならないのである。

それは我々が考える以上に重大な宣言であった。今日、鎌倉幕府の成立した年について、筆者や多くの読者が学校で習った建久三年（一一九二）説を支持する研究者はいない。建久三年は頼朝が征夷大将軍に任命された年だが、それは既に実体として存在する幕府に朝廷が「征夷大将軍」というラベルを貼った日に過ぎない。重要なのはその実体が成立した日なのだが、何をその指標と見なすかは研究者によって区々だ。寿永二年（一一八三）一〇月宣旨（頼朝に東海道・東山道支配を認める朝廷の命令）とする説、頼朝に守護・地頭・兵糧米徴収等に関する権限を認めた文治元年（一一八五）の勅許とする説、また建久元年に上洛した頼朝が右近衛大将の官職を与えられ「王朝の侍大将」になった時とする説もある。

実際問題として、鎌倉幕府は数年かけて段階的に成立したのだが、それを承知の上で、何を決定的と見なすかが議論の分かれ目であり、多くの説は〈朝廷に決定的な権限を認められた時〉を〝幕府の成立〟と見なそうとしている。それらは確かに重要な画期には違いないのだが、もう少し当事者の声に耳を傾けないでよいのか、と感じることがある。

その当事者の声こそ、前述の治承四年の移徙の儀にほかならない。その式典は、朝廷の法秩序からの独立と、鎌倉を本拠とする意思を宣言しており、つまり〈治承四年一二月一二日に頼朝らの政権は出発する〉というメッセージを発している。『吾妻鏡』も「これ以降、東国の武士らは頼朝を『鎌倉の主』に推戴した」と述べ、その理解を追認している。右に列挙した権限の獲得は幕府の成長であっても誕生ではない、というのが幕府自身の認識であったし、筆者もここに幕府の成立を認めて何ら差し支えないと考えている。

このように、儀礼（式典）には何らかのメッセージを発信する機能があり、設備・装束・所作・音響等、あらゆる要素を通じて見物者の五感にそれを伝えた。この機能を応用すると、様々な政治的メッセージを載せることが可能になる。鎌倉幕府はそれを活用し、自分達が何者である（ろうとする）のか、何を考えているのか、といったメッセージを折々に発した。

儀礼・年中行事の側面から見る時、鎌倉幕府が史上初の武家政権であった意味は限りなく大きい。前の幕府の儀礼を取捨選択すればよかった室町幕府や江戸幕府と異なり、彼らには参照すべき先例が皆無であったのだから。鎌倉幕府はゼロから試行錯誤を繰り返して、儀礼体系を構築するしかなかった。既に朝廷では平安中期以降に年中行事が確立し、元日には元日節会、正月五～七日に叙位、七日に白馬節会、一六日に踏歌節会……と続いて大晦日の追儺（節分の豆まきの原型の鬼遣らい）まで、毎年決まった行事を繰り返した。それは鎌倉幕府が参照できる唯一の先例であったはずだが、実際には全く踏襲しなかった。天皇と朝廷の貴族社会・官僚機構が運営し出演する儀礼を、それらスタッフもキャストもいない幕府は踏襲できないし、しても意味がないからである。

## 二　時の区切り目でアイデンティティを再宣言する儀礼　――事始型儀礼――

では、彼らはいかなる理由で、いかなる儀礼を作り上げたのか。『吾妻鏡』を通読する限り、幕府の儀礼を形成したのは彼らの時間感覚であり、自己規定《アイデンティティ》の問題である。

前近代の日本人は一本の川のような、時の流れを常に意識した。そして自分に関わる重要な出来事が起こると、「時が区切れた」と認識する。例えば、前近代日本のあらゆる身分秩序の原点、社会秩序の中心であった天皇が死去すると、人は「時間が区切れた」と認識する。一旦時間が区切られると、それ以後が新しい〝今〟と認識され、それまでの時間は〝過去〟に分類され、ラベルが貼られ、時間の倉庫《アーカイブ》に格納される。具体的には、その天皇の宮殿名・追号・年号をラベルにして、「小墾田宮御宇之世《おはりだのみやにあめのしたしろしめししよ》（推古天皇の時代）」「延喜・天暦（醍醐・村上天皇の古き良き時代）」「鳥羽院御宇」といった具合になる。武家政権でも将軍や執権の世代交代によって「右大将家御時（頼朝の時代）」「仁治以往（執権北条泰時の時代以前）」「等持院殿御代（足利尊氏の時代）」等のラベルが時間の塊に貼られ、〝過去〟として蔵《しま》い込まれる。さらに自分の身に即しても、誕生・元服・出家等の人生階梯《ライフステージ》を進めたり、新たな位や官職を与えられたり、自分の肩書きに変化が生じたりすると、時が区切られる。

時が区切られると、それまで行ってきた行為は中断され、新たな時の開始とともに事始《ことはじめ》型儀礼（「〇〇始《はじめ》」と銘打った儀礼）で開始（再開）を宣言せねばならない。例えば、公卿（従三位以上の位か参議以上の官職）に上ると、直衣《のうし》という普段着を着て外出する権利が生まれるが、公卿となった直後はもちろん、その後も身分が更新される（彼の時が区切られる）たびに「直衣始」を行う。たとえば参議から中納言に昇ると、「これからは中納言として直衣を着る」と宣言する意味で直衣始が行われる。同様に上皇が新たな御所に移徙すれば御幸始を行い、公卿・准三宮・院号等の、最上級の待遇を得た人物は政所始・随身所始・侍始等を行って家政機関の（再）起動を宣言する。また公卿なら、内裏の陣座で通常行う政務（陣定）を儀式化した「着陣」の儀を行って、新たな地位に基づく政務への参加を宣言をする。

そういった宣言が必要なのは、宣言されなければ他人には分からないからに違いない。つまり時の区切りとともに、〈自分が今どのような状態にあるのか／何者なのか〉が不明になり、宙に浮いてしまうので、再度、人前で定義されなければならないのである。それは律令等に定められた制度的なルールではないが、なぜか中世人はそのように考え、宣言の手続きを踏まないと気が済まなかった。その背景には、自分と相手の身分によって取るべき所作が事細かに定められていた身分制社会があろう。『弘安礼節』という鎌倉時代の規定によれば、たとえば自分が五位なら、道で蔵人頭と出会ったら牛車を停めて相手の通過を待たねばならず、相手が参議なら牛車を停めて牛を外さねばならず、相手が大納言・中納言なら牛車を停めて下車せねばならず、相手が大臣以上なら下車して平伏せねばならない。このような身分制社会では、自己規定《アイデンティティ》（自分が何者か）が更新されたら、宣言してくれなければ、周囲が適切な対応を取れない、と考えられた可能性が高い。

## 三　政所始・吉書始・垸飯・弓始・御行始　――幕府の再始動宣言――

この考え方は、幕府にも引き継がれた。例えば将軍が任命されたり、将軍が元服したり、将軍の位階官職が昇進したり、執権が交替したり、政所が新造されると、幕府では政所始が行われる。それは〈新たな将軍・新たな施設・新たな体制で幕府政治が再始動する〉という宣言である。その政所始がなされる時や、公文所・問注所等の施設が新造された時、また将軍の元服や移徙の時には、吉書始が行われる。吉書とは、「神を大切にし、農業を励行し、年貢をきちんと納めよ」といった内容の儀礼的文書であり、それを発行する式典を幕府では吉書始と呼んだ。その文書には何ら実質的な意味がないが、それでもこれを公文所・政所・問注所等といった幕府の行政・訴訟機関が発行することにより、〈今後この将軍・施設・体制のもとで、この機関はこのような行政・訴訟関係文書を発行する〉と宣言する役割を果たしたと考えられる。

幕府の新たなスタートを象徴する代表的儀礼は垸飯である。「垸」は「椀」の異体字で、垸飯は本来「お椀に堆《うずたか》く盛った飯」を意味した。平安時代の公家社会に、その飯を多様・多量の食材・酒・娯楽品等と一緒に同僚に提供する習慣が生まれ、それを「垸飯」といった。垸飯は幕府で最も目立つ行事の一つだが、その意味は従来全く誤解され、定期的に御家人が鎌倉殿（鎌倉幕府の主）に酒食を献上することで、主従関係を確認する儀礼と考えられてきた。また、垸飯を取り仕切る役を「沙汰人」といったが、幕府成立から間もない頃は千葉氏ら東国の有力御家人が勤めた沙汰人を、北条泰時の頃から執権が独占的に勤め始め、それが、執権北条氏を中心とする幕府の秩序を定期的に再確認する機能を果たしたと、つい最近まで考えられてきた。

実際にやってみると分かるが、儀礼の研究はあまりに作業が膨大で、面倒で、退屈で、我々から見るとどうでもよさそうな一挙手一投足の所作へのこだわりばかりで、血湧き肉躍る面白いストーリーと無縁で、労多くして得るものが少ない。だから儀礼の本格的研究は誰もやりたがらず、垸飯の起源も、本来の意味も追究されなかった。将軍は御家人に服属儀礼を強いるのが当然と誰もが信じたし、沙汰人の独占も、北条氏が権力を独占した政治史とうまく重なる、とても分かりやすい現象に見えた。

しかし、専門家にさえ苦痛な調査と考察を乗り越えると、垸飯が服属儀礼だという根本が間違っていたことが、実は判明する。平安時代の公家社会の垸飯はすべて同僚への饗応で、彼ら同僚は官庁の同じ部局に所属するか同じ主人に仕える、中世の言葉で「傍輩《ほうばい》」と呼ぶ間柄であった。垸飯は縦の主従関係ではなく、傍輩同士の横のつながりを保つ儀礼だったのである。「御家人」という名の傍輩の連合であった幕府に、これほどふさわしい儀礼はない。

『吾妻鏡』に、御家人が献じた垸飯を将軍が食べた記事は一切ない。そもそも垸飯に必要な食料は莫大で、将軍が食べきれるはずがない。一方、垸飯の儀式の最中、数百人規模の御家人らが将軍御所の広い庭に敷かれた筵《むしろ》の席に陣取っていた（これを庭儀《にわのぎ》という）。垸飯を食べたのは彼ら以外に考えられない。つまり垸飯とは、御家人が御家人を饗応する儀礼であり、〈自分達がこれからも傍輩（仲間）である〉ことを確認し合う儀礼であった。

その垸飯が初めて行われたのは、治承四年一二月二〇日、つまり頼朝が鎌倉の新宅に入った移徙の儀の八日後であった。つまり垸飯もまた、幕府の始動とともに導入された儀礼であり、〈鎌倉を拠点に始動する組織と鎌倉殿（頼朝はまだ将軍でないが、将軍か否かにかかわらず、幕府の主君を鎌倉殿という）を、我々は傍輩として結束し支えよう〉という、御家人側（沙汰人は相模の豪族三浦義澄）の宣言であった。しかも同じ日に、弓始《ゆみはじめ》と御行始《おゆきはじめ》が行われている。弓始（的始《まとはじめ》とも）は、指名された御家人が二人一組で弓を射て的中数を競う儀礼、御行始は鎌倉殿が初めて出行する（御家人宅へ出かける）ことを儀式化した儀礼である。

頼朝の時代、弓始は「酒宴の次《ついで》」に、特に事前の準備もせず、頼朝が御家人の射術を試そうとして行う、いわば気まぐれと気軽さを備えた行事であって、『吾妻鏡』の記事を見る限り、遊興の色が濃い儀礼だ。頼朝が鎌倉の新宅を本拠と定めてから初めて御家人が弓を射る機会を「弓始」と呼んだのは、政所始の〈今後この機関で行政を日常的に行う〉という宣言と同様に、〈今後我々は弓を日常的に射る〉と宣言し、つまり〈我々は戦い（への備え）を日常とする組織だ〉と宣言したことを意味する。彼らは戦争で日常的に弓を射ることになるので、時間の区切り目に弓始を行い、いつでも戦えるよう社会的手続きを踏んでおいたのである。同様に、鎌倉殿は御家人宅への訪問、神社の参詣、鎌倉周辺での遊興で頻繁に出かけ、そして戦争で自宅や鎌倉から離れる可能性が高い生活を送った。そこで弓始と同様、出行を儀式化した御行始を早めに済ませ、日常的な（そして非常時の）出行を可能にしておいたのである。

## 四　年始行事――定期的で観念的な幕府の再出発宣言――

以上の臨時的なものに対し、前近代日本人にとって最も身近で定期的な時間の区切りは年始である。年始にもまた、昨日までの時間が〝過去〟として切り離され、新たな〝今〟が始まり、人々や組織の自己規定《アイデンティティ》が一旦宙に浮いて、再度それを固定するための「〇〇始」が要求される。幕府もこの考え方に従って年始儀礼を整備したが、興味深いことに、それらは垸飯・弓始・御行始、つまり幕府成立宣言に伴って行われたのと同じ儀礼群であった（ほかに、吉書始も政所の年始行事となった）。年が明けるたびに、幕府（将軍・御家人）が何者であるかが社会的に問い直され、それに対して〈我々は弓矢の戦闘を仕事とする傍輩の連合体だ〉という再確認がなされ、観念上、毎年幕府が再出発したのである。

もう一つ興味深いのは、この垸飯・弓始・御行始の三点セットと後述の流鏑馬が幕府の主要な年中行事であり、流鏑馬を除くと幕府の年中行事への関心が年始に集中したことだ。

確かに、時の目盛りが一つ進んで皆一斉に年齢が上がる年始は、一年で最も重要な時期であり、朝廷でも年中行事のかなりの部分は正月に偏る。しかし朝廷はあくまでも一年という時間の全体に関心を払い、一年を通じて様々な年中行事を行った。そこにあったのは恐らく、時間を刻む者の責任感だろう。朝廷は年号を定め、暦を定め、日本人が生きる時間軸を独占的に決定する権限を持つ。年号も暦も時を計る絶対的な目盛りとして重要だが、公家社会の人々が時の運行を体感するのは年中行事であり、賀茂祭なら四月、新嘗祭なら一一月、追儺なら大晦日だと実感する。朝廷がなぜ形骸的な年中行事を懸命に続けたかは日本文化史上の大問題だが、つきつめれば、その目的は秩序の維持である。時の管理はその一部であり、年中行事も時を管理する者の責任感で励行された側面があろう。幕府はその責任感を持たないし、持つ必要もない。それは役割分担の問題であり、幕府の仕事ではないのである。

## 五　流鏑馬　――起源も目的も不明な幕府の最重要年中行事――

幕府が年始以外で重大な関心を払った年中行事は、八月中旬の鶴岡八幡宮の放生会である。放生会は奈良時代に宇佐八幡宮で始まった、魚や貝を放流する祭礼で、九世紀からは京都南郊の石清水八幡宮でも勅祭として行われた。石清水は源氏の氏神なので、頼朝の先祖頼義が前九年合戦の帰途に鎌倉にこれを勧請し、後に頼朝が鎌倉に入って整備し、鶴岡八幡宮となった。宇佐・石清水の放生会の式日は八月一五日なので、鶴岡社でも踏襲された。

頼朝は文治三年（一一八七）から鶴岡社の放生会で流鏑馬《やぶさめ》を行わせ、以後、流鏑馬は放生会に不可欠の、鎌倉幕府の重要行事となった（建久元年（一一九〇）から放生会は二日に分かれ、流鏑馬等の「馬場の儀」の式日は八月一六日となった）。幕府では流鏑馬は鶴岡社の神事でのみ行われ、神事では行われない他の弓馬芸（笠懸《かさがけ》・犬追物《いぬおうもの》）と対照的な、高い扱いを受けた。幕府の年中行事となった演武は流鏑馬だけであり、その重要性は他を圧倒している。

それにもかかわらず、なぜ幕府が流鏑馬をそこまで重視したのか、実は分かっていない。流鏑馬は院政期に突如として、都の文学・記録に現れ、一二世紀に京都近郊の宇治離宮祭や鳥羽の城南寺《せいなんじ》祭、東山の新日吉《いまひえ》小五月会《こさつきえ》等の祭礼で行われたが、宇佐や石清水の放生会では行われた形跡がない。そしてそれにもかかわらず鶴岡放生会に導入されて幕府の重要行事に納まった。

流鏑馬の源流は全く分からない。朝廷の衛府（武官）の武芸から派生したという説や、京都近郊の土俗的な芸という説があるが、どれも根拠が乏しい。また頼朝が流鏑馬を重視した理由について、正統な武士でない、田舎のごろつきのような東国武士が、内乱の終了後に正統な武士を装うため、京都・西国出身の（正統な）武士から正統な戦闘術（騎射術、つまり流鏑馬）を学ぼうとした、という説がある。興味深い説だが、やはり根拠は弱い。

　そもそも我々は流鏑馬を、鞍に座って馬を走らせながら左横に矢を射る武芸だと思っているが、実は違う。流鏑馬はなぜか室町幕府で一気に廃れ、戦国時代までに完全に廃絶した。その後、徳川吉宗が武芸を奨励する中で流鏑馬に関心を持ち、口伝が途絶えているにもかかわらず（武芸に限らず、故実は主に口で伝承され、大切なことは文字に記さない）、中世の武芸故実書の断片的な記載から無理にそれらしいものを〝復元〟した。それが現在、鶴岡八幡宮を含む様々な神社で「流鏑馬」の名で行われる芸である。中世の流鏑馬を描いた現存唯一の絵画と考えられる『鳥獣人物戯画』丁巻等によると、流鏑馬は鞍に座らず、鐙《あぶみ》を踏ん張って立ち上がり、左でなく前方に射る技芸と考えられている（でなければ実戦で役に立たないことは、冷静に考えれば明らかだ）。

　要するに、我々日本人は（というより誰も）流鏑馬の内容も、その起源も、「流鏑馬」をなぜ「ヤブサメ」と読むのかさえ知らないし、院政期に突如現れ、流行し、幕府の年中行事とされ、熱心に励行され、室町時代に衰退・廃絶した理由も知らない。ただ、考えるヒントはある。鎌倉幕府で流鏑馬が必ず祭礼の神事として行われたなら、それは信仰の問題である。中世の戦争は、自分の実力や運だけでなく、様々な神の加護を背負って戦い、発動できた神の加護が大きい方が勝つ、と信じられた。実際、摂津住吉社で社殿から西へ向けて、平家を攻撃するかのように鏑矢《かぶらや》が飛ぶ事件が『吾妻鏡』に記録され、翌月に平家が壇浦で滅亡した。鏑矢は流鏑馬で用いる矢である。源氏に味方する神、鏑矢、そして流鏑馬。それらは恐らく一つのパズルのピースであり、神前での流鏑馬奉納は、武士として戦争に勝つための努力として理解できる可能性が高い。

## 六　執権政治と傍輩——皆で支える幕府儀礼——

頼朝が没すると源氏将軍の主導権は凋落し、源実朝暗殺、摂家将軍の擁立、承久の乱を経て、鎌倉幕府は完全に執権が主導する組織へと変貌する。中でも執権政治を確立させた北条泰時は、父義時と伯母政子（頼朝の妻）から大きな権力を継承した。しかし彼の権力は未だ絶対的でなく、三浦氏をはじめとする有力御家人の勢力は侮りがたく、むしろ中途半端に強い権力で政権を主導する泰時に対しては、不満を抱く御家人らが牙を剝く可能性があった。そこで泰時は、自分が他の御家人と同じ傍輩（対等な同僚）だと、何度も声高に主張した。嘉禄元年（一二二五）の評定衆の設置による合議制の確立、貞永元年（一二三二）の御成敗式目の制定等、泰時はあらゆる政策で、〈自分は皆の支配者ではなく傍輩代表に過ぎず、自分の地位と権力は皆の幸せのためにある〉というメッセージを繰り返した。

その一環として、泰時は元日の垸飯の「沙汰人」を一手に独占した。沙汰人は通説が信じていたような、華々しい御家人の統率者ではなく、膨大な準備・事務をこなしながら式典自体には出席さえせず、裏方に徹する仕事であった。この負担ばかり大きい事務方の元締めを一手に引き受けることで、泰時は自分が御家人の代表（支配者でないことに注意）であり、御家人の皆にとって一人の傍輩に過ぎず、大変な事務を率先して引き受ける滅私奉公の意思を示した。泰時は事実上、支配者というにふさわしい権力を持っていたが、あえて保身のためにそのむき出しの権力を隠し、御家人に対して同僚だと言い張ったのである。

そして執権政治期、垸飯や流鏑馬の経済的負担は「関東御公事《みくうじ》」と呼ばれる税の一種、垸飯役《おうばんやく》・流鏑馬役《やぶさめやく》として全御家人に割り振られた。垸飯も流鏑馬も、従来は特定の御家人が交互に負担してきたが、どちらの儀礼も幕府全体・全御家人の団結と勝利のためにある。ならば受益者負担の原則によって全御家人が負担すべきだ、と幕府（恐らく泰時）は考えたのだろう。御家人に賦課される関東御公事は、世代交代して息子・孫の代になると、彼らの間で分担して負担されたが、恒例役（垸飯役）は惣領が負担し、臨時役は庶子が負担する等、御家人の家内部の序列の形成に一役買っていた側面が指摘されている。

## 七　執権政治による幕府儀礼運営の挫折と得宗専制の表面化

かくして〈皆で均しく負担する幕府行事〉という建前と、それを経済的に裏打ちするシステムが成立したが、泰時が没して孫の経時が継ぎ、わずか四年で没して弟時頼が執権となった頃には、多くの御家人が垸飯役や流鏑馬役の過大な負担にあえぎ、財政状態を悪化させていた。その背後には、たび重なる政治不安（寛元の政変や宝治合戦等）がもたらす出費増大と収入減少、それにもかかわらず何度禁止しても収まる気配がない御家人社会の過《か》差《さ》（贅沢・浪費を好む風潮）等、様々な要因があったと考えられる。

しばしば『吾妻鏡』の後半は、行事に参加した御家人の交名（名簿）ばかりで面白くないといわれる。しかしそれは、当時の行事で御家人を管理した小侍所の記録が編纂素材に使われたからと考えられ、むしろ史料としての信頼性は増している。そして時頼の時代、特に宗尊親王が将軍となった建長四年（一二五二）頃から、『吾妻鏡』には、莫大な出費を避けるため何とか幕府行事への出席を逃れようとする御家人と、彼らを行事へ引き出そうとする幕府との、丁々発止の攻防が目立ち始める。御家人は病気・怪我・穢れ等、ありとあらゆる理由を申し立てたが、時頼率いる幕府は驚くべき根気強さで一つ一つ事実調査し、理路整然と論駁した。あくまでも理非（道理に適うか否か）と合議によって幕府儀礼を建て直そうとした時頼の努力は、燃え尽きる直前の執権政治の最後の炎というにふさわしい。

結局、御家人の財政悪化、参加意識の欠如、行事を担う人材の層の薄さ等、幕府儀礼の再建を可能にする絶対的条件の悪さは如何ともし難く、儀礼再建で目立った成果を出せぬまま時頼は没した。それは結局、何度も政争・内戦で有力御家人を排除し、御家人達から幕府を担う力を奪い、人材を殺してきた北条氏の歴史が招いた必然的結末である。そのことに気づいたかは定かでないが、時頼が没すると、北条政村・時宗の政権は理非によって御家人を導く努力を捨て、強権と厳罰で御家人を幕府行事に引きずり出す方針へと転換した。そして直後に『吾妻鏡』が筆を擱《お》いたため、その結末はよく分からない。

ただ、二度の元寇が御家人の台所事情を直撃し、幕府行事をさらに衰退させた可能性は非常に高い。時宗が没して安達泰盛が政権を主導した時期、弘安七年《一二八四》の新式目と呼ばれる法令で、幕府は垸飯以下の年始行事や流鏑馬等の儀礼を極限まで削減した。そして鎌倉末期には、弓始や放生会等の様々な行事で、得宗（北条氏嫡流家の家督）が将軍に並ぶ役割を果たしはじめ、運営者・参加者双方で御内人（得宗の私的従者となった御家人ら）が占める割合が激増していた。それもまた、得宗による独裁的・専制的な幕府支配の一環として片づけられてしまいがちだが、どうだろうか。先入観に満ちた通説を克服し、鎌倉幕府儀礼が正面から研究されれば、別の歴史像が見えてくるに違いない。

**参考文献**

近藤好和「武器からみた中世武士論」（『中世的武具の成立と武士』、吉川弘文館、二〇〇〇、初出一九九七）
清水亮「鎌倉幕府御家人役賦課制度の確立過程―東国御家人所領の把握と「恒例役」・「臨時役」―」（『鎌倉幕府御家人制の政治史的研究』、校倉書房、二〇〇七、初出一九九六・二〇〇二）
髙橋昌明「鶴岡八幡宮流鏑馬神事の成立―頼朝による騎射芸奨励の意味―」（『武士の成立　武士像の創出』、東京大学出版会、一九九九、初出一九九六）
鴇田泉「流鏑馬行事の成立」（『お茶の水女子大学人文科学紀要』四〇、一九八七）
鴇田泉「流鏑馬行事と鎌倉武士団」（『芸能史研究』九九、一九八七）

永井晋「鎌倉幕府の的始」（『金沢文庫研究』二九六、一九九六）
桃崎有一郎「鎌倉幕府の秩序形成における拝賀儀礼の活用と廃絶」（阿部猛編『中世政治史の研究』、日本史史料研究会、二〇一〇）
桃崎有一郎「鎌倉殿昇進拝賀の成立・継承と公武関係」（『日本歴史』七五九、二〇一一）
桃崎有一郎「中世武家礼制史の再構築に向けた鎌倉幕府垸飯儀礼の再検討―垸飯は主従儀礼か―」（本書序章・第一章、初出二〇一三）
桃崎有一郎「鎌倉幕府垸飯儀礼の変容と執権政治―北条泰時の自己規定と傍輩・宿老・御家人―」（本書第四章、初出二〇一三）
盛本昌広「鎌倉幕府垸飯の負担構造」（『地方史研究』二五五、一九九五）

# 第一部　創立期鎌倉幕府の儀礼

## ――⊥型組織の発足――

# 第一章　中世武家礼制史の再構築に向けた垸飯儀礼の再検討序説
## ――垸飯の源流と幕府儀礼化以前の沿革――

### 緒　言

武家儀礼（儀式・年中行事）論においては、個別的な形態・淵源・展開過程や武士・在地の負担構造等が詳細に解明されてきており、それらの政治・制度・文化・社会史的意義も様々に論じられてきた。しかし、その厚い研究蓄積にもかかわらず、多くの儀礼論は政治史等の他分野を論ずる材料へと回収され、〈儀礼は支配・権力・権威の表象・道具であった〉という結論に帰着し、政治史等で予想・証明された枠組みの傍証に留まってきた憾みがある。かつて石母田正が注意を喚起したように[1]、〝礼〟の秩序は現実の権力・支配や法と別個の次元で存在・機能した可能性が高い。そうであるならば、礼制史は独立した学問分野・体系として理解・議論されるべきはずだが、現状ではそれが立ち後れている。

礼制史の一分野たる武家儀礼、とりわけ鎌倉幕府儀礼においても、残された疑問は多い。すなわち、〈個別儀礼を越えて俯瞰した時に、鎌倉幕府儀礼は全体としていかなる体系であったか〉〈朝廷や他時代の幕府等と対比した時、鎌倉幕府儀礼に固有の歴史的特色はどこに見出されるのか〉等の疑問である。史家の間で最も著名な「垸飯《おうばん》」儀礼一つをとっても、通説的な歴史的評価には看過し難い不審点が多く、ためにそれを踏まえて儀礼体系全体を論ずることが困難となっている。垸飯は鎌倉幕府の最重要儀礼であり、鎌倉幕府儀礼全体の原点といっても過言ではない。それはすなわち、垸飯の歴史的評価を誤ると鎌倉幕府儀礼論の全体を見誤ることを意味する。鎌倉幕府儀礼の全体像の適切な把握のためには、どうしても垸飯の適切な歴史的評価が一定の裏づけをもって定まらねばならない。

そこで本章では、垸飯の分析をゼロベースで全面的に行い、史料から導き得る知見に忠実かつ帰納的に、換言すれば先学が囚われてきた〈政治史的知見からの演繹〉を可能な限り排して、垸飯に関わる基礎的な事実の提示と評価を行いたい。

本章は既発表の論文を基にしているが、綸旨を維持しつつ第二節以降において古代・中世の実例を大幅に増補し、垸飯の元来の性質についてさらに掘り下げ、併せて垸飯の源流についての考察を追加した。また、初出時には本論の最後に儀礼論一般を俯瞰して儀礼史料の扱いに注意を促す節を設けたが、本書の構成上、その部分は増補した上で序章に移した。併せて参照されたい。なお、『鎌倉遺文』は㊕と略記した。

## 一　〈垸飯＝主従儀礼〉とする旧説の問題点

鎌倉幕府儀礼の具体相解明に資する材料は多様だが、御家人の負担という側面から見る時、御家人役（関東御公事）の関係史料が垸飯の実態を伝える好個の材料となる。

下野国御家人茂木知宣置文や上野国御家人新田一族の一連の置文等が伝える如く[2]、御家人は所領内の「分田」「公田」を基準に関東御公事勤仕の義務を負い、御公事は恒例・臨時に大別されて、惣領制を回路として惣領や後家・庶子らに分担された[3]。その費目は源頼朝月忌用途・貢馬役・埦修理用途・御所小舎人用途や諸社頭役・流鏑馬役等と多様だが、特に鎌倉殿への直接的奉仕たる恒例役は、〈鎌倉殿―御家人〉間の人的関係と表裏を成す役であった[4]。

右置文群に共通する二費目、すなわち鎌倉大番・垸飯の負担は、主に東国御家人に確認できると指摘されている[5]。それは、両費目が関東御公事の基幹的要素であった可能性を示唆する。御家人となる契機が直参（東国）か交名注進（西国）かという形で相違し、「西国御家人の習」という成句等が示す[6]ような東国・西国御家人の異質性を想起すれば、右二費目は東国政権として誕生した幕府のアイデンティティに直結する負担と考えられる。

当該二費目のうち、垸飯は全くの儀礼的行為だが、大番役は御所警備という軍事的で実質的な労役提供である。かくも性質が異なる大番役と並んで、関東御公事の二本柱として垸飯が挙げられた事実に、幕府儀礼を代表すべき垸飯の礼制上の重要性が読み取られよう（既に盛本昌広が垸飯を、惣領のステータスを示す公事勤仕の中心と位置づけている[7]）。

源頼朝の挙兵から四ヶ月後の「新造御亭」移徙が「三浦介義澄献垸飯、其後有御弓始、……今日御行始之儀[8]」と記録されたように、垸飯は御弓始・御行始等の代表的行事と並んで、幕府創立の当初から実践された。そして『建治三年記』（一二七七）元日条に「御参宮、巳時、……還御之後、被行垸飯如例」と見え、また正中二年（一三二五）ヵ金沢貞顕書状断簡[9]に「新春御慶賀□年候之上、……抑昨日垸飯□□役事無為候、令□悦存候」云々と見えるように、惟康〜守邦親王期にも垸飯は年始恒例行事として存続した。南北朝初期に至っても、『太平記』（巻一八―越前府軍并金崎後攻事）に、延元二年（一三三七）の新田義貞（越前金崎籠城中）救援軍の越年が「兵ヲ集メ楯ヲ作セテ、サ程雪ノ降ヌ日ヲ門出ニシテゾ相待ケル、正月七日椀飯事終テ」云々と描写されており、垸飯が合戦中でさえ、そして幕府という政治機構を完全に離れてさえ、年始に不可欠の儀礼として武士の年中行事に深く組み込まれていたらしいことが窺われる。

室町幕府でも事態は同様で、垸飯が管領・諸大名が奉仕する重要儀礼として存続した事実を、二木謙一が詳しく指摘している[10]。管見に及ぶ範囲でさらに下る事例を探すと、足利義澄の元服・将軍宣下について『和長卿記』

明応三年（一四九四）一二月二七日条に[11]「今朝武家御元服也、依慈照院（足利義政）殿御例、武家之儀也云々、……次垸飯、管領申沙汰、其様如形云々、次将軍宣下」と見える。文中の「武家之儀」とは、三代将軍義満以降に室町幕府の長が将軍（武家）と廷臣（公家）の両側面を併せ持った中で、各将軍が行事ごとに武家の流儀（幕府の伝統的形式由来）と公家の流儀（廷臣の伝統的形式由来）のいずれで行うかを適宜選択し、「今回は武家の流儀で行う」と選択されたことを意味する。すなわち、垸飯は戦国期まで「武家の儀」＝〈幕府の伝統的形式に特有の儀礼〉という自覚のもと実践されたのである。

垸飯は義晴の元服では確認されず[12]、『光源院元服記』（義輝元服）に見える「銀器御膳」を垸飯と断定してよいかは定かでなく、義栄・義昭元服でも確たる徴証を得ない。しかし、『後鑑』に「伊勢家書載」として次の幕府奉行人奉書が引用されている。

〔史料1〕『後鑑』義輝将軍記‐天文一九年一〇月一〇日条

明春正月二日御垸飯要脚事、任例可被致其沙汰之由、所被仰下也、仍執達如件、

天文十九年十月十日　　散位
　　　　　　　　　　　対馬守

土岐殿

これは一三代将軍義輝期の天文一九年（一五五〇）の室町幕府において、未だ年始垸飯が実践されようとしていた明徴であり、幕府儀礼体系における垸飯慣行の根強さを物語る。その二年前の天文一七年に成立した西来寺本『運歩色葉集』が「椀飯」を「正月武家之出仕」と説明し、その一四年後に成立した新写永禄五年（一五六二）本『節用集』（和‐天地）に「椀飯《ワウハン》正月武家之出仕之儀也、」とあり、さらに二八年後に成立した天正一八年（一五九〇）本『節用集』（和‐時候）に「椀飯《ワウバン》正月一日也、武家有之、」とある[13]。戦国末・織豊期にも垸飯は「武家」や「正月」を短絡的に連想させ、〝幕府〟という組織と不可

分の効用・意義を終始期待され続けたのであって、それは室町幕府が存続する限り年始垸飯を廃絶させまいとした強い意志と表裏の関係にあろう。

垸飯の効用は第一に、「武家では家臣が主君を饗応することをいい、主従関係を緊密にするもの」とする八幡義信の説が、村井章介・野口実・滑川敦子らにより大筋で踏襲されてきた[14]。第二の効用は御家人間秩序の整序・表示とされ、杉橋隆夫が「幕府内部における地位を窺う材料」と見なして「北条氏の政治的地位の上昇」を読み取り、建暦元年（一二一一）～建保元年（一二一三）の北条義時・大江広元による正月垸飯勤仕を「鎌倉殿家臣の筆頭に両名が位置づけられていた」（証左）と評価した[15]。村井も、年始垸飯の沙汰人三名と、当該年幕府の政治的な最上位三名との近似を指摘し、「垸飯沙汰人が幕府内勢力の変遷を忠実にトレースしていることは、本表を通覧するだけで明らか」と評価した（野口実も同様）[16]。永井晋は右を総合し、頼朝没後の幕府主導権の移動に伴って、垸飯が将軍―御家人間の主従関係確認儀礼（第一の効用）から「北条氏を中心とした鎌倉幕府の秩序を再現する儀礼」（第二の効用）へと変容し、「垸飯儀礼に列席した人々は儀礼の中に投影された鎌倉幕府の秩序を読み取ることができ、幕府上層部の権力構造を体験することができた」と総括した[17]。

先学がこれだけ認識を一致させた以上、通説には疑問の余地がないかに見える。しかし、その論拠を子細に検証すると、村井が右見解を導く論拠とした事例（かつその唯一の史料的根拠）は将軍御盃の下賜であり、それは室町後期の故実書『宗五大草紙』の記述であって、村井も認めた通り、鎌倉期には確認されない[18]。鎌倉期に確認されない現象をもって鎌倉幕府儀礼の決定的論拠とすることは、大いに躊躇される。

垸飯の淵源に関する先学の言及にも、問題が多い。八幡の定義によれば、垸飯は「饗応のために設ける食膳または饗応することである。公家の場合には歳首・吉事などにあたつて宮中に参集した朝臣に課して会衆を饗応させたもので、殿上のほか台盤所・武者所などにおいても施行された[19]」という。『平安時代史事典』「垸飯」（倉林正次執筆。角川書店、一九九四）も同趣旨を述べ、同「奉献」（目崎徳衛執筆）も「宮廷における恒例・臨時の諸行事の際、酒食等を献じて興を添える貴族的風習」である奉献が「武家社会における椀飯の行事等の淵源ともなった」とする。しかし、鎌倉幕府成立以前の朝廷・地域社会等の酒食提供・饗応行為が、主従儀礼たる幕府垸飯の淵源となったという道筋は、実は立証されたことがない。

むしろ、事典レベルの調査によっても、そうした道筋を否定する強い反証が容易に得られる。例えば、『年中行事大辞典』「オオバン」（三田村佳子執筆。吉川弘文館、二〇〇九）によれば、「オオバン」（多く「大番」と書く）は埼玉県南部で正月に親戚・近隣者が相互に訪問・饗応し合う慣習や、福井県大野郡で寺院において村人が共食する慣習を指し、鎌倉幕府以来の垸飯に連なるという。いずれの慣習にも、当事者間に主従関係がないことに注意すべきである。

さらに『日本歴史大辞典』「垸飯」（藤直幹執筆。河出書房新社、一九五六～五九）や『日本史大事典』「垸飯」（二木謙一執筆。平凡社、一九九二～九四）は、近世武家社会で在府御三家が老中以下主な旗本を饗応したり、江戸町奉行が配下与力を饗応した用法を挙げている。すなわち、提供者・被提供者の主従が通説と逆転しているのである。

以上の通り、〈垸飯は主従儀礼である〉というテーゼは、鎌倉幕府儀礼論で自明視されてきた研究史に反して、日本文化史上は自明でない。なおかつ、鎌倉幕府に即して証明されたこともない。従来の垸飯論には既に批判があり、たとえば盛本昌広が、沙汰人・役人等の政治史的人名分析に偏重し過ぎてきた、と指摘している[20]。重要な指摘だが、問題の本質はより深いところにあることが、右により明らかであろう。（創始者・実践者・観察者らが信じた）儀礼の目的・意義という最も基礎的な問題が未解明である、という点にこそ、既往の垸飯論の根源的問題を見なければならない。「垸飯の起源についてはさだかでない。……歳首に形式的な饗膳を献ずることが、どうしてそれほど重要な意味を持つものであったのかは不可解である」という二木謙一の告白[21]は誠に適切であったが、その不可解さはその後も棚上げされたまま、解明に向かわなかった。それは、垸飯を主要な要素の一つとした鎌倉幕府儀礼論が、危うい土台の上に蓄積されてきたことを意味する。

問題は右にとどまらない。八幡は、「頼朝時代の正治元年以前には北条氏がまつたく沙汰できなかつたことが注目される」と述べ[22]〈垸飯を勤仕できることは政治的勢力の大きさを示す〉というテーゼを暗黙裡に示した。そして同説は、その後に大筋で継承されてきた。確かに「武衛令招常胤於座右給、須以司馬為父之由被仰云々」と頼朝から父並に尊為され、「千葉介最前拝領之、凡毎施恩、以常胤可為初之由、蒙兼日之約」と最前の行賞が保証された千葉常胤や[23]、源氏将軍家の庶流にして、熱田大宮司家を介した源氏将軍の外戚一族でもあり、源氏将軍滅亡後の清和源氏の最大有力者であった足利義兼の政治的存在感は、元日垸飯の沙汰人を勤仕することの重さと対応するかに見える。

ところが上横手雅敬は、官位や幕府内の地位・功績・領主規模等の諸要素に分解できない総合的評価の一端を垸飯・御行始等から読み取り、その勤仕が名誉でありながらも「所詮は主君に対する家臣の奉仕に外ならない」ため、北条時政が頼朝没後初めて元日垸飯を献じた事実は、別格の将軍岳父から御家人一般への格下げを意味すると評価した[24]。同じ事実が正反対（北条氏の地位の向上／低下）に解釈されたわけだが、矛盾するこの重大な論点に積極的解決を与えた研究は管見に入らない[25]。その理由は明らかに、八幡が示した上記テーゼの真偽が確認されず放置された点にある。垸飯論は、幕府への導入に至る沿革を跡づけ、当該テーゼの真偽を確認する作業からやり直さなければならない。

## 二　古代朝廷社会における垸飯の実態

### Ⅰ　垸飯は平安期東国や国府三日厨に由来しない

二木は、恒例的・儀礼的でなく祭日・集会等で臨時に振る舞われた一種の軽便食である平安期朝廷垸飯が、幕府垸飯に連続するという考え方を疑問視した。そして、幕初に垸飯を献じた三浦・上総・千葉・小山等の在庁系諸氏は、平安末期の新任国司を在庁等が饗応した慣行の遺風を伝えており、その遺風に立って彼らが頼朝との主従関係を緊密化すべく生み出した儀礼が幕府垸飯であり、しかも「垸飯という行事は起源的には特に関東に発達した風習」であると推測した(26)。

網野善彦は恐らくこれを敷衍して、「天皇を頂点とする西国の朝廷で行なわれる年中行事とは別に、東国には将軍を頂点にもつ独特な年中行事の体系が形成された。正月の一日から三日まで、有力な御家人が将軍に祝の膳を奉る椀飯の儀式をはじめ、鶴岡八幡宮や鎌倉の寺院における行事、将軍の伊豆山権現（走湯山）、箱根権現、さらには三島神社などへの奉幣、参詣などは、みな東国の独自な行事であった」（傍点桃崎）とまで述べている(27)。それは、東国が大いに西国と異なる社会を育んで独自の「国家にまで成長した事実のもつ重み」の証拠として、東西文化の異質性・独立性を強調する文脈で語られた。相模・武蔵所在の寺社参詣は幕府の立地からして当然だが、網野は、東国独自の行事の筆頭格として鎌倉幕府垸飯を挙げ、東国文化が西国文化に対して独自である最大級の証左だと強調した。八幡説の推測は、スケールの大きい日本東西文化論の決定的証拠のように扱われるに至ったのである。となれば、その推測の当否は日本中世史学・日本文化論を左右する重大問題としても、速やかに検証される必要があろう。以下、その検証を糸口として論を進めたい。

新任国守入国時の饗応（三日間行われる）は「三日厨」として知られ、主に平安末期の次掲史料に拠った阿部猛の考察がある。[28]

〔史料2〕『朝野群載』（巻第二二―諸国雑事上）所載「国務条々事」第一一条

一、停止調備供給事、

新任之吏、著国之日以後三箇日之間、必有調備供給、如此之間、非無所部之煩、若可停止者、著国以前通消息進止之、但随国有例、若無指煩者、依例令行之、

右によれば、新任国守が入国後に三日間受ける「供給」は、国内に負荷を強いるため、事前通告して中止にできる。ただ、各国固有の先例に配慮し、高負荷でなければ必ずしも中止させるに及ばない、という。しかし、右に「垸飯」の語は見えず、右にいう「供給」が垸飯と同一である確証を得られない。しかも、東国の固有性を想定する理由が、史料のどこからも看取できない。さらに、鎌倉幕府草創期には、在庁官人系でない足利・梶原・宇都宮各氏らも垸飯を献じた事実がある（文治四年正月六日条、三月二一日条、建久二年正月五日条）。それらの事実は、幕府垸飯の直接的淵源を東国在庁官人の供給に求めるが困難であることを示している。

もっとも、南北朝～室町期成立の往来物では、典型的な新任国守着任のイメージが次のように描かれていた。

〔史料3〕『庭訓往来』（十二月状返。興福寺大乗院経覚筆古写本。[29]部分）

入境着任之儀式・着府之吏務法儀、無殊子細、在庁人等日並出仕・恒例奉行人、無等閑、椀飯・盛物以下尽時節之景物、雑事厨調種々美物、庁庭之経営・留守所結構、如成市、

右の『庭訓往来』に見える国守着任時の行事に、「垸飯・盛物以下」の旬の食物や雑事厨の美物供出という饗応が含まれている事実は、国府饗応と垸飯を繋ぐ有力な媒介項であるかに見える。また、同書の別の一節には、次のようにもある。

〔史料4〕『庭訓往来』（三月状往〈御政所殿宛〉、同前）

御領入部無相違候之条、先以神妙之由御感候也、……厨・垸飯無相違者、早課沙汰人等、地下目録・取帳以下、文書済例・納法注文、悉可被召進也、

右による限り、垸飯が、国衙領か荘園かを問わぬ現地統括者の入部一般に伴う慣行であるとイメージされている。ただし、平安期受領を念頭に置くらしき史料3の様子が室町期に実践された可能性は、限りなく低い。同書には「禅律両僧」（四月状往）・「往来出入之貴賤者不異京都・鎌倉」（四月状返）・「関東下向之大名・高家人々」（五月状往）・「将軍家之御教書・執事之施行・侍所之奉書者規模也」（六月状返）等の、鎌倉～室町期特有の文言が見え、各時代が明らかに混在している上、転写時の字句改変も多く、右本文も、応仁の乱前後の摂家出身門跡の筆写者（大乗院経覚。文明五年〈一四七三〉没）の認識に適うものでしかない。室町末期の最古の注釈本『庭訓往来註』による史料4の「垸飯」の注釈「垸飯《ハ》正月武家《ノ》出仕也、又地下人翫《ナス》入部人《ノ》義《ヲ》也」の前半は、前述『節用集』（新写永禄五年本）「椀飯」の語釈とほぼ同文で、室町末期の通俗的認識の流入が推測される。垸飯と三日厨の混同は、安永三年〈一七七四〉の伊勢貞丈の注釈書『庭訓往来諸抄大成扶翼』が『後三年合戦物語』を論拠として、史料4の「垸飯」は「新司を饗応」する「三日厨」であると注したあたりに淵源すると思しいが、前掲本文は垸飯と（雑事）厨を書き分けているし、そもそも『後三年合戦絵詞』（『奥州後三年記』）に「垸飯」の語はない。

管見唯一の平安期の在地垸飯は、永延二年〈九八八〉の著名な尾張国郡司百姓等解に現れる[30]。同解は尾張守藤原元命の三年間の非法官物・濫行横法を列挙するうちの第三〇条で、「五位以上諸司官人以下、輙出畿外、禁遏已重」と、本来なら畿外下向が禁じられたはずの「有官散位従類・同不善輩」らが入部して検田使として田地を過大に記録し、巡検期間を故意に長期化して「即供給之日、〔内イ〕垸飯之外、一度之料白米八九斗・黒米五六石・毎郷〔郡イ〕絹十疋、其外号段米町別一斗二升」を責め取ったと非難する。

同解が挙げる受領の非法は、歴史的事実と見なされることもあるが、紀伝（文章道）の素養なくして書き得な

い四六騈儷体に顕れる知識水準の高さ故に、京都の学者・官人を作者に想定する説が早くからある[31]。文体・長大さ（約九〇〇〇字）・内容や、同種の解文で唯一早くから多数写本が作成された流布の様相からは、解文の体裁を取った一種の往来物という印象さえ抱かされるし、土田直鎮が警告したように、「長大な訴状の内容を、いちいちうのみにすることは危険である」[32]。

史料の文言自体に即しても、そこには検注時の垸飯が述べられるのみであり、国守着任時の三日厨と直接に関連づけるべき確証がない。しかも、国守が京都から引率した従類の行為という同条の強調点は、この垸飯が〈京都から無理に持ち込まれた慣行〉であった印象を与える。これらを総合するに、右記述を幕府垸飯へと直ちに連続させることは、やはり難しい。以上の諸史料の記述は一定の事実を踏まえていた可能性が否定できないが、それでも史料批判に堪える在地の事例は得られていないと、一旦は結論せねばならない。

## Ⅱ　過差を指向する古代公家垸飯

かかる現状では、草創期幕府垸飯の性質・淵源はほかに求めるしかない。その観点から古記録を通覧すると、実は朝廷・寺社に、「垸《（椀）》飯」と明記され、かつ具体相が記録された実例が少なからず見出される。八幡が殿上・台盤所・武者所等の垸飯の存在を指摘し、『平安時代史事典』でも簡単に言及された（前述）のを除いて、それらの事例は幕府垸飯に関する先学において全く参照されず、八幡らも含めて誰も踏み込んだ考察を施さなかった。『小右記』以前の日記では垸飯の実例が管見に触れないが、『小右記』から古記録に朝廷社会の実例が継続的に伝えられ始める。時系列的に見て、それら平安期の朝廷垸飯が鎌倉幕府垸飯の淵源であった可能性は極めて高いと予想され、その可能性は証拠に乏しい前述の東国由来説・在地由来説よりはるかに有望である。そこで、管見で現存最古の朝廷垸飯の同時代史料であり、事例も一四例ある『小右記』から朝廷垸飯の本質の分析に取りかかり、垸飯論の基礎を構築し直したい。

①大殿(藤原道長)自昨被候新宮(中宮藤原威子)、有三个日饗饌、諸卿参入云々、……盃酒了女官等給疋絹、二百余疋、又内大〔台〕盤所被送絹二百疋・垸飯等、又被出垸飯太皇太后(藤原彰子)大盤所云々、(寛仁二年(一〇一八)一〇月二七日条)

②今日宰相(藤原資平)出垸飯於殿上、蔵人頭左中弁経通(藤原)所調備也、極豊贍云々、殊調菓子六十合、折櫃皆採〔彩。以下同じ〕色云々、廿合内大〔台〕盤所、廿合太皇太后宮(彰子)、廿合中宮(威子)各々奉之云々、惣不聞之事也、非宰相之雅意、只頭弁之所為、近代之事以之為優、後聞、執喫昇殿上、往古所不聞見、可弾指々々々、(寛仁二年一一月二〇日条)

③昨日殿上垸飯、過差、折櫃、々々採色、菓子六十合分奉三所、内大盤所・大宮・中宮等也、今朝宰相(資平)・頭弁(経通)食処、殿上人十余輩来会同食、(寛仁二年一一月二一日条)

④早朝宰相(資平)束帯来云、源納言(経房)頻語可参内之由、於雲上設食物、是頭左中弁経通所営云々、宰相申剋許従内退出云、源中納言在殿上羞食、右三位中将(藤原兼経)参入、垸飯事太豊瞻〔贍〕、大宮(彰子)・中宮(威子)献菓子、納折櫃、採〔彩〕色、云々、(寛仁三年一一月一四日条)

⑤今日宰相中将(藤原兼頼)殿上垸飯、権大納言(藤原長家)令調備、(長元五年(一〇三二)一一月二三日条)

右の①は、前摂政太政大臣の藤原道長が、中宮（後一条天皇配偶）藤原威子を内裏に訪ねた際に、後一条天皇の台盤所に垸飯等を「送」り、太皇太后藤原彰子（道長女。一条天皇配偶）の台盤所にも垸飯を「出」した記事。②③はその一ヶ月後に、参議藤原資平（実頼孫懐平の息。実頼息実資の養子）の主催と称して、実弟の蔵人頭左中弁の藤原経通が後一条・太皇太后彰子・中宮威子に垸飯を「出」し、翌日に資平・経通自身と殿上人十数人が会食した記事。④は翌年に、同じ藤原経通が用意した殿上垸飯を資平・源経房・藤原兼経（道綱息。道綱弟道長の養子）らが会食した記事。⑤は、権大納言藤原長家（道長息）が用意して参議右中将藤原兼頼（道長養子）が殿上垸飯を催行した記事である。右事例群により、次の事実が直ちに判明する。

㋐摂関政治最盛期の朝廷の垸飯は、内裏台盤所・后宮台盤所や内裏殿上を場とする事例が目立つ。

㋑台盤所の垸飯は、内裏と后宮で同時に行われ得た。

㋒垸飯の催行者には、前摂政太政大臣・参議・頭弁（蔵人頭）等、朝廷最上層（前摂関・議政官・天皇最側近ら）の枢要の貴人がなり得た。

㋓天皇・后宮へは、しばしば台盤所垸飯と同時に菓子が献呈された。

㋔垸飯の催行者は、物資の調達者と別人であり得た。

㋕その場合は、兄弟等の近親者がペアを組むのが一般的であったらしい。

㋖その場合は、「出す」「送る」が催行者としての物資供出で、「調へ備ふ」が裏方の実務責任者としての物資調達を意味した。


かくも一般的に垸飯が朝廷社会で行われた以上、在地村落社会や東国地方や国司赴任が垸飯と不可分の関係にないことは、明白といわねばならない。

右事例群は、垸飯の性質について、次の重要な知見をも導く。第一に、「極豊贍」（②）、「過差」（③）、「事太豊瞻〔贍〕」（④）と端的に明記され、また後掲㉕に「〔吉田〕経房卿調送時六具椀飯也、美麗云々」、㊳に「毎物巨多美麗、雖有屯食、石之已〔ママ〕調椀飯也」等と見えるように、垸飯には豪奢に贅を凝らす性質が濃い。しかも、その過差的性質が垸飯の存在意義において従たる性質ではなく、主たる性質の一つだったことが重要である。

⑥此日於内裏、南殿北壺也、有昼呪師事、法成寺呪師也、余召進之、……未刻事始、亥刻走了、惣十手也、終両三手、依入夜主殿官人立明、呪師・散楽各給垸飯、先例賜酒肴、今度仰伊与守季長朝臣令調之間、相加飯已為垸飯、過差不嫌、仍不改之所賜也、（『玉葉』建久二年〔一一九一〕二月二日条）

右は『小右記』の時代から二世紀近くを経た鎌倉初期の事例だが、三つ目の割注に、垸飯に注記して「過差不嫌」とある。この事実は、垸飯の主眼が過差の意図的演出にあった明徴である。

では、その過差の程度・内実はどうであったか。⑥の同じ割注に、〈垸飯＝酒肴＋飯〉という垸飯の定義が見える。それ自体が旧説で指摘されたことのない最も重要な情報の一つだが、問題はその先にある。〈酒肴＋飯〉という内容自体は平常の飲食にも合致するのであり、あえてその行為が「垸飯」と命名されるに値する特別感が必ずしもない。〈酒肴＋飯〉は、一定以上の豪奢な内実を備えた時、「垸飯」の名で供されたと考えるべきである。

その具体的内実を伝える史料は、平安期までについては管見に入らない。しかし、鎌倉期に入ると寺院で行う垸飯が一般化し始め、その記録に具体的な品目と数量が現れる。

⑦醍醐寺の嘉禎三年（一二三七）実賢拝堂饗膳支配幷式目案に、表面に「御拝堂布幷饗膳大破子垸飯等事」と題し、紙背行間に「垸飯／飯一外居納一石　菜十種　汁二種／酒二瓶子納各八升　箸　土器　酢　味噌塩／折敷廿枚炭　薪等」と、垸飯の内訳を列挙。（「山城醍醐寺文書」、『醍醐寺文書之二』二一一、鎌七―五一〇四）

右のように、飯・菜・汁・酒に加え、調味料・食器・燃料まで含む食膳の一式が、垸飯の内実であった（建仁三年・建保三年の醍醐寺座主拝堂饗膳支配注文案[33]も同内容）。

その二六年前の承元五年（一二一一）の醍醐寺の記録には、なお詳細な記述がある。

⑧御神楽垸飯支配注文案に、「催廻　来十七日御神楽垸飯一具支配」として、食物＝飯一（白米一石。規定寸法の外居[34]に盛る）・菜十種（牛房・蓮根・ウトメ・ヒキホシ・メ・カブラツケ・クヽタチ・ムキマメ・クシサシ・ワラビ。折敷に美麗に高さ六寸に盛る）・汁二種（ムシモノ一外居・イモ一外居に塩曽を副える）・酒二垂服・交菓子二合、食器＝折敷二十枚・□□（不明）器・箸、その他＝大豆一斗・藁十束・炭一□（不明）・薪三荷・庭火木・落着湯・唐紙酒肴（酒一垂服・肴二種）・八人女酒肴（酒一瓶子・肴一種）を列挙。（同一九六、鎌三―一八五八）

右は神楽に伴う垸飯の物資調達を担当者に割りあてたもので、質・量ともに垸飯の過差的性質の具体相を示して余すところがない。もっとも、右二例の内訳は飯・菜・汁・酒にとどまり、肉・魚が一切見えない。仏教が禁ずるところだからに違いない。寺院を離れて内訳が判明する垸飯としては、院政期の永久三年（一一一五）に五節で供された垸飯の事例がある。

⑨所々垸飯／滝口本所／大外居交菓子二合、盛飯廿坏、垸飯廿坏、透蓋飯一盛、瓶子一口、鯉一隻〔イ喉〕、雉一枝、塩梅幷木炭等」（『類聚雑要抄』三-五節雑事）[35]

右は滝口武士に供された垸飯の内訳で、武者所もほぼ同内容のメニューが載る（大外居交菓子が一合に減じ、盛飯が三〇坏に増え、垸飯も三〇坏に増えている）。朝廷垸飯の場合は、鯉・雉という貴重な魚鳥類によって、動物性蛋白質をはじめとする栄養・滋味を享受可能であった。

『小右記』万寿二年一一月一八日条の「資頼云、五節間殿上垸飯被停止者」という記事、すなわち五節を理由に殿上垸飯が停止された事例は、垸飯の経済的負担が供出者に高負荷を強いたらしいことを窺わせる。そして垸飯の過差的性質は摂関政治最盛期から鎌倉期まで衰えることなく、後宇多院政下の嘉元二年（一三〇四）三月制符口宣[36]に「一、可停止元三御薬陪膳典侍・壱〔臺カ〕盤所垸飯過差事」という制が出された。元三の台盤所垸飯の過差が非難・禁止されたわけだが、それは後嵯峨院政を皮切りに鎌倉期朝廷政務の重要な基調となった徳政興行に基づく倹約督励の風潮に抵触したこと、すなわち為政者の善政指向と垸飯元来の過差を志向する根源的性質が相容れないことを意味する。このことは、垸飯が本質的に政府たる朝廷の公的要素ではなく、朝廷構成員の私的な慣行であったことを示唆する。

## 三　公家垸飯の特質　――同僚たる男性近侍者集団への享楽提供――

では、なぜ垸飯は根源的に過差を志向するのか。それは垸飯の催行目的、換言すれば何を契機として催行されるか、という問題と直結するであろう。朝廷社会の垸飯の契機は、いくつかの類型に分類可能である。その一つに、貴人の出産直後に新生児・生母の息災を願って関係者が贈与・祝宴する産養《うぶやしない》がある。

⑩日者内裏御猫産子、女院（東三条院）・左大臣（藤原道長）・右大臣（同顕光）有産養事、有衝重・垸飯・納筥之□□（衣　等）云々、猫乳母馬命婦、時人咲之云々、奇恠之事天下以目、若是可有徴歟、未聞禽獣用人礼、嗟乎、（『小右記』長保元年（九九九）九月一九日条）

一条天皇の飼い猫が内裏で出産した時、東三条院（藤原彰子）・左大臣道長（彰子の父）・右大臣藤原顕光（道長の従兄弟）が産養を行い、内裏女房が子猫の乳母に任じられ、衝重や筥に納めた衣等とともに垸飯が贈られた。時の人は嘲い、誰もが怪しからぬと考え、凶兆かと疑われ、「動物に人の礼を用いるとは、前代未聞で嘆かわしい」と記主実資に非難された。この記事は逆説的に、貴人の産養において垸飯を贈ることが通常の「人の礼」、すなわち〈人間同士なら当然なすべき行動〉であったことの明徴になる。

垸飯を伴う産養の詳細な内実は、実録では管見に触れない。しかし『源氏物語』（宿木）に、中君が匂宮の長男を産んだ時、五日の儀で薫大将が献じた産養の詳細な描写がある。

⑪御産やしなひ、三日は例のたゞ宮の御わたくし事にて、五日の夜は大将殿より屯食五十具・碁手の銭・椀飯などは世の常のやうにて、子もちの御前の衝重三十・ちごの御衣五襲にて、御襁褓などぞ、こと〳〵しからずしのびやかにしなし給へれど、こまかに見れば、いとわざと目馴れぬ心ばへにぞ見えける、

贈物の内訳は多数の衝重や新生児の着衣等で、それらとともに「椀（垸）飯」が明記され、前述の子猫出産の産養と照応する。しかも、垸飯の贈呈は一般的（世の常のやう）だといい、同様に一般的な屯食[37]や碁手銭（碁の賭け金）と併せた三点セットが、衝重・衣とは別に一群を成している。

このうち屯食や碁手銭の供出は〈近侍者の遊興の料に〉という志と見るのが最適であるから、垸飯はセットを成すそれらと併せて、〈生活必需品ではない贅沢品の提供〉という主旨を本質に有した可能性が高い。右文末の「衣類は一見派手派手しくはないが、よく見ると趣向を凝らしてあった」という記述も、必需品・最低限のレベ

ルをはるかに上回る贅沢、すなわち享楽の提供にこそ、垸飯の主要な存在意義の一つがあったことをよく示す。
この⑪は、さらに重要な情報を含む。それは、垸飯とセットの屯食・碁手銭の使用者が、もちろん誕生直後の乳児ではなく、出産直後の生母とも考えられず、近侍者としか考えられないことだ。ここに、〈垸飯の享受者（食する者）は、垸飯を贈られた貴顕その人でなく、その側近の従者である〉という重要な構図を導き得る。この構図は、藤原実資が娘の出産三日目の産養を記録した次の記事から裏づけられる。

⑫女房衝重廿前内蔵属保実《（文部）》・男方垸飯内膳典膳敦頼《（菅野）》（割注略）・加裏銭、廿貫、以十貫令賜男方、十貫給女房、又令加給小銭、随身所二貫、雑色所五貫、政所二貫、又屯食四具惟明《（藤原）》朝臣・右近将監貞理・右衛門尉幾忠・内蔵属連雅等也、令分給所々、（『小右記』寛和《（九八五）》元年四月三〇日条）

文中の「裏銭」は前掲『源氏物語』でいう「碁手銭」に該当すると見てよく（「裏」は「碁」の誤写か誤読ではないか）、垸飯・屯食・裏銭（碁手銭）という、『源氏物語』の産養と同じ三点セットが見える。このうち裏銭（碁銭）は「男方」と「女房」に各一〇貫文が用意された上、額を減じた「小銭」が随身所（二貫文）・雑色所（五貫文）・政所（二貫文）に与えられた。随身所・雑色所・政所はすべて実資家の家政機関なので、同様に銭を与えられた「男方」「女房」も実資家の従者を指すと見てまず間違いない。その「男方」「女房」は、文頭の「男方垸飯」と「女房衝重」に対応する。この「男方」が銭を享受する側にあり、その銭が垸飯と一セットであり、特に文中にその銭が「垸飯」に「裏銭（碁銭）を加へ」たものと表記されたことから、「男方」すなわち実資家の男性従者が垸飯の享受者であったと結論され、先の仮説が裏づけられる。

右のように考えるべきならば、文中でいう「男方」「女房」は垸飯や衝重を調達・提供する側ではなく、享受する側を指す。「男方垸飯」に対応して「女方垸飯」が存在するのではなく、「男方」には垸飯が与えられ、「女房」には衝重が与えられた、という文意になる。このことは〈垸飯の享受者は男性のみ〉という印象を与えるが、実際には女房が享受した事例がある。

⑬今夜亥剋尼君始渡給西宅、本是厩地、相替東地所奉、御前高器物・女房椀飯令調奉了、（『小右記』寛弘二年四月一四日条）

⑭来十五日今宮（宗仁親王）御五十日并行幸事被定、帥（藤原季忠）中納言於殿上書定文云々、承暦当今（堀河天皇）御五十日定文、彼人依被尋歟、所注送也、任其定文、宮御膳之外、無相違被定之、但殿上女房垸飯被定之、未弁可否、（『御産部類記』所引『大記』康和五年（一一〇三）二月四日条）

右の二例に「（殿上）女房垸（椀）飯」が見え、いずれも女房が享受者と判定されることから、垸飯の享受者は男性に限られない事実が明らかだ。ただし、管見では「女房垸飯」は右二例しか知られず、しかも⑭によると、堀河天皇の皇子宗仁親王（鳥羽天皇）の五十日の儀に伴う「殿上女房垸飯」は、堀河天皇の誕生時には存在しなかった新儀で、今回これを新加することの可否を記主藤原為房が訝っている。してみると、「女房垸飯」は伝統的・一般的でなく、一時的に出現して、すぐに消えた可能性が高い。〈垸飯享受者は、必ずではないが、広く一般的には男性〉という原則があったと推知することは許されよう。この原則は、鎌倉幕府垸飯を理解する上で重要なので、後に改めて触れる。

話を戻すと、右の理解通りなら、⑫文頭の「女房衝重廿前内蔵属保実（文部）」は、「女房が享受する衝重を文部保実が担当・供出した」ことを意味する。ならば、続く「男方垸飯内膳典膳敦頼（菅野）」は、「男方が享受する垸飯を菅野敦頼が担当・供出した」ことを意味する。この菅野敦頼は実資家の家人である[38]。すると、生母一家の当主の近侍者が享受する垸飯を、生母一家の当主の家人が供出したことになり、すなわち垸飯の供出者と享受者がともに同じ集団、具体的には〈同じ主人に仕える同僚〉であった事例ということになる。

この態様は、前掲『小右記』の諸事例に目立つ殿上垸飯において著しい。②③では蔵人頭が殿上に供出した垸飯を殿上人数十人が食し、④では蔵人頭が「雲上」すなわち殿上に供出した垸飯を中納言源経房・三位右中将藤原兼経・参議藤原資平らが食した。蔵人頭を含む五位・六位蔵人は職責が殿上における天皇への近侍なので必然的に昇殿資格を持ち、また公卿は自動的に昇殿資格を有したので[39]、いずれも広義の殿上人（昇殿資格を有する全員）の部分集合である（狭義の殿上人は、蔵人・公卿以外で個別に昇殿を聴許された者）。すなわち殿上垸飯とは、（いずれも広義の）殿上人が殿上人を殿上で饗応する行事であった。殿上人とは、令制・令外の位階官職等に囚われず、親疎・個人的信任により天皇が私的に近侍させる側近集団であるから、殿上垸飯は〈垸飯の供出者・享受者はともに同じ主人に仕える同僚〉という前出の態様に極めてよく合致する。

この態様に関して理解を深めるため、さらに実例を挙げよう。

⑮左符〔府〕参上殿上、余相従参上、侍所有垸飯、右大臣・内大臣・帥、中納言時信〔斉〕・時光・俊賢・隆家・忠輔、参議有国・行成・経房、三位中将兼隆等同在殿上、（『小右記』寛弘二年（一〇〇五）一一月二九日条）

左大臣藤原道長と彼に従う権大納言藤原実資が内裏の殿上に参上した時、「侍所」で垸飯が行われ、大臣以下の公卿が参加した。前々日に一条天皇と中宮彰子（道長女）・東宮居貞親王（後の三条天皇）が道長の東三条第に入っているので、この「侍所」は中宮の侍所であろう。それが何を意味するかは、次掲史料に明らかである。

⑯内殿上・中宮侍所・東宮殿上、皆有垸飯、大納言頼通・中納言教通・宰相一両参入者、（『小右記』長和三年（一〇一四）四月一〇日条）

右により、中宮侍所のみならず東宮殿上でも垸飯が行われたこと、そして内裏殿上垸飯・中宮侍所垸飯・東宮殿上垸飯がすべて同類型の行事であったことがわかる。この日に行われた三つの垸飯は、前日に三条天皇・東宮・中宮が道長の枇杷第に移住した事実を勘案すると、すべて道長が供出した垸飯と見てよい。

⑰代代政所御下文御教書目録……一枚建久六年被停止元三侍垸飯、宮内大輔御教書、（建久七年ヵ摂関家政所下文御教書目録〔「勧修寺本永昌

記裏文書」、(鎌)二一八九二）
⑱元三間侍所垸飯也、或饗云々、雖然永久四年正月五日垸飯之由見殿暦随身所同之歟、（『猪隈関白記』正治二年（一二〇〇）正月一日条）

右二例は、侍所垸飯が鎌倉初期の建久六年（一一九五）までに摂関家でも成立した事実、遡って院政期の永久四年（一一一六）には摂関家で随身所垸飯も行われた事実、なおかつ鎌倉初期の摂関家（近衛家）当主近衛家実が両者を相互に先例として准用可能な同類型行事と判定していた事実を伝える。随身所もまた〝近侍者祗候所〟であり、〈垸飯は同じ主人に仕える同僚が食す〉という態様に合致する。

なお、さらに同一範疇に属する事例として、次の事例を挙げ得る。

⑲今日二女食百日餅、五十日混合、仍儲餅百五十合、……有女房衝重・侍雑色所垸飯等、（『山槐記』治承二年（一一七八）正月二二日条）
⑳少将（藤原成親）産所七夜事、猶本家儲歟、……次廻粥如夜々、但役人諸司允三人、春宮所衆四人、女房衝重廿前、紙二積、侍饗紙一積、政所・雑色所垸飯、不及紙云々、（『兵範記』保元元年（一一五六）四月二六日条）
㉑今日上皇（後白河）可入御々経蔵、……下北面・御随身所・両后侍所・三方庁、幷七ヶ所、各居垸飯、已上御庄園勤仕之、此外雑人糧米十石、渡一院庁、令分行之、（『兵範記』保元三年一〇月一八日条）
㉒御（秀仁親王）五十日定事……定文／定／御五十日雑事／……一、垸飯、／殿上人　範房／女房　重房……／例文（承暦）／御五十日雑事……一、垸飯、／殿上　忠綱朝臣／女房　通家朝臣／……承暦三年七月廿五日（『民経記』寛喜三年（一二三一）三月八日条）
㉓今上第一之皇子御五十日々也、……次宸儀入御、……可著殿上垸飯之由、頭内蔵頭被相触之間、所祗候也、及数刻、蔵人頭内蔵頭有親朝臣・右中将資雅朝臣・右中将実俊朝臣・左中将有資朝臣・左少将公有朝臣・右

少将親氏朝臣・蔵人宮内権大輔兼高・左衛門権佐忠高・予相分著座、次一献……（『民経記』寛喜三年四月九日条）

⑲は、権中納言中山忠親の娘の五十日・百日の儀に伴う「侍雑色所垸飯」で、これは〈侍所垸飯＋雑色所垸飯〉を意味すると解される。⑳は、少将藤原成親の娘の産養に伴う政所・雑色所の垸飯。㉑は後白河上皇の宇治平等院経蔵御幸に伴う、院の下北面・御随身所、皇后（統子内親王。後白河の姉）と女御（姝子内親王。鳥羽院皇女）の侍所、院・皇后・女御の庁の[40]、合計七個所の垸飯。㉒は、秀仁親王（後堀河天皇皇子。後の四条天皇）の五十日の儀に伴う殿上垸飯・女房垸飯と、その先例として参看された承暦三年（一〇七九）の善仁親王（白河天皇皇子。後の堀河天皇）の殿上垸飯・女房垸飯の定文である（㉓はその当日の様子）。院宮の庁や公卿の政所・侍所・雑色所等、広く貴顕の家政機関が垸飯の場となり、その職員が享受者となり得た明証となる。

如上の諸事例のうち、〈中宮―侍〉や〈摂関―侍〉や〈東宮―蔵人〉の関係は〈天皇―蔵人〉の関係と同類型[41]であるから、垸飯の場は、やはり内裏・東宮・中宮・摂関家等の〝近侍者祗候所〟である、と一般化できよう。そのことが明記された史料もある。

㉔伝聞、大夫（藤原済時）調備食物、亦檜破子等被奉中宮（藤原遵子）、如屯食・垸飯之物分賜所々陣云々、就中以金銀加飾破子二荷在之中云々、（『小右記』天元五年四月一三日条）

中宮大夫藤原済時が「食物」「檜破子等」を中宮藤原遵子（実頼孫、頼忠女）に献上し、「如屯食・垸飯之物」を「所々陣」に分かち賜わった記事である。内裏・院宮における「陣」は〝勤務者の待機所〟を意味するので[42]、垸飯を「所々陣」に分賜したというこの記事は、垸飯の場が〝近侍者祗候所〟であった明徴となる。

旧説は「宮廷の恒例・臨時の諸行事に、朝臣たちにふるまわれた」「公家の恒例・臨時の行事に際しての垸飯は、殿上人以下に支給した食膳」等と説明してきたが[43]、実際には、享受者の身分は内殿上人以下に限られていない（議政官の事例が少なくない）。朝廷社会における垸飯享受者となる理由は、内殿上人等の絶対的身分ではなく、〝貴人の近侍者〟という個人的人間関係（いわば相対的身分）に由来したのであり、それは前述の諸事例で垸飯享受者として見えた政所・侍所・雑色所の職員が、純然たる公卿の私的従者であった事実からも明らかである。

## 四　公家垸飯の供出・享受間の形式的回路たる主人

では、かかる垸飯の態様に、主人（たる貴人）はいかに関与するのか。実は、本書で挙証したすべての実例において、主人は垸飯を食した形跡がない。前掲諸事例で享受者を確認可能な殿上垸飯のうち、垸飯を食したのは（広義の）殿上人のみであり、天皇は食していない。

藤原実資ら貴人の家の垸飯でも、食したのは「男方」近侍者と女房だけであり、実資ら主人やその家族ではない。そうした態様をよく示すのが中宮や摂関家の侍所垸飯で、近侍者の詰所に過ぎない「侍所」で、中宮・摂関自身が飲食する可能性は皆無である。

時代が降るが、文永一一（一二七四）年と推定される日吉社領若狭国前河荘事書[44]に「成仲猶為添神役、毎月朔幣大宮□〔内カ〕垸飯、巫女七社神楽垸飯副沙汰之、自仁安三□〔年〕至于今年百余年、相続而無有闕怠矣」とあり、神社の神楽に垸飯が副えられた事実が判明する。しかし同年と思われる若狭前河荘円栄訴状[45]に「仁安以来百余歳、毎月三ケ度神膳大宮内幷里巫女垸飯等、七・八・九・十、四ケ月既令欠怠、可謂神事違例、痛哉」とあるのを参照すれば、神役の垸飯を食するのも、神や神主でなく巫女であったと判明する。

ならば主人が全く関与しないかというと、そうではない。前掲⑬は、実資の姉「尼君」が実資宅の東に隣接する居宅から、実資宅の西に隣接する居宅（もとは実資宅の厩の地）に転居した時、実資が姉自身に「高器物」を贈り、彼女に奉仕する女房らに「女房垸飯」を贈った記事である。「高器物」は飲食物を載せる器であるから[46]、実資は尼公と従者の双方に飲食物を供している。その「高器物」と「女房垸飯」の贈与を、実資は「令調奉了」と表現した。「奉」は明らかに尼君への謙譲表現であるから、尼君自身への「高器物」のみならず「女房垸飯」までもが、尼君へ献上されたことになる。すなわち、この「女房垸飯」は、実資から尼君へ献上された後に、尼君から女房らへ下賜されたのである。類例として、次の史料を挙げ得る。

㉕法性寺座主始修諷誦、此日、経房《（吉田）》卿調送時六具椀飯也、美麗云々、分給御前僧了、（『玉葉』文治四年《（一一八八）》三月二五日条）

右によれば、法性寺の諷誦において、摂関家家僕の吉田経房が垸飯を「調へ送り」、法性寺座主が僧らに分配していた。

以上を一般化すれば、垸飯享受者の主人は、何者かが供出した垸飯を受け取り、従者たる享受者へ分配する回路として介在し、その意味において垸飯に受動的（受納時）・能動的（分配時）に関与していた、といえよう。ただし、かかる主人の実際的介在が明記された事例はごく少ない。逆に、主人の実際的介在がなかったと見なすべき事例が少なくない。

例えば前掲①では、道長は天皇の台盤所に垸飯等を「送」り、太皇太后の台盤所に垸飯を「出」した。また②③では、藤原経通が調達した垸飯を実兄資平が天皇・太皇太后・中宮に「出」した。もし実際に天皇・太皇太后・中宮らに届ける手続きを踏んだならば、「奉」「献」「上」等の尊敬語表現を欠いて単に「送」「出」等と書かれたとは考え難い。これらの事例では、天皇・太皇太后・中宮らは手続きに一切関与せずに素通りされ、垸飯が供出者から直接に享受者へと届けられたと見ねばならない。

してみると、垸飯享受者の主人は、垸飯が供出者から享受者へ伝達される回路上に、形式的にのみ位置づくのであって、垸飯の実際的な催行手続きにおいて必須でない。先学が垸飯を服属儀礼の類と見なしてきたのは、この形式的な介在を明記する『吾妻鏡』の垸飯記事において、「献垸飯」等と「献」字が多用された事実に誤誘導された結果と察せられる。天皇等の主人が垸飯を食した形跡が皆無である事実は、彼らが垸飯の催行手続きの現場に実際的関与をしなかったことと、表裏の関係にあろう。

　このことは、垸飯と菓子の関係とも関わる可能性がある。②③では殿上垸飯に伴って内裏台盤所・太皇太后・中宮にそれぞれ二〇合もの菓子が献呈され、④でも殿上垸飯で太皇太后・中宮らに彩色の折櫃に納めた豪奢な菓子が献呈された。次の如き事例もある。

㉖昨上皇（三条）令下山給、……去五日摂政殿（道長）献御菓子、又有殿上垸飯、座主日々献御菓子、院別当（源）頼光献御菓子、

（『小右記』長和五年五月九日条）

　退位した直後の三条上皇が、この月の一日に延暦寺に参詣し、九日に下山した。その間に摂政道長が上皇に菓子を献じ、天台座主も毎日菓子を献じ、上皇の院司（別当源頼光）も菓子を献じた。その中で、道長は菓子を献じると同時に院の殿上人に「殿上垸飯」を振る舞っている。

　このように、垸飯にはしばしば、主人たる天皇や院宮に献呈される菓子が伴った。その理由は、垸飯が従者集団への贈与機能しか担えず、その主人への配慮が疎かになることを嫌って、主人へも挨拶を欠かさぬ社会性をアピールすべきと考えられたから、と説明できる可能性がある。

　②において、天皇・太皇太后・中宮への菓子奉呈について実資が「惣不聞之事也、非宰相之雅意、只頭弁之所為、近代之事以之為優（どれも前代未聞だが、供出者の資平の意向ではなく、背後で調達した経通の独断で、最近の殿上垸飯ではこうした菓子奉呈が世間から評価される）」と述べたことも、菓子奉呈が元来は垸飯と無関係であり、必須でなかった中で、道長の全盛期に世間的評価を念頭に置いた配慮として勝手に行われ始めた事実を示している。

## 五　垸飯供出者の立ち位置と「傍輩」

このように、主人は、垸飯受納の場に形式的に介在しても、垸飯享受の場からは明確に隔離されていた。ならば、形式上はともかく、垸飯の饗応行為自体としての意義は、〈主人を共有する供出者から享受者へと垸飯が直行する〉流れ、換言すれば、供出者と享受者を直結する関係自体にこそあった可能性が高い。

これを裏づけるように、⑤の殿上垸飯では、場が天皇の住居たる殿上であるにもかかわらず、藤原長家が物資を調達して藤原兼頼が催行した事実だけが書かれ、天皇について一切言及がない。そもそも、物資調達者が自身の名で垸飯を「出」せばよいところ、あえて別人の名で、すなわち⑤では調達者の義兄弟たる参議右中将藤原兼頼の名で、②③では調達者の兄たる参議藤原資平の名で殿上垸飯が「出」された。しかも、物資調達者と催行者が別名義であり得るなら、殿上垸飯の催行者は天皇名義であるべきと考える余地があるにもかかわらず、そうならなかった。ならば、これらの事例では、兼頼・資平の名で催行すること自体に大きな意味があった、と考えざるを得ない。

ここで興味深いのは、④で中納言源経房が参議藤原資平に、殿上垸飯に参加するよう「頻りに語ら」った事実である。天皇の命令なら「命」「仰」「勅」等の字が用いられるはずだが、それらは一切見えず、ここに主人（天皇）の命令が介在した形跡はない。そして、この文脈での「語らふ」は〈誘う〉の同義語であって、命令的ニュアンスすなわち服属儀礼的な要素が皆無である。殿上垸飯への参加は、廷臣の責務でなく、あくまでも同僚が自発的に催行し、同僚を誘って任意の参加を促すという、緩やかでオープンな共同飲食であったと解さねばならない。それをさらに裏づけるのが、次の記事である。

㉗伊予介（源遠古）調垸飯持来、頻勧杯酒、已及沈湎、予州淵酔、脱衣給一両近衛府官人等、両三人又々如之、（『小右

記』寛和元年正月二〇日条）

この日、実資の義兄弟（妻の兄弟）の伊予介源遠古が垸飯・酒を調達して実資宅を訪ね、頻りに酒を勧め、二人して大いに酔ったという。この事例は、ふらりと飯を持参して酒を勧める程度の気軽な行為、それも特別重要な事件をトリガーとして必要としない気まぐれな行為が垸飯の原初的形態であって、殿上垸飯や出産等に伴う大袈裟な垸飯はその派生型であった可能性を示唆している。垸飯は根源的に、饗応せんとする当人の自発的意思と、十分な物資と、供出者・享受者同士の紐帯さえあれば、催行し得た行為と考えられる。

㉗の場合、その紐帯は義兄弟（姻戚）関係だが、かかる事例はほかに管見に触れない。これ以外の圧倒的多数における その紐帯は、天皇・院宮・摂関家以下の貴顕に私的に近侍する者同士という同僚関係であった。かかる関係、すなわち一つの閉じた集団内部で、縦方向の主従関係ではなく横方向の同輩関係に大別される関係は、遅くとも『小右記』の頃（一〇世紀後半頃）までに「傍輩」と呼ばれ始めている[47]。

笠松宏至によれば、中世の「傍輩」の必須条件に、「必ず彼らを一つの集団として結びつける上位者をもつこと」（将軍・主人・上司・張本等）があった[48]。㉗の場合、ある女性の夫と兄、すなわち縁戚という閉じた集団内部の、同世代という横方向の関係に過ぎず、右特色に合致しないかに見える。しかし、古代・中世を通じて朝廷の根幹的価値観の一つとして堅持された《礼》という儒教的価値観においては、子は親に従属し、親は子に対する絶対的支配者であって[49]、家族・姻族はその関係の連鎖で成立している。すなわち、家父長またはその妻等が率いる家族・姻族集団において、ある女性の兄と夫は、父母（義父母）という上位者を共有するのであり、笠松のいう「傍輩」の定義に漏れない。

以上から、遅くとも一〇世紀後半までに、〈傍輩同士で饗応・共食する〉ことが垸飯の重要な存在意義になっていた、という仮説を導ける。

では、かかる仮説を念頭に置いた時、⑥の事例はいかに理解されるべきか。この事例は、内裏の修正会・修二会で密教的呪法を行った呪師や、「走り」（法会の意味内容を華美な装束と敏捷な動きで平易に伝える芸）(50)を行った猿楽（散楽）法師が「おのおの垸飯を給は」った記事である。

呪師・猿楽法師が垸飯を得る理由となった奉仕の場も、垸飯を得た場所も内裏であるから、彼らに垸飯を「給は」った主体は形式上、天皇と考えるほかない。しかし、彼らは天皇との間に、蔵人・殿上人の如き私的主従関係を持たない。それどころか、呪師や猿楽法師は、寺院に所属することはあっても、寺院という機構に帰属しているだけであって、〈天皇―殿上人・蔵人〉や〈院宮・摂関―侍・随身〉の同類型と見なし得るような、寺院内の特定個人と私的・人格的主従関係にある人々ではない。したがって、⑥によって、垸飯に主従関係を必須と見なす旧説は否定される。

⑥に見える呪師・散楽（猿楽）法師は社会の極めて下の方に属する階層だが、垸飯の享受者たり得た。逆に、極めて高身分の者が垸飯を享受した事例も、少ないが皆無ではない。

㉘廿一日……調具垸飯令奉大内、及巳剋参入、今日自中宮被出垸飯於殿上、仍余令用意其事、及未剋事始、入夜関白（藤原頼通）殿以下上達部着於殿上、進垸飯、事了退出、／廿二日……今日又自宮（藤原威子）被垸飯出於殿上、（『左経記』万寿三年三月二一・二二日条）

これは、記主源経頼が調達して中宮藤原威子の名で供された殿上垸飯を、関白藤原頼通以下の公卿が食した事例である。天皇・院宮が垸飯を享受した事例は皆無だが、関白は享受者たり得た（摂政は不明）。以上を総合すると、垸飯の享受者は、上は関白・議政官・殿上人等の人臣最上層から、摂関家の侍・随身等の朝廷社会の下層階級を経て、下は呪師・猿楽法師まで、天皇・院宮を除く、およそ社会の全階層に存在し得たと結論できる。

下層階級が享受する垸飯の類例は、⑥の『玉葉』から半世紀あまり下る鎌倉中期にも見える。

㉙宿坊寺家沙汰也、如形儲椀飯……小舎人可賜椀飯之由譴責、寺家不儲、且先例云々、仍不給之、（『吉続記』

文永五年（一二六八）七月二四日条）

㉚送椀飯、寺家之儲近年無正体之間、兼示付此両人（別当・権別当）、宮司之供給及深厚如形送之、椀飯等賜僮僕、（同文永八年八月一四日条）

右の㉙によれば、五位蔵人で後嵯峨院政の山門奉行であった吉田経長は、比叡山を訪ねた時、山門側が用意した宿坊に滞在して垸飯を行った。享受者は明記されないが、後段によれば、小舎人が「自分にも垸飯を下されたい」と強く求め、山門が先例を理由に拒否したという。この文脈から、この垸飯は登山した経長の従者らに対する慰労目的で、山門側が用意したものと推断できる。

また㉚によれば、左少弁になっていた経長の石清水八幡宮寺への参詣で、本来なら寺家が用意すべき垸飯が近年滞りがちのため、事前に経長が石清水別当・権別当に連絡して用意させ、夜遅くにようやく形ばかりの垸飯が送られ、経長から僮僕（牛童・侍等の随行の従者）[51]に与えたという。

中流廷臣家（勧修寺流藤原氏の名家）出身の五位蔵人・左少弁の小舎人・僮僕は、呪師や猿楽法師よりは上だが、庶人と大差ない下層階級であり、ここにも下層階級の垸飯享受が確認できる。㉙で「形の如く（型通り）」といい、㉚によれば「近年」以前は「正体無し」ではない（きちんとした）垸飯が与えられたというから、この階層の垸飯はかなり前から定着していた社会慣行と知られる。しかも、小舎人が垸飯を強く要求し寺家に拒まれた事実は、そうした社会慣行を利権化・既得権化しようとする下層階級側の強い動きと、それに伴う慣行当事者の拡大、それらを防ごうとする寺院権門側の軋轢を伝える。

この二例では、〈参詣する貴人の従者を寺院側が垸飯という享楽提供で慰労歓待する〉という構図が共通する。すなわち、〈中級廷臣―従者〉の主従関係の外にある機関が、客人たる中級廷臣の従者に垸飯を供出しているのである。実際には主人たる経長を通して従者らに分配されたと解釈すべきだが、そこには、旧説が囚われてきた〈下位者が献ずる服属儀礼〉たる性質はもちろん、前述の〈同輩を饗応する〉という殿上垸飯の如き性質さえ希薄で、全くの他者が、来客時に一般的な饗応をしている域を出ない観が強い。

それでも、来客当人でなくその従者が饗応対象となり、従者自身がそれを当然の得分と自覚した点にこそ、単なる饗応と弁別された「垸飯」の存在意義が潜んでいよう。⑥の垸飯の主眼は、呪師・猿楽法師の天皇への奉仕に報いる慰労と見て間違いない。それと総合すると、㉙㉚の垸飯の主眼は、貴人の参詣への奉仕に報いる慰労と解され、要するにそれらの垸飯の構図は、〈供出者は、奉仕の直接受益者か否かにかかわらず、関係者として奉仕者を慰労する〉ことに収斂する。

産養において生母・新生児の近侍者に屯食・碁手銭とともに垸飯が贈られたケースも、この類型に帰属させてよい。そして、碁手銭は遊興料であって給金ではないから、贅沢すなわち享楽が主眼であり、したがってこのケースの碁手銭とセットの垸飯もまた単なる栄養補給としての慰労を超えた、享楽提供としての慰労と見なせる。ならば同類型の、呪師・猿楽法師や中級廷臣従者への慰労目的の垸飯も、同断であろう。

ただ、それらの垸飯には、殿上垸飯に顕著な〈同輩を饗応する〉性質が薄い。⑪で産養の垸飯を供出した薫大将も、匂宮に近侍して垸飯を食した者たちの同輩ではなく、その主人匂宮の同輩である。㉙㉚でも、強いて同輩関係を探すなら吉田経長と山門が最も近いのであって、垸飯を食した経長の従者は山門の同輩と見なし得ない。まして、⑥で天皇が呪師・猿楽法師に供出した事例では、当事者のどこにも同輩関係がない。

かかる事実は、殿上垸飯が〈同輩を饗応する〉性質を濃厚に有した事実と、いかに関係するのか。実は、それらをつなぐ事例がある。

㉛今日第一内親王（昇子内親王）御百日也、……此間、内（後鳥羽）并中宮（九条任子）・姫宮三方所々饗等、内御方殿上垸飯・女房垸飯、中宮御方女房衝重・侍所庁、姫宮御方女房衝重・侍所庁、已上諸国所課見定文、（『三長記』建久六年（一一九五）一一月二六日条）

鎌倉初期の建久六年、後鳥羽天皇の皇女昇子内親王の百日の儀で、天皇・中宮（後鳥羽配偶。九条兼実女任子）・

内親王に従属する「所々の饗」が行われ、天皇の従者に対しては「殿上垸飯・女房垸飯」が供された。これは産養に伴う殿上垸飯で、供出元は「諸国所課」すなわち国司を通した徴税であった。これは、垸飯供出者が個人である必要さえなかった明徴であり、〈享受者やその主人が供出者の私的な関係者や同輩であること〉は、元来、垸飯の必須要件でないことの証左となる。

## 六　垸飯の催行契機と古態・起源

### I 〈人生の新段階の始動〉をトリガーとする垸飯

ならば、垸飯に必須の、より根源的な要件とは何か。そのヒントは、右㉛の垸飯の契機が産養であった事実にある。産養を契機とする垸飯は前述の通り類例が多く（⑩⑪⑫⑭⑲）、次の事例も補い得る。

㉜今日依中日無東宮（言仁）御戴餅、供御薬云々、儲君出御昼御座、近衛局（割注略）奉抱、御乳母洞院局（割注略）候陪膳、勤件役之人台盤所出垸飯、菜廿等、盛筒入櫃、交菓子二外居、尽美、三ヶ日如此、（『山槐記』治承三年正月一日条）

㉛と同時代の㉜は、元日の記録なので一見、年始を祝う行事に見えるが、そうではない。その日の台盤所垸飯の享受者は、垸飯直前の東宮言仁親王（高倉天皇皇子。後の安徳天皇）御薬の奉仕者（女房・乳母）であり、本来その日に言仁が餅を食すはずであった。数えてみると、実はその日は言仁の誕生から四九日後、すなわちこの垸飯は、偶然にも元日と重なった、言仁の五十日の儀への奉仕を契機とする。

　このように、㉛⑲㉜はすべて、貴顕の産養を契機に近侍者の垸飯が催行される、という共通の流れを持つ。それは、殿上垸飯等の催行が無秩序でなく、貴顕の出産誕生に類する重要事を契機（トリガー）として発動された可能性が高いことを示す。

かかる観点から諸事例を見直すと、大多数の垸飯に、契機となる重要事が見出される。
①中宮藤原威子を父道長が内裏に訪問した時の事例だが、訪問の一一日前に威子の中宮冊立があり、訪問前日は威子の入内の日であって、訪問日の太皇太后彰子の台盤所垸飯は明らかに威子の入内が契機。
②③の殿上垸飯は、同時に一条天皇・太皇太后彰子・中宮威子に菓子が贈呈されたことから見て天皇＋道長一家の慶事に対応しており、恐らく五日前に道長の娘嬉子が女官のトップ尚侍に任じられた人事が契機。
⑤当事者の藤原兼頼・長家兄弟が道長の子なので、彼らの姉妹である皇后妍子を母とする娟子内親王（後朱雀天皇の皇女）が二ヶ月前に誕生、垸飯の二一日前に五十日の儀を遂げたことが契機であろう。
⑦醍醐寺座主の拝堂。
⑩天皇の飼い猫の出産。
⑪匂宮の子（天皇の孫）の誕生。
⑫藤原実資の娘の出産。
⑬実資の姉の新宅転居。
⑭堀河天皇の皇子宗仁（鳥羽天皇）の誕生。
⑮半月前の内裏炎上に伴う一条天皇の道長宅（東三条第）への転居が契機であろう。
⑯前日の三条天皇・東宮・中宮の道長宅（枇杷殿）への転居が契機であろう。
⑰⑱元日に「元三」を理由として行われ、准拠する先例が正月五日の垸飯なので年始が契機。
⑲中山忠親の娘の産養。
⑳藤原成親の娘の産養。
㉒㉓後堀河天皇の皇子秀仁（四条天皇）の産養。その先例として白河天皇の皇子善仁（堀河天皇）の産養。

㉔前月の藤原遵子（実頼孫、頼忠女）の中宮冊立と六日後に控えた彼女の入内が契機であろう。
㉗判然としないが正月二〇日なので恐らく年始が契機か。
㉘享受者に関白頼通が含まれるので、同日に頼通が関白を辞する上表を奉り、天皇が不許可とする恩恵を与えた慶事が契機であろう。
㉛後鳥羽天皇の皇女の産養。
㉜高倉天皇の東宮（安徳天皇）の誕生。

以上を類別すると、摂関家女子の出世（立后・女御宣下・入内・後宮総責任者就任）、天皇・親王・貴顕の子の誕生、新宅転居（特に天皇の里内裏移住）、年始、寺社参詣、拝賀に類型化できる。これらの多くは、朝廷の公的行事ではない。したがって、朝廷の公的行事を垸飯催行の契機としてきた旧説が成立しないことは、明白といわねばならない。

むしろ、右事例群のうち、⑥と寺社参詣を除くすべてが一目瞭然の慶事である。したがって、〈垸飯催行を促す契機は、主人かその関係者の慶事である〉という原則を抽出し得る。行論の便宜のため、以下、この原則を〝慶事契機原則〟と呼ぼう。

慶事を契機としたとしか考えられない事例としては、次の事例を補い得る。

㉝参女御々方（藤原育子）、告申女御宣旨下之由、……女御殿御方可被居垸飯於内大盤〔台〕所哉□沙汰云々、此事注載次第、然而不注旧記内也、（『山槐記』応保元年（一一六一）一二月二七日）
㉞勅命云、祐子内親王可下准后宣旨之由、可仰内大臣者、……先是殿上儲垸飯、近江守隆佐依本所仰所儲也、予已下着之、盃酒如常、又台盤所有垸飯云々、又所々幷諸陣給屯食等云々、（『春記』長久元年（一〇四〇）一一月二三日条）
㉟此日女院（皇嘉門院）渡御新造御所、密々御幸也、非移徙之儀、自造営之初、一向為余沙汰、去四月廿六日、遂移徙了、

今夜御幸、……今夜基輔、渡御之後、改着束帯中吉書、雖無移徙之儀、是先例也、今日御料・女房料・殿上料・侍椀飯・進物所饗・所所大破子等給之、皆余沙汰也、（『玉葉』治承二年（一一七八）六月一四日条）

右の㉝は、藤原育子（忠通女。養女とも。二条天皇配偶）の女御宣下に伴う女御台盤所の垸飯。㉞は、祐子内親王（後朱雀天皇皇女）の准后宣下に伴う准后殿上・台盤所の垸飯。㉟は女院（皇嘉門院）の新宅入居（ただし移徙の儀は事前に済ます）に伴う侍所の垸飯である。これらはすべて、殿上・台盤所・侍所を場とする点も含め、前掲の諸例や慶事契機原則と合致する。

垸飯の催行契機がこの慶事契機原則に強く依拠したことには、別の裏づけも得られる。

㊱左大将（近衛家実）殿入自殿下御直廬、……仰聞食之由、次将軍拝舞、……予馳車参高辻亭、……自此亭有御出立令参内給云々、……鋪長筵為府生以下坐（割注略）、其前各立黒漆台盤三脚居饌、脚別埦、〔垸〕飯一具・菓子折櫃〈采色折櫃也〉、飯相并卅一坏〔杯〕歟、尾張・三河・甲斐各一具調之、（『三長記』建久九年正月一九日条）

右は、近衛家実の左大将拝賀で部下の近衛府生らに垸飯が供された記事である。

拝賀とは、地位が改まった後（任官・昇叙等）、その新たな地位で内裏に出仕する前提として社会的に義務づけられていた御礼参りをいう(52)。往古は昇進の当座に行われたが、平安中期までに日を改めて行粧《こうしょう》（美麗に仕立てた行列）を組んで、自宅もしくは所縁の人の第宅を出立所《いでたちどころ》（拝賀行列が出発する拠点(53)）として京中を行進し、所々を訪問して拝礼する形が普及した。出立所では、出発前と帰還後に、縁者らが集まって饗宴等が行われる。単に行進の出発点となるだけでなく、むしろ行進の前後に重要な儀礼が行われる拠点となるので、出立所は「本所」と呼ばれ、そこで行う儀礼を「本所の儀」という。拝賀は出行しての「所々の拝」と、その前後の「本所の儀」の儀礼の双方全体で構成される。

「所々の拝」の対象は天皇・院宮・摂関・父母等と様々だが、拝賀する者が主観的に〈貴方の恩顧・庇護のお蔭で官位昇進等の形ある恩恵を得られた〉と認識する上位者であり、その相手を「拝む（天皇・国母らには舞踏、その他には再拝）」ことで「賀《よろこ》ぶ（喜色を表す）」儀礼であった。拝賀は別名を慶申《よろこびもうし》とも奏慶ともいい、「奏慶」はソウケイと一語に読むのではなく、「慶（ケイ／よろこび）を奏す」と読む。いずれも〈上位者に喜色を表明する〉意味であり、それが儀礼名となったのであるから、拝賀の本質は慶事に発する喜色表明である。その拝賀を契機として垸飯が発動した事実は、垸飯の慶事契機原則を最も端的に示す現象といえよう。

垸飯を供された府生は近衛大将の部下だが、組織内の上司―部下関係であって、個人的な主従関係にはない。貴顕に仕える近侍者集団に享楽提供するという垸飯の性質はここにも濃厚だが、その主従関係の種別（公私の別。いわゆる主従制的支配権か統治権的支配権か）は問われなかったと知られる。

古代・中世の記録を通覧するに、〈昇進後、拝賀を遂げなければその地位で執務できない〉という鉄則の存在が明らかである。すなわち、拝賀には〈初出仕〉、中世の実際的な表現でいえば「出仕始」という性質がある。その場合の〈初めて〉とは、〈その地位に昇ってから初めて〉を意味するので、突きつめると任官昇叙が垸飯の契機となるかに見える。実際、次の如き事例がある。

㊲大納言殿（藤原頼長）令任右大将給、……西透廊南二ヶ間……為府生已下座、行別居高盛垸飯卅坏・菓子十坏（割注略）・魚物廿坏（割注略）、已上高大盛之、……其垸飯前居例本平盛饗卅前、……関白殿於弓場令奏御慶賀給、次新将軍於同所令奏慶賀給、……令退出東三条給、（『平知信朝臣記』長承四年（一一三五）二月八日条）

これは藤原頼長が右大将に任官した日に即座に行われた垸飯であり、高官任官が垸飯を伴うかの印象を与える。しかし、近衛大将就任は事前に兼宣旨として内示されるので、任官に伴う諸儀礼を任官日までに準備できる猶予がある。換言すれば、拝賀の準備も怠りなく調えて当日に臨み、就任を前提に参内して、就任直後に拝賀を行える。頼長も、実はこの日に任官した当座で拝賀を済ませ、中宮等に所々の拝を済ませてから帰宅した。垸飯は明らかに帰宅後に行われており、拝賀の前後に出立所（本所）で行う「本所の儀」の一部として行われたと見なされ、㊱の拝賀に伴う垸飯と同類型である。

垸飯は、拝賀に伴う形ではほとんど史料上に現れないが、右のようにわずかに認められる。それに対して、拝賀を離れて純粋に任官昇叙自体に伴って垸飯がなされた事例は、一つも管見に入らない。任官昇叙そのものは、必ずしも垸飯催行のトリガーではないと考えるべきである。とすれば、任官昇叙そのものではなく、拝賀の〈初出仕〉という性質にこそ、垸飯を誘発する契機があった可能性が高い。次の事例は、それを裏づける。

㊳今日依初著結政、任例賜官掌以下饗禄、其儀、中門廊二行対座、……為官掌座、東乙板敷……為弁侍座、……座上調居盛屯食三具、具列居棚、飯一外居五六斗、菜五六種盛折副箸、土器、酒入居桶、毎物巨多美麗、雖有屯食、石之〔ママ〕已調椀飯也、前例一具給之、今度一具儲用意、仍非例給二具了、不可為後例歟、（『兵範記』永万元年《一一六五》一〇月一七日条）

右事例では、右少弁平信範の初の結政参加で、官掌・弁侍に屯食・垸飯が供された。信範の右少弁任官は同年八月一七日で（『弁官補任』）、任官間もないものの、この垸飯の契機は拝賀ではない。結政という弁官の職務に初めて従事したことが契機であり、〈初めてその地位に基づく行動を取った〉点で拝賀と共通する。

かかる〈初出仕〉を契機とする垸飯は、寺院にも確認できる。先に寺院垸飯の詳細なメニューを伝える記録として示した⑦は、醍醐寺座主となった者が初めて座主として本堂で本尊を拝する「拝堂」を契機とする垸飯の記録である。座主拝堂は本質的に廷臣の拝賀と同類型の儀礼であって、拝堂の垸飯も㊱の近衛大将拝賀と発生源を同じくする、〈初出仕〉を契機とする垸飯に違いない。⑦によって、醍醐寺ではそれが鎌倉期までに恒例化していたと知られるが、次の事例から、少なくとも院政期までは遡り得る。

㊴天承二年《一一三二》の「醍醐寺座主元海拝堂日記」に「君達饗十前、慶寛、／垸飯二具、侍　御厨子所　威儀師勝助、／威儀僧饗膳　長全沙汰」とあり。（『醍醐寺文書之二』一七一）

右は、醍醐寺座主の拝堂に伴い、座主の侍と御厨子所に垸飯が供された事例である。

㊵別当法印勝清始政例、……仁平二年三月二日、被成吉書、……同年六月七日、正印政、……巡検勾当六人、垸飯給、堂達、宮守、酒肴給之、（『石清水文書之五』宮寺縁事抄―政雑例）

右は石清水八幡宮別当の垸飯で、それが行われたのは別当が「始政」と称して吉書・正印政（請印政の宛字であろう）等の寺内政務着手の儀礼を行った就任儀礼であり、その中で巡検勾当に垸飯が供されている。この事例は、垸飯の契機が〈初出仕〉であることを、極めて明瞭に伝えている。

㊶入室、九歳、御装束布衣、本所吉水御房、……山上御門徒七十余人参集中門之南、於屏外奉拝見、各皆平伏、御所中依無便宜所、以蓮光院明暹法眼之房、為山住者之宿所、被遣椀飯畢、……椀飯事、／一具御中居泰宗法眼、／一具御分座泰胤法橋、／一具侍所性賢法眼、／一具住山者泰承法橋、（『門葉記』入室出家受戒記一―無動寺慈源―安貞二年（一二二八）一〇月二七日条）

右は、前摂政九条道家の息慈源が吉水房に入室した時、吉水房から慈源の侍所・住山者（侍以外の側近か）らに垸飯が供された記事である。この事例は、新たな地位への就任と、新宅転居の、双方のパターンを兼ねたものといえよう。

如上の地位就任・初出仕・新宅転居等は、〈人生の新段階の始動〉を契機とした垸飯と総括可能で、行論の便宜上、〝新段階始動型〟の垸飯と呼ぶことにしたい。

## Ⅱ　一〇世紀後半までに内裏仏名・五節舞姫御覧の垸飯が成立

以上の通り、朝廷・寺社垸飯の大多数は、契機となる慶事が明瞭であった。しかし、そうでない事例もある。特に目立つのが、寺社参詣に伴う次の前掲事例群である。

㉑後白河上皇の宇治平等院経蔵御幸で、院庁らに垸飯。
㉖三条上皇の延暦寺参詣で、藤原道長から、院の殿上人に垸飯。
㉙吉田経長の比叡山参詣で、寺家から、経長に随行した従者らに垸飯。
㉚吉田経長の石清水社参詣で、寺家から、経長に随行した僮僕らに垸飯。

上皇の御幸は寺社側にとって慶事だが、名家の中級廷臣の参詣を寺社側の慶事と考えてよいかは微妙だ。さらに、次の前掲事例群には、慶事と見なせる要素が見あたらない。

⑥後鳥羽の「昼呪師」という遊戯観覧で、天皇から呪師・猿楽法師に垸飯。
㉕法性寺座主の諷誦に吉田経房が垸飯を送り、座主から近侍の僧らに分配。

このように慶事契機原則を満たさない垸飯は、次に掲げるように仏事関係に目立つ。

㊷験者智詮法橋参上、追物之儀如例、……事了賜禄、……蔵人頭中宮亮宗頼朝臣仰云、依中宮御悩平愈之験徳、可上賜法眼和尚位、……此外椀飯二具、又湯帷、他雑事等有之云々、（『玉葉』建久二年（一一九一）一一月九日条）

㊸廿二日……今日阿闍梨許可、垸飯猷円律師訪之、頗過分云々、／廿三日……阿闍梨灌頂前日垸飯成時法師送之、又過分由答之、……座主御坊浄衣一具、湿衣二具給之、垸飯都合四具沙汰送、（『明月記』建暦二年（一二一二）一一月二二・二三日条）

㊹御逆修……おなしき日、伊賃のかみ〔伊賀守〕ひてやす、くへちに、わうはん（はん一ほかい二石、しろき一、ほかい一石五斗、むきない一ほか井、あはせ十二す、大へい一、とき一合、えんみおの、、一おりひつ、すみ一合、たき、三そく、）（建保三年（一二一五）五月二四日後鳥羽上皇逆修僧名等目録、「伏見宮記録五十八」、鎌四‐二一六三）

㊺今日御仏名始也、……事畢僧侶退下、有名謁（割注略）、一々称籍畢、予宿侍、無所垸飯、（近代無此事、不吉之事也、）（『春記』長暦三年（一〇三九）一二月一九日条）

㊷は中宮病気平癒の祈禱に効験があった僧への垸飯、㊸は藤原定家の息定円の灌頂を実現させた阿闍梨・天台

座主（慈円）に対する垸飯、㊹は後鳥羽上皇の逆修に奉仕した僧への垸飯、㊺は内裏仏名に奉仕した「所」への垸飯で（「所」の意味は後述）、いずれも仏事奉仕への対価という意味しか見出せず、慶事契機原則と合わない。次の如き事例もある。

㊻大湯屋釜鋳替用途目録、……鋳師祇候雑事庄々并寺僧沙汰、……有職分米一斗、但庄務人除之、垸飯也、……垸飯十具之内、検校御房参具、太田預所三人各一具、真国・猿川預所各一具、奥院預合一具、中間合一具、（寛元四年（一二四六）高野山大湯屋釜修造用途注文、「高野山勧学院文書」、(鎌)九―六七八六）

これは高野山の大湯屋の釜を鋳造し直した鋳物師に、米一斗をもって垸飯を一〇セット供した記事だが、やはり奉仕への対価という側面が濃厚で、慶事契機原則に沿うと見なせるかは難しい（垸飯一セットの米飯の量が一升という多量であった明徴という点では、貴重な史料）。

朝廷・寺社垸飯の大多数が明らかに慶事契機原則を満たすにもかかわらず、それを満たさない事例がある事実はいかに理解すべきか。そのヒントは㊺にある。

この事例は、実は内裏仏名で「所垸飯」が行われなかった記事で、記主藤原資房が「近代は所垸飯が行われなくなった。不吉である」と非難している。すなわち、内裏仏名で所垸飯を供するのは、既に一一世紀半ばには廃れた古い慣行であった。換言すれば、単に仏事奉仕の対価として供される垸飯は、摂関政治最盛期をかなり遡る古態の名残であった可能性が高い。

かかる観点から内裏仏名の古態を探ると、『西宮記』（恒例第三―十二月―一―御仏名）に次の記事を見出し得る（割注はすべて略した）。

㊼行事蔵人催事、大蔵・木工・主殿・掃部・内匠・縫殿・内蔵・御導師布施・被物・図書・内膳・大膳・左右近・画所・御書所・校書殿・名香事・作物所・儲物・御厨子所・国々召物、三夜所垸飯・粥・後朝、竟夜左

　近陣進甘糟、酒殿、頭依例仰剋限法用於蔵人、

右に見える「三夜所垸飯」は、管見最古の垸飯の事例である。仏名は三日三晩をかけて諸仏一万三千の名号を唱えて罪障を消す仏事であり[54]、右では最終夜が「竟夜」と書かれて「三夜」と書き分けられており、前掲㊺に初夜の垸飯について言及があるので、「三夜所垸飯」は三日の期間中毎晩行われる垸飯を意味しよう。その提供場所が㊺とともに「所」と見える。これは、物品供出のため動員された画所・御書所・作物所・御厨子所等の蔵人所管下の内廷機関群を指すかに見えるが、それならば「所垸飯」ではなく「所々垸飯」と書かれるのが自然なので、この「所」は内裏仏名を差配する蔵人所を指し、「所垸飯」は蔵人所垸飯を意味するだろう。㊺に「宿侍した。所垸飯はなかった」とあり、蔵人頭の記主藤原資房が宿侍した場所は蔵人所以外あり得ないので、「所垸飯」は蔵人所の垸飯と推断でき、そして宿侍と結びついているなら享受者は蔵人と考えるのが自然だ。

『西宮記』は源高明が天徳・応和年間（九五七〜六四）に原型を編み、没する天元五年（九八二）まで手を加えたと考えられている。高明の没後にも『西宮記』の本文には手が加えられたが、その改変は本文の省略化と勘物の追記が主であると考えられており[55]、内裏仏名の所垸飯は一〇世紀半ば頃まで遡ると見てよい。

六国史を検すると、内裏では淳和天皇の天長七年（八三〇）に三夜に及ぶ「懺礼仏名経」が行われ、仁明天皇の承和二年（八三五）に三夜に及ぶ「礼拝仏名経」が行われ、三年後の承和五年に三日三晩の「内裏仏名懺悔」が始まり、それは僧静安が仁明に勧めた成果であった、と見える[56]。承和五年の仏名懺悔では導師の僧五口に「物及得度者各一人」が施されたが、その布施の内実と財源について八年後に「勅、仰五畿内七道諸国、限以三ケ日、令修仏名懺悔事、其布施者、三宝穀七斛、衆僧各六斛、供養准例、並用正税、自今以後、立為恒式」と定められた[57]。この三宝（仏前）・衆僧に施された「七斛」「六斛」の「穀」は、諸国正税を財源とする以上は米であったはずで、内裏仏名の垸飯の起源であった可能性を認めてよい。そして、仏前に供えた七石もの米と、衆僧に与えた一人あたり六石も

の多量の米は、どうなったか。少なくとも仏前の米は、行事終了後に人間に下げ渡されたはずだ。それは行事差配の賞として蔵人所に下げ渡されて構成員らが享受し、それが「所垸飯」と呼ばれたのではないか。

いずれにせよ、垸飯には右の如き古態がある。すると、摂関政治最盛期以降の大多数の事例に合致する慶事契機原則が、仏事の事例にしばしば合致しないのは、古態に由来する仏事付帯の垸飯と、慶事契機原則に従う垸飯が分派し、それぞれ独立して存続した結果と推測できよう。この推測の当否を確認するため、次の事例群を検討したい。

㊽候内、新中納言（藤原能信）被出殿上垸飯、左大将（藤原教通）被調云々、上達部殿上人多被参会、各乗酔巡検五節所、（『左経記』寛仁元年一一月二二日条）

㊾参内、道成朝臣（源）殿上垸飯、人々多被参入、（『左経記』寛仁二年一一月二一日条）

㊿左京大夫（藤原経通）被儲殿上垸飯、舞姫等参上如例、（『左経記』寛仁四年一一月一九日条）

殿上垸飯の催行事例である右三例では、催行契機に一言も言及がない。しかし、一一月二〇日前後に集中し、「五節所」「舞姫」等の語が見えることから、五節舞姫に伴う垸飯に違いない。

鎌倉初期の、五節舞姫の必要物資と調達担当者を列挙したリストには、五日間の「饗」のうち、丑の日に「前駈料廿前」、寅の日に「朝干飯」と「女房衝重廿前」、卯の日に「殿上垸飯」「朝干飯」「女房衝重廿前」、辰の日に「上達部殿上人酒肴」「朝干飯」「女房衝重廿前」等が計上されている。[58] これらのうち、卯の日だけに「殿上垸飯」がある。

新嘗祭・大嘗祭の豊明節会で舞う五節舞姫は、一一月の中の丑の日に帳台試、寅の日に御前試として選定・予行演習が行われ、卯の日に童女御覧があり、辰の日に豊明節会（辰日節会）で本番を行う。童女御覧では、五節舞姫の介添役の童女・下仕を、内裏で天皇が近臣に混じって覧る。五節の最大のイベントであり、摂関期以降には「過差」の度を増す遊興的行事として行われた[59]。

この童女御覧の日（卯の日）だけに、殿上垸飯が供された。それは、天皇が紛れ込んで童女御覧を果たすために必須の殿上人に、報賞として垸飯が供されたことを意味しよう。

その五節の卯の日の殿上垸飯も、実は『西宮記』に対応する記事がある。

(51)寅卯日間、自殿上可然、五節所召肴物、近代調垸飯出之、已上、近代不見、（『西宮記』恒例三―十一月―丑日於常寧殿試五節事）

右によれば、卯の日の殿上垸飯はかつて存在しなかったが、『西宮記』が著された頃に登場した（割注は、その後に卯の日の殿上垸飯が廃絶したことを意味するだろう）。六国史を通覧する限り、五節の卯の日に垸飯が供された記事や、それを示唆する痕跡は見えない。ただ、豊明節会に連なる五節舞姫や童女御覧は、そもそも新嘗祭・大嘗祭の付随行事であり、新嘗祭・大嘗祭が新米を神に供する収穫祭の一面を有した以上、米が振る舞われる必然性は高いといわねばなるまい。

以上から、遅くとも『西宮記』が著された一〇世紀後半までに、少なくとも内裏仏名の所垸飯と五節の卯の日の殿上垸飯が登場していたと知られる。先学が東国や在地社会に求めて行き詰まった垸飯の淵源は、朝廷行事としてここまで遡れる。

これらのうち、五節の卯の日の殿上垸飯は、『西宮記』著述段階から見て「近代」の、比較的新しい現象であった。その「近代」の幅を短く見積もれば一〇世紀の半ば頃が、長く見積もっても九～一〇世紀移行期頃が、殿上垸飯の成立期であり、それは慶事契機原則に従う摂関政治全盛期の殿上垸飯や同類型の垸飯と直接つながる形態の成立期と見なされる。

一方、『西宮記』では、五節の卯の日の殿上垸飯が「近代」の現象と明記される一方で、内裏仏名の所垸飯には該当する記述がない。すなわち、内裏仏名の所垸飯の成立は、五節の卯の日の殿上垸飯が成立した九世紀末〜一〇世紀半ば頃よりも、相応に遡る。九世紀までに生まれていた可能性が大いにあろう。そして、確認可能な最古の垸飯が仏事に付帯していた事実は、垸飯の起源が仏教行事にあった可能性を推察させる。

内裏仏名も殿上垸飯も、内裏を場とする点が共通する。垸飯が内裏という天皇の私的空間と不可分に成立した可能性は、かなり高いであろう。そして、摂関政治全盛期に盛行した殿上垸飯や同類型の垸飯の成立期は、前述の通り一〇世紀後半までであり、五節の卯の日の殿上垸飯の成立期も一〇世紀半ば頃かそれ以前であるから、両者の成立期は極めて近い。同じ「殿上」垸飯という形式を取った点から見ても、両者は垸飯の一つの類型として、ほぼ同じ時期に生まれた可能性が高い。

重要なのは、殿上垸飯が「殿上の間」なくして成立し得ず、「殿上の間」の成立が宇多朝であったことだ。古瀬奈津子によれば[60]、宇多朝では、紫宸殿が日常政務空間から儀式空間へと変容し、仁寿殿がプライベート空間でなくなる代わりに、清涼殿が日常政務空間とプライベート空間を兼ねるという変革があり、その清涼殿に「殿上の間」が成立した。また、宇多朝では殿上の間に参仕できる有資格者が「殿上人」という一集団を成して朝儀に参仕し始め、殿上の間への参仕が通常官司への出仕と同じく「上日」として勤務評定の材料たる勤怠管理の対象となり、天皇側近が日常政務の担い手として公的性質を獲得し政治機構の中枢に躍り出た。

以上を踏まえると、「殿上の間」の成立を大前提とする殿上垸飯は、仁和三年（八八七）〜寛平九年（八九七）の一一年間の宇多朝における、天皇政務空間の整備たる昇殿制整備の直接的成果として成立した可能性が高い。その天皇政務の中核は蔵人所であり、そこには前述の通り殿上垸飯に先行して「所垸飯」があった。ならば「殿上垸飯」は、〈天皇側近が担う自立的な天皇政務〉という文脈上で、蔵人所の「所垸飯」から派生した可能性が認められる。そして、令制官制の桎梏から自立した天皇政務の担い手たる自覚に富む「殿上人」集団と結合したこの時に、垸飯は従来持たなかった〈同じ主人を戴く誇り高き傍輩同士の紐帯確認儀礼〉という性質を獲得し始めた可能性が高い。

## Ⅲ　垸飯の同類型行為としての「例飯」

右に見た儀礼史上の源流とは別に、垸飯の形態上の位置づけについても述べておきたい。垸飯は、極端な過差を追求し始めたゆえに、過差でない平常の食事から切り離され、単独で食事形態の一分野に独立した、と考えるのが自然である。垸飯と対比されるべき平常の食事、特に米食は、次のような形で史料に現れる。

㉜当歳女子行始、……侍所居加合子例飯令食之、小舎人童在長押下座、居折敷饗、随身所五位侍勧盃、下家事取移、次与禄、（『兵範記』久寿三年（一一五六）二月二八日条）

右は、平信範の誕生間もない娘の行始（初の出行を儀礼化したもの）に奉仕した従者集団への飲食下賜の記事である。小舎人童には「折敷の饗」、随身所の五位の侍には酒が与えられたが、侍所のみ「例飯」が食された。誕生後すぐの娘の行始は、垸飯の主要な契機の一つとして前述した出産直後の産養と一連の儀礼であり、なおかつ侍所という場は、これも前述の通り、しばしば垸飯の場となった。すなわち、この「例飯」には、垸飯に通ずる食事行為であった可能性が認められる。

㉝今夜新宰相（藤原師長）中将新所露顕也、……入夜相公渡給、前駈着侍座、有盃饌事、初献勘解由次官惟方、……次有禄、前駈退出之後、侍等替着居例飯羞之、……有政所始、日向守有成朝臣・政業・出羽守泰盛補家司、着政所有勧盃、次有成朝臣申吉書、右馬助盛業補職事云々、（『兵範記』仁平二年（一一五二）正月一六日条）

仁平二年、藤原頼長の息師長は故葉室（藤原）顕頼の娘を娶り、顕頼の後妻の第宅を新たに修造して入居した。(61)右はその六日後の記事で、婿入りを披露し、政所始を行って家司（政所別当）・職事（侍所別当）を任命し、吉書を行った。明らかな慶事である上、新宅転居・家政機関発足・婚姻生活開始という諸側面はすべて〈新生活の開始〉という人生の区切り目であり、新段階始動型の垸飯と共通する。その行事の一環で、侍らが「例飯」を食した。それはやはり、慶事契機原則に基づく侍所垸飯の類似儀礼と評価できる。

(54)今日以新作東廊為小女侍所、儲小食置例飯、（『小右記』万寿元年（一〇二四）一二月二六日条）

右事例では、藤原実資が自第に新たに建造した東廊を幼い娘の侍所とした日、侍所に「例飯」を供した。これも慶事契機原則に基づく侍所垸飯の類似儀礼だが、例飯が「小食」の一部として表現されている。例飯は分量が少なく、そこが多量の垸飯と対照的であった。

(55)此夜始文殿、……次別当蔵人左少弁親経、率衆等着文殿、居大厩〔飯ィ〕例飯也、一献之後張文着到、次退出、（『玉葉』文治二年（一一八六）六月二八日条）

(56)今日有文殿始事、……入夜衆等参入着文殿（割注略）、有大盤、例飯也、非饗饌、（『猪隈関白記』建永元年（一二〇六）一一月三日条）

右事例群は摂関家の文殿始で、参集した文殿衆（別当以下の学者）に飯が供された。その契機は〈新段階始動型〉の垸飯と通ずるが、供されたのは垸飯ではなく例飯であった。それが例飯であることを「饗饌に非ず」と強調した(56)により、例飯が多種・豪華な品目を伴わない食事であったと知られる。(55)には「大厩例飯」とあり、異本は「大飯例飯」に作るが、(56)を参照するにいずれも誤りで、正しくは「大盤例飯」であろう。

大盤は大型のテーブルである。垸飯と共通する契機に侍所で大盤に食物を配置して供するのが例飯であるならば、次の如き事例も例飯と解してよい。

(57)左府（藤原頼長）御賀茂詣也、……御出立儀、……侍大盤上居前駈饗、（『兵範記』仁平四年（一一五四）四月一四日条）

(58)今日、摂政北政所准后後有侍始事、以殿下蔵人所為侍所、……及侍等着侍所、立大盤居物、盛合子、飯盛土器、飯及菜等居交之、
次有三献、（『本朝世紀』久安五年（一一四九）一〇月二六日条）

右の(58)により、例飯の内実が飯と菜で、飯のみ土器《かわらけ》に盛られたことが知られる。この質素なメニューを多種・

豪華にし、飯を土器でなく椀に盛れば、垸飯（椀飯）に近づくのであろう。ここで㊲を参照すると、「行別居高盛垸飯卅坏・菓子十坏（割注略）・魚物廿坏（割注略）、已上高大盛之、……其垸飯前居例本平盛饗卅前」とある。「高く盛る」「高く大いにこれを盛る」と強調される垸飯と、例飯に該当するらしき通常の膳の「例の本の平盛」の対比が、際立っている。「平ら」に盛る例飯と異なり、垸飯の特質は「高く大いに盛る」、すなわち飯の量が尋常でなく多量という点にあったと知られよう。

かかる例飯と垸飯の関係について、気になる事例がある。

(59)入夜中将来、……明日可参社、滝口・所衆各三人召具、……神馬一疋又密々可給親成・成茂等、其外召具私共人三人（割注略）、各儲例椀飯一具、（『明月記』嘉禄二年（一二二六）二月一三日条）

藤原為家が神社参詣に伴って、随行させる滝口・所衆と私的従者らに「例椀飯」を供した。これは〈恒例の垸飯〉と解しても差し支えなさそうだが、「例飯」と「垸飯」を併記した表現にも見え、従者の格式・性質によって例飯と垸飯を使い分けた可能性があろう。

なお、弘安九年（一二八六）に左大臣二条師忠が春日執行正預の中臣祐家に対して、土佐の安芸庄有師郷の年貢が到来し次第、「氏人大盤、自元日可令致其沙汰給」と命じた文書がある(62)。元日から提供される食物であること、文中の「大盤」が垸飯と根を同じくするらしい例飯を置く場所であったこと、「大盤」を湯桶読みすると「垸飯」と近似することから、この「大盤」は「垸飯」を意味した可能性がある。もしそうであれば、垸飯を「大盤」と書く「大盤振舞」へとつながる表記の変容が、鎌倉中期には発生していたことになる。

## 七　鎌倉幕府垸飯の実態・意義・由来

以上を踏まえて、鎌倉幕府が直接参照した可能性が高い段階における垸飯の性質を最大公約数的に総括すると、次のようになろう。

垸飯とは、慶事をトリガーとして、当事者か否かを問わずその慶事を喜ぶべき立場の者（受益者や家族・主人・従者・知音等）が、慶事の実現に奉仕し功労のあった集団（特に貴顕の近侍者集団）に対して、享楽を提供することで奉仕に報いて慰労する目的で、過差的な〈飯＋酒肴〉を供出し、享受者集団の構成員＝「傍輩」が互いに誘い合って自発的に参加する行事。

ここには、鎌倉幕府垸飯の源流と見なし得る共通要素をいくつも見出し得る。

第一に、朝廷垸飯の契機慶事の一つである年始⑰⑱は、鎌倉幕府で垸飯を催行する契機として圧倒的多数を占める契機慶事である。

第二に、鎌倉幕府で最初に行われた垸飯は、治承四年（一一八〇）の頼朝の鎌倉新宅移徙であった。これは、新宅移徙を契機とする朝廷垸飯⑬⑮⑯の系譜を引くと見て間違いなかろう。

第三に、特定の主人と人格的主従関係を持つ従者同士（殿上人同士等）が、主人の慶事を祝する垸飯の供出者・享受者双方となる朝廷垸飯のパターンは、御家人が鎌倉殿の慶事を祝して供出した垸飯を御家人全員（建前上）で享受する鎌倉幕府垸飯の基本形そのものであり、直接の継承関係にあると見て間違いなかろう。

第四に、幕府垸飯の参加者管理は、幕府中期以降は小侍所の管轄だったが、小侍所は侍所から分枝した機構で、垸飯の参加者管理も幕府初期は侍所の管轄であった可能性が高く、幕府垸飯と幕府侍所は不可分の関係にある。その源流は、侍所で貴顕の侍を饗応した朝廷社会の侍所垸飯に求め得る。

以上から、鎌倉幕府垸飯が既往の朝廷垸飯を直接継承し、幕府独自の事情に基づいて内容を加減した派生型であると推断して、大過あるまい。したがって、鎌倉幕府垸飯を東国独自と見なした八幡の推測も、それを拡張して東国の独自儀礼の代表格のように扱った網野の説も、成立し得ないことになる。

元三に摂関家で行われた侍所垸飯・随身所垸飯⑰⑱があり、なおかつ、㊱㊲はいずれも武官の部下たる武官集団が享受者であった。してみると、大多数が侍身分の御家人が年始に垸飯を享受した鎌倉幕府垸飯は、摂関家の侍所垸飯と、武官の部下たる武官集団が享受する垸飯の、双方の系譜を引くと考えるべきである。そして、諸先学が信じて疑わなかった〈垸飯は服属儀礼である〉というテーゼが全く成立しないことは、右に挙げた多数の事例が証明している。

　以上によって、鎌倉幕府垸飯の性質を分析する上で必須の、鎌倉幕府以前の垸飯の態様・性質が、史料的制約によって部分的ながらも明らかになり始めた。これを踏まえて、本題の鎌倉幕府垸飯の分析に移りたい。

　前述の朝廷・寺社垸飯の諸性質と幕府垸飯は、具体的にはいかに連続し、また連続しないのか。それを確認するため、まず『吾妻鏡』の代表的記事を掲げる（傍線部はキーワード）。

(60)千葉介常胤献垸飯、其儀殊刷、是御昇進故云々、午剋前右大将家出御南面、前少将時家朝臣上御簾、先有進物、御剣千葉介常胤、御弓箭新介胤正、御行騰沓二郎師常、砂金三郎胤盛、鷲羽、納櫃、六郎大夫胤頼、／御馬　一　千葉四郎胤信（以下五御馬まで引手略）／庭儀畢垂御簾、更出御于西面母屋、被上御簾、盃酒及歌舞云々、（建久二年正月一日条）

(61)小山右衛門尉朝政献垸飯、御剣下河辺庄司行平、御弓箭小山五郎宗政（長沼）、御行騰沓同七郎朝光（結城）、鷲羽下河辺四郎政能、砂金者最末朝政自捧持之、自堂上参進、置御座前云々、次御馬五疋、（建久二年正月二日条）

(62)……入御相州（執権時頼）御亭、于時申一点也、……其後有垸飯之儀、奥州（連署重時）沙汰給、先出羽前司行義（二階堂）申時刻、次親王（宗尊）出御南面、両国司被候廊切妻地下、座敷皮、相公羽林参進、上御簾三箇間、御座間并東西、次前右馬権頭政村（北条）持参御剣、入南門経庭上、昇自寝殿沓脱、置御座之傍、帰着本座、次御弓、張之、前陸奥左近大夫将監長時（赤橋）、次御行騰沓、後藤佐渡前司基綱、次御馬、置鞍、／　一御馬（以下五御馬まで引手交名略・進物略）（建長四年四月一日条）

⑥3……今日垸飯、秋田城介義景沙汰之、和泉前司行方（二階堂）申刻限、御剣武蔵守朝直（大仏）、御弓矢陸奥掃部助実時（金沢）、御行騰沓秋田城介義景（安達）、次御馬、／一御馬（以下五御馬まで引手略）／次帖絹百疋、納櫃十合、長櫃三合、入内々献台所、被納塗籠云々、（建長四年四月二日条）

⑥4垸飯、相州禅室御沙汰、両国司（執権長時・連署政村）以下着布出仕、先候東西侍、次申出御時剋之後、相分于庭上東西着座、／西座　武蔵前司（大仏朝直）（交名略）／東座　越後右馬助（佐介時親）（交名略）／将軍家出御南面、土御門中納言上御簾、御引出物如恒、御剣　武蔵前司朝直、御調度、越後守実時、御行騰　秋田城介泰盛、／一御馬（五御馬まで引手略）（文応二年正月一日条）

右を総合すると、鎌倉幕府垸飯の儀式次第は次の如くである（亀甲括弧内は執権制確立後）。

㋐事前に参仕者は〔執権・連署も含め〕東西侍に祗候する。

㋑〔御所奉行が〕時刻を告げると（63）、将軍が御所南面に出御する。

〔㋒執権・連署は、廊切妻地下または御所大庇（正嘉二年正月一日条）の敷皮の座に着す。〕

㋓参仕者は庭に降り、西座・東座に分かれて莚上に列状に着座する（弘長三年（一二六三）元日条に「各降庭上座列」）。

㋔近侍者（頼朝期は諸大夫、宗尊期は公卿）が三間（将軍御座の間とその東西）の御簾を上げ、庭の座に祗候する御剣役以下（場合により沙汰人が兼任）が順次担当の進物を自ら捧げ持ち南門に入り、庭上を経て寝殿沓脱から御所に昇り、将軍御座の前（傍）に進物を置いて元の庭の座に戻る。進物は建久二年元日以降、剣・調度（弓箭）・行騰沓に固定化し、将軍御台所にも内々に献ぜられることがあった。

㋕次いで馬五疋が献ぜられ、御簾を垂らす（以上を「庭儀」という）。

㋖その後、頼朝期は西面母屋に出御して御簾を上げ酒宴・歌舞が始まり、頼経期以降は御行始に移行する。

右の次第には、極めて不可解な点がある。垸飯を食する場面がないのである。実は『吾妻鏡』に、垸飯を食する描写は後述の一例しかない。しかし、有力御家人が負担感に喘ぐほどの垸飯役賦課[64]で集められた大量の食物は、多人数の御家人らが食して消費したと解する以外にない。御家人は、右の㋕までに進物・馬の捧呈が済んだ後、垸飯を食したに違いない。その描写が『吾妻鏡』に現れないのは、何にせよ、記録者か『吾妻鏡』編者の関心がそこになかったためと考えるのが自然であろう。

問題は、垸飯を鎌倉殿が食した記載も皆無であるという事実である。唯一それに近い記述は、藤原頼経の子の乙若が着袴を遂げた時の「武州被献垸飯、宛如元三、武州被奉結御腰、又大殿令食之給」という記事（寛元二年一二月八日条）しかない。しかし、この事例でも、垸飯を食したのは大殿＝前鎌倉殿頼経であって、鎌倉殿頼嗣や当の乙若ではない。

ここで参考にすべきは、ある主人に仕える近侍者集団が享受した朝廷垸飯において、主人自身（天皇・院宮・摂関・廷臣等）が垸飯を食した形跡が一切得られない事実である。朝廷垸飯を継受したことが疑いない以上、鎌倉幕府垸飯においても主人すなわち鎌倉殿は垸飯を食さなかった、と推断される。鎌倉殿は御家人から垸飯を献じられるが、自身は食さず、直ちに御家人らに再配分したと考えるべきである。鎌倉幕府垸飯が〈主従で共同飲食して主従関係を確認する服属儀礼〉でなかった可能性は、いよいよ高いといわねばならない。

建久三年七月二八日条には、「為北条殿（時政）御沙汰、令送垸飯於　勅使給」という記事がある。ここで垸飯を供された「勅使」は、頼朝将軍宣下の除書を持参した院の庁官である。彼を饗応した時政や、饗応を指示した頼朝が、彼らに敬意を表することはあっても、服属意志を示すことは考えられない（同条は、通常「進物」と呼ばれる品々も「贈物」と記す）。

さらに決定的なのは、「北条殿・三浦介・同十郎左衛門尉・八田右衛門尉・梶原平三已下結番、日別可令饗応医師之旨、所被定下也、仍今日北条殿賜垸飯於時長云々」という正治元年五月一三日条であろう。これは、故頼朝の息女乙姫（三幡）を治療した医師丹波時長に、(65) 有力御家人が毎日結番して垸飯を「賜」った記事である。『吾妻鏡』において、垸飯を提供する行為は、下から上への奉呈を意味する「献（進）」、対等な贈与を意味する「送」、上から下への賜与を意味する「賜」と、様々な方向を意味する字で表現された。幕府においても、垸飯が供出者・享受者間の身分高下を含意しない饗応であったことには、疑問の余地がない。

　無論、垸飯が主人から飲食者に再配分された事実には、〈主人を介在させよう〉という意思を認めざるを得ない。しかし、前述の通り、朝廷垸飯における主人の介在は、享受者たる近侍者集団に代わって垸飯を受け取り、再配分する以上の役割を期待されない形式的要素に過ぎず、殿上垸飯では主人たる天皇の介在に一切言及されない事例も珍しくなかった。鎌倉幕府垸飯もそれを継承したはずであり、鎌倉殿に垸飯を「献」じた記事が圧倒的多数を占めるのも、〈垸飯を享受する傍輩集団を繋ぐ最大の紐帯が、この主人に仕えるという一点にある〉という認識（その傍輩集団の存立基盤）の表現と解するべきであろう。

　別の有力な徴証は、「垸飯、相州御沙汰、今日不被上御簾、依御歓楽無出御之故也、御剣陸奥式部大夫政村、御弓矢越後太郎光時、御行騰沓相模式部大夫朝直、／一御馬置鞍、」云々という『吾妻鏡』嘉禎二年正月一日条である。病気で鎌倉殿が出御せずとも、垸飯・進物献上は通例通り行われたのであり、それは鎌倉殿の物理的存在が垸飯の実践に必須でない明徴である。

　(60)は、垸飯供出者による頼朝への進物献呈に続けて、「庭儀」があり、その後、頼朝が西面母屋に場所を移して盃酒・歌舞に及ぶ、という記述で終わる。建長五年（一二五三）一二月三〇日条・文応元年（一二六〇）一二月二九日条等によれば、垸飯では鎌倉殿御所の「庭上」に「莚」が敷かれ、「莚上」に御家人の名が書かれた「座席（籍）之札」が並べられて、各御家人が札で示された「座籍」に座った。御家人らは、この「庭上」の「座籍」で垸飯を食したと考えるほかなく、「庭儀」とは、それを中心とする場面を指すに違いない（進物献呈も含む可能性が高い）。すると、西面母屋での盃酒・歌舞は垸飯という行事の本体ではなく、付随的で一般的な年始祝賀の遊興と解される。換言すれば、垸飯の中心は「庭儀」であり、それは庭に列座する御家人の視点に基づく名称であるから、垸飯の主役が鎌倉殿でなく御家人であった証左と見なしてよい。

以上に加え、垸飯供出者が例外なく御家人（泰時期以降は、元日垸飯では北条氏嫡流家督）であった事実を総合すると、鎌倉幕府垸飯の中核は、〈御家人が供出した垸飯を、御家人らが総出で食する行事〉と要約できよう。傍輩を改まって饗応する行事の趣旨は、傍輩たる紐帯を改まって形成する（し直す）ことにあると見なすのが自然で、彼らが傍輩である理由はただ一点、同じ主人（鎌倉殿）に仕えることにある。したがって鎌倉幕府垸飯の趣旨は、〈同一主人を媒介項とする共同体の傍輩に対する饗応を、年始等や主人の慶事をトリガーとして行い、相互の紐帯を確認する〉点にあったと結論される。

「垸飯」という儀礼名に反して『吾妻鏡』の描写の重点が進物献上にあり、飲食の事実が記載さえされないことには、儀礼の性質と『吾妻鏡』の編纂主体の関心のずれ、すなわち『吾妻鏡』の編纂意図の介在を想定せざるを得ない。同書が執権政治を担った評定衆中原師員・師連父子や、得宗専制化の時期に小侍所別当を長期勤めた金沢実時の記録に大きく依拠したことは、今日では周知に属する。[66]かかる立場の記録を原史料に、得宗専制期の幕閣が現体制を正当化する目的で幕府史を振り返るストーリーを整理・取捨選択した時、垸飯に対する関心は御家人間の紐帯確認それ自体ではなく、鎌倉幕府の最重要儀礼を得宗率いる北条一門が御家人を代表してつつがなく執り行ってきた、という歴史を列挙することに向けられたのではないか。さらにいえば、現実に得宗が一般御家人の傍輩ならぬ超越的地位から君臨し、得宗がそれを正当化し続けるべき段階にあった鎌倉後期には、得宗専制にとって有害無益な〈御家人皆傍輩〉原則を確認する儀礼の詳細は、あえて省略され伏せられたのではないか、と推測される。

かかる展望に即せば、幕府儀礼研究において、『吾妻鏡』編纂者の関心の所在に関する史料批判は、礼制史再構築のために改めて徹底されるべきことが明らかである。しかしその作業は、『吾妻鏡』編纂者の関心とは無関係に、そもそも同時代的にその儀礼が何を意図して創始・継続されたかを確定させてこそ、初めて可能になる。

## 八　鎌倉幕府垸飯の直接的流入元としての滝口武士・院武者所

それを踏まえた上で、さらに鎌倉幕府垸飯の性質・源流の痕跡を検討したい。それは、平安・院政期までの朝廷垸飯に見られる、垸飯享受者の性別の偏りである。

前掲諸事例の中には、「女房垸飯」の実例が複数見られる（⑬⑭㉒㉛㉜）。したがって、女性が垸飯の享受者となる慣行が存在したことは、疑いを容れない。しかし他方で、男性近侍者に垸飯が与えられた時、女房には垸飯でなく衡重が与えられた事例が複数あり（⑫⑲⑳）、無視できない男女間の差異となっている。

衡重は食器台なので、衡重の贈呈には飲食物が付帯したと考えるべきだが、なぜ垸飯と書き分けられたのか。それは「飯」の重要性の違いによると考えるのが自然であろう。衡重には飯がなかったか、あっても垸飯に比して少量であったと解すべきで、逆にいえば垸飯は飯が主体である点（特に多量である点）が重要であったことになる。そして、男性に垸飯、女房に衡重という事例が目立つ以上、垸飯はどちらかといえば男性にこそ重要な意味を持ったはずである。垸飯のこの男性側への偏重傾向は、直ちに鎌倉幕府垸飯との関連性を疑わせる。鎌倉幕府垸飯を享受した者は、史料から推知される限り、例外なく御家人、すなわち男性だからである。

ではなぜ、垸飯は男性に偏るのか。その疑問に立つ時、前述の、永久三年（一一一五）の五節で供された垸飯が注目される。この五節で食膳を供されたのは、滝口・院武者所・院北面・院御随身所・太皇太后宮侍所・皇后宮侍所・関白家蔵人所・関白家御随身所であった。ヒントは、これら八ヶ所に供された食膳の、内容的差異にある。

この時、滝口（二〇人）と院武者所（三〇人）に対しては、大外居交菓子・盛飯・垸飯・透蓋飯・瓶子・鯉・雉と塩梅（調味料）・木炭等が供された。ところが、院北面に対しては、これらから盛飯・垸飯・透蓋飯・塩梅・木炭が省かれ、大外居交菓子・瓶子・鯉・雉しか供されなかった。さらに、院御随身所・太皇太后宮侍所・皇后宮侍所に対しては雉も省かれ、大外居交菓子・瓶子・鯉しか供されず、関白家蔵人所・関白家御随身所ではそれに鳥が加えられて大外居交菓子・瓶子・鯉・鳥が供された。

上記の八ヶ所はすべて、天皇・院・后宮・摂関家の近侍者所属機関という共通点がある。しかし、垸飯を供されたのは滝口と院武者所のみであった。すなわち、それら両機関の構成員だけに、垸飯を供すべき理由があった。では、両機関とほかを隔つ最大の相違は何か。一目瞭然であろう。〈両機関のみ、構成員が必ず武士だ〉という点である（院北面には武士でない諸大夫層の構成員が少なからずあり、むしろ彼らの方が院北面の中核であって、だからこそ武士たる構成員は「北面の武士」と特記された）。

以上から、院政期においては、垸飯を供されることは〈武士であること〉と直結していた可能性が極めて高い。しかも、この事例で滝口と院武者所は、「盛飯」「垸飯」「透蓋飯」と、三種もの飯を供されていた。すなわち、〈武士であること〉は多量の飯を供される理由となった。

では、なぜそうであるのか。スポーツ栄養学の知見に基づけば、炭水化物は瞬発的な激しい運動の燃料として重要であり、今日のアスリートは試合直前の数日間に、試合本番での瞬発的筋力のために炭水化物を意識的に摂取・蓄積する。それに類する米飯の効能は、現代の栄養学を待たずとも、当時から経験的に知られていた可能性が高い。実際、それを裏づける史料がある。

> ㊺先京上夫駄事、……就中数日住京、是又歎之中歎也、云疲駄云旅夫、共以及疲極者也、凡例飯不足、不可不訴申、先例者本斗半也、而今纔三合賜之間、疲極無術、旅宿人夫偏憑彼例飯許也、（鎌倉前期）笠置百姓等申

状案、「東大寺所蔵探玄記十五巻抄第一裏文書」、㊊四―一九八九）

右は山城国相楽郡笠置の百姓らが京上夫駄の激務の軽減を訴えた申状で、京上夫が唯一、体力の源として依存している「例飯」が、本来なら一斗半支給されるべきところ三合しか与えられず、極限の疲労に追い込まれ打つ手がないという。「例飯」の存在意義（の一つ）が、高負荷の肉体運動に必須で、替えの効かない燃料だという点にあるという認識が明らかである。そして前述の通り、垸飯は、その「例飯」の分量を大幅に増した食膳であった。ならば、垸飯の存在意義（の一つ）は、京上夫の物資運搬を大幅に上回る超高負荷の肉体運動のエネルギー供給にあった、と推認できる。

⑯一　御遷宮用途料幷色々下用事、……火長三人／白米三斗、各一斗、酒一瓶、三人料、雑菜、秣二束、三人料、蒭六束、各二束、自余無沙汰之、落立垸飯三具、三人料、（建久八年ヵ〈一一九七〉香取神宮遷宮用途注進状、「下総香取旧大禰宜家文書」、㊊二―九六〇）

右によれば、下総香取社の遷宮費用の内訳には、火長三人の垸飯が計上されていた。この遷宮費用の受給者は、厩・膳所・史生・使部・房士・兵士等と、多岐にわたる。それにもかかわらず、垸飯の支給対象は火長のみであった。この火長は検非違使庁の火長の同類と見られ、したがって治安維持（警備）の実務担当者である。

少なくとも院政期～鎌倉初期において、香取社遷宮では火長のみが、そして五節では滝口・院武者所のみが、垸飯の享受に適すると見なされた。そして火長は神社の、滝口は天皇の、院武者所は院の、最も頼るべき警備担当員である。そのような共通点と、滝口・院武者所が武士のみで構成された事実を総合すれば、彼らの職掌になぜ垸飯が必須であったのかが浮き彫りとなろう。彼らは、賊の襲撃から対象を守るために戦闘を担う唯一の機関であり、戦闘に要する燃料と、その報いるべき危険行為（の備え）への報賞として、多量の米飯を必要としたと推定できる（荘園公領制下の「兵士」は一般的に徴発された荘民・領民で、単なる臨時の守衛であり、賊の撃退等の本格的戦闘が期待されたとは考えにくい）。この推定は、次の事例から裏づけられる。

⑰大介（三浦義明）は「敵寄るならば暇あるまじ、先、静なる時よく〳〵兵糧つかふべし」とて、酒肴・椀飯昇居て是を勧む、（『源平盛衰記』二二―衣笠合戦事）

右は、治承四年（一一八〇）の頼朝の挙兵直後に行われた、相模の三浦半島の衣笠城攻防戦において決戦直前に語られた、籠城側の総大将三浦義明の言動である。その言動が純粋な史実であったか否かは、今は重要でない。〈垸飯は、決戦に臨む将兵から最高の戦闘力を引き出すのに有効である〉という社会通念に基づかねば、かかる記述は生まれまいと推断されることが重要である。武士を抱え込む集団において、垸飯は、武士のみが担う本格的戦闘の（燃料・慰労込みの）経費として、他に代え難い存在意義を有した。それは、構成員の圧倒的多数を武士が占める鎌倉幕府に垸飯が導入された必然性・回路の説明として、最も有望である。

かかる観点から『吾妻鏡』における東国御家人の経歴を洗い直すと、注目すべき記事が複数見出される。まず、建久五年一〇月二九日条に「東六郎大夫胤頼子息等令祗候本所滝口事、向後雖不申子細、進退可任意之旨、被仰下云々」と見え、東胤頼の子息らが「本所滝口」祗候を認められた記事がある。これに関連して承元二年閏四月二七日条に「東平太重胤上洛、是父胤頼弱冠之当初候本所、任其例片時可級上日奉公名之由、致懇望之間、依被挙申也」とあり（「級」はタダス）、東胤頼の若年からの奉公を継承して、子息重胤も「本所」に「上日奉公」したいと望んだとある。「上日」は朝廷機関における勤怠記録の出勤日を指し、なおかつ後者の「本所」は前者の「本所滝口」を指すと考えられるので、この両条は、東胤頼・重胤父子の内裏滝口への奉仕実績を伝えている。

千葉氏の歴代が滝口を経歴した事実は、次の二史料から確認できる。一つは、朝廷の需めに応じて滝口に参候すべき「譜第」の御家人として「小山・千葉・三浦・秩父・伊東・宇佐美・後藤・葛西以下家々十三流」が列挙された承元四年（一二一〇）五月一一日条。いま一つは、同じ文脈で「経歴輩之子孫」として「小山・下河辺・千葉・秩父・

三浦・鎌倉・宇都宮・氏家・伊東・波多野」の各氏を挙げた寛喜二年《一二三〇》閏正月二六日条である（さらに、建暦二年《一二一二》正月一九日条に「東平太所重胤」と見えることから、前出の東胤頼の息重胤が院武者所を経歴した事実も明らか）。

右の二史料でさらに注目されるのは、傍線部の氏族が、幕府初期に垸飯沙汰人を勤めた氏族とかなり重なる事実である（波線は年始垸飯、実線はその他の垸飯、破線は広義の一族が垸飯を沙汰した事例）[67]。この事実は、〈鎌倉幕府垸飯が、滝口・院武者所での勤務経験を有する御家人によって、滝口・院武者所から持ち込まれた慣行である〉という推定とよく照応する（前述の尾張国郡司百姓等解で、検注時に垸飯を強要した国司の従類・不善輩に「前滝口二人」が含まれた事実も、この推定に基づいて理解すべきであろう）。

ここで『吾妻鏡』を顧みると、頼朝期の元日垸飯で沙汰人（頼朝期においては供出者と同義）の名が明らかな事例のうち（建久六年の足利義兼を除く）治承五・建久四・同六年の三度、さらに元日に限らぬ正月に範囲を広げれば正月二日に務めた建久六年・正治二年も、そして新御所移徙（治承五年六月一三日条）や新造公文所吉書始（元暦元年一〇月六日条）等の重要行事においても、垸飯を供出したのは千葉常胤、すなわち東胤頼の父であった。

幕府垸飯における千葉氏の存在感は、従来、政治勢力の強さから理解されてきたが、政治勢力は恐らく決定的要因ではない。後に第四章で述べる通り、幕府においては、〈傍輩中から一人抽出される垸飯沙汰人は、その垸飯の契機となった出来事に最も強く喜色を表したい（はずの／すべき）人物〉という原則を見出し得る。第四章の初出時に筆者はこれを〝最大喜色原則〟と仮称することにし、その原則こそが、千葉氏が頼朝期の垸飯の大多数で沙汰人を務めた事実を説明できる、と主張した。その後、この主張への反証は提出されていないと考えるが、今、右の行論に基づいて補足しておきたい。

頼朝勢力が自立して初めて迎えた元日（治承五年）の垸飯で沙汰人を務めた千葉常胤は、人生で初めて垸飯沙汰人を務めただろうか。その可能性は皆無でないが、極めて低い。常胤はその日の沙汰人となるべき条件を満たしたが、その条件とは、最大喜色原則を満たす最良の人物であったというだけではなかろう。そもそもの大前提として、垸飯沙汰人の業務に習熟する経験なくして務まるとは考え難く、儀礼の性質上も、そうした経験が豊富で安心して任せられる人物でなければ、頼朝勢力において初例となる元日垸飯を委ねられまい（傍輩の結束という幕府最重要の根幹を表現する唯一の儀礼の初度という点でも、また初例の良否がその後の反復的行動の吉凶を左右するという儀礼的常識に照らしても、失敗する可能性は極限まで減らされねばならない）。常胤は、その経験も含めて〈その日の沙汰人となるべき条件を満たした〉と考えるべきであり、その経験は、東国武士社会の土俗で培われたものでない以上、朝廷垸飯に由来する。

すると、千葉常胤が幕府垸飯の歴史上に果たした最も重要な役割とは、京都における滝口での奉公経験という希少な族的特性に基づいて、院政期までに朝廷の武士集団に定着していた垸飯慣行を幕府に持ち込み、実践・定着させたことにあった、と結論できる(68)。そこに常胤自身の積極性・主体性がどこまで働いていたかは定かでないが、幕府行事体系に垸飯を導入して恒例・臨時の最重要儀礼に位置づけようという発想自体が、常胤の案出に発した可能性を十分に疑ってよい。

ただし、鎌倉幕府への垸飯の流入過程については、もう一つ疑うべき経路がある。源頼朝自身が持ち込んだ可能性である。

頼朝の経歴を再確認すると(69)、保元三年（一一五八）二月に一二歳で統子内親王に仕える皇后宮権少進に起用され、その延長線上で、翌保元四年二月の統子の院号宣下に伴って上西門院蔵人に転じた。すなわち、頼朝は統子の近侍者集団の一員として、彼女の慶事を契機とする上西門院蔵人所の垸飯に参加した可能性がある。そして前掲の諸事例から帰納するに、その垸飯が催行された契機としては、統子の院号宣下が最も疑わしい。ただ、『成頼卿記』が伝えるその日の詳細な記録による限り、彼女の院号宣下（保元四年二月一三日条）当日には酒食供出があった形跡がなく、殿上始（同一九日条）では殿上で「饗饌事」があり、「付大盤有三献」ったものの、「垸飯」と明記された酒食供出は見えない。

ところで、従来あまり重視されなかったが、実は頼朝は平治元年（一一五九）六月二八日に、二条天皇の六位蔵人に起用されていた(70)。すなわち、その年の一二月に勃発する平治の乱で失脚するまで、頼朝は殿上垸飯に参加する資格を有した。ただ、前掲の諸事例から導かれる内裏殿上垸飯の契機は後宮の慶事が主で、その半年間には該当する出来事が確認できない。

してみると、頼朝自身が鎌倉幕府に垸飯慣行を持ち込んだ可能性は、ルートとしては上西門院蔵人・二条天皇六位蔵人の二つが考え得るものの、史料的徴証は、実際にそれが果たされた可能性に対して否定的といわざるを得ない。現状では、鎌倉幕府の垸飯慣行は、滝口・院武者所に発して東国御家人らによって持ち込まれたと推定するのが穏当である。

鎌倉幕府垸飯の発生に関しては、ここで先学が指摘しなかった重要な史料を挙げておきたい。源義経が京都で後白河法皇から検非違使・左衛門尉に抜擢された当時の動向を記録した『大夫尉義経畏申記』(71)である。同記は複数の記録の断片を寄せ集めたものだが、次掲記事は、義経に対する敬語の使い方や、記主が六人の御家人とともに義経に供奉したと明記している事実等から見て、文筆に強い御家人が記した日記の抄出と目される(72)。

⑱新大夫判官義経朝臣有御出仕、院・内□御出仕以前、左右看督長等、為入見参引而参入、以庭中為座云々、中次之、各給垸飯一具、一具別交菓子一、外居飯一、外居肴十二種、内鯉・毛鳥大瓶一、土器・箸・折敷等也、……垸飯、大井次郎実春為因幡御目代勤仕之、……午時許、廷尉参院・内給、……／御共衛府、／左衛門尉藤時成　左衛門尉藤康言　左兵衛尉平義行《土屋兵衛》　左兵衛尉平重保《師岡兵衛》　左兵衛尉藤弘綱《源八兵衛》　左馬允平重資《渋谷馬允》　予無官、賜御馬駕之、（『大夫尉義経畏申記』元暦二年（一一八五）正月一日条）

右により、大夫尉（五位の検非違使尉）となった源義経が、元日の院・内裏出仕以前に、看督長に垸飯を供した事実が知られる。この史料は、既知の初期鎌倉幕府の垸飯関係史料のうち唯一の同時代史料であって、その点において極めて価値が高い。

京都で検非違使尉として行った垸飯であるから、鎌倉幕府垸飯の一例ではなく、伝統的な朝廷垸飯の一例に過ぎないように見えるが、そうではない。これが間違いなく鎌倉幕府垸飯であると証明できる証拠が、垸飯を供出した人物の名「大井次郎実春」である。

大井実春は幕府の御家人で、[73]右記事によれば、彼は因幡目代という立場で垸飯を供出した。それは、この垸飯が因幡守の名で供出されたことを意味する。この時の因幡守は中原広元、すなわち創業期幕府の柱石となった京下り官人の大江広元である。広元は当時鎌倉にあって公文所を率い、[74]頼朝の特別な推挙で因幡守となった。[75]因幡目代の大井実春は御家人であって、広元の傍輩であり従者ではないから、実春が因幡目代に起用された理由は、頼朝の意向以外に考えられない。

その因幡目代実春が、因幡守広元の意向を踏まえずに因幡国衙領収入を義経のために使うことはあり得まい。そして、義経が頼朝に無断で京都で任官したことについて、頼朝が悪印象を抱いていたことが鎌倉では周知されていた状況下で、広元が頼朝の意向を確認せずに義経のために、それもまさに頼朝を怒らせた無断任官で就いた地位に基づく行事に奉仕することも、まずあり得まい。すなわち、この垸飯は頼朝の意向（命令か、少なくとも承認）で供されたに違いない。義経が大夫尉となった（叙留された）日は、実は広元の因幡守任官と同日であり、[76]広元の因幡守任官は頼朝の推挙であるから、推挙を受理した後白河院への恩義のため、頼朝は義経の叙留に対して表立って抗議し難かったものと推察される。

するとこの垸飯は、鎌倉殿の弟の慶事（昇進）をトリガーとして、鎌倉殿の弟の部下に、鎌倉殿御家人の負担で享楽提供したものであったことになる。その構図は産養に類似するが、この事例で垸飯を供されたのは看督長であり、それは検非違使尉の部下であるから、近衛大将が府生に供する垸飯(36)の同類型でもある。また、香取社が火長を饗応した垸飯(66)も、「火長」がもともと検非違使庁の職位であることを考えると、この事例の同類型と見なしてよい。そして何より、御家人が広い意味での等輩（主人の弟の部下）を饗応した点で、これは確かに鎌倉幕府垸飯の同類型として成り立っていた。

この事例でもう一つ注目されるのは、看督長が「庭中」で垸飯を供された事実である。朝廷垸飯で最も目立つ殿上垸飯は当然ながら清涼殿の殿上の間で食されたし、女房垸飯が庭に下りて食された可能性もまずない。それどころか、本章で多数挙証した朝廷垸飯で、庭を場として垸飯を食した事例は一例もない。一方、鎌倉幕府垸飯では御家人が庭で垸飯を食する「庭儀」が儀礼の中核であった。加えて、元日に行われたこの垸飯は年始をトリガーとする。その年始垸飯こそ、幕府成立後の最初の年始から(77)絶えず行われて定例化した鎌倉幕府垸飯の基本型にほかならない。すなわち、看督長が「庭中」で供されたこの事例は一見、伝統的な朝廷垸飯であるかに見えながら、その実、鎌倉幕府垸飯に特有の方式に従っていた。これは、鎌倉幕府の構成員が朝廷に逆流することによって、鎌倉幕府で独自に育まれたローカルなバージョンの垸飯が、垸飯の本場である朝廷に逆流した事例と見なされるのであり、その点で垸飯の歴史上、特筆に値するのである。

義経の没落によって、かかる逆流が起こる必然性は、さしあたり初期の鎌倉幕府では失われた。しかし、別稿で詳述した通り、鎌倉幕府には検非違使に就任する特権を世襲した評定衆クラスの家々（二階堂・長井等）があり、彼らは検非違使になると上洛して、畏申《かしこまりもうし》（拝賀の一類型）をはじめとする検非違使らしい行事を行った（というよりも、そうした行事を誇示するためにこそ上洛した(78)。その人々が、義経の事例のように鎌倉幕府流の垸飯慣行を京都で実践した可能性は否定できないが、史料的裏づけは管見に入らない。鎌倉幕府垸飯が朝廷垸飯と影響を与えあった形跡は右事例以降に検出できず、鎌倉幕府垸飯は幕府内部で独自に発展を遂げていったものと推察される。

その発展過程に関する貴重な証言が、最近学界に共有された。山本隆志によって、鎌倉時代の類書『世俗立要集』の巻第一五四（飲食部一）に収められた料理書に、鎌倉時代の武家垸飯の献立に関する具体的記述があることが紹介されたのである。(79)

当該史料は「武家ノサカナ（肴）ノスエヤウ（居様）」と題して食膳の図（図1）を掲げ、「承久以後武家ノ肴ノ様ヲミルニ如此」と述べて、それが承久年間以来の幕府における一般的な酒肴の配膳形態であったと述べる。その膳の左上に示された「ムメホシ（梅干）」に関する記述に、垸飯への言及がある。そこには、梅干が元来は鴆《ちん》酒（鴆毒。鴆という鳥の爪から抽出した致死性の毒）の解毒剤であること、鴆酒は中国のもので日本に存在せず、したがって梅干を肴に加える必然性が乏しいこと、わが国では僧が梅干を膳に取り入れたが俗人が取り入れる必然性がやはり乏しいこと、等の指摘がある。その上で記主は、梅干を肴に加えるならば「クラゲ（海月）」等の脇に置くべきと述べ、そして「予元日ノワウハン（垸飯）ツトメタリシハサソスヘタリシ、ムメホシノ所ニ、クラケヲトリカヘタリ」と付言して、記主自身が元日垸飯に奉仕した時には梅干の代わりに海月を配した経験を披露している。これは、「承久以後」の幕府の元日垸飯の具体的メニューが判明する現状唯一の情報として、極めて貴重である。のみならず、この史料からはさらに幕府垸飯の情報を引き出し得る。

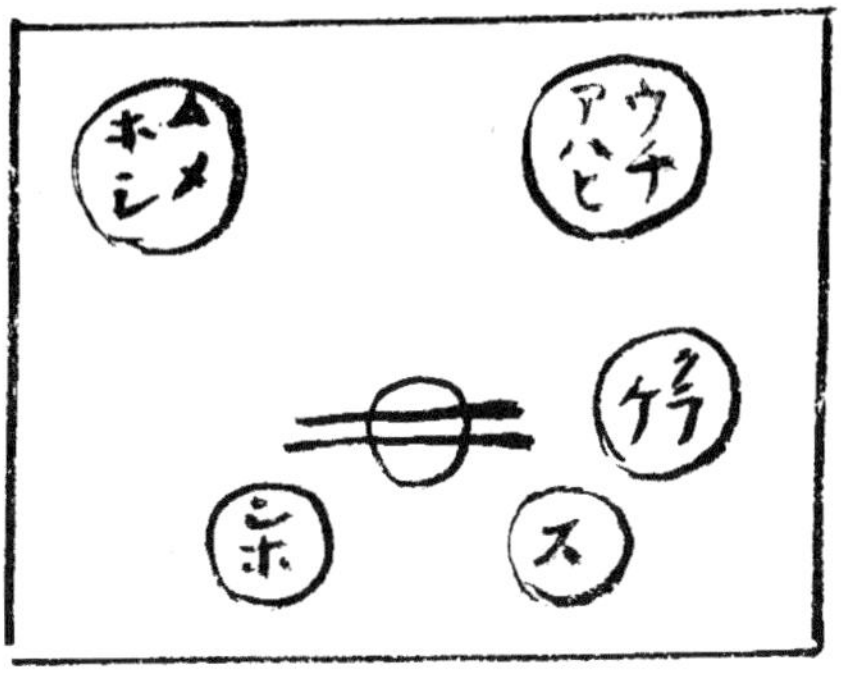

図１　『世俗立要集』「武家ノサカナノスエヤウ」
（東北大学デジタルコレクション〔狩野文庫〕）

『世俗立要集』は元来浩瀚な類書であったが、現存するのは巻第一五四（飲食部一）のみの零本であり、本文中に「承久以後」「後鳥羽院御宇」等と見えることから漠然と鎌倉中期頃のものかと推察されているが、その全体像も成立事情もほぼ不明である。同書の詳しい成立時期・経緯も、その編者「沙門正玄」の素性も、類書たる同書に引用された当該記述の原書（書名・著者・本文等）も、従来は不明とされてきた。

しかし、夙に岩橋小弥太が同書の解題[80]で紹介した無窮会図書館神習文庫本の奥書にヒントがある。この奥書は元禄七年（一六九四）に御厨子所預の紀宗恒が記したもので、東北大学附属図書館所蔵の狩野文庫本にも見られ、次のように書かれている。

世俗立要集飲食部一巻、沙門正玄集作也、正玄不知何人、承久以後人歟、左馬権助宗長翻反古、以自筆被書写之、今及四百余年、巻尾一二枚紛失畢、為後世子孫、新謄写者也、

一七世紀末に既に一巻のみの零本で巻尾も失われており、編者正玄の正体も不明とされたと知れるが、重要なのは傍点部で、紀宗恒が「新謄写」の親本とした写本は、反古を利用して「左馬権助宗長」が書写した本であったという。この人物に該当する者を鎌倉期に徴するに、文永六年（一二六九）以後の後嵯峨院北面の名を列挙した『後嵯峨院北面歴名』に見える「宗長馬権助、豊前守」が合致する。この諱と官歴に合う人物を『尊卑分脈』に探すと、「民（民部丞）[81]、同（御厨子所預）弘安五補、安芸守、左馬助、豊前守、正五下」と注記された紀宗長を発見できる。官途の一致（左馬〔権〕助・豊前守）や、前掲奥書の記主紀宗恒との多くの共通点（姓、名の一部、御厨子所預という地位）等から見て、同一人物に相違ない。正親町三条公秀の元服儀で食膳を用意した者として『実躬卿記』永仁三年（一二九五）一二月一五日条に現れる「宗長」も同一人物と見られ、正親町三条家に仕えつつ、弘安五年（一二八二）から御厨子所預として天皇の食膳を司った人物と知られる。その彼が自筆をもって飲食部一巻を書写したという『世俗立要集』の成立時期は、承久以後、彼の活動期である弘安・永仁頃までに絞り込める。

その編者とされる正玄の素性も従来不明であったが、右の時期に該当する人物を探すと、管見の限り一人だけ

同名の僧を見出し得る。文永六年九月日東大寺学侶連署起請文[82]に署名した「伝灯法師正玄」である。『世俗立要集』は、文永の頃に東大寺学侶の正玄の手で成り、弘安・永仁頃に、職掌上の関心から御厨子所預紀宗長の手で飲食部一巻のみ書写されて伝来した、と推定してよいのではないか。

『世俗立要集』は類書であるから、その巻第一五四（飲食部一）の内容は先行する別の一書からの引用であり、その一書も承久以後、文永頃以前の成立である。その内容は帝王に始まって公卿・殿上人・蔵人所・滝口の食膳を詳細に図解した後、武家の肴、貴人一般の食膳へと説き進む。かかる内容を記し得る者は、実際にそれらに奉仕した者か、その一家の者以外に考えられない。なおかつ、その記主は「承久以後武家ノ肴ノ様」を見知っており、自ら元日垸飯において食膳配置を担当した経験の持ち主であった。文脈から見ても、また元日に垸飯を行う風習が幕府独自であった事実から見ても、この記主は幕府の垸飯に奉仕する幕府の一員であったと推定せねばならない。彼が見知る「武家ノ肴ノ様」がなぜ「承久以後」のものに限られるのか、という疑問を加味すれば、右の条件を満たす記主は、御厨子所預を世襲した紀氏周辺の人物で、承久元年（一二一九）に四代鎌倉殿に奉戴されて鎌倉へ下った藤原頼経に随行した者の一人と推定できよう。

この史料により、従来全く不明であった幕府垸飯の配膳実務と、その担当者の来歴が初めて具体像を結ぶことになった。同様の史料を他の料理書に見出し得ないか、その探索が今後の課題である。

## 結　論

鎌倉幕府の代表的な年中恒例行事であった垸飯は、旧説では、将軍や執権が御家人らに対する支配関係を確認・再生産するための服属儀礼とされ、その源流が東国の在地社会や国衙の三日厨等に求められてきた。しかし、子細に再検討すると、その源流説を裏づける明証は皆無であり、むしろ古記録・儀式書等の網羅的調査によって、旧説と全く異なる源流が確認された。すなわち、遅くとも『西宮記』が著者源高明によって完成されるまでに、内裏仏名の所垸飯と五節の卯の日の殿上垸飯が朝廷で成立した。それらのうち内裏仏名の垸飯が最古と見られ、九世紀に遡る可能性が高く、五節の殿上垸飯はその派生型として九世紀末〜一〇世紀半ば頃に生まれ、ほぼ時を同じくして内裏の殿上垸飯や同類型の垸飯が生まれたと推定できる。

内裏仏名の垸飯、すなわち最も古態の（元来の）垸飯は、傍輩関係を強調する性質を持たなかった。そして、かかる古態の垸飯は、時代が下っても消失せず、主に寺社関係で（特に仏事・参詣を契機に）存続した。

その一方で、そこから早い段階で（恐らく宇多朝の「殿上の間」成立から時を経ずに）分派して独自に発展した殿上垸飯系の垸飯は、朝廷の垸飯の大多数を占めた。それは摂関政治最盛期以降ほぼ例外なく、貴顕の慶事をトリガーとして発動す〝慶事契機原則〟に従うようになり、かつ、その貴顕の慶事に奉仕した近侍者集団を慰労する享楽提供行事となり、なおかつ、供出者自身もその近侍者集団の中から現れることが珍しくなくなった。

以上の論拠として挙証した朝廷・寺社における実例のすべてが、垸飯を〈縦方向の服属儀礼〉と見なした旧説に合致しない。むしろ垸飯は、傍輩間の饗応行事という性質を濃厚に帯び始める。そして、貴顕は形式上、供出者から垸飯を受け取って享受者たる近侍者集団に再分配する役割を果たすが、殿上垸飯において殿上人からの垸飯供出がしばしば「出す」と書かれ、貴顕の介在が一切言及されない事例が増加した事実によって、垸飯が純粋に傍輩同士の饗応という性質を強め、その目的が傍輩間の紐帯確認に特化されてゆく傾向が確認できる。

さらに、武士が実質的に朝廷に不可欠の一部分となった院政期までに、垸飯は滝口・院武者所と、すなわち武士と特別な結合関係を得るという新展開を迎えた。要するに、院政期までに垸飯は（古い二形態にこれを加えて）三形態に分流していた。

それらのうち、内裏仏名と結合した古態を除く派生型の二つが、鎌倉幕府の成立直前にあたる院政期までに確立していたため、それらの形態と親和的な鎌倉幕府がそれらを継承し、自己流にアレンジしてゆくためのベースと定めた。その具体的な流入回路は、幕府初期の主要な構成員にして、初期の幕府垸飯の供出者の圧倒的多数を占めた有力東国御家人の家々が、滝口・院武者所に奉仕する人材を代々輩出する家々であった事実から見て、滝口・院武者所から直接流入したと結論すべきである。

右の結論は本章の基となった論文の初出時に出たものだが、最近、その結論の全面的な否定を中心として、本書に再録した一連の筆者の垸飯研究の不備・無効を主張し、幕府垸飯の意義は「主従関係の確認」「御家人の代表者の確認」だとして旧説に先祖返りした金澤木綿の反論が発表された。しかし、その反論・所説は根拠・論理的整合性・歴史学的手続きにおいて成り立ち難く、特に〈過去を探っても仕方ない〉として鎌倉幕府以前の垸飯の源流探究を無価値と切り捨てた点で、歴史学とは別物になっている。それも含め、致命的に見える反論はすべて再反論可能である上[83]、著者が末期鎌倉幕府の当事者だったであろう南北朝初期の『梅松論』に明記された「得宗家は元三垸飯等の幕府儀礼で参加者たる御家人らに傍輩として向き合った（「傍輩の義を存す」）」という史料的明徴を、筆者は第四章第三節の初出時に史料3として示したはずだ。これを無視し、同等以上の史料的明徴を示さない金澤説は、いかに状況証拠や可能性を並べても憶測の域を出ず、本書再録の既発表論文群の有効性を動揺させる可能性はない。

もっとも、氏の指摘に沿って改めるべき部分もある。「頼朝挙兵の年には導入され、直ちに年始行事として恒例化」したという筆者の概括（第七章緒言の初出時）に対し、金澤は「養和・寿永・元暦年間には年始行事として垸飯が催行された事実は確認できず」と批判した（六三頁）。養和元年元日の催行例を改元前により治承五年と見たとすると指摘の通りで、それから文治二年正月三日の催行例まで年始垸飯は『吾妻鏡』に現れない。その間の年始垸飯催行を推定するのは確かに踏み込みすぎなので、右概括は本書再録にあたって訂正した。

なお、平安期古記録において少なからぬ実例を検出し得るにもかかわらず、朝廷儀礼を描いた絵画史料における垸飯の描写を、筆者は見出し得なかった。ただし、武家においては、本章の事例67で、源平合戦期の三浦義明陣営における垸飯の描写を発見できたことが突破口になり得る。決戦直前の陣営で高盛りの飯を食している場面を見つけられれば、それが垸飯である可能性が極めて高い、といえるようになったからである。かかる観点から古代・中世の絵画史料を再調査したところ、わずか一例だが、該当する描写を発見し得た。『後三年合戦絵詞』（上巻第二段）の金沢柵攻城戦の場面で、攻撃側の源義家陣営と、籠城側の清原武衡・家衡陣営の双方に、椀の深さの四〜五倍はあろうかという高さに盛られた飯を食する武士の姿が描かれている（図2〜4）。これは古代・中世礼制の研究史上初めて高い確度で提示できる、垸飯の絵画的表現である。

この描写は無論、貞和三年（一三四七）に『後三年合戦絵詞』を描いた絵師（飛驒守惟久）が、一一世紀後半の合戦の様子と信じた（読者にそう信じさせてよいと判断した）ものに過ぎない。したがって、寛治元年（一〇八七）に終戦した後三年合戦で実際に垸飯が食されたと速断してよいかは微妙である。しかし、南北朝初期までのどこかで、特に描かれた時に近い時代に実際の合戦で垸飯が食されなければ、かかる描写は生まれまい。まさにこの絵詞が描かれた時代、新田義貞軍が金崎城籠城戦で垸飯を食したという『太平記』の叙述を参照しても、鎌倉時代から前後に一定の幅を広げた時代に、垸飯を食することは、軍営のステレオタイプな描写に組み込めるほど一般化していたと認めてよい。

幕府垸飯は室町幕府でも維持され、戦国期まで（少なくとも一六世紀半ばの一三代義輝期まで）その努力が続けられた。その室町時代に成立した御伽草子『俵藤太物語』に、「平新皇」平将門から軍勢催促を受けた藤原秀郷が、「日本国を半分づゝ管領せばや」という野心から提携を策し、将門を訪問する場面がある。秀郷の訪問を喜んだ将門は、髪を梳《くしけづ》り終えもせず「大わらは」で、白衣のままで秀郷を出迎え、饗膳を袴の上に食べこぼして自分

図２　金沢柵攻城戦の源義家の陣の垸飯
（東京国立博物館蔵『後三年合戦絵詞』上巻第二段、ColBase〔https://colbase.nich.go.jp/〕）

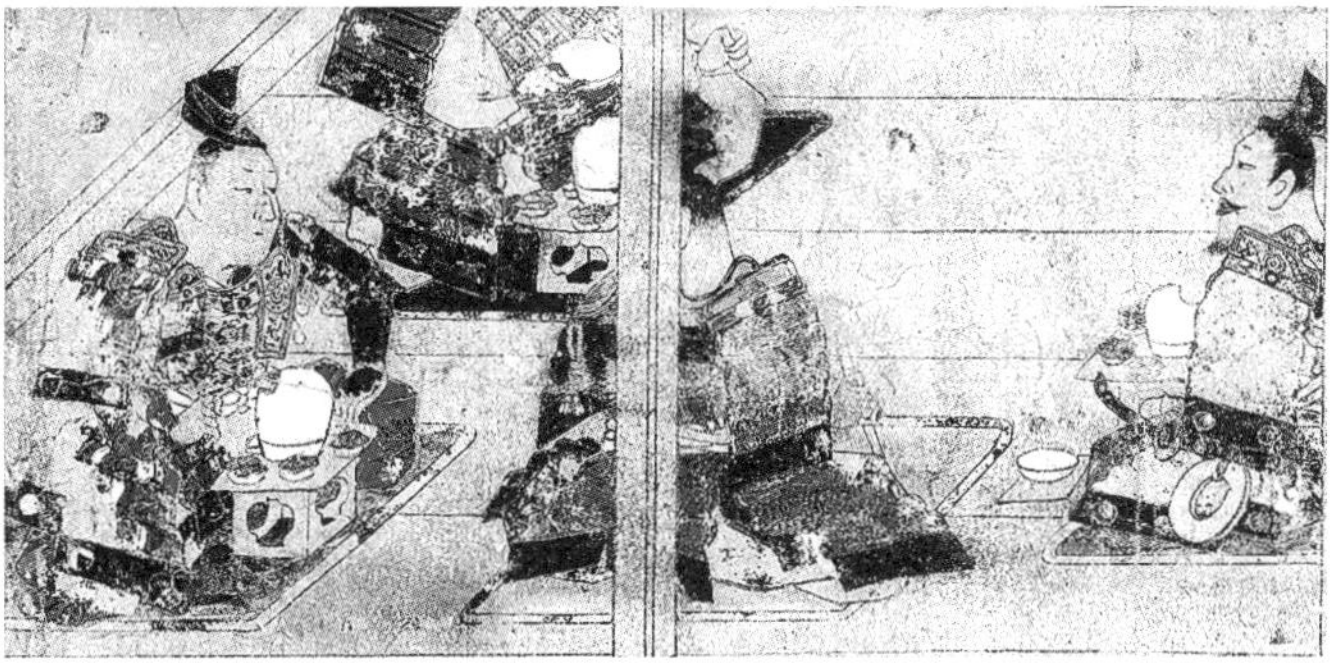

図３　金沢柵攻城戦の清原武衡の陣の垸飯（同前）

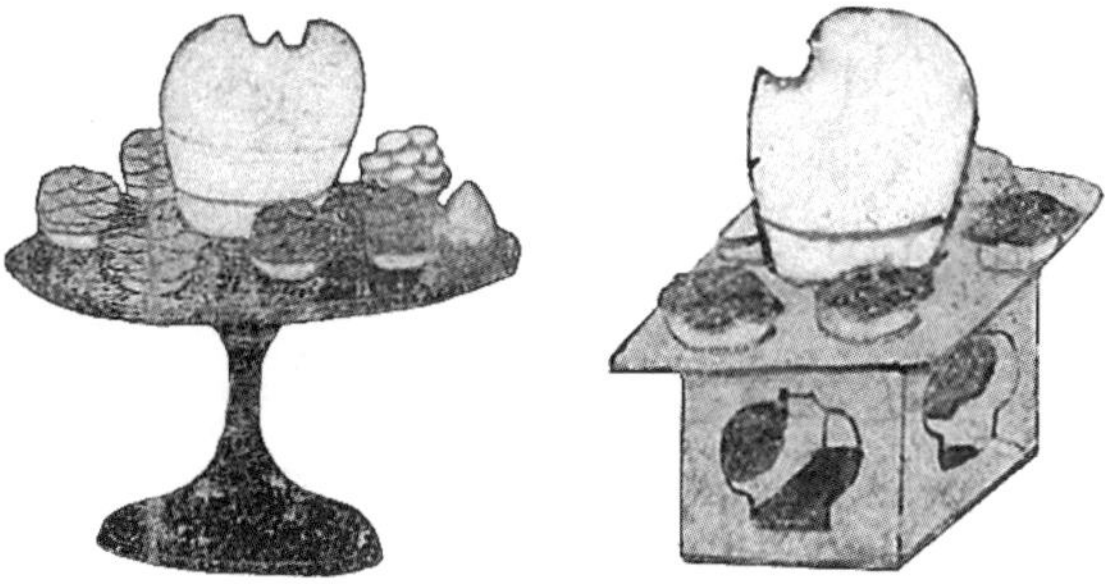

図４　垸飯の拡大図（図２・３より）

で払い拭った。その様子を見た秀郷が「これは日本の主になれる器ではない」と落胆して帰った、という著名な場面である。この場面に、「将門、秀郷をもてなさんために、椀飯をかいすへて、これをすゝむ」という記述がある[84]。フィクションだが、そうであるだけに逆に、〈武士が等輩として紐帯を結ぼうとする時は垸飯を供するもの〉という考え方が、室町時代までに社会の一般常識として定着していたと推認することができよう。

垸飯が傍輩間の紐帯確認儀礼という性質を持っていたことは、従来、鎌倉幕府における数多の垸飯の実例を服属儀礼と断じた上で先学が導き出してきた幕府の政情や構造について、すべて白紙から検討し直す要が生じたことを意味する。特に、建久二年の大幅な儀礼形態の整備や、北条氏が年始垸飯沙汰人・役人を独占し始めることの意義、さらには自発的な傍輩間紐帯確認であった垸飯供出が、鎌倉中期以降「垸飯役」という関東御公事＝御家人の義務と化した事実、すなわち贈与であったはずの負担が租税と化した事実等は、鎌倉幕府の内部構造の大きな変容を反映しているに違いないばかりか、〈鎌倉幕府とは何か／御家人とは何か〉という、組織の根幹に関わる御家人の自己規定（アイデンティティ）を解明する無二の材料である可能性が高い。いずれも鎌倉幕府論において、ひいては幕府論・武家政権論において重大な問題であるので、次章以降で詳論したい。

（1）『中世政治社会思想　上』（岩波書店、一九七二）解説（石母田正執筆）六四一頁以下。

（2）前者は「秋田藩採集文書茂木文書」建長八年三月一五日藤原（茂木）知宣置文（鎌一一-七九七七）、後者は「上野長楽寺文書」正和三年五月一八日源朝兼在家売券（鎌三三-二五一四六）・正和四年一月二一日源光在家売券（鎌三三-二五四三八）・文保二年一〇月六日源（新田）義貞在家畠売券（鎌三五-二六八〇三）・同年一〇月一八日源頼親在家売券案（鎌三五-二六八〇九）。

（3）筧雅博「鎌倉幕府掌論」（『三浦古文化』五〇、一九九二）二八頁、盛本昌広「鎌倉幕府垸飯の負担構造」（『地方史研究』二五五、一九九五）三頁。

（4）高橋典幸「武家政権論と鎌倉幕府」（『鎌倉幕府軍制と御家人制』、吉川弘文館、二〇〇八、初出二〇〇三）四四頁、同「武家政権と戦争・軍役」（同前書、初出二〇〇一）。

（5）前掲注（3）盛本論考三頁によれば、垸飯用途賦課は上総・上野・下野・越後で確認されるが、賦課地域の拡大傾向により他地域にもあり得るという。管見では、元亨二月八日の金沢氏領「武蔵孤塚公事注文」（「金沢文庫文書」、(鎌)三七-二八六六二）の「二百十五文垸飯用途反別四十三文定」を補い得る。

（6）天福二年五月一日関東御教書案（「島津家文書」、(鎌)七-四六五八。「摂津多田神社文書」、(鎌)四四-五一一四八）に「西国御家人者、自右大将（源頼朝）家御時、守護人等注交名、大番以下課役雖令催勤、給関東御下文、令領掌輩者不幾」（正応五年八月七日関東御教書案〔「島津家文書」、(鎌)二三-一七九七六〕もほぼ同じ）、建長六年正月二〇日関東下知状案（「薩摩高城村沿革史所収高城氏文書」、(鎌)一一-七六九七）に「西国御家人雖不給御下文、所知行来也」元応元年七月七日関東下知状（「見聞筆記拾三」、(鎌)三五-二七〇八九）に「如此之族、本所違乱之時、以武家御口入、令安堵者、西国御家人之習也」等とある。

（7）前掲注（3）盛本論考三頁（前掲注2茂木知宣置文に拠る）。

（8）『吾妻鏡』治承四年一二月二〇日条。

（9）「金沢文庫蔵使咒法経裏文書」（(鎌)三八-二九二七一）。

（10）二木謙一「室町幕府歳首の御成と垸飯」（『中世武家儀礼の研究』、吉川弘文館、一九八五、初出一九七二）。

（11）『続有職問答』（上）所引。

（12）『大日本史料』九-一三-四四〇頁以下に関係史料がある。

（13）京都大学文学部国語学国文学研究室編『新写永禄五年本節用集』（臨川書店、一九七三）、『天正十八年本　節用集』（白帝社、一九六二）。

（14）八幡義信「鎌倉幕府垸飯献儀の史的意義」（『政治経済史学』八五、一九七三）二六頁、村井章介「執権政治の変質」（『日本史研究』二六一、一九八四）六頁、野口実『武家の棟梁の条件』（中央公論社、一九九四）三六頁、滑川敦子「鎌倉幕府における正月行事の成立と発展」（上横手雅敬編『鎌倉時代の権力と制度』、思文閣出版、二〇〇八）一七八・一七九頁。

(15)杉橋隆夫「鎌倉執権政治の成立過程」（御家人制研究会編『御家人制の研究』、吉川弘文館、一九八一）三〇四頁、同「執権・連署制の起源」（日本古文書学会編『日本古文書学論集5　中世Ⅰ』、吉川弘文館、一九八六）一一四頁。
(16)前掲注(14)村井論考六〜七頁、野口実「いくさと儀礼」（福田豊彦編『中世を考える　いくさ』、吉川弘文館、一九九三）一四九頁。
(17)永井晋「鎌倉幕府垸飯の成立と展開」（小川信先生の古希記念論集を刊行する会編『日本中世政治社会の研究』、続群書類従完成会、一九九一）一二三頁。
(18)前掲注(14)村井論考六頁。
(19)前掲注(14)八幡論考二六頁。
(20)前掲注(3)盛本論考二頁。
(21)前掲注(10)二木論考一六頁。
(22)前掲注(14)八幡論考三一頁。
(23)『吾妻鏡』治承四年九月一七日条、文治五年九月二〇日条。
(24)上横手雅敬「垸飯について」（『全訳吾妻鏡月報』四、新人物往来社、一九七七）。
(25)ただし、杉橋が前掲注(15)論考（一九八一）にて時政の政治的地位の変遷を跡づけ、上横手説を批判している。大筋で首肯すべき見解だが、政治史的分析結果との照応を予想させるに留まり、垸飯沙汰人を勤仕すること自体の意味が中世社会の礼制観念に即して確認されたわけではない。
(26)前掲注(10)二木論考一六頁以下。
(27)網野善彦『東と西の語る日本の歴史』（講談社、一九九八、初出一九八二）一二九頁。
(28)阿部猛「国司の交替」（『平安貴族社会』、同成社、二〇〇九、初出一九七一）。
(29)石川松太郎校注『庭訓往来』（平凡社、一九七三）。
(30)『大日本史料』一―一―三四八頁以下、『平安遺文』一―三三九。引用本文は阿部猛『尾張国解文の研究』（大原新生社、一九七一）に拠る。
(31)前者は前掲注(28)阿部著書、後者は吉村茂樹「尾張国解文の成立についての一考察」（『歴史地理』五八―三、一九三一）等。

(32) 土田直鎮『日本の歴史5　王朝の貴族』（中央公論新社、二〇〇四、初出一九七三）四五七頁。

(33) 『醍醐寺文書之二』一八五（㊝鎌三―一三六一）、同一九八（鎌四―二一六五）。

(34) 「外居《ほかい》」は筒状蓋付き容器の外面に三～四本の脚を付けた収納・運搬用容器（『平安時代史事典』「行器《ほかい》」〈小坂眞二執筆〉）。棒の両端に下げて二個一組とし、棒の中央を肩に掛けて運搬する。

(35) 『群書類従』雑部所収。

(36) 『砂巌』（『柳原家記録』八五、鎌二八―二一七七七）。

(37) 「屯食」は球形の強飯に味噌・食塩をまぶした軽食（『平安時代史事典』「屯食」〈樋口清之執筆〉）。

(38) 『平安時代史事典』「菅野敦頼」（木本好信執筆）。

(39) 古瀬奈津子「昇殿制の成立」（『日本古代王権と儀式』、吉川弘文館、一九九八、初出一九八七）。

(40) 『兵範記』保元三年一〇月一六日条。

(41) 中原俊章「中世的家産支配構造の成立と官人達」（『中世公家と地下官人』、吉川弘文館、一九八七）、同「中世地下官人の系譜と身分」（同前）。

(42) 「陣」の語義については桃崎有一郎「中世里内裏の空間構造と「陣」」（『中世京都の空間構造と礼節体系』、思文閣出版、二〇一〇、初出二〇〇五）を参照。

(43) 『平安時代史事典』「垸飯」（倉林正次執筆）、『国史大辞典』「垸飯」（鈴木敬三執筆）。

(44) 「蓬左文庫所蔵金沢文庫本斉民要術巻九・八裏文書」（鎌一五―一一六〇三）。

(45) 「蓬左文庫所蔵金沢文庫本斉民要術巻九裏文書」（鎌一五―一一六〇二）。

(46) 『春記』長暦二年一一月一七日条に、記主藤原資房の子の五十日の儀で「高器物六本」に、子が食する「餅」を載せた記事がある。

(47) 『小右記』に既に「頗越傍輩」（寛弘二年七月一七日条）、「為懲傍輩禁候其身」（寛仁三年八月三日条）、「為廷尉之間、其勤勝傍輩云々」（治安三年五月七日条）等の用例が見える。

(48) 笠松宏至「中世の「傍輩」」（『法と言葉の中世史』、平凡社、一九九三、初出一九八四）一五頁。

(49) 儒教の《礼》思想における親子関係が建前上、極めて強力な主従関係であることについては、桃崎有一郎『礼とは何か――日本の文化と歴史の鍵』(人文書院、二〇二〇) 等を参照。
(50) 『平安時代史事典』「呪師」(志田延義執筆)。
(51) 「僮僕」は「青侍から随身・白丁までの、出行時の従者一般を指す語」と見られる。詳しくは桃崎有一郎「中世公家社会における路頭礼秩序―成立・沿革・所作―」(『中世京都の空間構造と礼節体系』、思文閣出版、二〇一〇、初出二〇〇五) 八三頁注(38)を参照。
(52) 拝賀(慶申・奏慶)については、一連の専論を発表したことがあるので、参照されたい。具体的には、桃崎有一郎「昇進拝賀考」(『古代文化』五八-Ⅲ、二〇〇六)、同「中世後期における朝廷・公家社会秩序維持のコストについて―拝賀儀礼の分析と朝儀の経済構造―」(『史学』七六-一、二〇〇七)、同「鎌倉幕府の秩序形成における拝賀儀礼の活用と廃絶―鎌倉殿・御家人・御内人―」(阿部猛編『中世政治史の研究』、日本史史料研究会、二〇一〇)、同「鎌倉殿昇進拝賀の成立・継承と公武関係」(『日本歴史』七五九、二〇一一)、同「『西宮記』に見る平安中期慶申(拝賀・奏慶・慶賀)の形態と特質」(『立命館文学』六二四、二〇一二) 等である。
(53) 拝賀と出立所(南北朝期以降には、里内裏周辺の「陣中」領域に設けられることが恒例化し、「陣家」と呼ばれた)については、前掲注(51)拙著所収諸論考において詳論したので、参照されたい(特に第四章「中世里内裏の空間構造と「陣」―「陣」の多義性と「陣中」の範囲―」、第六章「中世における朝儀出仕と里内裏周辺空間秩序―陣中・陣家・外直廬と乗車忌避―」、第七章「陣家出仕の盛行と南北朝・室町期朝儀体系の略儀化―公家社会の経済的窮乏と室町殿義満の朝廷支配―」)。
(54) 『平安時代史事典』「仏名会」(小山田和夫執筆)。
(55) 『平安時代史事典』「西宮記」(所功執筆)。
(56) 『日本後紀』天長七年閏一二月八日条、『続日本後紀』承和二年一二月二〇日条、同五年一二月一五日条、『日本三代実録』貞観一八年六月二一日条。
(57) 『続日本後紀』承和五年一二月一八日条、同一三年一〇月二七日条。
(58) 正治元年一〇月一五日五節舞姫定文(『猪隈関白記』同年一一月一五日条所引、㊎二-一〇八五)、建治元年一〇月二七日五節舞姫雑事注文（『兼仲卿記』同年一〇月二七日条所引、㊙一六―一二〇七五）。
（59）『平安時代史事典』「五節舞」（山中裕執筆）、「童女御覧」（関口力執筆）。
（60）前掲注（39）古瀬論考。
（61）『兵範記』仁平二年正月一〇日条。
（62）弘安九年後一二月二五日二条師忠御教書（『中臣祐春記』弘安一〇年正月一日条所引、㊙二一―一六一一七）。
（63）⑬の二階堂行方は政所執事だが、⑫の二階堂行義は政所執事ではない（山本みなみ「鎌倉幕府における政所執事」、『紫苑』一〇、二〇一二）。行方が御所奉行であったことは青山幹哉「鎌倉幕府将軍権力試論」（『年報中世史研究』八、一九八三）・五味文彦『吾妻鏡の方法』（吉川弘文館、一九九〇）九九頁等参照。行義は従来御所奉行とされないが、御所奉行の職務と認められる将軍御所の陰陽道祭（初見寛喜二年五月二四日条～終見建長四年一二月一三日条）・密教修法（初見寛喜三年一二月二三日条～終見寛元二年六月二日条）をしばしば奉行し、止雨七瀬御祓を「行義・行方等莅其所奉行之」と両人が並んで奉行し（建長六年九月四日条）、新造将軍御所の「御所事始」を後藤基綱と奉行した事例（建長四年六月二日条）等から、行義も御所奉行と推定され、垸飯の定刻宣言も御所奉行の役割と推定される。
（64）前掲注（3）盛本論考二頁以下。
（65）『吾妻鏡』正治元年五月八日条。
（66）石田祐一「放生会と弓始の記事について」（『中世の窓』八、一九六一）、五味文彦「『吾妻鏡』の構成と原史料」（『吾妻鏡の方法』、吉川弘文館、一九九〇）。
（67）秩父は畠山重忠（正治二年正月一八日条）、伊東（工藤）は工藤行光（文治五年九月一二日条）、鎌倉は梶原景時・長江義景（文治四年三月二一日条、建久四年七月一〇日条）が対応しよう。宇佐美は工藤の同族、後藤・下河辺・波多野・氏家は秀郷流藤原氏で垸飯沙汰実績のある宇都宮・小山や結城朝光・八田知家と広義の同族。八田氏は治承四年一〇月二日条に「八田武者宗綱」、同五年閏二月二三日条に「八田武者所知家」等と見え武者所勤務実績が知られる。
（68）近年の研究では野口実編『千葉氏の研究』（名著出版、二〇〇〇）が関係文献目録も完備し総括的、また千葉氏を含む東国御家人の在京・都鄙間往来については山本隆志『東国における武士勢力の成立と展開―東国武士論の再構築―』（思文閣出版、二〇一二）序章～第五章をも参照。

(69)『公卿補任』文治元年非参議源頼朝、『兵範記』保元三年二月三日条。
(70)『公卿補任』文治元年非参議源頼朝。
(71)『群書類従』公事部所収。
(72)『吾妻鏡』元暦二年四月一一日条に、義経が鎌倉へ送った壇浦合戦の報告書を中原信泰が書いたとある。義経側近の記録担当者としてこの重要な報告書を書いた中原信泰という人物は、わずか三ヶ月前に『大夫尉義経畏申記』で義経の年始出仕・垸飯を記録した者と同一人物の可能性がかなり高いであろう。
(73)『吾妻鏡』寿永三年三月二二日条等。
(74)『吾妻鏡』元暦元年一〇月六日条。
(75)『吾妻鏡』元暦元年八月二〇日条。
(76)『吾妻鏡』元暦元年一〇月二四日条。
(77)『吾妻鏡』治承五年正月一日条。
(78)前掲注(52)桃崎論考（二〇一〇）。
(79)山本隆志『北条時頼―誤りて征夷の権を執る―』（ミネルヴァ書房、二〇二四）一一四頁以下。
(80)岩橋小弥太「世俗立要集」（『群書解題』一五、続群書類従完成会、一九六二）一〇〇頁以下。
(81)同系図は彼の一族の多くに「民」と注記するが、その一人紀宗季が民部丞であった明徴が『明月記』正治元年（一一九九）三月二五日条にあるので、「民」は民部丞である。
(82)「百巻本東大寺文書四十二号」(鎌)一四―一〇五〇四)。
(83)金澤木綿「鎌倉幕府儀礼の政治的意義とその変容―垸飯を中心に―」（『年報中世史研究』四九、二〇二四）。再反論の論点は以下の通りである。
第一に、金澤は倉林正次『儀礼文化学の提唱――日本文化のカタチとココロ』（おうふう、二〇一一）一〇頁・一二三頁による儀礼の定義＝「信仰伝承や社会的慣習、または生活的慣習などによって生じ、または形成されたところの一定のカタ（型）を有する行為」を無条件に採用し（五九頁）、既往の研究を「式次第や儀礼の空間構造といった、その共同体の特質が現れると予想される儀礼の「カタ（型）」そのものへの着目や、「カタ（型）」の変容については、これまでほとんど議論の俎上に上がってこなかった」と批判した（六〇頁）。この批判は事実に基づかない。

筆者は本章初出時に儀式次第を分析し（第七節）、将軍が享受した確証の不在と御家人らによる「庭儀」の主体性を指摘した。そして一連の論文で、①垸飯供出者・垸飯享受者の立場と共同体の関係（本章第二・四・五節）、②享受者の性別（男性への偏り。同第三節）、③品目の分析とそれによる過差性の指摘（本章第二節Ⅱ、第五章第三節）、④垸飯供出者となる一般的動機と複数候補者から一人に絞る理由（第四章第一節）、⑤当日の沙汰人の所在地や服装の記録のされ方（同第二節）、⑥垸飯供出の義務性（税の類か贈与か。第五章）、⑦財源（公田と公畠）やその面積に対する賦課率の特定（同第一節、第九章第一節）、⑧供出品目の特定・分析と徴収形態（銭納）の特定（第五章第三節）、⑨鹿食との関係性（第六章第一節）、⑩大番役・流鏑馬役等の他の御家人役との関係性（同）、⑪「庭儀」での御家人の着座の具体相やそれと御行始との関係性（第七章第一節）、⑫着座順とその変遷の分析（同、第九章第一節）、⑬催行契機とその変遷の分析（第七章第二節）、⑭付帯進物の品目分析と過差性増大の指摘（同第三節）等を行った。

これらはすべて、垸飯が持つ「カタ（型）」の分析である。金澤は即物的な所作や空間だけが「カタ（型）」だと解して倉林説を誤読しているが、筆者はその誤読にさえ合致する分析を行ってある（②③⑤⑧⑪⑫⑭）。それを無視して議論の不在を批判するのは事実無根の不当である。まして、倉林はそうした狭い意味で右定義を扱っていない。そもそも倉林は同じ書で儀礼の第二の定義＝「時間概念を準拠として展開される文化創造の図式」をも示したはずだが（一二六頁）、金澤はこれを捨てて言及しない。第一の定義がなぜ第二の定義や諸々の儀礼論における定義より優れているのか、理由を述べない。自説に都合よい定義だけを恣意的に抽出し、都合の悪い定義を黙殺する行為は学問と呼べない。そして参加者や時系列の関係性を含む筆者らの研究は、金澤が無視した倉林の第二の定義に適う議論であり、〈倉林の着眼への不十分な応答〉という批判はできない。儀礼論では遅くともジェイムズ・フレイザーの『金枝篇』以来、それら関係性までもを儀礼の型式（金澤のいう「カタ（型）」）として考察対象としてきた。金澤論文は、儀礼論の先行研究調査を著しく怠ったという批判を免れまい。

第二に、「垸飯は院政期までに武者の饗応という属性を獲得した」という筆者説（本章第八節）を、金澤は、院政期以後に武者と無関係の朝廷垸飯がなされた実例を根拠に否定した（六三頁）。筆者説を〈すべての垸飯が武者の饗応という属性を帯びた〉という論旨と誤解したようだが、武者と無関係の実例を筆者が多数挙げた当該論文の論旨がそうでないことは明白である。かかる誤読を避けたく、再録時に本章結語でこの属性獲得を「分流」と明記した。

第三に、金澤は「特定の儀礼に淵源を求めることで意義を引きだそうとするとかえって儀礼の実態を見失う恐れがあり、幕府で行われた垸飯の意義は、やはり幕府で行われた垸飯そのもののみから考察する必要があろう」と述べ、幕府垸飯を規定した過去として朝廷垸飯の実態を追求した筆者の作業の価値を全否定した（六三頁）。しかし、なぜ儀礼Aの淵源を儀礼Bに求めると儀礼Aの「実態を見失う」のか、仕組みが不明で理解に苦しむ。金澤の批判は、淵源の追究のみに耽溺して実態の分析を全く忘れた者に対して行うべきものだが、筆者は一連の諸論文で管見に触れた全事例を挙げ、記録された実態はすべて紹介した。一方を注視すると他方への配慮が疎かになる、という一般論に基づく批判かとも推察されるが、本書第一章以外の多数の論文では淵源追究を行っていない筆者の諸論文の内容に、その批判が当たらないことは明白である。

そもそも、ある儀礼の理解がその儀礼の分析のみで充足されない時（あるいは充足されたとしても）、同じ名前の儀礼が先行する別の場で行われた事実を分析対象に含めるのは、歴史学に限らず儀礼論の当然の営みであって、それを無価値として切り捨てる儀礼論は管見に触れず、優れているとも考え難い。まして歴史学は、遠い過去から近い過去や現在への因果関係の連鎖を解明することを目的の一つとする学問であって、〈過去を探っても仕方ない〉では歴史学たり得ない。金澤の論法は、〈日本の律令を、淵源たる唐の律令と比較し継受関係を解明しようとすると、日本の律令の実態を見失う。日本の律令なのだから日本の律令だけを見て分析すべき〉と主張しているのと同じ暴論で、少なくとも歴史学とは呼べない。

第四に、将軍不出御でも垸飯が催行された事例と、『吾妻鏡』上に将軍が垸飯を食した実例が皆無であることを根拠に、将軍は垸飯を食さなかったと推定した筆者説に対して、金澤は、将軍不出御の事例は摂家将軍期のものなので「幕府初期の形態とは切り分けて考えるべき」と批判した（六四頁）。しかし、そうすべき根拠を金澤は挙げない。また、批判の根拠として「垸飯以外の事例だが将軍と御家人が共に食事をする例は『吾妻鏡』に見える」と述べたが、垸飯以外でどれほどAがBと共食していようとも、両者が垸飯儀礼で共食したと推定できる根拠にならないことは多言を要しない。どこでどれだけ天皇と殿上人が共食していようとも、殿上垸飯に限っては天皇が殿上人と共食していなかった明白な事実は、金澤の批判が成立しない明証である。

第五に、金澤は、「幕府垸飯のうち共同飲食の要素は、頼朝と御家人の主従関係を含めた組織的紐帯の確認と強化を意味する」と推定し、その根拠として、幕府が酒宴の場として主に用いた侍所に頼朝の出御空間があった事実を挙げた。しかし、垸飯は酒宴ではないし、侍所は一例（建久二年一二月一日条）を除いて幕府垸飯の場ではないし、侍所での一例で頼朝が出御した「母屋」は、三一一人の御家人が二列で列座できる一八間の侍所（治承四年一二月一二日条）とは別の空間であった可能性が否めない（母屋は庇・廊に対して建物主部をいう語だが、長大な侍所の主部に頼朝だけがいて御家人全員が庇・廊にいたとは考えにくい）。すなわち、頼朝と御家人が垸飯で共食した明徴は未だ示されていない。

第六に、建久二年年始垸飯の大規模整備を筆者は国制上の鎌倉殿の立ち位置の再定義や法の問題と関連づけたが（第三章）、金澤は当該論文を知りながら（注8）一切言及せず、これを〈戦時から平時への移行の問題〉としてのみ捉えるべきとした（六六頁）。筆者説がなぜ成り立たないのか挙証は皆無で、正当な理由なき無視は学問的手続きからの逸脱である。しかも自説の前提として「平時への移行によって薄らいでいく将軍と御家人の紐帯」と金澤は述べたが、〈将軍と御家人の紐帯が平時に移行すると薄らぐ〉ことは中世武家社会において自明でも常識でもなく、金澤の予断に過ぎない。

第七に、垸飯沙汰人が垸飯の当座にいる必要がないと推定した筆者説（第四章第二節Ⅱ）を、金澤は沙汰人が出席した事例や代理を立てた事例を根拠として否定した（七〇頁）。しかし、筆者説の趣旨は〈沙汰人が当座にいてもいなくてもよい〉であり、いた事例の提示は反論にならないし、金澤は沙汰人が当座にいなければならなかったことを証明していない。逆に、筆者は在京中の佐々木定綱が沙汰人を勤めた明証をもって自説を証してある（第四章第二節Ⅱ）。そして、もし金澤の主張するように「沙汰人は当日の儀礼にも出席が求められるような、表方の役職だった」のなら、なぜ関係者・出席者のうち沙汰人だけ服装が記録されない事例が複数あるのか、金澤は合理的な説明をせねばならない。しかも後段で金澤は、時頼期の垸飯で沙汰人時頼の姿が見えない事例にわざわざ注意を促し、垸飯が沙汰人不在でも成立するようになったと述べる（七五頁）。時の経過でそう変化したと説くようである。しかし、沙汰人不在で成立した事例は頼家期からある（佐々木定綱の事例）と筆者は指摘した。それを無視して幕府前期に即しては沙汰人は出席必須と断じ、幕府中期に即しては同様の一例をもって沙汰人出席は不要になったと断じる論法は、同質の論拠史料に対する評価が恣意的に過ぎる。

第八に、筆者は、六波羅に命じて垸飯役の百姓転嫁禁止を在京人・西国地頭に通達させた弘長元年（一二六一）幕府法を根拠に「垸飯役は全国に賦課された地頭役」と推定した（第五章第一節）。これに対し金澤は、幕府外の私的垸飯の賦課である可能性があるとし、また幕府垸飯役の確実な西国への賦課事例が見えないことからこれを否定し、確実な上総・上野・下野・越後の賦課事例を根拠に東国（東海・東山十五ヶ国）だけが賦課対象だと推定し、敷衍して幕府垸飯役は東国御家人のみを賦課対象としたと推定し、東国外の越後の賦課事例は東国御家人の所領が存在するゆえとして例外処理した（七一頁）。

しかし、金澤の論法に従えば、西国全域に膨大にあった東国御家人の所領にも賦課されたはずで、それは〈垸飯役の賦課地域が全国に及んだ〉と呼んで差し支えない状況だ。また、金澤は「所領の所在する地域によって賦課する御家人役の種類を操作することは、幕府には困難である」というが（七二頁）、国ごとの大田文を使えば造作もない。基本史料を無視した空論である。

そもそも、幕府法（関東御教書）に特別な文脈の指定なく単に「〇〇役」が現れる時、それは幕府が賦課する〇〇役を指すと考えるのが幕府法の通常で妥当な読み方である。そして、弘長元年関東新制第二六条には「一　垸飯役事／両条、自今以後、充課百姓事、停止之、以地頭得分、可致其沙汰、又私分同可守此儀」とある。金澤のいう私的垸飯は文末で同条の本則が准用される「私分」に含まれるはずで、それとは別の本則で定めた「垸飯役」が幕府垸飯であることは明白である。金澤は自説の根拠に、西国への幕府垸飯役賦課の明徴を得ないことを挙げたが（七二頁）、右の垸飯役百姓転嫁禁止令は、鎮西奉行少弐資能から肥前松浦党の青方二郎に通達された（弘長元年四月二日少弐資能施行状案、「肥前青方文書」、(鎌)一二―八六四二）。青方二郎は当該命令の対象者だからこそ通達されたに違いなく、そして彼は明らかに東国御家人ではない。また佐々木朽木頼信の所領近江国高島郡後一条地頭職（正応五年一〇月二四日尼めうご所領譲状〔「近江朽木文書」、(鎌)二三―一八〇三五〕、永仁二年二月五日関東下知状〔同、(鎌)二四―一八四七三〕）は、「垸飯用途」納入の対象地であった。それに言及する永仁四年七月四日尼妙語書状（同、(鎌)二五―一九〇九三）の文脈や「近江朽木文書」全体から見てこれを守護所垸飯や行綱の私的垸飯とは考えられず、そして佐々木朽木氏は近江国御家人すなわち西国御家人であるから、これも西国御家人の垸飯役負担の徴証であり金澤説への反証である。

総じて金澤の所論は、筆者の既発表論文も含め先行研究の誤読とつまみ食いが目立ち、反論に確証が乏しく、旧い通説の筋書きありきで恣意的に史料を解釈し、対処しきれない論点提示・仮説（垸飯の淵源追究や国制史との関係論等）に対しては読解・消化・論駁を故意に捨て置いたという印象が否めない。源流の追究を無価値として歴史学たることを自己否定する論法も含めて、学問的討議が成立する以前の文章である。それでも学術誌に発表された最新の文章であり、それをもって金澤説が最有力と誤解される可能性を傍観しては歴史学（的儀礼論）の退歩に暗黙の承認を与えたことになるため、再反論を選んだ。

（84）　本文は市古貞次ほか校注『室町物語集 下 新日本古典文学大系55』（岩波書店、一九九二）に拠った。

# 第二章　鎌倉幕府垸飯付帯引出物の儀礼的メッセージ
## ——終わりなき戦時と伊勢遷宮・大仏再建——

### 緒言

鎌倉幕府の垸飯は御家人が酒食を共食する饗応儀礼だが、そこにはほぼ必ず、御家人から鎌倉殿へ引出物を贈呈する儀礼が付属した（以下〝垸飯付帯引出物〟と呼ぶ）。その品目は当初、剣と馬であったが、建久二年（一一九一）に大幅に拡充され、弓矢・行騰・砂金・鷲羽を加えた六品目が献上され始めた。その理由を、盛本昌広は献上者の有力さの誇示とし、滑川敦子は前年の頼朝上洛による「幕府の政治的成長」の影響とした[1]。ただ、両説とも具体的考証を経た裏づけを欠き、特に、引出物の具体的内容や、各品目贈呈の含意の検証まで踏み込まれていないため、無条件に踏襲することは難しい。また大石直正は、頼朝が東国の土産を献上され、それを京都に献上することが「鎌倉幕府の東国政権たる所以」を窺わせると論じたが[2]、やはり漠然に過ぎ、具体性に乏しい。弓矢や行騰が本当に東国を象徴したかは疑問である上、なぜ六品目が建久二年に出揃ったのかも説明されていない。

かかる中で、近年、斉藤利男は、右の諸研究に欠けていた具体的品目の含意の検討に初めて踏み込んだ。しかし、後述の通り、斉藤説にも従えない理由が複数ある。結局、そもそも垸飯に引出物が付随する意味にも、その品目が前記六種であった意味にも、時期によって品目が変動した意味にも、未だ適切な論証を経た結論は出されていない。垸飯付帯引出物の正体も歴史的意義も不明のままであり、礼制史観点からは基礎研究をやり直す余地がある。

そこで、本章では垸飯研究の一環として、垸飯付帯引出物の具体的内実を時系列的に追跡し、その各段階で籠められた儀礼的メッセージを読み解き、礼制史的に適切な理解を導きたい（本章では、『吾妻鏡』に拠る場合は典拠名を略した）。

## 一　建久二年垸飯付帯引出物の砂金・鷲羽・馬は奥州支配を含意するか

幕府垸飯の初見は治承四年（一一八〇）一二月二〇日、年始垸飯の初見は翌治承五年の元日で、いずれも幕府の発足を内外に周知・宣言する行事と考えられるが（本書補論・終章）、進物が付帯した記録がない。最初期の幕府垸飯は公家社会から継承（本書第一章）した原型に忠実に、垸飯のみで自己完結的に行われ、単体で十分に意味を持った可能性が高い。

垸飯付帯引出物の初見は「其後行垸飯、武衛（頼朝）出御、千葉介（常胤）経営、公私有引出物、上分御馬一疋、下各野剣一柄云々」という元暦元年（一一八四）一〇月六日条、二例目は四年後の「上総介義兼（足利）献垸飯、相副馬五疋、二品（頼朝）出御南面、総州自持参銀作剣」という文治四年（一一八八）正月六日条である。これらの記事から、次の三点が判明する。

第一に、垸飯に付帯する進物の本質は「引出物」、すなわち垸飯に付帯せずとも単体で機能する、本来別個の祝意表明行為であった。

第二に、初見の元暦元年の事例では頼朝が馬を下賜し、沙汰人の御家人が剣を進上する互恵関係であった。後に垸飯付帯引出物は一方的進上と化したが、本質が「公私」＝主人・従者間の双方向的な贈与（祝賀）自体にあったのなら、それを単なる服属儀礼と見ることはできない。

第三に、当初の品目は馬と剣に限られた。ならば、建久二年に現れた弓矢・行騰・砂金・鷲羽は、垸飯付帯引出物の根源的な存在意義と直結せず、追加的な意義づけしか持たない。

　右二例目の翌年にあたる文治五年正月三日条に「垸飯如例」とあるのは、従来の踏襲を意味するであろう。翌建久元年《一一九〇》は引出物が言及されないが、翌建久二年に前述の拡充が果たされた。

〔史料1〕『吾妻鏡』建久二年正月一日条

千葉介常胤献垸飯、其儀殊刷、是御昇進故云々、午剋前右大将《源頼朝》家出御南面、前少将時家《平》朝臣上御簾、先有進物、御剣千葉介常胤、御弓箭新介胤正《千葉》、御行騰・沓二郎師常《相馬》、砂金三郎胤盛《武石》、鷲羽納櫃、六郎大夫胤頼《東》、

御馬／一　千葉四郎胤信　平次兵衛尉常秀《境》（以下五番の馬曳手交名は略す）

庭儀畢垂御簾、更出御于西面母屋、被上御簾、盃酒及歌舞云々、

　この時の垸飯付帯引出物では、文治四年の垸飯付帯引出物と一致する剣・馬五疋が、従来の踏襲にあたる。しかし、弓矢・行騰・砂金・鷲羽が新たに現れ、しかも先学の指摘通り[3]、弓矢・行騰の贈呈は『吾妻鏡』における垸飯の終見（宗尊が追放される文永三年《一二六六》正月）まで定例化した。一挙に四品目も加わり、後の定型（剣・弓矢・行騰・馬）が出揃った点で、確かに今次の垸飯は画期的である。さらに興味深いことに、右史料は、垸飯の記事であるにもかかわらず垸飯の内実を記さず、引出物の内容と奉呈役ばかりに具体的記述を割いている。これは垸飯自体の変容を意味した可能性があるが、前章で述べた如く『吾妻鏡』編者の関心の所在に影響された疑いが拭えず、評価が難しい。今はその評価は保留し、引出物の内実の分析へと進みたい。

　新たな引出物のうち、金は奥州で初めて国産品が産出された資源[4]、鷲羽は奥州特有の交易品、最良の馬の産地も奥州で、すべて奥州の印象が伴う。事実、仁平三年《一一五三》に藤原頼長と奥州藤原基衡が行った陸奥国高鞍荘等の年貢交渉の争点は、馬・砂金・布・水豹皮・漆・鷲羽の貢上であった（『台記』九月一四日条）。また、基衡が毛越寺建立で仏師雲慶に贈った功物も円金・鷲羽・水豹皮・安達絹・希婦細布・糠部駿馬・白布・信夫毛地摺等であった

し（文治五年九月一七日条）、基衡が乳母子大庄司季春の助命のため陸奥守藤原師綱に贈った賄賂も「よき馬どもを先として、おほくの金・鷲の羽・絹布やうの財物」であった。[5] さらに「滝口道則宣旨を承て陸奥へ下る間……さて奥州にて金うけ取て帰時、又信濃の有し郡司のもとへ行きて宿りぬ。さて郡司に金・馬・鷲羽などおほくとらす」と描写した説話[6]もある。

陸奥国が朝廷に馬・金を献ずる貢馬・貢金は元来、地代と異なる「国土貢」であり、儀礼的貢納物に近い、古い服属行為の遺制とされる。[7] その貢上は奥州藤原氏が担ったが、文治二年、頼朝が藤原秀衡に強要して鎌倉を中継させ、それによって「奥六郡主」秀衡より高次の東国行政権掌握を含意する「東海道惣官」頼朝の奥羽統治権を主張したと考えられている。[8] さらに近年、斉藤利男はこれらの品目と奥州藤原氏が掌握した財に関連づけ、剣・弓箭・行騰は「弓射騎兵たる鎌倉武士を率いる武家の棟梁のシンボル」、砂金・馬・鷲羽は「平泉政権の支配領域を象徴」する「「俘囚の地」の産物」であり、「鎌倉幕府が平泉政権にかわって奥羽及び蝦夷ヶ島の支配権を掌握した」ことの重要性を示している、と推測した。[9]

しかし、新たな四品目のうち、行騰を武家の棟梁のシンボルとし、砂金・馬・鷲羽を奥州支配の象徴と見る斉藤説には、以下の七つの理由により、従えない。

第一に、もし六品目（剣・弓矢と新たな四品目）の出現と「鎌倉幕府が平泉政権にかわって奥羽及び蝦夷ヶ島の支配権を掌握したこと」が相関するなら、幕府が奥州藤原氏からそれら地域を奪った文治五年の奥州合戦後の最初の垸飯、すなわち建久元年の元日垸飯でその六品目が出現し、特筆大書されるのが自然である。斉藤説では、それが建久二年まで一年遅れた理由を説明できない。

第二に、鎌倉殿が「弓射騎兵たる鎌倉武士を率いる武家の棟梁」だとアピールする剣・弓箭・行騰が、様々な儀礼の中でもほかならぬ垸飯と結びつき、しかも建久二年元日にアピールされる必然性が説明されない。

第三に、砂金・馬・鷲羽が幕府の奥羽支配権を示すなら、建久五年以後も奥羽支配権を失っていない幕府で、砂金・鷲羽が垸飯付帯引出物から消える（後述）理由が説明できない。

第四に、文治五年の奥州藤原氏滅亡より五年も前（元暦元年〈一一八四〉）から、垸飯付帯引出物には馬が含まれた。その馬が、鎌倉幕府の奥羽の支配権掌握を含意した可能性は皆無である。

第五に、斉藤は、古代国家の征夷という最重要軍事課題に由来して、〈砂金等が象徴する奥州「俘囚の地」の管轄者こそ日本国総守護に相応しい〉という共通認識があったと想定する(10)。ならば奥州藤原氏も日本国総守護に相応しいが、そう認識された形跡がない。

そもそも摂関政治期までに、前九年合戦を除いて征夷は朝廷の重要軍事課題ではなくなり、後三年合戦は国家と無関係（私戦）と断じられ、奥州藤原氏も「清衡令押領王地」、「基衡押領一国、如無国司威」等と非難されることはあっても(11)、国家的征討の対象でなかった。奥州制圧に日本全土制圧の象徴性を見出す社会的素地が一二世紀末の日本にあったか否かは、慎重な再検討を要する。

第六に、文治四年に頼朝が半ば形式的に鬼界島を征討したように（五月一七日条）、日本全土制圧を演出するならば最西端の鬼界島の制圧をも誇示すべきと考えられるにもかかわらず、その形跡がない。

第七に、『延喜式』（民部省下-交易雑物条）が陸奥国の「砂金三百五十両」と下野国の「砂金百五十両・練金八十四両」を併記したように、奥州は唯一の産金国ではない。

鎌倉幕府では、砂金や剣が寺社や院近臣・僧・侍読・医師・相撲人らに贈られ(12)、奥州平定以前に平頼盛に贈られた例もある（元暦元年六月一日条）。砂金や剣は地域性や職業的属性を含意しない贈答品で、奥州支配や武勇の誇示を含意した可能性は必ずしも自明でない。

また、鎌倉中期以降、将軍出行の還御時に引出物を贈呈する慣行が見られ、その品目が垸飯付帯引出物と共通していた。その内訳は①剣・砂金・馬のみを基本としつつ、②冑・調度（野矢+弓）・行騰を加える派生型、③調度（征矢+弓）・行騰を加える派生型、④羽を加える派生型等の数パターンがあった[13]。そして、将軍出行の中でも特別な年始御行始に限れば、引出物は初見の建長五年正月三日条以降、内訳を確認可能な全事例[14]において剣・砂金・羽・馬三疋（弘長三年以降は二疋）に固定する。

以上により、建久二年元日に出現した垸飯付帯引出物の六品目は、様々な場面で、様々な人が交わした汎用的贈答品であり、奥羽支配権の誇示を意味しないことが明白である。ならば、それらはなぜ、建久七年元日垸飯で出現したのか。

建久三年は引出物の内訳が不明で、翌四年元日は二年前と同じ六品目であったが、それが垸飯付帯引出物としての砂金・鷲羽の終見となる。翌五年元日の「御征箭・弓・馬以下」や、翌六年元日の「御剣、又御弓箭以下進物」、元久二年《（一二〇五）》元日の「遠州《（北条時政）》被献垸飯幷御馬・御剣以下」という記事では、傍点部が砂金・鷲羽を含むか判断し難い。しかし承元五年《（一二一一）》元日に剣・調度・行騰と明記されて以降、垸飯付帯引出物が砂金・鷲羽を含んだ可能性はなくなり、剣・調度・行騰・馬五疋に固定する（馬の記載を欠く条は記載漏れ[15]、剣のみ記載する条は省略する記法[16]であろう）。

垸飯付帯引出物の砂金・鷲羽は、出現後ほどなくして消え、定着しなかった。この事実に注意を払った先学は管見に触れない。砂金と鷲羽を含む引出物四品目の出現は、建久二年元日という段階に特有の（奥羽支配権の誇示ではない）理由に基づくと考えるべきである。

## 二　弓矢・行騰という引出物の意味　――準臨戦態勢を解かない「諸国守護」機関――

では、その理由は何か。解決の糸口は、砂金・鷲羽と同時に建久二年の垸飯付帯引出物に出現しながら、先行研究が踏み込んで考察しなかった調度（弓矢）・行縢に求められる。

実は、『吾妻鏡』に記録されたすべての恒例行事の中で、引出物・進物に弓矢・行縢を含むのは垸飯のみであった。その意味を探るヒントは、臨時将軍出行で進呈された引出物の弓矢・行縢にある。

①安貞二年（一二二八）七月二五日――三浦義村の田村山荘に二日前から逗留中の将軍頼経の還御にあたり、義村が引出物を献呈（剣・冑・野矢・弓・行縢・砂金・馬三疋）。

②安貞二年一〇月一六日――前日に方違出行で小山朝政の宿所に一泊した将軍頼経の還御にあたり、朝政が引出物献呈（剣・砂金・弓・征矢・行縢・馬二疋〔一疋は鞍を置く〕）。

両事例においてはともに、引出物は逗留の最終日に、すなわち将軍が帰途に就く直前に、逗留先の亭主から献呈された。では、〈帰途に就く将軍に弓矢・行縢を贈る〉ことは何を含意したのか。

上洛する将軍頼経が鎌倉を発つ嘉禎四年（一二三八）正月二八日、随兵ら供奉人が悉く進発する中で、連署北条時房が「未被整旅具」と称して自宅を出なかったため、執権泰時が「旅具」として「野箭・行縢」を与えた事例がある。ここに、矢と行縢は、それなくして旅立てないほど不可欠の武士の旅装であったと知られるのだが、旅そのものに最低限不可欠の用具でない矢がなぜ含まれるのか。その理由は、行縢が必須とされた理由から類推できよう。

下半身を最も外側で覆う行縢は、平安時代以降は主に毛皮製であったこともあり、旅装・狩装束という印象が強い。実際、平安時代には武官が騎馬での遠行や競馬・騎射等で熊皮の行縢を着用した。しかし古くは布帛製のものがあり、令制では大嘗会や元日朝賀等の最重要儀礼で着る「武官礼服」として、衛府の督・佐に錦の行縢の着用を定めていた[17]。

重要なのは、行縢着用を定められたのが衛府の武官と、兵庫寮官人が天皇の大射（射礼）出御に供奉する時に限られたことである[18]。すなわち、行縢は明らかに武官を象徴した。しかも、行幸先が近い場合には行縢の代わりに、供奉の近衛大将以下・少将以上が靴を、近衛将監以下・府生以上や衛門府の府生以上が脛巾を用いよ、と『延喜式』[19]が定めていた。ならば、行縢は武人の遠行を象徴しており、旅の帰途に就く将軍に旅具として贈られる必然性は、その延長線上に求められよう。

行縢は後世、流鏑馬や笠懸等の武士の弓馬芸において装束の一部となり、中世の武家故実書では「そういう時には行縢を着るのが正式の作法」と説かれたが、それらの故実書は、行縢を着るべき本来の理由や期待された役割を説明しない。中世武士にとって自明だからであろう。

また、行縢の存在意義を〝装飾品〟と説明する辞書類もある。[20]中世に式正の装束として形式化した以上、装飾品たる性質を帯びてゆくのは当然だが、本来の存在意義が装飾品であったかどうかは別の話である。もし本来的に装飾品であったならば、なぜ弓馬芸や武官の遠行でその装飾が必要なのかが説明されねばならないが、そうした説明はされたことがないし、説明困難である。

行縢の機能を〝脚・脛の保護〟と説明する説もある。すなわち、乗馬して悪路を進む時に脚を痛めないためという。[21]しかし、中世に一般化した毛皮製ならともかく、古代の布帛製や錦製の行縢に、脚を怪我から守れる十分な保護性能があったとは考え難い。

ここで、遠路でない行幸の供奉において、脛巾が行縢の代用とされたことに注目したい。脛巾は布や植物の皮・茎・葉等を用いて編み、脛に着用した装具で、農民・狩人・杣人らが山野の仕事や雪中歩行に着用したことから察せられる通り、最大の効用は「裾を始末し、足の活動を容易にする」ことであった。[22]とすれば、行縢の機能もそれに類したものと類推可能であろう。

事実、前述の衣服令の武官礼服条の「錦行縢」に、『令義解』は「所以覆股脛、令衣不飛揚者也」と注した。「股と脛を覆って、衣の裾が風でめくれてはためくのを防ぐ」とは、まさに脛巾の効用と同じである。寛闊で自由に動く裾を拘束し、身体を使う仕事にふさわしい活動的な衣に変形させるのが、行縢の本来の機能であったと推断してよい。武官が専ら着たのは、武具の携行や戦闘のために活動的な衣服が必須だから、衛府の競馬・騎射練武や流鏑馬・笠懸等の弓馬芸で専ら着用されたのは、馬の操作を衣の裾に邪魔させないためで、武士の遠行に行縢が必須であったのは、武士の遠行が原則として騎馬であったから、と解し得る。

以上より、〈帰途に就く将軍に行縢を贈る〉意図は、「今から騎馬の旅路で活動的な服装が必要になるでしょうから、この行縢をお使い下さい」という意思表示と推察できる。事例①や②で同時に馬が贈られ、事例②で馬二疋のうち一疋だけに鞍が置かれたことも、将軍が帰途ですぐに乗用できるためと解釈できる。ならば、事例①で三浦義村が同時に剣・冑・弓矢を、事例②で小山朝政が同時に剣・弓矢を贈ったことも、同様に「将軍が今からの旅路で武装する必要がある」という認識に基づいていたと見てよい。

しかし、戦時中ならともかく、なぜ平時の旅路で武具が必要なのか。ヒントは弓矢の扱いにある。『吾妻鏡』においてはしばしば弓矢が「調度」と呼ばれるが、そのように呼ばれたのは、実は、限られた二つの状況下においてのみである。

元来、「調度」は日常身辺に備える道具や、貴族住宅の寝殿の母屋・廂の室礼のために設置する器物をいい、最も古くは生活・生産・仏教・武器・刑罰等の道具万般を呼んだらしい[23]。その根幹的な原義は〈その状況に直接関わる物品〉となろう。『吾妻鏡』でも、「調度」は必ずしも弓矢を意味しない。

③建久三年（一一九二）一一月二五日――熊谷直実が法廷で怒り、「調度文書等」を投げ捨てる。
④建保六年（一二一八）六月二〇日――後鳥羽院が将軍実朝に「御拝賀料調度」を遣わす。
⑤承久二年（一二二〇）一一月二三日――京都から将軍頼経の着袴のための「日時勘文幷調度」が届く。
⑥嘉禄元年（一二二五）一〇月二九日――過差禁令で「衣装調度」が制限される。

⑦嘉禄二年一二月八日――新造竹御所に「調度」が置かれる。
⑧嘉禎三年（一二三七）九月一五日――将軍頼経の使者が西園寺公経の物詣に「旅行御調度」を進上。
⑨建長二年（一二五〇）九月二八日――連署重時が火災に見舞われた執権時頼に「調度」を届ける。

右の諸事例の「調度」はすべて弓矢を意味せず、〈関連して必要な物品一式〉を意味して、用法は上述の原義に近い。一方、弓矢が「調度」と呼ばれる状況の一つは、臨時の将軍出行で贈与・運搬される場合であり、そこでは行騰とセットであった。そこでは、弓矢は〈将軍の遠出に必要な物品一式〉の意味で「調度」と呼ばれたと、考えてよかろう。

将軍出行時に弓を持って従う供奉人を「調度懸《ちょうどかけ》」という。『吾妻鏡』では「御調度懸某」「某懸御調度」「御調度役人某」「御調度役某」等と表現に幅があるが[24]、同じ役務である。その調度懸は、剣を持つ「御剣役」、防具を運ぶ「御甲着《よろいぎ》」「御冑持《かぶともち》」「御小具足持《こぐそくもち》」らと一群を成した（文応元年一一月二七日条。安貞二年七月二三日条には「御鎧着」と見える）。

ここで、文字通り将軍の鎧を着て随行した「甲着」に注目したい。文治元年（一一八五）、甲着を勤めた佐々木高綱は、本来なら鎧の下に着ける脇立を鎧の上に着けて随従した。それを非難された高綱は、「着主君御鎧之日、若有事之時、先取脇立進之者也、加巨難之者未弁勇士之故実」と反論した（一〇月二四日条）。それは、自分が着ている鎧の部品を外せる順に外せば、主人が着る順に手渡せる配慮なのであり、その順で外すために、脇立は鎧の上に着けねばならなかった。甲着は、主人が必要とする時に即時使用可能なよう素早く鎧を渡す役目なのであった。

では、出行時の将軍が急いで鎧を必要とする状況とは何か。ほとんど自明だが、念のため裏づけを探すと、同じ将軍出行時に運搬される矢が征矢《そや》（征箭）であった事実にそれを求め得る（建久元年一一月七日条に、頼朝上洛の先陣畠山重忠の随兵の装備が「小舎人童上髪負征箭、着行騰」と見える）。

奥州合戦に進軍する源頼朝軍本隊で五〇人の疋夫が各人「征箭三腰」を運搬し（文治五年七月一九日条）、また長門本『平家物語』（巻第一六）に、木曽義仲軍と会戦する義経軍の勢揃で諸士の装備に「大中黒のそや」「大きりふの征矢」「烏がをの征矢」「妻白の征矢」「小中黒の征矢」が列挙されたように、征矢は合戦で敵を射る矢である。出行する将軍が急いで征矢と鎧を必要とする場面とは、不慮に敵と遭遇して戦闘状態に入った状況以外に考え難い。

とすると、「土屋左衛門尉持御剣、佐原三郎左衛門尉懸御調度」と記されたように（安貞二年一〇月一五日条）、御剣役が主人の剣を（腰に佩かず）手で持ったのは、緊急事に直ちに将軍が柄を掴んで剣を抜くためと考えられ、ならば「御調度を懸く」役は、緊急事に直ちに将軍が矢を射られるよう、弓を袋から出して弦を張った状態で持ち歩く役と類推できる。頼朝の奥州征討軍や将軍出行の行列に「御弓袋差《ゆぶくろさし》」（弓の袋だけを携行する役）がいたのは（文治五年七月一九日条、仁治元年八月二日条等）、その明証である。弓を収納すべき弓袋が弓と別に運ばれていた理由は、即時使用可能な状態を保つためとしか考えられず、ならば弦は張られていたとしか考えられない。

このように、将軍は不測の戦闘でも即時戦える準備態勢、いわば〝準臨戦態勢〟を常に確保していた。平時も敵襲の可能性に備える、戦士ならではの構えである。将軍が臨時出行で武具を携行する意味が右の通りなら、出行の帰途に就く将軍に弓矢を贈る行為は、〈帰途で敵襲に遭う可能性があるので、これで反撃して下さい〉というメッセージになる。

狩猟の時にも類例がある。建久四年（一一九三）、富士の巻狩で若君源頼家が初めて鹿を射止めたことを祝って、「可然射手三人」＝工藤景光・愛甲季隆・曽我祐信が山神矢口を祭る三色餅を食し、鞍馬と直垂を賜り、馬・弓・野矢・行縢・沓等を頼家に献じた（五月一六日条）。その騎射狩猟の用具一式は、〈明日にでも狩で用いて欲しい〉という期待が籠められていたと見てよい。

頼家が献上された野矢は「鹿矢《シヤ》」「猟矢《シヤ》」ともいい(25)、動物を騎射で狩るための矢である。『曽我物語』に、伊豆奥野の狩の参加者の装束として「鶴の本白にてはぎたる白こしらへの鹿矢」と見え、「鹿一頭出来り……景季(梶原)さいわひにやと悦て鹿矢を打つがひ、よつぴいてはなつ」という直截な描写もある(26)。巻狩中の野矢の献上が直後の狩猟での活用を含意したならば、将軍出行時の矢の献上も直後の戦闘での活用を含意したと類推できる。

なお、戦闘では甲・冑・剣も必要に思えるが、それらを「調度」と呼ばず、弓矢だけを「調度」と呼ぶ。武士が「号源氏平氏携弓矢之輩」と呼ばれ、武士の生き様が「弓箭之道(27)」等と呼ばれて、武士の戦闘における弓矢の重要性が他の追随を許さなかった事実が、これと無関係ではあり得まい。〈弓矢さえあれば甲・冑・剣がなくとも戦えるが、甲・冑・剣があっても弓矢がなければ戦えない〉という武士の戦闘観に基づき、その意味において〈真の必需品が弓矢である〉と認識されていたことの表れが、弓矢のみを「調度」と呼ぶ呼称法であったと推断できる。

もっとも、平家等の対抗勢力がすべて滅亡・沈黙した後の、将軍の命を狙う敵対者が常識的に考えて存在し得ない段階（特に摂家将軍以降）で、出向中の将軍が敵襲に遭う可能性は限りなくゼロに近い。ということは、右の準臨戦態勢は、理念のアピールと考えた方がよい。それは、摂家・皇族出身の貴公子であろうと、〈幕府の長はあくまで将軍（戦士集団の首領）だ〉というアピールであり、将軍は仕事柄、敵を多く作るので敵襲を警戒して当然、敵襲に遭えば撃退できる準備を怠らないのが当然、という〝将軍らしさ〟の演出と考えるべきであろう。

その摂家将軍の頼嗣の元服では、これに類する儀礼的演出がかなり露骨に行われた。

〔史料2〕『吾妻鏡』寛元二年（一二四四）四月二一日条（部分）

次進物、御剣……御弓・征箭羽切生、遠江守朝直白襖狩衣、薄色指貫、左手持矢、右取弓、倚立御座傍柱、御刀鞘巻、下緒、在相模右近大夫将監時定、以刃為内捧之、御鎧紫糸威、副赤地錦御直垂、居甲櫃蓋、越後守光時・遠江式部大夫時章置御前長押下、以冑前、向御前、

羽箱納、前若狭守泰村、砂金 秋田城介義景、已上両種置長押上、

加冠・元服した頼嗣に、剣・弓矢・刀・鎧・羽・砂金が献じられた。この記事独自の最も重要な情報は、大仏朝直が左手に矢を、右手に弓を持って頼嗣に献じたことだ（傍線部）。通常、弓は左手に持ち、右手に矢を持って番えて射るので、朝直の持ち方は左右逆である。その理由は、頼嗣に正対して手渡した時、左右正しく頼嗣の手に弓矢が収まるためとしか考えられない。北条時定が刀の刃を内（自分）向きに献じた（傍点部）理由も同じであろう。

進物の武具は、頼嗣が直ちに使用可能な形で献じられ、したがってそれを受け取る頼嗣は形式上、臨戦態勢に入る（頼嗣が進上された矢も征矢なので、想定された使途も戦争）。とはいえ、警固が行き届いた御所で頼嗣が襲撃される可能性は低く、そもそも六歳の頼嗣が弓矢で戦えるはずがない。すなわち、元服時の進物によって成立する頼嗣の臨戦態勢は象徴的表現であり、〈頼嗣の今後の人生は常に弓矢とともに（戦争と隣り合わせに＝準臨戦態勢に）ある〉ことを象徴している、と捉える以外にない。それは、本書第三章で論じるような、〈鎌倉幕府の長の最大の特質というべき〝常置の将軍〟たることの根本的職掌、すなわち、いつ発生するか判らない賊の反乱・襲撃に常に備える職掌を将軍が自覚・実践するよう御家人側が期待している〉というメッセージと、〈その期待に応える意志が将軍にある〉というメッセージを発する儀礼的所作と理解すべきである。

以上を踏まえて、垸飯付帯引出物に弓矢が含まれた意味を考えよう。まず、弓矢を「調度」と呼ぶ二つの状況のうち、一つは前述の臨時将軍出行だが、実はもう一つが垸飯である（必ず剣・調度・行縢・馬の順で記される垸飯付帯引出物のうち、二番目の「御調度」を「御弓箭（矢）」「御弓・征箭」と記す記事により[28]、「調度」＝弓矢と知られる）。ならば、垸飯で弓矢が「調度」として贈られた理由は、臨時将軍出行の場合から類推できる。

そもそも垸飯は、御家人集団＝幕府が〈鎌倉殿との主従関係を共有する傍輩連合体〉であることを示す儀礼、

いわば幕府を定義する儀礼である。それを年始という時の区切り目に、毎年反復的に、年始行事の中で必ず最初に行うことで、定期的に〈幕府とはいかなる組織か〉の定義が再確認された（本書補論・第一章）。ならば、それに付帯した引出物の贈答も、幕府の定義の付加的要素を示し、そこに弓矢が「調度」として含まれたなら、この組織は〈「弓矢の道」に従事する者＝武士の傍輩連合体〉であると定義されていたことになる。

そして、時の区切り目に行う儀礼であるという点で、垸飯と将軍元服は本質を同じくする。さらに前述の通り、将軍元服の引出物の弓矢が〈常時、賊に備えて準臨戦態勢にある〉というメッセージになるならば、垸飯の引出物の弓矢にも同じ作用があったと類推できよう（元久二年元日条に「御弓・征箭」と見え、垸飯付帯引出物の矢も征矢であった事実はその証左）。

建長四年（一二五二）四月一日、将軍宗尊親王の鎌倉入りに伴って垸飯が行われ、年始垸飯と同様の引出物が贈られた。その内訳について、『吾妻鏡』に「前右馬権頭政村持参御剣……次御弓、張之、……次御行騰沓……次御馬、置鞍、」と、重大な情報が見える。実は将軍元服時と同様に、垸飯付帯引出物の弓も張られ、馬にも鞍が置かれて、即時使用可能であった。この事実も、垸飯付帯引出物の弓矢の意義を、将軍元服時の弓矢贈呈の意義から類推して誤りないことを裏づけている。

しかも、宗尊は行騰・馬も同時に贈呈された。前述の通り、行騰は武官の象徴だが、特に近衛府における競馬や騎射や、幕府における流鏑馬や笠懸等、馬術を必須とする場合に着用されたことに注意したい。弓矢と行騰・馬をセットで贈られた将軍が期待されたのは、〈いつでも騎射で戦える準臨戦態勢にある将軍〉像である。武士を「携弓馬之者」といい、武士の家を「弓馬之家」というように、[29]弓馬術（騎射術）こそが武士を象徴したからにほかなるまい。

実は、得宗家においても元服時に、経時が剣・鎧・馬等を、時頼が剣・調度・行騰・甲・南廷（銀）・馬を、時宗が剣・調度・鎧・野矢・行縢・馬を、貞時が剣・弓・征矢・甲冑・野矢・行縢・馬を贈られた[30]。貞時の通過儀礼は万事時宗の先例の意図的な再演なので[31]、時宗元服の「御調度」が貞時元服の〈弓＋征矢〉に対応する。将軍（就任予定者）元服と同じであり、幕府の実質的な長として、将軍同様の責任を果たすよう期待する含意が籠められたに違いない。

なお、臨時の将軍出行で弓矢が「調度」として進呈されながら、恒例の将軍出行では進呈されない理由は、次のように説明可能である。摂家将軍期までに、恒例の将軍出行は年始の御行始だけに収斂し、その式日は時頼期に至って完全に垸飯と同日に固定された（本書第七章）。すなわち、御行始の日の朝には垸飯付帯引出物として必ず弓矢・行縢を献上され、その後の御行始も日帰りで完了した。したがって御行始の還御時に、換言すれば一日の間に再度献じられる必要はない、と。

以上の通りなら、垸飯や臨時将軍出行の弓矢贈答は、次のメッセージを発していたと推定できる。〈将軍や御家人は、完全には平時に埋没せず、賊が蜂起すれば即時に臨戦態勢に移行できる準臨戦態勢を永続的に維持している〉と。換言すれば、幕府にとって平時は常に仮初めのものに過ぎず、ゆえに絶対に戦時態勢を完全解除せず、その意味で、幕府は〈終わりなき戦時〉を生きていた。

これは、本書第三章において、建久元年の頼朝の初度上洛と「朝大将軍」という自覚の表明、建久二年の下文更改（袖判下文から前右大将家政所下文への置換）、建久三年の征夷大将軍就任等を素材に、〈公家法圏・武家法圏の接合と礼制による補完〉という観点から考察して導くことになる、頼朝（と幕府）の自己規定とその表現手段の模索の過程・結果と、全く一致する。異なる材料・方法論から同じ結論が導かれたことは、結論の正しさを示唆していよう。

右の如き準戦時態勢の声高なアピールは、現実が戦時でなかったことの裏返しでもあろう。貞応三年（一二二四）、北条政子は泰時・時房に「『軍営御後見』として執権・連署の務めを果たせ」と命じた（六月二八日条）。承久の乱から三年、平時たるこの年に政子が幕府を「軍営」と表現した（と記録された）事実こそ、上述の準臨戦態勢の演出と照応する。〈幕府が終わりなき戦時を生きる〉ことは執権政治の根幹であり、幕府の自己規定《アイデンティティ》そのものであった。

顧みれば、鎌倉幕府とは、平家に抹殺されそうになった頼朝が先手を打って蜂起するため、御家人と結託して成立させた集団である。すなわち幕府とは、戦争によって、戦争のために成立した、戦争に特化した組織であった。それは平家や木曽義仲・源義経・奥州藤原氏等の敵と戦い続ける限り存続するのが当然だが、すべての敵が滅んでしまえばそうではなくなる。その組織が戦後の平時も存続すると確認され、かつ〈競合者なき唯一の武士勢力〉という前代未聞の立ち位置から国制の中に位置づけられたのが、建久元年の上洛であった（本書第三章）。

鎌倉幕府成立論においては〈戦時から平時への転換〉が重要な論点であるが、幕府は、平時に順応するのではなく、存立の必須条件である〝戦時〟を自ら人為的に創り出す必要に迫られ、〈社会にとっては平時でも、幕府にとっては戦時である〉と強弁する形で、平時に居場所を確保した。その主張は、定期的に儀礼の形で広く演出・発信されるべきと考えられ、それは幕府の自己規定《アイデンティティ》の一部（というより核心）なので、幕府の自己規定《アイデンティティ》を定期的に定義・更新・宣言する垸飯儀礼に、垸飯付帯引出物という形で組み込まれた。垸飯には元来、〈幕府は鎌倉殿を主人に共有する傍輩の連合体〉と定義する機能があったが、それに弓矢・行縢の進呈行事を付加することで、〈幕府は「諸国守護」を唯一担当する、戦時態勢を解かない弓騎兵の機関〉という、より具体的な定義へと更新された、と総括してよいのではないか。

## 三　鷲羽という引出物と伊勢遷宮

では、建久二年の垸飯から砂金・鷲羽も引出物に組み込まれた理由は、どう説明できるか。そしてなぜ、砂金・鷲羽はほどなく引出物から消えたのか。

まず、鷲羽から考えよう。鷲羽の用途は、矢羽（矢を回転させて飛行を安定させる羽）である。源平合戦でも「十五束の塗篦に鷲の羽・鷹羽・鶴の本白矯合たる箭」[32]等と描写されて武士が用いたが、鷲羽はただの矢羽でなく最高級品であり[33]、そして管見の限り矢羽以外の使い道がない。

そして次の理由から、引出物の鷲羽の含意は、弓矢とは違う系統に属したと考えられる。

第一に、引出物の弓矢や行縢は即時に使用可能な状態で渡されるが、鷲羽は矢の材料であって、それ単体では使い物にならない。第二に、事例⑪・⑫で頼朝は後白河院に鷲羽を進上し、事例⑫では砂金・馬も鷲羽とセットで進上された。すなわち、鷲羽・砂金・馬は幕府から治天に進上され得る（進上することに意味がある）品物であった。しかし、弓矢や行縢が幕府から治天や朝廷に進上された事例は全くない。では、それら両群の本質的な違いは何か。

解決の糸口は、鷲羽が贈答された時期の限定性にある。従来注意されてこなかったが、『吾妻鏡』において、「鷲羽」の二字は一一例しか現れない。藤原基衡が毛越寺を建立した回顧談（文治五年九月一七日条）を除くと、幕府で実際に鷲羽が贈答されたのは次の一〇例に限られる。

⑩文治五年（一一八九）一一月一八日――奥州から帰った頼朝に渋谷重国から馬・鷲羽・桑脇息を献呈。
⑪文治六年正月三日――頼朝から後白河院に鷲羽一櫃を献呈（前年の予定ながら奥州からの到着が遅れる）。
⑫建久元年（一一九〇）一一月一三日――頼朝が院に「別進」の砂金八〇〇両・鷲羽二櫃・馬一〇〇疋を献呈。

⑬・⑭・⑮・⑯建久二年正月一・二・三・五日――垸飯付帯引出物に砂金と鷲羽が献呈される。
⑰建久三年一一月二九日――実朝五十日・百日の儀で北条義時から剣・砂金・鷲羽が献呈される。
⑱建久四年正月一日――垸飯付帯引出物に砂金と鷲羽が献呈される。
⑲仁治二年（一二四一）二月二三日――方違出行帰還時の頼経に亭主名越朝時から馬・剣・鷲羽が献呈される。

右一〇例のうち（⑲を除く）九例が、奥州征伐直後からの五年間に集中している。鎌倉幕府では、鷲羽の贈答はその短い一時期に特有の行為、歴史的にローカルな現象であったことに、まずは注意を払わねばならない。

幕府関係者が鷲羽を贈る行為は、明らかに奥州制圧を機に始まる。貢馬・貢金という従来の制度的な入手ルートに含まれなかった鷲羽が、初めて奥州から直接かつ存分に調達可能になったからであろう。しかし、貢馬・貢金は古来からの朝廷の制度だが、陸奥守や奥州の掌握者に鷲羽を納入させた制度は、史上一度もなかった。貢馬・貢金は租税だが、鷲羽はあくまで贈答品である。鷲羽の進上は途絶したが、貢馬・貢金は鎌倉時代を通じて幕府の責任で行われ続けた。これらの違いは、無視するには大きすぎる。

砂金・鷲羽から直ちに奥州を連想するのはやむを得ないが、産地のみから砂金・鷲羽の象徴した意味を解くのは強引である。砂金にも鷲羽にも使い道があり、その存在意義はまず（産地ではなく）使い道からこそ考えるべきである。すると、文治五年～建久元年の二年間だけ頼朝が後白河に鷲羽を進上し（ようとし）た事実は、当該期に鷲羽を要する特別な事情があり、建久元年までに解消したことを意味する、という作業仮説を立て得る。

長和三年（一〇一四）、鎮守府将軍再任を望む平維良が藤原道長に、馬・胡籙・鷲羽・砂金・絹・錦・布等の「巨万」の財貨を進上した一件は著名だが[34]、鷲羽や砂金の使途が不明であった。しかし、長元二年（一〇二九）に前陸奥守平孝義が右大臣藤原実資に砂金と鷲尾（鷲の尾羽）を贈った際には、鷲尾の用途が「随身の壺胡籙の料」、砂金の用途が「蒔絵の料」と明記された[35]。

『西宮記』によれば、正月一八日の賭弓で、左右近衛府・兵衛府の射手の官人は「表袴・鷲羽・箙等」を用い、射手の舎人（国司が貢上する地方豪族の子弟ら）については「鷲羽左府、粛真羽右府」「左鷲羽、右粛慎羽」等と見える。[36] 近衛府・兵衛府の舎人のうち、左の者は矢羽に鷲羽を用い、右の者は矢羽に「粛慎（粛真）羽」を用いたのである。「粛慎（粛真）羽」は詳細不明だが、鷲羽が奥州の特産品なので、奥州より奥地の粛慎（ツングース系の女真族）との交易で入手する希少な羽と類推される。院政期・源平合戦期にも、伊勢斎王の野宮御禊入御に随伴する随身の装束が「平胡簶紫装束、鷲羽」と記され、あるいは端午節の荒手結（衛府の騎射練武）で用いる「騎射物具」の内訳が馬具・平胡簶・熊皮行縢＋鷲羽の征矢・鏑矢であった等、恒例・臨時行事で実際に衛府が矢羽に鷲羽を用いた徴証がある。[37]

ただ、衛府の官人・舎人らが鷲羽を用いるのは恒常的な職務の一環としてであり、平孝義のようにそのために鷲羽を贈ることも、衛府の経常的な経費の梃子入れでしかない。

ところで、鷲羽にはもう一つ、重要な使途があった。神宝の材料である。『西宮記』には、伊勢神宮の遷宮に伴う神宝の新調に関して「廻仰親王已下衛府官佐已上、令進鷲羽・烏羽、仰京職造訖」と見え、親王以下衛府官の佐以上に廻文で催促して鷲羽を供出させ、京職に命じて神宝に加工させたという。[38] そして『延喜式』に「神宝廿一種……箭一千隻、以烏羽作之、……箭七百六十八隻、以鷲羽作之」とあるように、[39] この神宝の鷲羽も矢羽に用いられた。実際、寛仁三年（一〇一九）には「伊勢大神宮神宝行事所」から「可被進鷲羽事／五十枚／右造神宝箭料、依例所廻如件」と催促する廻文が藤原実資に回され、嘉保二年（一〇九五）にはその「鷲羽廻文」を大殿藤原師実にも通達するか否かが話題になり、承安元年（一一七一）には太神宮遷宮宝料の「鷲羽五十枚」供出を催促する廻文に九条兼実が爪点を付している。[40]

鎌倉時代以降、衛府で鷲羽を用いた形跡は消え、建長三年（一二五一）の蔵人所神宝送文案に「弓一張……箭四隻／塗箆、鷲羽」とあるように、[41] その使途は専ら神宝の矢になる。『鎌倉遺文』を通覧すると、鷲羽は（前掲事例⑫を除き）

伊勢神宮と安芸厳島神社・豊後由原宮の神宝の四例しか見えず[42]、鎌倉期に鷲羽は一部神社の神宝のみに用いる特別な最高級品と化したらしい。とすれば、特定の時期だけに鷲羽の需要が生じる事情も、神宝の矢の新調と推測して差し支えあるまい。

管見の限り、そうした理由で朝廷全体に多量の鷲羽の需要が生じたのは、伊勢神宮の式年遷宮だけである。そこで、頼朝が後白河に大量の鷲羽を進上した文治五年〜建久元年に近い遷宮を探すと、建久元年九月一六日に内宮の遷宮が果たされていた[43]。事実、九条兼実はその九月二日に「鷲羽五十枚」を神宝の行事所に届け、三日後の五日には、必要数を確保できない行事所の窮状を憂えて別途余計に「鷲羽卅余枚」を与えている（『玉葉』）。伊勢遷宮は二〇年周期なので、頼朝は文治五年の奥州制圧段階で、翌建久元年の内宮遷宮とそれに伴う鷲羽の需要増大を予測できる。頼朝はかかる予測に基づいて、文治五年に進上を約したのであろう（実際の進上は文治六年正月。事例⑪）。

前掲『西宮記』の通り、伊勢遷宮で鷲羽納入義務を負うのは親王・公卿らと衛府の長官・次官（左右近衛大将〜少将、左右兵衛・衛門督〜佐）に限る。頼朝は建久元年正月当時、正二位・前右兵衛権佐の前官なので義務はないが、現任同様に責務を果たした。位階は公卿であるし、鎌倉殿は現任か否かを問わず武官と同様に治安を担う、という表明なのであろう。

その建久元年、頼朝は上洛し、在京中の一一月九日に権大納言となり、同月二四日に右大将を兼ね、一二月三日に両官とも辞した。頼朝が「別進」として砂金八〇〇両・鷲羽二櫃・馬一〇〇疋を進上したのは、その間の一一月一三日であった（事例⑫）。既に、九月七日に伊勢の神宝は現地に発遣されていたし、頼朝は年頭に一度鷲羽を進上していたが、再度進上した。その日付は右大将任官の一一日前である。頼朝の右大将任官は夙に特筆されてきたが、こと鷲羽の贈呈に関しては、右大将は関係ない。彼は単に公卿（権大納言）として鷲羽貢納の責務が正式に生じたと理解し、再度貢納したのである。

その底流には、頼朝個人の信仰心もあったであろう。養和元年《（一一八一）》、頼朝は太神宮権禰宜度会光倫に「去永暦元年出京之時、有夢想告之後、当宮御事、渇仰之思異于他」と述べた（一〇月二〇日条）。『吾妻鏡』には「去永暦元年二月御出京之刻感霊夢之後、当宮事御信仰異他社」「御信仰異他故也」といった、同趣旨の記述が散見される（元暦元年五月三日条、文治二年三月一〇日条）。平治の乱で逮捕され伊豆に流される時、頼朝は伊勢神宮の加護を期待させる夢を見て、特別な崇敬を始めたらしい。頼朝は奥州征伐でも軍旗に「伊勢大神宮　八幡大菩薩」と、氏神八幡神と並べて神宮の神号を記すほど（文治五年七月八日条）、神宮に帰依していた。鷲羽贈呈による伊勢神宮への貢献の根幹には、その信仰心が多大に影響していたと考えるべきで、ならば垸飯付帯引出物は頼朝の信仰心と直結していたことになる。

以上を踏まえれば、建久二年の年始垸飯で急に引出物に鷲羽が現れ、翌年にすぐ消えた理由も推測可能だ。その手始めに、事例⑫を記録した『吾妻鏡』を再度確認しよう。

〔史料3〕『吾妻鏡』建久元年一一月一三日条

新大納言《（頼朝）》家御別進、以伊賀前司仲教《（田村）》、被付御解文入函、被封之、於戸部《（吉田経房）》、戸部又付左大丞《（藤原）》定長、被　奏覧云々、

進上《（改行）》／砂金八百両／鷲羽二櫃／御馬百疋／右進上如件、

建久元年十一月十三日　源頼朝

如此被載之、此外、竜蹄十疋所被進禁裏也、

右では、頼朝が「砂金八〇〇両・鷲羽二櫃・馬一〇〇疋を後白河院に進上する」と解文で表明しているが、現物を納品した形跡がない。実際問題として、在京中に急に膨大な砂金・鷲羽・馬を調達できるはずがない。頼朝は目録のみを後白河に送り、現物は後日納品すると約したのであろう。そして頼朝は大晦日の一二月二九日に鎌

倉に帰着し、翌日の建久二年元日の年始垸飯で御家人が鷲羽を頼朝に贈呈された。『吾妻鏡』を見る限り、この鷲羽は現物であろう。

すると、臨時将軍出行の帰途や年始の垸飯付帯引出物が、〈これらが今すぐにでも必要になるでしょうから、差し上げますので活用して下さい〉という厚意を意味したこと（前述）が、ここで意味を持つ。御家人が頼朝に贈呈した砂金・鷲羽・馬の現物は、〈在京中に院に贈呈すると約束した砂金・鷲羽・馬の現物を、すぐにでも調達せねばならないでしょうから、これを使って下さい〉という御家人の厚意を含意していたと結論できるからである。その砂金・鷲羽等の現物調達も、それらの京進も、建久二年中に済まされたであろう。それが、建久三年の年始には垸飯付帯引出物に砂金や鷲羽が現れなかった理由である、と解釈してよかろう。

しかし実は、翌建久四年に垸飯付帯引出物として鷲羽が突発的に現れ、翌年また消えている。その事情を説明するのは、造作もない。伊勢の式年遷宮は内宮だけではない。一番近い外宮遷宮が、建久三年の式月式日（九月一五日）に果たされていた[44]。内宮の場合と同様、外宮の式年遷宮でも翌年に現物が朝廷に届けられ、その原資として御家人が鷲羽を贈呈したと考えれば、全く筋が通るのである。

以上から、垸飯付帯引出物の鷲羽は、頼朝が朝廷に進上を約束した、伊勢内宮・外宮の遷宮に伴う神宝新調の資材の原資として、御家人が頼朝に提供したものと結論してよい。

## 四　砂金という引出物と大仏建立

以上のように考えられるならば、砂金もまた、鷲羽と同様に、建久二年・建久四年に固有の事情と具体的な使い道を想定して、垸飯付帯引出物に加えられたと類推できよう。

頼朝は養和二年（一一八二）、伊勢神宮に対して上洛・朝敵討滅・朝廷正常化（後白河院政の再開）を祈る願書で「礼代御幣・砂金・神馬等令捧斎持天天照皇太神広前仁恐毛天申天申久」と書き出し（養和二年二月八日条）、文治三年（一一八七）には源義経征伐を祈って神馬八疋・砂金二〇両・剣一腰を奉納した（文治三年正月二〇日条）。砂金は、頼朝の篤い伊勢信仰を表明する重要な奉納品であった。

ただ、それでは建久元年という年、頼朝上洛というタイミングで莫大な砂金が献納される理由を説明できない。しかも、鷲羽は朝廷で神宝に加工してから朝廷の使者が神宮に届けるので、最終的に神宮に納まるとはいえ、頼朝は鷲羽をまず朝廷に届ける必要があった。しかし、砂金は養和二年や文治三年の実例のように直接神宮に献納するのが自然だ。ならば、鷲羽と同時に頼朝が朝廷に砂金を届けた目的は、伊勢遷宮や伊勢信仰とは別にあろう。

ここで、文治五年夏、頼朝の奥州出兵を制止する説得材料として、朝廷が義経滅亡に加えて「今年造太神宮上棟、大仏寺造営、彼是計会」と述べた事実が注目される（六月二四日条）。頼朝に鷲羽貢納を促した伊勢の遷宮は、実は東大寺大仏の造営と同時進行であった。

東大寺の大仏は鍍金される。聖武天皇が「盧舎那仏乃慈賜比福波陪賜物尓有」と謝したように[45]、奥州の砂金は出現当初から東大寺大仏（盧舎那仏）の鍍金と結びついていた。その東大寺大仏は、治承四年末の平重衡の南都攻撃で焼亡し、その復興と鍍金の負担が、朝廷や関係者に重くのしかかった。建久元年に頼朝が献じた大量の砂金は、大仏再建のためと考えれば、同時に献じられた鷲羽に具体的な用途があったこととも照応し、朝廷に進上された理由にも、建久元年という段階に固有の必要性にも、最もシンプルな説明を与え得る。

大仏は元暦元年（一一八四）に「於御身者皆悉奉鋳了」という段階まで復旧し、「来月之内可終其功」と楽観する者もあったが、翌二年七月に未だ「件大仏、僅雖奉鋳御体、未及治営、又不押滅金云々」という鍍金も済まない未完成状態で、翌八月に「若是半作之供養、中間之開眼、不叶大仏之照見・本願之叡念歟」と不安視されつつ、開眼供養が強行された[46]。

完成難航の理由は、砂金不足であった。「滅金料金、諸人施入有少々之上、頼朝千両、秀平五千両奉加之由所承也」といわれたように(47)、鍍金料は頼朝・藤原秀衡の奉加に、すなわち関東・奥州の政治的関係に依存し、特に文治二年に頼朝が介入した貢金に直結していた。

『玉葉』文治二年九月二九日条によれば、頼朝は「東大寺大仏滅金料砂金」の進上を秀衡に命ずるよう後白河院に申請して実現した。その際、頼朝は「兼又陸奥貢金、追年減少、大仏滅金巨多罷入歟、三万両計可令進之由、可被召仰也」と陸奥貢金の減少を指摘し、秀衡に三万両を課すよう促した。秀衡は「貢金事三万両之召、太為過分、先例広定不過千金、就中近年商人多入境内、売買砂金、仍大略掘尽了、仍旁雖不可叶、随求得可進上云々」と、先例からの逸脱を指摘し、過熱する商人の砂金売買・採掘によって一括調達は不可能なので入手次第進上する、と受け流した。

東大寺再建を総指揮した俊乗房重源が九条兼実に「御身滅金料、惣不可及三千両」と語った通り(48)、実際に要した鍍金料は三〇〇〇両程度で、朝廷が頼朝・秀衡に計四〇〇〇両を求めたのはほぼ適正だが、頼朝が秀衡に要求した三万両は法外であった。秀衡が応じれば経済的に圧迫できるし、難渋すれば悪印象を朝廷に与えられる（事実、秀衡の回答を頼朝は「秀衡不重院宣、殊無恐色」と非難した）。頼朝は大仏鍍金問題を政治利用したのである。

ところが、頼朝が文治五年に奥州を掌握すると、頼朝は陸奥貢金をすべて自ら負担、すなわち大仏鍍金料をほぼ一身に負担する立場に立った。しかも、翌建久元年は七月二七日に大仏殿母屋の立柱、一〇月一九日に上棟と（三月一二日条）、大仏再建の節目の年になった。

大仏殿上棟の日、頼朝は上洛途上で遠江にあり、京都に到着すれば大仏鍍金料の砂金供出が話題になることは目に見えていた。上洛中の頼朝が鷲羽二櫃と同時に砂金八〇〇両の進上を申し出たのは、時期的にも量的にも、大仏鍍金料を供出する責務の遂行だろう。そしてその直後の年始、すなわち建久二年年始の垸飯で初めて砂金が引出物として頼朝に贈呈されたのも、鷲羽と同様、朝廷に進上を約した手前、これから現物の調達に奔走せねばならない頼朝に対して、「これを使って下さい」と御家人側から提供された志と理解できる。

建久五年三月二二日条に「被奉砂金於京都、是東大寺大仏御光料也、被下仏師院尊支度、可被進二百両旨、有御教書云々」、同年五月一〇日条に「被進砂金百三十両於京都……是東大寺大仏御光料、去春之比被進之残也、三百両可入之由云々」と見えるように、頼朝は建久五年に入ってもなお二〜三〇〇両を大仏鍍金料に納入し続け、しかも一〇〇両単位で小出しに分割払いで納めていた。結局、翌建久六年の東大寺供養の挙行、すなわち大仏の再建が成るまで、頼朝は鍍金料の調達に苦慮していたことが明らかである。

その期間中の建久四年に、年始の垸飯付帯引出物として御家人が砂金を贈呈したのは、責務遂行のため砂金の現物を渇望していた頼朝に協力する意味があったと見て相違なかろう。そして以後、垸飯付帯引出物に砂金が見えなくなるのは、建久六年の東大寺供養・大仏完成をもって、（定例の貢金以外に）砂金納入を求められる責務から頼朝が解放されたからにほかなるまい。

ところが、五九年後の建長四年（一二五二）四月一日、垸飯付帯引出物に再び砂金が出現する。それは六代将軍宗尊親王が鎌倉に着いた日で、彼が鎌倉に着くや否や、何より先に垸飯が行われた。この時の垸飯の意義については本書第七章でも論じたが、本章の論点に即して重要なのは、尋常でない品目と数量である。

〔史料4〕『吾妻鏡』建長四年四月一日条（部分）

❶前右馬権頭政村（北条）持参御剣……次御弓、張之、……次御行縢沓……次御馬、置鞍、……❷亦砂金百両・南庭十・羽一箱被奉之、❸此外兼被納御塗籠物等、美精好絹五十疋・美絹二百疋・帖絹二百疋・紺絹二百端・紫五十端・糸千両・綿二千両・檀紙三百帖・厚紙二百帖・中紙千帖、❹次被納御厨子中物、砂金百両・南庭十両、❺次御服二重織物・御狩衣萌黄・二御衣白御単・二重織物御奴袴・濃下袴・御直垂十具織物村濃布五具・御小袖十

具・御大口一・唐織物御衣一領・御明衣一・今木一、❻次女房三人分、上﨟二人、（一人別巻絹十疋・帖絹十疋・紫十・染物十・色々、）下﨟（巻絹十疋・紫十・染物十・色々、）等也、

右のリストは、接続詞（傍線部）で「❶亦❷此外❸次❹次❺次❻」と六分割されている。「此外」で前後に大別され、前半部の「❶亦❷」が主たる進物、後半部の「❸次❹次❺次❻」が従たる進物であることが明らかである（その証拠に、砂金・銀が❷と❹に二度現れている）。

後半部の「❸次❹次❺次❻」は、❸〜❻の各群が一連の（いわば直列の）関係にあることを表している。❸は衣服の材料と紙、❹は貴金属の地金、❺は衣服の完成品、❻は近侍する女房の衣服の材料で、❸❺❻が明らかに日用の生活物資であるから、❹の貴金属も、「蒔絵の料」（前述の平孝義が右大臣藤原実資に進呈した事例）等の、親王に相応しい生活用品の装飾用の金銀なのであろう。

垸飯史上も幕府史上も空前の品目・量の多さは、宗尊に対する空前の歓待の意思、すなわち宗尊の空前の重要性の反映にほかなるまい。それは、遅くとも三代将軍源実朝の晩年には構想されていた親王将軍擁立が、（後鳥羽院の拒否と摂家将軍という妥協案を挟んで）ようやく実現し、鎌倉幕府が形式的完成を迎えたこと（本書第七章）への祝意と考えられる。

一方、〈❶剣・弓・行縢沓・馬＋❷砂金・銀（南庭）・羽〉で構成される前半が、従来の垸飯付帯引出物の品目と一致し、直接の継承関係にあったことも疑いない。そして、「亦」の字で区切られた❶と❷は、❶と❷が独立した（いわば並列の）関係にあることを意味する。垸飯付帯引出物として最初に出揃った❶と、建久二年に現れて建久四年に消えた❷が、別個の存在意義を持つグループであるという認識は、建長四年まで保たれていたのである。

❷群の「羽」は鷲羽か、そうでなくとも親王に献上するに値する矢羽の最高級品であったに違いない。❷群は、

建久四年を最後に垸飯付帯引出物から消えた砂金と羽を、五九年ぶりに復活させたものであった。そればかりか、宗尊が鎌倉で迎えた最初の年始＝建長五年年始の御行始の引出物にもそれらは突然現れ、以後、宗尊が追放される文永三年まで定例化して進呈された。垸飯・御行始の歴史上、宗尊嗣立は砂金・鷲羽が再登場する契機だったのである。では、なぜそうなったのか。

答えは推察に難くない。宗尊が鎌倉に迎えられた四ヶ月後の建長四年八月一七日、『吾妻鏡』に「今日当彼岸第七日、深沢里奉鋳始金銅八丈釈迦如来像」という著名な記事が見え、鎌倉で金銅製大仏の造立が開始されていた。鎌倉大仏の成立過程・沿革には不明点が多いが、かつて泰時期に木造大仏と大仏殿が造立され（『東関紀行』）、その後また時頼期に金銅大仏が造立され（右の記事）、それが今日残る青銅製大仏だと考えられている[49]。右の記事に「金銅」と明記され、現在もわずかに表面に金が残る事実から明らかな通り、その大仏は鍍金された。垸飯や御行始のたびに幕閣や御家人が宗尊に進上した砂金は、鎌倉の金銅製大仏の鍍金料に違いない。

とすれば、宗尊の鎌倉到着日に垸飯付帯引出物として砂金が献じられた事実は、宗尊嗣立段階で既に大仏鋳造・鍍金計画が始動していたことを意味する。既に指摘されている通り、幕府の鎌倉大仏造立は、奈良時代の東大寺大仏造立を強く意識してきた。すなわち、鎌倉の木造大仏が完成した寛元元年（一二四三）は、聖武天皇が東大寺大仏の造立開始を宣言した天平一五年（七四三）からちょうど五〇〇年後であり、さらに鎌倉の金銅大仏の鋳造が開始された建長四年は、東大寺大仏の開眼供養が行われた天平勝宝四年（七五二）からちょうど五〇〇年後であった[50]。

宗尊の将軍嗣立は、直接的には五代将軍藤原頼嗣の追放（建長三年の政変）という偶発的な政治的経緯の所産なので、東大寺大仏開眼供養の五〇〇年後（を意識した金銅大仏の鋳造開始）と時期が一致するのは、偶然と考えた方がよさそうである。しかも、大仏の造立費用は念仏衆の勧進聖浄光によって集められ、さらに鋳造開始の三日前に律宗の忍性が鎌倉に到着していたことも指摘されており[51]、金銅大仏造立は短期的な幕府政局の問題に回収できない広がりを持つようだ。

しかし偶然にも、両者は同時並行して始まる大事業の一部のようになった。しかも、親王将軍嗣立は北条氏主導体制の宿願であった鎌倉幕府の形式的完成、そして大仏造立は仏教による国家鎮護の飛躍的前進（恐らく当時望み得る最高水準への到達）であって、両者とも、幕府が「諸国守護」を担う体制が完成段階に入ったと解釈できる出来事であった。

そこで、時頼政権は両者を明示的に結合し、頼朝期に恰好の先例を見つけた。垸飯付帯の引出物として御家人が鎌倉殿に砂金を進上することで、〈国土統治に多大な責任を分有する立場から、鎌倉殿が、国土護持を担う大仏の造立に大いに貢献する〉構図を描き出した先例である。これを踏襲すれば、鎌倉殿の存在感と大仏造立を一つの儀礼に織り込める。その儀礼を宗尊が鎌倉に入った瞬間に行えば、幕府にとって親王将軍嗣立と大仏造立が真に一つの事業であること、すなわち日本国の俗界の守護者と冥界の守護者を同時に確立させた幕府の偉業を示せる。

さらに鷲羽も進物に添えれば、頼朝の例をより忠実に再現できる。宗尊嗣立の二年七ヶ月前、建長元年九月二六日に外宮が遷宮を遂げていた[52]。やや時を経ているが、この程度の遅れなら、神宝新調料の鷲羽を後払いしても不自然でないと主張できたのではないか。

その後の垸飯の全容については本書第八章を参照されたいが、惟康・久明・守邦期の垸飯は付帯引出物の内実が全く不明である。ただ、久明期のみ、『永仁三年記』元日条に「太守（北条貞時）御垸飯如例、／御剣武州（北条時村）、御調度戸部侍郎、御行騰隠州、／御馬以下如例」、正月二日条に「奥州（大仏宣時）寅時垸飯如例、／御剣典厩、御調度江州、御行騰野州」、三日条に「武州時村垸飯如例、／御剣駿州、御調度常葉備州、御行騰能州」とあって、剣・弓矢・行騰・馬が見える一方で、砂金・鷲羽が見えない。永仁三年までに、垸飯付帯引出物は剣・調度（弓矢）・行騰と馬だけに戻ったのであり、これはそれまでに大仏が完成し、鍍金料の砂金進上が不要になったことの反映なのであろう。

なお、惟康～守邦期の六七年間に、内宮と外宮の式年遷宮は四回ずつあった。それらの年には、鷲羽が垸飯付帯引出物となった可能性があるが、それを裏づける史料は管見に入らない。

## 結論と展望

本章では、鎌倉幕府の垸飯に付随して（最初期を除き）必ず行われた引出物の奉呈から、いかなる儀礼的メッセージを読み解けるかを検討した。その結論は以下の通りである。

鎌倉幕府年始垸飯に伴う引出物は、本来は鎌倉殿―御家人間の互恵的な祝意表明行為であり、当初は馬・剣の贈答で完結したが、建久二年（一一九一）の年始垸飯から弓矢・行縢・砂金・鷲羽が加わった。砂金は東大寺大仏再建の鍍金料、鷲羽は伊勢神宮の式年遷宮に伴う神宝の矢の新調に必要な物資であり、頼朝は自らの地位に応じて、それら双方を大量に供出する責務を負った。垸飯付帯引出物の砂金と鷲羽は、その頼朝の負担に御家人が貢献するために進上されたものである。そのため、伊勢の式年遷宮がない時期には鷲羽は進呈されず、大仏が完成すると砂金も垸飯付帯引出物から消えた。砂金と鷲羽の進上は幕府の奥羽制圧を象徴したかに見えたが、それは両者が偶然奥州産であったことに基づく誤解である。

建長四年（一二五二）の宗尊嗣立時に、砂金は垸飯付帯引出物として復活した。同年に鎌倉大仏鋳造が開始され、頼朝期と同じ構図が再現されたからである。この時、執権時頼率いる幕閣は、意図的に構図を頼朝の先例に似せ、三年前の伊勢外宮の式年遷宮を意識して鷲羽も引出物として復活させた。それらにより、幕府の宿願であった親王将軍嗣立による幕府の形式的完成と、鎌倉大仏の造立は、明示的に一つの大事業に仕立て上げられた。それは、日本国の俗界の守護者と冥界の守護者を同時に確立させるという、時頼政権が目指した幕府の構想であり、幕府を不可欠の一部とする中世日本国家構想のアピールであったと結論できる。

垸飯は横方向＝傍輩同士の紐帯を確認する儀礼なので（本書第一章）、鎌倉殿に御家人が進物を捧げる縦方向の儀礼との結合は、一見捻れている。しかし、引出物の真の贈り先は鎌倉殿ではない。砂金も鷲羽も、受贈した鎌倉殿がそのまま朝廷に寄贈し、最終的に砂金は東大寺に、鷲羽は伊勢神宮に入った。

剣・弓矢・行縢・馬も同様で、垸飯付帯引出物に弓矢・行縢・砂金・鷲羽が出揃った四日後の建久二年正月五日条に、「宇都宮左衛門尉（朝綱）献垸飯、御酒宴之間、即出堪能者、有弓始……各一五度射訖、依召参進御座間砌外、賜禄、行平（下河辺）御剣、時家朝臣伝之、義盛（和田）御弓箭、江間殿伝之、重朝（榛谷）鷲羽、清親（藤沢）御行縢、是今日進物云々」とある。この日の弓始射手の禄は、同じ日に頼朝に献じられた進物の使い回しで、それらは品目（剣・弓矢・鷲羽）から見て垸飯付帯引出物に違いない。「有御弓始……射手六人、各二五度、射終之後、於西廊預禄、行縢・沓・弓・征箭等也」とある建仁四年正月一〇日条も同様に、数日前に鎌倉殿が受贈した垸飯付帯引出物の下賜と解し得る（垸飯付帯引出物の行縢は、史料1等に記された通り、沓も含む）。「今日垸飯、馬数疋賜近習并医陰両道之輩」という文永二年正月二四日条も類例であろう（垸飯付帯引出物は必ず馬を伴う）。

このように、垸飯付帯引出物は鎌倉殿の手に長く留まらず、受贈品は直ちに右から左へと流され、贈与品に化けていった。鎌倉殿は外形上の進上対象に過ぎず、実質上は物品の流れの中継点であって終着点ではなかった。かかるあり方は、御家人が鎌倉殿に献じた垸飯を即座に御家人が共食したことと、本質的に同じ構図である。外形上は貢ぎ物が鎌倉殿と御家人の縦関係を表現しながら、実際の物品の流れが御家人同士の横関係に回収されていた、という構図が共通する垸飯と垸飯付帯引出物が結合することには、何の不自然さもない。その構図を、もし鎌倉幕府における貢納品全体の基調として一般化できるならば、それは鎌倉幕府礼制史の、ひいては中世武家礼制史の新たな、重要な性質を解明することにつながる可能性が展望できるであろう。今後の課題としたい。

建久二年から鎌倉幕府年始垸飯に付帯した引出物のうち、上述の砂金・鷲羽は臨時的需要に応じたものなので定例化しなかったが、弓矢・行縢の進呈は後々まで（恐らく幕府滅亡時まで）定例化した。それは、この二品目の存在が、幕府の存立と直結したからである。鎌倉幕府では、将軍に贈る弓矢は袋から出して弦を張り、即時使用可能な状態で渡した。〈将軍率いる幕府は、日本国の「諸国守護」を一手に担う機関として、いかなる不測の賊の蜂起にも備えて、決して準臨戦態勢（直ちに戦時態勢に移行できる準備態勢）を解かない〉という姿勢を示す所作であり、幕府が「軍営」、執権が「軍営御後見」と呼ばれたことに内実を与えるメッセージであった。幕府にとって平時は外皮に過ぎず、その下では恒常的・半永久的に戦時であり続ける組織が幕府であった。戦乱を機に生まれた戦時型組織が平時に存続するために、幕府は内乱終結後も人為的に〝戦時〟を演出し、〈幕府は終わりなき戦時を生きる組織だ〉と自己規定《アイデンティティ》を定義し直した。その役割を果たす弓矢が垸飯付帯引出物として建久二年元日に登場したのは、文治五年の奥州合戦をもって戦時が終わり、翌建久元年の頼朝の初度上洛において幕府が平時の組織への転換を済ませたからである。

かくして鎌倉幕府の自己規定《アイデンティティ》形成と儀礼が密接な関係にあったことは既に明らかだが、政治史・制度史（法制史）との相互関係を念頭に置いて分析し直した時、その自己規定《アイデンティティ》形成はいかなる礼制史的意義を有し、それはいかにして大局的な日本中世史の歴史観を更新し得るであろうか。次章ではこの問題について、本章で何度か言及した建久二年の年始垸飯を深く掘り下げることを通じて、解決に向けた見通しを得ることとしたい。

（1）盛本昌広「鎌倉幕府垸飯の負担構造」（『地方史研究』二五五、一九九五）八頁、滑川敦子「鎌倉幕府における正月行事の成立と発展」（上横手雅敬編『鎌倉時代の権力と制度』、思文閣出版、二〇〇八）一八五頁。佐久間広子「『吾妻鏡』建久二年正月垸飯について」（『政治経済史学』四四六、二〇〇三）は、奥州合戦・上洛で接した奥州藤原氏・京都文化の影響、御家人支配の象徴、北条氏に不都合な史実の隠蔽等を想像したが、論証を欠くので従えない。
(2) 大石直正「奥州藤原氏の貢馬」(『奥州藤原氏の時代』、吉川弘文館、二〇〇一、初出一九八八)八九頁。
(3) 八幡義信「鎌倉幕府垸飯献儀の史的意義」(『政治経済史学』八五、一九七三)。
(4) 『続日本紀』天平勝宝元年二月二二日条、同四月一日条、天平神護二年六月二八日条。
(5) 『十訓抄』下-第10-可庶幾才能事。
(6) 『宇治拾遺物語』巻第9-106-滝口道則習術事。
(7) 前掲注(2)大石論考八一頁以下。
(8) 文治二年四月二四日条、石井進「幕府と国衙の地域的関係」(『石井進著作集第一巻　日本中世国家史の研究』、岩波書店、二〇〇四、初出一九七〇)二三五頁以下、前掲注(2)大石論考八一頁・一〇〇頁注14。
(9) 斉藤利男「平泉「北方王国」と平泉の三つの富」(藪敏裕編『平泉文化の国際性と地域性』、汲古書院、二〇一三)三〇～三三頁。
(10) 前掲注(9)斉藤著書三一頁。
(11) 『古事談』2-臣節、4-勇士。
(12) 寺院＝建久元年一二月八日条。神社＝文治三年正月二〇日条。院近臣＝建久六年四月一二日条。僧＝文治五年六月一一日、建保元年一二月一〇日、承久三年正月二七日条。侍読＝建仁四年正月一二日条。医師＝正治元年五月八日、七月二五日条。相撲人＝建永元年六月二一日条。
(13) ①嘉禎二年一一月二三日条、②安貞二年七月二五日条、③同一〇月一六日条、④寛元四年正月一二日条。
(14) 建長六年元日、同八年正月五日、康元二年元日、正嘉二年正月二日、正元二年元日、文応二年元日、弘長三年元日、文永二年正月三日、同三年正月二日の各条。
(15) 承元五年元日、承久四年正月三日、文暦二年正月一～三日、寛元三年元日、同五年元日、建長四年正月二～三日、同四月三日の各条。
(16) 承元五年正月二～三日、建暦二年正月三日、建保六年一二月二〇日(御馬御剣等)、承久四年正月七～八日、貞応二年正月一～二日、同三年正月二～四日、元仁二年元日、嘉禄二年正月二～三日、同三年正月三日、寛喜三年元日、同四年元日の各条。
(17)『養老令』衣服令-武官礼服条、『平安時代史事典』（角川書店、一九九四）「行騰」（高田倭男執筆）。
(18)『養老令』衣服令-武官礼服条、『延喜式』（左右近衛府・左右衛門府・左右兵衛府・兵庫寮）。
(19)『延喜式』左右近衛府・左右衛門府。
(20)前掲注(17)高田執筆項参照。
(21)前掲注(17)高田執筆項、『日本大百科全書』（小学館、一九九三）「行縢」（遠藤武執筆）。
(22)『平安時代史事典』「脛巾」（中村太郎執筆）。
(23)『日本国語大辞典』（小学館）、『日本大百科全書』（小学館）「調度」の項。
(24)それぞれ初出は建久元年一一月九日条、養和二年正月三日条、寛元三年八月一五日条、建長六年正月二二日条。
(25)『源平盛衰記』36-鷲尾一谷案内者事、『釈日本紀』18-秘訓。
(26)『曽我物語』巻第1-河津がうたれし事、巻第8-富士野の狩場への事。
(27)寿永三年二月二五日条、建暦三年五月三日条等。
(28)前者は安貞二年・文暦二年の元日条等多数。後者は元久二年元日条。
(29)寿永三年三月二八日条、文治二年三月二六日条。
(30)天福二年三月五日条、嘉禎三年四月二二日条、康元二年二月二六日条、『建治三年記』一二月二日条。
(31)細川重男「嘉元の乱と北条貞時政権」（『鎌倉政権得宗専制論』、吉川弘文館、二〇〇〇、初出一九九一）三〇八頁以下。
(32)『源平盛衰記』巻第42-屋島合戦付玉虫立扇与一射扇事。
(33)矢羽に用いる鳥の種類と特質・格式・嗜好等については鈴木敬三編『有識故実大辞典』（吉川弘文館、一九九六）「矢」の項（鈴木敬三執筆）をも参照。
(34)『小右記』長和三年二月七日条。
(35)『小右記』長元二年九月五日条・六日条。
(36)『西宮記』（臨時3-装束部-正月十八日賭弓、臨時4-人々装束-賭弓）。

(37) 『兵範記』保元二年九月一五日条、『玉葉』治承四年五月四日条。
(38) 『西宮記』（臨時1-甲-諸社遷宮事）。
(39) 『延喜式』（神祇官-伊勢大神宮-神宝条）。
(40) 『小右記』寛仁三年七月一三日条、『中右記』嘉保二年六月五日条、『玉葉』承安元年五月一四日条。
(41) 「徴古雑抄厳島文書」（『鎌倉遺文』〔以下(鎌)〕四五-五一四九三）。
(42) 前掲注(41)、弘安一〇年八月二七日太神宮神宝使発遣条々事書（『兼仲卿記』同日条、(鎌)二一-一六三二五）、正慶元年正月一一日豊後由原宮年中行事次第（「豊後柞原八幡宮文書」、(鎌)四一-三一六六〇）、豊後由原宮年中行事次第（同前三一六六一）。
(43) 『玉葉』同日条、『二所大神宮例文』等。
(44) 『皇太神宮遷宮次第記』建久三年条。
(45) 『続日本紀』天平勝宝元年四月一日条。
(46) 『玉葉』元暦元年六月二三日条、同二年七月二〇日条、八月二八日条。
(47) 『玉葉』元暦元年六月二三日条。
(48) 『玉葉』文治三年一〇月三日条。
(49) 近年までの研究動向は塩澤寛樹『鎌倉大仏の謎』（吉川弘文館、二〇一〇）を参照。
(50) 馬淵和雄『鎌倉大仏の中世史』（新人物往来社、一九九八）二五頁。
(51) 前掲注(50)馬淵著書六一頁。
(52) 『百練抄』同日条、『砂巌』（四-神宮事外記勘文-暦応二年九月二〇日中原師右勘文）、『師守記』貞治元年一二月二日条。建長三年の同日に外宮遷宮があったとする史料もあるが（『大神宮司補任次第』所引『通海参詣記』、『大神宮参詣記』）、前回遷宮の寛喜二年（一二三〇）から二〇年目は建長元年なので、建長三年はその訛伝（「三」が「元」の誤写）であろう。

# 第三章　創立期鎌倉幕府のアイデンティティ模索と礼制・法制

## ——公武法圏の接続と常置の将軍——

### 緒言

本章は、二〇一九年に行われた日本史研究会例会における研究報告をベースとする。その報告において筆者が与えられた課題は、〈鎌倉幕府の礼制史を追究してきた筆者の成果を踏まえる時、鎌倉幕府像はどうアップデートできるのか〉であった。筆者は、歴史的事象の評価で何より重要なのは原点の解明と考えるので、本章は頼朝期、特に朝幕関係の確立過程で朝廷・幕府双方が鎌倉幕府像をどう創出・更新し、礼と法がそこにいかなる役割を果たしたか、という観点から、右の課題に答えたい。

治承四年（一一八〇）、挙兵した源頼朝勢力は、朝敵以仁王の令旨を奉じ、伊豆国目代を殺害し、官軍と交戦した。すなわち、鎌倉幕府は、既存の社会秩序との接続関係を自ら断ち切る形で発足した。その結果、彼らは、〈いずれ必ず既存の社会秩序と再接続し、社会全体に対して自己を定位せねばならない〉という課題を抱え込む。彼らは〈平家が不当に牛耳る朝廷の現体制〉への反乱に徹し、〈朝廷率いる日本国〉という枠組みを拒否しなかったので、右の自己定位は、〈朝廷（天皇）にとって頼朝（の勢力）は何者か〉を定義する作業に等しい。それは、頼朝が元の鞘に収まる（一廷臣たる地位を再確認する）なら簡単であったはずだが、現実には、頼朝が武家政権（頭首と主な構成員が武士である政権）という前例なき組織を朝廷の外部に創出したため、二つの政権の外交的交渉へと持ち込まれてゆく。

寿永二年（一一八三）一〇月宣旨・文治勅許・右大将就任・征夷大将軍就任等は、それらを手探りで進めた朝幕間対話の成果・指標だが、それらを重視してきた学説史には、共通する偏りがある。〈頼朝勢力は朝廷にとって何者か〉という問題は、社会の諸側面で多面的に現れたはずだが、右の指標はすべて〈朝廷の法制上、頼朝勢力をどう理解するか〉の表明に過ぎない。すなわち、一方の当事者（朝廷）の表明に偏り、かつ法的側面に偏っているのである。

右の筆頭に挙げた寿永二年一〇月宣旨（とその五日前の頼朝の従五位下復位）は、冒頭の問題が、公家法の法圏で法的に処理可能な段階まで調整が重ねられたことを示す、重要な前進には違いない（「法圏」という言葉を、本書では便宜上、〝ある法が及ぶ範囲〟の意味で用い、朝廷法の法圏を〝公家法圏〟、幕府法の法圏を〝武家法圏〟と呼ぶ）。

しかし、挙兵以来の三年間、頼朝勢力の自己規定《アイデンティティ》を、朝廷ではなく当人たちが、立法以外の手段で表現しなかっただろうか。そして、朝廷が法的に頼朝勢力を位置づけ始めた後も、それだけでは済まない部分が、そうした表現手法で穴埋めされなかっただろうか。〈「法」の秩序と「礼」秩序の相互補完的な並立〉という石母田正の構想[1]が示されてから久しいことを踏まえれば、そうして法的表現を補完する媒体《メディア》として最も有望なのは礼的表現、すなわち儀礼による表現であろう。誕生間もない鎌倉幕府は、〈自分たちが何者であるか〉を表現する媒体をいかにして開拓し、そして法的表現との整合性や棲み分けを確立していったか。本章ではそれを探りたい。

なお、本章が参照する筆者の旧稿のうち、本書に再録したものは、本書構成上の都合によって本章以降に収めたものがあるが、諒とされたい。本書に再録しなかったものは、別稿1〜5と略称する[2]。また、煩を避けるため、『吾妻鏡』に拠る記述は典拠名を略し、『鎌倉遺文』は(鎌)と略称する。

## 一　鎌倉幕府の画期に行われる垸飯整備と拝賀　――幕府創立と頼朝上洛――

治承四年（一一八〇）一二月一二日、頼朝は鎌倉の新亭に移徙した。その事実に、石井進は「新しい東国地方の政権の成立を内外に告げる祝典の意味」を見出し、同年末に「鎌倉殿をいただく軍事政権としての特徴は出そろっている」事実まで考慮して、この新亭移徙をもって幕府の「成立」と判断した。[3]「自爾以降、東国皆見其有道、推而為鎌倉主」という同日条の傍点部によっても、確かに『吾妻鏡』（を編纂した後期鎌倉幕府）は、前月（一一月一七日）の鎌倉入りではなく、この移徙の儀こそ「鎌倉殿」（すなわち鎌倉幕府）の出発だと主張している。

本来、移徙儀礼は転居（拠点新設）の宣言に過ぎない。しかし、当時の頼朝は、平治の乱の謀叛人として伊豆に配流された受刑者なので、転居の自由を剝奪されている。その彼が強行したこの移徙儀礼は、〈律に基づく流刑処分を無視する〉、すなわち〈朝廷の法秩序（公家法圏）から離脱する〉というメッセージを、間違いなく持っている。鎌倉幕府の発足（『吾妻鏡』や石井がそう主張し、筆者も同意する）という初段階から、幕府は、〈既存の法的表現の穴（自分たちの位置づけの不適切さ）を礼的表現で補完する〉手法を編み出していたのである。

この新亭移徙の八日後、頼朝は鎌倉新亭で垸飯・弓始・御行始を行った（一二月二〇日条）。日程の近接から見て、それらと新亭移徙は一体の礼的イベントと見てよい。弓始・御行始は特定の行為を日常的に行う前提として必要な「事始」型儀礼だが、垸飯は違う。垸飯は豪奢な食膳・酒肴を共食する饗応儀礼で、かつては幕府の支配者（将軍、後に北条氏）と御家人の服属関係を強める縦方向の儀礼とする見解が主流であったが、そうではなく、傍輩同士の紐帯を維持確認する横方向の儀礼であると、本書第一章で論証した通りである。元来は年始に限る儀礼ではないが、鎌倉幕府では治承五年から正慶二年（一三三三）まで（すなわち幕府の最初の年始から最後の年始まで）年始恒例行事として行われた（本書第七章）。

年始は物ごとの更新・再出発を含意する、時の流れの重要な区切り目で、しかも幕府の年始垸飯はほかの年始儀礼に先んじて行われた。幕府の年始垸飯は、年始ごとの幕府の更新・再出発を含意したと解してよい。そして幕府垸飯の初例は、治承四年一二月の新亭移徙とセットで行われた前述の事例であり、その移徙は後に〝鎌倉幕府〟と呼ばれる軍政府の発足を含意した。ならば、セットで行われた治承四年一二月の垸飯も、幕府発足の儀礼的表現と推定できる。

そのように見る場合、新亭移徙と垸飯の機能が重複しているかに見えるが、実はメッセージの発信先が違う。新亭移徙は公家法圏からの離脱宣言、すなわち対朝廷関係の認識の発信であり、したがって外向きの発信であった。一方、平安期公家社会の垸飯は同輩の饗応として行われ、後に執権政治も垸飯の興行によって〈御家人皆傍輩〉原則を強調した（本書第四章）。ならば、幕府創立時の垸飯もまた、構成員の傍輩関係を措定・表明・共有すべく導入されたと類推できる。垸飯は幕府の全構成員が内向きに、他者ではなく自分たちに向けて、他者との関係ではなく構成員同士の関係を宣言した自己規定行為《アイデンティフィケーション》であり、それは幕府の基本構造の宣言に等しい。ならば、〈垸飯の転換は、幕府の基本構造の転換と即応している〉という原理を導けよう。

頼朝期幕府垸飯の最大規模の転換は、建久二年（一一九一）元日に訪れる。先学の指摘通り、その日の『吾妻鏡』は頼朝期の最も整った垸飯の記録であり、それは垸飯の大規模な整備を反映した可能性が高い。その日の垸飯については、付帯した引出物に焦点をあてて前章で論じたが、実は前章で深く追究しなかった、極めて重要な事実がある。その垸飯が行われた日は、頼朝が京都から鎌倉に帰着した前年大晦日の翌日であった[4]、という事実である。

年始垸飯を元日に行うのは当然でなく（文治二・四・五年の年始垸飯の催行日は元日でない）、大晦日の帰着も偶然と見なし難い。しかも、垸飯の手配は前日までに済まされるから、建久二年元日の垸飯の手配は上洛の旅程中（建久元年一〇月三日出発→一一月七日入京→一二月一四日出京→一二月二九日帰還）に済まされたはずである。日程的にも実務上でも、建久二年元日の垸飯が、建久元年の頼朝の初度上洛と一体のものとして設計され、特別な意義を持つ垸飯であったことには、疑問の余地がない。問題は、その垸飯がいかなる意味において特別であったか、である。

ヒントは、一世紀半後まで飛躍するが、元弘三年（一三三三）に足利直義が後醍醐天皇から「関東十ヶ国成敗」を任され、その冬に成良親王（後醍醐の皇子）を奉じて鎌倉へ下った事実にある。「関東十ヶ国成敗」は、京都の処理能力を超えた所務沙汰の負担分散を目的とする、雑訴決断所の関東分局を意味したはずだが、直義はそれを幕府風に構築した（別稿1）。

直義は、訴訟制度に朝廷の二問二答制ではなく鎌倉幕府固有の三問三答制を採用し、鎌倉幕府固有の引付を設置して訴訟事務にあたらせ、引付頭人に鎌倉幕府で評定衆・引付頭人を世襲した一族の長井広秀を据え、政所を設置して長井広秀を政所執事とし、直義自らは執権（政所別当）として訴訟を指揮し、犯罪者には鎌倉幕府固有の所領没収刑を科した。さらに、鎌倉幕府で将軍の日常生活を支えた御所奉行を設置し、宗尊親王の将軍就任時に置かれた大御厩を設置し、宗尊将軍期に整備が進んだ将軍近習番の「廂番（廂御所結番。廂衆。第六章第一節Ⅰ参照）」も再現した。直義は雑訴決断所の関東分局の内実を操作することで、親王将軍期の鎌倉幕府を再現した。

それを踏まえた上で重要なのが、直義・成良親王の鎌倉下向の日程である。直義は元弘三年の一一月八日に相模守となったが、一ヶ月あまりも動かず、京都を出たのは一二月一四日[5]、鎌倉到着は一二月二九日であった[6]。そこまで旅程を遅らせた理由は、一つしか考えられない。〈一二月一四日に京都を出て、大晦日である一二月二九日に鎌倉に入る〉という日程が、建久元年の初度上洛における頼朝の帰途と、完全に一致するからである。

さらに直義は、建武二年（一三三五）元日の垸飯費用として管内に垸飯役を課した[7]。間違いなく鎌倉幕府に由来する年始垸飯を再生したものであり、もしそれが前年にも遡る可能性を認めれば、右の日程に加えて〈鎌倉帰着翌日に垸飯を行う〉日程まで、再現したことになる。

不確かな垸飯の件を除いても、明らかに直義は鎌倉下向で頼朝を模倣していた。そして、その下向に始まる直義の鎌倉運営は、疑いなく鎌倉幕府の再出発であった。ならば、模倣された側の頼朝の鎌倉下向も、何らかの意味で鎌倉幕府の再出発であった可能性が高い。その予想の正否を探るため、問題の建久二年元日垸飯を記録した『吾妻鏡』の条文を再検討しよう。

〔史料1〕『吾妻鏡』建久二年元日条

千葉介常胤献垸飯、其儀殊刷、是御昇進故云々、午剋前右大将家出御南面、前少将時家朝臣上御簾、先有進物、御剣千葉介常胤、御弓箭新介胤正、御行騰・沓二郎師常、砂金三郎胤盛、鷲羽納櫃、六郎大夫胤頼、（以下、馬五疋の引手は省略）庭儀畢垂御簾、更出御于西面母屋、被上御簾、盃酒及歌舞云々、

ここに、少なくとも三つの重要情報がある。第一に、これ以降、垸飯に付帯する進物として定型化する剣・弓矢・行騰（と沓）が出揃ったことであり、先学が大幅な整備と見なした理由もそこにある。第二に、砂金・鷲羽が進物として初めて出現したことも見逃せない。砂金・鷲羽は、実は定型化しなかったが、この後、断続的に出現する。これらの諸事実が礼制史的に意味するところについては、前章で明らかにした通りである。

第三に、波線部に「今回特別に垸飯の儀容を『刷《かいつくろ》った』理由は頼朝の昇進だ」と特記されている。『吾妻鏡』に散見する「還御之後被刷垸飯之儀、広元《（大江）》朝臣経営之」、「明春正月垸飯事、殊可令結構之旨、被仰付雑掌等、近年度々雖有麁品之咎、猶無刷之分、仍別及此沙汰」（建暦三年元日条、建保元年十二月二十日条）等の記事に明らかなように、垸飯は本来的に「刷ふ」（用具・装束・人員の質・量を豪奢に飾って過差にする）[8]儀礼で、質素を嫌う（本書第一章）。建久二年元日の垸飯はその通常に増して過差であり、理由は頼朝の昇進であった。昇進とは、直前の上洛中の権大納言・右大将就任である。上洛と建久二年元日垸飯が一体であった明徴であり、したがって、

上洛・任官で生じた頼朝・幕府の変化と、垸飯の態様・要素とは対応するはずである。では、何が何と、いかに対応し、それは何を意味したか(9)。

上横手雅敬は、頼朝が「前右大将家」の肩書で朝廷から諸国守護権を得た侍大将となり、幕府が公家政権の軍事権門として完全に編成されたとし(10)、滑川敦子も同説を敷衍して、当該垸飯を「王朝の侍大将」となった「幕府の政治的成長に伴い確立した儀礼(11)」と評した。

実は、杉橋隆夫が上横手説の不成立（特に「前右大将」の解釈の不備）を論証していたはずだが(12)、有効な反証が一度も示されないまま、右の滑川説が出されたり、杉橋説の存在を紹介しながらも内容は無視して「上横手がいうように第一に重要なのは右大将への任官」と論ずる説(13)がある。確証の不在と論理的矛盾を超克して、上横手説への支持は根強い。しかし、歴史学の手続き上、そうした論法に従うのは難しいので、本章では再検討せざるを得ない。

頼朝上洛の重要な意義は、朝幕の頭首同士の、初めて、かつ友好的な面会の実現自体にある。それは大筋で、上横手のいう「公武融和」、河内祥輔のいう「後白河に挨拶を済ませ」「友好親善の契りを結ぶ」「朝幕友好の総仕上げ(14)」に違いない。ただし、既に指摘がある通り(15)、文治元年以降の頼朝の後白河院政に対する「敵対的」姿勢からの転換を含意する上横手説に対して、河内説は既存の友好的関係の総仕上げを含意しており、前提が違う。

普通、〝敵対〟とは末期の木曽義仲と後白河のような関係をいう。平家滅亡後に後白河が義経問題への対応を誤って朝幕関係がこじれ、後白河の意に反して頼朝が強行した奥州征伐でさらにしこりが生じたが、それらにおける頼朝の態度は一貫して朝廷への抗議であって、敵対ではない。朝幕関係の課題は敵対関係の解消ではなく、双方に友好関係を保つ以外の選択肢がない中で（双方の自覚は諸史料に明らか(16)）、不十分な意思疎通・利害調整に由来する認識・歩調の不統一を克服する、具体的手段・機会の模索にあった。

別稿3で詳述したが、頼朝の上洛・任官は、負い目によって先に歩み寄った後白河の発案である。文治五年一二月一八日、奥州征討の降人の配流宣下（朝廷側の戦後処理の完了）と同時に後白河は上洛を提案し、大河兼任の乱に対応中の頼朝は翌年の上洛を約した（同月二五・二六日条）。さらに奥州平定の勲功賞として任官が打診されたが、頼朝は「関東に住んでいて常日頃京都に奉公できない」等を理由に辞退し、応酬が繰り返された[17]。

その結果、頼朝が「今度上洛ニハ任官事を辞申之外、無可申事」と公言したように[18]、任官問題の調整が、上洛の建前上の主目的となった。全体の経緯を観察するに、後白河の推任希望も頼朝の辞退希望も本気と見てよく、予定調和的な落とし所がない折衝であった。

議政官たる権大納言も、天皇の「近き衛《まも》り」たる右大将（右近衛大将）も、在京を必須とする。頼朝をそれらの官に就ければ、後白河は頼朝との関係を、遠隔地の捉えどころのない組織との（外交的な）文通関係でなくし、自分を頂点とする秩序内で、自分の都に住み、意思疎通が容易で気心の知れた真の君臣関係へと持ち込める。それは治承三年のクーデター以前の平家（特に左大将重盛・右大将宗盛兄弟）と同じ態様への復帰であり、後白河の目指す「天下落居」（公武関係正常化）の形、すなわち「復旧」という国制構想であった（別稿3）。

その有利な決着を急いだ後白河院は、頼朝の在京中に一挙に既成事実を作ろうと動いた。建久元年一一月九日、六条殿で院との対談を終えて退出する頼朝を、院の近臣吉田経房が「暫可有御祗候、有可被仰事」と呼び止めたが、頼朝は任官の打診であろうと察して「後日可参」と振り切り、退出した。すると院は「不可待請文、今夜可被行除書」と、根回しを諦めて除目を強行し、院宣で「依勲功賞、所被任権大納言也」と既成事実を通告した。更に二四日、院は右大将花山院兼雅に辞状を出させ、頼朝を右大将に任じて院宣で通告した。そして、数日以内に日程・人員・装束等の万事をお膳立てし、一二月一日に頼朝に拝賀させた。

筆者が拝賀の基礎的研究によって儀礼的意義を明らかにする以前、先行学説ではこの拝賀に籠めた頼朝のメッセージが聞き逃されてきた。拝賀とは、その官で実際に業務に従事する前提として不可欠の社会的手続きであり、拝賀することとは、その官で実務に取り組む意思表示に等しい（別稿3・4）。したがって、拝賀の二日後に両官を辞した頼朝の行動は矛盾している。それは、「官位に恬淡たる態度を示し、法皇や貴族の歓心を買おうとする」[19]という漠然たる一般論で処理できるレベルを超えた、濃密な情報と見るべきである。

頼朝の行動は、「拝賀も任官も、頼朝の所望でない一方的お仕着せである」というアピールであり、それは事実であった。しかも、その任官には、後白河が朝幕関係の解決、すなわち「それをもって平家全盛期のような形に『復旧』したと見なそう」という意味を織り込んでいた。その任官の速やかな辞退からは、「その後白河の構想に乗る気がなく、そもそも官職の人事権という治天の特権で安易にこの問題を解決させる気もない」という頼朝のメッセージを読み取らねばならない。そして、拝賀の既成事実を作れば頼朝は権大納言・右大将として勤務せざるを得なくなるだろう、という後白河の読みを覆して、「自分との合意なく後白河が自分を操れる可能性はない」というメッセージを発している。その上で頼朝が拝賀を拒否せず理想的君臣関係を演じたのは、院と協調的に「天下落居」後の日本国再構築を担う関係が、交渉の論点でなく前提であって、否定する理由がないからだろう。

かくして、噛み合わない一方的任官と一方的辞官の事実だけが記録に残り、「前右大将」という肩書が、その駆け引きの残骸として残った。それは積極的合意の産物ではない。上横手は頼朝が「終生前右大将の朝官にあったと見ればよかろう」としたが[20]、それでは前近代朝廷に一貫して厳然と存在した「現任」「前官」の区別が意味を失う。辞任後の前官を現任の朝官と同等に見なす論理・慣習・解釈が存在した形跡は、古代・中世を通じて見えず、論理的にも成立し得ない。頼朝を官制上に位置づけることは、失敗したのである。

頼朝が院の「復旧（旧態回帰）」構想を拒んだのは、それと正反対の「天下草創」（日本の新秩序創出）を構想したからであった（別稿3）。ただ、構想の違いはあれ、会談を重ねた頼朝と後白河院は、何らかの口頭レベルの合意に達した（と見なせる何かがあった）。その合意（らしきもの）に基づく変化は様々な面で現れたに違いないが、法的側面での成果の一つが建久二年三月二二日・同二八日の公家新制であり、中でも、今後は「前右近衛大将源（頼朝）朝臣幷京畿・諸国所部官司等」に盗賊・放火犯を追捕させる（いわゆる諸国守護権）と明記した三月二二日新制第一六条と、成功銭の公定額を定めた同年八月一三日宣旨（「建久以往本法」）に合意のエッセンスが現れている、という上杉和彦の指摘[21]には従うべきである。

その三月二二日新制（全一七ヶ条）は、全体として諸国所領・年貢・寺社・治安・官制を正常化させる方針を定め、三月二八日新制（全三六ヶ条）は、全体として神事・仏事の正常化や（諸事業で消費する資源の上限を定めた）過差の制限、そして宮中・京中の風紀を粛正する方針等を定めていた[22]。両者ともに、全条文を貫く包括的性格も個別の各条もすべて、〈これは内戦で乱れた国土統治を正常化する立法だ〉と主張している。戦時の異常事態から平時の正常化へと歩み始めたこの国の中で、幕府（頼朝と家人）の存在・活動を公家法が、ど・う・捕捉するかが新たに定まった点において、新制の意義は大きい。

ただ、この新制制定を評して上杉が「鎌倉幕府の権力構造が……自らの存在に制度的な位置づけを与えた画期が、建久元年である事実は、動かない[23]」と論じた点に、旧来の鎌倉幕府成立論の陥穽がある。「制度的」か否かを測る大前提に、〈当時の日本国の制度は唯一、朝廷の制度だけである〉というテーゼを据えているからだ。それは、〈それまでの鎌倉幕府は「制度的な位置づけ」を欠いた〉というに等しいが、一定の範囲内（地理的には関東周辺、人的には御家人）で、行政（特に徴税を含む）・司法・軍事を担う意思を持ち、そのための機関・職位・文書様式を体系的に備え、現にそれらの実効性を一〇年も排他的に維持してきた頼朝勢力を、「制度的」でない組織と評価できようか。その評価が依存する右テーゼは、当時の法の重層性や分散性、総じて多次元的なあり方を見失わせるのではないか。幕府が制度外の存在に見えるのは、客観的視点ではなく、無意識裡に公家法の制度内の住人と同じ、一方当事者の主観的視点から見るからである。ある仕組みが制度のような機能を期待され、制度のような外見で、制度のように機能する内実を持つなら、それは制度と見なすべきである。

したがって問題は、〈朝廷制度の外に成立していた幕府制度が、朝廷制度とどう関係するか〉、すなわち両制度の関係を定める〝メタ制度（制度について述べる制度）〟は何か、という点にある。かつて佐藤進一は、この件を「頼朝の国法上の地位その他について新しい協定に達したと想像される」[24]と論じた。佐藤は、公家法を武家法とともに相対化し、双方が帰属すべき上位次元の規範を想定して「国法」と呼び、当該上洛での院・頼朝の合意はその「国法」のレベルでの合意だと評価していた。そのような、（法を含む）規範同士の関係を説明する規範、いわば〝メタ規範〟を想定することは、公家法と武家法、さらには法制と礼制が架橋される仕組みを追究する視座として、現時点では最も有望に見える。

頼朝の挙兵以来、公家法と武家法は、朝廷・幕府が自ら専権すると信ずる範囲（本書でいう法圏）へ法令を独自に発して相互干渉せず、その関係は原則的に鎌倉時代を律した。公家法と武家法の法圏は相互に独立しているので、意図的に両者の整合を図らない限り、不整合があり得る。したがって、幕府の態様（幕府が実力で実効支配する実態）を、〝朝廷における幕府の役割〟と読み替えて公家法という媒体で記述した、寿永二年一〇月宣旨や文治元年勅許等の実現は、捉える範囲が異なる公武の法圏を、架橋して整合した作業であると理解できる。

それらは戦時の限定的立法であったが、頼朝上洛は、平時に復した段階で公家法圏と武家法圏の恒久的な関係性を措定したことに意義がある。それは〈一〇年来蓄積されてきた武家法圏の制度的現象を、公家法圏側からどう捉え直すことにしたか〉の表明であり、二制度の相互関係の定義であり、その関係性自体が佐藤のいう「国法」に該当する。後白河・頼朝がともにそれに従うと合意したこと自体が、頼朝上洛の重大な成果だといえるだろう。

## 二　幕府国政機関設置と政所下文への更改　――公家法圏と武家法圏の接続――

では、その合意は、武家法圏においていかなる現象として現れ、いかに礼制と関係したか。指摘すべき現象の第一は、初度上洛を締め括る建久二年元日垸飯の直後から使われ始めた「前右大将家政所下文」である。[25]頼朝が文治元年の従二位昇叙（同五年に正二位）で公卿となってから六年間、発給資格を持ちながら「従（正）二位家政所」下文を使わなかった事実、[26]そして「前右大将家政所下文」の使用開始期を総合するに、幕府の政所下文の成立は、官位に由来する自然発生的現象ではなく、意図的な、初度上洛後の頼朝の変容の表現であったと解せざるを得ない。では、それはいかなる変容か。

周知の通り、「前右大将家政所下文」と従来の頼朝袖判下文との最大の相違点は、「謂政所下文者、家司等署名也、難備後鑑、於常胤分者、別被副置御判、可為子孫末代亀鏡」という、千葉常胤の抗議に明らかである（建久三年八月五日条）。すなわち、権利を認める直接の主体が、頼朝の人格であるか、彼の家政機関であるか。そこが焦点であった。

その意義については、「生まの人格の結合としての主従関係なる思想を排し……生まの人間頼朝と御家人の主従関係を、客観的な権威的存在としての棟梁と御家人の支配服従関係に改め、かつこれを御家人に認識させる」という佐藤の総括が知られている。[27]常胤は、この頼朝との人格的結合の希薄化が法的権利の希薄化を招くと懸念して抗議し、袖判下文を特例的に与えられた。しかし、幕府全体では前右大将家政所下文（将軍就任後は建久五年半ばまで将軍家政所下文）[28]が使用されたし、過去の安堵下文を回収して同内容の政所下文を発給する如き荒技（後掲史料2）が大混乱を招かなかった事実からも、〈頼朝袖判下文と政所下文は、武家法圏において法的に等価だ〉

と厳密に保証されたことは疑いない。

しかし、あらゆる意味で同じなら、一斉更改の如き大事業を行うはずがなく、何かが変化したに違いない。これについては、頼朝が朝廷官職の権威を借りて、より高所から強く御家人に臨もうとした（常胤の袖判下文要求はそれへの反発）とする上横手雅敬説、内乱中の即時的効力に限定された従前の安堵を恒久的な職の安堵に転換したとする工藤勝彦説、内乱中に乱立した軍事貴族一般から頼朝が脱皮し、最終勝者たる「唯一の武家の棟梁」として御家人編成の盤石化を図ったとする川合康説等、様々に説かれてきた[29]（頼朝の安堵下文の本質は、戦争下の、プリミティブで人格依存的な〝敵でないという認定〟である[30]）。

しかし、前官（前右大将）を朝廷官職と見なすのは前述の通り不可能である上、常胤が袖判下文を要求した理由は「家司等署名也、難備後鑑」（後掲史料3）、すなわち将来の裁判・回顧等における証拠能力への不安であって、上横手説には史実や史料からの逸脱が目立つ。

また、工藤説・川合説に従う場合、説明されない疑問が複数残る。第一に、安堵をやり直すからには先の安堵が無効か不安定になったはずだが、戦時中の安堵が終戦とともに効力を喪失・希薄化させたり、安堵に、時間経過や主人の出世に伴う〝期限切れ〟が存在したことは、少なくとも南北朝内乱期まで一般的に確認できない。その時期には、安堵が効力を失うのは、被安堵者の死や敵対等、安堵者の法圏を被安堵者が明白に離脱したと認定可能な場合に限られるのが一般的である。安堵はそもそも有効期限を伴うのか、終戦はそもそも戦時の安堵の安定性を損なうのか、等についての証明抜きに、両説は成立し難い。

さらに、川合説では、軍事貴族一般から「唯一の武家の棟梁」への脱皮が、なぜ公卿の家政機関の発給文書という形式で表現できたことになるのか、説明されない（両者の即応が自明でないことは明白）。常胤の抗議はまさに、「公卿家政機関の職員の署判を、「唯一の武家の棟梁」による保証の証拠と見なせるものか」と、この点を衝いたものではないか。

何より、工藤説・川合説に従う場合、頼朝の狙い（今後の安堵は恒久的安堵だと、あるいは「唯一の武家の棟梁」の安堵だと示すこと）は、政所下文をただ（過去の袖判下文を後追いする形で）発行すれば果たされるのであって、過去の袖判下文を回収してこの世から消滅させる必然性が全く説明できない。頼朝は、過去の安堵の力を現在の安堵で補強したのではない。頼朝の人格だけに依存した過去の安堵をすべて、最初からそうでなかったことにしたのであり、いわば過去を書き換えて歴史をやり直したのである。

とはいえ、繰り返すが、過去の袖判下文の効力と、今後の政所下文の効力は、武家法圏では完全に等価であった。ならば、その過去の書き換えは、武家法圏の外に対する臨み方の書き換えであったと考えるほかない。それは、前述の佐藤の総括とも照応する。佐藤は「権威」という言葉を使ったので誤解を招きやすいが、その文意は、〈頼朝が御家人に対する権威を増幅させようとした〉という意味ではなく、〈主従関係を、頼朝・御家人二者間の了解で完結する主観的視点で捉えるのをやめて、社会全体の仕組みの一部として第三者的視点から捉え直そうとした〉という意味であることが、よく読めば明らかである。

問題が武家法圏の外に対する臨み方であるなら、家政機関の介在は重大な意味を持つ。

第一に、政所下文は公卿家政機関の発給文書であり、公卿は令制における地位であり、令は公家法圏の法である。ならば政所下文への更改とは、頼朝の人格だけに依存して武家法圏でのみ法的意味を持った既存の行為を、公家法圏の法的行為としても把握し直し、武家法の世界と公家法の世界を（一部重なる）一つの大世界として理解し直す作業である。

第二に、従来は「下」という動詞から書き始めて主語（発給主体の名の文字による明記）を欠いた下文に、「前右大将家政所」と主語を明記することは、〈従来区分しなかった安堵行為を、今後は〝家政〟に区分する〉という主張に等しい。その主張は、〝家政でない政〟の存在感を強く意識し始めた結果に違いなく、そして当時の頼朝の立場上、該当する〝家政でない政〟とは、〝国政〟以外にあり得まい。

この推定は、下文更改の直近に生じた頼朝の責務の変化を追跡することで裏づけられるが、そこで注意を要するのは、下文更改の時期である。『吾妻鏡』は、①下文更改が建久二年正月一五日に始まったと主張する一方で、②翌建久三年六月三日の「恩沢沙汰」で下文更改を伴う安堵があったと述べ、しかも③同年八月五日に千葉常胤が袖判下文を獲得したと述べて、読者を混乱させる。かつて石井良助は、③の建久三年八月こそ下文更改の時だった可能性を指摘した。これに対して上横手・杉橋は、該当する下文が建久三年六月二日・三日から現れ始め、かつ『吾妻鏡』同月三日条に下文更改の記事があることから、②の建久三年六月を下文更改の始動時期と推定した。[31]行論に支障が出るので、この未決着の問題をここで決着させておこう。

〔史料2〕『吾妻鏡』建久二年正月一五日条

被行政所吉書始、前々諸家人浴恩沢之時、或被載御判、或被用奉書、而今令備羽林上将給之間、有沙汰、召返彼状、可被成改于家御下文之旨被定云々、

政所　別当　前因幡守平朝臣広元　令　主計允藤原朝臣行政　案主　藤井俊長鎌田新藤次　知家事　中原光家

岩手小中太問注所執事　中宮大夫属三善康信法師法名善信　侍所　別当　左衛門少尉平朝臣義盛治承四年十一月奉此職、　所司　平

景時梶原平三　公事奉行人　前掃部頭藤原朝臣親能（以下六名略）　京都守護　右兵衛督能保卿　鎮西奉行人　内舎人

藤原朝臣遠景号天野藤内左衛門尉、

〔史料3〕『吾妻鏡』建久三年八月五日条

令補将軍給之後、今日政所始、則渡御、

家司

別当
前因幡守中原朝臣広元　前下総守源朝臣邦業
令
民部少丞藤原朝臣行政
案主
藤井俊長
知家事
中原光家

大夫属入道善信（以下六名略）等候其座、①千葉介常胤先給御下文、②而御上階以前者、被載御判於下文訖、③被始置政所之後者、被召返之、被成政所下文之処、④常胤頗確執、謂政所下文者、家司等署名也、難備後鑑、於常胤分者、別被副置御判、可為子孫末代亀鏡之由申請之、⑤仍如所望云々、

被載御判、
下　下総国住人常胤
可早領掌相伝所領・新給所々地頭職事、
右、去治承比、平家擅世者、忽緒　王化、剰図逆節、爰欲追討件賊徒、運籌策之処、常胤奉仰朝威、参向最前之後、云合戦之功績、云奉公之忠節、勝傍輩致勤厚、仍相伝所領、又依軍賞充給所々等地頭職、所成給政所下文也、任其状、至于子孫、不可有相違之状如件、
建久三年八月五日

史料3の②によれば、頼朝の政所初設置や下文更改は、彼の「上階」以後のことであった。「上階」は〈公卿への昇進〉、特に位階に重点を置いて〈従三位以上への昇叙〉である。頼朝の場合は文治元年（一一八五）の正四位下から従

二位への直叙が該当し、これに照応して『吾妻鏡』も同年から政所の存在に言及し始め[32]、文治三年一〇月二九日条では政所下文を全文引用している。鎌倉幕府政所の初設置は、文治元年の頼朝の従二位昇叙の時で間違いない。

しかし、右③「政所初設置の後に下文が更改された」の「後に」が明らかに直後を含意する点に、混乱の原因がある。その解釈では、六年後の建久二年に初めて下文更改が行われたとする史料2と矛盾するからである。さらに史料3は、下文更改の契機を文治元年の「上階」とする点でも、問題がある。「羽林上将（近衛大将）」就任を契機とする史料2点線部と、矛盾するからである。信頼性の高い古文書学的徴証を見るに、文治二年の「島津家文書」をはじめ[33]、文治元年の「上階」後も頼朝が袖判下文を出し続けた事実が明らかであるから、史料3の②・③は錯誤と見なすしかない。

一方、上横手・杉橋の指摘通り、袖判下文に代位する政所下文は、確かに建久三年六月二日以前に確認できない。ただ、上横手説・杉橋説には、学問的に従えない恣意がある。

両説は前述の通り、「有恩沢沙汰、或被加新恩、或被成改以前御下文」という建久三年六月三日条を根拠に、下文更改の本格始動は建久三年六月だと結論した。しかし、三通確認できる同月の政所下文[34]のうち、「肥前松浦山代文書」の源囲に宛てたものは六月二日付、すなわちわずか一日だが、下文更改を伴う「恩沢沙汰」があったと『吾妻鏡』が伝える日の前である。両氏とも、『吾妻鏡』当該条を根拠に用いながら、下文更改の開始日を『吾妻鏡』に忠実に建久三年六月三日といわず「建久三年六月」とぼかして述べた。自説に合わせるために、暗黙裏にこの矛盾を誤差として無視したのであり、史料操作として恣意的である。まして、当該文書は正文の原本であり、信頼性は関係史料の中で最も高い。その文書が『吾妻鏡』の解釈と矛盾し、それでもその解釈を捨てないなら、矛盾がある理由と、その矛盾を無視してよい理由を説明する必要がある（そもそも『吾妻鏡』当該条には、その日の下文更改が初の下文更改だとは一言も書かれておらず、関係史料の間には矛盾が存在しない）。それを欠く両氏の説には従い難い。

当該文書を疑う理由がない以上、建久三年六月三日の「恩沢沙汰」の『吾妻鏡』の記事を下文更改始動の徴証と見なすのは不可能で、始動時期はそれ以前に違いない。その始動時期を特定する材料が史料2以外に絶無であり、なおかつ、史料2と矛盾する史料・史実の痕跡が発見されていない以上、現状では史料2に基づいて始動時期を建久二年正月一五日と推定するのが、学問的に最も正しい推定手続きではないか。

すると、更改後の政所下文が建久三年六月二日以前に見えないことに、説明が必要になる。これについて木村茂光は、史料の残存性（消滅や未発見）という偶然で片づけず、一つの必然性を見た。すなわち、建久二年正月に下文更改を伴う新政を始動させた矢先の三月に鎌倉で大火災があり、冬までその復興に追われた上、その冬に今度は後白河が発病し、翌建久三年三月に没して、五月まで追善仏事に追われる、等々の不慮の政治的停滞に見舞われたため、翌六月に新政を再始動したのが問題の「恩沢沙汰」である、と[35]。説得性・合理性は低くなく、かなり真実に近いと目されるが、一つだけ、しかし致命的な疑問が残る。木村説に従う場合、もし大火事と後白河の死去がなければ、建久二年正月から直ちに政所下文が量産されたはず、ということになる。しかし、本当にそうだろうか、と。

ここに、不思議にも先学が一切顧慮してこなかった問題を指摘したい。大規模な施政方針の決定・告知と、その実務的執行の間に生じるはずの、必然的なタイムラグである。

挙兵以来の十数年間に、頼朝が出した安堵の袖判下文の数は膨大に違いない。一方、頼朝が下文更改の実際的手続きに着手できたのは、どれだけ早くとも鎌倉に帰着した建久元年大晦日以降である。それから建久二年正月一五日までのわずか半月間で、全御家人に袖判下文を漏れなく持参させ、回収し、回収漏れを厳密にチェックし（回収漏れを許容してはこの事業は無意味）、政所下文を下付する如き大事業の準備が済むはずがない。となれば、現状で描き得る現実的筋書きは一つしかない。建久二年正月一五日に下文更改事業を行う方針を発表し、そこから数ヶ月～一年単位の猶予を御家人に与えて準備・持参期間とし、持ち込まれるたびに逐一、もしくは一定数が集まるごとに更改して記録した、と。

特に、袖判下文原本の回収が必須である以上、遠隔地の御家人のために長い時間的余裕が与えられるのは当然であり、しかも下文更改のためだけに全御家人の当人か使者に鎌倉に参上させるのはコスト面で厳しすぎ、選択肢としてまずあり得ない。恒例・臨時行事等への出仕や訴訟等、鎌倉に参上すべきほかの機会のついでに持参・更改させる方針であったと推定して大過ないはずである。まして、過去に安堵された領有権が、時を経て今現在、他者と係争中である可能性は大いにあり、その場合は調査と裁定のためにさらに時間を取られる。九州肥前の、それも内乱中から同族内抗争を抱えていた松浦党[36]の一員である源囲の下文更改が建久三年六月二日であった事実をもって、その日に下文更改が始動したと結論する論法は、右の現実的諸条件をすべて無視している。前年正月に下文更改が発表され、源囲のケースではその手続き完了までに一年半を要した、と推定するのが最も現実的である。

かくして、下文更改事業の始動は建久二年正月一五日に発表されたと推断してよい。では、その直近にあったはずの、頼朝が新たに国政を担い始めたといえる現象は何か。それはまさに、同日の史料2に明白である。その日、幕府職員の大幅な異動があった。政所職員や侍所職員等が一斉に更改され、同時に問注所執事・公事奉行人・京都守護・鎮西奉行人が新任された。このうち、政所職員と侍所職員は、公卿の地位に伴う家政機関の職員だが、その他、特に京都守護と鎮西奉行人は、明らかに家政機関職員でない。彼らこそ、同年三月新制で朝廷の国土正常化方針に組み込まれた諸国守護業務の担い手であり、武家法圏の法制上、初めて明示的に現れた国政担当職員であった。

公事奉行人も、「公事」の二字が、家政でなく国政を担う職員だと主張している。「公事奉行人」の、同条以外の唯一の用例である延応二年（一二四〇）三月一八日条には、過差禁制の徹底と「御家人郎等任官」の濫発抑制方針を、六波羅に命じて「官・蔵人方以下公事奉行人」に通告させたとある。この「公事奉行人」は、太政官・蔵人所の実務官僚（弁官・史・外記や蔵人頭・蔵人であろう）である。この指令は、ほぼ同文の関東御教書として『式目追加』に収められているので[37]、『吾妻鏡』編者の作文ではなく、そこに見える「公事奉行人」も編者の造語ではない。蔵人所職員はともかく、太政官職員は家政機関職員ではあり得ず、ならば「公事奉行人」は鎌倉幕府でも国政機関職員と推定してよい。

以上の通り、下文更改と国政担当機関・職員の出現は、全く同時に、大規模に行われた一連の組織改革であった。〈公家法圏に由来する家政機関の文書である〉と自ら強く主張する政所下文の出現は、国政担当職員の出現の裏返しであり、武家法圏の既成事実（安堵）を公家法圏の仕組みで読み替えた時に生ずる、家政と国政の類別を果たしたと結論できる。

この政所下文の出現は、過去に遡及して旧い袖判下文を書き換える徹底ぶりを見せた。これで過去・未来を問わず、頼朝のすべての安堵は武家法圏から公家法圏へと接続され、公家法圏でも等価だと保証された。政所下文は、実質的には頼朝の発給文書、形式的には公卿家政機関の発給文書という二面性を持つことにより、従来、法的関係が不明瞭であった二つの法圏を架橋し、一つの法的世界を形成する機能を果たした。その発想は、下文自体をも変えた。

建久二年正月一五日以前に発給された袖判下文は、すべて政所下文に置換された。しかし、政所下文を拒否した常胤が獲得した新たな袖判下文は、再度、政所下文と置換されたのではない。新たな袖判下文（以下、新型袖判下文と呼ぶ）は、もはや政所下文と等価ではなく、したがって下文更改以前の袖判下文（旧型袖判下文と呼ぶ）とも等価ではなかった。

常胤が獲得した新型袖判下文の本文末尾（史料3）に、「政所下文を発給したので、その内容通り（其の状に任せ）子孫の代まで権利に相違ないと保証する」とある。常胤の「相伝所領・新給所々地頭職」の領有権を保証する法的根拠はあくまで政所下文であり、彼が勝ち取った新型袖判下文はそれを再確認するだけの、単独では効力を持たない冗長な文書に過ぎない。その形で、政所下文しか持たない他の御家人との一貫性は堅持されたのである。

常胤の一ヶ月後に小山朝政が獲得した新型袖判下文の原本にも、次のようにある。

〔史料4〕　建久三年九月一二日源頼朝下文

（頼朝花押）

下　下野国左衛門尉朝政

可早任政所下文旨、領掌所々地頭職事、

右件所々、所成賜政所下文也、任其状、可領掌之状如件、

建久三年九月十二日

常胤の場合と違い、前置き（袖判下文を別途発給する特例扱いにふさわしい抜群の功績の認定）は略されているが、書止文言（波線部）がほぼ同文である。そして常胤のケースでは存在が明記されながら『吾妻鏡』に本文が引用されなかった、新型袖判下文が依存する政所下文も、小山朝政のケースでは原本が伝わっている[38]。

〔史料5〕　同日将軍家政所下文

将軍家政所下　下野国日向野郷住人

補任地頭職事

左衛門尉藤原朝政
右去寿永二年八月日御下文云、以件人補任彼職者、今依仰成賜政所下文之状如件、以下、
建久三年九月十二日
（政所職員五名の署判は省略）

こうした形は短時日で淘汰されて政所下文に一本化されるが、それ以前の、幕府の構成員が初めて公家法圏・武家法圏の接続という新しい事態に直面した段階では、過渡的措置として、その接続を過剰に強調する冗長な文書が、一部御家人から切望されたのだろう。

その両法圏の接続により、〈頼朝・幕府はこの社会全体（日本国）にとって何者か〉という自己規定が、法的領域において初めて可能になった。それは、公家法圏からは公家法に明記することによって、また武家法圏からは国政機関群を新設しつつ家政機関を公家法圏と接続することによって、さしあたり表現された。ただし、それは頼朝・幕府が取り組むべき個別の作業群の策定、いわば事務レベルの表現に過ぎず、右の自己規定を象徴する概念化は果たされていない。そこに、当該期社会の仕組みにおける〝法〟の守備範囲の外縁があったと見なせよう。

では、法的領域を超えて社会全体を俯瞰する時、その概念化はどう果たされるか。それは遅くとも頼朝の死没時までに、「続前征夷将軍源朝臣（頼朝）遺跡、宜令彼家人・郎従等、如旧奉行諸国守護」と後継者頼家に命じる形で、[39]〈「諸国の守護を奉行」する者〉という文言にまで固まっていた。ただ、建久二年三月新制の段階ではそこに至らず、未だ頼朝・幕府の位置づけは、国司等とともに「海陸盗賊・放火」を取り締まる、という具体的作業の記述にとどまっており、それ以前の、初度上洛からの約三ヵ月間にはそれすらなかった。

しかし、頼朝は一連の出来事の初段階である上洛中に、既に一般的概念を用いて、自己の地位を抽象的概念に落とし込んでいた。上洛の二日後、頼朝が参院・権大納言推任の直後に内裏で九条兼実に語った、「義朝逆罪、是依恐王命也、依逆雖亡其身、彼忠又不空、仍頼朝已為朝大将軍也」（『玉葉』建久元年一一月九日条）という言葉

である。

上横手はこれを、「日本国惣追捕使・惣地頭」の地位を表現する頼朝自身の「自己規定」であると見なしたが[40]、「日本国惣追捕使・惣地頭」は後代の結果論的理解の遡及であり、同時代的には、その名の地位に明示的に就いた徴証がない[41]。字面に忠実に解釈すれば、「朝の大将軍」とは、〈朝廷に帰属し、朝廷が治める日本国のために戦う、朝廷を代表する軍事統括者の首班〉と解される。そうした含意を手短に表現できるこの言葉に、頼朝は一つの最適解を見た。一年半あまり後の建久三年八月、自ら「大将軍号」を朝廷に所望し、征夷大将軍に補された事実がその証拠である。これで頼朝は官制上も「大将軍」となり、頼朝の構想する自己規定を公家法圏の中にマッピングする作業が完了した。

## 三　「朝大将軍」と「征夷大将軍」——常置の将軍と終わりなき戦時——

周知の通り、近年、櫻井陽子が紹介した部類記『三槐荒涼抜書要』所引の『山槐記』建久三年七月九日条・一二日条逸文から、征夷大将軍就任に至る手続きの詳細が判明した[42]。中でも重要な事実は、その就任が頼朝側の積極的意思に発したこと、また頼朝が望んだのが「征夷大将軍」ではなく「大将軍号」であって、「征夷」の二文字に積極的な構想を見出せないこと、そして「征夷大将軍」は朝廷側の消去法で残った無難な肩書きに過ぎないこと、等である。

これを基に、下村周太郎はその政治史的評価を試みた[43]。その論旨は四点に要約できる。

①当時は、平良文・平貞盛・藤原秀郷・源頼義等の「将軍」を先祖に持つ武士の権威・正統性が尊ばれたため（下村は〝嚢祖将軍観〟と呼ぶ）、頼朝も同等のものを必要とした。

②内乱後の主導者として、競合者の嚢祖将軍観を出し抜くべく、頼朝は「大将軍」を望んだ。

③征夷大将軍就任があった建久三年、頼朝が源氏「将軍」末裔に脅かされ、翌年に弟範頼や安田義定・義資らを粛清したことは、圧倒的優位性の確保を頼朝が急いだ証左である。

④「朝の大将軍」は、「社会的に特に誉れ高い武士の権威やそれへの敬意の表現」である。

右の理解には、しかし、すぐに複数の疑問が生じる。まず、最後の④における「朝の大将軍」の理解が、先に示した筆者の理解と異なる。下村の理解は「朝の」という修飾語の根本的な含意を故意に捨て去っており、従えない。「朝の」が、漠然・抽象的な「社会の」ではなく、「朝廷の」という具体的な社会構造を念頭に置くことに、疑問の余地はない。

そして大局的観点に視野を広げた時、頼朝と御家人の関係の根本について、下村説には誤解がある。頼朝と御家人らの間の紐帯の基礎は、治承四年（一一八〇）の挙兵以来、一〇年近くも大戦争と政治的駆け引きをともに続け、犠牲を払い、生命と権利を勝ち取ってきた、一種の〝戦友〟に類する関係（近現代の軍歴保有者の間でもしばしば観察される、戦場をともにした上官・部下の紐帯）にあると考えるのが自然ではないか。現に、一世紀半後に始まる南北朝内乱では、鎌倉幕府との訣別や建武政権との対決等の重要な決断や戦争を、室町幕府創立の最初から主体的に協働して果たしてきた足利直義・一門諸大名が、強固な盟友的関係を形成して、幕府を二分する観応の擾乱において直義派を形成した（別稿5-第一章）。個別の大名勢力の中でも、幕府が与えた軍勢催促権で獲得した弱い結合を足場に、各地を長く転戦して独力で実効支配を切り取ってゆく間に、戦友的な感情的紐帯や、払った犠牲への代価を保証する打算的紐帯が固められていた。

そうした実績が、「将軍」末裔たる平氏や秀郷流藤原氏等には皆無である。頼朝や、頼朝が任命した司令官（義経や範頼）のもとで、御家人らは血統にかかわらず並列であり、その中で一頭抜きんでる論理は純粋な勲功だけだと、頼朝は繰り返し示した。御家人の代表格たる千葉常胤は、鎮守府将軍平良文の子孫であるにもかかわらず、曩祖将軍観をアピールするような下村説的な挙動を一切取らず、家人筆頭待遇の死守に徹した（前掲史料3等）。
そうした思考様式の共有が挙兵以来蓄積される中、平氏・秀郷流藤原氏や甲斐源氏の安田氏（鎮守府将軍源頼義の子孫）が、「自分は将軍の末裔だ」というだけで頼朝を排除して御家人の主導者として認められる世論が、形成され得るだろうか。史実は否定的であって、約三〇年後に将軍実朝を殺害した甥の公暁（彼も将軍末裔）は、少しも御家人社会の世論の支持を得られず滅んだ。司令官として御家人らと内乱を共闘した（将軍末裔の）源義経さえ、頼朝と対立して「於関東成怨之輩者、可属義経」と呼びかけた時（元暦二年六月一三日条）、多数派の支持を得られず没落した。それらの史実の重みは軽視できない。

頼朝の「大将軍」問題は、何よりまず史料に即して、すなわち『山槐記』逸文の情報を十分に掘り出す方向で取り組むべきである。当該史料の大部分は、征夷大将軍任命に至る手続き論（特に準拠すべき故実の探究）に割かれている。それを従来のように捨象し、目立つ事実だけをつまみ食いしては、せっかく果たされた史料紹介の価値が半減してしまう。

『山槐記』の記主中山忠親や、それを取り込んで部類した『三槐荒涼抜書要』の編者の最大の関心事は、どこにあったか。分量の比率からも、公家社会の一般的思考様式からも、中山忠親が当代最大級の故実家であった事実からも、結論は一つしかない。頼朝の「大将軍号」所望を適切に処理する思考過程と手続き過程の記録を、後代の朝廷政務の参考に供することである。それらの情報が政治史論者にとって退屈なのは重々承知だが、本書はそうした食わず嫌いに由来する空中戦から、当該問題を実証の世界へと引き戻したい。

膨大な当該史料の全文掲出は避けるが、ことの発端は『山槐記』逸文建久三年七月九日条に、「頭大蔵卿宗頼朝臣為関白使来曰、前右大将頼朝、申改前大将之号可被仰大将軍之由」と記録されている。その日、大納言中山忠親は関白九条兼実の使者である蔵人頭葉室宗頼から、「頼朝が『肩書きを前（右）大将から大将軍に改めて欲しい』と申請してきた」と告げられた。

頼朝が征東・征夷等の「将軍」でなく「大将軍」を望んだ理由は、明記されていないが明白だ。木曽義仲が寿永二年（一一八三）一二月、征東大将軍になっていたからである（『吾妻鏡』寿永三年正月二〇日条は義仲が「征夷大将軍」に補されたとするが、「征東大将軍」と伝える『玉葉』同月一五日条の通りで誤りないと、『山槐記』逸文〔後掲史料6〕が証明した）。頼朝が「将軍」になっては「大将軍」義仲より劣るので、選択肢として論外であったに違いない。

問題の『山槐記』逸文建久三年七月一二日条によれば、頼朝の申請に対して、関白兼実率いる朝廷は、四つの候補を用意した。惣官・征東大将軍・征夷大将軍・上将軍である。それらから、まず、惣官と征東大将軍が除外された。「近例不快、宗盛惣官、義仲征東、」、すなわち朝敵として滅んだ平宗盛が五畿内及伊賀・伊勢・近江・丹波等惣官で[44]あったという凶例の踏襲と、木曽義仲が征東大将軍であったという凶例の踏襲を、いずれも嫌ったからである。次に、上将軍が除外された。理由は「上将軍者漢家有此号、征夷大将軍者本朝有跡之由上〔衍カ〕、田村麿為吉例、強不可求異朝歟」とある。難はないが、征夷大将軍という有効な候補、しかも坂上田村麻呂という吉例が本朝にあるのに、あえて異朝の耳慣れない肩書きを持ち出す理由が見あたらないからであった。

かくして消去法で征夷大将軍が選ばれたが、周知の通り、頼朝を征夷（大）将軍に任命する話は、寿永三年（一一八四）の木曽義仲の滅亡直後にも議論され、否決されていた。八年を隔てたその二つの議論には、一つの大きな相違点がある。八年前に征夷大将軍任命を否決する理由となった問題点が、今回は少しも問題視されなかったのである。二つの議論は一つの大きな問題だが、明瞭な段階差があり、それこそがすなわち朝幕関係の段階差（頼朝の位置づけの変容）にほかならない。その正体を摑むため、まず建久三年の議論を確認しよう。

〔史料6〕『山槐記』逸文建久三年七月一二日条（部分。『三槐荒涼抜書要』所引）

大蔵卿宗頼奉関白命伝送曰、大将軍号事、依田村麿例、可称征夷、而天慶三年以忠文朝臣被任征東将軍之時、被載除目、養和・元暦両度為宣旨、両様之間、宣下之例殊以不快歟、今度可為除目歟、其条可然者、勅任歟奏任歟、此三个条、度々外除目并宣下之間事、所見不詳之由、外記・官所申也、於天慶例者為奏任、而今度尚可有差別哉、且是天慶忠文于時四位参議之上、大将軍者位在三公之下云々、仍尚勅任可宜哉之由、聊有予議歟、

関白九条兼実が、中山忠親に次のように諮問した。「（頼朝に与える）大将軍号（の種類）は坂上田村麻呂の例に拠って『征夷』に決まった。ただ、将門の乱では藤原忠文を除目で征東（大）将軍に任じたが、養和の宗盛の物官と、元暦の義仲の征東大将軍は宣旨で任じたという違いがある。この二通りの任命手続のうち、宣下（宣旨）で行った宗盛・義仲の例は不快なので、今回は除目で行うのがよさそうだが、どうか。その通りに除目で行う場合、勅任・奏任のいずれがよいか問題になるが、外記・官史の先例調査では判明しなかった。天慶の忠文は奏任だったが、今回は別扱いとすべきか。忠文は任命時に四位の参議であって（正二位・前権大納言の）頼朝とは異なる上、『大将軍は三公（大臣）の下に位置づく』ともいわれているので勅任がよさそうだ、という議論になりそうだが、どう思うか」と。

田村麻呂以来の征夷大将軍の任命には、二つの手続き上の問題があった。一つは、征夷大将軍が官ではないことである。頼朝就任時の記録（後述）に明らかな通り、征夷大将軍は征夷使という官署の長で、征夷使は検非違使・蔵人等と同じく、しばしば〝令外官〟といわれるが、厳密には官（任ずるもの）ではなく職（補するもの。本質的には待遇）である。

官は除目で任じるのが自明、職（検非違使・蔵人等）は「宣旨職」とも呼ばれる通り宣旨で補するのが通常である（職の人事異動が除目聞書に載るのは、公布媒体として借りた結果に過ぎない）。ただ、職はそもそも官制を逸脱した臨時・便宜的なあり方こそを力の源とし、除目による正規の任官サイクルに、宣旨による臨時の補職が介入する、

という関係にある。本質が官制からの逸脱・外部的介入である以上、朝廷人事システム上での位置づけは必然的に不明瞭であり、したがって通常なら宣旨で任命する慣例だが、それは除目で任命してはならないことを意味せず、除目を避けるべき理由もない。

さらに第二の問題として、こうした手続き上の曖昧さを解決する有力な決定要因となるべき先例が、最も近い田村麻呂でも約四世紀前で古すぎ、具体的手続きの記録が失われていた。

その結果、手続きは揺れ続け、将門の乱における藤原忠文（征東大将軍）の場合は除目であったが、平宗盛（惣官）・木曽義仲（征東大将軍）の場合は宣旨であった（史料6）。もっとも、幸いにも宗盛・義仲が明白な凶例であったため、彼らを踏襲する宣下方式はあっさりと選択肢から除かれた。

除目で行うとなると、勅任・奏任・判任のいずれの手続で行うかが、次の問題になる。重要度が低い官に適用される判任が論外であるとしても、頼朝の征夷大将軍任命は勅任で行うほど重い人事か否か。藤原忠文の征東大将軍は奏任で済まされたが、彼は四位の参議に過ぎなかったため、正二位・前権大納言の頼朝に無条件に適用し難い、という意見が出た（これには忠親が、「就任前の地位ではなく、就任する地位で分けるべき」と反論している）。

関白兼実はさらに、「大将軍は三公（大臣）の下に位置づく」という説を挙げてこの意見を補強した。兼実は該説の出所を明示しなかったが、恐らく前漢・後漢の史書に見える制度を参照したのだろう[45]。さらに、直近の征夷大将軍の坂上田村麻呂が大納言まで昇った史実から逆算されて、〈大将軍は大納言（大臣の直下）相当〉という論理が補強されたのだろう。この論理通りなら前権大納言の頼朝に適用するのは順当だが、そもそもこの論理は朝廷の常識ではなかったらしく（その証拠に征東大将軍忠文は参議で生涯を終え、死後の贈位贈官も正三位中納言に過ぎない）、結論ありきで話を押し切ろうとする兼実の姿勢が見て取れる。

以上の過程を経て、建久三年七月二六日、征夷大将軍就任を報じる勅使が鎌倉に「征夷大将軍除書」を持参した。『吾妻鏡』が引用する「除書」の内実は除目聞書で、二〇人の任官を列記し、「建久三年七月十二日」と年月日を記して一区切りし、続けて「征夷使　大将軍源頼朝」と附載していた。この区分は、征夷大将軍が通常の除目扱いの官と異なるとあくまで主張しているが、宣旨で補するなら持参されるべき宣旨（『吾妻鏡』建長四年四月五日条に宗尊親王のケースの実例がある）が持参された形跡がないので、任命は除目で果たされたと結論してよい。

以上の通り、頼朝の「大将軍」就任を妥当であると朝廷が結論した理由が、朝廷人事システムの仕組み・整合性と直結していたことが明白なら、そこにこそ「朝（征夷）大将軍」号の社会的意義を見出す糸口を求めねばなるまい。それを踏まえて、右と直結する八年前の議論、すなわち従五位下から正四位下に直叙された寿永三年四月の議論で、「将軍」就任が具体化しかけて頓挫した理由を再検討し、もって八年後に頓挫しなかった理由・意義を探ろう。

〔史料7〕『吾妻鏡』寿永三年四月一〇日条（部分）

此事、①藤原秀郷朝臣天慶三年三月九日自六位昇従下四位也、武衛御本位者従下五位也、被准彼例云々、②亦依忠文宇治民部卿之例、可有征夷将軍　宣下歟之由有其沙汰、③而越階事者彼時准拠可然、④於将軍事者、賜節刀被任軍監軍曹之時、被行除目歟、⑤被載今度除目之条、似始置其官、無左右難被　宣下之由、依有諸卿群議、先叙位云々、

大意は以下の通りである。①頼朝が従五位下から越階（六階級特進）して正四位下に叙された今回の昇進は、藤原秀郷が将門の乱の勲功賞で天慶三年（九四〇）に六位から従四位下に越階した先例に準拠している。②実は、同じ将門の乱の勲功者藤原忠文の先例に準拠して「征夷将軍」就任を宣下すべきか、という議論も出たが、公卿群議はそれを否決した。「③秀郷の先例に基づく越階自体には、問題はない。④しかし、『将軍』とは、節刀を賜って軍監・軍曹が任じられる時に、除目で任じられるものだ。⑤今回除目でそれを任じては、あたかも初めてその官を

置いたように見え、躊躇される」と。そこで叙位に落ち着いた。

右のうち④・⑤の意味が難解だが、古代史家は〝節刀の親授〟に重点を置いて理解してきた。節刀は、遣唐使にも同様に貸し与えられた事実[46]から見て、〈天皇を代理して外部の強大な者と対峙するため遠征する者の徴《しるし》〉であったようだが、大多数の事例では賊を征伐する軍の長に与えられた。その場合、節刀授与には「この朕の剣で朕に代わって賊を征伐して来い」という含意があると、解せざるを得ない。この節刀に着目した高橋富雄は、本来なら天皇から節刀を親授されて就任すべき将軍に、遠く鎌倉にあって親授を受けられない頼朝を任ずるのは形式的に不合理で、さらに「天皇大権の内にとどまっていた軍令権が、天皇大権の外に自立する」（傍点原文通り）ことを招くので後白河が拒否したと解し、鈴木拓也もこれを踏襲して、頼朝の鎌倉在住に本件却下の理由を求めた[47]。

鈴木が指摘した通り、桓武朝の田村麻呂以降、朝敵追討における節刀授与は征東大将軍藤原忠文の一例に限られ、穢を避けたい天皇側が節刀の返納を忌んだため、節刀授与自体が廃れた。義仲の征東大将軍就任時にも節刀授与の形跡はなく、節刀授与は平安末期までに朝敵追討において枝葉末節と化しているので、高橋説のように節刀親授の有無・可否を重大視して当該問題を〈天皇大権の外部的独立≒主権割譲〉の問題と見るのは難しい。

では、何が問題なのか。もう一度史料に立ち返ろう。「於将軍事者、賜節刀被任軍監軍曹之時、被行除目歟」という④の文章は、「将軍の任命は○○の時に除目で行われる」という構造を取る。すなわち④は、節刀親授の有無ではなく、任命の時機《タイミング》を話題にしているのであり、「将軍・軍監・軍曹の任命と、節刀賜与は、同時であるはずだ」というのが文の趣意なのである。節刀は、征伐が決定して専従の将軍が任命され、戦地に赴任する直前に将軍に与えられ、将軍が戦地に持参し、都に凱旋した直後に天皇に返納されるはずだ、と。

その何が重要かといえば、節刀下賜・将軍任命が、いずれも必ず征討戦の前に行われるはずだ、という点である。承平・天慶の乱の頃まで、〈将軍は、戦争の前に、これから戦争を始めるべく任命され、戦争中だけ在任し、戦争終結とともに解任される〉地位であった。ところが、寿永三年四月現在は終戦後である。源平合戦は継続中だが、今次の昇進は寿永三年正月に頼朝が朝敵木曽義仲を討った功績の褒賞であって、対義仲戦は終結していた。その時機《タイミング》で頼朝を将軍に任命しては、「戦争が済んでから、その戦争に従軍すべき将軍が初めて任じられたのと同じになる」のでおかしい、というのが⑤の意味である（なお、鈴木は「従来のあり方を逸脱した任命は官職の新規設置と同じだ」と解したが、右に述べた通りそのような話ではない。仮に鈴木の解釈が正しくとも、以下の結論に影響はない）。

こうした将軍の伝統的態様が、寿永三年段階ではまだ当然踏襲すべきものとして公卿議定の世論に支持された。しかし、わずか八年後の建久三年、すべての戦争が終わった戦後段階で、そのあり方に反して頼朝が征夷大将軍に就任した。ということは、その征夷大将軍就任は、戦時の臨時的・一過性の職位であったはずの「将軍」を、平時の恒常的・恒久的な職位に転換して頼朝と結合するという、朝廷官制における「将軍」の扱いの大転換であったということに、気づかねばならない。頼朝の「大将軍」就任要求は、征夷大将軍の任命形態の変更という形で、個別具体的な戦争から「将軍」職を分離し、戦時／平時を問わず朝廷に常置の「将軍」を創設させる官制改革を提案し、実現させた点に、大きな歴史的意義があったといえるだろう。

その取り組みは、建久元年冬の初度上洛、建久二年正月の鎌倉幕府国政担当諸機関の発足、同年三月の二つの公家新制という、一連の事業の延長線上にあり、それらの事業の眼目は、武家法圏の態様を公家法圏の法と対応づけ、両法圏を架橋して一つの上位規範を紡ぎ出すことにあった。ならば、征夷大将軍就任も同じ眼目のもとに構想されたと見てよい。

とすれば、公家法圏における〈常置の将軍〉創設を意味する頼朝の征夷大将軍就任には、対応する武家法圏の要素があったはずだ。それが、挙兵直後から頼朝勢力内部で独自に確立されてきた長＝「鎌倉殿」に該当することは、容易に推察できよう。頼朝の征夷大将軍就任の国制史的意義とは、武家法圏内部の方言に過ぎなかった「鎌倉殿」を、〈常置の将軍〉という公家法圏の新制度で記述し直し、〈頼朝（率いる幕府）が日本国にとって何者であるか〉を、二つの法圏を跨いで明示しようとした点にある、と結論してよいのではないか。

　そして、構想上も実態上も、頼朝は天皇の隣に侍って天皇の身を護る親衛隊長ではなく、天皇から離れて天皇の国土を護る全軍の総司令官であろうとした。ならば、頼朝の肩書きには、天皇親衛隊長の「（前）右大将」より、戦地に長期滞在する「（大）将軍」が適切である。

　こうして頼朝の地位が公家法圏で明確化する利点は、頼朝側にとってどこにあったか。

　少なくとも、それは自らや幕府の合法化ではない。なぜなら、平治の乱で剥奪された頼朝の位階を寿永二年（一一八三）に後白河が回復させて以降、頼朝勢力の存在も活動も、根幹的には公家法圏において不法でないと断じ得るからである。その自明の前提の上で、〈日本国に対して鎌倉殿・幕府がどこまで義務と権利を持つか〉の線引きが、より明確になったことにこそ意義がある。

　鎌倉幕府が西国の境相論への関与を望まず、一貫して朝廷（天皇）の「聖断」に委ねてきたように[48]、鎌倉幕府には、自らの職責でない領域を切り離すための線引きを行おうとする指向性が顕著であった。それを踏まえると、頼朝の職責が、「京畿・諸国所部官司等」と協働しての「海陸盗賊・放火」取り締まりだと公家新制に明記されたことは（征夷大将軍就任後も、変動した形跡はない）、それ以外を職責として要求されない、という線引きとしても意味を有した。それは、朝廷が統治上の問題を安易に幕府に押しつけることを制限し、幕府が無限に責任を負わされる可能性を、かなり制約したに違いない。

　もう一つ考えられるメリットは、職務上必要な制度の立法に要する手間と時間を、短縮できることである。文永七年（一二七〇）、幕府は「本所一円地の私戦鎮定は本所の義務である」と宣言して、幕府への丸投げを防止した。それでも、元の侵略が現実味を帯びてきた二年後の文永九年には、軍役賦課のための諸国田文を（本所一円地か否かを問わず）守護に作成させ、文永一一年に元が侵略を開始すると「国中地頭御家人并本所領家一円地之住人等」を守護に総動員させる法を整備した(49)。無論、頼朝段階で外敵の侵略は想定されていないが、似た規模の大戦争が内乱・反逆の形で起こる可能性は、常に念頭にある。それが現実化して、往年の地頭設置のような、本所の既得権に踏み込む立法をせねばならない時に、大きな交渉や議論を経る必要性があっては、時間や労力の浪費が著しい（地頭設置の文治勅許には、軍勢を率いた北条時政の上洛という強気の交渉を要した）。ならば、あらかじめ交渉・議論の余地を減らすべく、〈鎌倉殿は「征夷大将軍」として官制上に厳然たる「朝（朝廷）の大将軍」なので、朝廷に帰属する本所一円地がその「諸国守護」の職責に協力するのは当然〉という論理を用意することには、一定のメリットがあろう。

〈戦時にあらかじめ備える〉というこの姿勢は、幕府の基本属性として重要である。

源平合戦期まで、〝（唯一の）常置の将軍〟といえば鎮守府将軍であった。鎮守府将軍は、征夷大将軍が同じ性質を獲得する際に必ずや準拠されたはずであり、この両者の準拠関係にこそ、征夷大将軍常置化について本章で触れるべき最後の情報がある。

最末期の鎮守府将軍歴代を見ると、藤原秀衡は武士といえるが、藤原範季（院近臣）・藤原基成（藤原秀衡の舅）らは武人でない。そうした者にも務まる鎮守府将軍は、実態上は平時の職であった。しかし、鎮守府将軍が平時にも置かれ続けたのには、固有の理由がある。

鎮守府は、九世紀初頭に陸奥出羽按察使だった坂上田村麻呂が胆沢城を築いて以降(50)、胆沢城にあった。胆沢は「胆沢之地、賊奴奥区」「所謂胆沢者、水陸万頃、蝦虜存生」等といわれた陸奥奥地の蝦夷の勢力圏であり、「官軍薄伐、闢地瞻遠」と嘆かれた、国府多賀城からの遠さに起因する征夷の停滞を克服するため、坂東諸国から浪人四〇〇〇人を移住させて城砦都市化させた、蝦夷と睨み合う最前線であった[51]。胆沢方面の平定は平安初期に進んだが、それでも弘仁五年《八一四》に陸奥国司が「胆沢・徳丹二城、遠去国府、孤居塞表、城下及津軽狄俘、野心難測、至於非常、不可不備」と進言している。胆沢城は国府多賀城から遠く、蝦夷勢力圏の最前線に孤立しており、しかも胆沢城近辺や津軽の蝦夷が武装蜂起する「非常」事態を常に想定して備え続けていた。この〈戦争中ではないが、明日にでも起こり得る反乱に対処できるよう戦争準備を解除しない〉という胆沢城の環境こそ、そこに常置された鎮守府将軍の存在意義の根幹にある。換言すれば〈平時が胚胎する戦時に備える〉こと、いわば〝準戦時態勢〟にあることが、鎮守府将軍の特質であった。

　頼朝を史上初の常置の征夷大将軍にする試みは、直近のこの鎮守府将軍の態様を参照し、整合が図られた上で果たされただろう。しかも、文治五年《一一八九》の奥州藤原氏の滅亡後、頼朝が御家人を奥州惣奉行に任命して治安維持を担えるようになったため、鎮守府将軍は（建武政権で復活するまで）不在になった。ならば、三年後に常置化された征夷大将軍は、〈唯一の常置の将軍〉という地位を鎮守府将軍から引き継いだに等しい。

　奥州藤原氏滅亡の直後に頼朝が「朝大将軍」たる自覚を京都で表明し、一年半後にそれを征夷大将軍就任の形で果たしたことは、従来の鎌倉殿の実態に、朝廷官制（鎮守府将軍の態様）を結合させて、新時代の、日本全国をカバーする〈唯一の常置の将軍〉として、法的に自己の地位を公家法圏で定位する構想の現れであった、と結論できるであろう。

　重要なのは、鎮守府将軍のように平時も常置される将軍を設定したことによって、その〝平時〟が純粋な平時でなく、不測の戦時突入を常に念頭に置いた危うい〝平時〟とされた点である（初度上洛前年の奥羽の大河兼任の乱は、その現実性を裏づけている）。これにより、頼朝は〈鎌倉殿とその家人集団は、平時でも潜在的な戦時に備えるために必要な地位と組織〉だと主張できる。それは、戦時に生まれ、戦争遂行のためだけに成長・存立してきた末に、今さら解体できない幕府を平時に存続させるためのレトリックとして最適であった。〈完全な平時などなく、戦時はいつも身近に潜んでいるのだ〉と危機感を煽る形で、頼朝は朝廷に〝平時〟の定義を変えさせた、といえよう。天下が謳歌する平時にも、幕府だけは戦時態勢を解除せず準戦時態勢を継続する。それを公家法圏で法的な（官制上の）職責とすることで、幕府は日本国に恒久的に必要な常備軍と読み替えられ、存続が正当化された。

幕府が、そのレトリックで自ら生み出した〝終わりなき潜在的戦時〟に自ら身を置き、そのまま不可欠の自己規定《アイデンティティ》に取り込んだ証拠は、複数ある。約三〇年後の貞応三年（一二二四）、北条義時が没した直後、頼朝の後家で事実上の鎌倉殿であった北条政子が、執権泰時・連署時房に「相州（時房）・武州（泰時）、為軍営御後見、可執行武家事」と命じた事実は、その最たるものである（六月二八日条）。〈執権・連署は、将軍率いる「軍営」の後見者として幕府政治を取り仕切る〉というこの構図の大前提に、〈幕府は「軍営」である〉という定義が含まれている。さらに約二〇年後の寛元四年（一二四六）、執権継承直後の北条時頼は、六波羅から相談役として北条重時を呼び戻そうとした時、「短智一身扶軍営之政、頗不自専怖畏」と語っている（九月一日条）。〝戦争に備えた日本国（朝廷）常備軍の中核拠点《ベースキャンプ》〟を含意して、〈幕府は「軍営」である〉という理念的定義は強固であった。

その理念を初めて、頼朝自身が朝廷に表明し、受諾された画期であることに、建久元年の初度上洛の意義がある。しかも、勅使河原拓也によれば、入京前後の、京都・鎌倉間の往還の行程自体が重要な国制史的意味を持っていた。すなわち、朝廷の地方統制が崩壊した内乱後、東海地域（遠江以西）は駿河以東と違って幕府の直接支配が行き届かず、現地勢力や半独立的勢力（安田義定等）が自専する傾向にあった。そこに、大軍を率いる頼朝が上洛途上で臨み、不法行為を断固処断すると同時に、現地の主導的勢力から現地武士を切り離し、再編成し、国家に奉仕させる（大番催促等）形で統轄・使役した。それは、頼朝が当該地域の実効支配を進展させる好機であったが、同時に、〈頼朝が後白河の勅命を執行できる（かつ、執行すべき）事実上唯一の適任者〉だというアピールに貫かれていた、と勅使河原は指摘する。[52] 圧倒的軍事力で平時の治安維持活動を国家（朝廷）に対して、というよりもむしろ君主（後白河）その人に寄り添って執行するこの形こそ、準戦時態勢の「軍営」を率いて「朝大将軍」の内実であることを、頼朝は実践し、可視化してみせたのである。

上洛直後の建久二年の下文更改と、建久二年三月公家新制と、建久三年の征夷大将軍常置化・就任は、公家法圏におけるその理念的態様の法的な完成であり、その意義は武家法圏における実態・法的事実を公家法圏と接続・マッピングして、両法圏を包括する上位の法的規範（佐藤のいう〝国法〟）の下に整合・統合させた点にある。

筆者は、その完遂が法のみによっては完結しなかった事実を強調したい。右一連の手続きを始動させた初度上洛に、建久二年元日垸飯が結合されて画期的進化を遂げたからである。前章で述べたことだが、本章の重要な結論と関わる部分のみ、煩を厭わず再説したい。

その垸飯では史上初めて、付帯する進物に、従前の剣・馬に加えて調度（弓矢）・行縢・砂金・鷲羽が現れ、うち弓矢・行縢は以後定例化した。〈我々は何者か〉を幕府自身が（再）定義することを最大の役割とした幕府垸飯の本質を鑑みれば、それは間違いなく、右一連の手続きによる鎌倉殿（率いる幕府）の変容と連動した、新たな自己規定《アイデンティティ》の表明であった。

行縢は狩装束であり、弓矢の矢が野矢ならそれも狩装束、征矢なら戦装束だが、いずれにせよ、弓矢と行縢は騎射装束である。武士であることを「携弓箭之輩」「携弓箭之習」等といい、[53] あるいは「携弓馬之者、為敵被虜、強非恥辱」「為六孫王之余苗掌弓馬」「出累葉弓馬之家」等といったように、[54] 弓矢や騎射装束は武士の自己規定《アイデンティティ》を最も代表する象徴的アイテムであった。それらが建久二年元日垸飯から進物として登場し、以後定例化した事実は、その垸飯によって締め括られた建久元年初度上洛において頼朝が自称し、建久三年の征夷大将軍就任で完成した「朝大将軍」化と、よく照応している。

頼朝の「朝大将軍」化は、法的には建久二年正月半ばの下文更改と同年三月の公家新制制定まで時間を要し、官制上の確定は建久三年の征夷大将軍就任まで遅れ、その間は法制上、宙に浮いていた（本章初出時には論じ損ねたが、このタイムラグは、後白河の猜疑心を刺激して波風を立てることを損と見た頼朝が、遠からず訪れるであろう、そして現にそうなった後白河の寿命の滅尽を待とうと判断した結果であることが、初度上洛時に摂政九条兼実に語った内容から明らかである）(55)。しかし、鎌倉殿と幕府が変容したにもかかわらず、そのことが幕府の当事者たちに宣言・周知されない期間が長いのは望ましくなく、その告知は急がれたであろう。上洛から帰還した直後（翌日）に、かつ年始垸飯の通例でない一年の初日に、進物に弓矢・行騰を加えて定例化させた新型の垸飯は、かかる事情から計画・実現されたと推断できる。

その建久二年元日の垸飯の大規模整備は、法が担いきれない自己規定行為《アイデンティフィケーション》を礼が真っ先に果たした現象であり、それは、〈幕府とは何者か〉を定位・表現する課題に史上初めて直面した頼朝勢力が、それを実現可能な媒体《メディア》を模索し、極限まで活用・転用を試みた形跡であると評価できる。その自己規定行為は、鎮守府将軍に学んだ、〝見なし戦時〟というべき準戦時態勢を日本国に恒久化させるという、社会観・国家観の書き換えと表裏一体であった。それらを経て、朝廷と頼朝は、〈鎌倉殿は、本朝の守護者たる唯一の弓射騎兵団としての傍輩連合体の総帥だ〉という定義を、法・礼を包括する最上層の規範に組み込んで共有したのである。

## 結論と展望

本来、幕府内部で傍輩関係を確認する自己規定行為《アイデンティフィケーション》であった垸飯儀礼は、こうして外部に対する幕府の立ち位置を表現する役割を担い始めた。法として言語化して表現できる要素は法の領分で、そうではなく五感を介して直感的に伝達するのが最適な理念的要素は礼の領分で分業させる、という形が、頼朝の初度上洛を機に、飛躍的にシステム化された。

かくして確立した規範としての法と礼の二本柱は、柱というより、二本の鎖が独立しつつも絡み合って、別角度から同じ情報を表現しながら一つの大きな情報の流れ（国家の設計図）を紡いでゆく印象を与え、その意味でＤＮＡの二重螺旋のイメージに近い。

公武両政権を架橋して一つの日本国を完成させる重大・不可欠の役割を、儀礼に与えたのは鎌倉幕府の独創的業績であった。それは、〈既知の鎌倉幕府を再起動する〉と表明しさえすれば、何が起こるかが万人に了解された室町幕府と違い、未知（史上初）の地位・組織を言語化・概念化・可視化するという、比較にならない重い課題に促された発明である。

右を踏まえると、前後の時代にも若干の展望が見えてくる。一つは、頼朝勢力が克服した直近の武士政権、すなわち平家政権についてである。

右の通り頼朝勢力が礼に重大な役割を最初から与えたことは、畢竟、彼らが反乱軍として、すなわち公家法から零れ落ちる形で発足し、既存の法を地位向上の足掛かりとする機会を持たなかったことに由来する。鎌倉幕府の儀礼体系は、かかる彼ら固有の事情に基づき、〈既存の法圏を相対化し、別の法圏を創造し、しかも整合的に両者を融和する〉という困難を極める要請に応えるべく生まれた側面が大きい。一方、勃興から滅亡まで既存の朝廷官制・法制の恩恵を受け続け、都落ちしても最後まで安徳天皇を手放さず公家法圏と心中した平家は、遂に右の課題と向き合う機会を持たず、かかる独自の儀礼体系を創造する必然性を持たなかったし、創造した形跡も見られない。

専ら政治史・権力論から論じられる両政権の異同、特に平家政権を〝幕府〟と見なすか否かという論争(56)等は、視野を礼制にまで広げれば新展開を期待できる可能性が高い。礼が法・政治に対して（独立的に、あるいは協調的に）果たす意義が、鎌倉幕府においては自己の存立に関わる決定的重要性を担ったが、平家政権においては違う。最終的な〈国家の軍事部門の統轄者〉という外皮を同じくしても、礼制史的に評価する限り、両政権は全く別物であったはず、という見通しを、現段階において得られるのである。

いま一つ、〈鎌倉殿とは何か〉問題のその後の展開についても、一定の展望を示せる。

かつて佐藤進一が指摘した通り、頼朝は晩年、大姫を後鳥羽に入内させ、儲けた皇子を鎌倉の主君に迎える構想を持っていた可能性が高い(57)。また、坂井孝一が確認した通り、子宝に恵まれない実朝の晩年には、実朝と幕閣（北条義時・政子・大江広元ら）や後鳥羽院の総意として、やはり後継者に後鳥羽の皇子を迎える案が固まっており(58)、実朝横死後に実際に朝廷に対してその通り申請された。その申請は、「イカニ将来ニ、コノ日本国、二ニ分ル事ヲバシヲカンゾ」（『愚管抄』巻第六）という後鳥羽の反感によって却下され、妥協案としての摂家将軍が成立したが、建長四年（一二五二）に時頼政権が断行した宗尊親王の将軍嗣立により、遂に実現する。

宗尊の嗣立により、鎌倉殿は治天の子（天皇の兄）となった。あらゆる紐帯の中で血族関係は最も単純明快、わけても親子・兄弟関係はその最たるものであって、すなわちこれ以上単純明快な朝幕間関係はない。それは、〈鎌倉殿とは何者で、朝廷といかなる関係にあるか〉について朝幕双方が悩み続け、五里霧中で試行錯誤を重ねた幕府草創期の対極にある関係といってよい。

幕府は親王将軍擁立によって、従来の鎌倉殿の定義に、〈本朝の守護者たる唯一・至高の弓射騎兵団の総帥で、ある皇子〉と傍点部を付加し、社会全体に対する幕府の立ち位置を史上最も明快で安定的なものとした。それは鎌倉殿・幕府が一つの最高規範を背景にしながら公家法圏内で定位された開始点（建久元年の頼朝上洛）に対置すべき、その終着点といえよう。

以上のように結論・展望される一方で、論じ残した課題も多い。中でも気になるのは、夙に知られてきた通り、建久七年（一一九六）以降、頼朝の政所下文の書き出し文言が、「将軍家政所下」から「前右大将家政所下」に戻ってしまう現象である。それは、建久五年に頼朝が征夷大将軍の辞表を出したという重大な事実と無関係ではあり得ず、本章の終着点として論じた征夷大将軍就任の構想が、わずか数年で大転換した可能性を示唆する。佐藤の指摘通り、頼朝が次期将軍を後鳥羽と大姫の間の皇子に望んでいたのなら、頼朝の征夷大将軍辞任は、前年の建久六年に行われた、大姫入内工作を主目的とする二度目の上洛の影響である可能性が予想されるが（賛否が分かれている[59]）、詳細の解明は後日を期したい。

（1）石井進ほか編『中世政治社会思想 上』（岩波書店、一九七二）「解説」（石母田正執筆）六四一頁以下。

（2）別稿1＝桃崎有一郎「建武政権論」（『岩波講座日本歴史 第7巻 中世2』、岩波書店、二〇一四）、別稿2＝同「中世後期における朝廷・公家社会秩序維持のコストについて」（『史学』七六―一、二〇〇七）、別稿3＝同「鎌倉殿昇進拝賀の成立・継承と公武関係」（『日本歴史』七五九、二〇一一）、別稿4＝同「昇進拝賀考」（『古代文化』五八―Ⅲ、二〇〇六）、別稿5＝同『室町の覇者 足利義満』（筑摩書房、二〇二〇）。

（3）石井進『日本の歴史7 鎌倉幕府』（中央公論社、一九七四）二〇五頁。

（4）佐久間広子「『吾妻鏡』建久二年正月垸飯について」（『政治経済史学』四四六、二〇〇三）。

（5）『武家年代記』裏書元弘三年条。

（6）『相顕抄』（鎌倉将軍次第）成良親王の条。異説に『将軍執権次第』元弘三年条の二八日説、『鎌倉大日記』の二四日説がある（以上『大日本史料』六―一―三二九頁以下所載）。

（7）建武元年一二月二四日栄憲大番〔垸飯〕用途請取状（「覚園寺所蔵戌神将胎内文書」、『神奈川県史 資料編3古代・中世3上』三一九九、『南北朝遺文 関東編』一―一八八）に「みやうねん（明年）正月御わうはん（垸飯）ようとう（用途）」と見える（「わうはん」を「大番」に宛てるのは誤り）。

（8）別稿2-九頁。訓は『宣胤卿記』永正一四年正月九日条に「刷《カイツクロフ》衣装」と見える。動作の強調を意味する「搔き」＋「つくろふ」の複合語の音便化であろう。

（9）前掲注（4）佐久間論考は、整備の契機を奥州合戦・上洛で接した奥州藤原氏・京都文化の影響に求めた。しかし、幕府が奥州進駐時に建造物・重宝に驚いた事実はあっても、垸飯慣行が確認できない奥州藤原氏文化の影響を垸飯整備に見出すのは飛躍である。頼朝が平治の乱まで京都に住み、東国御家人も都鄙間往来を繰り返した以上（野口実『鎌倉の豪族Ⅰ』〔かまくら春秋社、一九八三〕、山本隆志『東国における武士勢力の成立と展開—東国武士論の再構築—』〔思文閣出版、二〇一二〕所収諸論考〔「宇都宮朝綱の在地領主化」「関東武士の都・鄙活動」等。研究史は「序章」に詳しい〕）、建久元年の上洛は頼朝と京都文化との特別な接触ではないし、元来、垸飯慣行は朝廷由来（本書第一章）である。また佐久間は、翌正月二日条に「御垸飯」と見え、「垸飯は元来家来が主人に献ずるものであるから「御」が付くことはおかしく」（三〇頁）、そこに北条氏に不都合な史実の隠蔽を想定するが、「御垸飯」は形式的受納者たる主人への敬意で、建長三年ヵ正月六日長専書状（鎌一〇-七二七九）・同五年一一月三〇日長専書状（鎌一〇-七六八五）・同八年三月一五日茂木知宣置文（鎌一一-七九七七）・文保二年一〇月六日新田義貞在家畠売券案（鎌三五-二六八〇三）等の同時代史料に用例があり、異とするに足りない。

（10）上横手雅敬a「建久元年の歴史的意義」（『鎌倉時代政治史研究』、吉川弘文館、一九九一、初出一九七二）一五六頁以下、同b「鎌倉幕府と公家政権」（同、初出一九七五）一四頁以下。

（11）滑川敦子「鎌倉幕府における正月行事の成立と発展」（上横手雅敬編『鎌倉時代の権力と制度』、思文閣出版、二〇〇八）一八五頁。

（12）杉橋隆夫「鎌倉右大将家と征夷大将軍」（『立命館史学』四、一九八三）。

（13）保立道久「日本国惣地頭・源頼朝と鎌倉初期新制」（『国立歴史民俗博物館研究報告』三九、一九九二）五六頁。

（14）前掲注（10）上横手論考a一六一頁、河内祥輔『頼朝の時代』（平凡社、一九九〇）二二三頁。

（15）遠城悦子「建久元年の源頼朝上洛に関する一考察」（『法政史学』四四、一九九二）六〇頁。

（16）その間の両政権の立場については前掲注（14）河内著書六五頁以下、六七頁以下等を参照。

（17）前掲注（15）遠城論考六〇～六六頁。

(18) 建久元年一二月一〇日源頼朝御教書案（「石清水文書」、㊦一－四九六）。
(19) 前掲注(10)上横手論考ａ一五五頁。
(20) 前掲注(10)上横手論考ａ一五六頁。
(21) 上杉和彦「鎌倉将軍上洛とその周辺」（『鎌倉幕府統治構造の研究』、校倉書房、二〇一五、初出一九九一）一四六頁以下。
(22) 佐藤進一ほか編『中世法制史料集　第六巻　公家法・公家家法・寺社法』（岩波書店、二〇〇五）三二～四八条、五二～八七条。
(23) 前掲注(21)上杉論考一四六頁。
(24) 佐藤進一『日本の中世国家』（岩波書店、二〇〇一、初出一九八三）八七頁以下。
(25) 建久二年二月二一日前右大将家政所下文（「信濃下諏訪神社文書」、㊦一－五一一）。
(26) 「禅定従二位家《近衛家実》政所下」という実例がある（「和泉淡輪文書」、㊦六－三七四七）。
(27) 前掲注(24)佐藤著書九九～一〇〇頁。
(28) 石井良助「鎌倉幕府職制二題」（『大化改新と鎌倉幕府』、創文社、一九五八、初出一九三二）八九頁以下。
(29) 工藤勝彦「鎌倉幕府による安堵の成立と整備」（『古文書研究』二九号、一九八八）、川合康「奥州合戦ノート―鎌倉幕府成立史上における頼義故実の意義―」（『鎌倉幕府成立史の研究』、校倉書房、二〇〇四、初出一九八九）一八七頁以下。
(30) 川合康「鎌倉幕府荘郷地頭制の成立とその歴史的性格」（前掲注(29)著書、初出一九八六）一一六頁。
(31) 前掲注(28)石井論考、前掲注(10)上横手論考ａ一六三頁以下、前掲注(12)杉橋論考一八頁以下。
(32) 文治元年九月五日条・同三年二月二八日条・四月一四日条。
(33) 文治二年正月八日源頼朝下文（「島津家文書」、㊦一－三六）。
(34) 「肥前武雄市教育委員会蔵感状写」「肥前松浦山代文書」「正閏史料外編一」（『鎌倉遺文』四三－五〇一二七、同二一－五九三、同五九四）。
(35) 木村茂光「富士巻狩りの政治史」（『初期鎌倉政権の政治史』、同成社、二〇一一、初出二〇〇七）一四八頁以下。

（36）前掲注（34）三点目の文書。

（37）延応二年三月一八日関東御教書（『式目追加』、㊙八-五五三五）。

（38）以上二点とも「松平基則氏旧蔵文書」（㊙二-六一八・六一九）。

（39）『吾妻鏡』正治元年二月六日条。前掲注（24）佐藤著書八六頁をも参照。

（40）前掲注（10）上横手論考ａ一五六頁。

（41）前掲注（13）保立論考二〇頁。石井進『日本中世国家史の研究』（岩波書店、一九七〇）三一三頁が承久四年（一二二二）正月日僧蓮慶譲状案（『薩藩旧記』一二栗野士神田橋氏文書、㊙五-二九二三）の「件職者、鎌倉故□大将家始令補日本国地頭職之給志御代之初、忠久左衛門尉殿任当御庄地頭御代官職、奉行廿年」の傍点部を「日本国地頭職に補せしめ給し」と訓んで頼朝の日本国惣地頭職補任の徴証としたが、「に」ではなく「を」と訓むべき可能性が残る。むしろ「之」を「を」の誤写と見てそう読む以外に、当該文は読み下せないのではないか。

（42）櫻井陽子「頼朝の征夷大将軍任官をめぐって―『三槐荒涼抜書要』の翻刻と紹介―」（『明月記研究』九、二〇〇四）。

（43）下村周太郎「「将軍」と「大将軍」―源頼朝の征夷大将軍任官とその周辺―」（『歴史評論』六九八、二〇〇八）。

（44）『玉葉』治承五年正月一九日条。

（45）『漢書』によれば前漢の総司令官は太尉であったが、武帝が元朔五年（前一二四）にその地位を大将軍と改称して衛青を任じ、元狩四年（前一一九）に大司馬の位を置いて大将軍衛青を大司馬大将軍に任じ、以後、前漢末まで霍光・王鳳・商復と三人の就任者が続いた（衛青伝、霍去病伝、百官公卿表上-太尉、同下-太尉・大司馬-元狩四年）。前漢の官では、最上位の第一群（相国・丞相・大司徒・太師・太傅・太保）に次いで尊い第二群としてこの太尉（大将軍）・大司馬があり（百官公卿表下）、なおかつ第一群の末尾三者が「太師・太傅・太保、是為三公」と定義された（同表上）。これらを総合すると、漢官では〈大将軍は三公の直下に位置づく〉と結論し得る（『後漢書』百官志一-将軍にも、武帝が衛青を尊ぶため三公に比肩する地位として大司馬を置いたとある）。ただし、（大）司馬そのもの（と司空・司徒）を三公とする説もあり（『後漢書』徇吏列伝-任延李賢注、百官志一-司空-李賢注所引韓詩外伝）、中国でも理解に動揺がある。

（46）『日本紀略』延暦一二年四月壬午条・五月辛未条等。

(47) 高橋富雄『征夷大将軍―もう一つの国家主権―』(中央公論社、一九八七)五二頁、鈴木拓也「古代における将軍の展開と変質―天慶の征東大将軍藤原忠文をめぐって―」(『ヒストリア』二八一、二〇〇九)六一頁。

(48) 貞永元年閏九月一日鎌倉幕府追加法四二条、元亨二年六月尾張堀尾荘雑掌良有申状案(「書陵部本参軍要略抄裏文書」、㊞三六-二八〇八一)等。

(49) 文永七年八月二九日の追加法四四五条、同九年一〇月二〇日追加法四四九・四五〇条、同一一年一一月一日追加法四六三条。

(50) 『日本紀略』延暦二一年正月九日条、『日本後紀』同年四月一五日条(『類聚国史』一九-俘囚所引)。

(51) 『続日本紀』延暦八年六月九日・七月一七日条、『日本紀略』同二一年正月一一日条。

(52) 勅使河原拓也「治承・寿永内乱後の東海地域における鎌倉幕府の支配体制形成―頼朝上洛に着目して―」(『年報中世史研究』四二、二〇一七)。

(53) 寿永三年二月二五日条、建久三年一二月一一日・正治二年二月六日条。

(54) 寿永三年三月二八日条、文治元年一〇月六日条、文治二年三月二六日条。

(55) 桃崎有一郎『平治の乱の謎を解く――頼朝が暴いた「完全犯罪」』(文藝春秋、二〇二三)第一五章。

(56) 髙橋昌明「六波羅幕府という提起は不適当か」(『日本史研究』五六三、二〇〇九)等。

(57) 前掲注(24)佐藤著書一〇五～八頁。

(58) 坂井孝一『源実朝――「東国の王権」を夢見た将軍』(講談社、二〇一四)二三〇～二頁。

(59) 将軍辞任の事実は前掲注(28)石井良助論考。石井進『日本の歴史7　鎌倉幕府』(中央公論社、一九七四)二三三頁以下はこれを大姫入内問題と関連づけているが、杉橋隆夫「鎌倉前期政治権力の初段階」(『日本史研究』一三一、一九七三)三三頁以下は否定している。

# 第二部　執権政治期鎌倉幕府の儀礼

## ――一揆型組織への転換――

# 第四章　鎌倉幕府垸飯儀礼の変容と執権政治

## ——北条泰時の自己規定と傍輩・宿老・御家人——

### 緒言

鎌倉幕府の年始垸飯においては、源頼家・実朝期に北条時政・義時父子が沙汰人に進出し、執権政治成立と並行して一つの転換があったことが明瞭である。八幡義信によれば、元仁元年（一二二四）の泰時・時房体制の発足後に執権・連署が沙汰する形態が確立し、連署不設置の仁治二年（一二四一）〜宝治元年（一二四七）は執権経時・時頼のみが沙汰人を勤めた。時頼は康元元年（一二五六）の執権引退後も元日垸飯を沙汰し、「家督幼稚之程眼代」（『吾妻鏡』〔以下、同書による場合は典拠を略す〕同年一一月二二日条）たる執権長時を経由せずに、連署時宗単独での沙汰へと接続する。また、時頼期には垸飯参仕御家人から御行始供奉人が選出され、時頼が「御家人統制の手段として垸飯献儀を利用していた」[1]と評価された。

右を踏まえて、村井章介は「垸飯沙汰人が幕府内諸勢力の変遷を忠実にトレースしている」[2]と執権政治権力の伸長過程を見出し、盛本昌広も、嘉禄三年（一二二七）元日（頼経将軍宣下後の最初の正月）に執権泰時が垸飯を沙汰すると同時に御行始を迎えた事実と総合して、両儀礼が同一主催者の下に一体化したとし、時頼の垸飯・御行始の勤仕資格が執権ではなく得宗の地位に基づいており、「泰時や時頼による二つの年頭儀礼の独占は得宗権力の伸長を端的に表現するもの」と評価した[3]。垸飯奉仕者の詳細な時系列的分析を行った永井晋が、源頼朝の没後、垸飯は将軍―御家人間の主従関係確認儀礼から「北条氏を中心とした鎌倉幕府の秩序を再現する儀礼」に変容したと総括したことは、上記諸研究の到達点・共通認識を端的に表している。(4)近年では滑川敦子も、「北条氏権力の確立が緊急的な政治課題」であったために幕府年始儀礼の催行順が整備されたとし、垸飯が年始最初の行事に固定化されたのは、北条氏が「毎年一日・二日の沙汰を務め続けることで自らの地位の正統性を確保しようとしたためである」と論じ、さらに鶴岡八幡宮を場とする幕府儀礼について「従来戦勝祈願の場であった鶴岡を幕府儀礼の場に転化し、儀礼を通じて御家人を臣従させようとしたのかもしれない」として、〈北条氏が御家人を服属させる手段〉という評価が幕府儀礼一般に拡張された。(5)

しかし、本書第一章で論じたように、垸飯の圧倒的多数が摂関政治・院政期に〝傍輩関係の紐帯を確認する饗応〟へと収斂していた（例外事例にも、服属儀礼と断じ得るものは皆無）。したがって、幕府垸飯を執権・得宗による御家人支配強化過程の反映とする上記諸先学の理解は、自ずから再考を要する。加えて、八幡が「御家人統制」という表現に含意したであろう体制、すなわち時頼が御家人の進退を任意に統御できる体制を、垸飯が維持・強化したとされる仕組みや、執権による体系的な年始垸飯運営が「北条氏権力の確立」に資する仕組み、また将軍・執権が儀礼を通じて御家人を臣従させる仕組み等は、いずれも具体的に論証されたことがない。滑川の指摘通り、実朝期頃に正月儀礼の順序が垸飯を筆頭に定型化したとしても、その礼制史的評価は、所与の政治史的通念から演繹的に逆算するのではなく、当該期垸飯の具体的な運営形態から帰納的に導かれる必要がある。

## 一　垸飯沙汰人決定の原理と「傍輩」「宿老」

議論の前提として、右に言及した永井の研究とそこで示された詳細な表に基づき、年始垸飯沙汰人と指揮下の三役（剣役・調度〔弓箭〕役・行騰役）が北条氏に独占されてゆく傾向を確認しておこう。

①頼朝期には三役以下の奉仕者全体が沙汰人一族で構成され、頼家期には時政が沙汰人に進出したが、なお三役は北条氏でなく、それら両形態が義時執権期まで過渡的に併存した。

②泰時執権期の安貞二年（一二二八）以降は、沙汰人・三役のうち三つ以上を北条氏が占める例が半数近くに急増した。三浦義村が正月三日沙汰人を勤めたその前年を、永井は「この年が有力御家人が垸飯沙汰人を勤めた最後の年である」（二三四頁）とするが、永井作成の表一に拠れば、その後も足利義氏・同頼氏が確認される（永井は彼らを源氏一門として別格扱いし、有力御家人には数えない立場と推察される）。

③泰時執権期の仁治二年（一二四一）以降は、原則として、元日沙汰人が北条氏家督に固定される（前項同様に、足利氏は例外的に確認される）。

④沙汰人の態様においては、人と勤仕日との対応関係が固定化した。他方で、剣役が特定人物に集中する等、人選原理は役ごとに異なった。

⑤人選原理は、時頼執権期に明確化した。すなわち、沙汰人は、得宗・執権・連署かそれに準ずる北条・源氏。剣役は、引付頭人か源氏。調度役は、北条氏か評定衆級の御家人・幕府吏僚（文応元年（一二六〇）以後は北条氏独占）。行騰役は、評定衆・引付衆級の御家人・幕府吏僚。

⑥元日の沙汰人・三役は、得宗・引付頭人・評定衆に固定され、最も高い格式に設定される。わずかな例外（足利氏の正月三日垸飯の沙汰）を除き、大部分の主要役を北条氏が独占してゆく。

以上から永井は、執権政治期においては元日沙汰人を頂点として、所役・勤仕日が御家人秩序と対応した、と結論した。特に、安貞二年〜仁治元年の元日沙汰人が執権泰時ではなく連署時房であり、時房が上位で泰時が下位であると主張する『関東評定伝』記載の序列と一致するとの指摘（二一五頁）は、ある秩序と年始垸飯の役が、間違いなく整合的であった事実を示す。また、「人選の基準が慣例として幕府の構成員に受け入れられた段階で、垸飯儀礼に列席した人々は儀礼の中に投影された鎌倉幕府の秩序を読み取ることができ、幕府上層部の権力構造を体験することができた」（二三三頁。傍点引用者）という永井の評価は、特に傍点部に即して肯かれる。

ただし、かかる理解には三つの問題が残る。第一に、垸飯儀礼に投影され列席者が体験した秩序が、儀礼の目的か、それとも結果に過ぎないかは、いずれにせよ論証を要する。仮に永井の説く効果を垸飯が果たしたにせよ、北条氏がそれを自覚的にもたらしたか否かは定かでない。

第二に、〈垸飯＝主従儀礼（服属儀礼）〉という理解に依拠している。頼朝没後の幕府主導権の変動に伴い、垸飯が将軍—御家人間の主従関係確認儀礼から「北条氏を中心とした鎌倉幕府の秩序を再現する儀礼」（二三三頁）に変容したという永井の政治史的評価は、垸飯がそもそも主従関係確認を含意しない（本書第一章）以上、再考を要する。むしろ、沙汰人・享受者が皆傍輩である垸飯において北条氏が沙汰人を独占することは、〈北条氏が御家人の傍輩である〉という秩序を主張している、と見なければならない。

第三に、儀礼一般の外形に姿を現す秩序（らしきもの）が、忠実に実際の政治的権力の反映であったか、換言すれば、儀礼・秩序・権力がそのような関係にあったか否かが、自明でない。時系列的な先後関係が序列を表現し得た前近代社会において、元日から毎日替わる年始垸飯沙汰人の態様は、一つの序列を示す印象を与える。しかし、例えば後述の建久元年（一一九〇）の頼朝初度上洛時の行列では、先陣畠山重忠が時系列的に最初に行き、後陣千葉常胤が最後に行ったが、常胤は御家人中最下位どころか先陣重忠とともに御家人を代表する立場にあった。行列の各パート内の順序や席次等と異なり、垸飯を沙汰する順序が厳密な意味での〝序列〟であるという保証、特にそれが御家人を政治的権力・地位の高い順に並べた結果である保証がないのである。

そして根源的問題として、上記儀礼観の大前提、すなわち〈不可視だが整合的な秩序がただ一つ、確実かつ恒常的に存在し、随時可視化できる〉というテーゼが、そもそも歴史学を含む諸科学で証明されていない。本書序論で論じたように、儀礼の場において可視化された秩序は、権利・権力・権威や資格・職位の有無等から機械的に導かれる唯一の秩序ではない。それは秩序を構成する（と信ぜられ、しばしば相互に矛盾を含む）多次元的な局所的諸関係を、一次元の序列へと強制的に変換する判断——すなわち統合のあり得る形の一つに過ぎない（そこには恣意・ランダムさが不可避的に介在する）。交名等に現れた可視的秩序は、他のすべてのあり得た可能性と全体の完全な整合性を犠牲にして、強制的かつ近似的に一次元の秩序に統合・表現されたものである。したがって、元日垸飯沙汰人の勤仕のような何らかの順序が可視化された事実から推知できる情報は、〈「『決定権者がその順序を適切と信ずる』というメッセージを発信するのが適切だ」と決定権者が判断し、致命的な反発なく受容された〉という、やや込み入った情報となる。

以上を念頭に置き、かつ永井が明らかにした、泰時期における垸飯の外形の急速な転換を踏まえるならば、立てるべき設問は次の形になろう。〈北条氏家督が元日垸飯沙汰人を独占化する傾向が適切だと信ずる〉とアピールしよう、という泰時の判断は、いかなる要因・仕組みに導かれたか、と。そして、その問いは必然的に、元日垸飯を沙汰することは何を意味するか（それは序列の反映か）、という問いを含むことになる。

右の設問に答える糸口は、幕府初期における異例の催行事例に見出される。文治五年（一一八九）九月一二日、奥州合戦の勝利が見えた頼朝は、陸奥国岩井郡厨河に居宅を定めた。それに関して同日条に「今日工藤小次郎行光献盃酒垸飯、是於当郡者行光依可拝領、別以被仰下之間及此儀云々」と記録され、勲功賞としてこの居宅が所在する岩井郡を給与される内定を得た工藤行光に、頼朝が特に命じて盃酒垸飯を用意させたという。垸飯の場が拝領予定地であることを重視した盛本は、これを客人歓待たる「駄餉」と、恩領給付に伴う義務という、二重の意味を持つ奉公と位置づけた[6]（『吾妻鏡』において、「駄餉」とは、将軍滞在先の領主による食膳献呈を指す）。

しかし、七月二五日条に「二品（頼朝）着御于下野国古多橋駅、……其後入御御宿、于時小山下野大掾政光入道献駄

餉」とあるように、『吾妻鏡』の奥州合戦部分は「垸飯」と「駄餉」を書き分けている。決定的なのは安貞二年六月二六日条で、そこでは「武州被献垸飯、又長江四郎以下進御駄餉」と明瞭に書き分けられているので、両者は同じ儀礼ではない。奥州合戦で唯一の事例である右の「駄餉」が合戦遂行中の「御宿」短期宿泊に伴う饗応であるのに対し、主要な戦闘終了後の、臨時・短期的とはいえ居宅の設定（「被定御館」）に伴ってなされた九月一二日の垸飯は、むしろ治承四年（一一八〇）の鎌倉新造第落成に伴う垸飯の同類型（新段階祝賀型）と考えるべきである。とすれば、この垸飯も進軍中の軍勢という共同体構成員万般に対する饗応が根幹にあり、客人歓待とは主旨が異なる（そもそも頼朝は居宅の主人であり、客人ではない）。

　ここで、垸飯沙汰人を決定する理由が〝当該地の被給与者〟であった事実は、注目に値する。〈形ある恩給を契機として行われる喜色表現〉という、昇進拝賀と共通する儀礼的意義が、当該垸飯でも認識されたと評価できるからである（拝賀の場合、形ある恩給とは、位階官職や昇殿その他の特権聴許等の形に結実した朝恩）[7]。ただし、拝賀は一度の除目・叙位等で発生する複数の昇進者がそれぞれ行う（複数の拝賀者がある）のに対し、右事例では慶事（主君の居宅新定）を複数人（従軍する全御家人）が共有したにもかかわらず、ただ一人が垸飯を沙汰した点が決定的に異なる。幕府垸飯の沙汰人が常に、一度の垸飯催行につき一人であった事実を考慮すれば、拝賀とは異なって、幕府垸飯では喜色を表現したい（はずの）複数の候補者から、代表して喜色を表すべき一人を決定しなければならなかった点に大きな特色がある、というべきである。幕府垸飯の沙汰人には、複数の喜色表現候補者の中から特に選び出される理由が存在したのである。

　とすると、「当地を拝領予定なので」と理由が前掲史料に明記されたことは、全御家人の慶ぶべき理由（主君の居宅新定）に加えて、行光がもう一つの喜色表現すべき理由を持ったこと、すなわち複数候補者中で最大の喜色を持ったことが、沙汰人となる理由として決定的であったことを意味する可能性が高い。とすれば、〈傍輩中から一人抽出される垸飯沙汰人は、その垸飯の契機となった出来事に最も強く喜色を表したい（はずの／すべき）人物〉という原則（以下〝最大喜色原則〟と仮称）が導かれよう。垸飯を供出するよう行光に頼朝が「特に仰せた」事実は、〈垸飯受納者は受動的関与に徹する〉という本書第一章で明らかにした態様と矛盾するかに見えるが、戦時（敵地占領直後）における沙汰人決定の先例が幕府になく、沙汰人が自明でなかったため、当地拝領予定という理由で行光に定めたと見れば、例外処理できよう（垸飯催行自体を頼朝が命じたと読めるかは微妙である）。

それでは、戦時の臨時行事から導かれる右原則は、平時の恒例行事たる年始垸飯においても妥当するであろうか。年始垸飯で表明される喜色は〈幕府が新年を迎えられたこと〉に対するものと見るほかなく、全御家人（組織全体）が同じ表慶理由を持つ。そこが行光の例と大きく異なるが、沙汰人が一人であった以上、ただ一人を選んだ理由が必ずある。そこで注意されるのが、沙汰人の判明する事例において、千葉常胤が建久四年まで元日垸飯の沙汰人を独占した事実(8)である。

後年、執権でない得宗時頼が（執権長時をさしおき）元日沙汰人を独占した事実(9)を想起する時、沙汰人選定の理由を圧倒的な政治的権勢と考えたくなるのも故なしとしないが、頼朝期に常胤がいかに大勢力を保持しても、それが他の大規模御家人と比して、時頼の他者に対する権勢ほど圧倒的であったとはいい難い（得宗時頼の権力は、宝治合戦に至る数多の政争・戦争を勝ち抜いた政治的・軍事的実績の上に、初めて獲得されたものである）。常胤には元日沙汰人となるべき、権勢以外の理由があったと見るべきである。とすると、先学がたびたび言及した常胤の特別待遇、すなわち①頼朝の准父としての尊崇、②「必ず最前に行賞する」と頼朝が約諾し実践された事実や、③譜代の滝口武士の経験に由来して垸飯慣行を幕府に持ち込んだ当人（またはその一族）であった可能性（本書第一章）が想起される。しかし、②は元日沙汰人を常胤に独占させた理由（幕府内の立場）から生じた別の結果であって、原因ではなかろう。③は常胤・千葉氏に特有であり、かつ幕府垸飯の歴史全体から見れば導入期の一過的要素に過ぎないのであって、後に北条氏が独占した理由を説明できない（北条氏には、譜代の滝口武士として京都で奉仕した実績が確認されない）。①も、常胤以外による元日沙汰人勤仕を説明できない。

福田豊彦は、垸飯について「この行事は、有力御家人が一族をひきつれて忠誠の誓いを新たにする行事でもあり、大よその御家人の序列を意味していたと考えられる」と述べ(10)、常胤による沙汰人勤仕の事実をもって、彼が御家人筆頭格にあった証左とした。しかし、主従関係確認儀礼（服属儀礼）と見なす前半部が成立しない上、〈御家人筆頭だから沙汰した〉と理解しては、執権・得宗が沙汰人を独占する中で時折、三浦・足利氏らが沙汰人として現れる理由を説明できない。すなわち、北条氏が沙汰した前年・翌年と較べて、三浦・足利氏らが沙汰した年だけ、彼らが御家人筆頭と見なされる理由を説明できない。

では、ほかの沙汰人の事例も説明可能であり、なおかつほかの御家人と峻別された常胤の立場は何か。ここで示唆的なのが、頼朝・頼経御所における北条泰時・経時元服に関する記事群である。

〔史料1〕『吾妻鏡』建久五年二月二日条

則将軍家《(頼朝)》出御、有御加冠之儀、武州《(平賀義信)》・千葉介《(常胤)》等取脂燭候左右、名字号太郎頼時《(北条)》、次被献御鎧以下、新冠又賜御引出物、御剣者里見冠者義成伝之云々、次三献・垸飯、其後盃酒数巡、殆及歌舞云々、

〔史料2〕『吾妻鏡』天福二年《(一二三四)》三月五日条

将軍家《(藤原頼経)》出御南面、八条少将実清朝臣候御簾、次被進御引出物、御剣・御鎧・御馬等云々、其後被垂御簾、新冠《(北条経時)》已下人々、又堂上有垸飯儀、一如元三、武州《(北条泰時)》退出之後、被引進竜蹄於相州《(北条時房)》、平左衛門尉盛綱為御使、又以尾藤左近将監《(景綱)》入道・諏方兵衛尉《(盛重)》等、今日役人面々被賀仰云々、

北条氏家督（泰時・経時）の元服を契機とする右二例は、垸飯が御家人の慶事を契機に行われた点において、梶原景時が宿願（大般若経供養）達成を慶んで行った垸飯沙汰（文治四年三月二一日条）と共通する。沙汰人の名は

明記されないが、景時の事例より類推して、沙汰人は北条氏家父長（義時・泰時）と推察される。これに加えて、かかる事例が極めて僅少である事実をも考慮すると、〈『吾妻鏡』に記録された垸飯は、御家人一般に比して特に高い社会的地位にある人物が、特別に目出たい機会に喜色を表すべくなされた〉と概括できる可能性が見えてこよう（景時は「鎌倉ノ本体ノ武士」といわれ（『愚管抄』）、泰時は頼朝が御家人に「不可准汝等傍輩事也」と明言されたほどの特別な地位にあり（建久三年五月二六日条）、経時は執権政治確立後の執権嫡孫であった）。

では、千葉常胤はいかなる意味で〝特に高い地位〟にあったか。それを鎌倉初期に探る上で直ちに想起されるのは頼家期の一三人合議制だが、永井が作成した表(11)によれば、その一三人中、正月垸飯の沙汰人を勤めたのは北条時政・北条義時・大江広元・八田知家・三浦義澄・和田義盛の六人のみであり、梶原景時は沙汰していない。逆に、北条氏以外の正月垸飯沙汰人のうち、千葉常胤・足利義兼・小山朝政・宇都宮頼綱・大内惟義・結城朝光・土肥遠平・佐々木定綱・千葉成胤・中条家長は、合議メンバーではない。また、彼らは政所別当経験者とも重ならない。したがって、合議制等の政体や幕府行政機関の地位と垸飯沙汰には、直接の相関関係がない。

ここで大きなヒントとなるのが「北条殿（時政）被献盃酒垸飯、同室家参御前給、綷已及御引出物云々、三浦介（義澄）已下宿老輩候侍所行垸飯」という建久二年一二月一日条である。これによれば、北条時政が頼朝に垸飯を献ずるのと並行して、三浦義澄以下の「宿老輩」が侍所に祗候して「垸飯を行った」という。ここに、垸飯沙汰人が「宿老輩」という集団と相関した可能性が見出される。かかる観点から常胤に関係する史料を再検討すると、建久元年一〇月三日条に見える、頼朝初度上洛時の随兵選定基準として八田知家が提案し頼朝が了承した「後陣者常胤為宿老可奉之仁也」という論理が注目される（先陣は畠山重忠）。京都で初めて御家人を代表する行列の顔にふさわしいポストの一つを常胤が占めた理由は、「宿老」たることであった。この事実は、常胤が元日垸飯沙汰人をほぼ独占したという前述の事実を考慮する時、垸飯沙汰人と宿老の相関関係を強く示唆していよう。

「宿老」の範囲は、その本義からして曖昧にならざるを得ない。しかし、『吾妻鏡』の用例分析を通じて鎌倉幕府の「宿老」を論じた高橋慎一朗の専論[12]によれば、頼朝期の宿老は軍事・経済的に頼朝を支え続けた人々（千葉常胤・平広常・三浦義澄・土肥実平・小山朝政・三善康信・岡崎義実・足立遠元・安達盛長）を指し、族的規模・性格が異なる北条時政はこれに数えられなかった。ところが、執権政治期になると宿老に北条義時が加わり、三浦・小山・葛西・結城・八田等の豪族領主とともに、三善・大江や中原・二階堂ら法曹系官僚が目立ち始め、「概してこの時期の「宿老」は、執権政治を支える有能な実務者としての性格が濃い」。さらに、建長五年（一二五三）以降については、鶴岡放生会の廻廊参候者（「宿老之可然者」）の網羅的検出によって、執権・連署を筆頭に、頼経期以来の将軍近臣や評定衆クラスの人々（狩野・後藤・内藤・藤原親光・中原親員・同師連・大江能行・武藤・大曽禰・二階堂）・源氏門葉らの「宿老」待遇が判明するという。

高橋説によれば、得宗政治期の宿老は、実権なき名誉職的地位であった。しかし、それ以前の宿老が、必ずしも影響力を持たなかったわけではない。建保七年（一二一九）、源実朝横死後の将軍に擁立すべき後鳥羽院皇子の下向を請願した際、政子の使者二階堂行光が上洛すると同時に、一通の文書が後鳥羽に呈された。その文書について、同年二月一三日条に「宿老御家人又捧連署奏状、望此事」とある。将軍が不在で、執権の強力な主導権も自明でなく、政子という制度外後見者のリーダーシップに依存した時期における御家人共同体の最重要問題に、「宿老御家人」が連署して対処したのである。この事実は、安定的リーダーを欠く非常時に、宿老が御家人を代表することを穏当視する社会的諒解の存在を伝えている。

また、集団の重要な規式制定や、他集団への返礼行為等の、集団を代表する行為を「宿老」の連署で行う社会的素地が存在したことは、幕府の外においても複数確認できる。例えば、嘉禄三年（一二二七）五月日神護寺制規[13]には、「可被定置条々事……仍為後代、根本宿老寺僧等、各加判之状如件」の文言と、それに対応する一二人の加判がある。

また、建長五年六月二九日良覚書状案[14]には、「三鈷間事、付先度御寄進状、相触諸衆候之処、満山一同随喜之余、進宿老連署状候了」と見え、諸衆・満山一同の喜びを代表して「宿老連署状」が発給された事実が確認できる。

ただし、右の如き宿老の影響力は、いわゆる主従制的・統治権的な権力のいずれとも異なる。それは貞永元年（一二三二）五月日大和海竜王寺制規[15]に「定／海竜王寺厳制事……差定知事承仕供僧等事、大都以宿老之議為本、諸衆和合可評定之、不可輙補任矣」とあり、宿老会議が、「諸衆和合」して定まる「評定」の「本」（集団全体の調和的な合議の根幹）として位置づけられた事例に明らかである。

御家人社会内部において宿老が発揮する影響力が非制度的であったことは、安貞二年七月二四日条に見える三浦泰村・佐々木重綱の口論・決闘未遂が「宿老之類相宥両方之間、無為静謐」と処理されたことに明瞭であろう。傍輩同士が互いに譲れず、制度的・権力的に処理できなかったプライドの衝突を宿老が調停し得たのは、「宥める」行為の説得力に基づくのであり、その立脚点は肩書とは別次元の輿望と見るべきである。前述の建久元年一〇月三日条に見える頼朝初度上洛時の随兵選定においても、頼朝が「先陣事、重忠申領状訖、後陣所思食煩也」と思い悩むところに、「先陣事尤可然、後陣者常胤為宿老可奉之仁也、更不可及御案事歟」と御家人側（八田知家）の提案で常胤が推された事が重要である。上意下達の形では決定できない家臣団代表を、家臣団側が傍輩として、しかも「その人選でそれ以上悩む必要はありません」と自明視して推薦する輿望を得ていることが、宿老という地位の拠って立つ源泉であった。

しかし他方で、「宿老」たり得る年齢・輿望・功績等の厳密な基準は、存在しなかった。毛呂季光と中条家長の合戦未遂に関する建久六年正月八日条に「此事、季光者有由緒、被准門葉之間、頗住宿徳之思、家長為壮年之身、為知家養子、誇威権依現無礼、季光相咎云々」とあるのによれば、この騒動の発端は、八田知家の養子として「威権を誇」った家長の振舞を、頼朝から「准門葉」待遇を得て「宿徳の思」を抱く季光が無礼と咎めたことであった。ここに見える「宿徳の思」が〈宿老たる自覚〉を意味するのは明らかで、将軍門葉という特別な血統的属性が短絡的に季光の宿老たる自覚を招いた一方、家長の養父知家が承久三年（一二二一）に、また家長自身が貞応三年に宿老として検出されること（高橋説）、すなわち「宿老」の前段階に「威権を誇」る段階があり、現実の権勢も「宿老」となる足掛かりたり得たことが注目される。そして、このように次元を異にする因子が序列をめぐって相剋する緊張関係を内部的に抱えた「宿老」の論理は、笠松宏至が指摘した(16)、平等指向や恥・嘲哢等の激発を招きやすい感情に基づく競合・緊張関係を内包した「傍輩」概念と、極めて類似する。とすれば、傍輩を饗応し紐帯を確認する本質を有した垸飯と「宿老」概念は、「傍輩」概念を介して接続し得ることになる。

以上より、千葉常胤の事例は、傍輩中の一人が宿老として傍輩を代表し、元日垸飯を沙汰した事例と解される。ただし、右の論理のみでは、複数の宿老からなぜ常胤一人が選ばれるのかが、説明されない。前述の上洛時後陣の人選においても、八田知家が述べた「宿老なので」という理由は、複数の宿老を千葉常胤が一人で代表する理由を説明していない（先陣畠山重忠の決定理由は、一〇月二日条に、頼朝の先日来の「御存念」と「御夢想」が挙げられている）。

そこで関連史料を『吾妻鏡』に探ると、頼朝が筑後権守俊兼の過差を咎めた元暦元年（一一八四）一一月二一日条で、対比して倹約・富裕・勲功を称えられた常胤と土肥実平が、範とすべき代表的御家人像として語られている。「如常胤・実平者、不分清濁之武士也、謂所領者、又不可双俊兼、而各衣服已下用麁品、不好美麗、故其家有富有之聞、令扶持数輩郎従、欲励勲功」と述べた頼朝が重視した問題の核心は、〈倹約による蓄財が可能にする多数の郎従維持によって果たされる勲功〉であった。頼朝は、元暦二年正月六日条所収の源範頼宛書状で「千葉介（常胤）ことに軍にも高名し候けり、大事にせられ候へし」と、また同年三月一一日条の範頼宛書状の取意文でも「就中千葉介常胤不顧老骨堪忍旅泊之条、殊神妙、抜傍輩可被賞翫者歟、凡於常胤大功者、生涯更不可尽報謝」と、常胤のみ名を挙げて特に軍功を称えた。頼朝が生涯報いきれないと明言するほどの圧倒的な軍功が常胤の輿望を支え、その軍功にさらに老体たることが加味されて、「傍輩に抜きんで」る「宿老」筆頭の地位が導き出される回路（傍点部・傍線部）が、ここでは重要である。

主人を戴く組織に属する人々にとって、一般に、宿老は単なる年長者ではなく長期間の奉公実績を含意した。そのことは、建治三年《一二七七》ヵ某日佐波俊貞申状に[17]「欲且依古老朝夕神事勤仕奉公、且就先知行実、宛給周防本郡書生職事、／件所者、先々宿老奉公之輩令拝領跡也」云々と見え、朝夕神事勤仕の如き奉公を「古老」となるまで尽くした人物と「宿老奉公之輩」が同義に用いられた事例から推知される。また『愚管抄』（巻第二―後鳥羽）大臣歴名に「左大臣経宗《（藤原）》、寿永三年《一一八四》十一月十七日聴輦車、同十八日聴牛車、直聴牛車事、先例不分明、仍先聴輦車、是依大嘗会歩行也、宿老行歩不堪故也」と見えるような輦車・牛車聴許（大内裏内を乗車通行する特権）は、即物的には歩行困難な老人の特権（傍点部）だが、年齢が聴許の必要条件の一つに過ぎず、併せて抜群の拝趨（朝廷奉公）実績を要したことも[18]、「宿老」に関する同様の認識を示す。

さらに、前掲頼朝書状取意文の傍線部には、老体での従軍奉公が「傍輩を超えて重んぜられるべき」傍輩代表＝宿老の地位を導く、という原理が見える。建久三年八月五日条所引の、頼朝征夷大将軍宣下に伴う袖判下文の回収（政所下文への更新）を拒否した常胤が得た下文の所領安堵文言に、「常胤奉仰朝威、参向最前之後、云合戦之功績、云奉公之忠節、勝傍輩致勤厚」と特記された事例においても、平時・戦時の忠節が、常胤が「傍輩に勝る」という評価の論拠となっている。この論理は常胤を限りなく傍輩代表へと近づけるが、かかる主人（頼朝側）からの判定は、必ずしも傍輩間の輿望・共通認識と一致する保証がない。特に、熊谷直家を「本朝無双の勇士」と紹介した頼朝に対して小山政光が反論した著名な事例（文治五年七月二五日条）の如く、軍功を競い合う傍輩の間では、（主人が公認した場合でさえも）他者の圧倒的軍功を素直に認めない心理が働いた。したがって、軍功も、極めて重要ではあるものの、「傍輩」中の宿老を決める決定的要件ではないと見るべきであろう。

それでは、傍輩間でも文句なく認定可能な、常胤の決定的優越性は何か。ここで、前述の最大喜色原則に立ち返ろう。当該原理と〈忠節が傍輩に勝る宿老〉の論理とは、いかに関係するか。そして、なぜ常胤は〈年始を最も慶ぶべき人物〉なのか。

それは、以下のように説明できよう。一般に新年が〝目出たい〟理由は、二つ考えられる。第一に、〝年〟という時間軸上の目盛りを無事に一つ進め、組織がより長く存続できた点において、幕府・御家人集団には新年を祝う理由がある。しかし、ここではもう一つ、当時の人々が新年元日に一斉に年齢を加算されたことを重視したい。前近代に、長命な人物が一〇の倍数の年齢に到達したことを祝う行事（五十の賀等）が特に催されたのは、加齢自体が前近代には当然でない僥倖（長期間の生存）を意味し、祝うべきだからである。〈n年生存するよりn＋1年生存する方が困難〉という一般的真理や、二十の賀・三十の賀の実例が管見に入らない（管見では最年少で四十の賀〔『源氏物語』若菜上等〕、最大で九十の賀〔『俊成卿九十賀記』〕）ことから明らかなように、その目出たさは全員一様でなく、長命な人物ほど大きかった。とすれば、加齢の観点から新年に最大の喜色を抱く（はずの）人物は、その集団で最年長の人物になろう。

常胤は建仁元年（一二〇一）三月二四日に八四歳で没したから、頼朝挙兵の翌年、幕府最初の元日垸飯を献じた治承五年に既に六四歳、頼朝が初度上洛を終えて鎌倉に帰着した直後に行われた建久二年元日に垸飯を献じた時に七四歳、最後に元日垸飯を献じた同四年に七六歳、最後に年始（正月二日）垸飯を献じた正治二年（一二〇〇）に八三歳であった。当時の御家人全員の年齢を知る術はないが、八〇歳を超えて生きた常胤が当時稀に見る長命者で、建久〜正治頃に御家人中最年長であった可能性は十分に高い（頼朝挙兵時に既に最年長であった可能性さえあろう）。したがって常胤は、宿老・忠功という各論理の素地に加えて年齢的側面から最大喜色原則を満たし、元日垸飯沙汰を幕府初期にほぼ独占したと推測されるのである。

## 二　北条氏の元日垸飯沙汰人独占化と垸飯「沙汰」の意味

### Ⅰ　御家人代表決定要因の拡大と収斂

前章までの検討を踏まえる時、北条氏家督が元日垸飯沙汰人の独占化を進めた経緯は、「宿老」原理から説明できるか。前述の研究で高橋慎一朗は、執権政治期「宿老」が評定衆・引付衆と同義ではなく、頼経近習という集団ともほぼ重複せず（近習筆頭の藤原定員が「宿老」でない）、名越光時の乱で失脚し復帰した人物が「宿老」に含まれたことを加味して、「宿老」は現実に将軍権力を支える勢力ではない形式的地位であった、と論じた。そして「むしろ、北条氏が執権・連署という役職を梃子に、みずからを将軍重臣の筆頭と位置づけるために「宿老」を組織しているのではなかろうか」（一二四頁）とし、実際の権力を握る北条氏が重臣筆頭たる社会的認知を形式的にも獲得しようとした経緯を推測した。

高橋慎一朗によれば、北条氏家督が明瞭に宿老として定位されるのは、時頼期の建長五年（一二五三）以降まで下る。北条義時は晩年の承久三年（一二二一）に宿老として一度検出されるのみで、泰時は宿老視された形跡がない。すなわち、義時・泰時期には年齢・出自等の従来の規定要因の影響が未だ強く残り、執権職が直ちに宿老たることを含意しなかった。したがって、義時・泰時の元日垸飯沙汰人への進出は、〈執権―宿老―垸飯〉という回路を経たものではない。

この問題では、未だ千葉常胤の生前にあたる建久五年（一一九四）以降、元日垸飯を足利義兼が勤め始めた事実が参考となる。『尊卑分脈』によれば義兼は正治元年（一一九九）三月八日死去、「鑁阿寺文書」（四）(19)は享年四六歳とする。治承五年（一一八一）に「足利三郎」と呼ばれて北条時政の女を娶り、『吾妻鏡』初出の治承四年一二月一二日条から元暦元年（一一八四）五月一日条まで「足利冠者」と呼ばれた義兼が、当時六〇歳代であった常胤より若年であったことは確実である。常胤存命中に元日垸飯を義兼が沙汰し始めたことは、前述の最年長の論理と矛盾するが、常胤は建久五年に既に七七歳の超高齢なので、儀礼差配の実務から引退する理由は十分にある。

ただ、前記伝承を信ずれば当時四一歳、少なくとも治承寿永内乱期に確実に若年であった義兼が、常胤に次ぐ御家人中第二位の年長者であった可能性は低い。では、彼はいかなる理由で最大喜色原則を満たしたのか。

義兼は文治元年（一一八五）八月二九日に、山名義範・大内惟義・加々美遠光・安田義資・源義経らとともに、源氏門葉の特権たる関東分国の名国司への推挙によって上総介となった[20]。彼が御家人を代表し得る論理は、清和源氏義国流として頼朝の門葉であった事実のほかに考えにくい。これが垸飯沙汰と結合するためには、〈「門葉」という出自が宿老たる自覚を抱く根拠となる〉という、前述の毛呂季光の事例を想起すれば足りよう。とすれば、「宿老」概念を媒介項として、幕府初期の元日垸飯沙汰人の流れは以下のように推測できる。

最初期においては、千葉常胤のような実際の年齢・人格・功績により「宿老」視される人々の最たる人物が、年齢を主な理由として最大の喜色を抱く「宿老」として、御家人を代表して年始垸飯を沙汰した。しかし常胤引退時の後任人選にあたり、「宿老」にはもう一つの系統、すなわち出自に由来して「宿老」視される「門葉」の存在が、強く認識された。宿老たることが元日垸飯沙汰の理由となるなら、門葉の筆頭もその役を果たすにふさわしいに違いない。そのような思考を経て、後任者は足利義兼となった。この段階で、〈誰が最大の喜色を有するか〉という問いへの答えの決め手として、年齢等の個人的要素の占める重要性が相対的に低下し、〈御家人集団の新年を最も喜ばしく思うのは、御家人の最も代表的な人物だろう〉という論理を介在させて、右の問いは〈誰が御家人を代表するのか〉という問いと同義に語られるようになったと見られる。問いがかかる形に収斂してしまえば、沙汰人が宿老である必然性も低下する。執権政治の成立過程を経て、〈御家人を代表するのは執権ではないか〉という認識が共鳴者を十分に増やせば、元日沙汰人は執権の役となり得よう。

では、執権はなぜ御家人の代表たることを自明視され得るのか。そこで注意されるのは、「執権」の原義である。杉橋隆夫が指摘したように(21)、「執権」とは元来、公家家政機関に由来し、多数の政所別当（場合によっては十数人に及ぶ）のうち、家務運営の実務を統括する実質上の責任者を便宜上一人に定めた「執権別当」に淵源を持つ。したがって、右の問いには次のように答えられよう。御家人の代表とは、公達・公卿たる将軍の家人・家礼の代表である。家人・家礼の代表は、家政機関の長たる家司の代表であるだろう。家司は政所別当と同義であり(22)、複数の家司の長は政所の執権別当であり、執権別当は鎌倉殿家においてはすなわち「執権」である。杉橋の指摘通り、鎌倉幕府執権は義時・大江広元体制以来、複数執権制を基調とするが、ただ一人の代表を求めるならそれは上位の執権、いわゆる「連署」でない方の「執権」である、と。

もっとも、右はあり得る論法の一つに過ぎず、執権以外に代表適任者がいないことを保証しない。前述のように、元日垸飯沙汰人を勤める理由が〈誰が御家人を代表するか〉に収斂した結果、多様な〈代表するに値する理由〉が現れ、一三人合議制期においては有力御家人が混成して勤めたり、義時執権期においては連署というべき広元が勤めたり、その前後に相模における伝統的豪族の代表格として三浦氏が勤めたり、実朝期の和田合戦で滅びる直前までに北条氏と並ぶ勢力へと成長した和田氏が勤めたりすることが可能となったと見られる。

とすれば、義時らが元日沙汰人を独占してゆく傾向とは、彼ら以外が御家人の代表たり得る蓋然性の圧倒的低下が招いた結果ということになる。それは、政所の執権別当が単なる制度上の家政機関長を超え、明白な幕府主導者を含意する過程（「威権を誇」れる実際的権勢の獲得過程）、すなわち執権政治確立過程の結果と見なされる。

その政治的過程、特に有力御家人の排除・討滅等が右の結果をもたらしたことはほぼ疑いないが、その結果として執権が御家人代表に相応しくなったことには、消去法的な結果論に過ぎない側面がある。政治的・即物的状況においてかかる消極的な規定性があったと考える時、理念の面において、執権職が御家人代表たることを積極的に支持するものはなかっただろうか。前述の政所別当の回路は一つの有効な論理だが、他の論理を圧倒する理由を論理自体に持たない。

そこで適当な理念的根拠を「執権」周辺に探ると、「後見」の概念が注意を惹く。『保元物語』(中)で藤原忠実を「入道殿下と申は、代々の御後見、当世の宿老にてわたらせ給へは」云々と紹介する一文は、世間的に「宿老」であることと、摂政関白という天皇の「後見」職を代々勤めた制度的地位が一身に集約される人物像が、一般的に想起されやすかった可能性を示している。

周知の通り、貞応三年(一二二四)六月二八日条において政子が時房・泰時に「相州(時房)・武州(泰時)為軍営御後見、可執行武家事」と仰せたと見え、また仁治二年(一二四一)一一月三〇日条において泰時が経時・時頼兄弟を「各将来御後見之器也」と諫めたと見え、あるいは宝治元年(一二四七)八月一日条において将軍に対する八朔進物の贈呈を両執権にのみ認めた立法が「令進将軍家之条、猶両御後見之外者、禁制云々」と記されたように、執権が将軍の行政を代行する権限を有する所以は、「御後見」の論理によって理解・正当化された(と、北条氏の意を体する『吾妻鏡』は主張している)。

とすれば、「執権」職の態様は、「後見」の論理を媒介して、「宿老」への親近性を想起させる。その故に、従来の宿老一般(北条氏が族滅または政治的に逼塞させた氏族)の役たる元日沙汰人＝御家人代表者の立場が、執権たる北条氏に継承され得る、という主張が成り立ち得よう。加えて、右に挙げた「後見」の実例で関白や執権・連署が挙がるように、「後見」という地位には、従者代表格の最たるものという強い含意がある。「後見」たる執権が、傍輩(御家人集団)代表としてほぼ必ず年始の最前に垸飯を沙汰することの理念的必然性は、かかる「後見」の含意から導き出されよう。そして、執権が宿老と同様に垸飯沙汰を繰り返した実績は、北条氏家督が宿老であるかのような印象を強め、時頼期までになされる北条氏「宿老」化を後押しした可能性があるだろう。

## Ⅱ　紐帯確認儀礼の事務局長としての垸飯沙汰人

それでは、かくして可能たり得た元日垸飯沙汰人の独占化は、通説的理解のように、北条氏による御家人の支配・統制を意味したであろうか。

この問いに即して留意すべきは、初期幕府垸飯を規定したらしい「宿老」概念が、〈傍輩間の輿望に拠って立つ代表者・調停者・調整者〉というべき地位であって、決して支配者・統制者でなかったことである。本書第一章で明らかにしたような、垸飯の思想的立脚点たる「傍輩」概念に立ち返っても、元日垸飯沙汰人の独占によって、御家人という傍輩集団に対する支配や統制の強化を指向・含意・正当化できる可能性はない（もっとも、傍輩の輿望が必ずしも権勢と無関係というわけではない。傍輩の輿望が選定時の重大根拠であったとしても、元日沙汰人を宝治の乱以前に三浦氏が勤めた事例や、滅亡直前の和田義盛が勤めた建保元年（一二一三）の事例、また垸飯付帯引出物のうち調度＝弓矢を献ずる役を頼経の個人的側近として知られる藤原定員が勤めた寛元二年の事例は、輿望の発生源たる輿論が、権勢に一定の配慮を示した事例として理解できる）。

むしろ、北条氏を傍輩・宿老の論理の中に取り込むことは、現に抜群の権力を形成しつつあり超越的支配者への指向性を濃厚にしてゆく北条氏を、同等の傍輩の論理に引き戻す効果を期待させてしまう。御家人を支配する権力の盤石化を目指すならば、傍輩や宿老の論理を持ち出すことは逆効果なのである。

では、最高権力者へと邁進する北条氏を傍輩の論理に引き戻す効果を持つ、元日垸飯沙汰人の北条氏による独占化を積極的に導入した主体は誰で、その目的は何か。

実はここに、垸飯の研究史上最大の不備が関わる。すなわち、〈そもそも〝垸飯を沙汰する〞とはいかなる行為か〉を、誰も確認しようとしなかった、という不備である。垸飯という「儀礼の変容過程と関東御公事の賦課は明らかに連動している」[23]という盛本の指摘にもかかわらず、実際には沙汰人の歴史的変容どころか、沙汰人の具体的職掌さえも不明のまま放置され、独占化の意義が短絡的に権力の確立・誇示であると論じられてきた。この歴史学的手続きの不備を解消せねば、傍輩・宿老の論理を基底に持つ垸飯において、超越的権力の確立へと突き進む北条氏が最も重要な役割を独占するという、一見矛盾に見える関係を理解できない。その問題は結局、〈垸飯の沙汰とは何か〉という問いに帰着する。

盛本は、執権職譲渡後の時頼による垸飯・御行始の「勤仕の資格は執権ではなく、得宗としての地位に基づいている」[24]と概括したが、垸飯は本源的に任意の饗応（贈与）であったから、それを行う者に資格の有無が問われることは、原理的に考えにくい。ある共同体内において、原則上は（主人を除く）構成員全員が垸飯を献ずる蓋然性を有したはずで、前述の梶原景時の法会挙行を謝する垸飯や、奥州合戦時の工藤行光の勲功賞を謝する垸飯を想起しても、幕府内において〈垸飯進献の資格の有無を問う〉という発想があったとは考えにくい。

そのことは、共同体（幕府）外部との間で交わされる垸飯においても同様であろう。本書第一章で言及した、北条時政・有力御家人らの結番によって勅使・医師に供された垸飯は、共同体外の人物から共同体に与えられた特別の芳恩に対して、共同体を代表してなされた謝礼と諒解される。この事例では、結番した事実によって〈共同体の意志である〉ことが強く示唆されている。かかる態様の謝意表現を行うことに資格の有無が問われたか否かは、やはり微妙なものがある。常識的に考えても、〈感謝や慰労の意を表明する資格がない者が存在する〉と想定することには、違和感を拭いきれない。

垸飯沙汰人の職掌が従来議論に上らなかったのは、恐らく、具体的史料がなきに等しいことに由来しよう。しかし、嘉禎三年（一二三七）正月二日条の「今日垸飯、雖為左京兆（泰時）御分、依御軽服、孫子弥四郎（経時）殿被沙汰之」という記事を見逃さなければ、突破口はある。この記事によれば、この日の垸飯は、北条泰時が担当するはずであった。しかし、泰時が軽服で謹慎中のため、孫の経時が「沙汰」したという。寛元四年（一二四六）に二三歳で没した経時は、この嘉禎三年当時、二四歳であった。当時としては十分に大人だが、若年者には違いなく、「宿老」視することは無論困難であるし、後年の得宗専制体制下ならばともかく、当時の北条氏の権勢では、御家人の代表格と見なすにも苦しい。垸飯の「沙汰」とは、この未熟に過ぎて御家人を代表し得ない経時にも勤仕可能な仕事であった、という点が重要である。

では、その内実は何か。そこで決定的なのが、正治二年正月一五日条の「佐々木左衛門尉定綱在京進垸飯」という短い記事である。文中の「垸飯を進す」が「垸飯を沙汰する」と同義であることは疑いないから、この史料により、垸飯沙汰人は在京中でも勤仕可能、すなわち垸飯儀礼の場にいる必要がない職掌であったことが明白である。沙汰人となった執権が垸飯の場で全御家人を率いるかのような旧説のイメージを、この史料は完全に覆す。

この事実を踏まえると、『吾妻鏡』の垸飯催行記事における些細な相違が、大きな意味を持ってくる。元日垸飯の事例をいくつか挙げよう。

①垸飯、相州御沙汰、奥州(連署重時)・相州以下人々布衣、多以出仕、(建長五年(一二五三))
②有垸飯相州御沙汰之儀、相州・奥州(連署重時)已下人々、著布衣出仕、各候庭上如例、(建長八年)
③垸飯、相州禅室御沙汰、両国司(執権長時・連署政村)并評定衆以下人々着布衣出仕、列候庭上之儀如恒、(正元二年(一二六〇))
④垸飯、相州禅室御沙汰、両国司(執権長時・連署政村)以下着布衣出仕、先候東西侍、次申出御時剋之後、相分于庭上東西着座、(文応二年(一二六一))
⑤垸飯、相州禅室御沙汰、相州(執権長時)以下着布衣出仕如常、(弘長三年(一二六三))

いずれも時頼が沙汰した事例で、内容はほぼ同一に見える。しかし、子細に観察すると、①・②では布衣を着して「出仕」した人々に沙汰人時頼が含まれるのに対し、③〜⑤では含まれない、という相違がある。それは前者に「相州御沙汰」、後者に「相州禅室御沙汰」とあることから、時頼の出家の前後と対応すると見てよい。得宗でも法体では垸飯の場に出仕できなかったらしい、ということが興味を惹くが、ここで重要なのは、東西侍で待機した後、刻限になると東西に分かれて庭上に候じた出仕者に、沙汰人は必ずしも含まれる必要がなかった、という点である。

これに関係して注意されるのが、沙汰人の服装についての記述である。上記③〜⑤では例外なく、出仕者が布衣（狩衣）を着したと記されている一方で、沙汰人時頼の服装のついての記述がない。時頼が法体であることが理由でないことは、下記の諸事例に明らかである。

⑥今日垸飯、相州（連署時房）御沙汰、将軍家（藤原頼経）出御、御剣駿河守重時、束帯、御弓箭大炊助有時、布衣、御行騰沓結城左衛門尉朝光、（安貞二年（一二二八）元日条）

⑦垸飯、武州（執権泰時）御沙汰、御剣駿河守、布衣、御弓箭大炊助、同、御行騰沓大須賀左衛門尉同、（安貞三年正月二日条）

⑧垸飯匠作（連署時房）御沙汰、如例、御剣周防右馬助光時、束帯、御弓矢武蔵守朝直、布衣、御行騰沓肥前守家連、（暦仁二年（一二三九）元日条）

⑨垸飯、前武州（執権泰時）御沙汰、御剣右馬権頭政村、束帯、御調度若狭守泰村、布衣、御行騰秋田城介義景、平礼帯剣、（暦仁二年正月二日条）

⑩垸飯、武州（執権経時）御沙汰、御剣前右馬頭、布衣、御弓矢若狭前司泰村、布衣、御行騰沓秋田城介義景、布衣平礼、（寛元二年元日条）

右は奉仕者各自の服装を注記した垸飯記事を抽出したものだが、いずれも剣役・調度（弓矢）役・行騰役の服装を注記する一方で、沙汰人の服装についてのみ、全く言及がない。沙汰人自身の庭儀参仕を記録する記事（上記①・②）を除くと、『吾妻鏡』の垸飯催行記事において沙汰人の服装の記述は皆無なのであり、これこそが決定的に重要な事実である。それは、可視的要素としての沙汰人の服装がさして重要でないと考えられたからにほかならず、それはすなわち、沙汰人が儀礼の現場に姿を現さないからと考えるべきである（沙汰人が鎌倉に不在でも勤仕可能な理由はそこにある）。儀礼当日の沙汰人は本質的にバックヤードの総指揮者であり、当日円滑に儀礼を遂行させ得る物資・人員の調達・配置を済ませれば、最低限の職責を果たしたことになる、と結論してよい。それを済ませた上で参仕可能ならば列座に加わって庭儀に参仕してもよいが、それは付帯的行為であり、沙汰人の本質的な役割ではない。したがって、嘉禄元年（一二二五）元日の垸飯沙汰人を時房が勤めた事実から彼の鎌倉滞在を推定する説や、元暦元年一〇月六日条の新造公文所吉書始に付随して「其後行垸飯、武衛出御、千葉介（常胤）経営」とあることから、京下り吏僚と坂東武士の対立を調和させるために頼朝が従軍中の「御家人武士の代表者として常胤を呼び返し」たとする説[25]は、成り立たない。

沙汰人独占という現象が、事業の総指揮を裏方で執る仕事の専管を意味したことは重要である。沙汰人を勤めることは、儀式という演劇の主人公（演者）として華々しく存在感を誇示するのとは正反対の、演劇には姿すら見せないスタッフの頭目（事務局長の類）というべき立場に就くことを意味した。沙汰人となることが権威の誇示であるかのような誤った印象が幅を利かせてきた理由の一つは、明らかに、この〝事務局長〟を舞台上の〝演者〟と取り違えた点にある。

さらにもう一つ、誤った印象が流布した理由を挙げ得る。最初期の幕府垸飯の「沙汰」が、千葉・三浦氏のような大豪族によって、一門を総動員する形での自力負担で行われた事実である。後に北条氏が元日垸飯沙汰人を独占した事実は、あたかも、同等の財力をもって北条氏が同等の経済的負担を繰り返したかのような印象を与え、その大規模な散財が北条氏の権威を御家人に誇示する行為であるかに見えた。事実、執権政治確立後の北条氏は膨大な所領群を擁する巨大領主と化したから、そのようなことは可能であろう。

しかし、次章で詳述するように、幕府垸飯の原資は、執権政治の確立と時を同じくして、沙汰人の自力負担でなくなり、御家人全体から徴収する「垸飯役」という御家人役へと変貌した。すなわち、元日垸飯沙汰人を独占した北条氏は、垸飯の原資を自らの財布から出したのではない。したがって、沙汰人を勤仕することは、経済力の誇示になり得ないのである。

以上より、執権政治確立後に北条氏が元日垸飯沙汰人を独占した事実は、傍輩の紐帯を確認する儀礼において、表舞台にも立たず、権威・財力の誇示にもならない事務局長という地味な役回りを、傍輩代表として世襲し始めたものである、と結論せざるを得ない。

そのような人員配置、換言すれば、傍輩を代表して執権が事務局長を専管することを適当視させるロジックは、「執権」の淵源たる〈政所の執権別当〉の地位に求め得る。政所別当は、上皇の家政機関たる院庁の院別当と全く同類型の立場であった。そして、橋本義彦による院評定制・院庁構成員の研究[26]を参照すると、院別当にも各一人の執事・執権があり、特に院執権が上意を伺いつつ院の家政を遂行する権限（決定権等の権力でないことに注意）を一身に執行する事務官であった。『陽竜記』寛元四年正月二九日条[27]が院執権葉室定嗣に「院中雑務可管領云々」と注した事実を見ても、「執権」は「雑務を管領」する者、いわば事務局長である。かかる地位の一類型として派生した鎌倉幕府執権にも、事務局長という属性が濃厚に残されていたと推測されるのであり（事実、時頼期の執権長時の如き、得宗が執権でない時期の執権は、事務に専念する事務局長と呼ぶにふさわしい）、ならば元日垸飯において沙汰人という事務局長を執権が務めるのも極めて自然である。

## 三　元日垸飯沙汰と泰時執権政治の理念

もっとも、北条氏が垸飯の事務局長を引き受ける形が成立した必然性もまた、〈そうなるべき〉という意味ではなく、〈そうなることにも十分に必然性が認められる〉という点で意味を持つもの（いわば説明可能性）であり、選択肢の一つに過ぎなかった。したがって、右の形が成立するためには、その選択肢を選択する意志を必要とする。それはいかなる理由に基づく、誰の意志であったか。

これに関わる垸飯儀礼の外形的変化は、早い時期に始まる。建久六年（一一九五）元日、足利義兼（源義家流）が垸飯を献じて、大内惟義（同義光流）が剣役を勤めた。この事例は、狭義の一族とはいい難いが、広義の源家一門という意味では、一門自力奉仕の一類型と見なし得る。また、正治元年（一一九九）五月一三日、故頼朝女乙姫（三幡）の治療に功があった京下りの医師丹波時長を、北条時政・三浦義澄・三浦義連・八田知家・梶原景時らが結番して垸飯で饗応するよう命じられた事例も、各沙汰人が自らの人材・資力で行った可能性が高い。

ところが、奉仕者を明記する垸飯は元久二年（一二〇五）から様相を変え、諸氏族の混成となる。この年は沙汰人の北条時政をはじめ、剣役が小山朝政、弓箭（調度）役が三浦義村、行騰沓役が足立遠元、馬引手が佐原景連・長井太郎・八田知尚・同知氏・足立元春・春日部二郎・長沼宗政・結城朝光・相馬義胤・東重胤という構成で、氏族的に完全に分散していた。

以後、奉仕者が判明する事例を追うと、承元五年（一二一一）元日は沙汰人北条義時・剣役同時房・調度役長井親広・行騰役結城朝光、建暦三年（一二一三）正月二日は沙汰人義時・剣役時房・調度役美作朝親・行騰沓役藤原康俊（政子の侍）・馬引手伊賀光宗・同光資・三浦胤義・佐原景義・佐々木信綱・加地六郎・藤原季康（政子の侍）・加藤光資・南条時員・曽我祐綱、同三日は沙汰人時房・剣役小山朝政・調度役二階堂行村・行騰沓役三浦胤義・馬引手北条時氏・肥田宗直・足立元春・同九郎・吉良次郎・同三郎・豊島小太郎・同又太郎・大和判官代・同進士、といった具合になる。それぞれの役の間に族的関連性は皆無となり、このあたりに垸飯の性質変化の痕跡が見出されよう。

永井が作成した表[28]によれば、かかる変化の起点となった元久二年は、北条時政が二度目の垸飯沙汰人（かつ二度目の元日垸飯沙汰人）を勤めた年であった。それは、頼朝没後の政局不安・一三人合議制成立の影響下において、年始垸飯が正月一五日まで一〇度も行われた前年の極端な（一度きりの）過渡期的形態が払拭され、形態的安定性を取り戻した初度の年始垸飯であり、そして千葉氏が年始垸飯沙汰人を勤めた最後の年でもある。

また、右に元日垸飯奉仕者の内訳を挙げた承元五年は、義時・広元が年始垸飯沙汰人の主軸となり始め、以後は小山朝政・和田義盛・足利義氏・結城朝光・中条家長・三浦義村という六人の例外を混じえつつも（うち朝政は建暦二年を最後に消え、義盛は和田合戦前年のみの例外、義氏・朝光・家長も貞応元年（一二二二）の一度限りの例外で、義村は嘉禄（一二二六）二・三年のみ）北条氏による沙汰人独占化の加速度的な進行が始まる起点の年であった。してみると、垸飯奉仕者における族的関連性の喪失は、義時・泰時期に進行した北条氏の沙汰人独占化と一体の現象であった可能性が高い。そして、沙汰人独占化の大体の完遂が安貞二年（一二二八）以降＝泰時政権期であることを加味すると、泰時期の画期性が導かれる。

北条泰時は、御成敗式目制定・評定衆設置に代表される訴訟制度整備をはじめ、連署設置（二頭執権制の整備）・合議制指向・御家人保護・撫民指向・「道理」重視の思考様式等、様々な点から執権政治体制の確立者として注意を惹いてきた。それらをここで総括することは困難だが、従来の泰時研究の関心が専ら法制や、御家人保護を謳う一方で御家人一般に対し北条氏の圧倒的な政治的地位が確立されてゆく過程、将軍権力との掣肘・共存関係、北条一門内での主導権抗争等に向けられてきたことは否定できない[29]。また、泰時が指向した衆議の理念は追究されても[30]、衆議の理念重視やそれと同類の諸現象を派生させた根幹的要因としての、泰時自身の御家人社会における理念的な自己規定は、研究史の厚さに反して茫漠としている。

しかし、それは本章の課題において重大なファクターである上、成り行きに振り回される中で自己の立ち位置の自覚・定位に追われた感が強い初期幕府や、自明の権力に基づく眼前の難題処理に追われた感が強い後期幕府と比べた場合に、確立期幕府の泰時が一際声高に理念の言明を繰り返した印象が強いこと自体が、重要な情報と考えられる。

管見の限り、御家人に対して自己規定《アイデンティティ》（自己認識）を示す泰時の言説・痕跡は、必ずしも史料上に明瞭でない。そのこと自体、「鎌倉幕府の政策と、「泰時の」政策とが、明確な分析なしに同一視され」「遂に「泰時」の面影を脳裏に浮かべ得ない」と羽下徳彦に語らしめた[31]大きな問題ではあるが、貞永元年（一二三二）の御成敗式目制定時に政権運営者から徴せられた著名な起請文[32]に、痕跡を見出し得る。その第一は「凡評定之間、於理非者、不可有親疎、不可有好悪、只道理之所推、心中之存知、不憚傍輩、不恐権門、可出詞也」という一節、第二は続く「御成敗事切之条々、縦雖不違道理、一同之憲法也、設雖被行非拠、一同之越度也、自今以後、相向訴人幷縁者、自身者雖存道理、傍輩之中、以其人之説、聊違乱之由申聞之者、已非一味之義、殆貽諸人之嘲者歟」という一節である。

前者は、評定の場において訴訟当事者との親疎・好悪を度外視し、傍輩・権門に遠慮せず道理に従って自説を発言する、という制約。後者は、評定の裁決に対して評定衆全員が等しく責任を負うので、裁決と異なる自分の主張を評定外の場へ漏らすことは「一味の義」に反する背信として自制すべき、という制約である。いずれも周知に属する泰時の法廷運営理念だが、ここに垸飯のキーワードたる「傍輩」の語が二度も現れる。

前者・後者とも、評定に参仕する評定衆全員が「傍輩」であることを前提とした言説だが、貞永元年七月一〇日条に「相州（時房）・武州（泰時）、為理非決断職、猶令加署判於此起請給云々」と特記されるように、当該言説を起請・署判した一三人の評定衆に執権泰時・連署時房が含まれるという、これも周知の事実を強調したい。この起請文は、〈泰時にとって、叔父時房は無論のこと、中原師員以下二階堂・町野・矢野・太田・佐藤・斎藤ら文筆官僚や有力御家人三浦義村、中条家長・後藤基綱ら吏僚的御家人の全員が、自己の「傍輩」である〉という言明にほかならない。とすると、同じ泰時期に、紐帯確認儀礼たる垸飯の事務を、北条氏家督が傍輩を代表して独占的に引き受ける形態が完成した事実もまた、〈自らは御家人の傍輩である〉と主張する泰時らの主体的意志であった可能性が浮上しよう。

では、泰時がそのように主張する必然性はどこにあるか。この主張の最大の問題は、右の言明にもかかわらず、泰時の一頭支配といっても過言ではない政治的地位が、現実に否定され得ないという捻れにある。伊賀氏の乱の失敗を決定づけた会談で、政子は「可為関東棟梁者武州（泰時）也、無武州者諸人争久運哉」という認識を一般御家人の最有力者三浦義村に認めさせた（貞応三年七月一七日条）。この事実は、右の捻れの最も端的な明証である。そもそも、右の「傍輩」論理を主張する起請文に、文筆官僚らのみならず泰時・時房も自ら加判した理由を説明した『吾妻鏡』前掲記事に明らかなように、両執権が「理非決断職」として別格で、決してほかの評定衆と真に対等であり得ないことは、否定すべくもない現実であった。

杉橋隆夫は、「相州（時房）当時於事不被背武州（泰時）命」（同年六月二九日条）といわれ、泰時が家令の設置によって家督権を強化した事実等から、評定が実態上は泰時の方針に合理性を与え、彼の独裁的地位を韜晦する諮問機関であって、真の意味での合議機関たり得ていなかったと評価した。卓見である。特に重要なのは、泰時晩年の仁治元年（一二四〇）の連署時房の死没直後から、（両）執権のみが別当として署判する形式を改めて、別当七人が連署する政所下文が出現した事実を、「執権一人に権力が集中する印象を回避するためにとられた処置」（傍点引用者）と見て、時折現れる一三人合議制等の合議政体を、独裁・専制指向を基調とする成立期執権制に対する過渡的なカウンター・アクションと看破した点である[33]。また建保三（一二一五）〜四年頃からの義時・大江広元による両執権制導入の目的が、「時政が試みて失敗した性急な権力独占策を改め」る点にあったという、杉橋のもう一つの重要な指摘にも、通底する執権政治の基調がある。すなわち、政治的意志決定の合議化が御家人側からの掣肘としてではなく、御家人の反発の顕在化を未然に防ぐ手立てとして執権側からなされたという基調である。

右を踏まえ、本章は次のように掘り下げたい。杉橋説には、泰時が内心は独裁を指向したとも解せる余地があり、現にその意図を積極的に認める説もある[34]。しかし、現に存在した独裁的性質は、彼自らが望んだ独裁化なのか、疑義なしとしない。泰時政権の歴史的前提として、泰時の執権襲職が決定的となった段階で、従前の経緯により、執権制がかかる独裁指向を不可避の構造的特質として有していたことは、軽視されるべきではない。

泰時が執権（「関東棟梁」「軍営御後見」〔貞応三年六月二八日条・七月一七日条〕）の地位を継承した貞応三年は、義時・政子・大江広元が相次いで没し、合議制という形がともかくも成立しているように見えた時代が終わった直後であった。その段階で、泰時が直ちに叔父の連署時房と両執権体制を発足させ、嘉禄元年に評定衆を設置して、執権が合議制を代表する形を整えた事実からは、泰時にとってこそ、合議的形態が切実に必要であったことを読み取るべきである。

それが執権職継承時に強く表出した理由は、牧氏の変による時政追放という形で時政から義時への円滑な継承が失敗し、泰時自身もまた義時没後に叔父政村の執権就職を図る伊賀氏の変に直面したこと（さらに義時の死について暗殺が囁かれたこと[35]）を想起すれば、自ずと理解されよう。御家人多賀重行が乗馬のまま幼年の泰時（金剛）の前を通過したことを聞いた頼朝が、「就中如金剛者、不可准汝等傍輩事也、争不憚後聞哉」と咎めて重行の所領を没収した逸話は著名だが（建久三年五月二六日条）、この「泰時は汝ら御家人の傍輩と同列ではない」という認識こそ、頼朝や政子という保護者を失い、かつ絶対的な独裁体制を確保していない泰時にとって、御家人の反発を招き政争を誘発して自己の失脚・没落（幕府政争史ではしばしば落命と同義となる）を早めかねない危険因子であった。

かかるリスクを除去・低減する最も単純な方法は、〈泰時もまた御家人の傍輩である〉と泰時自ら主張することであっただろう（「傍輩」を同義語の「等倫」〔後述〕と置換すれば、趣旨は明瞭である）。現象面のみから見た時、泰時政権が剝き出しの権勢や実力に拠る独裁の形を望まず、「道理」という万人が等しく従うべき哲理にのみ拠ることを望むと繰り返し主張・喧伝したことは疑いない。御成敗式目には「道理」が二箇所現れ（六条・一六条）、前述の起請文には「乍知道理之旨、称申無理之由」「只道理之所推、心中之存知」「縦雖不違道理」「自身者雖存道理」と四度も現れ、「『道理程面白キ物ナシ』トテ、道理ヲ人申セバ涙ヲ流シテ感ジ申サレケル」という『沙石集』（第三―問注ニ我ト劣タル人事）の逸話も著名である。独裁色排除を謳う構図の提示を可能な限り試み、自らもその構図を信じようとしている、と主張する右事例群は、内心の独裁指向の隠蔽であった可能性も完全には否定できないものの、自身が現に独裁者たり得る地位にあるという、泰時の生存を脅かす所与の条件を薄める喫緊かつ有効な（と信ぜられた）施策であることに、筆者は意義を見出すのである。

平生から、所領・官途の獲得機会があるごとに固辞を繰り返し（建暦三年五月八日条・建保六年三月二四日条）、従四位下昇叙時には「朝恩之至、雖令自愛、無労功忽受此位、天運猶危、頗似不量己」と朝恩過分の天譴を恐れて泰山府君祭を修させたこと（嘉禎二年《（一二三六）》三月一三日条）等も、泰時への反発を正当化する要因を除去・低減する努力と見なし得る。特に、義時の死没に伴う「御遺跡庄園」の相続時に「奉執権之身、於領所等事、争強有競望哉、只可省舎弟等之由存之」と称し、あえて「嫡子《（泰時）》分頗不足」するよう大部分を弟らに配分したこと（貞応三年九月五日条）は、彼の〝無私〟強調が「執権之身」という地位ならではの危うさの自覚に起因したことを窺わせる。自己の権益獲得機会の放棄による「政道無私」（貞永元年七月一〇日条）の極端な実践は、〈自分の地位と人生は政道（＝皆の幸せ）のためだけにある〉というメッセージの発信と同義といえよう。それが民庶に向けられれば、年貢収取権や出挙米回収権の放棄という徳政の形を取り[36]、御家人社会に向けられれば、御家人の傍輩として御家人保護に全力を尽くす政務方針となって現れたと解されよう。かかるメッセージを不断に発することが、独裁者として反発を買いやすい自己の地位保全（それはしばしば生命維持と同義となる）のために有意義という、泰時の判断が看取されるのである。

頼朝から流鏑馬的立役を命ぜられた熊谷直実が反発して所領を没収された著名な逸話において、直実は「御家人者皆傍輩也」と主張した（文治三年《一一八七》八月四日条）。笠松宏至の専論[37]によれば、「傍輩」は漢籍に由来しないわが国の造語であり、「等倫」と可換性があり、主に職務等の社会的役割を共有することに由来して、名誉・礼節の面で対等であるべき（と信ぜられた）人々をカテゴライズする、一種の身分観念であった。右の直実の主張がなされた文脈に明らかなように、それは単なる〝仲よしの友人〟ではなく、構成員間を対等ならしめる強い心理的圧力や、それと同根の〝恥〟概念（他の構成員から嘲哢されかねない事態を極度に警戒する）によって、常に内部的な緊張を孕んだ関係であって、関東御家人はまさに最大の傍輩集団であった。

この「傍輩」概念は、勢力の多寡や地位に伴う実際の政治的存在感を確信的に度外視した極めて観念的な理念であるから、それは最初から虚構色が濃厚な幻想という側面を多分に有する。しかし、関東御家人社会においては、その共同幻想を強力に維持せんとする力学が働いた（というより、その幻想の共有なくして、幕府への参加経緯・形態に無限というべき多様性を抱え込む幕府構成員を括る、〝均質な御家人〟というカテゴリゼーションは存立し得ない）。そのため、この共同幻想が現実社会を規定する潜在的効力は、一定程度保たれ続けたと考えられる。

重要なのは、高橋典幸が注意を促した[38]ように、「傍輩」の連帯感が、同じ奉公先に仕え同じ職務に従事した体験や一種の誇りに基づく連帯感であり、御家人たることが無条件に「傍輩」の連帯感を生むわけではなく、したがって条件を満たさない者に対して排外的性質を有した点である。高橋典幸によれば、若狭国太良庄の凡下であった宮河乗蓮が、幕府―守護―守護代という縦の指揮系統に即して御家人役（関東御公事）勤仕の実績を重ねながらも、在地において「御家人に相交わらなかった」という横関係の欠如によって、ついに若狭国御家人としての認定を獲得できなかったように、かかる横の紐帯の形成維持には大番役という地域単位で徴発される警備業務が大きく役割を果たした。御家人の「傍輩」意識は、かかる形を介して、究極的には構成員間の相互認証を必須としたのである。

このことに加え、笠松が指摘した「傍輩」のもう一つの重大な特徴も見逃せない。その特徴とは、「傍輩」共同体の構成員に対して共同体の外から不当な不利益が強制された時、その構成員の支援を我が身の利益より優先する、という理念である。泰時の御家人保護政策は、これらの行動様式に沿っている。当該政策の真の理由が幕府という政体の維持（特に財政面）にあったとしても、これを推進する際に主張・喧伝されたイデオロギーは、「傍輩」の理念であったと見ることができる。

評定衆の設置もまた「傍輩」の論理に基づくことは、一般に評定制が頼家期一三人合議制に淵源を持つとされる点[39]からも推察されるが、より積極的な証拠がある。両制度とも、「宿老（傍輩の部分集合）」の論理の自覚的体現にほかならない、という共通点である。両制度が「宿老」の論理に依拠していたことは、双方とも発足時の人数が一三人であった事実から窺われる。正応三年（一二九〇）七月二九日円慶中司職充行状[40]は、近江長命寺に寄進された田地の「中司職」を僧大善に宛行う内容を持つが、その文章は「大善一期之後者、当寺宿老十三所可被進退之者也、仍所充行如件」と結ばれた。この事実は、〈「宿老」として尊崇を受ける人数は一三人が適当〉という社会的諒解が存在した証左である。かかる諒解が何に由来するかは定かでないが[41]、評定構成員の人数は評定衆が（一三人合議制も）「宿老」集団であることを主張しており、ならば評定構成員筆頭の執権は「宿老」筆頭だという主張に等しく、「宿老」が傍輩の代表格である以上、執権は傍輩の代表格筆頭であるという主張と見なし得る。

将軍御所における宿侍の作法に無知な従者を泰時が叱責した際の、「不可布御畳之上、昵近于人之者、争不弁此程之礼哉、尤恥傍輩推察」（貞永元年一一月二八日条）という言葉が、文字通りに泰時の口から発せられたかは定かでないが、「泰時もまた御家人集団の傍輩としてその緊張関係の中に身を置く」という主張がなされた痕跡として評価することは不当ではなかろう。泰時が「傍輩」の「一味」を強調する評定衆起請文を成したのが同年七月一〇日、式目の完成が八月一〇日であるから、この頃泰時が声高に主張した理念に「傍輩」が含まれたことは認めてよい。そこには、幼時に頼朝から認められたと喧伝された〈泰時は御家人と対等の傍輩でない〉という特権を放棄し、幕府成立から数十年を経過するに従って次第に虚構色を強める「御家人者皆傍輩也」という理念（幻想）を御家人社会に反覆提示し、かつ自ら信ずるとアピールすることによる、地位保全の戦略が窺われる。

かかる〈御家人皆傍輩〉幻想を具象化・可視化する儀礼として、「傍輩」の紐帯に依拠した垸飯が最も適合的であることは、多言を要しまい。垸飯において、抜群の由緒と強大な勢力を誇る一門が整然と勤める幕府初期の態様（族的関連性）が失われた後、多様な出自・属性の御家人（京下り官人系や政子の侍、後の泰時被官として著名な南条時員を含む等、雑多といってよい）が入り乱れて垸飯の役者を勤めるようになった様相は、〈御家人は皆、均質な傍輩である〉という基底的・抽象的な理念から派生・具体化した、〈垸飯を傍輩が皆で支える〉理念の現出と解せる可能性が高い。

その垸飯において元日の沙汰人独占が完遂された安貞二年は、嘉禄元年の評定衆設置から三年後、かつ御成敗式目制定・評定衆起請の四年前であった。それら一連の施策中に位置づく元日垸飯沙汰人の独占もまた、通説の如き北条氏の剝き出しの独裁指向的な御家人支配とは、正反対の意義を有したと見なければならない。

南北朝初期の足利氏に近い某人（少弐氏関係者か）は、鎌倉時代を次のように回顧した。

〔史料3〕『梅松論』（上）(42)

次に執権の次第は遠江守時政……高時已上九代、皆以将軍家の御後見として政務を申行ひ天下を治め、……元三垸飯・弓場始・庭の座・貢馬・随兵已下の処〔所〕役の輩・諸侍ともに対しては傍輩の義を存す、昇進においては家督を徳宗（注記カ）と号す、従四品下を以て先途として、遂に過分の振舞なくして政道を専にして仏神を尊敬し万民をあはれみ育みしかは、吹風の草木をなひかすかことくに、したかひ付しほとに、天下悉く治りて代々目出度とありける、元三垸飯以下の幕府儀礼の参仕者をはじめとする「諸侍」＝御家人に対して、歴代北条氏が「傍輩の義を存」じたという傍線部の理解は、北条氏滅亡後間もなく書かれた史料として、上述の筆者の見通しを裏づける史料上の明徴である（北条氏を貶め曲筆するなら、「不当にも身の程を弁えず君臨した」という、倒幕時の後醍醐天皇綸旨・護良親王令旨のような論調になるだろう）。

以上より、鎌倉幕府垸飯の展開過程とは、義時期に胚胎して泰時期に明確化した執権政治による幕府運営理念を、具現化すべき役割を担わされてゆく過程であったと評価できる。承久三年《(一二二一)》八月七日条に「叛逆卿相雲客并勇士所領等事、武州《(泰時)》尋註分、凡三千余箇所也、二品禅尼《(政子)》以件没収地、随勇敢勲功之浅深、面々省充之、右京兆《(義時)》雖執行、於自分者、無立針管領納、世以為美談云々」とあるような、承久の乱の戦後行賞で義時が一切自らの所領増加を望まなかったという類の「美談」演出は、前述の義時死没時の遺産相続における泰時の振舞と全く共通し、父子二代とも現有の執権権力の反感の買いやすさに細心の注意を払った様子が認められる。このことは、上述の垸飯奉仕者の族的分散と併せ、北条氏家督を「傍輩」代表へと仕立て上げる泰時期に顕著な戦略も、義時から継承されたものであった可能性を思わせる。

泰時は、死没直後には、南都焼き討ちの主謀者平清盛と同類視して摂政近衛兼経から「極重悪人」と評価されるようなことが、まだあった（『民経記』仁治三年六月二六日条）。しかし、上記戦略が時代を経るにつれて相当程度の効果を発揮したことは、次の言説群から推知される。

〔史料4〕『神皇正統記』（後嵯峨）[43]

大方泰時心タヾシク政スナヲニシテ、人ヲハグクミ物ニオゴラズ、公家ノ御コトヲオモクシ、本所ノワヅラヒヲトヾメシカバ、風ノ前ニ塵ナクシテ、天ノ下スナハチシヅマリキ、カクテ年代ヲカサネシコト、ヒトヘニ泰時ガ力トゾ申伝ヌル、……義時イカナル果報ニカ、ハカラザル家業ヲハジメテ、兵馬ノ権ヲトレリシ、タメシマレナルコトニヤ、サレドコトナル才徳ハキコエズ、又大名ノ下ニホコル心ヤ有ケン、中ニトセバカリゾアリシ、身マカリシカド、彼泰時アヒツギテ徳政ヲサキトシ法式ヲカタクス、己ガ分ヲハカルノミナラズ、親族ナラビニアラユル武士マデモイマシメテ、高官位ヲノゾム者ナカリキ、其政次第ノママニオトロへ、ツキニ滅ヌルハ天命ノヲハルスガタナリ、七代マデタモテルコソ彼ガ余薫ナレバ恨トコロナシト云ツベシ、

〔史料5〕『保暦間記』(44)

其時、泰時天下ノ事ヲ行ニ、此人賢人無双ニシテ年久、武家ノ政道ニ五十一箇条ノ憲法ヲ貞永元年七月始テ定メ行フ、嘉禄元年ヨリ仁治三年ニ至マテ十八箇年執権ス、目出カリシ世也、カヽリシ故ニヤ、末七代、天下ノ政事ヲ行フ、人皆知事ナレハ不及委注、

北条氏の専制を弾劾して鎌倉幕府を滅ぼした建武政権・南朝にさえ、義時を批判することはあっても、泰時を悪くいう言説はない。それは、泰時が〈自己を定義する〉という情報論的行為の重要性・有効性を自覚し、それを積極的かつ適切に（と一応は見なし得る）処理した成果であったといえよう。

## 結　論

義時期に萌芽して泰時期に完成した北条氏家督による元日垸飯沙汰人の独占化を、通説は権力獲得・誇示の手段・結果と見なしてきた。しかし、それは〝垸飯を沙汰する〟という熟語の語義を等閑視した誤解であり、垸飯沙汰人は儀式当日に姿を見せる必要すらない、裏方に徹した事務局長であった。これを執権が引き受けたのは、強力とはいえ絶対的でない現有権力の危険性に鑑みて、（執権側の一方的・空想的な主張ながらも）「傍輩」の原理（御家人に対する超越性を放棄・無視する方針）を、意図的に強調し反発を回避しようとした執権側の配慮であり、生存戦略であったと評価される。

建暦元年（一二一一）以降、（建保元年（一二一三）の大江広元を除いて）義時生前の元日垸飯沙汰人が全く義時の独占となった事実を、滑川は「義時・広元両執権体制の確立に対応したもの」と見て、「垸飯献儀が幕府職制とリンクして行われ始めたことを意味し、ここに垸飯献儀の質的転換を見出すことはできないだろうか」と評価した(45)。職制とのリンクは卓見だが、転換したのは垸飯ではなく、むしろ「傍輩」という職制的でない論理が支配する垸飯の価値世界に身を投じた執権政治の方、というのが本書の立場であり、北条氏による沙汰人勤仕は、その反覆顕示（儀式当日は姿を見せないので、暗示というべきか）であった。

それは、幕府初期以来、垸飯沙汰人を決定する原則として働いてきた最大喜色原則に、年齢・勲功等の諸要因や、傍輩・宿老・門葉等の諸概念が絡められ、逐次再構成された結果と考えられる。本章の結論を加味して高橋慎一朗の幕府「宿老」論を掘り下げるならば、義時・泰時は「「宿老」たちの頭上を一気に飛び越えて、宿老の一段上に位置する権力を手中に収め（中略）「宿老」とは一線を画すような立場で勢力を伸長」(46)したがために、その立場の危険性を自覚して理念的に「傍輩」層への下降を試み、時頼期までに「傍輩」の部分集合たる「宿老」として落ち着くに至った、といえよう。垸飯は、その重要な回路として機能したのである。

かくして果たされた北条氏家督の「傍輩」代表化と垸飯奉仕者の族的分散は、執権・御家人を同一カテゴリーに括り平準化する概念操作であったと総括できる。そして、執権と他の御家人の関係を定義することは、〈全体としての御家人集団とは何か〉を定義することと同義であり、つまるところ〈幕府とは何か〉の定義とほぼ同義となろう。したがって、北条氏による元日垸飯沙汰人の独占化は、執権という新要素を不可避的に抱え込まざるを得なくなった段階で、幕府が遂行した何度目かの自己規定行為《アイデンティフィケーション》の一つであったと結論されるのである。

（1）八幡義信「鎌倉幕府垸飯献儀の史的意義」（『政治経済史学』八五、一九七三）二七頁。
（2）村井章介「執権政治の変質」（『中世の国家と在地社会』、校倉書房、二〇〇五、初出一九八四）六～七頁。
（3）盛本昌広ａ「鎌倉幕府垸飯の負担構造」（『地方史研究』二五五、一九九五）八頁、同ｂ「鎌倉幕府儀礼の展開」（『鎌倉』八五、一九九七）三六頁。
（4）永井晋「鎌倉幕府垸飯の成立と展開」（小川信先生の古希記念論集を刊行する会編『日本中世政治社会の研究』、続群書類従完成会、一九九一）二三二～三頁。
（5）滑川敦子「鎌倉幕府における正月行事の成立と発展」（上横手雅敬編『鎌倉時代の権力と制度』、思文閣出版、二〇〇八）一八七・一八〇頁。
（6）前掲注（3）盛本論考ａ一〇～一一頁。
（7）桃崎有一郎「昇進拝賀考」（『古代文化』五八－Ⅲ、二〇〇六）。
（8）前掲注（1）八幡論考・注（2）村井論考・注（4）永井論考等に所載の表。
（9）前掲注（1）八幡論考三一頁。
（10）福田豊彦『千葉常胤』（吉川弘文館、一九七三）二二三頁。
（11）前掲注（4）永井論考。
（12）高橋慎一朗「宗尊親王期における幕府「宿老」」（『年報中世史研究』二六、二〇〇一）、引用部は一一九頁。
（13）「仁和寺記録十八真俗雑聞集」（『鎌倉遺文』〔以下㊙〕六－三六一四）。
（14）「高野山文書続宝簡集七十四」（㊙一〇－七五六九）。
（15）「大和海竜王寺文書」（㊙六－四三二八）。
（16）笠松宏至「中世の「傍輩」」（『法と言葉の中世史』、平凡社、一九九三、初出一九八四）二〇頁。
（17）「上司家文書」（㊙一七－一二九一三）。
（18）桃崎有一郎「中世里内裏陣中の構造と空間的性質」（『中世京都の空間構造と礼節体系』、思文閣出版、二〇一〇、初出二〇〇四）二一七～二二〇頁。なお乗物乗用資格と年齢の関係は南都寺院でも確認できる（「中世武家社会の路頭礼・乗物と公武の身分秩序」、同前書）一二七頁。

(19)『大日本史料』四–六–一四頁所載。
(20)永井晋「源家一門考」(『金澤文庫研究』三一九、二〇〇七)。
(21)杉橋隆夫「執権・連署制の起源」(日本古文書学会編『日本古文書学論集5　中世Ⅰ』、吉川弘文館、一九八六、初出一九八〇)。
(22)『兵範記』久安五年《一一四九》一〇月一九日条・保元元年《一一五六》八月二九日条・承安元年《一一七一》一二月二日条や『勘仲記』建治元年《一二七五》一一月四日条等の、「家司」を補任する藤氏長者宣(令旨)に「件人等宜為(大夫方)政所別当」とある。
(23)前掲注(3)盛本論考b四八頁。
(24)前掲注(3)盛本論考b三六頁。
(25)石井清文「北条泰時時房政権の成立(Ⅰ)」(『政治経済史学』三七〇、一九九七)二三三頁、前掲注(10)福田著書一九一頁以下(引用部一九三頁)。
(26)橋本義彦「院評定制について」(『平安貴族社会の研究』、吉川弘文館、一九七六、初出一九七〇)六九~七二頁。
(27)『大日本史料』五–一–九–三九四頁所載。
(28)前掲注(4)永井論考。
(29)一部だけ挙げれば、上横手雅敬『日本中世政治史研究』(塙書房、一九七〇)、佐藤進一『日本の中世国家』(岩波書店、二〇〇一、初出一九八三)、前掲注(21)杉橋論考、前掲注(25)石井論考、長又高夫「北条泰時の政治構想」(『東洋文化研究所所報』一五、身延山大学、二〇一一)等。
(30)前掲注(29)佐藤論考一一八頁以下。
(31)羽下徳彦「上横手雅敬「北條泰時」」(『歴史学研究』二三四、一九五九)四五・四七頁。
(32)本文は佐藤進一・池内義資編『中世法制史料集　第一巻　鎌倉幕府法』(岩波書店、第一三刷、一九九三、初版一九五五)に拠る。
(33)前掲注(21)杉橋論考、特に一四三~五頁。
(34)例えば上横手雅敬『北条泰時』(吉川弘文館、一九五八)は、泰時の北条氏「家令」設置を「合議によって泰時の独裁的な意図が、骨抜きにされるのを防ぐためのものでもあった」(七一頁)と見、前掲注(25)石井論考は時房との政治的相剋過程で泰時が自ら政権首班たることを主張すべく「政道興行之志」を顕示したと論ずる（二二九～三四頁）。

(35)『明月記』安貞元年六月一一日条によれば、逮捕された尊長は「只早頸をきれ、若不然は又義時か妻か義時にくれけむ薬われに是くはせて早ころせ」と放言したという。

(36) 入間田宣夫「泰時の徳政」（『東北大学教養部紀要』三七、一九八二）。

(37) 前掲注(16)笠松論考。

(38) 高橋典幸「武士にとっての天皇」（『鎌倉幕府軍制と御家人制』、吉川弘文館、二〇〇八、初出二〇〇二）一六七～八頁、同「武家政権と戦争・軍役」（同前書、初出二〇〇一）一二一頁。

(39) 前掲注(29)佐藤著書一一七頁等。

(40)「近江長命寺文書」（㊙二三一一七三九七）。

(41) 仏教を除く古代中国の諸書に現れる名数を集成した宋の王応麟の『小学紺珠』一〇巻を通読しても、「唐書十三志」「孫氏十三編」「史録十三類」等、特定の典籍の篇数や史籍の分類法以外に「十三」という名数自体が現れない。右の「宿老十三所」が寺院の用例であることからも、仏教由来の名数と推察される。もっとも、仏教で使われる名数を集成した明の釈行深の『賢首諸乗法数』等を通覧しても、「十三」を用いる名数自体が僅少で、確認できるものも「十三事法」等、宿老の人数とは無関係のものしか見えない。恐らく、日本独自の名数であろう。亡者に対して合計一三回行われる追善供養（初七日・二七日・三七日・四七日・五七日・六七日・七七日・百箇日・一周忌・三周忌・七周忌・十三回忌・三十三回忌）のそれぞれに割りあてられた、冥土で生前の罪を裁く一〇の王（十王）の本地たる一〇の仏・菩薩に三仏を加えた「十三仏」という名数があるが、その出現は室町時代といわれており、鎌倉時代の〈宿老一三人〉という名数を説明するには苦しい。

(42) 矢代和夫・加美宏校注『梅松論・源威集』（現代思潮社、一九七五）に拠る。作者については小川信「『梅松論』諸本の研究」（岩橋小弥太博士頌寿記念会編『日本史籍論集　下』、吉川弘文館、一九六九）・武田昌憲「足利の権威」（『軍記と語り物』四三、二〇〇七）等を参照。

(43) 岩佐正ほか校注『日本古典文学大系87　神皇正統記　増鏡』（岩波書店、一九六五）に拠る。

(44) 内閣文庫本に拠る（佐伯真一ほか編『校本保暦間記』、和泉書院、一九九九）。

(45) 前掲注(5)滑川論考一八六頁。

(46) 前掲注(12)高橋慎一朗論考一一九頁。

# 第五章　鎌倉幕府垸飯役の成立・挫折と〈御家人皆傍輩〉幻想の行方

## ——礼制と税制・貨幣経済の交錯——

### 緒言

鎌倉幕府における垸飯は、特定の機会に御家人が一堂に会して共食する、定例行事の代表格である。それは従来、将軍・執権による御家人支配の道具（服属儀礼）と解されてきたが、実は同じ主君を共有する「傍輩」間の紐帯確認儀礼として幕府に導入された廷臣の慣習であった（本書第一章）。そして、執権政治確立期に至り、北条氏家督が垸飯沙汰人（裏方の事務責任者）を独占することによって、〈傍輩たる御家人集団の事務局長（執権）を北条氏が引き受けた〉形が強調され、もって北条氏主導体制への反発の防止策として活用された（本書第四章）。

この幕府垸飯は、鎌倉中期に一つの画期を迎える。垸飯の費用を御家人役として賦課徴収する、垸飯役の成立である。垸飯が服属儀礼ならば、それは服属関係の強化・構造化に過ぎないから、この出来事を通説が問題視しなかったのは当然であろう。しかし、垸飯が服属儀礼でないならば、垸飯役成立は検討に値する大問題となる。本来、垸飯の物資供出が傍輩を饗応する自発的贈与であったにもかかわらず、垸飯役として御家人の義務的租税と化したことは、垸飯の、そして幕府行事体系の礼制史的大転換といわねばならないからである。

本章では、かかる視点から、垸飯役の成立過程・内実・背景、租税化を可能にした論理、そして過負荷化した垸飯役の綻びと御家人制の危機の相関を考察し、垸飯役の礼制史・幕府史上の意義を考察する（『吾妻鏡』に拠る場合は典拠名を略した。また『鎌倉遺文』は(鎌)、『千葉県の歴史 資料編 中世2』中山法華経寺文書Ⅰは(千)と略称する）。

## 一　垸飯役成立以前の垸飯負担――一家請負型から諸氏混成型へ――

永井晋が指摘したように[1]、北条泰時による執権政治の確立とほぼ同時に、元日の垸飯沙汰人を北条氏家督が独占的に勤め始める。そして、恐らくその態様を念頭に置いて、盛本昌広が「正月三が日に北条氏一族が将軍に対して勤仕する垸飯は北条氏一族が自己負担したはず」[2]と推断した。しかし、「垸飯役」の百姓転嫁を禁ずる弘長元年（一二六一）の新制（後掲史料3）を初見として、「垸飯役」なる公事が幕府の税体系に現れ、その事実が盛本説の如き理解を妨げる。

盛本は、垸飯役賦課が関東近国（上総・上野・下野・越後）でのみ確認されると論じたが[3]、それは史実と異なる。右の弘長新制の当該条は地頭一般を対象としており、同条を「在京人幷西国守護人・地頭等」向けに発令した関東御教書があり[4]、その施行状に[5]「早可被相触豊前・肥前・筑前・対□（馬）国々地頭等也」とある。また、嘉元四年（一三〇六）七月日峯貞陳状案に[6]「宰府守護所催促状二通者、或六斎日二季彼岸殺生禁断事、或百姓臨時役幷替物・垸飯等停止事也」とある。これらはいずれも、垸飯役が京都・九州を含む西国にも賦課された明徴である。すなわち、垸飯役は全国に賦課された地頭役であり、それが確認できる弘長元年以降の幕府垸飯を、北条氏が自己負担した可能性はない。

北条氏の自己負担を説いた盛本説は、初期幕府垸飯の負担形態から類推されたものであろう。幕府年始垸飯の初見である治承五年（一一八一）元日条に「千葉介常胤献垸飯、相具三尺里魚、又上林下若不知其員云々」[7]と見え、また頼朝の新造公文所吉書始に関する元暦元年（一一八四）一〇月六日条に「其後行垸飯、武衛（源頼朝）出御、千葉介（常胤）経営、公私有引出物」と見えるように、幕府初期の垸飯においては確かに、特定の御家人が沙汰人（頭人も同義か[8]）となって物資万般を調達・提供した事実がある。

当該期幕府垸飯においては、諸役人（進物奉呈の三役＝剣役・調度役・行騰役等）が具体的に判明する事例が少ない。それが最も早く判明する建久二年《（一一九一）》の事例を参看すると、元日垸飯では剣役千葉常胤を筆頭に同胤正・相馬師常・武石胤盛・東胤頼（以上常胤息）が頼朝への進物奉呈役を勤め、また馬の曳手を大須賀胤信（常胤息）・境常秀（常胤孫、胤正息）・臼井常忠（常胤の従兄弟。常胤父常重の弟常康の息）・天羽真常《〔直カ〕》（上総権介平広常の弟天羽秀常の息直常だろう）・国分胤道《（通）》（常胤息）・寺尾業遠（姻戚関係の家子か）らが勤めた。(9)

続く正月二日の垸飯では、沙汰人・剣役の三浦義澄以下、岡崎義実（義澄の父義明の弟）・和田宗実（義澄の兄椙本義宗の息）・三浦義連（義澄弟）・比企能員（姻戚関係の家子か）(10)・三浦義村（義澄息）・同景連（義連息）が諸役を勤め、(11)また正月三日の垸飯では、沙汰人の小山朝政以下、下河辺行平（朝政の父政光の弟行義の息）・長沼宗政（朝政弟）・結城朝光（同）・下河辺政能《（義）》（行平弟）が諸役を勤めた。(12)右はすべて、酒食を供出する沙汰人が家父長として家子（子・孫・支族ら）を諸役の奉仕者に動員する、〝一家型〟と呼ぶべき構造である（本書第七章で垸飯の一類型に挙げた、御家人の個人的慶事に由来する垸飯の諸事例(13)も、一家型の調達の類型として数えられよう）。

ところが、元久二年《（一二〇五）》元日には、諸役の分担が「遠州《（北条時政）》被献垸飯幷御馬・御剣以下、／其役人　御剣　小山左衛門尉《（朝政）》　御弓征箭　三浦兵衛尉《（義村）》　御行騰沓　足立左衛門尉《（遠元）》　御馬五疋（曳手交名略。非北条氏の混成）」と見え、垸飯の負担には、酒食と馬・剣以下の進物を併せた物資調達（沙汰人）と、進物を鎌倉殿に奉呈する剣役・調度役・行騰役や馬の曳手等（諸役人）の二系統が、独立的に存在したことが判明する。原理上、全く別の仕事である沙汰人と諸役人は緊密に連携する必要がなく、したがって一家である必然性がない。

恐らくその故に、建久四年元日垸飯では沙汰人千葉常胤・剣役大内惟義・調度役八田知家・行騰役梶原景季・砂金役東胤頼・鷲羽役千葉常胤という構成となり、千葉氏が沙汰人でありながら源氏門葉や他の東国御家人も混在する〝諸氏混成型〟となった。また、翌五年元日の沙汰人・調度役足利義兼と剣役里見義成（義兼の父義康の兄新田義重の孫）という構成（他は不明）は辛うじて一家型と見なし得るが、翌六年元日の沙汰人足利義兼・剣役大内惟義（他は不明）は、一家というには血統が遠い。かといって他氏族ともいえず（足利氏は源頼義の長男義家流、大内氏は三男義光流）、〝同族型〟と呼ぶべき構成であった。

一家型と同族型が同じ発想に根差すことは疑いなく、出現順と、行動単位としての自然さから見て、一家型が基本にあり、同族型が派生した可能性が高い。また、諸氏混成型においても、右事例では千葉常胤が沙汰人・鷲羽役を兼務し、息胤頼が砂金役を勤めるという、千葉氏の占める割合の高さと主導的役割が窺われ、出現順と総合しても、千葉氏の一家型から派生した可能性が高い。頼朝期に諸役人が判明する事例は右がすべてであり、事例が少ないため推定が困難だが、右を総合すると、同族型・諸氏混成型の双方の祖型と目される一家型がまずあり、そこから他の二類型が並行的に派生して、年始垸飯の態様が模索された経緯が示唆されていよう。

ところで、垸飯の沙汰人・諸役人の変遷を網羅的に跡づけた永井晋は、比企氏の乱を経て北条時政が主導権を確立した後の元久二年元日の事例（前掲）以降、北条氏が沙汰人を勤める場合は本章でいう諸氏混成型となり、それを北条氏特有の構成と見て、他の有力御家人の構成（一家型）と併存したと見なした[14]。もしその通りであれば、後年に果たされる元日垸飯沙汰人の独占の前史となるべき北条氏独自の垸飯への関わり方として、重要な情報となる。ただ、同族型であった建久六年（前述）以後、垸飯の役人構成は沙汰人の氏族を問わず諸氏混成型に収斂し（ただし、沙汰人・剣役が近親の事例は多い）、例外は建保元年《一二一三》の一家型に近い一例のみである（沙汰人和田義盛・剣役三浦義村〔義盛甥〕・調度役伊賀朝光・行縢役和田常盛〔義盛息〕）。北条時政は建久四年までに成立済みの諸氏混成型に沙汰人として現れたに過ぎず、負担・振舞のいずれの面でも、特殊事例とは見なせない。

負担形態の観点から見た場合、より重要なのは、成立期幕府垸飯においては類型（一家型・同族型・諸氏混成型）

を問わず、物資（酒食・進物等）調達を沙汰人が一手に負担したと推定可能で、それが幕府における負担一般の態様に根差したと考えられることである。上杉和彦によれば[15]、成立期幕府の大規模支出は個別事業ごとに有勢者を頼る「大名」賦課であった。それは、一国平均役の如き国家的理念・回路（荘園公領制）から発動する課税ではなく、根源的には志に立脚する贈与的支出であり、一種の有徳役である。

中でも上杉が指摘した、東大寺再興に伴う仏像・戒壇院造立の事例（建久五年六月二八日条）が特に注意を惹く。この時、頼朝は出資を募った有力御家人に対して、「各偏存結縁之儀、可成功之由、御下知先訖、只以随公事之思、縡若及懈緩者、可辞申」（専ら結縁の意志に基づいて出資せよと下知した通りで、公事としての義務感で負担を申し出て逆に遅滞するようなら、辞退せよ）と命じた。〈事業の意義に強く共感し、参加を希求する自発性によってこそ意味を持つ負担であり、断じて租税ではない〉というこの理念は、（勧進という限定的文脈上にあるとはいえ）本書第一章・第四章で履述した垸飯供出の理念（自発的な紐帯確認）と、根底で通ずるものである。

幕府初期の年始垸飯沙汰人が主に大規模東国御家人＝「大名」の部分集合である（頼朝期は登場順に三浦義澄・千葉常胤・足利義兼・小山朝政・宇都宮朝綱）ことを加味しても、当該期の垸飯は明らかに「大名」賦課の一類型であった。そして、この「大名」賦課と発想の根底を同じくする守護出銭が、後に室町幕府の大規模支出時（将軍御所移転等）に実践されたことから明らかなように、有徳役的な贈与的供出は、幕府型組織における負担の柱の一つであり続けた。すなわち、幕府の出費の財源がすべて租税化することは、決して当然でない。では、それにもかかわらず、元来任意の饗応（すなわち贈与）であった垸飯の負担が地頭役（すなわち租税）と化すという、垸飯史上最も画期的な変貌は、いつ、なぜ果たされたのか。

## 二　垸飯役の成立過程・契機・背景

### Ⅰ　垸飯役の制度的位置――関東御公事恒例役――

〔史料1〕建長八年（一二五六）三月一五日茂木知宣置文[16]（適宜丸数字を付した）

定置『譲状』　所譲子息等所領等可令勤仕御公事分田間事

合堺女房壱町 五郎知光参町

右、恒例・臨時御公事内、於恒例役、①鎌倉毎年御垸飯・②替物・③二ヶ月大番・④五月会流鏑馬・⑤八月大将殿御月忌用途、⑥貢馬役者不可勤仕、可為三郎知盛所役也、但於⑦宇都宮五月会頭・⑧京都大番、⑨其外臨〔時脱ヵ〕御公事者、堺殿分田壱町、五郎知光分田参町可令勤仕其役、兼又所譲与堺殿分田在家等、一期之後者、知盛可令領知、若知盛与知光之中、依老少不定、無子息於前立者、兄弟相互可譲与件所領等也、譬雖有女子、随其分限、一期之間、可計宛少分也、守此旨、聊無違乱、不可有不和之儀状如件、

建長八年三月十五日　　左衛門尉知宣（花押）

下野国御家人茂木知宣が所領譲与に伴い関東御公事の負担義務を配分した右史料では、恒例の①毎年の幕府垸飯・②替物・③二ヶ月間の鎌倉大番役勤仕・④宇都宮社（二荒山神社）五月会の流鏑馬・⑤八月の頼朝月忌用途・⑥貢馬役が惣領知盛分として配分され、同じく恒例の⑦宇都宮五月会頭役・⑧京都大番役と、それに加えて⑨臨時御公事が堺殿（後家か）・庶子知光に配分された。右史料により、鎌倉中期の御公事が恒例役・臨時役に二分されたこと、惣領分（恒例役の基幹部分を担う）と後家・庶子分（「分田」知行を理由に臨時役とその他恒例役を補助的に担う）が惣領制における構成員の重要度と対応したこと、特に垸飯役負担が惣領の地位《ステータス》を表示していたこと等が、既に指摘されている[17]。

右を初見とする垸飯役は、上野国新田庄八木沼郷内在家・畠の一連の売券によって、その具体的な賦課形態が明らかとなる。

正和三年《一三一四》に同郷内在家三宇・畠五丁六反を売却した源朝兼売券[18]に「惣郷公畠内小、令売渡在家畠内在之、一年分御公事者、領家御年貢御綿代卅三文・銭十七文・鎌倉大番用途十四文・同御垸飯用途六十七文・小舎人用途七文・へい《塀》の用途十三文、此御公事物等者、買主方可致沙汰之」とある。筧雅博が指摘したように[19]、右の売買で「一年分御公事」の負担義務が買主に移転したのは、当該畠地が「公畠」（領家金剛心院の年貢と幕府御公事の賦課対象地）小＝一二〇歩を含んだからであった。

翌正和四年の同郷内在家・畠の売却に関する沙弥源光売券[20]でも、買主が「彼在家畠等之毎年公方御公事、鎌倉大番用途・垸飯用途已上百文」を負担するよう定め、文保二年《一三一八》の新田義貞売券案[21]でも、「惣郷公畠」に伴う「一年分御□□□《公事者カ》領家御年貢御綿代百文・銭伍拾文・鎌倉大番用途□□□文・同御垸飯用途二百文・小舎人用途廿文・屛用途四十文」の負担義務が買主に移転し、さらに同年の源頼親売券案[22]でも、新田庄村田郷内の在家・畠・田が「惣郷公田内一段」を含む故に「一年分御公事垸飯用途六十八文四文《マヽ》・五月会ひたゝれ《直垂》用途八文・御所へいすり《塀修理》用途三文・政所替物用途五十五文・大番用途五十文・領家御綿代同銭四十文・小舎人用途十三文」の負担が買主の義務とされた。右の諸売券における配列や、源光売券が「毎年公方御公事」に鎌倉大番用途・垸飯用途のみを挙げた事実から、鎌倉大番と垸飯は関東御公事の恒例役の二本柱というべき基幹的要素と認められる。

これに関しては、弘長二年《一二六二》に岩松時兼が「とちこせん《御前》」に与えた譲状[23]において、次のように述べた事例も参考になる。

又先ニゆつり《譲》まいらする《進》所々の公事せられ候へきやうハ、なりつかに公田三町かふん、かなやに公田弐町かふんを、京・かまくら《鎌倉》のをうはん《大番》といひ、御わうはん《垸飯》といひ、かれこれ五町かくうし《公事》をつとむ《勤》へし、

「京・かまくら《鎌倉》のをうはん」の傍点部は、関東御公事の話題であり、かつ次に明記された「御垸飯《わうはん》」ではない以上、「大番」に宛てねばなるまい（既に、オホの発音がヲウと同じ「オー」と化していたことになる。その場合、大番《オホバン》と垸飯《ワウバン》を実際上の発音で聞き分け可能であったか否かは、微妙となろう）。それを踏まえると、ここにも公田の領有に伴う関東御公事として、大番役（京都大番・鎌倉大番）と垸飯役の二種が代表格として現れていたと確認できる。

ところで、前掲の上野国新田庄八木沼郷に関する一連の売券において、正和三年売券の諸費目の額は、（文字を欠損した鎌倉大番用途を除き）例外なく、文保二年売券案の同じ費目を三で割って端数を四捨五入した額となっている。すなわち、それらは単位面積あたりの税額に面積を乗じた数値と見なされる。正和三年売券の額は公畠小（三分の一段）に対する賦課額なので、（端数処理を考慮して）それを三倍した領家御年貢御綿代一〇〇文・銭五〇文・鎌倉大番用途四二文・同御垸飯用途二〇〇文・小舎人用途二〇文・塀用途四〇文（すなわち文保二年売券の額）が、新田庄八木沼郷の公畠の段別税率と判明する。

なお、公田に賦課された御公事としては、文保二年の売券案が公田一段の「一年分御公事」として「垸飯用途六十八文四文」を挙げるが、文意不通である。また、元亨四年（一三二四）の武蔵狐塚公事注文に(24)「二百十五文垸飯用途反別四十三文定」と見え、「反別」と「畠反別」を書き分ける同注文においては段別四三文が公田の垸飯役賦課額と目される。右の新田庄公田の税額「六十八文四文」を、「六十八文」が「六十四文」に訂正されたものと読んでよければ、新田庄公田の段別六四文は狐塚の段別四三文の約一・五倍となり、一方が基準的な段別税額、他方がそれに何らかの率を乗じた額であった可能性がある。一文未満の端数処理の原則が前述の通り四捨五入であったならば、四三文はちょうど六四文の三分の二となるが、六四文は四三文の一・五倍より一文少ない。したがって、公田の垸飯役は段別六四文を基準としていた可能性が高い。この公畠段別二〇〇文・公田段別六四文という数値は、先学が明らかにしてこなかった垸飯役の段別賦課額が初めて明らかになったという点で、重要な数値である。

なお、本章初出時には未見であったが、近年に山家浩樹が、康永二年（一三四三）の上野国山田郡寮米保内西内島村における「西内島御所垸飯用途」の存在を指摘した[25]。そこでは公田に対して「段別十六文定」の税率が見える。右に推定した鎌倉期の段別六四文と数値が異なり、格段に低率である。ただ、段別一六文が段別六四文のちょうど四分の一である事実を、筆者は重視したい。そこには、鎌倉幕府垸飯役の段別六四文という数値の正しさと、それをベースに税率が算定される初期室町幕府垸飯役との密接な関係が、ともに強く示唆されていよう。

## Ⅱ　垸飯役の成立と嘉禄の政治変動・制度整備

さらに大局的に見た場合、垸飯役が公田・公畠の面積に依拠して徴収された事実が、大きな意味を持つ。中野栄夫によれば、令制以来、「公田」は多様な意味を持ったが、鎌倉幕府では承久三年（一二二一）以後、一貫して定田（年貢を負担すべき田地）を意味した[26]。垸飯役が公田畠面積に依拠した以上、垸飯役成立は幕府による公田畠面積の把握を前提としていた。換言すれば、垸飯役成立は大田文成立を前提としたはずである。加えて、上掲諸史料は垸飯役を関東御公事（たる地頭役）と明記するので、垸飯役成立は関東御公事成立をも前提とする。

安田元久によれば[27]、大番役等の軍役系御家人役は、御家人制がほぼ確立した建久頃までに成立したが、経済的負担たる関東御公事の確実な初見は貞応二年（一二二三）まで下る。このことから、承久の乱後に御家人統制強化の一環として関東御公事が恒常的・普遍的制度として成立し、寛元二年（一二四四）一二月一二日追加法（二三七条）[28]によって、法制度上も「父祖之跡」の分割相続者が「分限」に従って「寄合」って勤仕する形に整えられたという。

鎌倉幕府における「公田」が〈年貢を負担する定田〉という意味に確定した時期と、「関東御公事」の初見は、いずれも承久の乱直後である。このことは、幕府税制の大改革が承久の乱を機になされたことを強く示唆する。

清水亮は、『太平記』（巻第三五―北野通夜物語事付青砥左衛門事）の「貞応ニ武蔵前司入道（北条泰時）、日本国ノ大田文ヲ作テ

庄郷ヲ分テ」云々という所伝をも加味して、関東御公事が承久の乱を機に執権泰時主導で整備確立されたと結論している。(29)

右の諸徴証に加え、承久の乱で三〇〇〇ヶ所以上の所領が没収・再配分され（承久三年八月七日条）、多数の新補地頭が簇生した事実も、所領面積に立脚する関東御公事が乱を機に成立した可能性を支持する。本章はこれらに加えて、文暦二年（一二三五）閏六月五日関東御教書案(30)に「如建久・建保・貞応・寛喜当国御家人引付者、助清（若松）父子所注載也」と見える事実を、傍証として指摘したい。承久の乱の翌年に始まる貞応年間に「御家人引付」（国別の御家人の完全なリスト）を作成する動機は、乱を契機とした御家人役整備（関東御公事成立）であった可能性が高いと推認されるからである。(31)そして、垸飯役が関東御公事の一部であり、公田概念を基礎とした以上、垸飯役成立が関東御公事・公田概念の成立（承久の乱直後）を遡ることはない。

安田によれば、延応二年（一二四〇）頃には、関東御公事は未だ臨時的賦課にとどまり、垸飯役が属した恒例役は未成立であったといい、恒例役成立の確実な初見は建長八年の史料1まで下る。しかし、清水は積極的に遡って、恒例役の成立を嘉禄年間〜貞永元年（一二二五〜三二）と推定した。その根拠は、嘉禄元年末の鎌倉殿頼経の元服に伴い鎌倉大番役が成立した事実、嘉禄二年以降に元日垸飯沙汰人と将軍御行始の受入先が執権に収斂したという盛本の指摘(32)、すなわち恒例役の二本柱（大番役・垸飯役）が嘉禄元年末〜翌二年初頭に集中して整備されたこと、加えて恒例役と性質が一致する「殿中平均之公事」が貞永元年成立の御成敗式目二五条に見えることである。

『吾妻鏡』では、一家型で奉仕された最初期から、垸飯役の明白な成立以後まで、年始垸飯記事の記法に変化が皆無であり、垸飯役成立の痕跡を見出せない。垸飯役が初見（史料1）の建長八年からどの程度遡り得るかは、恒例役の他方の柱たる大番役の変容から類推せざるを得ない。

建長六年頃と推測される某（西心ヵ）書状(33)に「たゝし大番ようとう（用途）ハ弥藤二入道の沙汰にて候へハ」云々と、

また同年一〇月一二日関東下知状案に[34]「一　西国京都大番役事／新補地頭等充段別課役之条、不可然」と見え、建長までに（自身が京都・鎌倉で警衛する労役でない）銭納の大番役が成立したことが確認できる。また、寛元三年（一二四五）五月一一日渋谷定心置文に[35]「京都大番事、子息等四人か公事の田数分限ニしたかひてつとむへし」とある。そこに見える「公事の田数分限」（公田面積）に課税された大番役も、労役ではなく銭納に相応しい。

〔史料2〕『吾妻鏡』嘉禄元年一二月二一日条（部分）

東西侍御簡衆事有其沙汰、若君（藤原頼経）御幼稚之間、就御所近々、可著到于東小侍之由、御下向之始、被定上者、不及子細、但西侍無人之条、似背古例乎、仍於相州（北条時房）以下可然人々者、差進名代、如門々警固之事、連日夙夜可令致其勤也、遠江国已下十五ヶ国御家人等、以十二ヶ月依彼分限之多少而可着充、雖為自身出仕之日、可進名代於西侍号之大番、之由、議定畢、是右大将軍（源頼朝）之御時、称当番、或亘両月、或限一月、長日毎夜令伺候之例也、

銭納大番役の成立契機は、清水が指摘した嘉禄元年末の制度整備に求め得る。右史料によれば、頼経の鎌倉下向時に、将軍御所東侍に御簡衆が祇候するよう定められたが、幕閣は頼朝期の「当番」制（一～二ヶ月間の長日毎夜祇候）への回帰を意識して、さらに西侍にも祇候人を設定した。すなわち、連署北条時房以下「然るべき人々」が名代を供出して諸門警固等を勤め、また遠江以下一五ヶ国の御家人が一年を期限に名代を西侍に祇候させ、これを「大番」と名づけた。

その西侍祇候＝「大番」を担った遠江以下一五ヶ国（幕府勢力圏＝東国であろう）[36]の御家人に対する賦課基準は、「分限の多少」、すなわち公田面積であった。そして、この鎌倉大番役の成立は、垸飯沙汰人と御行始受入先を執権が兼務する体制の発足と軌を一にする（一〇日後の嘉禄二年元日の垸飯、三月一日の御行始が兼務の初見）。ならば、この時に垸飯にも、公田面積へと制度的基盤を移す変容が加えられた蓋然性は、高いといってよいのではないか。

### Ⅲ　政子の死と傍輩関係依存型組織の存続

以上、清水説を補強して、垸飯役成立を嘉禄二年年始垸飯の頃と推定した。では、〈贈与から租税へ〉という垸飯の大転換が、その時期になされる必然性はどこにあるか。

実は、嘉禄元年は幕府の重大な転換期であった。前年六月一三日に執権北条義時が没し、嘉禄元年に入ると六月一一日に大江広元が没し、七月一一日に北条政子が没して、幕府主導層の柱石がこの頃に全滅したのである。一二月二〇日に頼経が新造御所に移徙、翌日に鎌倉大番制度発足、二九日に頼経が八歳で元服、翌二年正月一一日に頼経の将軍宣下を要請する使者が上洛し、二七日に将軍宣下と任右少将・叙正五位下があり、二月一三日にそれが鎌倉に報じられた。上横手雅敬は右の諸事業を、政子亡き後、非源氏将軍の権威と新体制の求心性の強化を図った執権泰時の施策と評した(37)。また、清水はそれを踏まえ、幕府行事への将軍頼経・妻室竹御所（頼家女）の共同参加の事実とも総合して、恒例役成立の意義を「東国御家人に自らの供出する負担が源氏将軍につながっていく、という意識を持たせる効果を与え」、「源氏将軍の記憶を御家人社会につなげ、幕府への求心性を維持しようとする北条泰時の政治の一環」と評した(38)。

単純な北条氏権力の強化でない、御家人の帰属意識の向上という清水の着想は、幕府垸飯の変容過程に通底する〈御家人皆傍輩〉理念の強調（本書第四章）と通じ、肯かれる。ただし、清水が恒例役創始の動機を「鎌倉殿としての権威に問題のある頼経を鎌倉殿として位置づける、という泰時執権初期に固有の政治的要請」に求めた点は再検討を要する。

鎌倉殿とは、幕府という組織の存立要件たる存在であって、彼の権威の強弱と執権北条氏主導の体制の鞏固さは比例しない。現に、清水が「権威に問題のある」とした頼経を戴く幕閣は、承久の乱で御家人糾合に成功して未曽有の危機を乗り切ったし、むしろ後に頼経が実際に権威を強化した結果、寛元の政変等の執権政治の危機が惹起された。また、そもそも源実朝横死後の鎌倉殿の推戴では、政子（を求心点とする義時・広元ら幕閣）が後鳥羽院皇子の下向を要請して使者二階堂行光を上洛させた時に、「宿老御家人」も「連署奏状」を副えて幕閣を支持した（建保七年（一二一九）二月一三日条）。後鳥羽が拒否したため皇子でなく頼経が下向したが、四代目鎌倉殿を北条氏ら幕閣と代表的御家人の総意で推戴した経緯がある以上、頼経の鎌倉殿としての権威に疑問を抱くという選択肢は、誰にもない。

実朝横死後に主に政子の権威で保たれた体制が、前年の義時、当年六月の広元の相次ぐ死没で揺れ、七月の政子の死去で危機に瀕した時、喫緊に確立すべきは鎌倉殿頼経の自明の権威ではなく、政子の保護を喪った執権泰時の求心力であったはずだ。泰時は垸飯に即しては、安貞二年（一二二八）以降に沙汰人＋三役のうち三つ以上を北条氏に占めさせ、仁治元年（一二四〇）以降に元日沙汰人を北条氏家督が占める形で求心性を高めた[39]。それが権威・権力の誇示でなく、御家人同士＝傍輩を代表する立ち位置を強調して、予想される一般御家人や北条氏庶流の反発を未然に防ぐ方策であったことは、本書第四章で論じた通りである。

では、恒例役成立（に伴う垸飯役成立）の意義は何か。具体的に換言すれば、垸飯負担が傍輩間の贈与として特定の御家人に担われた元来の形から、御家人全員が税として担う形への転換は、いかなる理念的転換に基礎づけられ、いかなる論理で可能となったのか。

嘉禄の頼経元服・将軍宣下時に、垸飯役と対になって整備された恒例役のもう一方の柱＝大番役は、御家人らの共同勤仕によって、御家人同士の横の紐帯を強める効果があったと指摘されている[40]。とすれば、垸飯役整備の焦点も、御家人の紐帯にあった可能性が類推される。そして、その嘉禄の諸制度整備時に、鎌倉大番役が東国一五ヶ国の全御家人を対象とする賦課として成立したと解される点に、鎌倉殿を皆で支える体制への指向性を見出し得る。

執権泰時による垸飯運用の改変（執権の元日沙汰人独占化、北条氏の三役寡占化）は、〈執権北条氏が傍輩たる御家人集団を代表して事務的負担を引き受ける〉という理念に立脚した（本書第四章）。執権側の変化がかかる〈御家人皆傍輩〉理念の強調を基調としたならば、一般御家人側の変化にも同じ基調があろう。垸飯自体がそもそも傍輩の紐帯確認儀礼であることを踏まえても、垸飯役を皆で均しく負担する制度は、間違いなく御家人各人の垸飯儀礼への参加意識を強制的に呼び起こす制度であり、右の基調と照応する。

かかる理念の強調は明らかに、泰時が他に対して現に隔絶した地位にあるという、傍輩関係の現状（本書第四章）への不安に根差している。一般御家人側では、北条氏が御家人間の傍輩関係を形骸化させて支配者を指向している可能性への不安を払拭できず、他方で北条氏側では、その不安が自分達への敵意の高揚・爆発を惹起する可能性への不安を、払拭し得ないのである。〈泰時と他の御家人は傍輩だ〉と強調することは、その払拭に一定の意味を持ったであろう。

正嘉二年《（一二五八）》追加法（三二一条）において泰時の成敗が「准三代将軍幷二位家《（政子）》御成敗」じて不易化されたように、頼経期の政子は源氏三代将軍に並んで鎌倉殿に准じた（それ故に、彼女の死が頼経元服・将軍宣下の引き金となった）。また、『愚管抄』（第六）に「コノイモウト《（政子）》・セウト《（義時）》シテ関東ヲバオコナイ《（ヒ）》テアリケリ」とあるように、政子は「軍営御後見」（貞応三年《（一二二四）》六月二八日条）たる執権義時に並ぶ幕政の主宰者であった。その政子の死は、頼朝の挙兵から承久の乱まで幕府の成立・確立を見届け、その後半段階で幕府を主導し、頼経と執権政治を背後で支えた求心的人格を、幕府・鎌倉殿・執権が喪失したことを意味する。

その結果、残された幕府は形式上、純粋に御家人が主導する、全く傍輩関係に依存した組織となった。その明徴は、政子死没の六年後の寛喜三年《（一二三一）》公家新制三二条が[41]、「仰諸国司幷左近衛権中将藤原頼経朝臣郎従等、殊尋捜、宣令禁遏」と、海陸盗賊の追討を、形式上においてさえ鎌倉殿頼経ではなくその「郎従等」、すなわち執権率いる御家人に命じた事実である。かかる組織において、政子に類する求心的人格を再生産して政治を主導するのが不可能ならば（歴代鎌倉殿の後家・母という人格に由来する政子の求心性は、この段階では何ぴとも模倣・再生し得ない）、政権安定のためには意思決定を合議制に委ねるしかない、と泰時は判断したのであろう。加えて、かかる組織で泰時が主導的地位を確保するためには、政子から明示的に「相州（時房）・武州（泰時）為軍営御後見、可執行武家事」（貞応三年六月二八日条）と授権された職責、すなわち政道という場において、御家人の支持を獲得可能な制度を実現するほかないと結論されたのであろう。

評定衆設置・御成敗式目制定以下の、〈御家人皆傍輩〉理念に沿った訴訟・行政制度はその明徴であり（本書第四章）、その評定制・評定衆が創始された嘉禄元年一二月二一日[42]は上述の鎌倉大番制度発足と同日、かつ沙汰人が御行始受入先と同一化し執権に収斂する嘉禄二年元日垸飯の一〇日前で、先に推定した垸飯役成立期と重なる。それらはすべて、契機・理念を共有する一連の施策と見るべきである。

村井章介は、政子の死に伴う准鎌倉殿の独裁制終焉と合議制の制度的発足（両執権制発足・評定制創始等）を重視する立場から、まさに右諸事象が一挙に発生したこの嘉禄元年を、執権政治の厳密な始期と見なした[43]。妥当な評価である。時期を同じくして起こった、〈傍輩皆で担う幕府〉という理念に拠って立つ垸飯儀礼改変と御家人役（垸飯役・大番役）成立は、儀礼形態と租税制度の両面から、新体制＝執権政治の基本理念たる〈御家人皆傍輩〉を顕示する役割を果たしたと見てよい。垸飯役の成立とは、求心的人格による独裁的主導から脱皮した、執権政治という幕府の新段階の礼制的・税制的表現であったと評価し得る。

そして、それまで儀礼（主に垸飯）の形でしか表現し得なかった〈幕府＝傍輩連合体〉という組織態様の定義を、税制に組み込むことで初めて法的に定めた点に、日本規範史（法制史・礼制史）の観点から見た場合の、垸飯役創始の極めて重大な画期性が認められる。それは、先例や道理・社会慣行等に基づいて、どちらかといえば惰性的・場当たり的に運営されてきた幕府の根幹を、基本法たる御成敗式目の制定をもって整備しようという泰時の独創的な〈幕府の法治組織化〉の一部と見なし得る。それは、鎌倉殿のカリスマ性や当事者等、究極的には人に依存した形からの脱却であり、政子に比肩し得るカリスマ性を泰時が欠くという泰時自身の自覚が、人のカリスマ性に依存しない法治への移行の必要性を自覚させた結果と評価できる。

## Ⅳ　〈御家人皆傍輩〉共同幻想と没個性的「御家人」像

それに際して泰時は、有志の贈与で傍輩の紐帯を確認すべき垸飯において、資源供出を全員に課税するという、儀礼の趣旨から逸脱した変更を加えた。それは傍輩関係の持つ意味（重さ）が従来の組織・集団とは全く異なる、組織自体の特異性に由来しよう。建前上、〈一人の主君＋その他全員の傍輩たる家人〉で構成された鎌倉幕府の亠《なべぶた》型の組織構造は、他の典型的集団（朝廷や下部機関、個別の武士団等）のピラミッド型組織とは、全く構造を異にする。特に源氏将軍滅亡後に主君の求心的人格を欠いた幕府は、後見者政子を除けば事実上、傍輩関係だけで成立していた組織であった。その政子が死去し、残された鎌倉殿頼経が未だ幼少で完全に形式的な存在に過ぎなかったのだから、亠型組織の把手にあたる部分が実質的に消失したのであり、幕府は残された傍輩が横一文字に並ぶ、日本史上の政府に類を見ない完全な水平型の組織となった（今日の大学における教授会に類似する）。かかる集団のかかる段階において泰時が取るべき最適な選択肢は、やはり〈御家人皆傍輩〉理念の徹底であったと考えるべきである。

当該理念の維持が幕府存立と執権政治安定の双方にとって死活問題ならば、当該理念を定期的に確認・再生産すべき垸飯において、負担者の偏在を前提とする「大名」賦課型で資源が供出された従来の形は、傍輩関係の表現として徹底性を欠くと見なし得る。そこで問題の重要性に鑑み、泰時率いる幕閣は原理主義的な水準まで当該理念実現の徹底を図り、垸飯負担の租税（規模・財力にかかわらず御家人一般が均質な負担者となる関東御公事）化という、「傍輩」史上初の新段階へ踏み込んだものと推察される。

税とは上から下に課すものであり、垸飯役も建前上はそうなのだが、実質は傍輩集団の横方向の紐帯を維持するために傍輩代表（執権率いる幕閣）が課した税であった。傍輩関係を基幹・生命線とする政権の誕生とその強い自覚は、傍輩関係の維持を全傍輩の義務とし、その維持費を租税とする発想を生み出したのである。横の関係にある全構成員に参加意識と組織維持の（経済的側面に限らぬ）コスト負担を義務化する発想は、南北朝・室町期の国人一揆と通底するものがある(44)。かかる視点から見れば、鎌倉幕府組織論に即して一つの重要な理解が得られよう。垸飯役の成立とは、〈鎌倉幕府は一つの巨大な一揆である〉と改めて決意されたことの制度的表現である、と。草創期に〝一揆型組織〟として発足した鎌倉幕府は、泰時の都合によって〝一揆型組織〟へと転換した、と概括できよう。

最後にもう一つ、垸飯役の特質と理念の関係を指摘したい。幕府草創期、鶴岡放生会流鏑馬において熊谷直実は「射手者騎馬、的立役人者歩行也、既似分勝劣」と述べて、射手との身分差を想起させる的立役を拒否し、小規模な分限を顧みずに「御家人者皆傍輩也」と主張した（文治三年八月四日条）。これを、郎従が少ないため合戦で自ら武器を振るう熊谷直家（直実の息）と、多数の郎従を遣わして戦わせる小山政光の対比により、御家人の規模の格差を明瞭に描いて著名な文治五年七月二五日条と対比すれば明らかな如く、〈御家人皆傍輩〉原則は、あくまで理念上の原則である。それは一種の共同幻想だが、同時にそれは、頼朝が家人集団に求めた大原則であった(45)。そこでいう「御家人」とは、現実の政治的地位や軍事的・経済的規模、血統的尊卑・輿望等の個性を完全に捨象し、幕府を構成する武士を無個性のステレオタイプで把握しようとする抽象的概念である。

「大名」賦課型の初期の垸飯負担は、まさに右の分限格差という現実を前面に押し出し、沙汰人は無個性な

「御家人」代表ではなく、ほかならぬ千葉常胤、等といった個性を背負って垸飯を供出した（沙汰人選出の原理は本書第四章を参照）。他方、公田（畠）領有という事実のみから機械的に賦課される均質な関東御公事の形は、垸飯役を通して求められた上述の「御家人」像の没個性性と親和的である。〈御家人皆傍輩〉理念を追究すれば、幕府構成員は無個性な御家人として把握される。垸飯役の成立はそれを推進した結果、垸飯を、負担者の顔が見える饗応（沙汰人の個性と主体的意志を要する単発的饗応）から、負担者の顔が見えない饗応（自動的・定期的に、傍輩代表〔北条氏家督〕が沙汰人となって、傍輩全員が饗応者となる自律稼働の饗応システム）へと変容させた、と捉え得る。

## 三　垸飯役の過負荷化・挫折と御家人制弛緩の危機

### Ⅰ　垸飯役の過負荷化・挫折と貨幣経済

従来特定の「大名」に集中した負担を、不特定多数の御家人に薄く広く負担させた垸飯役の成立は、沙汰人の負担を劇的に軽減した一方、大多数の御家人に負担増を強いた。

〔史料3〕弘長元年（一二六一）二月二〇日関東新制事書[46]

一　修理替物用途事／一　垸飯役事／両条、自今以後、充課百姓事停止之、以地頭得分、可致其沙汰、又私分同可守此儀、且於垸飯者、用鹿菜、可止高盛也、次政所・問注所・小侍所小舎人・御厩力者等酒肴、正月中止毎日之儀、可為三ヶ日也、

〔史料4〕正応三年（一二九〇）某月二三日関東御教書[47]

一　造作事／一　修理幷替物用途事／一　垸飯役事／右三ヶ条、充課百姓事、停止之、以地頭得分、可致沙汰焉、

〔史料5〕年月日未詳関東新制事書[48]

一　御所修理替物事政所／一　椀〔垸〕飯用途事／両条、不可充百姓、以地頭得分、可致沙汰、（中略）一　諸家修理替物事同／不充課百姓、且不朽損者、可用古物、

史料上二例目の「垸飯役」の所見は史料3の百姓転嫁禁止令で、同趣旨の禁令が鎌倉中〜後期に再三発令された事実は、垸飯役が御家人経済に占めた位置をよく物語る。垸飯役の負担は頻繁に地頭から百姓に転嫁され、幕府の度重なる禁令とは裏腹に、一向に改善されなかった。それは地頭の非法には違いないが、背後に垸飯役の過負荷性が御家人を圧迫した事実があり、その具体相は中山法華経寺聖教紙背文書(49)群の千葉氏関係史料に詳しい。

〔史料6〕　建長三年ヵ正月六日長専書状(50)（富木五郎宛、部分）

御所御垸飯事、今年者問注所御菓子酒肴一具可有御沙汰之由、去年歳末ニ被成下御教書て候也、是者前々者御沙汰なき事にて候へハ、用途のいり候ハんする事候、去年御垸飯にハまさり候ハんすらんとみえて候、このやうを御心え候て、可有御披露候也、如去年用途候者、ゆゝしき大事にて候へく候也、

幕府成立期に侍所でも行われた(51)垸飯は、右によれば鎌倉中期までに問注所へも拡大し、その資源は御教書で具体的物品を指定して賦課された。千葉氏は、幼少の当主が続く下総の嫡流に代わって一族を代表した上総千葉氏（両総平氏族長）の秀胤（常胤の子常秀の子）が、寛元の政変で本拠地上総に追放され、宝治合戦で誅されるという打撃を蒙ったが(52)、それでも大豪族には違いない。その千葉氏でさえ、例年の垸飯役負担には「ゆゝしき大事」と負担感を吐露した。

かほどの負担感を垸飯役が御家人に与えた理由の一つは、垸飯儀礼が有した極度の「過差」性にある。次掲事例群は鎌倉期の、管見に触れた、内訳が明らかな垸飯である(53)。

①建仁三年（一二〇三）六月一二日成賢拝堂饗膳支配注文案——垸飯一具＝飯一外居《ほかい》（円筒形の器。一石を納む）・菜十種・汁二種・酒二（瓶子、各八升）・酢・塩・味噌・土器等

②承元五年《一二一一》正月ヵ一三日御神楽垸飯支配注文案――垸飯一具＝飯一外居（白米一石）・菜十種（牛房・蓮根等。高さ六寸に盛る）・汁二種・酒二垂服・交菓子二合・折敷二十枚・□《土カ》器・箸・大豆一斗・藁十束・炭一□・薪三□《荷》・庭火木・落着湯

③建保三年《一二一五》五月二四日後鳥羽上皇逆修僧名等目録――垸飯＝はん《飯》一外居（二石）・しろき《白木》一外居（一石五斗）・むきない一外居・あはせ十二す・大へい一・とき一合・えんみ《塩味》おの〻一おりひつ《折櫃》・すみ《炭》一合・たき〻《薪》三そく《束》

④建保三年六月一二日成賢拝堂饗膳支配注文案――垸飯一具＝①と同じ。

⑤嘉禎三年《一二三七》正月一〇日実賢拝堂饗膳支配幷式目案――①＋箸・折敷二〇枚・炭・薪等

⑥正応四年《一二九一》一二月一〇日宇佐宮行幸会用途請取状案――大盤三前＝代一貫八百文（但二ヶ度行幸分）

③の原文に「くへちにわうはんはん一ほかい二石」云々とあるので、③にいう米二石以下は「くへち《口別》」（請僧一口ごと）の分量である。正安元年《一二九九》一一月日東大寺年中行事用途帳[54]に、恒例・臨時行事の下行用途について「興行已後所下事……巳上寺務御方所下、此外綱所日供垸飯支配于寺領、人別各一石五斗被下之、支配在別紙」と見える（内実・総計等を窺い知るべき「別紙」は管見に触れない）のを参照しても、一般に寺社の垸飯は一人分の米だけで一～二石に及んだ。垸飯は建前上は一回分の饗膳であるから、一人が一食に米一合を食すと考えると、一〇〇〇～二〇〇〇人分が一人分として支給されたのであり（無論、実際には複数人で食したであろう）、明らかに過剰な供給量である。また、右諸事例を通覧するに、垸飯は米（白米）の他、多種の菜・汁・酒・調味料・食器・燃料等の、多品目にわたる付属品を要した。単なる食膳ではない過剰な量・品目（＝過差性）は、平安期の垸飯とそれに伴った娯楽的な奢侈品（食品・物品）提供の系譜を引き（本書第一章）、それこそ垸飯の核心的な特質、儀礼としての存在意義であった。

朝廷・幕府垸飯の内実を伝える史料は管見に触れないが、寺社垸飯と共通する過差性は史料上に明らかで、

文永一〇年《一二七三》九月二七日亀山天皇宣旨に[55]「一、可停止元三御薬陪膳典侍・台盤所垸飯過差事／此事雖納其費無益、早先素倹、可停美麗」とあり、嘉元二年《一三〇四》三月制符口宣[56]にも同文の事書が見えるように、朝廷垸飯は社会経済を圧迫する無益な過差と見なされるまでに肥大化していた。幕府でも垸飯の過差性は元来高く（治承五年元日条に「上林下若不知其員」）、しかも前掲史料6波線部によれば、過差性は年々増加した。かかる過剰なコストが、垸飯役徴収という形で御家人を苦しめたことは疑いない。

過負荷感の素因は、他にもある。「有評定、此事、毎度日来有盃酒垸飯等之儲、又当炎暑之節者、召寄富士山之雪、所為備珍物也、彼是以無民庶之煩休被止之、善政随一云々」という建長三年六月五日条によれば、幕府は評定で、御家人の日常的な盃酒・垸飯と、炎暑期の饗応で富士山の雪を召し寄せるような贅沢を禁じた（炎暑期の記事なので、直近にその事実が通報されたのであろう）。時頼期の幕府垸飯は（最初期の一例と宗尊擁立時を除き）正月に限られたので（本書第七章）、右記事は御家人の個人的な垸飯を指している。『吾妻鏡』編者の関心を惹かず、右禁制がなければほぼ痕跡を残さなかった個人レベルの垸飯が、実際には高頻度で、しかも極限的な過差追求を伴って行われていたのである。

また、弘長元年《一二六一》二月二〇日関東新制[57]は、「一《延応行方》　可禁制群飲事／遠近御家人参上之時、称旅籠振舞、堆盃盤儲、号引出物、貧財産之条、為世有費、為人多煩、自今以後、可令停止之、且又客人饗応皆存略儀、可止過分矣」と、御家人同士の訪問時に過剰な饗応・引出物を与え財産を傾ける「旅籠振舞」慣行を禁止している。ポトラッチ（アメリカ先住民の贈与競争）に似た、過差と趣向を追求する際限なき接待を日常的に繰り返す行動様式が延応年間（泰時期）までに御家人社会に生じ、時頼期まで改善しなかった。しかも建長三年の禁令の趣旨は「民庶の煩」すなわち百姓への負担転嫁の禁止なので、個人的垸飯を御家人自身が負担しきれず、百姓からの収奪で賄っていたことが判明する。

最も興味深いのは、御家人らが幕府垸飯役の過負荷に喘ぐ一方で、なお蕩尽的な個人的垸飯に熱中した事実である。御家人らは幕府垸飯よりも個人的垸飯に価値を見出したことになるが、その理由は推測に難くない。彼らの自由な垸飯こそ、平安期公家社会以来の垸飯（本書第一章）の延長線上にあり、自発的な傍輩饗応という本質をよく保つ垸飯なのである。御家人という傍輩間の紐帯を自発的に維持確認する垸飯の機能は、個人的垸飯で十分に果たされ、彼らはそれで満足しており、制度化された幕府垸飯は蛇足だったのであろう。

もとより、個人的垸飯はごく狭く親しい範囲の親睦を目的として行われたに違いなく、御家人社会全体を覆う幕府垸飯とは、照準も趣旨も異なる。その意味で両者は両立し得たはずだが、結果的に両立しなかったのは、御家人（と転嫁された百姓）の資力の限界のためであろう。その時、御家人らが個人的垸飯を優先したらしい点に、幕府垸飯役制度の失敗が見出される。御家人が身を切ってまで饗応したいのは、あくまでも互いの顔が見える狭い範囲であって、顔が見えない抽象的な「御家人」万般でなかった。本来、〝傍輩〟概念は顔の見える個別具体的関係において有効なのであって、だからこそ紐帯が生ずるのであり、御家人らが相互に傍輩と実感できる範囲は、日常的な交流範囲を超えなかったのであろう。頼朝や執権政治が試みた〈御家人皆傍輩〉理念の強調は〈〝傍輩〟概念の抽象化〉と換言できるが、彼らは御家人が〝傍輩〟関係を実感できる範囲を見誤り、抽象化・飛躍が過ぎて失敗したと目されるのである。

垸飯役制度は理念レベルにとどまらず、具体的な徴税政策としても失敗した。

〔史料7〕建長五年一二月三〇日受信（二七日発信か）長専書状(58)（富木常忍宛）

（端裏書）「到来（建脱カ）長五十二卅／御垸飯御領入質事」

もと候せう（請カ）ともハ、つや〳〵さた候ハぬに、この程又九十くわん（貫）めされたりけに候也、又めされ候ハん

事ハ、いくらにて候ハん、よくしらす候也、

正月御所御垸飯寄子上野二郎跡と申候へハ、已その地をハ尋出申して候也、御教書・介殿（千葉頼胤）御文ハつけて候也、た丶し宇都宮のさ月ゑ（五月会）にあたりて候へハ、かやうの役ハつとめ候ハぬよし、地よりハ申出して候也、たれへと申候ハ、奉行人に一向御会尺の候ハぬかゆへにて候也、さてつもり候ところハ御うちの（後欠）

右によれば、千葉氏級御家人の垸飯役負担には、「寄子」という補助負担者を伴った。建長六年ヵ六月二日二階堂行顕書状[59]に「抑京都大番事……如此寄子年来御勤仕之条、不及異儀候」と見えることによって、大番役にも寄子制度が確認され、寄子制度は関東御公事に共通した基本構造と解される。文応元年（一二六〇）八月七日北条時茂挙状[60]に「上総国御家人深堀太郎跡大番役……五郎左衛門尉行光、於新院御所西面土門、寄合下総七郎、令勤仕候畢」と見え、また元応元年（一三一九）六月某日平子重嗣書状[61]に「抑当庄（周防国仁保荘）一分地頭平子十郎重通分関東御公事、異国警固・海賊警固已下等事……如親父重有之時、寄合重嗣、相互被勤仕候」と見えるように、複数の御家人が「寄合」って役を勤仕する際、基幹的立場の統制者に属する補助的立場の者が、寄子であった（ただし、対になるべき「寄親」という語は鎌倉期に見えない）。

右の構造で注意されるのは、寄子からの役徴収が統制者の責任範囲と見られる点である。ところが、寄子は「宇都宮五月会の頭役なので垸飯役は勤めない」等と主張し、平然と遁避を図った。統制者にとっては寄子への催促自体が膨大な負担であったに違いなく、しかも寄子が対捍すれば、統制者が一旦立て替えて納付した可能性が高い。その場合、寄子が後日完済する可能性は高くあるまい。この徴収構造自体が、統制者たる御家人の負担感を重くしたに違いない。

さらにもう一つ、最も根本的な負担感の要因を指摘できる。垸飯役の物理的な決済形態、すなわち銭納という形態である。嘉禎四年（一二三八）六月二〇日六波羅御教書[62]に京中篝屋用途「銭拾貫文」と見え、また御成敗式目二五条に「公事足」と見えること等から安田が指摘した[63]ように、関東御公事は成立当初から銭納であったと考えられる。

その一部である垸飯役も銭納であったことは、永仁六年（一二九八）八月六日相模鶴岡八幡宮寺放生会用途請取状[64]の「垸飯銭参百捌文」、正慶元年（一三三二）一二月晦日本庄持長椀飯用途請取状[65]の「請取鎌倉御腕〔椀〕飯用途事、／合七百七十七文、有明分者、／右、所納請取□〔之状如件〕」という実例に明らかである。銭納の原則は後世まで鞏固に残り、室町時代、応仁の乱の一〇年前にあたる長禄二年（一四五八）に至ってもなお、相模国北深沢郷年貢散用状[66]では、同郷が納入する「色々銭」に「捌貫捌百八〔捌カ〕十壹文　椀飯銭」が計上されていた。

史料7の千葉氏の場合、負担感の最大の要因は、九〇貫文超という多額さにある。前掲の上野国新田庄が六七文・六八文・二〇〇文等で済んだのは一段以下の零細農地であった故であり、千葉氏の額は同様の税率を広大な所領に乗じた結果に過ぎず、領主規模を考慮すれば公平な税額なのだろう。しかし、問題は税率の公平性ではなく、金額自体にある。

史料6傍線部に「用途が要るだろう」とあるように、垸飯役では名目が「問注所御菓子酒肴一具」であっても、実際は銭納であった。状況や発給日等から見て、右二史料の発給者長専（鎌倉駐在の千葉氏雑掌）は垸飯役として納める銭を調達して立て替え払いし、後日所領に請求したと考えられるが、問題は史料7端裏に「御垸飯御領入質事」と見える、現銭調達のための所領質入である。歳末数日間の短期間に要求される多額の現銭は、千葉氏級御家人においてさえ鎌倉の拠点での現銭準備額を上回り、所領質入で借りねばならない高額であった。そして後欠の史料7の片割れと思しい文書[67]で、長専が「すてに〔既〕御領とも丶しちに〔質〕いり候へハ、もしなかれ〔流〕候ハんときハ」云々と質入所領の流質を覚悟したように、所領規模に相応の課税額であったはずの現銭は、実際には短時日で返済困難であった。

上述の幕府垸飯自体の過差性や、個人的垸飯等で浪費し尽くす御家人の経済感覚に加え、垸飯役の負担感の要因で最も即物的かつ根幹的なものは、右の現銭納付自体の困難性である。千葉氏級の大豪族に、一〇〇貫文程度相当の即時に処分可能な資産がないとは考え難い（地頭に権益を侵奪され続けた鎌倉期の一般的廷臣さえ、一〇〇貫文単位で、多くて五〇〇貫文程度は当座に用意可能であったという(68)）。問題は資産の有無ではなく、現銭の保有や、資産の現銭化の困難さであったと考えねばならない。ここに、御家人の現銭準備高の低さ（貨幣流通量の不十分さに根差すと見て、まず間違いあるまい）という、鎌倉幕府御家人を縛った社会経済的条件が、垸飯役の過負荷性の根源として見出されよう。

このことには、文永六年に京都大番役の負担を転嫁された若狭国太良荘百姓が、反別銭の賦課に殊更抵抗して通常の夫役雑事（現物納入）での負担を要求した事例から、銭の調達困難性（「難得之銭」）と、背景にある西国の貨幣流通量不足を指摘した高橋慎一朗の説(69)が、よく照応する。垸飯役（を含む関東御公事）には、時宗期まで下ってもなお銭の調達が容易でない鎌倉期社会で銭納を義務づけるという、税制上の根本的欠陥が見出されるのである。

周知の通り、嘉禄二年八月一日条に「今日、止准布可用銅銭之由、被仰下、武州《泰時》殊令申沙汰給云々」と見え、泰時は決済手段としての古代以来の准布を制限し、その役割を銅銭に吸収させた。中島圭一が中世貨幣の沿革を論ずる中で位置づけたように、右事実は従来、社会の宋銭受容という既成事実に対する屈服・後追いと解され、幕府は（朝廷も）貨幣問題に積極的介入を見せなかったとされてきた(70)。

しかし、銭の普及を公権力が後押しした側面を間違いなく持つ右法規が、なぜ嘉禄二年八月に発令されたのかは、問われてよい。本章の検討を踏まえる限り、それは約七ヶ月前に成立したと推定される銭納型税制＝関東御公事の始動に対応した金融政策と解してよいのではないか（しかも八月一日という発令日は、八月一五・一六日を式日とする鶴岡八幡宮放生会、特に流鏑馬役の成立との関係を推測させるに十分であろう）。

とはいえ、要するに泰時は「銭を用いよ」と強権的に、しかも銭納型税制の始動以後に、いわば後手に回って命じたに過ぎない。実際にどれほど多量の現銭が納税時期に必要となるのか検討・対応された形跡もなく、もとより貨幣発行を手がけず供給量を管理できない鎌倉幕府が、未だ十分に貨幣経済化していない当時の日本で銭納を義務づけた税制を創始したこと自体、無謀というほかない。前述のように垸飯役が〈傍輩皆で支える幕府儀礼〉という泰時政権の理念の具現化であったならば、垸飯役の過負荷化とは、十分な裏づけ（経済的社会基盤と金融政策群）を伴わない泰時政権の〝傍輩〟理念が、不用意に貨幣経済と結合し、皮肉にも〝傍輩〟の財政を極度に圧迫した現象にほかならない。そこに当該理念の致命的な綻びと、制御不能になった不法な在地（百姓）転嫁という結末の必然性を見出し得る。

## Ⅱ　垸飯役の百姓転嫁と御家人制弛緩の危機

如上の垸飯（が表現する〝傍輩〟理念）に対する幕府・御家人間の認識の齟齬と、社会経済の条件に適さない欠陥税制は、それらで維持されようとした御家人制自体に悪影響を与え始める。この問題のヒントは、垸飯役で常に禁止された百姓転嫁が、京都大番役では一定度許容された事実にある。この差異の理由を盛本は、国家的・公的な朝廷奉仕であった大番に対し、垸飯が内向きの幕府奉仕に過ぎなかった点に求め、原則として「幕府の年中行事が実態はともあれ、公式には村落と関係を持たなかった」とした[71]。

前掲史料3～史料5によれば、幕府は垸飯役と同時に修理・替物用途の百姓転嫁も禁止した[72]。『経俊卿記』宝治元年（一二四七）一二月一九日条に「元三替物御簾許也」、また『兼顕卿記』文明九年（一四七七）一二月六日条に「禁裏御替物御簾畳事、於当年者自御台御方（日野富子）可被沙汰進之由也」、さらに翌日条に「当年年始御替物」と見えるように、「替物」とは年始の貴人御所の消耗品（御簾・畳等）交換である。史料5傍点部をも総合すれば、幕府は将軍御所の修理費用と消耗品（老朽品）更新費用を関東御公事の恒例役（史料1）として課し[73]、かつ百姓転嫁を禁じた。史料3等の主眼は確かに、幕府内で完結する経費の転嫁禁止である。

ただ、高橋典幸が指摘したように(74)、関東御公事の在地転嫁の可否は、役の起源と賦課時に固有の歴史的条件が絡まって決したと見るべきであり、公私の区分で静態的に論じてしまうと、個別儀礼の歴史的特質を見失う惧れがある。垸飯役成立時に固有の歴史的条件とは、承久の乱前後の幕政主導者（義時・広元）と人格的求心点（政子）を相次いで喪った執権政治が、泰時の下に自立する過程での、〈執権を含む御家人全員が傍輩〉という理念の強調であった。では、当該理念はいかにして在地転嫁禁令（とその空文化）に帰結するのか。

建久八年（一一九七）香取神宮遷宮用途注進状(75)は、「一、御遷宮用途料幷色々下用事」の内訳に、「日別祇候」の「火長三人」分として「落立垸飯三具、三人料」を挙げる。これは香取社祇候の火長三人（検非違使庁の例より、警固担当者と類推される）を饗応する垸飯と見られるが、同注進状が「已上物等、臨時徴下、百姓所課也」とその費用の百姓転嫁を明記した事実が注意される。すなわち、垸飯一般に即して百姓転嫁が不適切なのではない。とすれば幕府が不適切視したのは、御家人社会のみで完結すべき垸飯の、御家人が担うべき負担を他者に転嫁することであったと推測される。京都大番役における地頭御家人は、国家事業としての天皇護持を分掌する官軍指揮官なので当然に百姓万般に共同負担を求め得る（日本国の全構成員が負担すべき）が、垸飯役は同じ主君（鎌倉殿）を共有する（御）家人という個人的・局所的関係にのみ立脚するもの（幕府の全構成員が負担すべき）であった。

盛本は、垸飯役百姓転嫁を荘園公事体系に対する関東御公事の侵蝕と見て「鎌倉幕府の年中行事を村落が支える構造が一部ではあるが存在した」とまとめた(76)。しかし、問題は村落の生産が儀礼を支えた事実にではなく（幕府構成員は必ず村落の領知者なので、村落が支えない幕府の営みはない）、垸飯負担を百姓自身が直接幕府に対して負う責務と見なし得る回路を開きかねない点にあった。笠松宏至が示唆したように(77)、〝傍輩〟概念は〝傍輩でない他者〟との自覚的な峻別に特色があり、その紐帯は排外意識と表裏の関係にある。したがって、幕府垸飯が表現・

再生産する傍輩（御家人集団）の限定性・特権性を維持するなら、垸飯役は御家人のみが負担せねばならない。垸飯負担の百姓転嫁の公認は、百姓に御家人の傍輩たる資格を与える論理的突破口を用意することと同義なのである。現に、荘園公領に普く賦課される公役の性格を受け継ぐため百姓転嫁が比較的容易であったと見られる大番役(78)は、幕府が百姓転嫁を公認したため、勤仕した凡下が御家人身分を主張し始めた(79)ではないか。

時頼政権の撫民政策の基調には、強権的な酒売買禁止・物価統制・人倫売買利益没収等の、民（商工業者・金融業者や末端の百姓等）に対する抑圧傾向がある(80)。御家人の支出抑制・財政健全化によって経済的窮乏からの救出を目指すそれらの政策に対し、垸飯役転嫁禁止令は御家人の支出を増やし、御家人より百姓の保護を優先したかに見える。

しかし、撫民の徹底とは畢竟、統治者（地頭御家人）と民の峻別（差別）の徹底であり、当該禁止令も御家人役から百姓を排除する機能を持ち、そこに見える撫民思想はあくまで御家人制維持に伴う二次的所産であった。既に経時政権下の寛元元年（一二四三）までに、幕府の西国御家人保護政策は、御家人とその所領の個別的保護から、総体としての御家人所領の保護・確保へと舵を切っていたことを、高橋典幸が指摘している(81)。右禁止令の目指した御家人保護も同じ基調にあり、その視線は個別の御家人の経済的保護よりも一次元深層の、御家人制という枠組み自体の保護に向いている。それは政子の死去以降、御家人という傍輩関係だけで建前上成り立っていた、亠型組織（から派生した一揆型組織）たる幕府自体の維持にほかならない。

しかし、時頼ら執権政治側の御家人制維持方針は、当の御家人らに理解されず、御家人らは「武家過差アリ」(82)と風刺された浪費行為に没頭して、自ら窮乏の度を深めた。そして、税制面から御家人を御家人たらしめるはずの垸飯役は、不用意な貨幣経済への突入と相俟って、理念とは裏腹に御家人の経済的没落を早める方向に作用した。しかも、その圧迫を受けて、御家人らは目先の回転資金確保を優先して百姓転嫁に走り、泰時以来の執権政治が目指した、制度的に〈御家人皆傍輩〉理念を保証するシステムの整合性を損なった。いわば、垸飯役の成立自体が、垸飯儀礼の存在意義というべき御家人制を、理念・実体双方の側面から侵蝕し、自壊への道を構造的に用意してしまったのである。

しかし、それは実は、執権政治側の立場から見た評価に過ぎない。垸飯役転嫁が実際に御家人制を蝕んだり、幕府の滅亡を早めたりしたことを証明・示唆する事実、例えば垸飯役が転嫁された事実を理由に御家人身分を要求する百姓の存在や、対蒙古戦争・悪党問題・元弘の乱等に垸飯役転嫁問題が悪影響を与えた形跡は、管見に触れない。垸飯役転嫁が破綻させたのは傍輩関係自体ではなく、執権政治側が創作した傍輩関係維持制度であり、しかもその制度の論理的整合性に過ぎない。

垸飯役転嫁が執権政治期を通じて横行した事実は、当の御家人らが、垸飯役の負担・転嫁問題を自己の立場の存否、すなわち御家人同士の傍輩関係の問題とは無関係と認識していたことを意味する。垸飯役の失敗は、ただ御家人経済を圧迫したという意味での執権政治の一政策の失敗であって、垸飯役は、その機能不全が御家人集団の傍輩関係を損なえるほどには、傍輩関係の重要な血肉たり得ていなかったと結論されよう。

結局、傍輩関係を保つのは制度や権力に基づく政治的決定ではなく、個人的垸飯等の形を取る傍輩同士の相互認証以外の何ものでもない、ということを、垸飯役の挫折は示した。そして、それが明らかになった時頼期は、既に得宗専制が萌芽し、御家人制という傍輩関係自体が曲がり角を曲がろうとしていた時期であった。

## 結　論

鎌倉幕府成立期において一部有力御家人に偏った垸飯の物資負担は、執権政治確立期に関東御公事の恒例役として全御家人が均しく負担する租税と化した。既に承久の乱を機に関東御公事という税体系（ただし臨時役のみ）

が成立していたが、執権北条泰時の初世（嘉禄元年末〜二年初頭）の一連の幕府制度改革の中で恒例役が成立した際、同時に垸飯役も成立したと推定される。それは、嘉禄元年と前年に相次いだ幕府主導者の死去、特に幕府草創・確立を支えた人格的柱石たる北条政子の死去に伴い、幼少の将軍頼経の下、執権泰時が自立を余儀なくされた段階で、傍輩代表として幕府を主導する彼の立場を声高に主張する諸制度（評定制等）の一環として、〈御家人皆傍輩〉原則を税制の面で徹底する方策であった。

しかし、現に強い主導権を握る執権を御家人の傍輩といい張る泰時の主張は強弁であり、その建前（傍輩）と実際（支配者）の齟齬を、泰時は執権権力によって、すなわち傍輩ならざる力をもって制度的に解決しようとした。その結果、傍輩代表（執権）が傍輩に対して「傍輩たる証（垸飯役）を拠出せよ」と課税するという、傍輩関係から逸脱した税制が誕生した。垸飯役が標榜する〝傍輩〟関係は、成立時からこれだけの歪みを内包したのである。

しかも、顔の見えない全御家人を傍輩と見なす垸飯役の傍輩概念は理念的に過ぎ、御家人に実感されなかった。そして、御家人らは〈傍輩だ〉と実感可能な範囲で個人的垸飯を任意に行い、それに満足し、多大な財産を傾け、鎌倉期に顕著化した過差化傾向によって浪費を加速し、時頼期までに垸飯役を負担する余裕を失った。いわば、執権政治が強要した理念偏重の傍輩概念と実際の傍輩概念との齟齬が、本来なら不要の、垸飯に関する二重出費（義務ではないが行いたい個人的垸飯と、義務だが積極的動機が不十分な幕府垸飯）を御家人に強いたのである。そして根本的に、御家人の現銭準備高が十分でない未熟な貨幣経済の中で、貨幣の流通・供給量を自ら管理する権能も金融政策的裏づけもないまま幕府が垸飯役（を含む関東御公事）の銭納を義務づけた結果、垸飯役は御家人に、所領が生む収益ではなく所領自体の質入等で現銭を調達する無理を強い、御家人の経済基盤自体を蚕食した。

その結果として鎌倉中〜後期に横行した垸飯役の百姓転嫁は、〈負担者が利益享受者であるべき〉という一般則を介して百姓の御家人化を可能にしかねず、排他的であるべき御家人集団の傍輩関係自体を崩壊させかねない危険な論理的陥穽を生んだ。それは建前上ほぼ御家人（傍輩関係）だけで構成・運営される特異な⊥型組織（から派生した実質上の一揆型組織）にとっては、自己が崩壊する危機に等しい。そのため、幕府は一貫してこれを禁じたが、実際問題として自分達の地位・傍輩関係が垸飯役の負担や転嫁と本質的に無関係と考えた御家人らは、転嫁を続けた。

総じて垸飯役とは、理念的な共同幻想に過ぎない〈御家人皆傍輩〉原則を制度レベルで過度に強調した結果生まれ、理念と実態（実際の傍輩概念や貨幣経済）との乖離が大きすぎたため、実体面では経済的に個々の御家人に打撃を与え、理念面では御家人制（排他的な傍輩関係）の維持という垸飯儀礼本来の存在意義さえ危険に晒す自己矛盾（百姓転嫁）を惹起した、執権政治体制の無理が具現化した制度と結論される。

しかし、他方で、垸飯役は幕府の屋台骨に影響を与えるほど御家人制自体を動揺させなかった。それは結局、建前とは裏腹に泰時段階から得宗権力が屹立し続け、世代を重ね競合者の淘汰を進めるほどに強権を露わにして、幕府の実態を〈御家人皆傍輩〉幻想から遠ざけ続け、垸飯役の理念から乖離させる一方だったからであろう。

しかも、得宗専制の進行は得宗の絶対君主化をもたらした上、幕府内に新たな社会集団＝御内人を浮上させ、高時期までに外様御家人と並列な二大集団を成す(83)という、泰時期からは想像を絶する御家人集団の相対化を促した（詳しくは本書第九章を参照されたい）。かくして、幕府が建前上でさえ単純な傍輩関係では語れない集団となるその過程において、時頼期には幕府儀礼体系の大きな再編・整備が試みられ、その中で垸飯行事も変容し一つの完成形に至る。それらの具体的様相と意義については、本書第六章・第七章にて、踏み込んで考察したい。

前述の通り、草創期に〝⊥型組織〟として発足した鎌倉幕府は、泰時の都合で構想された執権政治の理念に沿って〝一揆型組織〟へと転換した。かかる組織形態の変更が得宗の都合で起こるならば、得宗家が執権政治的な建前を捨てて得宗専制へと走る時期に、彼らの都合で幕府の組織形態が再度変容したであろうことは、想像に難くない。では、それはいかなる形態であり、その変容の発端と理由は何であったか。次章以降で踏み込んで論じたい。

（1）永井晋「鎌倉幕府垸飯の成立と展開」（小川信先生の古希記念論集を刊行する会編『日本中世政治社会の研究』、続群書類従完成会、一九九一）。
（2）盛本昌広「鎌倉幕府垸飯の負担構造」（『地方史研究』二五五、一九九五）三頁。
（3）前掲注（2）盛本論考三頁。
（4）弘安（弘長の誤写であろう）元年二月三〇日関東御教書（『新編追加』、㊮一七－一二九九九）、追加法四〇〇条。
（5）同年四月二日少弐資能施行状案（「肥前青方文書」、㊮一二－八六四二）。
（6）「肥前青方文書」（㊮三〇－二三六七九）。
（7）国史大系本は吉川本を採り「客」とするが、底本北条本の「若」を採るべきだろう。
（8）小代行平置文写・同伊重置文写（肥後古記収覧、『東松山市史　資料編第2巻』三三九号）の第五条に「行平カ分限狭少ナリト雖エトモ、父祖ノ余風ニ依リテ、鎌倉ノ大将ノ御料ノ御時ハ、御椀飯ノ頭役ヲ相勤メテ」云々と見える。
（9）系譜は野口実「上総氏と千葉氏」（『坂東武士団の成立と発展』、戎光祥出版、二〇一三、初出一九七四・七五・七七）一三二・一四四～五頁に拠る。
（10）建久三年七月二六日条にも「義澄相具比企右衛門尉能員、和田三郎宗実、幷郎従十人」と、義澄の家子らしき能員の活動が見える。
（11）系譜は湯山学『相模武士二』（戎光祥出版、二〇一一、初出一九八七～九五）に拠る。
（12）系譜は『尊卑分脈』（藤成孫）に拠る。
（13）梶原景時の大般若経会遂行報謝、奥州合戦後の工藤行光の陸奥国岩井郡拝領内定報謝、北条時政・義時による泰時元服（頼朝加冠）の報謝等。

(14) 前掲注(1)永井論考二二三頁以下。
(15) 上杉和彦「国家的収取体制と鎌倉幕府」(『鎌倉幕府統治構造の研究』(校倉書房、二〇一五、初出一九九四) 四頁。
(16) 「秋田藩採集文書茂木文書」(㊊一一-七九七七)。
(17) 筧雅博「鎌倉幕府掌論」(『三浦古文化』五〇、一九九二) 二八頁、前掲注(2)盛本論考三頁。七海雅人「鎌倉幕府の御家人役負担体系」(『鎌倉幕府御家人制の展開』、吉川弘文館、二〇〇一) 一八四頁以下も、御家人役の網羅的検討の中で垸飯役に言及する。
(18) 正和三年五月二八日源朝兼在家売券(「上野長楽寺文書」、㊊三三-二五一四六)。
(19) 前掲注(17)筧論考二九頁。
(20) 正和四年二月二三日沙弥源光在家売券(「上野長楽寺文書」、㊊三三-二五四三八)。
(21) 文保二年一〇月六日新田義貞在家畠売券案(同前、㊊三五-二六八〇三)。
(22) 文保二年一〇月一八日源頼親在家売券案(同前、㊊三五-二六八〇九)。
(23) 弘長二年八月二八日覚智(岩松時兼)所領譲状案(「岩松新田文書」、㊊一二-八八六一)。
(24) 元亨四年二月八日武蔵狐塚公事注文(「金沢文庫文書」、㊊三七-二八六六二)。
(25) 山家浩樹「室町幕府初期の財政基盤」(『史学雑誌』一三〇-六、二〇二一) 四頁以下。『群馬県史 資料編 中世二』「正木文書」九五「寮米保西内嶋村田数等注文」。
(26) 中野栄夫「鎌倉時代における「公田」について」(『法政大学文学部紀要』二七、一九八一)。
(27) 安田元久「「関東御公事」考」(御家人制研究会編『御家人制の研究』、吉川弘文館、一九八一)。
(28) 以下、追加法の条数は佐藤進一・池内義資編『中世法制史料集 第一巻 鎌倉幕府法』(岩波書店、第一三刷、一九九三、初版一九五五) に拠る。
(29) 清水亮「鎌倉幕府御家人役賦課制度の確立過程」(『鎌倉幕府御家人制の政治史的研究』、校倉書房、二〇〇七、初出一九九六・二〇〇二)。
(30) 「摂津多田院文書」(㊊七-四七七六)。
(31) 御家人引付作成の契機については、七海雅人「鎌倉幕府御家人制の展開過程」(前掲注(17)著書、初出一九九九) 二九六頁注38に言及がある。

(32) 盛本昌広「鎌倉幕府儀礼の展開」（『鎌倉』八五、一九九七）三六頁。

(33) 「下総中山法華経寺所蔵秘書二五・二一裏文書」(鎌)一〇-七二八九。(千)〔「秘書要文」紙背文書〕二三号。年代推定は、同筆の二四号文書が建長六年閏五月一五付であることによる。

(34) 「東寺百合文書エ」(鎌)一一-七八一二。追加法三〇〇条）。

(35) 「薩摩入来院文書」(鎌)九-六四八五。

(36) 文治五年九月七日条は源義朝晩年の勢力圏を「令管領海道十五ヶ国給」、正治二年正月一三日条は頼朝一周忌仏事を行った御家人を「海道十五ヶ国内可然輩」と表現する。

(37) 上横手雅敬「鎌倉幕府と公家政権」（『鎌倉時代政治史研究』、吉川弘文館、一九九一、初出一九七五）二九頁以下。

(38) 前掲注(29)清水論考五二頁。

(39) 前掲注(1)永井論考。

(40) 高橋典幸「武士にとっての天皇」（『鎌倉幕府軍制と御家人制』、吉川弘文館、二〇〇八、初出二〇〇二）一六八頁。

(41) 寛喜二年一一月三日後堀河天皇宣旨（「近衛家文書」、(鎌)六-四〇四〇）。

(42) 『吾妻鏡』同日条、『関東評定伝』（『群書類従』補任部）嘉禄元年条。佐々木文昭「鎌倉幕府評定制の成立過程」（『中世公武新制の研究』、吉川弘文館、二〇〇八、初出一九八三）は右二史料の信憑性を疑い、通説とは異なり正治元年の一三人合議制発足をもって評定制創始と見なす。ただし、佐々木の指摘する『関東評定衆伝』嘉禄元年～寛喜二年条の記載の問題点は不審点に過ぎず、通説への反証にはならない。また、通説が評定制の開始と捉える『吾妻鏡』の「評議始」を、吉書始と見なす佐々木の見解には同意し難い。『吾妻鏡』は他の箇所で吉書始を「評議始」と記さず、『吾妻鏡』の吉書始は通常公文所・政所・問注所で行われ（公文所＝元暦元年一〇月六日条、政所＝建久二年正月一五日条・貞応三年八月二八日条・寛喜元年三月二五日条・嘉禎元年一〇月一四日条・延応二年三月九日条・寛元二年四月二一日条、問注所＝承元五年正月一〇日条。文治五年九月二〇日条・建久一〇年二月六日条・寛元二年六月一三日条は場所を明記せず）、評定所・評定では行われた例がない上、吉書発給は形式的にさえも「評議」を伴わないからである。「相州《（時房）》・武州《（泰時）》・助教《（中原師員）》・駿河前司《（三浦義村）》・隠岐入道《（二階堂行村）》等参御所、有評議始」という嘉禄元年一二月二一日条の評議始参仕者は『関東評定伝』同年条の記す（執権・連署含む）評定衆上位五名と全く一致し、その場は評定と見てよい。以上により、本書では佐々木説に従わず、通説の嘉禄元年成立説に従う。

(43) 村井章介「執権政治の変質」（『中世の国家と在地社会』、校倉書房、二〇〇五、初出一九八四）一四八頁注25。

(44) 本書には、複雑な研究史と多様な論点を持つ一揆論（近年までの総括は呉座勇一『日本中世の領主一揆』〈思文閣出版、二〇一四〉参照）に踏み込む準備がないが、傍輩関係の重要性を声高に連呼する執権制下の鎌倉幕府には、一揆との親近性を見出さざるを得ない。

(45) 頼朝が原則としてすべての武士を等しく自己の家人と捉え、御家人相互間の主従・支配・服従関係や御家人が頼朝を超えて直接朝廷と結び付くのを警戒したことは、佐藤進一『日本の中世国家』（岩波書店、二〇〇一、初出一九八三）九四頁以下等を参照。

(46) 『式目追加条々』（鎌一二-八六二八、追加法三六一～二条）、『吾妻鏡』同日条。三〇日付関東御教書（追加法三九九～四〇〇条）で在京・西国の守護・地頭に施行。

(47) 「新式目」（鎌一三-一七五〇八、追加法六二二～三条）。

(48) 『新編追加』（鎌一七-一三〇〇〇、追加法七三九～四〇条）。

(49) この文書群については石井進『石井進著作集　第七巻　中世史料論の現在』（岩波書店、二〇〇五）収載諸論考（「「日蓮遺文紙背文書」の世界」〈初出一九九二〉、「鎌倉時代中期の千葉氏」〈初出一九九三〉、「日蓮自筆聖教類紙背文書と『鎌倉遺文』」〈初出一九九八〉）、湯浅治久『中世東国の地域社会史』（岩田書院、二〇〇五）、本郷恵子『蕩尽する中世』（新潮社、二〇一二）第四章等に包括的な考察がある。

(50) 「下総中山法華経寺所蔵秘書一三裏文書」（鎌一〇-七二七九）、千（「秘書要文」紙背文書）一二号。

(51) 『吾妻鏡』建久二年一二月一日条に「三浦介已下宿老輩候侍所行垸飯」とある。

(52) 野口実「千葉氏の嫡宗権と妙見信仰」（『千葉県史研究』六、一九九八）一二〇頁。

(53) 典拠は①「山城醍醐寺文書」（鎌三-一三六一）、②同（同一-八五八）、③『伏見宮記録五十八』（鎌四-二一六二）、④「山城醍醐寺文書」（同二一-一六六五）、⑤同（鎌七-五一〇四）、⑥「豊前永弘文書」（鎌二三-一七七六九）。

(54) 「東大寺文書」（鎌二七-二〇三〇八）。

(55) 『三代制符』(鎌一五―一一四二〇)。
(56) 『砂巌』(『柳原家記録』八五、鎌二八―二一七七七)。
(57) 『式目追加条々』(鎌一二―八六二八。追加法三七六条)。
(58) 鎌一〇―七六八五。本文は千(「天台肝要文」紙背文書二八号)に拠る。同書は一二月二七日付長専書状(一二号)と、もと一通かと推測される。
(59) 「伊予忽那家文書」(鎌一一―七七二〇)。
(60) 「肥前深堀家文書」(鎌一二―八五四四)。
(61) 「長門三浦家文書」(鎌三五―二七〇八〇)。
(62) 「備後永井直衛氏所蔵文書」(鎌七―五二五六)。
(63) 前掲注(27)安田論考四五九頁。
(64) 「熊谷家文書」(鎌二六―一九七六三)。
(65) 『徴古墨宝』(鎌四一―三二九四四)。
(66) 『黄梅院文書』、『神奈川県史　資料編3古代・中世(3下)』六二六五号(長禄二年一二月に結解算用、同三年一二月一五日に勘定)。
(67) 鎌一〇―七六八八(千〔「天台肝要文」紙背文書〕一二号)。
(68) 本郷恵子「公家社会成員の家計の規模について」(『中世公家政権の研究』、東京大学出版会、一九九八)三〇〇～三頁。
(69) 高橋慎一朗「京都大番役と御家人の村落支配」(『日本歴史』五七五、一九九六)八六頁。
(70) 中島圭一「日本の中世貨幣と国家」(歴史学研究会編『シリーズ歴史学の現在　1　越境する貨幣』青木書店、一九九九)一一九～一二〇頁。
(71) 前掲注(2)盛本論考六頁。
(72) 『大日本史料』八―九―八七五頁。
(73) 盛本昌広「関東御公事と鎌倉幕府財政」(『鎌倉』九三、二〇〇一)六三頁は、前掲文保二年源頼親売券案の「政所替

物用途」を、御家人が政所に納入し政所が支出する将軍御所の備品更新費用と解するが、「禁裏御替物」の事例を参照しても〝政所の備品の更新費用〟と素直に解して問題ない。修理替物については同論考六八頁以下注18、前掲注(17)筧論考二八頁にも言及がある。

(74) 高橋典幸「御家人役研究の一視角」（前掲注(40)著書、初出一九九九）一〇六頁。

(75) 「下総香取旧大禰宜家文書」（(鎌)二一九六〇）。

(76) 前掲注(2)盛本論考一六頁。

(77) 笠松宏至「中世の「傍輩」」（『法と言葉の中世史』、平凡社、一九九三、初出一九八四）。

(78) 前掲注(69)高橋慎一朗論考九〇頁。

(79) 前掲注(74)高橋典幸論考、特に一六七頁以下。

(80) 網野善彦『蒙古襲来』（小学館、二〇〇〇、初出一九七四）七六頁以下。

(81) 高橋典幸「鎌倉幕府軍制の構造と展開」（佐藤和彦・小林一岳編『展望日本歴史10　南北朝内乱』、東京堂出版、二〇〇〇、初出一九九六）一一七頁。

(82) 正元二年（一二六〇）正月一七日院御所落書（「正元二年院落書」（『続群書類従』雑部所収）、(鎌)一一八四六二）。

(83) 『北条貞時十三年忌供養記』（『円覚寺文書』、『神奈川県史　資料編2古代・中世(2)』二三六四）元亨三年一〇月二四日条は、列席者を「公方人々」と「御内人々」に二分している。御内人と二項対立的に記された「公方人々」は、明らかに外様御家人を意味する。詳しくは本書第九章参照。

# 第六章　北条時頼政権における鎌倉幕府年中行事の再建と挫折

## ——対話的理非究明と専制的権力の礼制史的葛藤——

### 緒言

鎌倉幕府の年中・臨時行事を通覧すると、御家人の参仕状況が時系列的に画然たる特色を示すことに気づく。まず『吾妻鏡』建長四年（一二五二）七月八日条を皮切りに、幕府行事（特に将軍出行供奉）における御家人不参仕の記事が、具体的内容（人数・名）を持ち始める。そして、翌五年正月九日条以降、故障による不参仕者が激増し始め、故障者名・事由と幕府側の対応を詳述する記事が、堰を切ったように多数特筆され始めるのである。『吾妻鏡』による限り、川添昭二が指摘した通り、当該期の小侍所の両別当北条（金沢）実時・北条時宗の主要課題は、御家人の所役遁避の抑止・撲滅にあったといっても過言ではない[1]。

御家人の所役遁避に関しては先学の言及があり、主に御家人の経済的困窮に起因すると説明されてきた。ただ、その論証過程には再検討の余地があり、また経済的困窮が唯一／最大の理由か否かも不明である上、分析視角が負担者側（御家人）の視点に偏り、賦課者側（幕府）から見た問題の意義は不明瞭であった。そのため、右時期を境に当該問題が急激に出現・増加した理由は十分に説明されず、また、これを時頼期固有の現象として、すなわち時頼政権の問題として論じた研究も管見に触れない。そこで本章は、当該期幕府行事の実態や政権側の対応（特に遁避対策）の再検討を通じて、執権政治確立過程が生み出した矛盾や、それに対する時頼政権の取り組み、そしてその最終的な挫折の意義に論及したい。

## 一　時頼政権による幕府行事動員の実態

### Ⅰ　時頼政権の行事参仕励行政策と故障申告の実態

鎌倉中期御家人の所役遁避問題については、鶴岡放生会に即した鴇田泉の具体的言及があり(2)、関連研究もしばしばこれを参照している(3)。鴇田が指摘したのは、下記の諸点であった。①宝治合戦後に所役辞退が増加したこと。②建長年間には漠然たる「障」であった辞退理由が、康元年間になると具体化したこと。③それらの多くは、負担の高い放生会の諸役（特に流鏑馬役）から逃れる口実であったこと。④遁避増加の直接的要因は、建長年間以後の相次ぐ番役の創設に伴う御家人の負担増であったこと。

しかし、『吾妻鏡』を子細に再検討すると、①は誤りでないが、目に見える顕著化は上述の通り、建長四年（一二五二）（宝治合戦の五年後）まで遅れる。②についても同じく上述の通り、事由の具体化は建長五年に遡り、康元年間より早い。③については議論が分かれるが、概ね首肯できる（後述）。

問題は④で、鴇田が挙げた新しい役のうち、建長元年設置の引付は発足時に三方それぞれに評定衆兼任の頭人一人、評定衆・引付衆が計四〜五人、引付奉行人が四〜五人で、総勢三〇人に過ぎない上、大部分が北条氏や文筆官僚氏族（二階堂氏が多い）に限られ(4)、その創始が御家人全体の所役遁避傾向の理由とはなり得ない。また、将軍近習結番祇候制度も構成者が北条氏中心の一部氏族に限られ、人数も正嘉元年（一二五七）の廂衆（一二月二四日条）は六番六〇人（同日制定の伺見参結番は六番二〇人）、御格子番（同二九日条）も同じ、文応元年（一二六〇）の昼番衆（正月二〇日条）は六番七八人と、いずれも限定的であった。しかも、近習は官位の優先的推挙や御家人役免除等の特権を有し(5)、富裕な部類に属する。したがって、近習番の諸制度も御家人全体の遁避傾向を招くとは考え難い上、そもそも遁避の顕著化はそれら制度の整備以前であり、先後関係が合わない。

むしろ、右の所役遁避顕著化の傾向に関しては、石田祐一の説[6]が注意される。『吾妻鏡』が放生会供奉人の名を具体的に列挙するのが寛元二年（一二四四）以降であり、小侍所による供奉人選定の記事が建長四年以降に集中し、小侍所による年始弓始（的始）射手選定の具体的内容を記す記事が建長三年以降であり、特に規則的な出現（本章が考察する故障審査の具体相を載せるもの）が建長五年以降に集中する事実から、石田はそれらの変化が起こった後の記事の原拠を小侍所の記録と推測した。そして、頼嗣期一年目や宗尊期二年目にあたる右の変化は、『吾妻鏡』の頼経・頼嗣・宗尊各将軍記の編纂が別事業であったことに起因し、放生会・弓始等の儀礼自体の変化ではないと結論した。

興味深い推論だが、実際に取り締まりが強化された可能性を否定する確証は挙がっていない。取り締まり強化は御家人の行事不参仕を表面化させ、史料上に目立たせる効果を持ったはずであろう。

宝治二年（一二四八）、問注記の作成における一部の目に余る遅怠を時頼が咎め（二月一八日条）、また日頃「雑務稽古」に励まず酒宴放遊に耽り、評定で下問されても返答に窮するような問注奉行人を「不可召仕」と時頼が布告する（一一月二三日条）等、時頼政権による参否管理の厳格化傾向は宝治合戦直後に、法廷官僚の勤務意欲是正として始まっている。翌建長元年設置の引付も当初から勤務態度の問題を抱え、翌二年には引付頭人以下の遅刻取り締まりと厳格な勤怠管理制度の導入が宣言された（四月二日条）。そして翌三年、「評定衆中、所労於不参勤之輩、不可乗着到之由、有其沙汰、不令辞其衆之程者、不可書乗之旨、被仰出云々」（八月二三日条）と、遅刻より深刻な不出仕が問題視され始め、〈所労と称する不参仕への厳格な対応〉が始動する。この所労不出仕対策と、根底にある方針が共通する同五年以後の弓始射手・将軍出行供奉人の遁避対策は、一連の施策であっただろう。

以上より、宝治・建長年間に、内容を遅刻対策から欠席対策へ、対象を法廷官僚の執務から御家人一般の行事参仕一般へと拡大させた、一連の御家人参否管理事業が認められる。その初段階は頼嗣期末期であり、所役遁避記事が出現・急増する宗尊期とは将軍交替を跨いでいる。とすれば、右一連の現象は『吾妻鏡』編纂方針の問題ではなく、時頼政権の問題と見るべきであろう（時頼自身が、御家人の職務怠慢を特に嫌ったことは既に指摘がある）(7)。では、時頼期全体を俯瞰した時、御家人の所役遁避問題にはいかなる経緯と特質を見出し得るか。以下、その具体相を、表1に列挙した関連記事を参照しつつ考察したい。

当該期幕府行事の御家人動員手続きでは、(8)小侍所が散状（廻状形式の召集令状）を回覧させ、御家人各人が「奉」と記して領状（受諾）するか、故障（受諾できない事情）がある場合は押紙を貼って故障事由を記入した（15）。

表1によれば、御家人が申告する故障事由は、所労（4・5・11・15・16・17・21・29・31、派生型として灸治〔4・5・29〕）、在国（4・5・11・22・29・31）、服喪（5・11・16・18・29・32）、老体（13・29）、装束調達困難（14・23）、鹿食（11・22・26・27・29）、食鳥（28）、一家や同一人への複数所役賦課による過負荷（11・13・20・29、特に流鏑馬射手〔13・20〕）、怪我（19・29）、詳細不明の禁忌（29の「有憚」）等、多様ながらも一定の類型に収斂する。これらは相互に関連し、特に「鹿食」を核として複合的な故障事由を形成した。

平雅行によれば、鹿食禁忌は、一二世紀に伊勢神宮（天照大神）が忌むとして公家社会や神社で急速に出現・普及した(9)。寛喜元年（一二二九）に、石清水八幡宮別当幸清は「穢気宮寺社例」として産・死・服仮・妊者・月水等とともに「鹿食　百ヶ日禁之、同火三十日」を挙げている(10)。また、弘安六年（一二八三）に春日若宮神主中臣祐春は「鹿食人を可憚条々不審事」という一連の問い合わせにおいて、「正しく食候人、何ヶ日憚候哉」という問いに対して「愚身（祐春）注付云、卅ヶ日、但干鹿ハ百日」と答え、さらに鹿食が発生した家への立ち入り、鹿食した人からの書状の閲覧、鹿食した人との同宿・同火等の問題を、こと細かく取沙汰している(11)。鹿食は伝染性の肉食の穢の一種であり、当人や同宿・同火した人は一定期間（干鹿食用で一〇〇日間。生肉ならば三〇日間か）、神事関与を憚らねばならず、将

表1　『吾妻鏡』の幕府行事遁避関係記事

| No. | 年月日 | 類別 | 記事 |
|---|---|---|---|
| 1 | 建長四(一二五二)年七月八日 | | 将軍方違の御後供奉人一七人中、一人故障で交替。 |
| 2 | 建長四(一二五二)年七月一四日 | 鶴 | 悉く領状するが二人だけ故障。 |
| 3 | 建長四(一二五二)年七月二〇日 | | 将軍方違で歩行衆二人が故障、一人が領状から故障に転じ出発時に補充。 |
| 4 | 建長五(一二五三)年一月九日 | 的 | 射手選抜で多く参仕者が故障(灸治一人、所労二人、在国三人)。 |
| 5 | 建長五(一二五三)年七月一七日 | 鶴 | 一五人が故障(灸治二人、下国一人、所労一人、軽服一人、散状〔召集〕以前に帰国一人)。 |
| 6 | 建長六(一二五四)年一月四日 | 的 | 射手選抜で一五人中一一人が故障。 |
| 7 | 建長六(一二五四)年一月一六日 | 的 | 弓始当日、四日に故障を申した武田政平をなお射手に召し出す。 |
| 8 | 建長六(一二五四)年七月一四日 | 鶴 | 後藤基綱が故障を申し出、「非指故障」と判明し重ねて催すが応じず。 |
| 9 | 建長六(一二五四)年七月二〇日 | 鶴 | 「日来連々申子細人々」に重ねて催促。布衣一三人、随兵二人(塩田義政は弟を代官に供出)が故障。 |
| 10 | 建長八(一二五六)年一月四日 | 的 | 射手選抜で二二人中八人が故障。結城朝村・河野行真は射術の「堪能之越人」の故、辞退不許可。殿中で直に相触れて参勤を命ぜられる。 |
| 11 | 建長八(一二五六)年七月二九日 | 鶴 | 散状を廻らすが、随兵五人、直垂着人三人が故障(軽服一人、所労による鹿食一人、所労による帰国一人、一家に複数の所役が賦課され過負荷とする者一人)。 |
| 12 | 建長八(一二五六)年八月一三日 | 鶴 | 故障の「帯剣」供奉人を再催促し三人領状、阿曽沼景綱・大曽禰長頼がなお故障。 |
| 13 | 正嘉二(一二五八)年七月二四日 | 鶴 | 相馬胤村、老病の上、放生会流鏑馬を急遽命ぜられ供奉人を免除。 |
| 14 | 正嘉二(一二五八)年八月八日 | 鶴 | 前駈宮寺政員、「衣冠無用意」と称し辞退し「布衣人数」への参加を所望。執権長時、「布衣人数」の充足と領状者確定済みにより布衣供奉を不許可。 |
| 15 | 文応元(一二六〇)年七月六日 | | 宗尊、前年の随兵動員時の「自由不参」を見過ごしたとして小侍所別当金沢実時・北条時宗に詰問。実時らは弁明書を準備するが、時頼の指示で口頭で弁明(阿曽沼光綱は廻文に所労と押紙したので数度宗尊から事情を尋ねられ許可、大須賀朝氏は現に所労と確認)。 |
| 16 | 文応元(一二六〇)年一一月二〇日 | | 宗尊物詣供奉人につき二人故障(一人は急な軽服、一人は急な所労)。 |

| | | | |
|---|---|---|---|
| 17 | 文応元(一二六〇)年一二月一六日 | 的 | 所労の射手を「自由対捍」と見なし内調に参上し事情を述べさせる。 |
| 18 | 弘長元(一二六一)年六月二七日 | 鶴 | 北条時村、兄入滅の軽服により随兵を辞退。幕府、先例を鶴岡社別当に尋ね、軽服日数五〇日以内でも随兵は廟庭の外に候ずるので問題なしとして不許可。 |
| 19 | 弘長元(一二六一)年六月二九日 | 鶴 | 阿曽沼光綱、落馬により随兵を辞退。 |
| 20 | 弘長元(一二六一)年七月二日 | 鶴 | 辞退者の辞退理由(複数所役の過負荷等)を個別に審査し、余程の理由でない限り再催促。 |
| 21 | 弘長元(一二六一)年七月二九日 | 鶴 | 「在国輩四人」の所労による辞退申請を許可。「在鎌倉人々」一〇人が所労、官人四人中二人は辞任済み、一人は在国だが時頼が評定に諮らせた結果再催促。 |
| 22 | 弘長元(一二六一)年八月二日 | 鶴 | 二階堂行綱、在国の子息頼綱の召集の免除を鹿食により申請。 |
| 23 | 弘長元(一二六一)年八月五日 | 鶴 | 出羽頼平を布衣供奉人に召すが「近日中に狩衣を用意困難」と辞退。 |
| 24 | 弘長元(一二六一)年八月七日 | 鶴 | 北条通時の随兵辞退理由の変転と虚偽を責め不許可。二階堂行綱息伊勢四郎は父行綱分の流鏑馬役の射手なので「無左右有恩許」。 |
| 25 | 弘長元(一二六一)年八月一〇日 | 鶴 | 北条通時の随兵勤仕固辞を、「理」がないが人数充足により許可。 |
| 26 | 弘長元(一二六一)年八月一三日 | 鶴 | 鹿食による六人の辞退につき、放生会以後に処断を審議すると決定。 |
| 27 | 弘長元(一二六一)年八月一四日 | 鶴 | 子息の「鹿食咎事」で免除を愁訴する二人、評定後の沙汰で免除。 |
| 28 | 弘長三(一二六三)年一月二三日 | | 宗尊の二所権現参詣供奉人の故障者につき、調査済みで免除不相当の者は再催促、相当か不分明の者は後日尋問、暇を請わず鹿食した八人と食鳥した一人も後日尋問すると決定。 |
| 29 | 弘長三(一二六三)年七月一三日 | | 宗尊女房東御方の小町新造亭移徙供奉人につき、軽度の所労で帰国した宇都宮時業に再催促の御教書を遣わす。他の故障者は、布衣侍が一人在国、随兵が八人所労(一人服薬中、一人灸治中)、二人服喪中、一人造鹿島社物奉行、一人怪我(子息を代官に申請)、一人所労(同前)、一人は老年と病気で甲冑着用進退困難、一人は複数所役賦課の過負荷、直垂着は三人が「有憚」と称し、一人所労、一人灸治中＋鹿食、三人鹿食、一人京都大番勤仕直後の参仕困難、官人は一人所労、一人服喪中。 |
| 30 | 弘長三(一二六三)年八月四日 | 鶴 | 鹿食を咎められた三人、厳制に違犯せざるを得なかった理由を弁明。 |
| 31 | 弘長三(一二六三)年八月八日 | 鶴 | 先度催促時に故障を申し不認可の四五人につき審議・再催促。追って催した人々は、随兵二人は領状、二人が所労、一人が在国と主張、直垂着は六人が領状、一人が所労と主張。 |

| | | | |
|---|---|---|---|
| 32 | 弘長三（一二六三）年八月一三日 | 鶴 | 故障の主張を曲げない者を免除し散状を確定。故障事由は一人が祖母他界、一人は軽服だが日数経過で領状、宇都宮時業は先度領状しながらなお所労と主張。 |
| 33 | 文永二（一二六五）年一二月一八日 | 的 | 小侍所で明年の射手について、故障の申し出を認めないと議決。 |

※年始的始の話題は「類別」欄に「的」と、鶴岡八幡宮放生会供奉人の話題は「鶴」と記した。

軍鶴岡参宮への供奉が不可能となった（28の「食鳥」は他に徴証を得ないが、同類型か）。

鹿は薬として服用されるので、所労と複合した故障事由となる（11に「所労之間鹿食之由申」、29に「依労加灸之上鹿食之由申」）。また、鹿食禁止は禁制として発令されたので「禁制の発令を知らなかった」という弁明が生じ得たが（30に「鹿食禁制事、未承及之上、為治所労、令服之由申」）、それは恐らく在国と関連しよう。鹿食はそもそも狩猟の成果なので在国中に発生し（22）、在国と複合した故障事由となる。そして、在国は11に「依所労七月十日帰国」とあるように、所労養生を目的として発生することがあった。

以上を総合すると、所労を軸として所役遁避を図りたい場合、「老体により病気がちなので在国中のため禁制を知らずに鹿食し、しかも灸治中」といった形にまで事由を複合させ得る。ただし、後述のように幕府の事実調査は執拗を極めたので、事由が多いほど虚偽が発覚する可能性が高まり、幕府の心証を悪くし、厳しい督促を招く可能性が高い。

他方、故障事由の中には、比較的、幕府の免除を得やすいものもある。まず、所労は重度ならば現実的に参仕不可能なので認めざるを得ず、所労で在国中ならば尚更であった（21）。

また、幕府の都合（別人の故障に伴う交替等）で行事の数日〜一〇日程度前に急に参仕命令が出されると、衣冠・布衣（狩衣）等の装束を調達できない場合があり、やむを得ないとして免除された（14・23）。行事にふさわしい装束は必ずしも常備されず、したがって行事への動員は装束調達費用（購入か貸借）を発生させ、御家人財政を圧迫した。

加えて、同一行事や日程の近い別行事で別の所役が賦課されている場合、御家人は過負荷であるとして免除を申請した。例えば、29では足立直元が「御上洛供奉・京都大番両役之間、一事有恩許者、早可参勤之由申」と、将軍上洛供奉・京都大番役に加えての随兵動員を過負荷と訴え、三役は困難だが一役を免除されれば二役を勤める、と申請している。

特に、放生会では複数所役が集中する傾向があり、11では「父周防守《島津忠綱》著布衣可供奉由、進奉畢、弟六郎又為《島津忠頼》流鏑馬射手、旁依令了見沙汰難参之由申」とあるように、直垂供奉人に召された島津忠行が、一家としての負担が重すぎる（父忠綱が布衣供奉人、弟忠頼が流鏑馬射手）として免除を申請している。流鏑馬役（一家単位で射手や装束等の諸費用を丸抱えで請け負う役[12]）を既に賦課されていた場合、老病等の特段の理由がない限り免除されなかったが（13）、自身が射手である場合は特段の配慮で「無左右有恩許」と、直ちに免除された（20・24）。また、29の宗尊女房東御方移徙の随兵に召された小田時知は、造鹿島社惣奉行を担当中のため、供奉を強いると鹿島社造営の緩怠が懸念されるとして免除された。総じて神事の支障が懸念される場合、幕府は簡単に所役を免除する傾向があった。

### Ⅱ　幕府の故障者対策――調査・論駁・催促の徹底――

ただし、幕府は原則として免除申請を簡単には認可しなかった。的始において、事前に故障申告がなされたにもかかわらず、これを無視してなお当日に召し出すことさえあった（7）。興味深いのは10で、結城朝村・河野行真は、射術の「堪能之越人」であった故に故障を認定されなかった。弓始射手の場合、供奉人や随兵と異なって射術という特殊技能に優れている必要があるため、容易に代替者を得られず、免除し難いという特殊事情が存在した。しかも、結城朝村ら二人への参仕命令は、幕府出仕中の当人に直接口頭で伝達された。のらりくらりとかわす時間を与えず、知らなかったことにもさせない徹底ぶりであり、担当者を逃すまいとする幕閣の強い意志が顕著である。

かかる催促の徹底ぶりが、時頼政権の行事動員の大きな特色であった。特に故障の申告については、内容が事実か否かまで含めて調査され、辞退やむなしとは認め難い事由ならば、免除されなかった（8）。例えば、所労の場合、小侍所や宗尊自身から直接何度も本人に聴取して事実確認がなされた（15）。また、鹿食等の場合は先例の調査にまで踏み込み、役ごとに勤仕に支障を来すか否かが確認され、たとえば随兵が鹿食で免除申請した場合なら、幕府から鶴岡社別当に先例が問い合わせられ、「鶴岡社の廟庭に立ち入らない随兵ならば鹿食でも問題ない」という答申に基づいて再催促された（18）。また、検非違使等の官職に基づく役（供奉の官人等）なら、在任の事実自体が調査され、当該官職を辞任済みならば免除されたが、それで総数が不足すれば鎌倉にいない在国中の現任者が召喚された（21）。

幕府の免除審査における調査は執拗であった。例えば、28によれば、宗尊の二所権現参詣供奉人に関する沙汰で、過日の御点で供奉人に指名された人々が多く故障を申告する中、一〇人は調査により免除に相当しないとして供奉させ、一四人は故障の詳細を追って尋問、暇を請わず鹿食した八人と鳥を食した一人も追って尋問すると決定したように、幕府は事実が確認されるまで何度でも尋問した。

幕府の調査と追及の実態をよく伝える二例の、辞退者・事由・審査結果を次に掲げる。

20　弘長元年（一二六一）――鶴岡放生会供奉人

①北条通時・三浦頼盛――流鏑馬勤仕により「両役難治」と申告。射手でないので不許可。

②安達長景――父泰盛分の流鏑馬役の射手を勤仕予定と申告し、許可。

③阿曽沼光綱――落馬の怪我により辞退を望むが「甲冑着用が困難なら布衣（狩衣）を着て供奉せよ」と不許可。

31　弘長三年――鶴岡放生会供奉人

④安達泰盛――所労は初度の催促当時のことで、当出仕（既に復帰済みで出仕中）である上は催促すべき。
⑤鎌田信俊・行俊――京都大番役直後だが既に鎌倉下向後なので催促すべき。
⑥阿曽沼光綱――自身が故障ならば子息に勤仕させて問題ない。
⑦梶原景綱――軽服なので問題ないが尋問すべき。
⑧鎌田義長――「自京都下向之間難治」という故障事由は「太自由」。重ねて催促すべき。
⑨二階堂行長――随兵としての動員に故障というなら、直垂着供奉人としてなお召すべき。
⑩二階堂行宗――前回故障で不参したので今回は随兵として催すべき。
⑪佐々木宗綱――故障と申し出たが事由不詳なので重ねて催すべき。

一見して、大多数が申請通りに免除されなかったことが明らかである。

まず、故障事由が具体的でない申請は一蹴された（⑪）。事由が具体的で、しかも軽服等のやむを得ない事由であっても、事実か否かが執拗に尋問された（⑦）。事由が事実であっても、「大番役を終え京都から下向したばかりで大変」という類の、努力で克服可能な事由は「太自由（身勝手すぎる）」として一蹴された（⑧）。最初に催促された時に、参仕不可能と見なされる所労を罹患していた事実があっても、今現在、快復を果たしていたなら催促され（④）、また京都大番役の勤務直後であっても、今現在、京都でなく鎌倉にいるなら催促されたように（⑤）、故障事由が所役当日の参仕に影響を与えないか否かも精査され、与えないならば却下された。「複数所役の賦課が過負荷で堪え難い」という訴えは、「それを過負荷と見なし得るか」まで踏み込んで是非が判断され、幕府が「過負荷でない」と断ずれば却下された（①・②等、流鏑馬の場合は基準が明瞭で、〈射手か否か〉が決め手となった）。また、怪我等で甲冑着用が困難である等（困窮による調達困難もあり得ただろう）、当日に影響を与える故障があっても、甲冑着用を要しない別の所役を賦課し直された（③・⑨）。重度の進退困難等で当人の出仕が確かに絶望的であっても、子弟等を代官として供出させ、やはり賦課自体は免除されなかった（⑥）。また、何度も連続して故障による免除を繰り返そうとすると、（故障事由はどうあれ）その遁避行為自体が理由となって却下された（⑩）。

辞退理由は何か、その理由は事実か、事実でも免除理由たり得るか、免除理由たり得ても（時系列的・内容的に）出仕に影響するか、するとしても重度か軽度か、重度でも別の所役に振り替えられないか、振り替え困難でも代官を供出させられないか、それが無理でもそもそも故障申請の常習者ではないか、等々、幕府はあらゆる論点を段階的に一つずつ潰して御家人を参仕に追い込み、潰しきれない場合に初めて免除が検討されるが、それでも完全な免除は難しく、減免に留めて部分的にでも負担させようとした。

かくも厳格に理非追究で申請者を承服させる手法は、根本的には幕府行事の厳格な正常化を目的としたが、虚偽の故障を炙り出す不正排除効果も期待されただろう。故障申告に多く虚偽が含まれたのは確実で、たとえば24に「駿河五郎（北条通時）辞退随兵事、始則勤仕流鏑馬役之間、計会之由申、後亦称所労之由、仍度々被仰之処、如去六日請文者、病痾難治之間、加灸之趣也、而当出仕之上者、固辞不可然、重可催之由云々」とある。鶴岡放生会随兵を辞退した北条通時は、故障事由を「流鏑馬役勤仕と重なるので難儀」と称し、後に翻して所労と称した。故障事由の変転自体が既に事由の虚偽性を示唆するが、幕府が数度尋問・催促した結果、昨日の最新の請文では「病気が重く灸治中」と称したにもかかわらず、調査により「当出仕」（現に幕府に出仕中）の事実が判明し、固辞は不許可と結論された。

かかる虚偽の所労は最も容易な故障の創作であったため横行し、宗尊の二所権現参詣供奉人の動員では、過日に御点を付された供奉人が多く故障を申す中、所労と申告した一〇人の「当出仕」の事実が突き止められ、供奉させられた(28)。また、宗尊の女房東御方の小町新造亭移徙供奉人の動員では、宇都宮時業が所労として過日に暇を申し出た際に「指せる煩」でないことが見抜かれずに免除されたが、幕府に「常祇候」している事実が発覚して免除が却下された(29)。全くの仮病ではなく、幕府の日常的出仕が可能なほどの軽い所労で所役遁避を図る如き御家人の駆け引きは、書類審査時には時として見過ごされたが、幕府は御所中に目を光らせ、目撃情報収集にまで及ぶ執拗な調査により、虚偽事由の摘発に注力した。

## Ⅲ　対策の限界――虚偽・逃げ得・鹿食という抜け道――

かかる仮病の横行に手を焼いた幕府では、年始弓始射手で「称所労申障之輩」があった文応元年に小侍所で両別当実時・時宗が談合し、「自由対捍不可然」として内調（射手選抜考査）時に本人に参上させ、事情を述べさせるよう決定した(17)。所労の人物に参上させるのは矛盾であり、参上した御家人に「この通り健康ではないか」と詰問する罠だろう。

かくも手段を尽くしたにもかかわらず、御家人の遁避傾向は改善せず、時頼晩年の弘長元年の放生会供奉人動員では、鹿食による辞退者六人につき「太自由也、放生会以後、殊可有其沙汰」と強く非難しつつも、放生会以後に処断を審議すると決定した(26)。行事当日までに調査・審議と当人の承服が間に合わなかったのであり、明らかに後手に回っている。

幕府の催促は次第に、労力に対する成果の乏しさを露呈しつつあった。本人が参仕せず子弟を代官に供出して済ませる（9・29）のは、結果として参仕者が確保できる分だけましな方で、文応元年段階(15)では「各自由不参、而愁以光綱（阿曽沼）者差進子息五郎、朝氏（大須賀）者立弟五郎左衛門尉信泰於代官、此事許容、誰人計哉」と将軍宗尊が怒気を露わにした子弟の代官参勤も、弘長三年段階（31）では「阿曽沼小次郎（光綱）自身故障、令子息勤仕之条、何事有哉」（子息に勤仕させれば何の問題もなし）と許容され、幕府の対応が後退している。

それよりも困るのは、仮病の横行であった（24・28）。再三の催促を無視して故障といい張り（8）、虚偽と開き直りで逃げ切ろうとする御家人の増加が、喫緊の対策を要する問題と化していた。中には「遠江に在国中」と称し、御教書を受け取りもせずに留守宅より返上した小野寺新左衛門尉の如き人物さえ現れた（31）。御家人は、幕府の足元を見始めていたのである。

加えて、関係記事を通覧すると、何度も名前が現れる所役逃れの常習者（と幕府が警戒する人物）の存在に気づく。その一人宇都宮時業は、建長四年に将軍方違出行で「始者進奉、後又申障」と事前に領状したにもかかわらず、土壇場で故障と申告して行列に穴を空け（七月二〇日条）、弘長三年にも所労を理由に放生会供奉人の遁避を図りながら幕府に「常祗候」したことが発覚し、再度催促すると勝手に帰国した後であり（29）、御教書を遣わして三度催促すると「領状請文」を提出するものの、放生会の二日前になお言を翻して所労と主張した（32）。彼は言を左右して時間稼ぎを図り、出行期日までをやり過ごして逃げ切ろうとしたのである。

また阿曽沼氏も常習者で、建長八年には景綱が放生会供奉の「帯剣者」として二度催促されながら故障と主張し（12）、文応元年には前年の随兵動員で父光綱が「自由不参」し景綱に代役させたことで宗尊の怒りを買い（15）、弘長元年には落馬の負傷を理由に放生会随兵を辞退した（19）。光綱は「落馬以後、進退未合期、以子息五郎令勤仕事如何」と落馬の後遺症を理由に再度景綱による代役勤仕を申請し（29）、今度は「問題なし」として許可されたが（31）、実は「光綱者依落馬着甲冑事為難治者、着布衣可令供奉」（怪我で甲冑着用が無理なら布衣で供奉せよ）と宗尊から厳しく要求されていた（20）。

出行供奉はそもそも老体には重労働で（13）、しかも江戸長光が「老与病計会、於今者、着甲難叶進退」（老年と病気で、甲冑では進退困難）と訴えた実例があり（29）、阿曽沼光綱の申請は、事実ならば理がある。それに対する宗尊の無慈悲な対応は、文応元年の「自由不参」で悪印象が深く刻まれ、落馬の事実さえ疑われて、懲罰的な扱いが適当とされた結果であろう（代官参勤で許されたのは、評定・小侍所の調査で落馬の事実が認定されたからであろう）。

「そのような故障は一顧にも値しない」といわんばかりの幕府の対応は弘長年間に目立ち始め、同三年には「京都大番役を勤仕し終え、鎌倉に下向した直後なので余裕がない」と申告した鎌田義長に対し「申状之趣、太自由也」（身勝手な主張だ）の一言で却下している（29・31）。かかる対応に、宗尊や幕閣の苛立ちがよく現れていよう。

その苛立ちは、膨大な労力と理路整然たる追及にもかかわらず、遁避を諦めさせる決定打を幕府側が持たず、それを御家人に見透かされ始めていたことに起因しよう。

その好例が鹿食で、故障事由が鹿食の場合、幕府と故障者の問答は他の理由の場合と一線を画した。28によれば、先だっての尋問で鹿食の人々は「不承及禁制事之由、各陳謝」したとあり、幕府の尋問が「なぜ禁制発令中に鹿食したのか」という詰問に及んだことが知られる。鹿食に関する幕府と御家人の問答の典型例である30では、「違犯厳制之条、不可然」という幕府の詰問に対し、三人の御家人が「陳謝」しつつ、それぞれ①「鹿食禁制事、未承及之上、為治所労、令服」、②「所労不快之間、鹿食可然之由、依医師申、忽忘御制事畢」、③「去月上旬之比、於或会合之砌、取違于他物、誤食鹿」と弁明している。

鴇田は北条通時の事例（虚偽の所労。後述）を踏まえ、右事例から鹿食による辞退を「穢というものを逆手に取った供奉辞退の口実ではなかったか」と疑った[13]。その根拠は明示されなかったが、①「鹿食禁制を知らなかった」、②「禁制を知っていたが医師に勧められつい食べた」、③「間違えて食べた」といった弁明の弁解がましさによるのであろう。

これに対して永井晋は、小侍所の供奉人催促が行事の約五〇日前であるのに対して、鹿食の触穢期間がその二倍ほども長い一〇〇日間であることから、「御家人が催促以前に肉食をし、巡役を催促されて慌てることは起こりうるケース」とし、鴇田説を「このタイム・テーブルを知らない故の誤解」と退けた[14]。これら両説に対して秋山哲雄は、鹿食禁制を知りながら鹿食した②の弁明に着目し、永井が想定した不可抗力的ケースに反する意図的な鹿食の存在を指摘し、鴇田説が補強されるとした[15]。

この問題は、当該期の御家人の多数の故障申告が不可抗力か故意の遁避かを推し量る材料となる重要な問題だが、これを将軍権力と関連づける見解もある。すなわち平雅行は、鹿食禁忌を、京都下りの親王将軍宗尊が将軍の求心性を高めるべく幕府に導入したものと推測した[16]。確かに、建長八年（表1-11）を初見とする鹿食は宗尊東下を機に鎌倉に導入された可能性もあるが、そもそも鹿食が問題視される所役遁避問題自体が当該期に表面化した現象なので、鹿食の所見増加もその結果に過ぎない可能性がある。また、実際問題として、鹿食禁忌は将軍供奉の候補者を大量に脱落させ、将軍の求心性を高めるどころか御家人を将軍儀礼から弾き出し遠ざける効果しか発揮していない。これは平が依拠した、〈京都文化を持ち込めば鎌倉幕府で権威や求心性の向上を期待できた〉という、一部に未だ根強い一般論的通念の明白な反証である。鹿食の問題は将軍権力の問題を離れ、鴇田の推測や永井の反論それぞれの有効性に即して再検討すべきだろう。

まず永井説では、〈不可抗力の鹿食があり得た〉事実が、〈すべて、もしくは多くの鹿食は不可抗力〉という結論へと論理的に飛躍している。秋山が挙げた反証により全事例が不可抗力でないことは明らかだが、それでは〈鹿食の大部分は不可抗力〉という見方は成立するか。

原則として、小侍所によって召集の散状が回覧されるまで、御家人は自分が召集対象であることを確実には知り得ない。したがって〈鹿食によって生ずる禁忌の日数が一〇〇日間、供奉人催促の開始が行事の五〇日前なら、催促が来る時期以前の五〇日間に、いつ発令されるか事前に知り得ない未来の催促を知らずに御家人が鹿食し、結果的に催促された行事期日に鹿食の禁忌が重なるのは不可抗力〉というのが永井説の論理である。

しかし、論理的に考えて不可抗力と見なさざるを得ないスケジュールで鹿食禁忌が発生したならば、幕府が鹿食した御家人を「違犯厳制」と責めた事実は理不尽に過ぎる。前述の①〜③の弁明もすべて、「禁制発令の事実を知っているはずなのに、なぜ故意に制を犯したか」という幕府の難詰に対する弁明と考えねば、全体の文意が通らない。

しかも、鹿食の事実が確認された段階で彼らの供奉不可能は確定するので、幕府が次にすべきは代替者確保に動くことであって、「なぜ鹿食したのか」という詰問は眼前の行事参仕者確保においては時間の浪費でしかない。それにもかかわらず、幕府は詰問を重ねた。その事実は、それが参仕者確保に直結したこと、すなわち故意の鹿食による遁避を疑い、その事実が発覚すれば厳しく責任を問い、再発を防止せねばならないと考えていたことを示していよう。

そもそも、上記の永井説は傍線部が事実ならば成立するが、実際にはそうではない。鶴岡放生会は八月一五・一六日の二日間に式日が固定されているので、毎年約五〇日前に始まる供奉人催促は六月下旬に必ず始まると予測できる。同じ理由で、放生会に伴い必ず発令される鹿食禁制も、放生会の式日が固定的、かつ禁忌の日数が一定である以上、発令日が固定するはずであり、予測可能である。しかも、繰り返すが、供奉人選定以前に鹿食した御家人に「なぜ供奉人に選ばれたのに鹿食したか」と難詰するのは矛盾し、苛酷に過ぎる。「自分が供奉人に選ばれると思わなかった」という弁解が『吾妻鏡』に一例も見えないことを踏まえても、供奉人に選ばれるか否かは問題と無関係、すなわち鹿食禁制は一律に全御家人を対象に発令されたと見るべきで、あらゆる御家人は供奉人に指名される可能性を念頭に置いて鹿食を自粛する義務があったと考えて、関係史料が初めて整合的に解釈できる。

毎年変わらない年中行事の式日に対応して、鹿食禁制が全御家人に毎年必ず予測可能な時期に発令されたならば、鹿食は最も容易に避け得る故障であったはずだ。その中でなお少なからぬ御家人が鹿食禁制に違反した事実からは、幕府の譴責が故意の鹿食を疑っていたことを総合しても、故意の鹿食による所役遁避の横行を想定せねばならない。

ここで、先に列挙した故障事由の（所役免除に結びつく）確実性を考えたい。所労・怪我や複数所役賦課の過負荷の場合は、重度ならともかく、「症状や賦課が軽く、当日には十分に参仕可能」と幕府に判断されれば、辞退の理由を失う。在国の場合、重病でもなければ「鎌倉に上って参仕せよ」と反駁されて終わる。老体や装束調達困難の場合、「頑張れば参仕可能なのではないか」と幕府に追及される余地があり、真に困難でも、「ならば参仕可能な別の役を勤めよ」と再割り当てで済まされる可能性が高い。要するにそれらの事由では、事由が事実であっても幕府に押し切られる余地が残る。服喪ならば押し切られる余地がないが、近親者の死没という事実自体を任意に量産するのが難しい。

以上を踏まえる時、鹿食の、口実としての便利さは抜群であろう。特定のタイミングで鹿肉を食せば容易に事由を作れるし、鹿食は神事に対する禁忌なので、（所労や過負荷と異なって）問題は重度か軽度かではなく事実の有無に絞られ、鹿食の事実がある限り幕府は絶対に彼を参仕させられない。鹿食の初見は建長八年（11）だが、弘長元年には一度に六人（26）、同三年には一度に八人（28）が鹿食の故障を申告し、明らかに弘長年間から顕著化している。それは如上の鹿食の、所役遁避理由としての利便性に御家人が気づいて活用し始め、流行した結果と見られよう。しかも、鹿食は故意と疑われて幕府の詰問対象となったが、①「鹿食禁制を知らなかった」、②「医師に勧められてつい食べた」、③「間違えて食べた」という弁明は、いかに苦しくとも反証不可能で、幕府は故意だと立証できない。これらの鹿食の論理的抜け道が発見され、幕府が塞ぐ術を持たないと気づかれ始めた弘長年間に、幕府の行事参仕者動員事業は急速に破綻へと向かい始める。

そして、御家人の所役遁避傾向において最も重要なことは、仮に故意の遁避が発覚し幕府に譴責されても、実は御家人側は痛くも痒くもない、と気づかれ始めたことである。

前述のように、弘長元年、鶴岡放生会の随兵に動員された北条通時は、「勤流鏑馬之間、両役難治」と流鏑馬役との重複を理由に辞退したが(20)、さらに所労と偽り、結局は当出仕が発覚して免除不許可となり、重ねて催促された(24)。しかし、その三日後の沙汰に関する25に「駿河五郎《通時》事、去八日重催促之処、猶以難治之由載請文、仍有其沙汰、故障之趣雖無其理、如当時者、随兵有数輩歟、可有免許之由、被仰出云々」とあるように、通時はなお「難治」といい張って固辞を貫き、しかも幕府が「通時の故障事由に『理』はないが、随兵の人数は充足したので許可しよう」と、それ以上の追及を諦めてしまう。

ここに、理のない露骨な遁避でも幕閣の追及に耳を貸さずに押し通せば逃げ切れるという、幕閣の努力が実を結ばない最大の欠陥と、それに気づいて活用する御家人の存在、しかも北条一門がそれをしてしまうという、幕府行事動員システムの破綻が明らかである。

通時の事例においても、また鹿食の故障者六人の処断を後日審議するとした事例(26)においても、実は、遁避者の処罰は確認されない。右欠陥の根源は、幕府の調査・催促に違背し愚弄しても、さしたる制裁を与えられなかった、という一事に尽きる。幕府法においては、御家人に対する一般的な処罰は追放・流罪や所職改替・所領没収(の可能性を含意した所領注進)であったが、そもそも鎌倉にいないので追放刑は無意味、身柄確保が難しく、もともと在国中である上、流罪も重罰に過ぎるので現実的でない。また、所領没収刑も適当ではない。彼らの所役遁避の動機の一部が経済的困窮にあるならば、彼らの所領を没収してさらに困窮させることは、没落御家人を多数生み出し、行事参仕者の確保を困難化させるだけだからである。かくして〈違背しても幕閣は制裁できない〉と気づかれたシステムは、足元を見られ、破綻する以外にない。

幕府の苛立ちは文応年間以降（時頼晩年）に顕著化し始め、所労での不参を「自由不参」(15)、「自由対捍不可然」(17)と、また鹿食を「太自由也」(26)と頭から非難する将軍・幕閣の反応が現れ始める。そして、時頼の最晩年（死去二ヶ月前）には、32に「放生会供奉人進奉散状、被取整沙汰訖、其中、依有故障重被催促之輩、或進奉、或猶申子細、於故障者、以前以後皆恩許云々」とあるように、鶴岡放生会供奉人で故障と主張し数度催促された人々のうち、なお故障と主張する者をすべて免除するという譲歩に追い込まれたのである。

## 二　時頼政権の特質と執権政治の二層構造
### ――対話的理非究明（表層）と専制的権力（基層）の葛藤――

如上の、御家人を徹底的に駆り出す時頼期の行事運営は、御家人統制には違いなく、故障申請にまず再催促で応ずる原則（9等）や執拗で厳しい督促は、強権的でさえある。

しかし、時頼政権が御家人を出仕に追い込む際、必ず具体的な理非を問題とした事実はあまり注意されていない。「難治」といい張る北条通時に対して「故障之趣雖無其理」云々と幕府が反応した(25)ように、幕府の審査は「理」を重視し、「理」の有無を基本的な判断基準とした。そして前述の通り、個別の事由ごとに、不許可の理由を理路整然と示した。また、審査の場は評定であり（21・27）、評定衆と小侍所の連絡を含む合議であった。以上から導かれる幕府の姿勢は、否応なしの圧迫ではない。それは、幕閣内の調整を重ねた上で、理路整然とした論駁を積み重ねることによる、逃げ道の封印であった。弘長元年（一二六一）の鶴岡放生会供奉人動員で、二階堂頼綱の父行綱と佐々木長綱の父泰綱による、子息の「鹿食咎事」に関する愁訴が評定で認められた事例（27）等は、逆に理をもって幕閣側の審査者を説得しおおせた事例と推測される。

様々な口実に対する論駁の好例である31では、先度の催促で故障申告し却下された四五人もの御家人が、再催促を受けた。しかも、再催促で随兵二人・直垂着六人が領状した一方、三人がなお所労と主張する等の鈍い反応を示し、しかも前述の通り勝手に鎌倉を離れて留守宅から催促の御教書を返上する如き、聞く耳を持たないかのような態度を示した。かかる人々（や代替者）を参仕に追い込むのに要した労力は、想像を絶する。個別の免除申請のすべてにかかる対応を行った時頼政権（特に小侍所）は、強権的支配者にしては律儀・愚直に過ぎる。

これを、例えば、法的・社会的な必然性・根拠の説明責任を一切果たさず、個別事情を一切考慮せず、「とにかく廷臣諸家一同、自分の拝賀に扈従せよ」「従わねば自分の機嫌を損ね（て官職・所領を失い没落、下手をすれば餓死す）る」という意思表示だけで動員した後年の足利義満の手法[17]と対比すれば、時頼権力の個性が明らかであろう。義満は、自分を主人公とする儀礼に、規模を最大化して自己の権勢を当事者・第三者に痛感させるためだけに、力だけに基づき、本来義務がない廷臣を動員した。しかし時頼は、主君を主人公とする儀礼に、適正規模の供奉人を確保するため、（力を背景に）理非と説得をもって、本来的に参仕義務がある御家人を動員した。理非を度外視し対話的説伏を省いた単純素朴な力で押し切る義満の専恣的強圧とは対照的に、時頼の幕府行事運営は、難渋する御家人を理非で押し切る姿勢に特色がある。

幕府行事再興の熱意は、将軍宗尊自身も共有した。15によれば、文応元年（一二六〇）、「前年の随兵動員時に大須賀朝氏・阿曽沼光綱が『自由不参』し子弟に代行させたのを、誰が許容したか」と、宗尊が小侍所別当金沢実時・北条時宗に詰問する事態が生じた。当初、実時らは弁明書の提出を考えたが、時頼が制して口頭での弁明を指示した（この提出されなかった両人連署の弁明書が『吾妻鏡』に載る。「阿曽沼光綱は廻文に所労と押紙したので、数度宗尊から事情を尋ねられた上で許可されたはず。大須賀朝氏は現に所労と確認された」と弁明している）。

川添は、同年六月に宗尊が室近衛宰子の鶴岡社参詣供奉人交名で、随兵の北条時輔（時頼庶長子）を時宗（時頼嫡子）と同列の布衣侍に格上げして時頼に却下された件（六月一八日・二二日条）をも援用して、右一件を、宗尊の専制的な供奉人催促とそれに対する幕閣の明確な抗議と捉え、後の時宗による宗尊追放の一要因とした[18]。青山幹哉も、当該期将軍権力の研究[19]において、この見解に賛同した。しかし、時頼期に宗尊が得宗家に政治的対抗心を抱いた明徴や政争を構えた明徴がない中で、日常業務レベルの摩擦を政争と見なして、後年の追放要因とまで見なすのは飛躍しすぎた憶測である。この件は『吾妻鏡』による限り、宗尊の熱意の空回りと、小侍所の律儀な対応が惹起する摩擦を、時頼が調整し沈静化した話に過ぎない。

近年では竹ヶ原康弘が、宗尊期の御家人の所役遁避全般について、宝治合戦に由来する時頼政権への反感や、宗尊への供奉を将軍への接近として得宗に警戒されることへの忌避、また御家人の意識の経時的変化で説明を試み、弘長三年については宗尊上洛計画による御家人財政圧迫が遁避を後押ししたと推測した[20]。弘長三年の件は肯かれるが、全体を時頼・宗尊の対立関係で説明するのは憶測であり、『吾妻鏡』に複数明記された時頼の宗尊に対する協力的・教育的な後見関係に反する。また、御家人の意識変化という提言は、どの部分が、いつ、なぜ変化したかという具体的内実を欠く。その具体相解明が本章の主題の一つである。

弘長元年、鶴岡放生会供奉の官人（検非違使尉）が不足した際、「家氏《足利》者当時在国之間、可被催否、去廿七日、於相州《時頼》禅室御所有沙汰、可申評定之由治定、仍今日実俊《平岡》・光泰《工藤》等披露之処、早可相催者、則被成下御教書云々」という決定がなされた[21]。「在国中の足利家氏を催促すべき否か」と小侍所から時頼に確認され、時頼が「評定に諮れ」と指示して、小侍所所司平岡実俊（小侍所別当金沢実時の股肱。子孫は金沢氏の被官になった[21]）らが評定に披露し、催促すると決定した。

執権引退後の時頼は依然として最高権力者であったが、右二例を総合するに、幕府行事興行において、彼の権力は評定や個々の御家人に直接作用する圧力とならず、また自ら専決的に発令することもなかった[22]。時頼の権力は、小侍所が判断に悩む案件において、それを処理できる（すべき）権限の所在を指示し、また宗尊と小侍所の摩擦を収拾すべく小侍所の振る舞いを制御する等、事業全体を俯瞰して将軍・評定・小侍所の活動を調整し、総指揮を執る形で発現した。幕府行事運営のこの形態は、時頼政権における権力の態様をよく物語る。

時頼政権には、二面的な性質の併存が知られている。泰時路線を継承して法治と合議に基づく執権政治を完成させていった側面（連署復活・引付創設等）[23]と、親王将軍擁立を執権時頼・連署重時で独断専決し、源氏将軍三代・政子に准じて泰時期の成敗を不易化する如き覇権的な、合議制を空洞化する側面である[24]。この二つの指向性は一見相反するが、それぞれの指向性が捉える問題は性質を異にし、そもそも同一次元に属しない。

実は、鎌倉殿の後継者が御家人の合議で決まったことは一度もない。頼家は頼朝嫡男の自然な継承、実朝擁立は政子を中心とする北条一家が頼家とその乳母夫比企氏を排斥した政争の結果、頼経擁立は政子ら兄弟と後鳥羽院の交渉の結果（宿老御家人が連署で政子らの案を支持したが〔建保七年〈一二一九〉二月一三日条〕、合議はしていない）、頼嗣擁立（頼経辞職）も執権経時勢力の強要と目される[25]。すなわち、鎌倉殿が北条氏の独断専決で決まるのは通例なのであり、時頼期に特徴的な出来事ではない。しかも、幕府史上、鎌倉殿擁立や反乱分子弾圧等の危急の最重要事はすべて純然たる政治・政争で処理され、幕府法に則って処理された形跡がない。換言すれば、幕府の最重要事は、そもそも幕府法・合議制が捉える範疇にない。他方、最重要事でない事項では、年始的始射手の事前の故障申告を「群議」で全面的に禁止した時宗期の事例（33）のように、法の内容が専制化し強圧的となっても、法治・合議自体は崩れていない。

しかも、そもそも泰時の権力は鎌倉殿に准ずる政子から授権された専制的権力（貞応三年(一二二四)六月二八日条、正嘉二年(一二五八)一〇月一二日条）であって、彼の〈傍輩による合議〉の声高な主張は、実際の専制的権力の先鋭化を押し隠して対立勢力の反撥を未然に抑え、傍輩関係を主軸に成立している組織の建前と調和させるカムフラージュに過ぎなかった(26)。

以上を総合すれば、執権政治とは、非日常的な最重要事を専制的権力で決断する基層の上に、日常的な政務を法治・合議で処理する表層が被さるという、二層構造を基本としたと理解した方がよい。

そして、佐藤進一が提示(27)して以来問題とされてきた、専制と合議の間を揺れ動く幕府政治の振幅は、頼朝没後の鎌倉幕府に即しては、基層に一貫して存在する北条氏の専制的権力が、表層の建前を保とうとする努力をどの程度行ったか、という問題として読み替えられる。弘長元年、既に執権を退いていた時頼が、ある案件を評定で処理するよう小侍所に命じた事例（前述の21）は、〈「合議で理非判断せよ」と専制的に命じた事例〉であって、そこに基層と表層の関係、すなわち〈基層の専制的権力によって、表層の日常的政務における理非・合議重視を保つ〉という時頼権力の特質と、それに対する時頼の自覚が明瞭である。

時頼政権の合議と法治は、時頼の専制的権力がそれを望むが故に成立していたのであり、その本質は泰時期から変わっていない（そもそも執権政治において、日常的な政務運営が合議的である〔べき〕こと自体は合議で決したわけではなく、そこが後世の一揆や武家家法、村落・町共同体等と異なる）。ただ、幕府行事運営の総指揮（21等）において、時頼は専制的権力の行使を次第に強化しており、その点で泰時より踏み込んでいる。

かかる時頼の姿勢は、裁判制度における、訴訟当事者が幕府の召文に背いて法廷に出頭しない召文違背（召文難渋）の事案において明瞭であった。佐藤が指摘したように、泰時政権の御成敗式目（三五条）では、論人が召文三ヶ度で出廷しなければ論人の主張を踏まえず結審する（訴人に理あれば訴人勝訴、訴人に理がなければ他人に係争物を与える）と定めていたが、時頼政権ではより強権的に、不出廷を犯罪視する態度へと踏み込んでいる。

史料を補って確認すると、まず建長二年（一二五〇）末、論人が召文三ヶ度で出廷しなければ、将軍の使者を遣わして催促し、なお難渋すれば「罪科」扱いするという、「召文違背罪科」が成立した（一二月七日条）。次いで建長五年、数ヶ度の催促に対してなおも難渋する論人の横行を「猛悪吹毛之基」と断じ、「自今以後者、不日就被注進交名、殊可有御沙汰」と、直ちに（使者発遣を略して、という意味であろう）交名を注進し処罰する、という方針へと強硬化する（四月二五日、追加法二七六条）。そして建長八年に至り、「御教書違背之咎」に所領の部分的没収刑（を含意した所領注進）を課すという、刑罰を明記した厳罰化に踏み込んだのである（六月五日条）。

佐藤が「裁判を訴論両者の調停的機能から、理非の判断の強制機能に転換させ[28]」（傍点引用者）たと評したこの方針転換は、傾向（傍点部）といい時期といい、全く先述の（案件を理非判断のプロセスに強制的に載せ、理非で押し切る）幕府行事運営と軌を一にする。

しかも、御教書違背処罰令は、実はほぼ同内容で二度立法された。すなわち、「御教書違背之咎（科）」による所領没収刑が、建長八年六月五日条では裁判における判決不服従の問題として現れるのに対し（その制定を諸人に下知せよ、と「相触五方引付」れた）、三年前の同五年八月二日条では、幕府儀礼における参仕命令不服従の問題として現れる（その制定を「遍被触難渋之輩」れたと記す。日付は八月一五日の放生会直前で、同条の前条七月一七日条は鶴岡放生会供奉人動員の記事）。御教書違背罪は、まず幕府儀礼興行（の躓き）の中で生まれ、後に裁判制度整備に転用されたのであり、両者は基調を共有する一つの問題であった。

ある申し出（提訴や所役辞退申請）の当否を理非判断で決する原則は、泰時期・時頼期ともに同じであったが、右の裁判制度整備・幕府儀礼興行の基調に加え、「近年武芸廃而自他門共好非職才芸」と断言して将軍宗尊の近習に否応なく抜き打ちの将軍御前の武芸試技を強要した事例（建長六年閏五月一日条・一一日条）等を参照するに、時頼は泰時と異なり、自分の正義に御家人を従わせる時に強権的姿勢を躊躇しなかった。

かかる差異は無論、強権発動を抑止できる力が外部に存在するか否かに由来しよう。すなわち、村井章介が〝寛元・宝治・建長の政変〟と呼ぶ(29)、摂家将軍を求心点とする対立勢力の段階的駆逐により、執権からの権力奪回を窺う将軍、執権の地位を窺う名越氏、北条氏の専権を掣肘する大豪族（特に源氏門葉の最有力者足利氏や、東国御家人の代表格三浦氏）らの政治生命が、時頼初世までに一掃されたことの反映であろう。

## 三　所役遁避問題の真因と得宗権力の先鋭化

上述の通り、御教書違背罪の成立が裁判制度整備と幕府儀礼興行に共通する一つの帰結であったならば、それは〈幕府に対する地頭御家人の不服従傾向〉という、幕府自体の核心的問題であったことになろう。召文違背を初めて明確に犯罪と位置づけた建長二年（一二五〇）は、実は〈幕府への不服従〉問題が多く顕在化した年であった。関連事実を列挙しよう。

●二月五日――六波羅の召文に対する諸国守護地頭御家人の不服従が問題化（今後は罪科扱いに）。

●三月三日――郡郷地頭等が殺害人を六波羅に直接引き渡す傾向が問題化。守護は「謂われなし」と主張するが、地頭らは「守護が見境なく釈放するので困る」と反駁。幕府は守護・地頭にそれぞれ職分を全うするよう指示。

●八月二六日――「雑人訴訟」の法を設け、判決不服の場合は「言上鬱訴」の手続きを踏ませ、「御下知違背濫吹」（判決無視）を許容しない姿勢を明示。

●一〇月七日――御家人が京都大番役で惣領・守護に背く傾向が問題化（取り締まり徹底）。

右を要するに、地頭・御家人は守護や惣領に従わず、西国の守護・地頭・御家人の多くが六波羅に従わず、雑人さえ幕府の判決に従わない現象が問題化していた（八年後の正嘉二年（一二五八）には「国々悪党令蜂起」といわれた、悪党訴訟（相論相手を幕府検断の対象たる犯罪者と名指しする訴訟）の激発が幕府の課題となるに至る[30]）。同年一二月を嚆矢とする召文違背罪・御教書違背罪の成立とは、誰もが幕府の決定に従わない風潮に根差す現象であって、幕府儀礼動員厳格化も、かかる政治的状況に対する反応の一つと見なされる。

同年七月一日条に「来月鶴岡八幡宮放生会、依可有御出、供奉人等事、今日於御所有御沙汰、於当参惣人数者、不能用捨、悉可催具之、至面々行粧等事者、尤可被仰分之由云々」と見えるように、この年の放生会では供奉人を選抜せず、「当参惣人数」、すなわち鎌倉に滞在し幕府に出仕中の全御家人を動員すると決定された。御家人全員に幕府への参加意識を高めさせる目的であったと見てよく、背後には幕府全体を覆う参加意識の低迷があったと推察される。

幕府の求心力が大幅に低下した原因の追究は容易でないが、本章の主題たる御家人動員の正常化問題に若干のヒントがある。御家人の所役遁避（参仕辞退）は、年始的始・鶴岡放生会や将軍出行等の恒例・臨時の幕府行事のみならず、幕府運営を日常的に担う吏僚・御家人層においても問題化していた。吏僚層のそれは評定・引付・問注等の弛緩と勤怠管理厳格化として上述したが、いま一つ、将軍御所の運営においても同様の問題が発生していた。

建長二年一二月二〇日条に「御所中頗無人、自小侍所、頻雖被加催促、似無其詮、仍伺申相州間、可令披露之旨、就令返答給、今日有其沙汰、於不法輩者、被止出仕、加壮年勤厚人於其闕、始可令結番之由被定之、清左衛門尉読申彼事書云々」とある。将軍頼嗣の御所に祗候する武士が皆無に近く、小侍所の催促も効果がない。小侍所に相談された時頼は「評定に披露せよ」と指示し、「正当な理由なき不出仕者を出仕停止処分として近侍者名簿から削り、壮年で出仕意欲の高い御家人で補充し、結番祗候を開始する」と評定で定まった。七日後の二七日条にも「近習結番事治定、自今已後、至不事輩者、削名字、永可止出仕之由、厳密被触廻之云々、彼番帳、中山城前司盛時所加清書也」と見え、同年に始動した近習結番制において、勤務怠慢者を半永久的な出仕停止処分とする厳格な方針が定まった。時頼政権のこの急な態度硬化は、同年春〜秋に問題化した上述の複数の御家人不服従問題と無関係であるまい。

しかし、なぜ御所中「無人」といわれるほど、将軍近習の勤務意欲が低く、参仕者が壊滅的に欠如したのか。そこが問題である。

史料には明記されないが、頼嗣の近習の問題として見れば、一定の推測が可能になる。寛元の政変と宝治合戦により、父の前将軍頼経が追放され、名越氏等の北条氏庶流や三浦氏・千葉氏以下の大規模御家人等、頼経父子の与党が多く滅亡・没落し壊滅した。これらの政争は、頼嗣の近習を輩出すべき政治的集団を消滅させた上、生き延びた御家人や頼経派の陰謀に与しなかった御家人からも、頼嗣の近習となる意欲を奪った可能性が高い。日常的な将軍近侍には、否応なく政争に巻き込まれ没落するリスクが高すぎることが、誰の目にも明白となったからである。時頼は、頼経派一掃に際して頼嗣を蚊帳の外に置き、頼嗣擁立の継続を図ったが、家父長たる道家もろとも九条家が（二条良実を除き）全く失脚した当時、摂家（九条家）将軍という政治色から自由でない頼嗣を支える人材は、京都・鎌倉のいずれにも、絶対数・意欲の両面で皆無に近くなったと考えてよかろう。

この推測に大過なければ、建長二年に看過できない水準に達した御家人の不参仕問題は、頼経派粛清に伴う人材欠如を一因とした可能性が導かれる。そして、この人材欠如を、一連の政変の最終局面である建長三年一二月の政変（了行法師の陰謀事件、足利泰氏の出家等、頼経復帰を図る一派の粛清）が加速させたのはいうまでもない。事件翌月の建長四年正月にも鎌倉では「世情騒動」し（七日条）、後鳥羽院の怨霊の使者という天狗が少女に憑依・託宣して鎌倉・幕府の攪乱計画を語る等（一二日条）、不穏な情勢が続いた。そして、頼嗣の存在が事態の根本的解決を阻害すると見た執権時頼・連署重時の決断により、二月に頼嗣の京都送還が決定し、四月一日に宗尊が鎌倉に入ると、同三日に頼嗣は鎌倉を去った。

御家人不参仕問題が摂家将軍の存在に起因するならば、これで事態は解決に向かうはずであったが、現実にはそうならなかった。宗尊期以前の放生会供奉人の故障者は精々一～二名で、宗尊下向初年度の建長四年もほぼ悉く領状し二人だけ故障（2）、同年の将軍方違出行でも供奉人の故障は一～三人のみ（1・3）で、さほど動きがない。しかも、同年の放生会では病悩により宗尊が参宮せず、八月一四日条に載せる交名の供奉人が、実際には動員されなかった。

ところが、翌建長五年に入ると、年始的始射手は「多く故障」と特記され（4）、宗尊が初めて放生会に参宮した同年の放生会では、供奉人の故障者が一五人に及ぶ（5）如き急増を見せる。以後、放生会供奉人の故障者は一五人に及ぶ事例が珍しくなくなり（9）、年始的始射手では二二人中八人（10）と四割近く、さらに一五人中一一人と七割を超える事例さえ現れる（6）。御家人の幕府儀礼参仕意欲は、明らかに宗尊下向の翌年から悪化していた。

その前兆は前年冬、すなわち宗尊下向初年度の建長四年一一月一三日条に「御家人等奉公事、毎日勘之、同就其勤否、可有賞罰沙汰之由、被仰下云々」と見える。時頼政権は「御家人の出仕状況を毎日記録・監察し、精励者と怠慢者に賞罰を与える」と宣言して、極めて厳格な参否管理を開始した。それは直ちに引き締めるべき目に余る怠慢に対する、政権の反応に違いない。では、なぜかかる状況が、宗尊下向のまさにその年に顕在化したのか。

それが御家人の経済的体力に関わると仮定すると、収入や支出に影響を与えた事実の有無が問題となる。同年六月一九日条に「親王家御下向之後、天下泰平関東静謐之処、旱魃一事已為人庶愁歎」という時頼の言が見え、七月一〇日条に「近国旱魃之間、青苗悉黄枯、民庶莫不愁之」と見えるように、この年に関東地方を襲った旱魃が御家人らの収入を脅かした可能性はあろう。ただし、祈雨祈禱によって七月一〇日に雨が降り、以後、特段の食糧危機が同年中にあった形跡は見えず、右の劇的な変動の確実な要因と見なすには弱い。

それよりも確かな現象は、宗尊襲職に伴う将軍儀礼の異常な肥大化・過差化である。建長四年三月一九日条の宗尊京都出発の記事によれば、宗尊と女房四人・侍所・力者・小舎人らの酒・肴・菓子が大量に用意され、全体で「御雑事　米卅石、白米二石、宣旨斗定、大豆三石、同斗、秣二百卅束、藁八百束、糠十石、薪二百卅束、炭五籠、送夫六十人」と、米だけで三〇石も消費された（一般に一食一合で、一石は成人一人の約一年分の米）。また、近江鏡宿で佐々木泰綱が設けた食膳は、宗尊の分だけで「上料　棚菓子十合、八種菓子、御酒二瓶子、御肴二折敷、居小外居、六本立、衝重、朝夕、居御料、御菜七種、追物、御菜八種、小御料、御菜七種、朝夕、追御菜三種、汁物二、冷温、御肴一前、三種」に及び、明らかに過剰な供給量である。これに女房・侍所・力者・小舎人分が多数、全体で出発時と同じく「御雑事　能米卅石、白米二石」以下の多様・過剰な食料が消費された（以後、鎌倉到着まで毎食ごとに繰り返されたと見てよかろう）。

また、四月一日、宗尊の鎌倉入り当日に行われた垸飯では、垸飯自体は通例通りであったが、それに続いて宗尊に奉呈された進物が、幕府史上類を見ない規模であった。「砂金百両、南庭十、（銀）羽一箱被奉之、此外兼被納御塗籠物等、美精好絹五十疋、美絹二百疋、帖絹二百疋、紺絹二百端、紫五十端、糸千両、綿二千両、檀紙三百帖、厚紙二百帖、中紙千帖、次被納御厨子中物、砂金百両、南庭十両、次御服二重織物、御狩衣萌黄、二御衣白御単、二重織物御奴袴、濃下袴、御直垂十具、織物村濃布五具、御小袖十具、御大口一、唐織物御衣一領、御明衣一、今木一、次女房三人分、上﨟二人、一人別巻絹十疋、帖絹十疋、紫十、染物十、色々、下﨟巻絹十疋、紫十、染物十、色々、等也、各被置休所云々」と記す同日条を一見すれば、その種類・量の尋常でないことが、即座に諒解されよう。

かくして宗尊の将軍襲職に伴い極端に過差化した将軍儀礼の費用は、臨時役として地頭御家人に賦課されたであろう。すなわち宗尊襲職は、御家人財政圧迫の極端化と同義であった。

宗尊の鎌倉入りの一三日後、初の鶴岡社参宮で「自右大将家（源頼朝）、至于三位中将家（藤原頼嗣）、被糺将軍威儀、御出毎度雖為一両人、勇士莫不令供奉、而於親王行啓者、其儀強不可然」という理由で随兵の供奉が中止されたように（四月一四日条）、宗尊襲職が将軍儀礼を変容させた理由は、ひとえに彼が親王身分であったことによる。その二日後、「且毎臨時祭、前々将軍必有御参宮、於向後者、被止其儀、御奉幣者、可被用御使之由治定、是親王行啓不可輒之趣、依有其沙汰也」とあるように、「鶴岡臨時祭への恒例の将軍参宮を以後行わない」と決定されたのも、将軍出行を親王行啓として行うと手間と費用が莫大になる故であった。

親王将軍は、その存在自体が尋常ならざる浪費を幕府に強い、御家人の財政を強く圧迫するリスク要因であることが、宗尊来着の直後から明らかとなった。危機感を抱いた時頼政権は直ちに恒例将軍儀礼の回数を削減し、臨時将軍儀礼を自粛（八月一日条に、宗尊の征夷大将軍就任の拝賀のための鶴岡社参が停止された記事が見える）して対応したが、明らかに対応が後手に回っている。親王将軍擁立の悪影響の大きさ・素早さは時頼政権の想定外であり、既に宗尊の存在は着任初年度だけで御家人財政を直撃し、幕府儀礼に参仕する経済的体力と意欲を奪っていた。その結果が同じ建長四年冬の御家人参否管理の厳格化と、翌五年から一挙に顕著化する御家人の所役遁避傾向であったと推認できよう。

御家人の参仕意欲を奪った建長四〜五年の親王将軍誕生ショックが御家人財政の問題であったならば、わずかに早く建長初年以来、同様に御家人の参仕意欲が奪われていた現象の原因も、御家人の財政的疲労の問題であった可能性が高いだろう。その疲労は、上述の頼経派粛清に関わる政変・合戦にも起因したであろうが、それだけでは宝治合戦以後、疲労が目に見えて顕著化し始める建長初年までの、二〜三年のタイムラグが説明できない。

そこで建長年間以降に特有の要因を探ると、閑院内裏の造営事業が注目される。建長元年二月に焼失した閑院内裏の再建は、幕府の（すなわち地頭御家人の）全面的な費用負担で翌年開始された。建長二年三月一日条に載せる、紫宸殿担当の時頼以下、御家人の具体的な負担箇所を「某跡」賦課方式で列挙する注文に、内裏を囲繞する築地八八本と裏築地（周囲の街路に築造されて礼節的摩擦の回避と儀礼空間の美観維持を担った）(31)一九二本、計二八〇本の築地が見える。ところが、翌建長三年六月二一日条によれば「築壇〔墻〕百七十八本」(32)が未だ手つかずなので御教書で催促されたという。一年を経てなお築地の六四％が未完成とは、この建長度造内裏が御家人の負担能力を超えた過負荷であった明徴である。

以上を総合すると、事態は次のように理解されよう。頼嗣末期の建長初年、既に長引く一連の政争・合戦で疲労していた御家人らは、造内裏という大規模臨時役に直撃され、過負荷に喘いだ。その彼らをさらに建長四年の親王将軍誕生ショックが襲った時、蓄積されてきた負荷の総和が彼らの耐久力を超え、急激に幕府儀礼参仕の意欲と体力が失われた、と。

かかる事態が進行していたならば、その後に事態収拾のために時頼政権が採った参否管理の厳格化は、全く皮相的な、事態の本質を見誤った対応といわねばなるまい。既に体力を使い切った御家人に処罰をちらつかせても、〝ない袖は振れない〟のである。虚偽や無視によってごね通した北条通時の如き遁避常習者は、かかる進退谷まった状況下での開き直りと考えると、理解しやすい。できないものはできないのだし、既に財政破綻を来した中、処罰されても失うものはあまりない。幕閣も、所領があってさえ財政破綻している御家人に所領没収刑を科して無足化させても、事態が改善しないことに気づいていただろう。

かくして時頼期の幕府儀礼体系自体が、処罰できない遁避の横行という、進退谷まった状況に追い込まれた。そのため当然、事態が改善した様子は『吾妻鏡』に窺えない。

時頼最晩年の弘長三年（一二六三）八月八日、鶴岡放生会の供奉人動員において、幕府は故障申告した四五人に再催促し、八人を論駁した（31）。そして一五日の放生会当日の記事によれば、中御所（宗尊室近衛宰子）の供奉人は一六人（直垂帯剣六人・御後一〇人）、宗尊の供奉人は（公卿・殿上人・諸大夫ら関東祗候廷臣を除き）五〇人（先陣随兵一一人・直垂帯剣一二人・御後一五人・後陣随兵一〇人・官人二人）、総計して六六人の供奉人が参仕した（官人二人は一五日に参仕しながら所労と称して早退し、一六日の馬場の儀には不参）。すなわち、六六人が実際に動員された儀礼において、直前の準備の最終段階で計五三人（再催促された四五人＋論駁された八人）も遁避者がいたのであり、遁避者の絶対数もさることながら、遁避者の割合が実際の動員数に迫る異常な高さであった。時頼政権末期、御家人の幕府儀礼参仕の遁避傾向は、最初に動員命令を受けたほぼ全員から断られるという末期症状を呈した。この放生会動員において幕府が最終的に、故障申告者全員に辞退を認めると宣言せざるを得なかったのは、当然といえよう。

かくして時頼政権の幕府行事興行が全面降伏に等しい形で挫折した後、後継の執権政村・連署時宗政権は業を煮やし、時頼没後二年の文永二年（一二六五）一二月、「今日、於小侍所、明年正月御的始射手以下事等有其沙汰、射手有故障等不可有免許之由、及群議云々」と、年始弓始射手の故障申告を原則的に一切認めない方針を群議で決した（33）。予想される故障申告の殺到に先手を打った形になるが、時頼がこだわった理非追究（個別調査・審議・催促）の努力はついに放棄され、理非を問わず強権的に引きずり出す動員方式へと転換した。

その七ヶ月前の同年閏四月二〇日条に、「御所無人之由、依有其聞、先可注進当番不参衆、可被処罪科之旨、左典厩（時宗）今日被遣御使於小侍云々」とある。時頼期に怠慢者の近習除名、次いで怠慢者の半永久的出仕停止と、段階的に参否管理が厳格化した将軍近習番制度も、右とほぼ時を同じくして、不出仕を「罪科」扱いする厳罰主義に転じていた。

その二ヶ月後（右群議の半年前）の同年六月、北条氏を大幅に増員した人事異動により、評定・引付の形骸化（構成員の北条氏の多くが二〇代の若年者）という形で得宗専制が進行し、しかも右群議から三ヶ月後の文永三年三月に引付は解体され、評定衆も重事の「直聴断」制の輔佐（結番奏事）役に転落し、「合議制という執権政治の根幹はここに完全に死滅してしまった」[33]。時頼期の幕府行事動員事業は、手法（理非重視）や時期の面で表裏の関係にあったというべき、かつて泰時が目指した執権政治の終焉（得宗専制の表面化）と軌を一にして命脈を終えたのである。

そして、将軍出行供奉人の動員に関する方針の転換は、時頼期以来、供奉人編成に熱心であった宗尊と幕閣との関係に影響を与えなかったとは考え難い。時頼路線の放棄は、時頼路線であったが故に良好な将軍―得宗間関係が、良好であり続ける理由を失うに等しいからである。

右の転換期、特に時宗政権が将軍近習番の勤怠管理の厳罰化に踏み込んだ文永二年閏四月、宗尊は『三百六十首歌』を詠作し、多くが家集『柳葉和歌集』に収められた。詠作は追放の一年以上前で、未だ深刻な政治的情勢にはなかったと思われるのに、それらの歌には「暗く沈んだ厭世的な歌が不思議に多い」と、樋口芳麻呂が指摘している[34]。

重要な指摘だが、樋口はその理由を測りかね、同時期に宗尊の「御所無人」といわれた事実と結びつけ、「文弱で神経質な皇族将軍を、近侍の当番が厄介視し、疎んずる風潮」を想像した。しかし「御所無人」の本質は前述のように政治的問題であり、国文学的な想像に頼る必要はない。そもそも、将軍の文弱は頼経以来のことであって、新しい性質ではない。また、執権の決断と宿老層御家人の協賛によって幕府の総意として擁立した親王将軍を、文弱・神経質という程度の理由で御家人が厄介視するはずがない（筆者が執権政治〔的幕府〕の形式的完成と見なす親王将軍擁立の意味については、本書第七章で踏み込んで論ずる）。そして、神経質というレッテル貼り自体が、客観性に乏しい。

むしろ重要なことは、時宗政権の露骨な専制化（時頼路線の放棄）が進行して、将軍近習制度に踏み込んだまさにその時期に、次に掲げるような歌を宗尊が詠み、自己の不安感・孤独感・零落感を吐露した事実である。

世の中は 風にまかせて ゆく船の いづくをつひの とまりともなし（雑－八二二）[35]

世の中は 有明までに 見るつきの こころぼそくも 成りまさりつつ（雑－八三六）

しづみゆく いまこそおもへ むかしせし わがかねごとは はかなかりけり（雑－八四一）

時頼政権の理念は、全幕府構成員（将軍・得宗・一般御家人ら）の調和（参加意識・分相応の努力）と理による幕府の維持であり、幕府儀礼への御家人動員事業はその最大の実践であった。その実践の場が従来の理念を捨て、専制的権力の基層を剝き出しにした得宗勢力の主体性だけで問題解決が図られ始めた時、右理念の中でのみ生命を与えられた親王将軍宗尊が居場所を失ったのは確実で、従前の熱意も有害視され始めた可能性が高い。

調和と理を重視した時頼の幕府儀礼運営は失敗し、御家人の脱落は拡大して収拾不能となり、ために得宗権力は専制化に大きく舵を切り、その結果、宗尊は居場所を失った。当初の意図と矛盾したこの結末は、調和と理を時頼が追求する足場が、他者に莫大な流血を強いた、必ずしも理に拠らない政争の成果にほかならないという、根本的矛盾に根差すと見るほかない。時宗政権はこの矛盾解決のために、なりふり構わぬ専制化を選択し、以後七〇年近く、それが幕府の基本形となった。その結果、幕府の後半生というべきその七〇年間、将軍・得宗・御家人と幕府儀礼の関係は全く変わったはずだが、その様相については章を改めて論ずることにしよう。

## 結　論

御家人の幕府儀礼参仕義務は、時頼期の建長四年（一二五二）を境として、あらゆる理由を持ち出しては辞退され、遁避される傾向が急に生じ、以後、悪化の一途をたどった。それは、頼経派粛清に伴う一連の政争（政変・合戦）で経済的体力を削り取られていた御家人を、頼嗣期の閑院内裏造営事業の請負が直撃し、とどめに親王将軍擁立という巨大出費が直撃した結果、御家人の耐久力を超え、体力と意欲が急激に失われた結果であった。

時頼政権は強権的に遁避者を理非追究の俎上に載せ、徹底した調査と畳みかける追及によって理路整然と論駁し、個別に彼らを理に屈服させる労力を惜しまず、事態改善を図った。しかし、問題の根源は御家人の窮乏にあり、少なからぬ御家人が開き直って露骨な虚偽・引き延ばし・無視に走り、また「鹿食」という絶妙な抜け道の有用性が発見されて、口実として多用され始めた。幕府は虚偽を見抜き、追及の手を緩めなかったが、元来困窮している御家人を処罰してさらに追い詰めることが破綻を早めるだけであることから、処罰を熱心に行わなかったため、御家人は〝逃げ得〟であることに気づき、事態はさらに悪化する一方となり、時頼最晩年には、幕閣が全面降伏というべき故障申告の全面的受け入れに追い込まれた。

御家人の所役辞退事由には、確かに（明白な虚偽を含む）口実めいた事例が多く、特に「鹿食」の横行にその気配が濃厚だが、真の辞退理由が右の如き御家人の財政破綻であったとすると、単なる身勝手な負担逃れの口実とは見方を変えて理解する必要があろう。御家人らが真の辞退理由を直截に述べなかった理由は、複数考えられる。第一に、「とにかく苦しい」という申告に対しては「苦しいのは皆同じ」という含意の「太だ自由」という幕府の反駁が容易に予想されること。第二に、御家人らの高い自尊心が、経済的困窮という恥を率直に吐露することを妨げた可能性が、武士の一般的な行動様式に照らして十分にありそうである。

時頼政権は、泰時が目指した執権政治の忠実な踏襲者として振る舞うべく御家人に臨んだが、頼経派との長引く政争によって絶対数と個々の体力を損なっていた御家人らの反応は鈍かった。そこで、泰時期には法治・合議を重視する執権政治の表層に用心深く隠されていた、執権政治の基層たる専制的権力の発動に時頼は踏み込み、御家人参否管理の厳格化に傾斜した。しかし、理非への拘泥を捨てられず、また御家人を処罰して生命の危機へと追い詰める真の専制性を（後年の足利義満らと異なって）欠いたため、時頼権力は専制性を表層に覗かせるリスクを冒したにもかかわらず、相応の成果を得られなかった。

しかも、その専制的権力の発動を可能にした政争こそが問題（専恣的な権力発動を誘発する御家人の不服従）の原因であった以上、その権力発動が問題を根治できた可能性は、原理的に存在し得ない。時頼が執権政治の表層で掲げた法治・合議・理非究明の理念は、その実現を基層の（法に拠らない、専恣的で否応なき）権力で図った段階で矛盾を来たし、実現から遠ざかるようになっている。北条氏権力の根幹たる基層の専制的権力が頭を擡げるのを認めつつ、表層の理念に固執して専制的権力の表面化を抑止した時頼政権は、葛藤の政権というに相応しく、葛藤を解決しないまま命脈を終えた。

そして、かかる時頼政権の経緯と結末を見届けた時宗は、政権を継承してから時を経ずして、父時頼の葛藤が問題を解決しなかったことを理解し、表層の理念を払い捨てて基層の専制的権力を表面化させた。このいわゆる得宗専制の本格的始動は、その後すぐに到来した二度の対外戦争が幕府を根本から揺さぶったことと相俟って、幕府儀礼運営のあり方を根本的に変容させたと予想される。その具体相については、章を改めて論じたい。

（1）　川添昭二「北条時宗の研究」（『松浦党研究』五、一九八二、第二章初出一九八〇）二〇頁、同『北条時宗』（吉川弘文館、二〇〇一）三七頁。
（2）　鴇田泉「流鏑馬行事と鎌倉武士団」（『芸能史研究』九九、一九八七）一五頁以下。
（3）　秋山哲雄「都市鎌倉の東国御家人」（『北条氏権力と都市鎌倉』、吉川弘文館、二〇〇六、初出二〇〇五）一〇八頁注55、盛本昌広「鎌倉幕府儀礼の展開」（『鎌倉』八五、一九九七）四一頁注35等。
（4）　佐藤進一「身分制に立脚する訴訟制度の成立」（『鎌倉幕府訴訟制度の研究』、岩波書店、一九九三、初出一九四三）三二頁以下。
（5）　筧雅博『日本の歴史10　蒙古襲来と徳政令』（講談社、二〇〇一）三七頁以下。

（6）石田祐一「放生会と弓始の記事について」（『中世の窓』八、一九六一）。
（7）高橋慎一朗『北条時頼』（吉川弘文館、二〇一三）一二七頁以下。
（8）前掲注（1）川添論考二〇頁以下に年始御行始、永井晋「『吾妻鏡』にみえる鶴岡八幡宮放生会」（『神道宗教』一七二、一九九八）三一頁以下に鶴岡放生会、盛本昌広「関東御公事賦課と小侍所」（『千葉県史研究』一〇、二〇〇二）に随兵役に即して動員手続きの考察がある。
（9）平雅行「日本の肉食慣行と肉食禁忌」（脇田晴子／アンヌ・ブッシィ編『アイデンティティ・周縁・媒介』、吉川弘文館、二〇〇〇）一五四頁以下。
（10）寛喜元年七月日幸清宮寺触穢禁忌注進状（「石清水八幡宮記録十三」、『鎌倉遺文』六―三八五八）。
（11）弘安六年ヵ大和春日社鹿食人条々事書（「中臣祐春記弘安六年十一月二十日条」、『鎌倉遺文』二〇―一五〇〇四）。
（12）流鏑馬役については前掲注（2）鴇田論考一一頁、前掲注（8）永井論考一七～二〇頁等参照。
（13）前掲注（2）鴇田論考一六頁。
（14）前掲注（8）永井論考三四頁。
（15）前掲注（3）秋山論考一二一頁注55。
（16）前掲注（9）平論考一五五頁以下。
（17）桃崎有一郎「足利義満の公家社会支配と『公方様』の誕生」（『ZEAMI』四、二〇〇七）。
（18）前掲注（1）川添論考二二・二八・三〇頁。
（19）青山幹哉「鎌倉幕府将軍権力試論」（大石直正・柳原敏昭編『展望日本歴史9　中世社会の成立』、東京堂出版、二〇〇一、初出一九八三）一三八頁。
（20）竹ヶ原康弘「鎌倉幕府における御家人の所役拒否」（『鎌倉殿祭祀の歴史的研究―鎌倉幕府の将軍と家政―』、和泉書院、二〇二二、初出二〇一四）二一五頁以下。本章初出時に筆者は、主題を同じくする先行研究として二年早く発表された当該論文を見落とすミスを犯した。本章の論旨に重大な影響を与えなかったが、再録にあたって踏まえ直しておきたい。
（21）福島金治「金沢北条氏の被官について」（『金沢文庫研究』二七七、一九八六）三五頁以下。

(22) 仁平義孝「執権時頼・長時期の幕政運営について」(『法政史学』七九、二〇一三)は、引退後の時頼の小侍所業務関与は執権在職時からの延長線上で、また時頼は評定の前段階へのみ関与し評定自体を主導した形跡がないと指摘する。
(23) 細川重男『鎌倉幕府の滅亡』(吉川弘文館、二〇一一)四四頁。
(24) 村井章介「執権政治の変質」(『中世の国家と在地社会』、校倉書房、二〇〇五、初出一九八四)一四六・一五〇頁。
(25) 石井進『日本の歴史7 鎌倉幕府』(中央公論社、一九七四)二九〇頁以下・三六一頁・四一五頁。
(26) 杉橋隆夫「執権・連署制の起源」(日本古文書学会編『日本古文書学論集5 中世I』、吉川弘文館、一九八六、初出一九八〇)、桃崎有一郎「鎌倉幕府垸飯儀礼の変容と執権政治」(本書第四章、初出二〇一三)。
(27) 佐藤進一「鎌倉幕府政治の専制化について」(『日本中世史論集』、岩波書店、一九九〇、初出一九五五)六九頁以下、「合議と専制」(同、初出一九八八)。
(28) 佐藤進一『日本の中世国家』(岩波書店、二〇〇一、初出一九八三)一五八頁。
(29) 前掲注(24)村井論考一四四頁。
(30) 山陰加春夫「「悪党」に関する基礎的考察」(佐藤和彦・小林一岳編『展望日本歴史10 南北朝内乱』、東京堂出版、二〇〇〇、初出一九七七)。
(31) 桃崎有一郎「「裏築地」に見る室町期公家社会の身分秩序」(『中世京都の空間構造と礼節体系』、思文閣出版、二〇一〇、初出二〇〇四)、「裏築地の起源・沿革・終焉と中世の里内裏」(同前書)、「補論 内裏・院御所・京都論の動向と陣中・裏築地論の論点」(同、初出二〇〇八)。
(32) 諸本は「築壇」に作るが「築墻」(築地の意)の誤写であろう。
(33) 前掲注(24)村井論考一五四頁。
(34) 樋口芳麻呂「『中書王御詠』考」(山崎敏夫編『中世和歌とその周辺』、笠間書院、一九八〇)一三八頁。
(35) 本文・番号は『新編国歌大観 第七巻』(角川書店、一九八九)「柳葉和歌集(宗尊親王)」による。

# 第七章　鎌倉幕府垸飯行事の完成と宗尊親王の将軍嗣立

## 緒　言

豪奢な酒食を共食する儀礼として平安期朝廷で生まれた「垸飯」は、かつては通説的に、将軍や北条氏が御家人との主従・統制関係を保つ縦方向の儀礼と見なされてきた[1]。しかし、実は垸飯は、傍輩を饗応して相互の紐帯を維持確認する意義を帯びた、横方向の結束を保つ儀礼であった（以上、本書第一章）。それは主君以外のほぼ全員が「御家人」という名の傍輩で構成された鎌倉幕府の組織形態に非常に親和的なので、源頼朝挙兵の年には導入され、遅くとも六年後から年始行事として恒例化し、幕府儀礼体系の重要な柱となり、地理的・組織的に京都・朝廷から切り離されて独特の進化を遂げた。特に執権北条泰時は体制安定のため、現実の権力を包み隠して〈御家人皆傍輩〉原則を強調し、執権を傍輩代表として位置づけるべく垸飯を応用し、執権が元日垸飯沙汰人を全く引き受ける体制を整えた（以上、本書第四章）。

かくして執権政治確立とともに歩んだ幕府垸飯は、宗尊親王の擁立後、執権北条時頼によって一連の大規模な整備を施され、一つの完成形を迎える。それは〔ア〕【年始諸行事の再編・運営合理化】、〔イ〕【恒例垸飯の完全な年始行事化】、〔ウ〕【将軍代始垸飯の創始】の三本柱から成り、先学は〔ア〕に、御家人に対する得宗の権力形成・行使・表示を見出した。しかし、それは儀礼自体の分析には基づかない、政治史的な一般的趨勢からの演繹に過ぎず、既に不成立が明らかな前述の通説に依拠している。また、〔イ〕・〔ウ〕は従来、先学が指摘しなかったもので、一体的現象と見るべき〔ア〕との関連も未検討である。

それらが年中行事の再編であった以上、その評価は儀礼自体に即した礼制史的分析を経るべきであり、短絡的に政治史的一般論に回収すべきでない。かかる観点からは、次の問いが生じよう。年始諸行事の再編・運営合理化に時頼が着手した眼目と効果は、何であったか。また、恒例垸飯が完全に年始儀礼化する必然性や、代始垸飯が創始された理由は何か。そして、それらはなぜ右の時期に生じ、それらは総じて幕府礼制史上にいかなる意義を有したか。

本章はこれらの設問群に一定の解答を与えるべく、右〔ア〕〜〔ウ〕の三本柱のそれぞれについて基礎的事実とその意義の確認・評価を行い、それらが幕府年中行事体系の再建という時頼政権の課題のどこに位置づき、時頼政権のいかなる政治的理念を表明し、特に親王将軍擁立という政治史的・制度史的な大変革の中でいかなる役割を果したかを論じたい（『鎌倉遺文』は(鎌)と略称し、『吾妻鏡』に拠る場合は典拠名を略した）。

## 一　幕府年始行事の運営合理化　――御家人把握システムの再構築――

### I　二重選抜方式の背景と機能的意義――将軍出行供奉人の捕捉――

時頼期、年始垸飯の運営は御行始と完全に連繋するよう改変された。関係史料を示そう。

〔史料1〕　建長五年（一二五三）正月二日条

明日依可有御行始于相州（時頼）御亭、今夕被催供奉人、是以元日著庭衆所被撰也、小侍所司平岡左衛門尉実俊、令朝夕雑色等廻其散状云々、

〔史料2〕　建長五年一二月三〇日条

正朔御行始供奉人事、取集所著置于莚上座席之札、注其交名、申下御点、被相催云々、

〔史料3〕　建長六年正月七日条

将軍家《宗尊》依可有御参鶴岡八幡宮、今日被廻供奉人散状、是以垸飯之間出仕輩之中、所被撰定也云々、

〔史料4〕　正嘉二年《一二五八》正月二日条

為御行始供奉、仰小侍所《別当金沢実時》、書注昨日着庭人数、申下御点、和泉前司《二階堂》行方奉行之、

〔史料5〕　正嘉二年正月七日条

来十日依可有御奉幣于鶴岡八幡宮、為供奉人、進覧垸飯間著到、申下御点、所被相触其衆也、

〔史料6〕　文応元年《一二六〇》一二月二九日条

明春正月朔、可有御行始、供奉人事可相催之由、武藤少卿《景頼》伝仰於小侍所、而為垸飯出仕、人々於御所庭上兼取座籍、所差並札也、仍光泰《工藤》・実俊《平岡》行向其所、就札所見注交名進上、申下御点、相触其旨云々、

右史料群によれば、建長五年以降、将軍御行始の供奉人を元日垸飯の参加者から選抜・編成する方式が確立した（以下〝二重選抜方式〟と呼ぶ）。具体的には、年始垸飯に参加する御家人が前年大晦日までに、自席確保のために将軍御所の庭上（垸飯の会場）の莚上に置いた名札を、小侍所が現地で回収・実見して交名（垸飯着到）に書き上げ、将軍宗尊に進覧して御行始供奉人に御点を付す（選抜する）よう要請し、御点を経た交名を散状として該当者に回覧し参仕を命じた（建長八年元日条以降の『吾妻鏡』に載る垸飯参加者交名は、この垸飯着到の転載と見られ、『吾妻鏡』原史料として小侍所（特に別当金沢実時）の蓄積資料を想定する説を補強する[2]）。

夙に五味克夫は、右史料等から当該方式の存在と、〈垸飯参加者は鎌倉常住の御家人〉という関係を推測した[3]。建治元年《一二七五》六条八幡宮造営用途注文[4]により、当該期の御家人は本拠地別に「鎌倉中」「在京」「諸国」に類別された事実が知られ、五味の想定した鎌倉常住御家人は「鎌倉中」御家人に該当すると思しい。

しかし、同注文と垸飯着到を子細に比較すると、垸飯着到の初見たる建長八年元日条では、「鎌倉中」の千葉介（頼胤）らが垸飯着到に見えず、逆に「鎌倉中」でない三浦介（盛時）らが垸飯着到に見える。また、最も詳しい正嘉二年元日条では、「鎌倉中」の小笠原氏らと、「鎌倉中」でない波多野氏らが、混在して垸飯に参加している。加えて、「鎌倉中」は一種の格付けであって必ずしも鎌倉常住を意味せず（一族内分業によって必要時に出仕者を供出すれば、惣領本人の鎌倉常住は不要）、しかも鎌倉期を通じて固定化・限定化が進行したという秋山哲雄の指摘がある。[5] 要するに、垸飯参加者と「鎌倉中」御家人は一致せず、また一方が他方を包含する関係にもなく、かつ双方とも必ずしも鎌倉常住者とは見なし難い。

また、盛本昌広は史料6傍点部から、垸飯役負担者には垸飯儀礼で座席を確保する権利が生じたと推測した。[6] しかし実際には、垸飯役負担者と垸飯参加者は一致しないし、[7] 地頭御家人役たる垸飯役負担は幕府構成員の義務であって、イベント参加権の対価ではない。そして、盛本は二重選抜方式をもって垸飯と御行始の一体化を論じたが、[8] 同方式は将軍鶴岡参宮にも適用されたので（史料3・史料5）、御行始との結合に特別な意味は認め難い。重要なのは、垸飯と直後の将軍出行一般が、参加者の共有という形で癒着した事実である。

「今日有御行始之儀、仍任例進覧庭上座着例、就御点催供奉人」云々という正元元年（一二五九）元日条により、二重選抜方式は同年までに定例化したことが確認できる。前掲史料6（文応元年末）を最後に同方式の適用がそれと明記されなくなるが、垸飯参加者・御行始供奉人の完全な交名（前者一〇〇名・後者五二名）を載せる弘長三年（一二六三）元日条の精査により、当該方式の継続が確認できる。ただし、正元元年・二年には垸飯参加者の約半数であった御行始供奉人が、文応二年には三分の一弱まで減る等、割合の変動は著しい。そうなる理由は、将軍出行の供奉人数がほぼ一定であるのに対して、垸飯参加者数が年によって変動した（後述）からである。

二重選抜方式の直接の眼目は、御行始を主とする将軍出行儀礼の供奉人の確保にある。

本書第六章で論じた通り、時頼期の建長初年（頼嗣将軍期）から御家人が所役（特に将軍出行供奉や年始的始射手）を遁避する傾向が表面化し始め、建長四年の将軍交替（宗尊擁立）を境に一挙にその傾向が激化し、以後、時頼期を通じて悪化の一途をたどった。その背後には、頼経・頼嗣期のたび重なる政争で疲弊した上に、造内裏役等の巨額の臨時役、そして親王将軍擁立による将軍儀礼の肥大化（費用の巨額化）に直撃された御家人経済の破綻があった。これに対して幕府は厳格な参否管理をもって臨み、個別の故障申告に対して徹底した追及（調査・論駁）を行い、時頼は次第に強権を露わにしてこの理非追究の場に御家人を引っ張り出した。しかし、問題の本質が〝ない袖は振れぬ〟点にあり、かつ事実上幕府が彼らを処罰できなかったため、御家人を理に屈服させても問題は解決しなかった。

この幕府行事再建問題に、前述の二重選抜方式は、実際的・論理的の両面から貢献した。

実際的機能は、垸飯への参加意欲の転用である。鎌倉幕府では、所役に参仕する御家人とその従者の旅費や必要物資（装束等）調達費は支給されず、自弁であったと考えられる。(9) 建長六年、京都大番役のための上洛に伴い、西心という千葉氏被官は「すてに《既》御京上もちかく《近》なりて候に、たうし《当時》のことく《如》は、なに《何》ともおもひ《思》わき《分》たるかたなく候、かミ《上》の御はからひ《計》にて、むまのく《馬具》な□《とカ》をもあて《宛》給ハり候はす候」と窮状を訴えた。(10) 随従する従者も経費自弁を強いられ、愁訴して主人の扶助を得ねば堪え難い負担となり得た。そして、ある事例では、一年間に鎌倉の宿料として六貫文が費消され、滞在費総額が五〇貫文を超えるほどであった。(11) 御家人にとって、鎌倉に出て行事に参仕することの負担感は強い。

右の西心が書状末尾で「こんと《今度》御とも《供》つかまつり《仕》候やうに、御はからひ《計》候はん事、ほい《本意》にそんし《存》候」と宛所の富木常忍（千葉氏被官）に謝した点から見て、郎等が主人たる御家人の地頭御家人役遂行への随従を名誉と考えることはあったらしいが、御家人自身の意欲の有無は史料上に観察し難い。ただ、本書第六章で論じたように、時頼期には、行事参仕の辞退・遁避が激増した事実があり、従来の意欲と負担感のバランスが崩れ、負担感が急激に意欲を上回り始めている。また、召文を無視し、言を左右にし、虚偽の故障理由を申し立て、虚偽が発覚しても居直る（幕閣から見て）悪質な遁避常習者が当該期に初めて確認される等、明瞭に意欲の低い者が目立ち始める。多くは経済的困窮に起因し、かつ御家人ごとに事情が異なるとはいえ、御家人の行事参仕意欲の総和は減じていたと考えざるを得ない。

その中で垸飯は唯一、御家人が饗応される側として参加し[12]、負担者（垸飯役を所領の公田面積に応じて納める）[13]であると同時に受益者ともなる行事であった。将軍出行供奉や鶴岡社祭礼参仕以下の幕府行事に目立つ対捍とは裏腹に、御家人が垸飯参加を対捍した事例は管見に触れない。御家人は、経済的受益者たり得る垸飯参加には特に高い意欲を有したと見てよい（負担した垸飯役を回収する意味があろう）。とすれば、二重選抜方式は、将軍出行供奉に対する（相対的に）低い意欲を、垸飯参加に対する高い意欲で相殺し補う仕組みであり、いわば垸飯饗応を餌にして、出行供奉人を鎌倉に釣り上げる仕組みであったと解し得る。

また、この頃、多くの御家人が様々な理由で出行供奉の免除を申請したが、二重選抜方式は論理的側面から免除の口実を奪う機能も持った。垸飯には、狩衣という調達困難な高級装束を着して[14]、御家人自身が参加する。小侍所が入手したのはその「元日著庭衆」「垸飯之間出仕輩」「昨日着庭人数」「垸飯間著到」、すなわち実際に参加した御家人のリストである。それは、幕府行事に出仕可能な彼らの状態（健康で、鎌倉滞在中で、喪中・穢等の禁忌中でない）と、高級装束を調達可能な資力（あるいは貸借可能な人脈）を裏づける証拠であり、彼らが「所労」「在国」や「禁忌」（特に「軽服」「鹿食」等）、また経済的「難儀」を理由に出行供奉を辞退する口実（本書第六章）を奪える。「数日前に垸飯に参加した事実を幕府は知っている」という事実と、「垸飯（利益）だけ享受して供奉（負担）を投げ出すのは不公正だ」という理を突きつけて御家人の承服を期待するこの手法は、何ごとにつけ理非追究で押し切る政権の基調（本書第六章）と合致する、時頼政権らしい施策であった。

最も重要なのは、二重選抜方式を通した場合の故障者が極めて少なく（後述）、故障者の割合がしばしば半数以上、時に七〜八割にも及んだ通常の動員（本書第六章）と比べて、明らかに成果が出ていた事実である。現実問題として、垸飯に参加できる状態にある御家人にとっては、数日後の将軍出行の供奉はさほどの負担でなかったのだろう。

この手法の淵源は跡づけ難いが、朝廷に類似手法がある。朝廷の年始賀礼は平安中期以降、百官が大極殿に会する即位礼型の重厚長大な元日朝賀が廃れ、上層廷臣が内裏庭上に列立・拝舞する小朝拝となった。しかし、年初には元日節会、五日の叙位、七日の白馬節会、一六日の踏歌節会と、大規模節会や諸儀礼が詰め込まれていた。それら、特に元日節会の式日遂行を遅滞させないため、廷臣は権門の増加に伴い累増する（小朝拝と同類型＝親族拝型の）年始拝礼儀礼である摂関家拝礼・大殿（前摂関）拝礼・女院拝礼（複数あり得る）・院拝礼（同前）と小朝拝を、早朝からこの順序でこなし、元日節会への出仕に間に合わせた(15)。元日に人々はまず摂関第に参上して拝し、摂関が彼らを率いて大殿に参上して拝し、次に同様に女院・院に参上して拝し、最後にその足で天皇を拝した（小朝拝）のである。

これは各儀礼の構成員の人的異同を最小限に抑え、かつ摂関以下の群臣の参内を最後にすることでそのまま元日節会への参仕を可能とする、迅速化の工夫であった。複数の年始行事を結合して構成員を共有し、連続的に行って運営を効率化するこの儀礼運営手法は、幕府の二重選抜方式と共通しており、これを京下り官人が鎌倉に持ち込んだ可能性は低くない。そして当該方式の初見が建長五年元日、すなわち宗尊が鎌倉で迎えた最初の元日であったことは、宗尊に従って京都から下った廷臣の関与を推測させる（特定は困難だが、参議土御門顕方・花山院長雅ら、宗尊下向に随従してそのまま鎌倉に住み着いた廷臣が有望であろうか）。

## Ⅱ　二重選抜方式の政治史的意義――親王将軍成立と執権制的幕府の完成――

### A　主体的な将軍宗尊と後見する得宗時頼の協調的幕府運営

このように、成立を促した要因（御家人の所役遁避の激化）も、成立時期も、手法自体も、二重選抜方式の諸側面は皆、宗尊擁立に由来する可能性が高い。実は、本章緒言で触れた改革の三本柱はすべて、この政治的大変革に焦点を結ぶのである。さらに掘り下げて論じよう。

従来指摘されなかったが、実は二重選抜方式の仕組みに合致しない例外者が存在した。例えば、弘長三年元日条では、御行始供奉人が垸飯参加者の完全な部分集合ではなく、（両交名で同一人の表記が異なることを踏まえても）[16]佐々木対馬四郎左衛門尉宗綱・大見肥後四郎左衛門尉行定の二名が垸飯交名に見えない。また、正元二年元日条では、御行始供奉人四四名のうち、一宮次郎左衛門尉康有・武藤右近将監頼村の二名が垸飯参加者八八名の中に見えない[17]。同様に、文応二年（一二六一）元日条では、御行始供奉人五二名のうち、加藤左衛門尉景経が垸飯参加者一六五名（西座七〇名＋東座九五名）の中に見えない。

これらの例外者については、実は、次の特記事項を『吾妻鏡』に見出し得る。

・佐々木宗綱――弘長元年（一二六一）九月二〇日の中御所（宗尊室近衛宰子）出行供奉人。
・大見行定――建長四年（一二五二）四月三日制定の御格子番二番、弘長元年九月二〇日の中御所出行供奉人。
・一宮康有――弘長元年九月二〇日の中御所出行供奉人、正元二年（一二六〇）正月二〇日制定の御所昼番衆（「堪一芸之輩」の結番祗候）三番。
・武藤頼村――正元二年二月二〇日の廂御所結番結改四番。
・加藤景経――正元二年正月二〇日制定の御所昼番衆四番、同年二月二〇日の廂御所結番結改六番、文応元年（一二六〇）一二月二六日の宗尊方違出行供奉人。

要するに、例外を成した彼らは皆、将軍宗尊の近習であった。すると、右の例外は、何らかの理由（体調・禁忌等の故障か）で垸飯に参加しなかった彼らを、垸飯着到が宗尊に進覧され御点が付される段階で、近習への特別な配慮として宗尊の指示で供奉人に追加した結果と解される。すなわち、時頼が再構築中の行事運営制度には、将軍の恣意が、わずかだが継続的に介入していた。

〔史料7〕　建長八年正月五日条

将軍家（宗尊親王）依可有御行始于相州（時頼）御亭、注今日出仕衆八十五人之交名披覧之、就御点、以三十八人為供奉、此事、以前両三年者、相州令撰沙汰之給、而於今者可被計下旨、就令申之給、今年始及御点云々、

右によれば、建長四年の宗尊嗣立以来、時頼が御行始供奉人を選定していたが、同八年から宗尊自身が選定し始めた。これ以降、宗尊は近習結番制度の整備や供奉人編成に強い意欲を示した[18]。周知の通り、宗尊には関東の主君たる強い自覚があり（詠歌に顕著）[19]、随従者や近習を主体的に編成しようとする右傾向も、その具象化に違いない。

この傾向が時に宗尊と時頼の間で波風を起こしたのは事実で、特に四年後の文応元年（一二六〇）、宗尊室近衛宰子の鶴岡社参詣の供奉人交名に宗尊が取捨を加え、随兵の北条時輔（時頼庶長子）を時宗（時頼嫡子）と同列の布衣侍に格上げしようとして、時頼に却下された一件（六月一八日・二二日条）が目立つ。筧雅博はこれを「幕府首長としての親王に、おそらく、はじめて加えられた痛打であった」とし、小侍所に人格的影響力を及ぼす宗尊と時頼の関係を平穏ならぬものと評し[20]、川添昭二も時頼が「宗尊の処置を対抗的だと受けとめたろう」と推測した[21]。さらに大須賀朝氏・阿曽沼光綱の供奉役不参（代官の代参）を許容したとして同年に宗尊が小侍所別当金沢実時・北条時宗を詰問し、弁明書の提出を考えた二人に時頼が口頭での弁明を指示した一件（七月六日条）を、川添は供奉人催促で専制的姿勢を示した宗尊に小侍所が抗議した政争と捉え、後の時宗による宗尊追放の一要因と見なした[22]。

近年では竹ヶ原康弘も、宗尊期の御家人の所役遁避傾向の背後に、漠然と時頼・宗尊の対立関係の影響を疑った(23)（それを証明・示唆する史料は挙げられていない）。

ただ、そもそも宗尊期は幼年の皇子を時頼の意志で擁立し後見する体制として始まったのであって（建長四年二月二〇日条）、時頼生前を通じて宗尊との間に政争があった明徴もなく、概して関係は良好であった(24)。幕閣も「群議」（評定）の共通見解として「此君（宗尊）仙洞（後嵯峨）御鍾愛之一宮也、東関諸人懇望不等閑之間、為三位中将（藤原頼嗣）殿御替御下向、非武家眉目乎」（同年八月六日条）と述べ、宗尊の存在を、幕府全体が自ら望み、叶えられた名誉と認識した。

宗尊近習に御前で抜き打ちの武芸試技を強い（同六年閏五月一日・一一日条）、宗尊幼少期に将軍近習制度を定め（同四年一一月一二日条の問見参番）、宗尊成長後はこれを宗尊と協議して定める（正元二年（一二六〇）正月二〇日条の昼番衆〔「堪一芸之輩」の結番祗候〕）等の時頼の活動は、すべて宗尊を後見する文脈にあると見て差し支えない。上記の時輔の一件も、〈未熟な鎌倉殿の判断を、時頼が後見者として是正した〉という筋書きを『吾妻鏡』が主張したと読むべきで、それは北条政子による執権の定義＝「軍営御後見」（貞応三年（一二二四）六月二八日条）の忠実な実演であり、そこに権力闘争を見出すのは深読みに過ぎよう。

八幡義信は二重選抜方式を、「時頼政権が年初に御家人統制の手段として垸飯献儀を利用していた」と評価した(25)。しかし、そこでなされた〝統制〟は、少なくとも通念的にいわれるような、北条氏の政治的な御家人支配の強化（に伴う将軍の支配権の蚕食）ではない。参加者の交名を載せる元日垸飯五例を検すると、参加者数は建長八年に八二人、正嘉二年に一八一人（西座六一人＋東座一二〇人）、正元二年に八八人、文応二年に一六五人（西座七〇人＋東座九五人）、弘長三年に一〇〇人であった。年末年始期の鎌倉当参御家人数を示す興味深いデータだが、人数の振れ幅が激しい上、頼朝挙兵直後の三一一人（治承四年一二月一二日条）に比してかなり少ない。垸飯が北条氏の政治的な御家人統制手段なら、右の数字は、北条氏の政治的統制力の不安定さと、頼朝に比肩すべくもない貧弱さを印象づけてしまう。

繰り返すが、幕府行事体系は時頼期に至り、御家人の対捍増大のため崩壊の兆しを見せていた。時頼が払った幕府儀礼における御家人統制の努力は、それが明らかに儀礼の正常運営の回復・維持の努力であった以上、第一義的にはその側面から理解されねばなるまい。

その中で御行始供奉人の選定権が、時頼から自発的に宗尊に委譲された事実が注意される（史料7）。それは、同年に一五歳となった宗尊を成人扱いし始める方針の現れと見てよい。同年秋～冬に赤斑瘡・赤痢を病んだ時頼が赤橋長時への執権職譲渡を決断したのも、宗尊の成人扱いと無関係でなかろう。宗尊の成人が、時頼の立ち位置を将軍権能の代行者から顧問へと転換させたと推断できよう（あたかも、天皇の成人に伴って摂政が関白に転身するように）。

建長四年八月一四日条に「放生会御参宮供奉人散状被覧之、雖有御悩被召出之、被下御点云々」とあり、鎌倉到着の四ヶ月後、宗尊は放生会参宮を諦めるほど重い病床にありながら、なお供奉人散状を召し出して内容を確認した。生来将軍となるべき教育を受けなかった宗尊が、急に鎌倉に下ってからわずか四ヶ月後に、わずか一一歳で、全く自己の意志で、そこまで強く将軍たる自覚を持つ理由はない。意欲的な将軍近習編成に現れた宗尊の将軍たる自覚は、擁立当初から時頼の後見下に、時頼に促されて植えつけられたものと解するほかない。

（執権辞職後も含む）時頼政権は、政権に無害な範囲内において、将軍の主体性を求めた。二重選抜方式に即しては、幕閣（時頼の総指揮下にある小侍所や評定（本書第六章））が用意した候補者から自由に供奉人を選抜し、かつ候補者以外の人物を追加する権限が全く宗尊の意志に委ねられ、幕府行事が将軍・得宗双方の主体性・合意・連繋で運営された形が重要である。その体制では、将軍は得宗に対して（かつての頼経のように対立的でなく）融和的であり、かつ（主体性がほぼ皆無の頼嗣とは異なり）幕府運営に参加する形が構想され、それを表明したのが如上の幕府行事運営であったと結論される。換言すれば、それは〈宗尊・時頼体制の幕府はいかなる組織か〉を示そうとする、幕府の自己規定行為《アイデンティフィケーション》であった。

### B　将軍近習優遇の機縁

将軍の主体性向上に伴い相対的に重要性を増した将軍近習が、一般的な御家人による出行供奉の遁避傾向の中で、急場の指名にもかかわらず供奉を果たした事実も興味深い。供奉に伴う経済的負荷は同じはずなので、奉仕意欲が一般御家人を上回った結果と解される。その意欲は将軍近習に特有のものに違いなく、それは精神的・即物的両面に根差しただろう。

精神的側面としては、無論、将軍近習たる誇りがあろう。能力で登用される将軍近習（上記の一宮康有・加藤景経ら「堪一芸之輩」に端的）には、御家人庶子や小規模御家人が少なくない。将軍近習の地位に基づいて所役を勤めることは、彼らが惣領や有力御家人と伍する存在感を御家人社会で示せる重要な機会であった。

また、即物的側面としては、近習特有の特権がある。元久元年（一二〇四）九月一日条に「近習之輩十余人任官事、被挙申之云々」と見え、近習たることを理由に任官を将軍から斡旋される特権が既に実朝期には確認されるが、宗尊期に至ると、近習優遇は目に見えて顕著化する。建長六年（一二五四）一二月二〇日条によれば、宗尊の「別仰」により特別に評定で御家人官途に関して評議され、「近習要須輩等」の官途推挙を、「指朝要顕職」でない限り、（恐らく宗尊の意志で）臨時内給の申請で実現する制度が定まった。一般御家人は任官時に成功銭を納める義務があったので（同条等）、将軍近習だけに任官コストを免除する経済的優遇を宗尊が発議し、通したことになる。

その一ヶ月前の一一月一七日条に「御所中近習之輩者、可免面付公事之旨、以景頼被仰相州、可依御定之由被申之云々」とあるのはさらに露骨で、宗尊が御所奉行武藤景頼を介して、将軍近習の「面付公事」免除を時頼に求め、認めさせた。「面付公事」は『吾妻鏡』や同時代史料に用例を見ないが、〈一人あたり何文〉という形で賦課される人頭税的な地頭御家人役（関東御公事の臨時役）と考えられる[26]。したがって右事例は、地頭御家人万般が課される役の一部を、将軍近習だけに特別に免除する経済的優遇である。かかる経済的優遇特権に浴した当該期の将軍近習にとっては、同じ課役（供奉人動員等）でも負担感が御家人一般より軽い。急な動員に近習らがよく堪えたのは、かかる経済的状況の裏づけによろう。

## Ⅲ　二重選抜方式の制度史的意義――御家人把握システム――

次に、制度的観点から二重選抜方式を検討すると、毎年前述の座席札回収・リスト化を経て初めて、幕府が垸飯参加者を把握した事実が注目される。

幕府は「某跡」に賦課する時、「跡」の具体的内実（某の所領を伝領する子女・親族・養子・配偶者らの数や配分等）に関心を持たない。甚だしきは幕府が京都大番役を故人の「深堀太郎」宛に賦課した事例[27]のように、御家人個々人の生死自体にさえ、幕府は厳密な関心を抱かなかった。それは幕府が厳密な公田・公畠（年貢・公事賦課対象の田畠）の所在・面積・知行者（ただし「跡」でよい）の情報を大田文の形で把握した事実と対照的だが、御家人の異動（誕生・元服・婚姻・死没・養子関係等）を逐一幕府に届け出る制度がない以上、御家人の（特に庶子・庶流の生死・名前等を含む）最新かつ完全なリストが恒常的に幕府に存在しないのは当然であった（ただし、建久・建保・貞応・寛喜年間に幕府は、少なくとも畿内で国別の「御家人引付」（完全なリストか）を作成・保管し、随時参照した[28]）。

かかる「某跡」賦課方式が通用したのは、軍役（大番役等）や造営役（内裏や六条八幡宮等）では、勤仕者の総数や負担金の総額さえ一致すればよいからである。しかし、将軍出行においては、代官で済ませると将軍の叱責の対象となるほど、誰が供奉するかが重要であった。それは、出行への供奉が、主従関係の最も原初的形態にまで遡り得る、最も根幹的な、主従関係を直截に表す行為だからであろう。しかし、その供奉人候補者を抽出すべき母集団を網羅した、最も信頼性の高いリストを幕府は常備していないし、惣領・庶子を「某跡」と一括する六条八幡造営の如き臨時御家人役の賦課台帳は流用できない。

かかる御家人管理の限界がある中で、前述の通り垸飯には御家人が高い参加意欲を有し、今この瞬間に活動可能な（惣領・庶子を問わない）全御家人が垸飯行事に参加したと目される。その垸飯の着到は個人名を列挙し、同族を「某跡」と一括しない。それは将軍出行供奉と同様、垸飯という場が参加者個々人の人格（同士の関係〈＝傍輩関係〉）を重視する場だからにほかなるまい。そして、その着到はすなわち、即時動員可能な全御家人の名が判明する網羅的リストである。それは将軍出行供奉人の候補者名簿として完璧であり、そして〈今現在、幕府が何者によって構成されているのか〉を幕府自身が把握できる希少な情報源であった。

御家人管理の面ではいま一つ、前述のように膨大な人数の御家人が（恐らく先着順で）席取りをしたにもかかわらず、座次相論が発生した形跡が『吾妻鏡』に皆無である事実が興味深い。

御家人の座次相論としては、座上に着した千葉胤綱を「下総犬はふしどをしらぬぞとよ」と悪罵した三浦義村に、建保合戦で同族和田義盛を見棄てた義村を皮肉って、胤綱が「三浦犬は友をくらふ也」と反撃した『古今著聞集』（巻第十五―闘諍）の相論が名高い。盛本はその時期を、胤綱が二一歳で没した安貞二年（一二二八）をあまり遡らない時期と推測したが[29]、「かま倉の右府（源実朝）将軍家に正月朔日大名共参りたるけるに」とあるので、建保合戦（和田義盛の滅亡）以後かつ実朝生前の元日（建保二年（一二一四）～七年）に絞れる。「三浦の介義村もとよりさぶらひておほさぶらひの座上に候けり、そのゝち千葉の介胤綱参りたりける」とあるように、この相論の場は「大侍」で、元日だが垸飯行事の遂行中（御家人の座は庭上の莚）ではない。「大侍」は『吾妻鏡』に用例が見えないが、遅くとも泰時期までに、垸飯沙汰人・一般御家人とも東西の庭の座に着す前に「東西侍」に待機したと知られ[30]、右相論も垸飯直前の待機中と類推される。

待機中に生じる座次相論が本番の庭儀で生じなかったのは、建久四年《一一九三》元日条に「今日被定人々座敷次第、被下御自筆式目云々」と見える、源頼朝が自筆で定めた垸飯座敷次第の「式目」が効力を保ったからだろう。その規準は史料として残らず、盛本は上記相論の場となった侍と同じ座順が踏襲されたかと推測したが[31]、東西侍と庭儀では手続き（座席札の事前設置の有無）や場面（待機中か儀礼遂行中か）の相違があるので、同じと見なすのは自然でない。少なくとも時頼期の庭儀には、正嘉二年元日条等より以下の法則を見出し得る。

i　西座・東座とも高身分→低身分の順。

ii　先頭に北条氏と足利氏（源氏将軍門葉、また歴代の婚姻で北条氏一門に準ずる）。

iii　次に名国司・八省輔等。

iv　次に有官者（諸省・寮・職等）または散位の五位と思しき人々。

v　次に衛門尉を主とする六位と思しき人々[32]。

vi　北条氏の内部も右iii～vと同じ序列。

vii　東西の人数は場合により二〇人以上異なる。

viii　東西の同じ着席順同士に族的・官職的対応関係はない。

全体として、(1)家格の論理（御家人を北条氏とその他に二分）が大分類を成し、(2)朝廷官制の論理（両群の内部を位階が整序）が小分類を成す。ただし、有官者・無官者が順不同で混在し、同じ氏族が近接する事例としない事例が混在するので、ii～vの各群内は位階の超越が起こらない限り、順不同（先着順か）と解される。将軍出行の随兵行列構成に官職が反映されたのとは対照的に[33]、垸飯の座次では位階のみが問題とされて官職が度外視されている点に注意したい。北条氏か否かと位階のみを重視した規準は、頼朝が自筆で当座に定め、その後（変容した可能性があるとはいえ）御家人が実践するのに適した単純さであり（なお盛本が指摘した通り、正安元年《一二九九》に、垸飯座次は完全に位階のみで整序される最も単純な形へ移行する[34]。本書第八章第一節I-Bで詳述）、十分に相論防止の役割を果たしたのだろう。そして家格・位階官職の論理で大きく内部区分された「御家人」という傍輩の全体像（そこでは鎌倉駐留中のあらゆる御家人が一堂に会する）が、唯一可視化される場が年始垸飯の庭儀であった。

## 二　垸飯の完全な年始行事化　――過差の管理――

### I　幕府垸飯の四類型と年始儀礼への収斂

右に論じた行事運営の合理化は、同じ時頼期の垸飯の完全な年始行事化と、どう関わるか。元来、幕府における垸飯儀礼の催行契機は多様であった。管見に及んだ『吾妻鏡』の「垸飯」の所見一九〇例中、正月垸飯でない記事は三三例、うち二九例[35]が正月以外の垸飯催行事例（表2参照）であり、それらは四類型に分類できる。

①**幕府更新祝賀型**――将軍御所移徙（ア・イ・ソ・ツ・ヌ）、新造公文所吉書始（エ）、新将軍政所始（セ・タ）、将軍妻室の将軍御所入御（ナ）、将軍息男着袴（ネ）、将軍宣下（ハ～フ）、将軍宣下後初度鶴岡参宮（ヘ）等を契機とする。幕府の重要な構成要素の新段階（将軍一家の居所・人生階梯・地位等や幕府の部局等の更新・開始）を祝賀する事例群であり、頼朝～宗尊期に満遍なく一四例見える。年始も〈新たな〝時〟を将軍・幕府が歩み始める新段階の祝賀〉であるから、年始垸飯も同類型に属し、幕府垸飯の最も典型的事例群と見なし得る。

②**外部要人歓待型**――将軍宣旨を持参した勅使や、医師（将軍近親を治療）・将軍実父の使者を饗応したコ・ス・チは、幕府が喜ぶべき（状態をもたらす）外部者の饗応と概括できる。頼朝・頼家・頼経期に各一度という少なさは、当該人物の到来を特別重大な慶事と見なす幕府の認識を示唆する。オの一条能保夫妻（頼朝妹とその夫）の帰洛の餞別としての垸飯は、契機の焦点が幕府の重要な外部者であるという点で、この類型に属す

表2　『吾妻鏡』における非正月垸飯の催行事例（括弧内の人名は沙汰人）

| 記号 | 年月日 | 催行契機 |
|---|---|---|
| ア | 治承四（一一八〇）年一二月二〇日 | 新造御亭御移徙（三浦義澄） |
| イ | 治承五（一一八一）年六月一三日 | 新所御移徙（千葉常胤） |
| ウ | 治承五（一一八一）年六月一九日 | 三浦への「納涼逍遥」（三浦義澄） |
| エ | 元暦元（一一八四）年一〇月六日 | 新造公文所吉書始 |
| オ | 文治二（一一八六）年一月二八日 | 一条能保夫妻の帰洛餞別 |
| カ | 文治四（一一八八）年三月二一日 | 梶原景時の大般若経会遂行祝賀 |
| キ | 文治五（一一八九）年九月一二日 | 工藤行光の陸奥国岩井郡拝領祝賀 |
| ク | 建久二（一一九一）年一二月一日 | 契機不明（北条時政・三浦義澄） |
| ケ | 建久三（一一九二）年三月二三日 | 岩殿観音堂参詣（大多和義成） |
| コ | 建久三（一一九二）年七月二八日 | 征夷大将軍宣旨持参勅使の饗応（北条時政） |
| サ | 建久四（一一九三）年七月一〇日 | 小坪納涼逍遥（長江義景・大多和義成） |
| シ | 建久五（一一九四）年二月二日 | 北条泰時元服 |
| ス | 正治元（一一九九）年五月一三日 | 頼朝女乙姫療治の医師饗応（北条時政・三浦義澄・佐原義連・八田知家・梶原景時ら結番） |
| セ | 建仁二（一二〇二）年一〇月九日 | 将軍家政所始 |
| ソ | 建暦三（一二一三）年八月二〇日 | 将軍家新御所移徙 |
| タ | 建保六（一二一八）年一二月二日 | 実朝右大臣政所始（北条義時） |
| チ | 貞応三（一二二四）年四月二日 | 九条道家使者饗応 |

| | | |
|---|---|---|
| ツ | 嘉禄元（一二二五）年一二月二〇日 | 将軍移徙 |
| テ | 安貞二（一二二八）年六月二六日 | 杜戸への遊興御出（北条泰時） |
| ト | 安貞二（一二二八）年七月二六日 | 三浦義村の田村山庄遊覧御出の返礼（遊興御出垸飯の終見） |
| ナ | 貞永元（一二三二）年九月二八日 | 御台所（竹御所）の将軍御所入御（北条義時・泰時） |
| ニ | 天福二（一二三四）年三月五日 | 北条経時元服 |
| ヌ | 嘉禎二（一二三六）年八月四日 | 将軍家若宮大路新造御所移徙 |
| ネ | 寛元二（一二四四）年一二月八日 | 頼経息乙若着袴 |
| ノ | 宝治元（一二四七）年七月七日 | 時頼から評定衆・奉行人へ盃酒・垸飯・引出物 |
| ハ、ヒ、 | 建長四（一二五二）年四月一日〜 | |
| フ | 四月三日 | 宗尊将軍宣下祝賀 |
| ヘ | 建長四（一二五二）年四月一四 | 宗尊将軍宣下後初度鶴岡八幡宮参詣 |

るだろう。

③**鎌倉殿逍遥歓待型**――近隣地域への鎌倉殿の納涼逍遥・遊興・参詣を現地領主が歓待したと見られるウ・ケ・サ・テ・トが一類型を成し、頼朝期に三例、頼経期に二例が偏在する。

④**個人表謝型**――事例が僅少だが、カの梶原景時の大般若経会遂行祝賀とキの工藤行光の陸奥国岩井郡拝領祝賀は、いずれも個人的慶事の表謝目的で、一類型を成す。また、シ・ニの北条泰時・経時元服に伴う垸飯もこの類型に属するが、御家人元服に伴う垸飯の記録がこれら以外に存在しない事実は、これらを彼ら個人にとどまらぬ幕府の重要行事だと『吾妻鏡』が認識したことを意味し、幕府更新祝賀型（①）としての側面を有したことを意味する。

右の四類型中、ある外部者の到来を重大視する姿勢を垸飯で表現する手法（②の外部要人歓待型）は、一例を除いて頼朝期とその死去直後に偏り、また鎌倉殿逍遥歓待型（③）の五例中三例が頼朝期に集中し、かつ個人表謝型（④）二例も頼朝期に集中する。すなわち、幕府初期の垸飯には、対外的にも対内的にも利用可能な（饗応による）表謝手段としての汎用性があった。

かかる汎用性は、垸飯が元来備えた性質の継承と推測される。ところが、頼朝が没して幕府草創が一段落すると、幕府では垸飯の機能が削ぎ落とされ、幕府特有の形へとローカライズされ始める。特に、将軍宣旨を勅使下向で伝達するのは頼朝期固有の現象、また九条道家の使者到来も廟堂首班が将軍実父である頼経期固有の現象なので、類型②の淘汰は、執権政治の成立・確立過程に伴う公武関係の変容の反映であろう。そして、類型②の終見であるチは義時死没の一ヶ月半前なので、当該類型の淘汰は泰時期に進行した幕府垸飯の変容（北条氏の元日沙汰人独占化等〔本書第四章〕。垸飯役成立も泰時期に遡ると推定される〔本書第五章〕）と軌を一にした可能性が高い。

また、類型④の個人表謝型は頼朝期を最後に消えるが、御家人同士が個人的に行う垸飯は『吾妻鏡』の背後で個別に記録されずに、すなわち鎌倉殿を巻き込まない限りで存続した(36)。類型②・④は泰時政権期までに全く淘汰され、類型③も頼朝期以外の二例が泰時政権期の安貞二年（一二二八）の一ヶ月間に集中し、以後は全く途絶えた。以上を総合すると、遅くとも経時政権到来までに、年始以外の機会に特定の御家人が鎌倉殿を巻き込む垸飯は、廃絶したことになる。元来任意の饗応であった垸飯の汎用性を捨て、幕府管理下の定例的・体系的な年始行事へと回収・一本化されたのは、幕府儀礼ならではの垸飯の独自進化である。

なお、執権時頼が評定衆・奉行人に盃酒・垸飯・引出物を与えたノは趣旨が明記されないが、将軍が関与せず、幕府行事でもなく、時頼個人の催行という点で④と同根である。ただしこれは、かつて執権泰時が「公事之間致勤厚」した矢野倫重・太田康連・佐藤業時ら評定衆に自亭で盃酒を与え「褒美」した天福元年（一二三三）一一月一〇日条の同工異曲であろう。幕府にとって重要な行為に対する称揚・慰労という点でス（頼朝の娘を療治した医師を饗応）と同趣旨であり、スが属する②外部要人歓待型とも（歓待対象が幕府内部だが）同根である。また、執権（「公事」を総裁する事務局長）の立場で幕府官僚の精励を称揚・慰労することは、自ずと個人的行為の範疇を超える。宝治合戦の一ヶ月後という時期を勘案するに、執権権力の完成（というより再始動）に伴い、泰時の先例の再演を意識して時頼が行った、施政方針を示すメッセージを籠めたパフォーマンスと見なされよう。しかも、泰時の場合には盃酒賜与のみであったのに対して、垸飯を付加した点に時頼の独創が認められ、そこにはかつて垸飯が有した意思表示手段としての汎用性の応用が認められる。

しかしそれは、幕府更新祝賀型（①）でない垸飯の終見でもあった。時頼はこの種の垸飯をやめ、この事例を除く時頼期の幕府垸飯の四例（ハ〜ヘ）は宗尊代始、残る四九例すべてが正月垸飯で、ここに〈恒例垸飯＝年始行事〉という単純な関係が完成する。

もっともそれは、時頼期に急に完成したのではない。頼朝生前には垸飯の半数近く（二八例中一一例）が正月以外の催行であったが、頼朝の没後、義時執権期は四〇例中五例、泰時執権期は五六例中七例と、正月以外の垸飯は執権政治成立期に急激に一割程度に落ち込み、垸飯は専ら年始行事と化しつつあった。それを裏づけるように、義時最晩年のチ（九条道家使者饗応）に「儲垸飯、一如元三之儀」、泰時期のニ（北条経時元服表謝）に「堂上有垸飯儀、一如元三」、経時期のネ（頼経息乙若着袴）に「武州被献垸飯、宛如元三」、時頼期のへ（宗尊将軍宣下後初度鶴岡八幡宮参詣）に「人々参堂上行垸飯、一如元三之儀」とあるように、元三の催行態様を垸飯の基本形と見なし、他を例外的と見なす定型句が歴代執権期を通じて『吾妻鏡』に散見する。そして経時期に至り、年始行事でない垸飯は皆無（八例中〇例。在任が短かった故の絶対的な件数の少なさだろう）となり、時頼期に初世の一例（上述）を除き、（後述の将軍代始以外）完全に消滅した。これは幕府垸飯の一つの完成形であり、戦国期に垸飯が短絡的に

「正月武家之出仕之儀也」と断言されるに至る（本書第一章七二頁）素地はここに遡る。

## Ⅱ　垸飯の完全な年始行事化

このような、義時期から減少傾向にあった非年始垸飯の完全廃絶は、自然消滅ではなく、同じ時頼政権の垸飯整備、すなわち将軍出行との連繋（二重選抜方式）との関係を想定するのが自然であろう。その連繋の主眼は出行供奉人の確保であり、その確保策がことさらに必要とされたのは、窮乏した御家人が多く所役逋避を図ったからであった。御家人の窮乏が幕府儀礼体系を危機に陥れたならば、その正常化は御家人の負担軽減によってしかなし得ず、その手段は幕府儀礼の合理化（運営・費用両面の無駄排除）と御家人財政の健全化しかない。

右を踏まえる時、次掲の弘長元年（一二六一）新制の垸飯関係の条規が注目される。

〔史料8〕弘長元年二月二〇日関東新制事書(37)

一　修理替物用途事

一　垸飯役事

両条、自今以後、充課百姓事停止之、以地頭得分、可致其沙汰、又私分同可守此儀、且於垸飯者、用麁菜、可止高盛也、次政所・問注所・小侍所小舎人・御厩力者等酒肴、正月中止毎日之儀、可為三ヶ日也、

幕府は右条規によって、垸飯役の百姓転嫁を禁じ、次いで「私分」でも同様に転嫁を禁じた。「私分」は御家人の個人レベルの垸飯と解され、条規の中段はそれを含む垸飯万般に関して「麁菜（非高級食材）を用い高盛（過剰供給）をやめよ」と命じている。時頼政権の垸飯関係政策は過差抑制の文脈にあり、幕府垸飯・個人垸飯の双方における過差抑制が、それぞれ上述の幕府儀礼合理化と御家人財政健全化に対応している。個人垸飯は建長三年（一二五一）に禁じられたはずだが(38)、禁令の効果はなかったらしく、幕府は根絶を諦めて、倹約を指導する方向へと舵を

切ったのであろう。

ここで非年始垸飯の廃絶理由を再び考察すると、個人表謝型（④）は頼朝期に一部御家人が行い、後に北条氏が一家の慶事で二度行った後に廃絶した経緯から見て、北条氏が意図的に当該類型を廃したと見られる。当該類型は突き詰めれば個人的事情による過差であって、御家人一般に過差を禁ずる幕府政策と反するため、北条氏自身が自粛したと見てよかろう。

外部要人歓待型（②）は義時末期に途絶え、幕府官僚を褒賞するその応用型も時頼自身が一度行って廃絶した。精励者の褒賞も執権個人の名で行う限り、突き詰めれば個人的動機に基づく御家人個人の過差という性質が否めないから、右と同じ論理で自粛された可能性が高かろう。

一方、鎌倉殿逍遥歓待型（③）は鎌倉殿の遊興的出行で御家人に多大な臨時出費を強いるものであり、鎌倉殿側が自粛できる不要不急の浪費の、最たるものの一つである。

以上を総合するに、類型②・④の廃絶は御家人財政健全化のための過差禁令の執権自身による垂範、また類型③の廃絶は垸飯行事を必要最低限に絞ることによる御家人負担の軽減策と解される。後年、弘安七年新式目は幕府垸飯を正月三日に限った（後述）。同じ新式目で御行始・方違以外の出行の自粛が将軍に要請され、その主眼が明らかに不要不急の幕府行事に伴う御家人の出費義務の削減であることから類推すれば、正月三日以外の垸飯は総じて、突き詰めれば不可欠でない御家人負担であった。幕府垸飯の完全な年始行事化は、過差を幕府の厳格な管理下に置き（不要の過差を廃し、不可欠の過差を残す）、幕府行事体系の減量によって正常運営を取り戻そうとする時頼政権の施策と結論される。

## 三　代始垸飯の創始 ——幕府完成の宣言儀礼——

### Ⅰ　垸飯は幕府の存在・アイデンティティの定期的再宣言

では、幕府儀礼を合理化・正常化し、垸飯行事の確実な励行に時頼がかくも注力した動機は何か。その問いは畢竟、〈幕府における儀礼・垸飯とは何か〉という問いに帰着する。

盛本は、二重選抜方式で運営される垸飯・御行始への参加を「一流の御家人の証明」と推測した[39]。しかし、仮に出自・所領規模を基準とした場合に「一流」に含まれそうな下総の千葉介頼胤は、時頼期に年始垸飯に参加した事実が皆無で、相模の三浦介盛時の参加も建長五年正月三日と同八年元日のみである。また、『吾妻鏡』の垸飯着到・御行始供奉人交名を通覧すれば、そこには出自・分限・職位・位階官職を問わないあらゆる御家人が見える。証明というならば、垸飯参加は一流御家人たる証明ではなく、御家人たる証明である。

より根本に立ち返れば、幕府垸飯の存在意義は個々の御家人の利益ではなく、垸飯で維持確認される傍輩関係自体のため、すなわち御家人集団全体＝幕府自体のためにある。しかもその性質は、執権政治の確立過程で増幅していた。その最大の契機は、源氏三代の鎌倉殿や、源実朝の死後に鎌倉殿に准じた北条政子ら[40]、鎌倉殿家の家父長（の代行者）たる意思と正統性（血統や配偶・母子関係）を兼備した主導者の全滅と見られる。この全滅で、草創期から⊥型組織であった幕府（本書第五章）は、鎌倉殿を真に形式的な主君としてのみ戴く、純粋な御家人（傍輩）連合、いわば御家人の一揆型組織へと移行した。

かかる移行を端的に示すのが、政子の没した嘉禄元年（一二二五）から六年後の寛喜三年（一二三一）公家新制の三二条[41]に現れた、「仰諸国司幷左近衛権中将藤原頼経朝臣郎従等、殊尋捜、宜令禁遏」という海陸盗賊の追討令である。傍線部を〈頼経とその郎従〉と解する説[42]があるが、「郎従」の前に「幷」「及」等の接続詞がない限り、「郎従」とそれ以前を並置された二つの言葉とは読み難い。字面上、傍線部は一つの言葉（対象）であり、すなわち頼経の「郎従」＝御家人集団こそ、諸国司と並んで諸国守護の勅命を受ける客体（＝幕府）と朝廷が認識したのであって、将軍頼経その人は形式上でさえも諸国守護の主体から外されていると読むべきであろう。泰時が繰り返し呼号した〈御家人皆傍輩〉原則（本書第四章）は、かかる幕府の傍輩連合体（一揆）的性質の純化に対応する現象であり、その中で自ずから、幕府儀礼で唯一、傍輩間の紐帯維持確認機能を持った垸飯の重要性も高まったであろう。垸飯が、「軍営御後見」の執権が傍輩代表として「武家事」を「執行」する体制[43]に不可欠の儀礼ならば、その体制を継承した時頼が、幕府垸飯を重視し、整備・興行するのは当然といえよう。

ただし、垸飯興行の受益者は執権政治（の主宰者たる執権）にとどまらない。時頼は過差禁止令によって垸飯を簡素化し、年始以外の臨時垸飯を原則廃止して、垸飯催行と垸飯役負担を容易にし、催行を確実化した。かかる運営方針からは、〈垸飯は、多く行う必要はないが、年始に必ず行わねばならない〉という主張を導き得る。幕府がある限り必ず反覆催行されねばならないなら、年始垸飯は幕府の存在と一体と解すべきであり、それは一揆的な傍輩連合体という幕府の建前を維持・表明できる儀礼が垸飯以外に存在しなかったことの、必然的帰結である。垸飯の衰退は、幕府の最も基底にある自己規定《アイデンティティ》の維持確認行為の衰退と同義であり、その防止を図った時頼の改革は、幕府自体の維持を究極の目的としたと解される。

垸飯の右性質は、後になるとさらに明瞭に主張される。弘安七年（一二八四）、執権時宗の死後約一ヶ月後に成立した新式目[44]は、幕府礼制史上、特筆すべき特色を持つ。第一に、三二条（追加法五二二条）に「御評定初、（正月）五日、直垂・折烏帽子」、三三条（同五二三条）に「御的、（正月）七日、直垂・立烏帽子」と見え、評定始・的始等の主要年始行事の式日・装束を法に明記し固定した点。過差禁制等を除いて、幕府儀礼の規則が成文法化されたのは初めてである。一般に前近代社会では法・礼という社会規範の二本柱が独立的に存在したが[45]、安達泰盛主導の幕府が礼を包括的に法の管理下に置くと宣言した点で、新式目は画期的であった。

新式目が通常の追加法の体裁を持たず、本来は諮問に対する答申状であったという佐々木文昭の指摘は、礼に対するこの特異な立ち位置と無関係ではあるまい。佐々木は現在伝わる新式目が制定法として公布されず、改変して別途、関東新制一九ヶ条が発布されたと推測した(46)。右の年中行事関係の条々が、発布された関東新制にいかなる形で含まれたか（そもそも含まれたか否かも）定かでないが、『近衛家本式目追加条々』以下数種の追加法集に収載された以上、概ねこの内容が法として布達されたと理解されてきたことは間違いない。

新式目成立の一一年後の『永仁三年《（一二九五）》記』には、正月一日条に「太守《（北条貞時）》御垸飯如例」、二日条に「奥州《（大仏）》寅《（宣）》時垸飯如例」、三日条に「武州時村《（北条）》垸飯如例」、五日条に「御評定始」、一四日条に「御的、太守無御出仕」と見える。的始の日は新式目と一致しないが、垸飯の日程（後述）と評定始の日程が新式目と一致する。新式目の儀礼関係条規は、少なくとも一部が、実際に法として幕府の行動を規制したと見てよい。

第二に、「御行始・御方違之外、人々許入御、可有猶予事」という一四条（追加法五〇四条）の、年始御行始と方違以外の将軍御行制限をはじめとして、二一条（同五一一条）で端的に謳われる「可被行倹約事」という基調が、新式目全体を貫いている。新式目成立は弘安の役の三年後なので、かかる過差抑制の徹底の主眼は、二度の元寇で極端に疲弊し、かつ三度目の襲来への備えで戦時態勢を強いられ続ける御家人の負担軽減だろう。

かかる基調を持つ新式目の三一条（同五二一条）に、「垸飯、三日之外、可被止事」と垸飯関係の規定がある。続く前掲三二条・三三条の文体・内容（年始の評定始・的始の式日の規定）と対比すると、当該条は年始垸飯の式日を正月三日の一度だけと定めたように見えるが、垸飯が幕府草創期以来、年始（元日）にまず行われる儀礼であったことを考慮すると、年に一度だけに絞るならば元日に絞るはずで、正月三日に絞るのは不自然である。当該条は垸飯を元三の三日間に絞り、他の一切の垸飯を制限したものと解すべきだろう。その主眼は、新式目全体の基調も踏まえるに、幕府の制度化された過差というべき垸飯の回数を極限まで減らし、垸飯役という御家人の負荷を最小化することにあったに違いない。

しかしより注目したいのは、幕府が元三だけ垸飯を残した事実の方である。垸飯は（元三を一連と見なせば）年に一度、しかも年初に必ず行わねばならない過差であった。中期以降の鎌倉幕府、特に時頼政権が幕府維持のために貫いた過差抑制基調に反して残されようとした以上、年一度の垸飯は幕府の維持に必要な過差と位置づけられたと考えられる。

これには類例がある。過差抑制を全体の基調とする弘長元年（一二六一）二月二〇日（三）関東新制（同法の過差関係条文は、泰時期の延応年間に遡る歴代の過差禁令の集大成と指摘されている）[47]の二八条[48]に「一　物具事／上下諸人、蒔絵金銀剣刀幷鞍豹虎皮切付、及銀鐙轡、可停止之、於流鏑馬者、非制限」と見え、高級素材の装具を禁ずる倹約令において、流鏑馬だけが例外的に許可されているのである。幕府行事体系における流鏑馬の意義は別途考察したいが、周知の通り、毎年八月の鶴岡放生会流鏑馬は幕府の最重要行事の一つであり、すなわち垸飯と流鏑馬は、どれだけ幕府・御家人財政が苦しくとも、幕府が幕府であり続ける限り不可欠の過差なのであり、幕府の存在自体を可視的に表現する行為であったと考えられる。

また『太平記』（巻第一八―越前府軍幷金崎後攻事）では、建武三年（一三三六）に越前金崎城で籠城した新田義貞軍の脇屋義治が城中で越年した際の様子が「兵ヲ集メ楯ヲ作セテ、サ程雪ノ降ヌ日ヲ門出ニシテゾ相待ケル、正月七日椀飯事終テ、同十一日雪晴風止テ、天気少シ長閑ナリケレバ、里見伊賀守ヲ大将トシテ、義治五千余人ヲ金崎ノ後攻ノ為ニ敦賀へ被差向」と描写され、鎌倉幕府の滅亡後も、（室町幕府でなく）南朝軍が、籠城戦中に年始垸飯を行っている。ここに、武家社会における年始垸飯の存在意義が、最も凝縮されて顕れていよう。平時の恒常的政権たる鎌倉幕府と、戦時に臨時的に糾合された南朝軍に共通する、最大公約数的な集団的性質は、〈傍輩たる武士の連合〉という一点に尽きる。軍勢催促で糾合された各地方の武士団から成る南北朝期の軍勢は傍輩の集合体にほかならず、それら各軍の大将も、多くの場合は主君ではなく傍輩代表に過ぎない。合戦中の越年で垸飯を行う目的は、新年にもなお自分達が傍輩連合体（友軍）として結束し続ける方針を再確認すること以外に考え難い。

かかる事例を総合しても、中世武家社会の年始垸飯とは、その集団が前年と同じ構成・性質を保つ武士の傍輩連合体であることを、年始に再確認することと結論される。それを年始に行わねばならないのは、社会の構成要素（個人・組織・行為等）の性質が年を越えて存続することが自明でなく、年始に不確定状態に戻され、〈前年通りに継続する〉と宣言せねば継続中とは見なされないと認識されたからだろう（本書補論参照）。中世社会では〝時〟の流れが何らかの理由で区切られると、それ以前の〝時〟が〝今〟から〝過去〟へと位置づけ直されアーカイブされる一方、区切り以降の新たな〝今〟において、社会の構成要素（個人・組織）が何者であるかは、改めて宣言するよう求められた。そして個人・組織を問わず最も明確かつ定期的に〝時〟が区切られるのは、〝時〟の目盛り自体が一つ進む年始である(49)。

弓始（的始）・評定始は〈今年も去年同様、我々は弓馬を扱う／政道を行う〉という宣言であって、幕府は個々の重要行為ごとに継続性を宣言した。御行始もまた将軍出行を幕府の重要行事と見なす故の同類型儀礼だが、「某始」と銘打つ儀礼が某行為をその後行うことを前提とするにもかかわらず、弘安新式目が方違を除く御行始以外の将軍出行を制限した事実は興味深い。通常の将軍出行がないなら御行始は不要なはずだが、それでも行われたのは、将軍が方違のほか、戦争・災害（特に火災）等の不慮・火急の理由で出行する可能性に備えたもので、新式目当該条の主眼は不要不急の遊興的出行の制限なのであろう。

かかる幕府の「某始」は個々の行為の継続性に属する問題だが、垸飯がそれらすべてに先んじて当年最初の行事として行われたならば、それは同年の幕府のすべての出発点となる行為、すなわち右の諸行為を行う主体＝幕府自体の継続性に属する問題と解されよう。武士の年始垸飯とは、〈この集団は今年も去年と同じ武士の傍輩連合体である〉という継続性を、自己・社会の双方に対して宣言する一種の再想起行為《リマインダー》であり、毎年繰り返されるその儀礼の連鎖として、幕府の継続性が担保・表現されたと考えられる。

以上の如く考える場合、興味深いのは朝廷との相違である。建久七年（一一九六）ヵ摂関家政所下文御教書目録(50)に「一枚建久六年　被停止元三侍垸飯　宮内大輔御教書」とあることは、摂関家でも鎌倉最初期までに元三の「侍垸飯」が成立し、幕府に類似した垸飯慣行が存在した事実を伝える。しかし同時に、摂関家において「侍垸飯」が摂関自身の命令で「停止」され得る程度の重要性しか与えられていなかったことが重要である。朝廷では治承二年（一一七八）新制の「五節櫛棚金銀風流幷滝口送物過差」停止令を皮切りに、院政期末〜鎌倉期を通じてたびたび過差禁止令が出され、特に建久二年新制は長大な条々で、極めて具体的に過差禁止を定め、本格的な制禁に取り組んだ(51)。摂関家の垸飯停止もその趨勢の一部と解され、文永一〇年（一二七三）九月二七日亀山天皇宣旨（弘安新制）一六条(52)では「可停止元三御薬陪膳典侍・台盤所垸飯過差事／此事雖納其費無益、早先素倹、可停美麗」と、美麗な垸飯は「無益」の過差と断ぜられるに至った。

垸飯は必ず過差であり、それは幕府にあっても変わらないが、幕府がこれを不可欠としたのは、繰り返しになるが、垸飯が傍輩の紐帯確認儀礼であり、かつ幕府という組織の核心が傍輩の連合体だと強く自覚されたためと考えられる。これに対して、朝廷は少なくとも律令制導入以降、組織の核心が傍輩の連合体であったことがなく、特に院政〜鎌倉期には治天（王家家父長として父権を握る元／現天皇）が十分な主体性をもって君臨する、実際上にも君臣関係を核心とするピラミッド型組織であった。かかる組織においては、垸飯は組織の外形・本質・存続と一切関係がない、一部構成員の局所的な紐帯確認儀礼に過ぎないため、公家社会の諸慣行が〝不可欠〟と〝無益〟に仕分けされる時、〝無益〟側に分類されたのではないか。

## Ⅱ　親王将軍の実現に伴う代始垸飯の創始

ところで、定期的な暦の運行とは別に、個人に即してはライフステージや位階官職・幕府職位等の更新によって、元服（初冠）・直衣始・出仕始等の「某始」式儀礼が行われる。これらの臨時的な状態更新に相当する最大の幕府の出来事は、鎌倉殿の交代である。

〔史料9〕建長四年（一二五二）四月一日条

（前略）寅一点、親王自関本宿御出、未一剋、着御固瀬宿、御迎人々参会此所、……次随兵二行、（交名略）……路次、自稲村崎、経由比浜鳥居西、到下々馬橋、暫扣御輿、前後供奉人各下馬、中下馬橋東行、経小町口、入御相州（執権時頼）御亭、于時申一点也、奥州（連署重時）・相州・前右馬権頭政村・甲斐前司泰秀・出羽前司行義・下野前司泰綱・秋田城介義景等、予候庭上、御輿入南門寄寝殿、土御門宰相中将被候之、其後有垸飯之儀、奥州沙汰給、先出羽前司行義申時刻、次親王出御南面、両国司被候廊切妻地下、座敷皮、相公羽林参進、上御簾三箇間、御座間并東西、次前右馬権頭政村持参御剣、入南門経庭上、昇自寝殿沓脱、置御座之傍、帰着本座、次御弓、張之、前陸奥左近大夫将監長時、次御行縢沓、後藤佐渡前司基綱、次御馬、置鞍、

一御馬（以下五御馬まで曳手交名略）

亦砂金百両、南庭（廷）十、羽一箱被奉之、此外兼被納御塗籠物等、美精好絹五十疋、美絹二百疋、帖絹二百疋、紺絹二百端、紫五十端、糸千両、綿二千両、檀紙三百帖、厚紙二百帖、中紙千帖、次被納御厨子中物、砂金百両、南庭十両、次御服二重織物、御狩衣萌黄、二御衣白御単、二重織物御奴袴、濃下袴、御直垂十具、織物村濃布五具、御小袖十具、御大口一、唐織物御衣一領、御明衣一、今木一、次女房三人分、上﨟二人、一人別巻絹十疋、帖絹十疋、紫十、染物十、色々、下﨟巻絹十疋、紫十、染物十、色々、等也、各被置休所云々、

建長四年四月、幕府は新鎌倉殿宗尊を鎌倉に迎えると、盛大な垸飯を開催した。明らかに代始を契機とするこ

の垸飯（以下〝代始垸飯〟）には、以下の特色を指摘し得る。

第一に、右の行事次第を通覧すると、「垸飯之儀」といいながら、垸飯の献上・共食が一切記されず、主に宗尊への進物奉呈の記事で埋め尽くされている。右史料は宗尊の代始垸飯の豪奢さを伝えるが、実は豪奢なのは進物の方であって、垸飯の酒食自体ではない。『吾妻鏡』編纂者の関心がかくも進物に偏る以上、宗尊擁立時ならではの垸飯の特色は、これら進物で表現されていた（と『吾妻鏡』編纂者が理解した）ことになろう。

そこで第二の特色として、剣・弓（矢も含まれよう）・行縢・馬という頼朝期以来の垸飯で必ず奉呈された品目に加えて、莫大な量の砂金・銀（南廷）・絹・糸・綿・紙・衣服類の奉呈という、『吾妻鏡』に類例がない進物の内訳が挙げられる。

進物の質の高さ・量の多さは、一般的には贈る側の、贈られる側に対する歓迎の意思の強さに比例し、それはすなわち、相手を重要視する度合いに比例しよう。例のない質・量の進物は、〈前例がないほど宗尊を重要視している〉という幕府の意思表示と見なしてよい。

その重要性は、最も直接的には親王という身位が持つ特筆すべき身分的重要性に根差していよう。それは宗尊自身への敬意表現であったと同時に、〈幕府は今からこれだけの貴人を推戴するのだ〉ということを御家人万般の共通認識としたい、というメッセージと解されよう（幕閣が「此君仙洞御鍾愛之一宮也……非武家眉目乎」と認識したことは前述）。

上述の如き質・量の進物は、時頼政権（を含む執権・得宗政治）が連呼した過差禁止令の精神と、全く相容れない。この矛盾を解くヒントは、宗尊の鎌倉下着三日後、将軍襲職後初度の弓始に関する、ある陰陽師の「御的始毎年式也、是初度之儀、難被准恒例」（毎年恒例の年始的始とは同列視し難い）という表明（建長四年四月四日条）に求められよう。〈同じ「某始」式行事でも、平常時に定期的に繰り返されるものより、突発的な将軍交替に伴う一代一度の希少な〝将軍襲職後初度〟のものが、儀礼として格段に重要〉という論理である。かかる論理が存在したならば、〈毎年繰り返される年始垸飯より、一度限りの代始垸飯は格段に重要〉という認識が存在したことも、容易に推察できる。かかる重要性が、過差抑制基調の中で例外的な、代始垸飯の桁外れの過差を許容したのであろう。

時頼はまた、建長六年一二月二三日条で「評定衆幷可然大名外之輩者、云出仕、云私出行、不可具騎馬共人、凡非晴儀者、僮僕之員可減定之旨、普可相触之由、所被仰付侍所司等也」とも定めた。「晴の儀でなければ僮僕〈出行時の随従者〉の数を減らすように」という時頼の指令は、「晴の儀では必ずしも減らす必要はない」という言明に等しい。通常の出仕や私的な出行での随従者を極限まで絞らせ倹約させることと、晴の儀における過差の対比が明瞭である。右を総合すれば、時頼政権は〈特別重要な儀礼で極限まで過差を尽くすため、普段は極限まで過差を抑制し財力を温存せよ〉という、日常的倹約と重要儀礼過差化の抑揚を徹底管理する基本方針を有した、と総括できよう。

では、宗尊到着時の桁外れに豪奢な垸飯の催行理由は、親王の圧倒的尊貴性だけで説明できるか。もし、源氏・摂家将軍の襲職時にも定例的に行われた垸飯が、親王将軍の登場でより豪奢になったのなら、問題を親王の尊貴性に帰してよかろう。しかし実は、宗尊以前の鎌倉殿の代替わりでは、垸飯が行われた形跡がない。同じ時頼政権期の頼嗣嗣立時には行われなかったことを踏まえれば、鎌倉殿交替時の代始垸飯の創始は、明らかに親王将軍嗣立という、幕府史上初めての事態に対応した事業ということになる。

しかし、垸飯と親王の身位が密接な関係にあった形跡はなく、親王の登場自体は新たな垸飯儀礼が登場する理由にならない。とすれば、宗尊擁立・後見と垸飯運営の双方に一貫する執権時頼の積極性を考慮するに、〈執権時頼主導下の幕府が親王を主君に迎えること〉がそのトリガーと考えられよう。では、執権時頼にとって親王将軍擁立は何を意味したか。

顧みれば、摂家将軍は幕府が本来望んだ体制ではなく、源実朝没後に北条政子が主導し宿老御家人の協賛を得た親王将軍擁立路線が、後鳥羽上皇に「イカニ将来ニコノ日本国二ニ分ル事ヲバシヲカンゾ」と一蹴されて頓挫したため、やむなく成立した妥協的体制であった（建保七年（一二一九）二月一三日条、『愚管抄』巻第六）。しかも、結果的に立った藤原頼経は反得宗の求心点となり、寛元の政変で頼経は追放、背後の父九条道家も失脚し、宝治合戦で与党三浦氏・千葉氏らが壊滅的打撃を受け、建長三年末の陰謀事件で頼嗣も追放せざるを得なくなった。親王将軍擁立は、かかる摂家将軍体制の挫折を承けてようやく実現した。

その親王将軍擁立は、坂井孝一が指摘したように、後嗣に恵まれない実朝の生前から構想された可能性が高く、[53]さらに遡って、頼朝の息女大姫の入内運動の際に既に構想されていた可能性がある。佐藤進一によれば、もし大姫入内の目的が通説的な〈頼朝が天皇の外戚になること〉であったなら、自身の娘を後鳥羽後宮に入内させて天皇の外戚たらんと狙っていた源通親が賛同したはずがなく、したがって頼朝の狙いは所生の皇子を関東の主君に迎える点にあったという。[54]これより説得的に大姫入内計画の眼目を説明した先学は、管見に入らない。

してみれば、執権政治にとっての親王将軍擁立とは、執権政治の始動時から既に最適解だと結論されながら、三三年間も実現を妨げられてきた、執権政治の基本構想の一部なのであり、その実現は、早ければ頼朝が構想し、遅くとも初期執権政治が構想した幕府の形式的完成にほかならない。とすれば、二重選抜方式をはじめとしてすべて宗尊嗣立に直結する幕府垸飯の完成とは、〈執権政治を基礎に置く〉幕府完成の儀礼的表現であったと結論できよう。

史料9に立ち返れば、四月一日に固瀬宿（鎌倉の西の境界付近）で宗尊が御家人に迎えられて合流し、鎌倉の時頼亭に入ると、既に主要な幕閣以下が時頼亭の庭上に待機しており、そのまま垸飯が始まったことが注意される。

鎌倉に入った宗尊が何よりも先に行った事業は、垸飯であった。

何よりも先に行われる儀礼は、通常、何よりも大切なものを表現する儀礼である[55]。そして、新たな鎌倉殿が鎌倉入りに伴って垸飯を行った先例は、一つしかない。麾下の東国勢が頼朝を「鎌倉主」に推戴すると内外に宣言した鎌倉新造亭移徙の儀の八日後、治承四年（一一八〇）一二月二〇日に行われた幕府最初の垸飯である。幕府垸飯は、鎌倉殿の成立＝幕府の出発を含意する形で始まり[56]、宗尊代始垸飯は明らかにその記憶のトレースを目論んでいる。かかる先例（幕府の出発）と比肩すべきもの（いわば再出発）と位置づけられた点からも、やはり宗尊代始垸飯は〈幕府の完成〉を含意・表現したと見なされよう。

ただし、完成・再出発とは、換言すれば新儀にほかならず、それが幕府の継続性・一貫性に対する不安を全く誘発しなかったとは考え難い。しかし、垸飯は従来、改まった更新宣言を要する年始のたびに定期的に実践され、〈これまで通り存続する〉という幕府の継続性・一貫性を保証してきた。かかる垸飯の実績には、右の不安を解消する機能を期待し得ただろう。それを踏まえると、宗尊代始垸飯には、新段階移行と継続性が両立した幕府の完成、すなわち〈この組織は、（執権政治の）本来あるべき姿として完成し、再出発するが、御家人の立ち位置は従来通り変わらない〉というメッセージが籠められていたと結論される。

## 結　論

宗尊嗣立は、執権政治が始動時から構想しながら棚上げされてきた親王将軍擁立の実現、すなわち執権政治（に基づく幕府）の理想型の完成という意味での、幕府の再出発であった。幕府礼制においてその影響は、垸飯の催行契機と運営手法の整理再編という形で現れ、それらは二つの側面から進行した。一つは、右の幕府再出発を儀礼的に表現する自己表現行為として。いま一つは、その実効性を支えるべき幕府儀礼の遂行状況の正常化として。

宗尊嗣立はその直後から御家人の経済的困窮を加速させ、将軍出行供奉等の所役を遁避する傾向の激化を招いた。この運営状況を正常化して確実・迅速に幕府儀礼の担い手を確保すべく、垸飯参加者から将軍出行（主に御行始）供奉人を選抜する二重選抜方式が創出され、供奉人勤仕が可能な御家人を身柄・理非の両面から捕捉して高い成果を挙げた。その過程で作成される垸飯参加者の交名（垸飯着到）は、幕府が入手可能な、鎌倉で実働可能な御家人の最新のリストであり、儀礼が行政に直接貢献した珍しい事例と評価できる。

時頼はまた、元来多様な機会に汎用的な表謝手段とされた垸飯を、唯一の例外を除いて完全に年始行事へと一本化した。過差として負荷の高い垸飯の催行を最低限に制限し、地頭御家人役（垸飯役）で経費を分担する御家人の負荷を軽減したのである。この完全な年始行事化は同時に、その倹約基調にあってもなお廃止されない年始垸飯の重要性を浮き彫りにした。後の元寇後の厳しい倹約政策下においてさえ元三のみ垸飯催行が堅持されたように、年始垸飯は幕府がある限り果たすべき不可欠の過差と位置づけられた。それは、一種の一揆である〈傍輩（御家人）連合〉という組織の特質を唯一宣言できる儀礼が垸飯であり、そして中世人の思考様式上、個人・組織の社会的属性が再宣言されるべき〝時〟の区切り目とされた年始に、幕府が前年同様に右特質を保って存続するという再宣言が必要とされたから、と考えられる。組織の存在自体と基本構造を再宣言する幕府垸飯は、幕府の自己規定《アイデンティティ》と直結した儀礼であり、完全な年始行事化によって、その性質は最大まで純化されたといえよう。

しかも時頼は、右性質を最大限活用して一つの臨時的な垸飯を創出した。宗尊の鎌倉到着時に、あらゆる儀礼・行事に先んじて行った代始垸飯である。かつて頼朝が鎌倉を本拠と定めた新造亭移徙の儀と同時に初めて垸飯が行われ、幕府の出発を表明する機能を担った故事と、その後の定例的な年始垸飯が幕府の継続性・一貫性を保証してきた実績の双方を踏まえて、親王将軍を戴く幕府の新段階（完成・再出発）と、それにもかかわらず保証される従来通りの幕府の継続性・一貫性を、時頼は代始垸飯で同時に表現したと考えられる。

幕府の新段階は、前述の二重選抜方式における供奉人選定手続きでも強調された。宗尊の自主性（将軍近習の優遇をも含む完全な選定権）を尊重することで、〈執権時頼の後見のもと、関東の主君たる強い自覚を伴って、御所・幕府の自主的運営に参画する親王将軍〉という（摂家将軍の執権との悪しき関係を克服した）構図を実践する場となったのである。

通例の年始垸飯よりはるかに強く〈鎌倉殿を戴く〉行為と紐づけられた代始垸飯が、主従関係の形成（厳密には更新）を含意したことは否定し難い。〈主従関係の共有に基づく傍輩関係の維持確認儀礼〉であった垸飯（本書第一章）の歴史上、従来（特に泰時期）は専ら傍線部が強調されてきたが、親王将軍という理想の実現に伴い、時頼期には傍点部の比重が大きく高まるというバランス変動が生じている。

ただし、幕府垸飯は、そのまま主従儀礼への道を歩んだわけではない。年始垸飯は『建治三年記』や『永仁三年記』に見え、『鎌倉年代記』正安元年（一二九九）条に「正月一日、垸飯、庭坐可依位次之由、初被仰出」と座次改定が記録され（前述）、さらに下って正慶元年（一三三二）一二月晦日本庄持長椀飯用途請取状[57]に「請取鎌倉御椀〔垸〕飯用途事／合七百七十七文、有明分者」と見える垸飯用途は明らかに翌正慶二年（元弘三年）の年始垸飯の用途であった。すなわち、幕府滅亡のその年まで、年始垸飯は継続した。史料は乏しいが、時頼期以後も、従来の年始垸飯からの大きな逸脱は認められない。むしろ鎌倉幕府滅亡後も、合戦中に傍輩連合軍であることの再確認として年始垸飯が行われたらしいことから見て、鎌倉幕府は武士文化一般の中に、傍輩関係の維持確認を中核とする本来的な垸飯の儀礼的意義を刻み込んだと結論される。宗尊の代始垸飯は、主従関係と垸飯の関係が一時的に強く脚光を浴びた突発的事象と捉えた方がよさそうである。

宗尊以後の各親王将軍＝惟康・久明・守邦のうち、代始垸飯が確認できるのは久明のみで、『増鏡』（下―一一―

さしぐし）に「御子は十月三日（正応二年）御元服し給ふ、久明の親王ときこゆ……同廿五日、鎌倉へ著かせ給にも、御関迎へとて、ゆゝしき武士どもうちつれてまいる……三日が程は椀飯といふ事、又馬御覧、なにくれといかめしきことども、鎌倉うちのけいめい也」と見えて、鎌倉到着に伴う「関迎へ」と垸飯が確認される。鎌倉で生まれた惟康・守邦の代始に垸飯が確認できないことが史料残存の偶然性によらないと見てよければ、代始垸飯は親王将軍の代始一般の儀礼として定着せず、あくまでも親王将軍の鎌倉入りに限定して紐づけられた儀礼として位置づけられ続けたことになる（鎌倉到着後三日間の垸飯は、宗尊の先例の踏襲である）。それは、幕府最初の垸飯が、頼朝の鎌倉入り（新亭移徙）を契機としたという原点に照らせば、当然あるべき態様といえよう。

本章初出時には述べなかったが、このことは、逆に捉えると重要な結論を導き得る。鎌倉入りに伴う垸飯三例のうち、宗尊・久明の事例は代始を含意したことが疑いない。ならば、その原点たる先例として参照された頼朝の鎌倉入りに伴う垸飯もまた、代始垸飯であったと推定してよい。頼朝期における代始とは鎌倉幕府創立にほかならないのだから、これで治承四年（一一八〇）一二月の頼朝の鎌倉入りに伴う垸飯が鎌倉幕府創立宣言であったことが証明できたことになる。本書再録にあたって、これを強調しておきたい。

なお、久明擁立については、それがなされた平頼綱政権に特有の事情を考慮すべきであり、今はそれに踏み込む余裕がないが、宗尊・惟康の血を引かない久明の擁立が将軍の血統交替（父院後深草率いる持明院統への急接近）であったことは確かで、将軍・幕府の大きな再出発として宗尊擁立に比肩するのも無理ではない。惟康期以降は得宗とその与党（安達氏や御内人）の幕政専断が急速に顕著化し、政治体制や権力構造が変わってしまうため、いわゆる得宗専制と幕府儀礼の関係という枠組みの中で、別途考察せねばならない。その全貌は後日を期せざるを得ないが、鎌倉後期・末期における幕府儀礼の態様・変容が、得宗専制体制下における幕府のいかなる組織的態様を意味するかについては、一定度の結論を導き出し得るので、次の第三部において改めて論じよう。

（1）二木謙一「室町幕府歳首の御成と垸飯」（『中世武家儀礼の研究』、吉川弘文館、一九八五、初出一九七二、一七頁）は、東国の有力豪族出身の武士団が「頼朝との主従関係を緊密にする意味をこめて」垸飯を幕府に持ち込んだと推測し（二木は同趣旨を「おうばん（垸飯・埦飯・椀飯）」〔『國學院大學日本文化研究所紀要』二二、一九六八〕でも既に主張）、八幡義信「鎌倉幕府垸飯献儀の史的意義」（『政治経済史学』八五、一九七三、二六頁）もこれを踏襲しつつ、後に時頼政権が「御家人統制の手段」に用いたとした（二七頁）。また、幕府垸飯の諸役奉仕者（特に沙汰人）の変遷を跡づけ、（主に北条氏得宗家の）実際の政治権力の所在を反映する指標と見なした研究に、村井章介「執権政治の変質」（『中世の国家と在地社会』、校倉書房、二〇〇五、初出一九八四）、永井晋「鎌倉幕府垸飯の成立と展開」（小川信先生の古希記念論集を刊行する会編『日本中世政治社会の研究』、続群書類従完成会、一九九一）があり、通説化している。

ただし、総じて右諸説では、鎌倉幕府垸飯を主従関係確認儀礼と信ずるべき明証を欠き、垸飯沙汰人勤仕がいかなる仕組みで権力の所在を反映し得るのかも説明されない。明白な反例（元日垸飯沙汰人を勤めた建久五～六年の足利義兼や、建保元年の大江広元が、当該年の最大の権力者とは考え難い）を考慮しても、通説的理解には従い難い。なお近年、滑川敦子「鎌倉幕府における正月行事の成立と発展」（上横手雅敬編『鎌倉時代の権力と制度』、思文閣出版、二〇〇八）が右通説に拠り、政治史から演繹的に幕府垸飯に言及している。

（2）石田祐一「放生会と弓始の記事について」（『中世の窓』八、一九六一）。

（3）五味克夫「鎌倉幕府の番衆と供奉人について」（『鹿児島大学文科報告』七〈史学編第四集〉、一九五八）一九頁。

（4）海老名尚・福田豊彦「『田中穣氏旧蔵典籍古文書』「六条八幡宮造営注文」について」（『国立歴史民俗博物館研究報告』四五、一九九二）三五六頁以下所載。

（5）秋山哲雄「都市鎌倉の東国御家人」（『北条氏権力と都市鎌倉』、吉川弘文館、二〇〇六、初出二〇〇五）八九・一〇一・一〇九頁。

（6）盛本昌広「鎌倉幕府垸飯の負担構造」（『地方史研究』二五五、一九九五）八頁。

（7）弘長元年《（一二六一）》二月三〇日関東御教書（『新編追加』、(鎌)一二―八六二九。追加法〈佐藤進一・池内義資編『中世法制史料集第一巻　鎌倉幕府法』（岩波書店、一九五五）に拠る〉四〇〇条）は、「在京人幷西国守護人・地頭等」に対して垸飯役

の百姓転嫁を禁じ、同年四月二日付で少弐資能が九州諸国の地頭に施行している（「肥前青方文書」、鎌一二―八六四二）。すなわち、在京人や九州を含む西国地頭は垸飯役負担義務を有したが、彼らが鎌倉の年始垸飯に参加できないことは明らかで、負担者と参加者が合致しない。

（8）前掲注(6)に同じ。

（9）御家人の鎌倉参府を含む武士の交通の全体像については、新城常三『鎌倉時代の交通』（吉川弘文館、一九六七）七三頁以下「武士の往還」をも参照。

（10）建長六年閏五月一五日西心書状（『千葉県の歴史　資料編　中世2（県内文書1）』中山法華経寺文書Ⅰ（「秘書要文」紙背文書）二四号。鎌一一―七七五八は「さいしむ書状」）。差出「さいしむ」に「西心」を宛てる根拠も含め、石井進「日蓮自筆聖教類紙背文書と『鎌倉遺文』」（『鎌倉遺文研究』二、一九九八）一三～四頁に本文書・関連文書の考察がある。

（11）前掲注(5)秋山論考一一二頁。

（12）幕府垸飯行事が、垸飯を献じられた鎌倉殿が垸飯を食する行事でなく、御所の庭に列座する御家人に垸飯を振る舞う行事であったことについては、本書第一章・第四章参照。

（13）前掲注(6)盛本論考二頁以下。詳細は本書第五章でも論じた通り。

（14）御家人が列座する垸飯の庭儀の参加者の装束が狩衣であったことは、宝治二年（一二四八）正月一五日条の「御弓始也、射手十人、二五度射之、各立烏帽子水干葛袴如恒、而伊東次郎左衛門尉者着布衣、是起於垸飯座、依従所役也」、正元二年（一二六〇）正月一日条の「垸飯、相州禅室御沙汰、両国司幷評定衆以下人々着布衣出仕、列候庭上之儀如恒」という記事に明らか。

（15）桃崎有一郎「昇進拝賀考」（『古代文化』五八―Ⅲ、二〇〇六）一三四頁をも参照。

（16）このため、御行始供奉人のうち城九郎長景・美作左近蔵人宗教・周防三郎左衛門尉忠景の三人は、垸飯参加者中に含まれるか否か確証を得ない。

（17）右と同じく、和泉三郎左衛門尉行章・土肥四郎左衛門尉実綱・出羽三郎兵衛尉行藤の三名は、一方に見えるが他方に該当者を同定し難い。

（18）川添昭二「北条時宗の研究」（『松浦党研究』五、一九八二、第二章初出一九八〇）二八頁、同『北条時宗』（吉川弘文館、二〇〇一）一〇頁・三六頁以下・五三頁以下・五九頁。

(19) 前掲注(18)川添論考二七頁、前掲注(18)川添著書五二頁以下、小川剛生「宗尊親王和歌の一特質」（『和歌文学研究』六八、一九九四）四五頁等。宗尊と和歌を取り巻く歴史的環境については樋口芳麻呂「宗尊親王の和歌」（『文学』三六―六、一九六八）、小川剛生『武士はなぜ歌を詠むか』（角川学芸出版、二〇〇八）をも参照。

(20) 筧雅博『日本の歴史10 蒙古襲来と徳政令』（講談社、二〇〇一）三八頁。

(21) 前掲注(18)川添著書三七頁。

(22) 前掲注(18)川添論考二二・二八・三〇頁。

(23) 竹ヶ原康弘「鎌倉幕府における御家人の所役拒否」（『鎌倉殿祭祀の歴史的研究―鎌倉幕府の将軍と家政―』、和泉書院、二〇二二、初出二〇一四）二一五頁以下。本章初出時に筆者は、主題を同じくする先行研究として一年早く発表された当該論文を見落とすミスを犯した。本章の論旨に重大な影響を与えなかったが、再録にあたって踏まえ直しておきたい。

(24) 細川重男『鎌倉幕府の滅亡』（吉川弘文館、二〇一一）四五頁。池田瞳「北条時宗・金沢実時期の小侍所」（阿部猛編『中世政治史の研究』、日本史史料研究会、二〇一〇）一四九頁以下も、宗尊の擁立者は誰かという問いの当然の論理的帰結として同趣旨を指摘する。

(25) 前掲注(1)八幡論考二七頁。

(26) 『斎藤親基日記』文正元年（一四六六）一〇月一三日条に、「大嘗会面付并錦綾代沙汰分」として諸大名が「面付一国百貫文」を各自供出する形で、大嘗会用途を調達したと見える。管領畠山政長以下の複数国守護は一国あたり一〇〇貫文、細川勝久・土岐成頼・佐々木亀寿・武田信賢ら一国守護は万疋（一〇〇貫文）、細川常泰・同常有・同成春・赤松政則ら半国守護が五〇〇〇疋（五〇貫文）と、守護管国一国あたり一〇〇貫文という単純な賦課率が貫かれている。『康富記』文安元年（一四四四）七月一二日条に幕府からの彗星祈禱用途拠出に関して「是諸大名面付不課国別、可被致沙汰之由、自管領被申沙汰云々」とも見え、室町期には守護職一国分ごとに賦課されたが、南北朝期には、足利基氏の一三回忌や同直義三三回忌の仏事料足のうち三貫文を「為面付、来月中可致其沙汰」と命じた足利氏満御教書がある（『後鑑』所引『諸家文書纂』の別府尾張太郎宛永和四年（一三七八）九月五日御教書・永徳三年（一三八三）三月二六日御教書）。大名で一〇〇貫文単位、地頭御家人一般で一貫文単位というのきりのよい金額は、「面付」が公田等に段別何文と賦課するのではなく、対象者各人に人別何貫文と賦課する、一種の人頭税であったことを意味し、それは「面付」の字面上の字義と照応する。すなわち「面付」公事とは、人頭税として課される御家人役の臨時役（賦課契機・使途は毎回異なろう）である。

（27）高橋典幸「御家人役「某跡」賦課方式に関する一考察」（『鎌倉遺文研究』七、二〇〇一）。

（28）文暦二年（一二三五）閏六月五日関東御教書案（「摂津多田院文書」、㊞七‐四七七六）、七海雅人「鎌倉幕府御家人制の展開過程」（『鎌倉幕府御家人制の展開』、吉川弘文館、二〇〇一、初出一九九九）二七五頁。

（29）盛本昌広「関東御公事賦課と小侍所」（『千葉県史研究』一〇、二〇〇二）六頁。

（30）嘉禄二年（一二二六）元日・嘉禎二年（一二三六）八月四日条等。「垸飯、相州禅室（執権長時・連署政村）御沙汰、両国司以下着布衣出仕、先候東西侍、次申出御時剋之後、相分于庭上東西着座」という文応二年（一二六一）元日条が端的。

（31）前掲注（29）盛本論考七頁。

（32）網羅的調査を行っていないが、例えば文応二年元日条の交名のうち、前年元日条より五位・六位の明証が得られる人々は、五位が前半、六位が後半に整然と分かれる。

（33）前掲注（29）盛本論考五頁。

（34）前掲注（29）盛本論考七頁。『鎌倉年代記裏書』同年元日条に「垸飯庭坐可依位次之由初被仰出」とある。

（35）残る四例は、建保元年（一二一三）一二月二一日条（垸飯への粗略品供出禁止令）、建長三年六月五日条（個人的垸飯等の過差禁止令）、文応元年一二月二九日条（翌元日垸飯の席次準備）、弘長元年二月二〇日条（垸飯役百姓転嫁禁止令）。

（36）『吾妻鏡』建長三年六月五日条に「有評定、此事毎度、日来有盃酒垸飯等之儲、又当炎暑之節者、召寄富士山之雪、所為備珍物也、彼是以無民庶之煩休被止之」と見える垸飯は、幕府垸飯とは考えられず、御家人間の個人レベルでの日常的な垸飯の存在を伝える。

（37）『式目追加条々』（㊞一一‐八六二八、追加法三六一～二条）、『吾妻鏡』同日条。

（38）前掲注（36）参照。

（39）前掲注（6）盛本論考八頁。

（40）『吾妻鏡』正嘉二年（一二五八）一〇月一二日条、追加法三二一条。

(41) 寛喜三年一一月三日後堀河天皇宣旨（「近衛家文書」、㊖六-四二四〇）。
(42) 高橋典幸「鎌倉幕府論」（『岩波講座日本歴史 第6巻 中世1』、岩波書店、二〇一三）一一二頁。
(43) 『吾妻鏡』貞応三年（一二二四）六月二八日条。詳しくは本書第四章参照。
(44) 「新式目」（㊖二〇-一五一九九）、追加法四九一～五二八条。
(45) 石井進ほか編『中世政治社会思想 上』（岩波書店、一九七二）「解説」（石母田正執筆）、特に六四一頁以下。
(46) 佐々木文昭「弘安七年「新御式目」の歴史的位置」（『中世公武新制の研究』、吉川弘文館、二〇〇八）二二七～八頁、二三一頁以下。
(47) 佐々木文昭「「関東新制」小考」（前掲注(46)著書、初出二〇〇六）一九七～九頁・二〇四頁。
(48) 『式目追加条々』（㊖一二-八六二八）、追加法三六四条。
(49) 時間の区切り目と事始型儀礼の関係の概要については桃崎有一郎「鎌倉幕府の儀礼と年中行事」（本書補論）をも参照。
(50) 「勧修寺本永昌記裏文書」（㊖二-八九二）。
(51) 治承二年七月一八日太政官符（佐藤進一ほか編『中世法制史料集　第六巻　公家法・公家家法・寺社法』〈岩波書店、二〇〇五〉二二条、「壬生新写古文書底本」、『平安遺文』八-三八五二）、建久二年三月二八日後鳥羽天皇宣旨（同五二～八七条〈特に六二～六九条〉、『三代制符』、㊖一-五二六）。
(52) 文永一〇年九月二七日亀山天皇宣旨（同三二三条、『三代制符』、㊖一五-一一四二〇）。
(53) 坂井孝一『源実朝』（講談社、二〇一四）二二八頁以下。
(54) 佐藤進一『日本の中世国家』（岩波書店、二〇〇一、初出一九八三）一〇五頁以下。
(55) 『三代実録』貞観一八年一二月二〇日条に「停仏名懺悔之事、受禅之後、将先行神事也」とあることは、〈神事は何より重要なので、何より先に行う〉という朝廷の儀礼観の明徴である。
(56) 少なくとも幕府自身の歴史認識において、この鎌倉新造亭移徙の儀が幕府の出発宣言と見なされていたことは軽視すべきでない（本書補論・第三章・結章）。
(57) 『徴古墨宝』（㊖四一-三一九四四）。

# 第三部　得宗専制期鎌倉幕府の儀礼

――二系列型組織への帰着――

# 第八章　得宗専制期における鎌倉幕府儀礼と得宗儀礼の基礎的再検討

## 緒　言――問題の所在――

後期鎌倉幕府の得宗専制については、得宗（北条氏嫡流）を、将軍位を窺窬しながら果たせなかった〝簒奪者の権力〟と捉える見解がある。(1) かかるイメージは広く共有されていると見え、儀礼に則しても、得宗が「幕府儀礼の執行主体を将軍から奪取する」意欲を持ちながら、それが困難なため得宗家の儀礼を肥大化させ、「将軍家の家の儀礼との対抗を図った」、あるいは得宗高時が「儀礼の模倣により、将軍を超える権威を身につけようとしていた」と説かれ、(2) 特に反論なく受け入れられているように見受けられる。

しかし、右のイメージは幕府礼制史上、本当に正しいだろうか。得宗が将軍位を窺窬したこと、得宗家儀礼の肥大化がその代替手段であったことは、政治史・礼制史の両面で史料的に実証されたことがなく、また〈AがBの儀礼を模倣する〉ことが〈（Bと同等ならともかく）Bを超える権威をAにもたらす〉ことは、未証明である上、論理的に成立し難い（模倣とは近づけることなので、超越するはずがない）。鎌倉幕府の儀礼論全体と同様、従来の得宗専制期の幕府・得宗儀礼の研究にも、未証明のテーゼに立脚した評価が多い。

当該分野研究におけるこうした弱点の核心は、別稿（本書第一・四・五・六・七章等）で論じた通り、基礎研究の不十分さにある。個々の儀礼の淵源・原形や来歴が曖昧なため、一世紀半に及ぶ鎌倉幕府の歴史において、何がいかに変容し、それが幕府の各段階のいかなる特質を示すかが不明であり、畢竟、鎌倉幕府において儀礼群が有した意義が未だ不透明なのである。

そこで筆者は、右別稿群にて垸飯に着目し、本来の儀礼的意義に対する誤解を出発点として（通説は主従関係を強化する服属儀礼と見なしたが、実は傍輩関係を強化する紐帯確認儀礼）、幕府への流入経路や、幕府における催行形態の変遷、執権政治や親王将軍擁立等の政治体制との関連、関連制度とその変遷の意義等が、全く従来の通説と異なることを論じてきた。

ただ、鎌倉幕府研究で常に直面する課題として、『吾妻鏡』の有無に起因する情報量の差がある。前期幕府の儀礼は『吾妻鏡』から多量の、そして一貫性ある記録を検出可能なので、変遷の追跡と儀礼の全体像の帰納的復元が比較的容易で、議論の土台・柱を組み立てやすい。しかし、『吾妻鏡』を欠く鎌倉後期に即せば、研究素材が少量・断片的で一貫性・網羅性に乏しく、議論の土台となる全体像が欠けている。その全体像を最低限構築するために、本章では、まず鎌倉後期の幕府儀礼、特に将軍儀礼の遂行状況を網羅的に検査し、各儀礼の遂行状況を俯瞰して、議論の土台を作りたい。

また、『吾妻鏡』が終わる文永年間以降は、得宗専制が本格化した時宗期以降にあたる。したがって、得宗を取り巻く儀礼的環境を知った上で、それと幕府・将軍儀礼との関係を解明せねば、鎌倉幕府の儀礼体系の全体が見えない。そこで本章では、歴代得宗の元服に着目し、世代を通じてこれを追跡することを通じて、得宗儀礼と幕府儀礼の関係を明らかにしたい。そして、上述の通念に対する疑問、すなわち〈幕府・得宗儀礼の態様から、得宗の将軍位窺窬や、将軍・得宗の対抗関係を読み取ってよいのか〉といった疑問に対する一定の解答を提示したい（頻出する主要史料・史料集は略号で示し、出典が金沢文庫文書（聖教裏文書含む）である場合は文書群名を略した）。(3)

## 一　得宗専制期の幕府・将軍儀礼

鎌倉幕府の儀礼は恒例行事・臨時行事の二本柱から成り、重要な恒例行事は、八月の鶴岡八幡宮放生会を除くと、大部分が年始の事始儀礼（某始）に集中する。また、臨時行事のうち、将軍が行為主体となる重要行事としては、元服・将軍就任に伴う諸儀礼や、新宅造営・移徙、神社参詣等を挙げ得る。本節ではまず、『吾妻鏡』を欠く惟康期以後について、各行事ごとの遂行状況を確認しよう。

### Ⅰ　恒例行事

#### A　年始鶴岡社参

源頼朝は、挙兵後初めての元日（治承五年（一一八一））に年始鶴岡社参を始めた。以後、実朝期まで概ね元日に行われたが、頼経期以降は（寛喜四年（一二三二）を除き）正月中旬の行事となり、宗尊期の文応二年（一二六一）以降、概ね式日が正月七日に定まった。㊊正応六年（一二九三）正月一〇日条に「宮御社参」、また正中三年（一三二六）〜元徳二年（一三三〇）ヵ正月七日金沢貞顕書状に[4]「御社参於桟敷可有御見物候」と見えて、久明・守邦の社参が確認されるので、幕府滅亡まで催行され続けたと見てよい。

#### B　年始垸飯

得宗専制期以前の垸飯については前章までに詳論したので、適宜参照されたい。

惟康期の元日垸飯は、㊓元日条に「御参宮……還御之後、被行垸飯如例」と見える。また、久明期の年始垸飯は、㊍元日条に「太守（北条貞時）御垸飯如例、／御剣武州（北条時村）、御調度戸部侍郎、御行騰隠州、／御馬以下如例、／次吉書御覧如例、出羽三金持参」、正月二日条に「奥州寅時（大仏宣時）垸飯如例、／御剣典厩、御調度江州、御行騰野州」、三日条に「武州時村垸飯如例、／御剣駿州、御調度常葉備州、御行騰能州」と見える。久明期には正月三が日の垸飯が通例通り（「如例」）、得宗を元日の沙汰人として、定型的進物（剣・調度〔弓箭〕・行騰・馬）の献上を伴う従前の定型を踏襲して行われた。遡って㊌に見える惟康期の事例でも、同様に行われたと見てよかろう。

また、元亨元年(一三二一)頃の年月日欠金沢貞顕書状に[5]「抑昨日垸飯□役事無為候」と見え、守邦期にも年始垸飯が存続し、金沢氏が進物献上役を勤めたと知られる。正慶元年(一三三二)一二月晦日本庄持長椀飯用途請取状に[6]「請取鎌倉御腕〔椀〕飯用途事／合七百七十七文、有明分者」と見える垸飯用途は、日付から見て明らかに翌日の正慶二年(一三三三)（元弘三年）の年始垸飯の用途である。したがって年始垸飯は、幕府滅亡の年まで継続したことが確認される。

得宗専制との関係で注目すべきは、「正月一日、垸飯、庭坐可依位次之由、初被仰出」という㊎裏書正安元年(一二九九)条において、御家人が東西に別れて御所庭上の莚に着する庭儀の座次を、位階順と定める整備がなされたと知られることである。時頼期まで、庭儀の座次は北条氏を筆頭とし、その他の御家人を次位に置き、両群内部を位階順に並べるという、家格を位階に優先させた序列であった（本書第七章）。将軍久明が主体的な政治的意思表示を行った形跡はないので、この整備は執権貞時の意志であろう。とすると、貞時は、北条氏に有利な規準を、あえて捨てたことになる。

翌正安二年一〇月、貞時は越訴奉行（摂津親致・二階堂行藤）を廃して御内人五人に奉行させ（㊎）、裁決権を全く掌握した。かかる独裁化傾向を踏まえると、事態は次のように解されよう。垸飯では、沙汰人を勤める日も含め、得宗は庭儀に列座しない（本書第四章）。したがって、庭儀の座次の改定は得宗自身に影響を与えない。しかし、庭儀に列座する他の北条一門は、御家人一般と同様に位階で処理されるようになり、北条一門という血統的特権を奪われる。したがって、この改定は、北条氏庶流を排除して得宗一門（時頼の子孫）で政権中枢を固めた、貞時の極端な権力集中[7]と軌を一にした可能性が高い。

他方、この改定で得宗御内人は受益者となる。元来御家人でありながら得宗の家人＝将軍陪臣となった御内人[8]

は、家の秩序を貫く限り、御家人一般に劣る。しかし、六位の衛門尉・兵衛尉を多数輩出し、飯沼資宗に至っては五位・検非違使・安房守に昇ったように、当該期の御内人は御家人一般と同等以上の官位を持った。したがって、位階の秩序を最優先させれば、御内人は御家人と比肩し得る。とすれば、右の改定は、一門庶子家に不利で、御内人に有利な秩序を儀礼の場で実現する、得宗家への権力集中の一環と評価可能である。

## C　年始的始

（建）正月一五日条に「御弓、十五度、次御評定始、老」、（永）正月一四日条に「御的、太守無御出仕」と見え、惟康期・久明期における的始の催行と、得宗貞時の出仕が確認できる。

## D　年始評定始

惟康期の評定始は、（建）正月一五日条（前掲C）に確認される。

また、（永）正月五日条は、得宗専制期の「御評定始」の詳細な内実を伝える。すなわち「太守貞時朝臣、奥州宣時（大仏）朝臣、武州時村（北条）」以下計一四名の参仕者を列挙し（右三名は元三垸飯沙汰人と同じ）、「神祇権大副経世朝臣申伊勢国桑名事」「大神宮領武蔵国飯倉御厨事」「備中国福田庄雑掌申地頭非法事」の「三ヶ条沙汰以後、御□（事カ）書上覧、武州・能州持参」とある。

手続きが酷似する建治三年（一二七七）の惟康新宅移徙に伴う「三ヶ条御沙汰」（（建）七月一九日条）と総合するに、案件三件（吉書と同じく、社会通念上まず着手すべき神社関係）を審議し、裁決を記した事書を将軍に持参し、「可施行」という仰せを受けるという、評定始の手順（すなわち評定の骨格）が知られる。これは、『吾妻鏡』建長四年（一二五二）四月一四日条が伝える、宗尊の鎌倉入りに伴う御評定始と全く変わらない。正中三年（一三二六）三月某日金沢貞顕書状[9]に「愚老執権事、去十六日朝、以長崎新兵衛尉（高資）被仰下候之際、面目無極候、当日被始行評定候了、出仕人々（貞顕以下計一二名交名と目録・籤・参否役交名略）……奏事三ヶ条、神事・仏事・□（乃カ）貢事」云々と見える通り、金沢貞顕執権就任に伴う評定始においても、右手続きは「奏事三ヶ条」の名で存続していた。そこでは、奏事の内容が神事・仏事・乃貢の三ヶ条となっており、吉書との類似化が著しい[10]。

また、『吾妻鏡』文永二年（一二六五）正月六日条に「有今日評定、但人々不着布衣、又無盃酌、是非評定始之礼歟」と見えるように、評定始は、右の手順後の「盃酌」も含んだ。右の(永)正月五日条末尾の「次三〔献カ〕候之後、盃飯如例」という記載は、当該形式が得宗専制期も忠実に踏襲されたことを伝える（同条には続けて「次問注所吉書如例」と見え、問注所吉書も儀礼の一部であった可能性がある）。

なお、弓始・評定始の催行日は、(建)では同一の日だが(永)では異なり、同日催行は必然でなかったと思しい（執権政治期以来、同日でない事例は多い）。

### E　年始御行始

(永)正月一〇日条に「将軍入御相州亭、御行始」と、久明の御行始が確認される。(親)に「相州被向山内云々」「将軍入御山内云々」（正応六年二月一八日条・二〇日条）とあるのも、延引した御行始の可能性がある。(建)には所見を得ないが、惟康期も同様と推測してよかろう。御行始で得宗亭に出行するのは、泰時期以来の伝統の踏襲である。

### F　将軍二所詣

二所詣においては将軍が、正月～二月に由比ヶ浜で海水を浴びて潔斎する「御精進」の後、箱根権現・伊豆山権現の二社（に三島社を加えた実質三社）に参詣・奉幣する。催行例は実朝・頼経期に突出し、宗尊・頼朝期が次ぎ、頼嗣はわずか一例、頼家は皆無、惟康以降の将軍も確認できないとされる[11]。しかし、(年)徳治元年（一三〇六）条に「四月廿五日、将軍二所御参詣、御代官長井兵庫頭貞秀」と見え、代官の代参だが久明期まで存続した明徴がある。

## G　鶴岡八幡宮放生会

### a　放生会の催行事例と田楽

惟康期の鶴岡八幡宮放生会は、(建)八月一五日条に「御所出御、随兵已下供奉如例」、一六日条に「出御儀式同前、流鏑馬・競馬以下如例云々」と明徴を得る。また、正応二年の放生会は史料に恵まれる。将軍の参詣、馬場の儀を観覧する将軍の桟敷と得宗以下の祇候、石清水社と同様の法会、「舞楽・田楽・獅子がしら・流鏑馬など」鶴岡特有の諸芸を讃美する『増鏡』(下―一一―さしぐし)の記述や、「将軍御出仕の有様」を田舎なりに「ゆゝしげ」と讃美しつつ、将軍扈従の公卿・殿上人の少なさを「あまりにいやしげにも、ものわびしげにも侍りし」と酷評し、他方で平頼綱の嫡子宗綱(侍所所司)の「関白などの御振舞」と見紛う権勢を記した『とはずがたり』(巻四)の記述は、周知に属しよう。

久明期も徴証が多い。(親)正応五年八月一五日条に「神事無為、将軍無御出云々、御代官左近大夫」、一六日条に「今日神事無為、将軍無御出、但太守(貞時)ノ桟敷へ入御云々」、翌六年八月一六日条に「両日神事無為無為(衍カ)事、相州(貞時)無見物」、永仁二年(一二九四)八月一五日条に「降雨、雖待晴間、終日降雨了、舞童猶於舞台舞云々」、一六日条に「神事無為無事、早旦以周防守為使者、被示云(貞時)、今日固物忌也、然而為見物移桟敷、為祈念同道候者、殊可為本懐也云々」とある。また、(永)八月一三日条に「流鏑馬調、相州(貞時)御出云々」、一五日条に「鶴岡八幡宮舞楽云々、御所御憚之間、無御出」(一〇日条に「青蓮院宮(後嵯峨院皇子慈助法親王)御入滅」で「御所御憚」とある)、一六日条に「放生会、流鏑馬以下儀式如例」と見え、定例通りの励行が知られる。

守邦期の徴証は、(鶴)徳治二年八月一二日条に「放生会竹園(守邦)依遊義門院(父の姉姈子内親王)御事御軽服、無御社参」、(年)正和五年(一三一六)条に「八月、放生会延引、依別当房海僧正入滅也、九月、放生会行之、別当勧修寺前大僧正」、文保元年(一三一七)頃の年月日欠金沢貞顕書状(12)に「流鏑馬以下、毎事無為無事、殊悦入候」、元徳元年九月八日金沢貞顕書状(13)に「放生会者、将軍御重服之間、被付社

家候了、十五日舞童以下、如先々候けり、十六日者、田楽・相撲等計にて候けるよし承候……十三日舞調、深雨之間十四日云々」、(鶴)正中二年八月条に「放生会両日無為、但竹園（守邦）依御軽服御社参無之」とある。

右貞顕書状の傍点部を、頽廃した高時期の田楽・相撲流行の徴証とする説[14]は誤っている。傍線部に注意すれば、鶴岡放生会の馬場の儀で通例行われる奉納技芸群（流鏑馬・競馬・田楽・相撲等）のうち、（恐らく重喪中による将軍不出御の影響で）田楽・相撲以外が略されたことを伝えるに過ぎないことが明らかである。

以上を総合するに、惟康・久明・守邦期を通じて、将軍出御のもと、初日に舞楽（廻廊の儀）を、二日目に流鏑馬・競馬・相撲等（馬場の儀）を行う、頼朝期以来の伝統的な鶴岡放生会の存続が確認される（多くは将軍不出御の記録だが、理由を明記して不出御を特記するのは、出御が当然であった証左で、記載なき年は出御したのであろう）。

### b　馬場の儀と流鏑馬

鶴岡放生会のハイライトは馬場の儀、特に流鏑馬である。流鏑馬は、同じ八幡社でも本社というべき宇佐や石清水には存在しない、鶴岡固有の行事である。その理由や淵源は、幕府という場と密接に関わると予想され、幕府の自己規定に直結する重要問題と考えられるが、その追究は機会を改めて行いたい。

流鏑馬に関わる幕府の恒例行事に、(永)八月一三日条の「流鏑馬調」や貞顕書状の「舞調」がある。『吾妻鏡』文応元年一二月一六日条に見える「明年正月御弓始射手」の「内調」と総合するに、幕府行事の舞手・射手の最終選考・予行演習（相撲でいう内取）にあたる行事と考えられ、(永)八月一三日条に「流鏑馬調、相州（貞時）御出云々」とあるので、貞時期には得宗が臨席・監督したと知られる。(親)正応六年八月一三日条の「舞ソロヒ　ヤフサメソロヒ」もこれらに該当すると見てよく、「調」字は「トトノヘ」ではなく「ソロヒ（ソロヘ）」と訓まれて、「勢揃」等の「揃」と同じ意味で、「内調《うちそろひ》」「流鏑馬調《やぶさめそろひ》」「舞調《まひそろひ》」と呼ばれたのであろう。

鎌倉幕府では寛元二年（一二四四）までに、一対の射手・的立から成る「番」を、有力御家人が丸抱えで調達する流鏑馬役が成立した[15]。負担者全員の名が明らかな史料[16]による限り、北条氏は流鏑馬役を勤めるが（得宗子弟の若年者〔時頼・政村〕や六波羅探題重時）、原則として射手にはならない。北条氏の射手勤仕は嘉禎三年（一二三七）の時頼[17]以外見えず、これは執権泰時が孫に特別に勤仕させた例外であろう。正和五年ヵ九月一七日金沢貞顕書状[18]に「昨日放生会降雨之間、歎存候之処、刻限止雨、無為行候、愚身流鏑□〔馬ヵ〕無子細候之際、喜悦之外、無他事候」とあるのは、貞顕が射手ではなく流鏑馬役を勤めたことを意味しよう。

その原則を踏まえる時、元亨元年頃の八月一六日金沢貞顕書状[19]に「貞匡流鏑□〔馬ヵ〕事、無為無事候之間、喜悦之外、無他事候、御祈念之至、恐悦候、兼又自分も無相違候之際、また〳〵悦入候」と見え、貞顕と子息貞匡が「流鏑馬」を勤めた事実が興味深い。親子で同時に流鏑馬役を担った例は管見に触れず、かつ、流鏑馬役負担者と流鏑馬射手は父子である場合が多い[20]。したがって右史料は、流鏑馬役の貞顕が、子の貞匡を射手に供出した事実を伝えていよう。執権政治期、流鏑馬役の勤仕で他氏の射手を供出[21]してきた北条氏において、北条氏自ら射手を勤めた右事例は、得宗専制期特有の新現象である。

この現象を、政治史的な通説に沿って、北条氏による幕府儀礼の侵蝕と速断することは躊躇される。この点について、本章の初出時には準備不足のため踏み込むのを避けたが、その後に本書第一〇章の基となった論文を著した結果、見通しが立つに至った。金沢貞顕が当事者であることを考慮すると、これは本書第一〇章で詳述するような、貞顕を含むごく小規模な幕閣で幕府を運営していた長崎円喜政権の、固有の苦境を反映していた可能性が高い。すなわち、末期鎌倉幕府において極限まで進行した人材不足のために、幕閣の貞顕自身が流鏑馬役を担わざるを得なくなったばかりか、息子を供出せねば流鏑馬役を果たせないほど、射手の人材が調達困難であったことを示す可能性が高いのである。

### c　新日吉小五月会の流鏑馬

幕府恒例行事としての流鏑馬は、鶴岡社のほかにもう一つ、京都の新日吉小五月会（式日は五月九日）でも行われた。新日吉小五月会の流鏑馬は、承久の乱後に主催者を治天から幕府に換えて、[22]六波羅探題の管下で励行された。[23]得宗専制期にも、嘉元二年（一三〇四）六月の書状[24]で六波羅探題南方金沢貞顕が「新日吉小五月会、去月廿九日被行候き、於南方御桟敷、見物仕候了、あはれ見せまいらせ候はやとのミ（後欠）」と記し、六波羅探題の職責の一部というべき年中行事として、新日吉小五月会流鏑馬が見物されていた。

### d　相撲

なお、流鏑馬と並んで、放生会で奉納される武芸の一角を成した相撲については、得宗専制期の㊓正応六年八月一三日条に「今夜相撲口論殺害云々」と見える。放生会の二日前、しかも「舞ソロヒ　ヤフサメソロヒ」と同日の出来事なので、殺された相撲人は鶴岡放生会の関係者であろう。嘉暦元年の文書[25]にも「鶴岳八幡宮相撲右方長貫首」「鶴岡八幡宮事〔寺カ〕相撲長」の左近次郎守吉と、「相撲奉行」猿渡九郎三郎盛重の所領相論が見える。高時期まで放生会の相撲が存続する中で、関係する各職は定立し、得分権化（所領相伝）していたことが知られる。

## H　鶴岡八幡宮臨時祭

鶴岡八幡宮臨時祭は文治四年（一一八八）二月二八日に創始され（『吾妻鏡』）、頼朝期以来、二月と四月三日、六月二〇日、節日（三月三日・五月五日・九月九日）等に継続的に行われた、流鏑馬・馬長・相撲等を伴う祭礼である。しばしば『吾妻鏡』に「鶴岡（八幡宮）臨時祭如例」と記され、[26]宝治元年（一二四七）一一月二〇日条に「九月九日分祭礼」追行の話題が、また建長四年四月一六日条に「三月三日・四月三日両度」臨時祭の延引と速やかな遂行命令が見えるので、右各日を式日として定例化していたと知られる。臨時祭における将軍参詣は、宗尊嗣立時に「親王行啓不可輒」という理由で停止され、奉幣使発遣に切り替えられた（『吾妻鏡』建長四年四月一六日条。詳しい事情については本書第六章第三節を参照）。しかし、正慶元年一一月二一日関東御教書[27]が金沢貞将に「鶴岡八幡宮二月臨時祭御代官事、為定役可被勤仕」と命じていることから、北条一門が代官を担う形で、幕府滅亡の年まで存続したことが判明する。

### I　貢馬

貢馬（関東恒例貢馬）は、「国土貢」として奥州藤原氏が朝廷に貢上してきたものを、文治二年に頼朝が藤原秀衡に強いて鎌倉を経由させ、奥州藤原氏滅亡後は幕府が直接貢上したものである。一〇月下旬頃に幕府で馬を点検する貢馬御覧（見参）があり、貢上後の一一月に朝廷でも点検の貢馬御覧がある。(28) 元亨三年九月一一日遠時・盛久連署貢馬用途検納状(29)に「検納　当年貢馬用途事／合弐貫捌拾参文者」、年未詳一〇月一七日金沢貞顕書状(30)に「今日貢馬調候」、元徳二年頃の年月日未詳金沢貞顕書状(31)に「一　貢馬京着之由承候了」、『花園天皇宸記』元弘元年一二月一日条に「関東貢馬幷種々物等、於南庭覧馬」、二日条に「今日内々御覧貢馬等」等と見え、幕府滅亡直前まで存続が確認できる。なお、右の貞顕書状傍点部の「貢馬調」は、日程（一〇月中旬。貢馬御覧は通常下旬）や、前述（G）の「流鏑馬調」「舞調」等の類例を参照するに、「貢馬調《そろひ》」と訓まれ、将軍臨席の貢馬御覧直前の、得宗臨席による最終確認・予行演習であったと見てよい。

## II　臨時行事

### J　代始に伴う諸行事

次に、幕府の諸々の臨時行事について、鎌倉後期以降の催行状況を確認しよう。

鎌倉幕府最大の臨時行事は、将軍代始の諸行事である。惟康の代始では、(年)裏書文永七年条に「二月廿三日、将軍家御元服、加冠政村朝臣、／三月七日、始入御城介泰盛亭（安達）、同十九日、御参詣八幡宮」と見え、元服に伴う御行始（安達泰盛亭）と鶴岡社初度参宮が確認される。

久明の代始に関しては、『増鏡』（下―一一―さしぐし）に、「御子は十月三日（正応二年）御元服し給ふ、久明の親王ときこゆ……同廿五日、鎌倉へ著かせ給にも、御関迎へとて、ゆゝしき武士どもうちつれてまいる……三日が程は椀飯（垸）といふ事、又馬御覧、なにくれといかめしきことども、鎌倉うちのけいめい也」とあり、また『とはずがたり』（巻四）に「すでに将軍御着きの日になりぬれば……御関迎への人々はや先陣は進みたりとて……御所には当国（北条貞時）司・足利（貞氏）よりみなさるべき人々は布衣なり、御馬引かれなどする儀式めでたくみゆ、三日にあたる日は、山内といふ相模殿（貞時）の山荘へ御入りなどとて、めでたくきこゆることども」云々と見える。鎌倉下着に伴う「関迎へ」、元服・将軍宣下に伴う垸飯（「馬御覧」「御馬引かれ」は垸飯に伴う定型的な引出物〔本書第二章参照〕としての、馬の進上であろう）・御行始（得宗貞時亭）が確認される。

守邦の代始では、(年)延慶元年（一三〇八）条に「徳治三八廿六御元服、同日為征夷大将軍、同月廿七御出始」、『武家年代記』同年条に「同廿一（徳治三年八月）御出行始、師時亭也」、同裏書延慶二年条に「同八廿、将軍御馬始」と見え、元服・将軍宣下に伴う御行始（執権師時亭）・御馬始が確認される。御馬始は、『吾妻鏡』建長四年四月一四日条に「次及晩、始着御直垂、有御乗馬始之儀」と見える、宗尊代始の乗馬始（鶴岡初度社参・垸飯と同日）と同じ儀礼であろう。将軍家の乗馬始の初見は「将軍家（頼経）若君（頼嗣）御前御乗馬始也」という『吾妻鏡』仁治二年（一二四一）一二月二一日条なので、乗馬始の慣行は少なくとも頼嗣まで遡る。

以上より、総じて後期鎌倉幕府では、宗尊親王嗣立時（『吾妻鏡』建長四年四月一日〜三日条・一四日条）と同様の、（京下りの場合は関迎へ・垸飯と）御行始・鶴岡社初度社参という代始関係諸行事が踏襲され、存続していたと結論できる。

### K　将軍新宅移徙に伴う諸行事

当該期の将軍移徙を検すると、惟康期の(建)七月一九日条に「晴／御所御移徙（徙）……庭入御之後吉書御覧、次相州（北条時宗）以

下還参侍被行垸飯、今日御膳以下屋々御儲、一向相州御沙汰、未時被行御評定、老、／相大守（以下交名略）、／三ヶ条御沙汰之後、書進事書、以武州・城務（安達泰盛）為御使、被進御所、可施行之由、即被仰下了」、二〇日条に「御弓場始、十五度」、八月二日条に「御所入御山内殿、御車、ヤウ、前陣随兵十八人、五位六位供奉如常」という記事を得る。

この惟康移徙に伴う複数の付帯儀礼には、極めて興味深い諸事実が観察される。第一は移徙当日の吉書御覧で、これは幕府年始行事の吉書始と同種の儀礼であろう。第二は同日の垸飯である。鎌倉幕府では垸飯は専ら年始に集中して行われ、時頼期以降は完全に年始儀礼と化した（本書第七章第二節Ⅱ）。それが例外的に、将軍移徙に伴って行われたのである。第三は同日の評定で、右に掲げた㊎に見える手続きとの共通性から見て、これは単なる評定ではなく、年始評定始（前掲D）と類同する儀礼である。第四は移徙翌日の弓場始で、場と回数の共通性から見て、年始的始（弓始とも。前掲C）と類同する儀礼である。第五は一〇日ほど後の将軍の山内殿（執権貞時亭）出行で、これは年始御行始と類同する儀礼であろう。

このように、将軍移徙に伴う吉書・垸飯・評定始・的始・御行始等は、年始に原則として必ず行われる一群の恒例行事、いわば年始行事の定型的パッケージの内実と、完全に共通した。それらの大部分が「某始」型の事始儀礼であったことは、幕府にとって、将軍移徙が年始と同等に重要な〃時〃の区切り目に伴う〈幕府の再出発〉と認識されたことを意味する。

さらに、右形式は、源頼朝の最初の移徙の形式を忠実に踏襲する点で重要である。頼朝は挙兵直後の治承四年一二月一二日、鎌倉の新宅に入る移徙の儀を行った。本書補論でも論じた通り、それは単なる転居ではない。流人たる頼朝が自分の意思で転居することは、流刑に服することの拒否、すなわち平家支配下の朝廷の法体系から離脱する宣言にほかならない。

本章の関心から特に重要なのは、その頼朝の移徙と同じ日に、幕府最初の弓始と御行始が行われ、八日後に幕府最初の垸飯が行われた事実である。後の幕府の主要年始行事が初めて、かつ同時に行われたこの移徙は、間違いなく鎌倉幕府儀礼の原点であった。

そして『吾妻鏡』はその移徙の日をもって、麾下の武士らが頼朝を「推而為鎌倉主」したと記す。すなわち、『吾妻鏡』を編纂した後期鎌倉幕府（つまり得宗政権）の自覚において、その日は鎌倉殿率いる鎌倉幕府が発足した瞬間であり、新宅移徙はその儀礼的表現であった。

その同じ得宗政権が惟康の移徙で右形式を実践した事実は、これを鎌倉殿の再出発と位置づけたい得宗政権の、強い意志を物語る。垸飯・的始・御行始等もまた、幕府の出発を表現する儀礼であり、それらが必ず年始に行われたのは、年始という〝時〟の区切り目が、幕府の再出発と位置づけられたことを意味する。

将軍の新宅移徙儀礼は廃れず、惟康期にはむしろ頼朝という幕府の原点を強く意識して、より盛大に行われた。その事実は恐らく、惟康王が臣籍降下して源姓を称し、正二位・右大将となって、官位・姓の側面から頼朝の再来として演出されようとしたという、細川重男の指摘[32]と関係しよう。実際の正二位昇叙は弘安二年（一二七九）、右大将任官は時宗没後の弘安一〇年まで下るが、当時既に惟康は源姓を名乗っていた。久明・守邦の移徙儀礼は確認できないが、惟康期に限れば、将軍移徙儀礼は得宗権力に呑みこまれるどころか、むしろ得宗権力強化の一環としての、幕府の原点回帰という理念を表示する儀礼として、将軍の存在を顕示する機能を果たしていたと評価できる。

## Ⅲ　小括

以上によって、年始や鶴岡社祭礼・貢馬等の恒例行事、また将軍代始・新宅移徙等に伴う重要な臨時行事は、概ね宗尊期までに確立した形態を踏襲して、幕府滅亡まで励行されたと総括できる。要するに、幕府の主要行事は得宗専制期にも衰退・廃絶していない、ということである。惟康の移徙儀礼に観察されるように、将軍儀礼は得宗権力が克服・排除すべき対象ではなかった。むしろ、将軍儀礼の強化は、得宗権力に有益と見なされたと評価せざるを得ない。それは、将軍・幕府儀礼の評価にも通ずる。得宗が至高の意思決定と幕政中枢を掌握した得宗政権期において、得宗が有益性を認め、励行させる方針を持たねば、幕府・将軍儀礼の励行が幕末まで堅持されるはずがない。当該期に、得宗権力が将軍儀礼を抑圧して将軍の権威を空洞化させ、将軍を代位・超越しようとした、という通説的理解は、礼制史的には成立しないのである。

## 二　得宗家・北条氏の元服儀の具体相

では、後期鎌倉幕府の儀礼体系の特質は、どこに求め得るか。その礼制史的評価に際しては、将軍儀礼と並ぶ二本柱というべき、得宗の儀礼の分析が欠かせまい。鎌倉後期には得宗を主役とする儀礼が複数成立したが、その総合的検討は別の機会を期し、本節では、得宗儀礼の最たるもので(33)、かつ時系列的に幕府草創期から末期までの変遷を追跡可能な得宗家嫡の元服に検討対象を絞り、その根幹的特質と歴史的変遷を跡づけたい。

### Ⅰ　貞時の元服

考察の出発点として、貞時元服の様子を㊓一二月二日条で確認しておこう（以下、貞時以前の歴代へと遡及するが、高時・邦時については次章で詳述する）。なお、以下の元服儀の諸役人の肩書き（当時）は、『関東評定伝』や先学の調査(34)に拠った。また、元服儀を構成する各要素には便宜的に①〜⑯の丸数字を付し、同じ要素は同じ丸数字で示し、特に各世代間で比較すべき重要な要素には傍線・波線を付した。

貞時の事例では、年齢は①七歳、時は②午時、場は③将軍御所の二棟御所で行われた。当日は御所の④西侍で酒肴・垸飯が「元三の如」く行われ、⑤加冠は将軍惟康、⑥理髪は北条宗政（評定衆二位・一番引付頭人）、⑦烏帽子は安達泰盛（評定衆六位・五番引付頭人）が、⑧広蓋は佐々木氏信（評定衆九位）が、湯摩坏《ゆするつき》（泔坏《ゆするつき》）は長井時秀（評定衆七位）が持参した。

元服後には将軍が⑨太刀を下賜し、⑩剣を大仏宣時（評定衆五位・二番引付頭人）、⑪弓・征矢を名越公時（評定衆三位・四番引付頭人）、甲冑を北条政長（政村の子）と金沢顕時（引付衆筆頭）、⑫野矢を宇都宮景綱（評定衆一二位）、⑬行騰を二階堂行有（評定衆一一位）が、それぞれ持参・進上した。また、銀鞍を置いた⑭馬三疋が将軍から下され、曳手を北条宗房＋長崎光綱、北条宗基＋⑮工藤高光、北条忠時＋⑯南条二郎左衛門尉（頼員カ）の三組が勤め、その後に父時宗以下が侍に参じて酒を賜った。

## Ⅱ　時宗の元服

右の儀式次第には、父時宗の元服との共通要素が多い。対応する部分を傍線・波線（同じ丸数字が対応）で示しつつ、『吾妻鏡』康元二年（一二五七）二月二六日条によって略述しよう。

時宗の元服も①七歳で、②午の一点から、③将軍御所の二棟御所で行われた。当日は御所の④西侍に連署重時・御家人らが待機し、⑤加冠は将軍宗尊、⑥理髪は執権長時、⑦烏帽子は安達泰盛（評定衆八位・五番引付頭人）が、⑧打乱筥は佐々木泰綱が、泔坏は武藤景頼（引付衆一一位）が持参した。

加冠後に時宗は将軍を三拝し（ここで⑨太刀を下賜）、「進物」として⑩剣を大仏朝直（評定衆筆頭・一番引付頭人）、⑪調度（弓箭）を名越時章（評定衆二位・二番引付頭人）、鎧を名越教時（引付衆筆頭）と名越公時（時章の子）、⑫野矢を宇都宮泰綱（評定衆六位）、⑬行騰を二階堂行方（引付衆三位・四番引付頭人）がそれぞれ持参進上した。また銀・白伏輪の鞍を置いた⑭馬三疋が将軍から下され、曳手を塩田義政＋原田宗経、北条時村＋⑮工藤高光、北条時利（時輔）＋⑯南条頼員の三組が勤め、将軍から剣が下され、人々が侍に着して三献儀があり、諱「時宗」の書下を賜った。

時宗・貞時の事例ともに、進物役人の大部分を評定衆と引付衆筆頭が占め、総じて役人の地位・血統が忠実に踏襲されている（同じ丸数字。傍線部は完全一致、波線部は近親者）。

すなわち③将軍の加冠、⑥一門最有力者の理髪が共通するほか、⑦烏帽子の持参者は両度とも安達泰盛（時宗舅、貞時外祖父）、⑧雑具持参者の佐々木氏信・同泰綱は兄弟。進物持参者では⑩剣の大仏朝直・宣時が父子、⑪調度（弓箭）の名越時章・公時も父子、⑫野矢の宇都宮泰綱・景綱も父子、⑬行縢の二階堂行方・行有は叔父と甥の関係にある。時宗元服の鎧役の名越公時は、貞時元服では調度役となり（掲出順から見て格上げだろう）、馬の曳手では各番が〈上手〔北条氏有力者〕＋下手〔御内人〕〉で構成され、一番曳手の上手の義政・宗房はそれぞれ重時（出家。直前まで連署）・政村（故人）の子、⑮下手は両度とも工藤高光、⑯三番下手は両度とも南条氏（同一人物の可能性がある[35]）であった。

儀式次第も、加冠後の三拝の有無（貞時元服に見えず）以外は全く同じで、貞時元服は時宗元服の忠実な再演と見なされる。特に、右⑧〜⑬に顕著に観察される、時宗元服の役人の子弟等を貞時元服の同じ役に起用した事実、わけても時宗元服の剣役を大仏朝直が勤めた理由が評定衆筆頭という職位に由来したと目されるのに対して、貞時元服の剣役を評定衆五位に過ぎない大仏宣時が勤めた事実に、時宗元服で同じ役を勤めた朝直の子という、血統的な再演を最重要視する方針、いわば〝血統主義〟への転換を見出し得る。かつて細川重男は、貞時・高時の人生階梯（元服・叙爵・左馬権頭任官・執権就任・相模守任官）が時宗の忠実なコピーであったと指摘した[36]。元服儀の内実もまた、その忠実さを誇示するように、細部まで踏襲されたのである。

## Ⅲ　時頼の元服

時宗の父時頼の元服は、右の二人と異なる。元服時に得宗の嫡子でなかったからだろう。

『吾妻鏡』嘉禎三年《一二三七》四月二二日条によれば、時頼の元服は七歳ではなく一一歳で、昼ではなく夜に、将軍御所ではなく将軍頼経が入御した祖父執権泰時亭で行われた。烏帽子は、時宗・貞時元服時の安達泰盛（時宗舅、貞時外祖父）と同様に安達義景（泰盛父。時頼の母松下禅尼の兄弟）と大曽禰長泰（義景の父景盛の弟時長の子）が持参し、加冠も後代と同様に将軍（頼経）だが、理髪は一門有力者ではなく三浦義村（評定衆二位）が勤めた。

「引出物」（進物）を持参進上した役人は、剣が北条政村、調度が北条経時、行騰が小山長村、甲（鎧）が三浦泰村と同家村、南廷（銀）が長井泰秀であった。与えられた馬は三疋ではなく二疋（うち一疋に鞍を置く）で、曳手は三浦資村＋同胤村、北条時定＋平盛時の二組が勤めた。進物役人の政村は祖父泰時の弟、経時は兄で、一門有力者という点で時宗・貞時の元服と共通するが、評定衆でない点が異なる（引付は未成立）。

参加者中、評定衆は理髪三浦義村のみであり、後代と異なって、評定制等の幕府職制・幕府内身位と参加者が連動していない。総じて、理髪三浦義村とその一家（進物役人泰村・家村と馬曳手資村・胤村）の奉仕により、〈三浦氏による後見・支持を憑む泰時〉という演出が濃厚である。北条氏外部の有力者の存在を前提とし、共存を図る意図が強く現れている点で、後代と性質を異にする。義村が別個に引出物（役人は剣が後藤基綱〔評定衆七位〕、馬が南条時員・同経忠）を時頼に与えた点や、続いて将軍が改めて引出物を与えた点も、後代と異なる（役人は剣が足利泰氏、調度が名越光時、甲が結城朝広と同重光、馬一疋が佐々木氏信・同長綱）。

儀礼冒頭の引出物役人は得宗一家に偏り（小山長村の女は後に時頼の庶長子時輔に嫁した）、最後の引出物役人は足利・名越氏ら、後に将軍頼経関係の政変で失脚する人々が目立つ。前者は新冠時頼の家父長泰時が、後者は将軍頼経が、独立して用意した引出物であろう。

## Ⅳ　経時の元服

さらに遡って、『吾妻鏡』天福二年（一二三四）三月五日条によれば、泰時の嫡孫（時氏の嫡子、時頼の兄）経時の元服は、一一歳で、③将軍御所で行われ、筆頭中原師員以下の評定衆級の人々（三浦義村・中条家長・後藤基綱が評定衆。結城朝光は翌年任評定衆）が④西侍に列座し、北条政村（前年まで評定衆）・三条親実・大江佐房・長井泰秀・田村仲能らが所役を勤め（雑具を持参）、⑤将軍頼経の加冠、⑥連署時房の理髪で元服し、⑨将軍が剣を下賜し、引出物の剣・鎧・馬等が与えられ（役人は不明）、御所堂上で垸飯が「一如元三」く行われた。

嫡子であるにもかかわらず、庶子時頼の記録に比して記事が簡略（引出物の詳細も役人も不明）であるのは、以後の得宗が彼の子孫でないからに過ぎまい。元服の場、加冠者、理髪者（一門最有力者。この時は連署）、評定衆を主体とする参仕者、将軍からの剣下賜、引出物の内容（ただし調度・野矢・行騰が見えず）等が、時宗・貞時の元服と一致しており（特に傍線部。元服後の垸飯も貞時と一致）、得宗家嫡子の元服儀の基本形はこの経時元服に遡り得る。参加者は将軍・執権・評定等の幕府職制と強く対応し、外戚安達氏や最有力御家人三浦氏等が私的縁故で支援する側面が皆無である点で、時頼元服と異なる。

## Ⅴ　泰時の元服

経時の父時氏の元服の記録は見えないが、泰時の元服は『吾妻鏡』建久五年（一一九四）二月二日条に詳しい。年齢は一三歳、③将軍御所で行われ、平賀義信ら源家門葉の受領以下が三方に分かれて④御所西侍に着座し、⑤将軍頼朝が加冠した（理髪は不明）。鎧以下の品々が泰時に献じられ、頼朝からも「引出物」の⑨剣を下賜され（役人は里見義成）、次いで三献と垸飯、酒宴・歌舞に及び、三浦義澄が召されて孫女を嫁がせるよう頼朝から命ぜられた。元服の場、加冠者、参仕者（評定成立以前なので有力者一般）、剣下賜、引出物の内容（ただし鎧以外は不明）等が、経時〜貞時の元服儀と一致していることに注意されたい（特に傍線部。元服後の垸飯も経時・貞時と一致）。得宗家嫡子の元服儀は、泰時の祖型をかなり忠実に継承していた。とすれば、得宗家嫡子の元服儀の鎌倉幕府儀礼体系における位置は、泰時元服の同体系における位置を解明することで理解可能になる。後に詳しく述べよう。

## Ⅵ　庶子家の元服

北条氏庶子・庶流の元服は、概ね右の家嫡の形態を祖型とし、場や加冠者によって差別化されたものと思しい。『吾妻鏡』文治五年(一一八九)四月一八日条が伝える時房（義時弟）の元服の場合、場所は将軍御所の西侍で泰時と同じ、参列者も泰時の事例と遜色ないが、先に三献が行われ、当座に三浦義連が頼朝から命ぜられて加冠した。加冠者選定の目的は「此小童、御台所(北条政子)殊憐愍給之間、至将来、欲令為方人之故、所被計仰也」と明記されている。〈将軍自身による後見が家嫡に集中するため、庶子には後見者に相応しい有力御家人が調達される〉という構造が明瞭である。上述の時頼の元服は、三浦氏を憑む点まで含めて、嫡流家庶子としての、時房の事例の踏襲に違いない。

他の北条氏庶子・庶流の事例を『吾妻鏡』に徴すると、次の通りである。

㋐名越朝時（義時息）……一三歳で将軍御所で元服（建永元年(一二〇六)一〇月二四日条）
㋑北条政村（義時息）……九歳で将軍御所で元服（三浦義村加冠。建保元年(一二一三)一二月二八日条）
㋒北条実泰（義時息）……七歳で将軍御所で元服（大内惟義加冠。初名実義。同二年一〇月三日条）
㋓金沢実時（義時孫、実泰息）……一〇歳で伯父泰時亭で元服（泰時加冠。天福元年一二月二九日条）
㋔北条時輔（時頼息）……九歳で元服（足利頼氏加冠。初名時利。建長八年(一二五六)八月一一日条）
㋕金沢顕時（実時息）……一〇歳で時頼亭で元服（時宗〔七歳〕加冠、安達義景の子〔泰盛の庶兄〕頼景理髪。初名時方。正嘉元年(一二五七)一一月二三日条）

右を要するに、北条氏庶子・庶流の元服は、義時の子世代の場合は将軍御所で有力御家人が加冠、孫世代以下の場合は得宗亭で有力御家人が加冠して遂げられた（金沢実時のみは泰時自身が加冠）。北条氏一門は多く繁茂したが、元服が『吾妻鏡』に記録されたのは右の人々に限られる。その中で、金沢流のみ実泰―実時―顕時三世代の元服が記録された事実は、実時への泰時の加冠と併せ、金沢流と得宗家との特別な関係を推知させる。そして右の事実は同時に、金沢家の家中に蓄積された家固有の記録が、『吾妻鏡』編者の周辺に豊富に存在したことを示し、『吾妻鏡』が金沢家周辺で編纂された可能性を支持していよう。

なお、『吾妻鏡』における北条氏以外の元服記事は、極めて少ない。建久元年九月七日条の曽我時致（北条時政亭）、建久四年一〇月一〇日条の野本斎藤基員息と、建長二年一二月三日条の佐々木頼綱（泰綱息）の、三例に限られる。野本斎藤基員息の事例は、詳細な事情が全く不明ながら、頼朝の御所で元服し、頼朝から重宝を賜ったというから、何か特別な事情や頼朝との関係に基づいていたに違いなく、それが『吾妻鏡』に記録された理由でもあろう。

佐々木頼綱は九歳で、執権時頼亭で、連署重時・安達泰盛も参会する中で元服し、「御引出物以下経営、尽善極美、一門衆群参、各随所役云々」と、盛大な規模と一門の所役（引出物役者）勤仕が特筆された。諱「頼綱」は時頼との烏帽子親子（加冠）関係を推知させ、場・加冠者の両面において、金沢実時・顕時と同等の待遇である。この極めて稀な一般御家人の元服記事は、右の規模・参列者と併せ、時頼との特別な関係を窺わせる。特に頼綱の九歳という元服年齢は金沢父子の一〇歳より若く（時輔と同じ）、彼は建長四年元日垸飯の馬の引手に一二歳で抜擢され、正嘉元年一二月二四日に一七歳で将軍宗尊の廂御所一日一夜結番の一番衆、二九日に将軍御所の格子番の五番衆に抜擢され、しかもそれまでに右衛門尉に任官していた。将来を嘱望した時頼が、将軍宗尊近習として急速に育成を図った特例と解される。

## 三　得宗家の元服と幕府——外様（公）と御内（私）——

以上の通り、得宗家元服儀の場・加冠者・参仕者と儀式次第の大枠、引出物の内容等は、泰時元服（幕府成立後最初の北条氏家嫡元服）の段階で既に固まっていた。しかし、元服年齢だけが、世代を経るごとに顕著に変化している。すなわち、泰時は一三歳、経時・時頼兄弟は一一歳、時頼の庶長子時輔は九歳、時宗は七歳と、代を経るほどに低下し、時宗以後（貞時・高時とその子邦時）は七歳で固定している。

右現象を理解するヒントは、義時の子の元服年齢にあろう。すなわち、泰時は一三歳、朝時は一三歳、政村は九歳、実泰は七歳と、順次低下しているのである。兄弟の場合、下の子の元服を早く見届けたい老父の心情の影響が考えられるが、一般には、重要人物ほど速やかに高位高官に昇らせねばならないので、最初の任官・叙位も早い必要があり、そのために元服が急がれた可能性が高い。

彼ら兄弟は式部少丞に任官したが、任官年齢は泰時が三四歳、朝時が二七歳、政村が二六歳であった。また、叙爵年齢は泰時が三四歳、朝時が三一歳、政村が二六歳であった[37]。元服記事に「相州《義時》鍾愛若公当腹、九才、」と記された政村には父義時の特別な寵愛があり、また実泰は無官のまま没するという[38]、いずれも考慮すべき特殊な事情があるが、同様の事情を持たない朝時を含めて、弟ほど同一官職・位階への到達速度が早いという右傾向は、父義時自身の地位の向上から生じた、子息の想定昇進コースの向上と解されよう。これを敷衍すれば、歴代得宗の地位向上が歴代家嫡の想定昇進コースの向上を派生させ、元服年齢の低下が必然となったと考えられる。

元服年齢の低下が地位向上の反映ならば、地位の完成で低下は止まることになる。時宗以後、元服年齢が七歳で固定したのは、後の得宗家が、時宗をもって得宗権力の完成形と位置づけたことの顕れである。では、何をもって〝完成〟と見なされるのか。

嬰児や幼児の元服は不可能なので、元服の低年齢化には限度がある。幕府はその下限を七歳に見出した。七歳で元服可能なら、六歳でも元服できそうなものだが、そうならなかったのは、七歳という年齢自体ではなく、日本の身分秩序全体に制約されたからだろう。

前述のように、血統がよいほど元服年齢は早い。ならば、臣下で最も元服年齢が低いのは最も血統が尊い家、すなわち摂家となる。鎌倉期の摂関は概ね九〜一二歳頃に元服したが、九条道家の嫡子教実と、教実没後に道家が後継者とした一条実経が、いずれも七歳で元服している。頼通以降の御堂流家嫡の元服は通例一一〜一二歳なので（ただし近衛基実は八歳）、教実・実経の元服は異例に早く（道家自身も元服は一一歳）、しかも父道家は鎌倉期の摂家で特に権勢を誇った人物であるから、尚更に特例的である。摂家家嫡の元服年齢の下限が特例をもってしても七歳ならば、得宗家がこれを下回ることはできなかった、ということなのであろう。

本章初出時には、右のように主に摂関家との比較で話を終え、元服年齢に即する限り時宗期以降の得宗は摂関家と同等であったように述べたが、得宗専制期の得宗が相模守在任中に「（相）太守」と呼ばれて親王同等の扱いを受けていたこととの整合性を追究しなかった。この問題は放置されるべきでなく、今回、本書再録にあたり、将軍の元服年齢との比較を行うべきとの考えに至り、実行したところ、初出時の考察の不足が明らかになった。

宗尊は建長四年（一二五二）に二一歳で元服したが、これは幕府に迎えられた建長四年に初めて将軍として人生を歩む路線が決定した彼に特有の例外的事例であり、得宗との比較には適さない。そこで最初から将軍たるべき人生を予定された惟康の元服を調べると、文永七年（一二七〇）に執権政村の加冠で元服している[39]。惟康は文永元年誕生なので、元服年齢は七歳である。続く久明は建治二年（一二七六）生まれ、元服は正応二年（一二八九）で[40]、元服年齢は一四歳だが、これも京都からの将軍嗣立に伴う元服で、宗尊と同じ理由で例外視すべきである。そこで次代将軍として生まれた守邦の元服を調べると、正安三年（一三〇一）に生まれ、徳治二年（一三〇七）に七歳で元服している[41]。

このように、七歳とは親王将軍の標準的元服年齢なのであり、得宗家嫡子の元服年齢が同じ七歳であった事実は、摂関家との対比よりも、親王将軍と同等という点で評価すべきことが判明した。すなわち建前上主君たる親王将軍の元服年齢を超えて低年齢化できないこと、しかし主君たる親王将軍と同等の扱いを公然と受けていたことが重要である。このことは、「(相)太守」という呼称とともに、確かに得宗が幕府内において親王クラスの扱いを受けていた証左となる。初出時の考察を、このように改めたい。

以上を踏まえて、幕府儀礼体系に占める得宗家嫡元服の位置は、いかに評価し得るか。得宗家嫡元服の最大の特色は、『吾妻鏡』を信ずる限り、最初から幕府全体を巻き込む大行事であった、という点にある。その初例たる泰時の事例で、頼朝が加冠し(烏帽子親となり)、偏諱「頼」を泰時の初名「頼時」に与えた事実に明瞭なように、得宗家嫡元服は、そもそも頼朝と北条氏の紐帯(縁戚関係)強化儀礼として始まった、半ば将軍家の儀礼にほかならない。庶子の場合でも、有力御家人が加冠(主たる後見者)として巻き込まれ、やはり幕府の儀礼という性質を一定度帯びた。これは重要な特性であって、幕府成立期から既に、北条氏・得宗家儀礼は単に一家中の儀礼を超えた、幕府儀礼であったと評価した方がよい。

泰時執権期には、経時元服に評定衆(輩出家)が全面的に奉仕した。評定は、幕府で初めて、有力御家人の存在感と北条氏権力とを調和・両立させ、それを安定的・継続的な幕政運営システムとして幕府の根幹に組み込むことに成功した制度である。したがって、評定衆(輩出家)が全面的に奉仕した経時元服は、得宗家嫡の元服が、その北条氏・有力御家人連合の核として、また幕府のシステムの一部として位置づけられたことを意味しよう。泰時執権期に、得宗家嫡元服の幕府儀礼としての性質は、一段と強化されたのである。

しかし、経時の夭折後、時頼の血統が跡を継いだことにより、得宗家嫡の元服儀は変更を迫られた。時宗以降の家嫡は、家嫡の儀礼形式を継承するために、経時の元服儀を踏襲せねばならず、同時に血統上の祖たる時頼の吉例をも継承するために、時頼が実践した庶子の儀礼形式をも踏襲する必要が生じた。時宗以降の元服儀は、その結果として考案された両者の折衷型と見なされる。それは結果的に、幕府のシステムの一部と化した、公的色彩の濃い儀礼形式と、縁故によって有力な支持者を巻き込む、私的色彩の濃い儀礼形式の融合をもたらした。

右に関連しては、引出物（進物）役人に占める北条一門の割合が次第に上昇したものの、なお外様諸氏の占めた割合が小さくなかった事実が注意される。引出物役人のほぼ全員が、評定衆の有力者（引付頭人兼帯者）または引付衆最有力者であった事実に鑑みても、引出物贈呈の儀は、外様（家の外＝「公方」）の幕府制度・御家人社会に軸足を置く儀式であり続けたと評価してよい。これに対し、馬の曳手は知られる限り（時頼以後）、北条氏の家中（一門＋御内人）で完結し、「御内」（家の中）に軸足を置く儀式であり続けた。

右の点でもやはり、時宗以降の得宗家嫡元服は、得宗家儀礼・幕府儀礼の両側面を併せ持ったと評価し得るが、注意すべきは、得宗の家の儀礼が、次第に幕府儀礼体系を侵蝕し癒着したのではないことだ。そもそも前期（泰時・経時）の得宗家嫡の元服は、主導者・奉仕者の構成に照らす限り、全く幕府の儀礼と評価するほかないのであって、そこに北条氏・得宗家といった氏族・家の主体性・枠組みは見えない。『吾妻鏡』によれば、泰時元服儀では幕府西侍に三方の座が設けられ、御家人らが着座した。三方それぞれの着座人は以下の通りである。

①平賀義信・足利義兼・山名義範・信濃守遠義（信濃守加々美遠光の誤写ならん）・大内惟義・北条義時・藤原重弘・八田知家・葛西清重・加藤景廉・佐々木盛綱

②千葉常胤・畠山重忠・千葉胤正・三浦義澄・梶原景時・土屋宗遠・和田義盛・安達盛長・三浦義連・大須賀通信・梶原朝景

③北条時政・小山朝政・下河辺行平・結城朝光・宇都宮頼綱・岡崎義実・宇佐美祐茂・榛谷重朝・比企能員・足立遠元・江戸重長・比企朝宗

誠に錚々たる、幕府草創を担った源氏門葉・頼朝側近・東国御家人の中核が列座したのであり、しかも、幼い泰時の会場入場を時政が扶助した以外、北条氏は儀礼上の役を一切果たしていない。泰時元服は疑いなく、北条の家の儀礼ではなく、幕府儀礼であった。

ところが、かくも希薄であった族的・家的な枠組みが、後期（時宗以降）の元服では明瞭に観察できる。通念的な印象と裏腹に、得宗家嫡の元服儀礼はまず幕府儀礼として始まり、得宗専制の確立後に、後から氏族・家の儀礼としての性質を帯びたのである。

その原因は第一に、北条氏・得宗家の、家としての成熟の遅さに求められよう。北関東の秀郷流藤原氏諸家や、房総の平忠常の子孫（千葉・上総等）、武蔵の秩父党、相模の三浦党・鎌倉党・中村党等、幕府草創に参加した多くの坂東武士（まさに、右の泰時元服に列座した御家人の大部分）は、幕府草創時に既に十分に繁茂・分流して大きな族的規模を持ち、一族やその嫡流家で大規模な儀礼を遂行可能な基盤を有した（最たる徴証は、幕府最初期の年始垸飯を継続的に請け負った千葉常胤一家である〔本書第四章参照〕）。

これに対し、伊豆の小土豪に過ぎなかった北条氏は、それを可能にする人員も経済力も、幕府草創時には持ち合わせていなかった。事実上ただ一人の祖である時政を起点として、他の有力御家人に比肩し得る絶対数を確保できるまでには、孫・曽孫の世代まで待たねばならない。有力御家人としての北条家は、幕府が創立されてから構築が開始されたのであり、北条氏の〝家〟に関わる問題は、すべてこの即物的制約を受けることになる。

そして興味深いことに、北条氏が大規模氏族になる前に、泰時は家嫡の儀礼を幕府政務制度（評定制）と融合させた。その結果、得宗家嫡の重要儀礼が純粋な〝家〟の儀礼として成立する機会は、全く失われたのである。

そして、得宗家嫡元服が〝家〟の儀礼らしさを本格的に獲得したのは、皮肉にも嫡流が断絶した結果であった。時頼は庶子であったため、元服儀礼が家嫡よりも幕府儀礼から遠く、一門・姻戚と有力御家人、すなわち族縁と所属するコミュニティに支えられるという、〝家〟の儀礼に近い形態を取った。その庶子特有の形態が家嫡の儀礼に流入して初めて、家嫡の儀礼が〝家〟の儀礼らしくなったのである。

貞時が弘安七年（一二八四）に一四歳で執権となり、父時宗の先例を踏襲したかに見えるのは、細川が指摘した通り[42]、貞時が一四歳であった年に時宗が没したという、偶然の産物である。

時宗が没した時、幕閣は（赤橋長時のような）庶流の中継ぎ執権を立てるか否か悩んだはずだ。結果的に、得宗家家嫡から執権職を手放さない方針が選ばれた最大の理由の一つは、時頼の出家・執権引退時にわずか六歳で執政能力が皆無であった時宗と異なり、貞時が執政能力のある成人と見なし得る一四歳であったからであろう。一四歳頃をもって執政能力のある成人と見なす社会慣行の存在は、高時・邦時が一四歳で判始を行い、また室町期に一五歳以後の署判に法的効力を認める法慣習が存在した事実等[43]に明らかである。

しかし、中世人の思考様式を鑑みるに、貞時の一四歳での執権襲職には、もう一つの理由を推測できる。具体的にいえば、時宗が死去した時、幕閣は眼前の状況に、天命に類する示唆を読み取った可能性が高い。〈今、貞時を執権にすれば一四歳での就任となる〉という状況自体が、時宗の嘉例（一四歳で連署〔両執権の一方〕就任）の踏襲を促している、と。人智を越えた世界の仕組みが時宗の踏襲を促している、という理解が貞時の執権就任を後押しし、以後の得宗の人生階梯を時宗のコピーに仕立てた幕閣の意志を形成した可能性は、大いに認めるべきであろう。

結果的にも、時宗・貞時の人生階梯は吉例と判断され、高時期にはその模倣自体が目的化するという現象が顕著になる。高時は嘉元元年（一三〇三）に誕生、延慶二年（一三〇九）に七歳で元服、正和五年（一三一六）に一四歳で執権、文保元年（一三一七）に一五歳で相模守となった。すべて祖父・父と同年齢で再現され、得宗の歩むべき人生の理想型が確立されたのである。正中二（一三二五）年に生まれた高時の嫡男邦時も、元徳元年（一三二九）月日欠金沢貞顕書状[44]に「太守禅閤若御前、自来十九日諏方入道（真性）宿所ニ御坐候て、廿一日可有御参詣八幡宮之由承候、代々五歳ニて御参詣之旨、其沙汰候也」と見えるように、父祖に倣って五歳で鶴岡八幡宮の初参詣を遂げた。また、㊎裏書元徳三年条に「十二月十五日、太守禅閤第一郎七歳首服、名字邦時、於御所被執行」と見えるように、邦時は七歳で父祖に倣って将軍御所で元服し、高時同様、父祖と同じ人生階梯を歩んだ（ただし、元服の二年後に幕府は滅亡）。

かくして得宗の人生階梯に一定のリズムが確立すると、得宗の誕生や現年齢により、今後の重要幕府行事が予測可能となる。正和五年と推測される九月二八日金沢貞顕書状[45]に「抑愚身官途事、所望分者無御免候、但他官を明年頭殿御任国之時、同時可有御免之由、被仰下候」とあるように、翌年一五歳となる高時の相模守任官は半年前から予測された。しかも、得宗の定例的任官に伴い、金沢氏ら一門有力者等の任官希望も処理される慣行が成立していた。そのため、貞顕の所望する官途が高時の相模守任官と同時に実現するよう前の年に内定したように、得宗の人生階梯儀礼は、幕府上層部全体のリズムを刻んだ。幕府の長期的スケジュールの根幹を成したという意味でも、得宗家儀礼は幕府（儀礼）の一部と評価するのが適切なのである。

## 結論と展望 ——得宗家と幕府と天下——

鎌倉幕府では、開創期に成立した主要儀礼群が末期まで廃絶せずに励行された。その中で、得宗権力の将軍権力に対する圧迫（廃止・縮小を強いる圧力）が働いた形跡はない。むしろ、将軍を主役とする主要儀礼群は、幕府創立の原点を意識させて将軍権威を再確認させる儀礼として、得宗専制に活用された。

一方、得宗家では家嫡の通過儀礼群（元服・任官・叙爵等）の催行契機が、得宗の地位向上に従って低年齢化し、特に元服年齢は時宗段階で親王将軍の標準元服年齢と同じにまで下がり、固定化した。元服年齢に即する限り、得宗家の家格は親王将軍と同等に准ぜられるに至ったのである。本章初出時には摂家同等と結論したが、失考であり、右の通り改めたい（ただし、初出時に親王将軍と比較せず摂家との比較で済ませたのには、相応の理由がある。詳しい理由と派生的問題については本書終章第五節Ⅱを参照されたい）。

北条氏においては、〝家〟の成熟が他の有力御家人に比して遅れた。この時系列的条件を反映して、得宗家嫡の通過儀礼は〝家〟の儀礼として確立する前に、最初（頼朝期の泰時元服）から幕府儀礼として成立した。そして泰時執権期に、経時元服と評定制が融合してその傾向は強化された。しかし、その後に経時系から時頼系へと嫡流の血統が交替したため、幕府制度と密着した嫡子経時の元服形式と、個人的な庇護関係に依存する庶子時頼の元服形式が時宗段階で融合し、以後の基本形となった。得宗儀礼は皮肉にも、嫡流断絶によって〝家〟の儀礼らしくなったのである。

では、それは得宗家嫡の儀礼が〝家〟内部へと回帰し、幕府の儀礼体系から離れゆく指向性を意味するのか。恐らく、そうではない。金沢貞顕は延慶二年（一三〇九）の高時元服について、「一昨日御（高時）元服之儀、無風雨之難、有天地之感、無為無事被遂行候了、天下之大慶此事候、幸甚々々」[46]と感想を記した。得宗家の儀礼は〝家〟内部へ収縮するどころか、「天下」の重大問題へと成長していたのである。その事実は何を意味するのか。

それは恐らく、得宗家儀礼と幕府（将軍）儀礼が両立していたという、本章で確認した事実と無関係であるまい。得宗家嫡元服が幕府草創の最初から幕府儀礼であったという本章の結論は、得宗が自己の儀礼を肥大化させて幕府儀礼に対抗した、という通説的な構図の不成立を意味する。したがって、その通説的構図のいう、将軍権威の超克・代位を望んだという得宗の企図を、諸儀礼に読み取ることもできない。ならば、得宗専制期における得宗儀礼・幕府（将軍）儀礼の展開・変容は、幕府のいかなる構造変革を意味し、そこで得宗はいかなる理由で、何を企図したのか。章を改めて考察したい。

(1) 村井章介「執権政治の変質」（『中世の国家と在地社会』、校倉書房、二〇〇五、初出一九八四）一六二頁以下。
(2) 盛本昌広「鎌倉幕府儀礼の展開」（『鎌倉』八五、一九九七）四三・四七頁。
(3) 『建治三年記』＝(建)、『永仁三年記』＝(永)、『親玄僧正日記』＝(親)、『鎌倉年代記』＝(年)、『鶴岡社務記録』＝(鶴)、『鎌倉遺文』＝(鎌)、永井晋・角田朋彦・野村朋弘編『金沢北条氏編年資料集』（八木書店、二〇一三）＝㊎。㊎収載文書の年次比定は主に㊎に拠る。
(4) (鎌)四〇-三一一一八（㊎九五二。年次比定は同書五〇〇頁）。
(5) (鎌)三八-二九二七一（㊎六九三。年次比定は同書三七六～九頁）。
(6) 『徴古墨宝』（(鎌)四一-三一九四四）。
(7) 細川重男「嘉元の乱と北条貞時政権」（『鎌倉政権得宗専制論』、吉川弘文館、二〇〇〇、初出一九九一）二八七～九七頁。
(8) 佐藤進一「御内と外様」（『鎌倉幕府訴訟制度の研究』、岩波書店、一九九三、初出一九四三）七五～六頁。
(9) (鎌)三八-二九三九〇（㊎七八四）。
(10) 鎌倉期の吉書については中野豈任『祝儀・吉書・呪符』（吉川弘文館、一九八八）一二九頁以下参照。
(11) 岡田清一「鎌倉幕府と二所詣」（『鎌倉幕府と東国』、続群書類従完成会、二〇〇六）。
(12) (鎌)三八-二九四二三（㊎五三六。年次比定は同書三〇九頁以下）。
(13) (鎌)三九-三〇七二七（㊎八五一）。
(14) 網野善彦『蒙古襲来』（小学館、二〇〇〇、初出一九七四）五六〇頁。
(15) 鴇田泉「流鏑馬行事と鎌倉武士団」（『芸能史研究』九九、一九八七）一一頁。
(16) 『民経記』天福元年五月九日条・『吾妻鏡』寛元二年八月一六日条・同三年同日条・『葉黄記』宝治元年五月九日条等。
(17) 『吾妻鏡』嘉禎三年七月一九日条・八月一六日条。
(18) (鎌)三五-二七一六二（㊎五一六。年次比定は同書三〇二頁）。
(19) (鎌)三五-二七一五八（㊎六二五。年次比定は同書三四七頁）。
(20) 前掲注(16)諸史料によれば、天福元年（新日吉小五月会）では七番中皆無だが、寛元二年（鶴岡放生会）では一六番中九番が子息（孫一番・舎弟二番を合わせれば一二番）、同三年（同）では一六番中四番が子息（続柄を明記しないが名字を同じくする六番も近親者と思われ、計一〇番、宝治元年（新日吉小五月会）では七番中三番が子息（第二番小笠原氏も父子でないが近親で、計四番）。

(21) 前掲注(16)諸史料によれば、寛元二・三年の時頼は武田政綱、寛元二年の政村は伊賀朝行、同三年の政村は伊賀光重、天福元年の重時は小笠原兵衛尉、宝治元年の重時は逸見義利。武田（・逸見）・小笠原氏は後の得宗被官に同族が見える（奥富敬之「名字順得宗被官一覧」、『日医大基礎科学紀要』二七、一九九九）。

(22) 前掲注(15)鴇田論考一二頁。また、専論に藤島益雄『小五月会競馬の起源幷新日吉小五月会』（新日吉神宮、一九七七）、渡辺智裕「新日吉小五月会の編年について」（『民衆史研究』四六、一九九三）、山本真紗美「新日吉小五月会の成立と展開」（『鎌倉遺文研究』二一、二〇〇八）がある。

(23) 前掲注(16)諸史料等。

(24) ㊏二八-二一八八一（㊎四〇三）。

(25) 同年八月二〇日相模鶴岡八幡宮相撲奉行猿渡盛重子息盛信和与状（「相州文書所収金子文書」、㊏三八-二九五八六）・同年一〇月一二日関東下知状（「相模金子文書」、㊏三八-二九六三二）。

(26) 『吾妻鏡』建久二年四月三日条・同年九月九日条・同三年二月一五日条・建仁二年四月三日条・元久元年五月五日条・元久二年六月二〇日条・承元五年二月八日条・仁治二年二月九日条等。

(27) 「賜蘆文庫文書所収称名寺文書」（㊏四一-三二八九六）。ただし、貞将は翌年正月二四日請文（「金沢文庫文書」、同三一九七四）で「於来月者、愚息淳時差下伊勢国候之間、難参勤候」という理由で辞退。

(28) 大石直正「奥州藤原氏の貢馬」（『奥州藤原氏の時代』、吉川弘文館、二〇〇一、初出一九八八）。

(29) ㊏三七-二八五一三（㊎七〇四）。

(30) ㊏三八-二九四一二（㊎七二七。同書三九四頁によれば貞顕の連署就任以後の書状）。

(31) ㊏四〇-三〇九八五（㊎九二三。年次比定は同書四八六頁に拠る）。

(32) 細川重男「右近衛大将源惟康」（『鎌倉北条氏の神話と歴史』、日本史史料研究会、二〇〇七、初出二〇〇二）。

(33) 北条氏の元服については近年、山野龍太郎「鎌倉期武士社会における烏帽子親子関係」（山本隆志編『日本中世政治文化論の射程』、思文閣出版、二〇一二）が烏帽子親子関係の基礎的研究の一部として包括的に言及している。

(34) 佐藤進一「鎌倉幕府職員表復原の試み」（前掲注(8)著書、一部初出一九八三〜八七）、細川重男「鎌倉政権上級職員表」（前掲注(7)著書）、細川重男編『鎌倉将軍執権連署列伝』（吉川弘文館、二〇一五）。

(35) 梶川貴子「北条時輔後見南条頼員について」（『創価大学大学院紀要』三二、二〇一〇）によれば、南条頼員の活動終見は文永六年だが、頼員も輩行が次郎、官途が左衛門尉で、二郎左衛門尉と同一人物の可能性がある。

(36) 細川重男「北条高時政権の研究」（前掲注(7)著書、第二節は初出一九九一）三〇八頁以下。

(37) 前掲注(34)細川表No.3・18・45。

(38) 『吾妻鏡』弘長三年九月二六日条に「入道陸奥五郎平実泰法名浄仙、卒、年五十六」と見え、叙爵は果たしている。

(39) 『関東評定伝』、『官公事抄』所引『或記』文永七年二月二三日条。

(40) 『将軍執権次第』。

(41) 『本朝皇胤紹運録』。

(42) 前掲注(36)細川論考三〇八〜九頁。

(43) 百瀬今朝雄「「歳十五已前之輩」と花押」（『弘安書札礼の研究』、東京大学出版会、二〇〇〇、初出一九八六）。

(44) (鎌)三九―三〇八五三（(金)八六六）。

(45) (鎌)三四―二六一八七・二六四六五（(金)五一七。同書三〇二頁以下に拠ればこの二紙で本来一通の文書、発給は高時任相模守の前年）。

(46) (鎌)三一―二三五六一（(金)四四四）。

# 第九章　北条氏権力の専制化と鎌倉幕府儀礼体系の再構築
## ――得宗権力は将軍権力簒奪を志向したか――

### 緒　言 ――得宗権力論における問題の所在――

かつて佐藤進一は、「北条家督中心の専制体制」を〝得宗専制〟と名づけた。それは「幕政の最高権力（中略）が執権という幕府の公職から離れて北条氏の家督個人の手中に移」った体制であり、〝非制度的拠点〟と〝制度的拠点〟の双方から実現されたという。[1]

非制度的拠点の代表格は、幕府の評定に優越し、北条一門年少者の多数就任で機能が低下した評定から権限を奪った「得宗私邸の政治会議」、すなわち寄合である。[2] また、長時以降の執権職の態様や、二月騒動・塩田義政遁世事件・佐介氏粛清事件等に見られる嫡庶関係の徹底化も、[3] 非制度的拠点に挙げられる。一方、佐藤が挙げた制度的拠点の徴証は、次の通りであった。

①幕府機関における御内人の任用拡大（侍所頭人、評定衆や評定「参否」記録役、御恩奉行等）。
②幕府訴訟機関（鎮西談義所や鎌倉の寺社本所関係訴訟の担当者）に対する監督弾劾権・越訴担当機能の、御内人への付与・集約。
③元寇を機に特に顕著化する、北条氏一門の保有守護職の拡大。
④得宗による一元的統制（一門の守護職を任意に改易する権能の保持）。

右の定義にもかかわらず、〝得宗専制〟の理解は近年動揺している[4]。特に秋山哲雄は、右の諸徴証に疑義を呈した[5]。寄合が最終的に公的・制度的な幕府機関[6]となったならば、それは非制度的拠点の代表格として成立していないし、若狭・長門等の守護を具体的に検討すると、そこには制度的拠点と見なす根拠となった④も、実は成立していない[7]。ならば、右の諸要件に支えられた〝得宗専制〟概念自体が無効ではないか、と。

得宗専制のイメージからすべてを解釈せず、実態に即して後期鎌倉幕府を再評価すべきという意味で、秋山の提言は意義深い。とはいえ、佐藤が挙げた徴証の一部は、事実レベルで疑問の余地がない。問題はその評価だが、筆者はこれを、幕府政治の基層と表層の関係の変容として理解すべきと考えている。佐藤が「執権政治は当初より専制化する危険を包蔵していた[8]」と指摘し、杉橋隆夫が評定の合議制に、「理非決断職」として卓越する執権泰時の権力を覆い隠す機能を見出し[9]、筆者も垸飯儀礼の変容に即して、権力の先鋭化に対する有力御家人の反発を回避すべく泰時が〈御家人皆傍輩〉の建前を強調したと指摘した（本書第一・四・五章）ように、執権政治には一貫して、得宗の専制性という基層が潜んでいた。北条氏の地位が源氏将軍との姻戚関係に由来し、泰時の権力の基礎が准鎌倉殿たる北条政子からの授権にあったことを踏まえても[10]、北条氏の統治は最初から、執権の職位ではなく血統と人格に依存しており、それが執権政治の基層の正体である。

泰時～時頼期には、その上に、建前となる表層が被せられた。それは、得宗の決断に至る理非発見プロセス、すなわち共通の規範（御成敗式目制定時の起請文にいう「一同之憲法」）に則り、対話を積み重ね、理非を論理的に追究し、最終的に関係者が承服する結論（同じく「一味之義」）を導出するプロセスの有効性が、決断の有効性を担保するという建前である。

しかし、時宗期以降、その建前・手続きは急速に省略され、基層が表面に露出する。それは佐藤が指摘した〈「理非の発見」から「理非の判断の強制機能」へ[11]〉という道筋であり、実は、まず幕府儀礼の運営を場として顕著化した傾向である（本書第六章）。佐藤が指摘した、得宗の私的な会議が幕府の公的な意志決定機関に等しくなった事実（非制度的拠点）や、御内人が公然と幕府機関へ大量進出した事実（制度的拠点の①・②）もまた、同じ文脈にある。

では、なぜ得宗は表層の建前を希薄化させ、基層を露わにしたのか。この問題は従来、〈北条氏は将軍になろうとして果たせなかった〉というテーゼの是非という形で議論されてきた。北条氏権力を〝簒奪者の権力〟と捉える村井章介によれば、幕府の編成は将軍─御家人間の人格的支配関係に立脚したが、出自が卑しい北条氏は将軍としてこれを掌握できないので、御家人と実際の支配関係を持ち始める将軍を定期的に追放し、将軍権力の抑制に努めつつ、北条一門の要職占有率を高め、実質的に幕府機構を制圧するしかなかった、という[12]。これに対して細川重男は、北条氏権力が義時以来、本質的に将軍の「御後見」として成立し継承されたため、自ら将軍になる必要性も意志もなかったと結論した[13]。

右問題の焦点は、畢竟、〈北条氏は将軍職就任を望んだ〉というテーゼの是非にある。大前提としてこれを是とする村井説に対し、細川説は非としたのだが、政治史・制度史的手法による当該問題の追究は停頓した観がある。となれば、残された有望な手段の一つとして、鎌倉幕府組織構造の基本理念（傍輩連合体たる一型組織）や鎌倉幕府成立の瞬間（治承四年〈一一八〇〉一二月の鎌倉新亭移徙に伴う垸飯）等、既存の政治史が描き得ず、あるいは解き得なかった重要問題に史料的裏づけを伴う解答を与えてきた実績（本書補論・第一章・第五章）のある礼制史的分析という切り口を、試す価値があろう。

ただし、政治史的な所与の結論から演繹的に儀礼を解釈する、従来型儀礼論の手法では政治史の限界を脱し得ず、儀礼からアプローチする意義が薄い。特に、①儀礼は権力者の自己正当化・荘厳化手段である、②儀礼は権力を強化する、③儀礼は秩序の再現である、といった通念は、今日の儀礼論における研究水準では依拠し難い

（本書第一章）。①は一面的に過ぎ、その通念で理解困難な儀礼が多数ある（年始弓始や傍輩饗応儀礼たる垸飯等）。②は有力な反証が多く、事実に反する（源実朝が官位昇進儀礼ごとに幕府内の反感を買って権威を損ない、壮大な右大臣拝賀儀礼の最中に弑逆された事実に明らか）。③は、秩序の再現と無関係な儀礼（小児の魚味始や読書始）を説明できない上、儀礼主催者の主張の鵜呑みに陥っている。

　儀礼とは、〈そういう秩序が存在するのだ〉という主催者の一方的な主張である。しかし逆にいえば、そこには必ず〈想定された秩序において、自分は何者（であろうとする）か〉という主催者の自己規定《アイデンティティ》の表現が含まれる。すなわち、得宗主導の儀礼からは、その主催者が幕府を何だと考え、得宗を何者だと考えているか、という主張を読み取り得る。本章は、時頼～高時期の幕府儀礼に対する得宗の立ち位置の再検討から、得宗の自己規定《アイデンティティ》を探り、それを先学の指摘した専制の公然化と関連づけて、〈鎌倉幕府における〝公〟的側面は、どこまで、そしてなぜ、北条得宗家に属するのか〉という問題として考察し、礼制史的見地から右の諸問題に新しい評価を試みたい（頻出する主要史料・史料集は略号[14]で示し、出典が金沢文庫文書〔聖教裏文書含む〕である場合は典拠名を略した）。

## 一　「公」と得宗の同化、将軍と得宗の並列

正中二年（一三二五）一一月二二日、「太守（高時）御愛物常葉前」（御内人五大院宗繁の妹）が高時の長子邦時を産んだ。この誕生に関して、同日の金沢貞顕書状[15]は、息男で六波羅探題南方の貞将に対し、祝賀の進物について詳細に指示した上で、「これハわたくしならぬ事にて候へハ、使者ハ過書を持てこそ、下候ハんすらめと存候」と指示した。得宗家嫡誕生に対する参賀は「私」的行為ではないので、引出物を持参する使者には過所を持たせよ、というのである。

　安達時顕の所領拝領や大仏貞直の男子出生を参賀するよう称名寺長老剣阿に促した貞顕の書状群[16]に明らかな通り、参賀は対象を執権・得宗に限らず、本質的には一対一の個別的な人間関係に根差す礼節行為であった。一方、

過所は、幕府交通制度内の通行コストを幕府の責任で負担・免除する保証書である。すなわち貞顕は、私的礼節に根差すはずの儀礼の遂行にあたり、六波羅探題の職権による幕府の公的制度の利用を躊躇しなかった。

貞顕はまた前掲の書状で、「進物事ハ、左親衛（高時弟泰家）より御剣・御馬被進候外ハ、外さまの人ハ未進候歟」とも述べた。「外様御家人からの進物が未だ届いていないようだ」という表現は、その後に進物奉呈（参賀）が当然なされる、と予見・期待されたことを意味する。

高時の長子誕生に対する「外様」の御家人万般の参賀が期待されたのは、得宗家の存続・繁栄が幕府自体の存続・繁栄と同義であり、幕府の「公」の慶事だからと解するほかない。得宗の継嗣誕生で幕府の公的制度（過所）が使われ、外様御家人の参賀が当然期待され、そして連署貞顕がこれを「私ならぬ事」＝「公」の慶事だと明言した事実は、得宗の存在自体が「私ならぬ」存在、幕府における「公」の体現者であったことを示している。それは〈得宗が幕府そのもの、幕府と同体〉という理解に立脚していると考えねばならない。

貞顕は延慶二年（一三〇九）の高時元服を「一昨日御（高時）元服之儀、無風雨之難、有天地之感、無為無事被遂行候了、天下之大慶此事候、幸甚々々」[17]と評した。幕閣の認識では、得宗の通過儀礼の重要性は、幕府にさえとどまらない「天下」の重大事であって、邦時誕生の評価と総合すれば、得宗個人が日本国の「公」を構成する一要素へと成長していたことになる。

幕府における「公」と得宗の関係は、文保元（一三一七）～二年頃[18]の年月日欠貞顕書状[19]の「昨日太守（高時）始御寄合御出候き、天気無為、長（長崎円喜）禅門快然、無申計候、御成人之間、公事御出仕、喜悦之外無他候、心中併可有御察候」という、高時の寄合初出席の記述に明らかだ。

元来、日本では「公《オホヤケ》」が主に〝天皇（が率いる朝廷）〟を意味したので、幕府の政務を「公事」と呼ぶこと自体に〝公〟概念の大転換を見出し得るが、ここでは措こう。源頼朝が初度上洛直後に前右大将家政所の職員を定め、中原親能以下七人（主に文筆官僚）を「公事奉行人」に任じた事例や、「評定衆以下携公事輩」という用例もあり[20]、幕府が自らの政務を一権門の「私事」でなく「公事」と見なし始めたのは、新しいことではない。

それよりもここで重要なのは、貞顕が寄合出席を「公事御出仕」と表現した事実である。

時宗〜貞時期の寄合では、定例的開催、専任奉行・合奉行の成立、発言順を決める籤制度、「寄合衆」身分の成立と大規模化・世襲化等々、寄合の公的制度化と評価すべき事態が次々と進行し、実質上は公的制度として確立したと評価されている[21]。

しかし、寄合の淵源・沿革[22]を遡れば、経時の執権職譲与を決する「深密」の会議に始まって、時頼が重大な政治問題に際して開催した秘密会議の系譜を引き、構成員の一定数（特に奉行）を御内人が占め、開催場所は（幕府の評定所で行う評定と対照的に）得宗の私邸であった。

したがって、どれだけ公的・制度的性質を帯びても寄合の核心は〝得宗個人の意思決定を輔《たす》ける諮問会議〟であり、だからこそ最後まで〝幕府の意志決定・執行手続きの場〟たる評定と両立した。寄合で決する得宗の意思とは、得宗の人格にほかならない。それを行う寄合が「公事」であるならば、やはり得宗自身が「公」の性質を帯びたと解するほかない。

問題は、そのことと将軍権力との関係である。細川は、寄合の公的制度化と、時宗期以降の得宗が「将軍権力代行者」の地位を確立したこと（いわゆる主従制的支配権を将軍から吸収したこと）を関連づけた[23]。この説に従うと、〈得宗の「公」化は、将軍の「公」的性質の奪取である〉という構図が描かれよう。しかし、この構図を認めると、「公」的性質を吸い取られた将軍は何者なのか、理解・位置づけが困難になる。得宗が将軍から「公」的性質を完全に奪い去れるならば、将軍は一私人に成り下がる。しかし、一私人としての将軍は全く幕府に不要なので、それならば得宗率いる幕府は将軍を擁立し続ける努力を払わなかったはずだ。

現実にそうならず、将軍という存在を確保するためだけに将軍が立てられ続けた以上、将軍は組織の根幹、すなわち幕府の「公」的側面の体現者であり続けたと解さざるを得ない。そして、得宗もまた「公」の体現者であった事実が否定し難いならば、得宗専制期の幕府には、将軍・得宗がともに「公」の体現者として並立した二頭体制を認めねばなるまい。

右の暫定的結論は、通説的な得宗専制の特質とどう照応し、何を意味するか。ここで従来の政治史・制度史が描いてきた得宗専制像を再確認しておこう。

佐藤の指摘[24]によれば、嘉禄元年（一二二五）の発足時（一一人）に北条氏が皆無であった評定衆においては、仁治三年（一二四二）の泰時死去までに一九人中五人が北条氏となり、概ね泰時〜時頼期に北条氏の占有率が二割程度で推移した後、時宗期に急に四割を超え、鎌倉末期には約半数に及んだ。また、発足時に二五歳未満を含まなかった評定衆の年齢構成は、時宗期に北条氏一門から二〇代前半の就任者が現れ、貞時期に一〇代の就任者が現れると同時に六〇歳以上の就任者が消え、高時期には四〇歳以上の就任者が消えるという低年齢化が進んだ。また、村井によれば、従来北条氏が〇〜一人に過ぎなかった引付衆でも、文永二年（一二六五）の異動で一挙に四人の北条氏、しかも全員二〇代の新任者が出た[25]。かくして若年の北条一門が相当割合を占めた評定・引付は明らかに機能低下＝形骸化し、北条氏にとって評定衆・引付衆のポストは出世の一階梯としての肩書に過ぎなくなったとされる[26]。

かかる北条一門の要職占取傾向は、幕府の私物化という印象を与える。しかも、得宗の手足たる御内人が幕府機関の要職に数多く進出した現象は、その印象を強める。末期の評定衆に御内人の最有力者長崎高資が連なり[27]、御内人安東貞忠が評定の出勤管理を掌る「参否」役を勤めた事例[28]、時頼が執権（そして不可分の侍所別当）引退後も侍所の次官（所司＝頭人）に御内人平盛時を据えて執権（同時に侍所別当）長時の頭越しに侍所を掌握した事例、御内人が侍所の検断関係職権を独占した事例[29]等がそれである。

時宗期以降に評定・引付に代わって幕政中枢を担ったのは、得宗とその忠実な頭脳（北条一門有力者や姻戚安達氏）・手足（御内人）、そして直接掌握された一部の幕府吏僚であった。時宗連署期の文永三年と貞時執権期の永仁元年（一二九三）に二度断行された引付廃止と得宗への裁決権集約は、いずれも不徹底（後に引付が復活）とはいえ、評定衆の全員合議制を解体し、〈得宗の専断を従順な手足に執行させる体制〉を公然と宣言した出来事であった。

この体制の中核が寄合であり、それは幕府の最重要決定がもはや評定で行われないことを公然と示す会議であった。経時末期〜時頼期にかけて、主に執権職継承等や内乱の戦後処理等の最重要事に際して臨時に、かつ内密に行われたそれら会議が、時宗期以降は定期的に、公然と、奉行等を配置してシステマティックに運営された（㊷建・㊷永等）。時宗期寄合における問注所執事太田康有の恒常的な参加、貞時期寄合における問注所執事太田時連・政所執事二階堂行藤の参加は、得宗が制度的職権ではなく、各機関長官との人格的結合を介して、直接に政所・問注所を把握・使役したことを意味する。

貞時はまた、文永四年の越訴奉行廃止や永仁二年の越訴制限立法（貞時直断の成敗を越訴受理の対象外にする）、正安二年（一三〇〇）の得宗被官による越訴方機能の吸収等、得宗の裁許を相対化し得る越訴制度の制約を強め、得宗の決定の絶対化を進めた。右の引付廃止・越訴制限に加え、御家人に親族への譲与を除く一切の所領処分（入質・売買・他人和与）を禁じた文永四年の追加法を総合して、村井は「権力の中核を掌握した得宗勢力が、御家人の諸権利、御家人社会の法的慣習＝道理に対して試みた公然たる挑戦」（傍点引用者）と評した[30]。

佐藤は、時頼期に不応訴（召文違背）が犯罪と位置づけられ始めた事実に「裁判を訴論両者の調停的機能から、理非の判断の強制機能に転換させる、裁判原理の変更」を見出し、時頼による訴論人の権利の制限を「甚だしく武断的、職権主義的」と評し、また貞時期の訴訟関係立法を総括して「裁判の理念は理非の発見から公権力により規制・鎮圧に変わった[31]」と評した。得宗専制への道とは、〈得宗の裁決は、得宗の裁決であるが故に至上の理である〉という、最もプリミティブな権力の形への道であった、と換言できよう。

以上、制度史的に見る限り、総じて時宗期以降の得宗は、最高権力（北条氏の幕府支配）が畢竟、得宗個人の人格＝恣意に発することを、迂遠な手続きや理論武装によって隠すのをやめ、公然と表現・強調した（これを細川は、寄合の公的制度化の達成と解した）。[32]〈幕府が実態として得宗の支配する政権なら、建前もそうしてしまえばよい〉と割り切った、極めて単純素朴なこの認識こそ、得宗専制の最大の特色であった。

如上の特色は、幕府礼制にいかに顕れたか。儀礼分析を通じて得宗専制と将軍の関係を追究した盛本昌広[33]は、久明期にも将軍儀礼が行われた事実から、北条氏の実権掌握と裏腹に、なお将軍が「幕府儀礼を生み出す源泉」・幕府儀礼の主体であり続け、幕府儀礼の「執行こそが将軍の存在意義」とした。そして、得宗家は幕府儀礼の執行主体の地位を将軍から「奪取」せんとしたが、それが現実には困難であるため、得宗家儀礼を肥大化させ、儀礼に不可欠の人々を吸収して権威を高め、将軍家儀礼との対抗を図り、それが貞時期に顕著化して得宗が将軍の行動を模倣する一方、将軍が勤める幕府儀礼の主体を得宗自ら勤め始めたという。

かかる筋書きは、幕府諸機関・重職に北条一門・被官が占める割合を上げて、量的に他勢力を圧倒し事実上幕府を乗っ取ってゆくという、村井が説いた筋書きとよく照応する。

しかし、この筋書き（以下、〝簒奪指向説〟と仮称）では、得宗が将軍から幕府儀礼の主体たる地位を奪う動機が、説明されない。村井説や盛本説は、〈権力者一般に普遍的な権勢欲が得宗にも当然あった〉というテーゼと、〈得宗は可能なら将軍職奪取を望んだはずで、得宗が将軍の領域を侵した現象はその痕跡だ〉という未証明のテーゼを、自明視している。

しかし、当該期儀礼の態様は本当に、それらのテーゼと矛盾なく整合するだろうか。

嘉暦四年（一三二九）五月五日発給と推定される金沢貞顕書状[34]に、「太守（高時）禅閤嫡子若御前（邦時）、来九日御馬乗始、御弓あそはしそめ候へしとて候、扶持事、可為相州（執権守時）之由承候、自両方可有御引出物之旨承候、元服なとのやうに候ハむするけに候、無先例候歟、雖然徳治ニ当殿（高時）御時、宗宣（大仏）奥州始此沙汰候云々、不可然事候哉」とある。高時の長子邦時の初めての乗馬・弓射を儀礼化したものらしき「御馬乗始」と「御弓あそばし初《ぞ》め」は、元服等の儀礼形態を模して、引出物を伴う儀礼に仕立てられた。これらはいわゆる〝矢開《やびらき》〟に相当し、先学[35]も注目するこの儀礼は、徳治二年（一三〇七）に高時のために創始された。重要なのは、御馬乗始のモデルを、将軍継嗣頼嗣（三歳）や将軍宗尊（一一歳）の「乗馬始」に求め得ることである[36]。得宗家嫡子が親王将軍同等の身分的待遇を得ていたこと（本書第八章第三節）は、この事実によっても補強し得る。

また、元徳二年（一三三〇）三月四日貞顕書状[37]に「太守（高時）禅閤去月廿五日、石長老（夢窓疎石）椙谷を当時紅葉谷申候也、の二階堂紅葉谷の庵へにハかに入御、忠乗《安忠》僧都坊《僧正跡》・二階堂なと御らんしめくられ候云々、石長老自円覚寺輿を飛てまいりて、御茶すゝめまいらせられ候けるよし承候、又此四五日之程、寿福寺へも入御候けり、方々へ御遊覧候歟、明日入院ニも可有御出之由聞候」と見える。往年の将軍の鎌倉近隣逍遥・御家人宅入御と類似する得宗の臨時出行が「入御」「御出」と表現され、京都に報じられる重要行事と化していた（末尾の「明日入院」は明極楚俊の建長寺入院）。

盛本は、同様の得宗による将軍模倣を、(親)正応六年（一二九三）正月一〇日条に「宮（久明親王）御社参」、一二日条に「相州（貞時）社参歟、禅門（平頼綱）又参了」と見える、将軍久明・得宗貞時の別々の年始鶴岡参宮に見出した[38]。しかし、一二日条には御内人平頼綱の参詣が併記されているし、また嘉暦元年～元徳二年（一三三〇）の正月発信と推定される貞顕書状[39]に「自今夕精進始候て、可参詣八幡宮候、忠時同前候也」とあり、執権貞顕が孫忠時と年始に鶴岡社に参詣している。頼綱は御内人に過ぎず、しかも自ら積極的に久明親王を将軍に立てた人物であるし、貞顕は執権職さえ反対派の襲撃を恐れて一〇日で辞した人物であって、彼らが将軍の模倣・簒奪を指向した可能性はない。年始に鶴岡社に参詣した事実のみから、将軍の模倣・簒奪指向を説くことは難しい。

また、盛本は、『とはずがたり』（巻四）の「相模の守（貞時）の宿所のうちにや、角殿とかやとぞ申しし、御所さまの御しつらひは、常のことなり、これは金銀金玉をちりばめ、光耀鸞鏡を瑩いてとはこれにやとおぼえ、解脱の瓔珞にはあらねども、綾羅錦繡を身にまとひ、几帳の帷子引き物まで、目も輝きあたりも光さまなり」という描写に基づき、将軍御所を凌駕する得宗邸の豪華さに、将軍の克服を志向する得宗を見出した(40)。

しかし、『増鏡』（下―一一―さしぐし）には、「宮の中の飾り御調度などはさらにもいはず、帝釈の宮殿もかくやと、七宝を集めてみがきたるさま、目もかゝやく心ちす、いとあらまほしき御有様なるべし」という将軍久明御所の描写があり、将軍御所が得宗邸に対して特段の遜色ありと断ずることは躊躇される。右史料群から導き得るのは、将軍御所に劣らない得宗邸の豪奢さ、すなわち将軍に並ぶ得宗の態様である。

## 二　将軍・得宗二頭体制と儀礼の担い手 ——御家人の弱体化、得宗の請負——

次に視点を転じて、個別の儀礼の態様を掘り下げよう。得宗権力の幕府侵蝕と関連づけられやすい幕府儀礼の一つに、二所詣がある。二所（伊豆走湯山権現・箱根権現＋三島大明神の事実上三社）への参詣は、頼朝期以来の重要な将軍の年中行事である。

頼朝が特に三社を重視した理由を、三社の武装した衆徒との軍事的緊張関係に基づく軍事力の誇示とする説もあるが、根拠は乏しい(41)。幕府と二所が政治的に接点を持った形跡は、全く頼朝挙兵時に集中する。したがって、二所詣の第一義的な存在意義は、幕府・北条氏双方にとって、挙兵・幕府開創を想起させる記念的行事だという点にある。

田辺旬は、政子・泰時・重時ら北条氏が継続的に二所参詣した事実に注目し、その理由を、挙兵・幕府開創を想起させることが「幕府権力の維持に役立つ」からと推測した(42)。しかし、二所参詣がなぜ、いかなるメカニズムで、幕府権力のいかなる側面の維持に貢献するのか説明がなく、また二所詣が現にそのように機能した徴証もない。

頼朝の挙兵は三島社祭礼の日であり、伊豆山は石橋山合戦で頼朝を支援し（妻政子を匿う等）、箱根社は合戦で窮地に陥った頼朝を匿った。三島社が加護せねば挙兵（山木兼隆襲撃）は成功せず、伊豆・箱根社が助けねば頼朝らは石橋山の敗戦を生き延びられず、後の幕府成立はなかった。三社は挙兵段階で頼朝勢を加護し、幕府創立を可能ならしめ、鶴岡八幡宮の勧請以前、すなわち最も早く幕府創立に協力した神々なのである。二所詣は、それを謝して永く関係者が報賽せねばならない、という話であり、権力論に回収する必要はない。

この二所詣（のための精進）を、「幕府首長の果たすべき、大切な責務」とし、「将軍家に備わる」「権限」と見た筧雅博は、得宗貞時がそれを行った（厳密には長崎左衛門某の代参）記録が(永)二月二三日条・二四日条・閏二月二日条に見えることを重大視した(43)（『鎌倉年代記』文保二年（一三一八）条に「二月十七日、相州二所・三島参詣」と、高時の二所・三島参詣も見える）。筧は明言しなかったが、将軍固有の権限を得宗が奪取した印象を示唆した。これに対して田辺は、将軍久明が二所詣を行った事実から、「北条氏が、鎌倉殿の祭祀を奪取したとは言えない」と指摘した。得宗は二所詣を、将軍とともに行ったのである。将軍の二所詣は幕府代表者の責務なので、得宗も同じ立場にあると自己認識している。そしてその認識は、将軍の排除を指向しなかった。将軍・得宗は並列関係にある幕府代表者であり、後期鎌倉幕府は将軍・得宗の二頭体制と見なすべきであることが、ここでも示唆されよう。

また、正中三年（一三二六）正月一七日貞顕書状(44)によれば、正中三年の年始、金沢忠時は得宗高時・邦時亭に参賀し、また叔父貞冬と将軍御所に参賀した。ところが、高時から将軍守邦への年始慶賀では、使者安東貞忠が将軍御所に遣わされ、摂津親秀が「申次」を勤めて（兼日に申次を依頼された兄親鑒の差配だろう）将軍に伝達されるという形が取られた（忠時・貞冬らは申次を介した形跡がない）。「申次」という名称や、兼日の申次依頼という段取りの共通性から見て、これは公家社会の拝賀（昇進表謝儀礼）[45]の「申次」に由来しよう[46]。拝賀では、拝賀者が申次に「事由《ことのよし》」（参上目的＝昇進の謝意表明）を告げ、申次が権門（天皇ら）にその旨を伝達すると、「聞食《きこしめしつ》」という返答が申次を介して拝賀者に伝えられ、拝賀者はそれを承けて拝礼（舞踏か再拝）する。すなわち、拝賀の手続上、拝賀者は申次とのみ直接対話するのであり、拝賀の客体とは直接対面しない（客体が内々に招いて対面することはある）。

右から類推すれば、得宗が使者を派遣し、申次を介して将軍に賀し申す参賀でも、使者は将軍と対面しなかっただろう。将軍に対面したと解される金沢氏らと得宗は、この点でも相違する。そして重要なのは、一般的な主従が踏むべき手続きを逸脱して、得宗が自ら参上せず使者の派遣で祝賀を済ませる薄礼を用い、将軍に対して対等に近い立場で振る舞ったことである（室町期の年始の室町殿参賀で、必ず摂関以下が室町殿御所へ参上した事実と対比されたい）。ここにも礼節上、将軍・得宗の二頭並立の痕跡を見出し得る。

また、盛本は、頼家期の建仁二年（一二〇二）以降に恒例化した将軍の鶴岡放生会の流鏑馬見物において、文永二年（一二六五）に得宗時宗以外の桟敷が停止され、正応五年（一二九二）に将軍の桟敷が用意されず貞時の桟敷に将軍久明が入御し、永仁二年（一二九四）に貞時が固い物忌を憚らず桟敷で見物した事実等を指摘して、儀礼の見物主体が将軍から得宗に移りつつあったとし、簒奪指向説の根拠とした[47]。

しかし史実としては、幕府末期まで、将軍は放生会に出御している[48]。得宗が将軍の排除を望めば圧倒的権力によって実現できたに違いなく、それにもかかわらず現にそうならなかった以上、得宗はそれ意図していまい。右の事例群で示されたのは、将軍・得宗が相並んで流鏑馬を見物する二頭体制である。

では、文永二年に将軍以外で唯一、そして正応五年には将軍さえ構えない桟敷を唯一得宗が構えた理由は何か。その答えは、年始的始の変遷に求め得る。的始は弓始ともいい、年始に将軍見物のもと、御家人が二人一組で射術を競う儀礼である。以下、永井晋の専論[49]に導かれつつ論じたい（以下、断らない限り基礎的事実は永井の指摘による）。

的始の初見は、『吾妻鏡』治承四年（一一八〇）一二月二〇日条の頼朝の新造御所における的始である。この御所新造に伴う八日前の移徙の儀、その後に続いた的始・御行始・垸飯等の儀礼群は、〈朝廷の法体系から独立した、鎌倉を本拠とする政権の始動〉を宣言する儀礼群であり、これを機に〈鎌倉幕府で〝時の区切り目〟に行うべき儀礼群〉として確立・パッケージ化され、後にすべて主要年始行事となる（本書第八章第一節ⅠのB・C・E）。永井は的始を「鎌倉が武家であることを象徴する儀礼」（四五頁）と評した。鎌倉幕府は弓・馬の操作術に長じて戦闘を職能とした戦士の集団（＝武家）であり、弓射という所作がそのきわだった個性を象徴したことは疑いない。

ただし、正月行事としての弓始の初見は文治四年（一一八八）正月六日条まで遅れる[50]。〝弓術を中核とする幕府の最重要年中行事〟という点で共通する鶴岡八幡宮放生会の流鏑馬が、前年八月に創始・恒例化された事実と同じ文脈にあると見てよかろう。鶴岡放生会流鏑馬の意義は様々に説かれるが[51]、別途論ずる予定であるので、本書では深入りしない。ここでは、鶴岡放生会の流鏑馬や幕府正月行事たる弓始が文治年間、すなわち平家との戦争を完全に終えた平時に創始された事実が重要である。

戦闘集団たることを象徴して臨時的に行われた的始が、平時の恒例行事に位置づけ直されたことは、御行始や吉書始等と同様、組織の構成員が日常的に（あるいは非常時に）行う可能性が高い重要な所作（御行始なら将軍出行、吉書始なら幕府政務、的始なら戦闘）を、時の区切り目ごとにあらかじめ「〇〇始」という形で行っておき、社会的に従事可能にしておく儀礼である（本書補論）。それは〈自分達は平時にあっても弓術への従事を社会的属性の一つの柱とする集団だ〉という主張であり、それを年始に行うことは、的始が組織（幕府）の根幹的属性、すなわち自己規定《アイデンティティ》を象徴する、という主張にほかならない。

ただ、従来、幕府儀礼論一般は自己規定問題《アイデンティティ》よりも（奪権闘争的な筋書きを描く）政治史の補強材料とされ、的始についても、幕府が「御弓始を執行することで軍事力の結集を恒常化させようとした」と見なす説[52]がある。かつて鴇田泉が流鏑馬の分析から導いた同じ結論[53]の再活用と思われるが、それらが成立しないことは、次の諸点を指摘すれば足りよう。第一に、元来、戦争目的で成立し、戦争を通じて結集していた幕府が、改めて軍事力結集を図る必要性は認められない。第二に、弓術に秀でた個人を数人揃えても、「軍事力の結集」というには程遠い。第三に、そもそも上述の通り、流鏑馬も弓始も、最も軍事力結集を要する戦時中（対平家戦争中）に定例催行された形跡がない。

これに対し、射手の供給源を追跡した永井によって、次の成果が得られている。それによれば、頼朝期に有力在庁系武士が担った的始射手は、頼家・実朝期に担い手が拡大して、相模・信濃（諏方社の御射山神事等と関連か）の御家人が過半を占めるようになった。頼経・頼嗣期には同じ傾向が保たれつつ（ただし伊豆の御家人が一定比重を占めた）、摂家将軍確立に伴って儀礼形態が整備され、射手が侍（諸大夫未満）の役に固定され、将軍と射手らが御所の殿上・庭上に隔てられて申次（政所別当・評定衆ら高官）を介して対話する等、身分制的な整備が進んだ。当初、「当座の準備で十分に対応ができる規模」（三六頁）であった的始は、建長～文永初年（時頼期～時宗初世）には、前月から周到な準備（書類選考と実技審査）を重ねる儀礼へと整備され、かつ射手の担い手に重大な変化が現れる。まず武田・工藤・本間氏ら御内人が勤め始め、さらに永仁～延慶年間（貞時期）には御内人の射手が外様御家人を圧倒し、応長以後（高時期）には射手筆頭も御内人が全く占めるに至るのである。しかも、元来は将軍が御家人の射技を観覧する儀礼であった的始において、貞時期には得宗の観覧が確認され始め、将軍が出御しなくなるという（四四～五頁）。この状況を、永井は「北条貞時政権下の的始は北条家が鎌倉を代表する武家であることを示していた」（四五頁）と総括した。

射手への御内人の大量登用（後に独占）と、得宗の観覧とを総合するに、儀礼の前面に得宗の個人的人格・勢力が進出したことは明らかだ。そして永井は言葉を選びつつ将軍の撤退を併記・対比して、将軍が「鎌倉を代表する武家」でなくなったことを右総括に含意させ、「将軍と射手との間に成立した儀礼の基本構造が形式的にも消滅した」構図を示した。

ただ、㊡正月一四日条や『御的日記』永仁六年条が執権貞時の出欠を記録し、将軍の出欠を記録しなかった事実から、永井のように将軍観覧が消滅したという結論（四四頁）を導けるかは、再考の余地がある。

永井が問題とした㊡同条の「御的、太守《貞時》無御出仕」という記事は、同じ日記の正月八日条の「心経会如例、太守御不参」と、同じ記法である。では、後者は心経会に将軍が参加しなかったことを意味するか。

『吾妻鏡』建長三年《一二五一》正月八日条に「宮中心経会也、将軍家《藤原頼嗣》出御」、翌四年同日条に「幕府心経会也、将軍家《頼嗣》御出座如例」、正嘉二年《一二五八》同日条に「有心経会、将軍家《宗尊》御出二棟御所」とあるように、心経会は将軍出御を恒例とする将軍御所の行事であった。すなわち、心経会における将軍の出御は自明である。ならば、将軍の欠席等の例外的事象が起こらぬ限り、将軍の出席は記載対象とならないのではないか。前掲の㊡正月八日条の「心経会如例、太守御不参」という記事は、自明である将軍の出席を記録しない記法であった可能性を想定してよい。ならば、六日後の同じ日記の「御的、太守無御出仕」という記事をもって、的始への将軍の不参加を結論するのは危ないのではないか。

また、㊡八月一五日条に「鶴岡八幡宮舞楽云々、御所《久明》憚之間、無御出」と、将軍の不参加が明記された（「憚」は一〇日条に見える、前月二七日の青蓮院門跡慈助法親王（久明の父後深草院の弟）の死去）。他方、翌一六日条には「放生会、流鏑馬以下儀式如例」とある。出御の事実は明記されないが、傍点部は通例の将軍出御を含意した可能性が高い。

以上より、同記は自明の将軍出御を記載せず、不慮の不出御のみ記載した可能性が低くない。そしてそもそも、将軍観覧が消滅したと見る永井説に従う場合、得宗も出仕しなかった同年の的始には、誰も観覧者がいなかったことになる。鎌倉殿の観覧を大前提に成立・継続した的始が、観覧する貴人を全く欠いてなお遂行され得る可能性は、極めて低い（得宗が唯一の観覧者で、かつその日に得宗の都合が悪いなら、日程を延引するのが順当であろう）。

右の通り、的始の将軍出御は消滅しておらず、したがって的始においても得宗は将軍に代位せず、将軍と並立したと考えられる。では、それは得宗による将軍位簒奪指向を意味するか。

その答えを探るために、並行するもう一つの注目すべき現象、すなわち御内人の的始射手進出の意義を再検討したい。御内人が重要幕府儀礼の表舞台の、しかも最重要の役たる筆頭射手に踊り出たことは、政務制度・機関への御内人進出と同じ傾向であり、やはり幕府が儀礼的側面でも得宗家の私物と化してゆく印象を与える。しかし、その印象は正しいだろうか。

ここで、筆頭射手が武田・工藤・本間という御内人諸氏のみで占有される現象が建長年間から確認され始めるという、永井の指摘に立ち戻りたい。永井はその理由に言及せず、「北条氏が鎌倉を主導する武家」となったこと（得宗の権勢拡大傾向）と一般論的に関連づけて理解したと推察されるが、実はこの時期は、幕府儀礼の大きな転換期であった。

建長年間、特に建長四〜五年は、幕府儀礼の所役参仕を御家人が遁避する傾向（免除申請や対捍）が激増した時期であり、所役遁避は特に将軍出行供奉人（随兵等）と的始射手において著しかった[54]。関係記事は枚挙に遑がないが、『吾妻鏡』建長五年正月九日条の「於前浜被撰御的射手、雖令参向、多以有申障之輩」、正嘉二年正月一五日条の「於御所弓場有御弓始……而山城三郎左衛門尉近忠者、兼日不被仰之間、被撰定之時雖不承、臨期被召加之、今年依少可然射手也」、文応元年（一二六〇）一二月一六日条の「明年正月御弓始射手等事、被差定之処、称所労申障之輩相交之間、今日、於小侍所相模太郎殿（北条時宗）・越後守（金沢実時）等経談合、自由対捍不可然、内調之時企参上、可申子細之旨、被下御教書云々」といった記事を挙げれば足りよう。

　遁避増加の最大の理由は、御家人の費用負担の困難化と推認される。実際、関東御公事として賦課された垸飯役・流鏑馬役等の幕府行事運営費が、千葉氏級の御家人にさえ調達・納入困難な過負荷と化していたことが、『中山法華経寺聖教紙背文書』に明らかである（本書第五章）。

　かくして、時の小侍所別当金沢実時・北条時宗の「主要課題は御家人の所役遁避をなくしていくことにあった」[55]と評されるほどに、時頼政権の儀礼運営では「自由対捍」が深刻化し、時頼は生前を通じて対策（参仕命令の厳格化等）に取り組んだが、目立った成果を挙げた形跡が見えない（本書第六章）。すなわち、当該期には、的始射手が恒常的に不足していたのである。

　ここで、永井の次の指摘が重要な意味を持つ。的始射手は、元来、専ら東国御家人によって担われた。ところが、時頼期（建長以降）に伊予河野氏や丹波周枳氏ら西国御家人が現れ、高時期（応長以降）には幕府奉行人吉良氏・越後陶山氏・越中石黒氏・越中林氏・備中陶山氏等が射手の常連となる等、さらに供給源が地域的・氏族的に拡大した（四二・四五頁）。永井はその理由を、「北条氏が鎌倉の武家を代表する家であることを示すためには、東国御家人の系譜を引く人々だけで射手を構成することは相応しくなかった」（四五頁）としたが、北条氏が幕府代表であることは泰時期以降、特に宝治合戦後には自明であり、躍起になって誇示する必然性が乏しい。

　しかし、的始射手の「自由対捍」傾向を考慮すれば、シンプルで現実的な理由が導かれよう。東国御家人の所役遁避で射手が不足し、その穴を西国御家人で埋めざるを得なくなった、と。西国から鎌倉に参上・滞在する負担は莫大で、東寺領伊予弓削島雑掌の加治木頼平は「日別百五十文」、毎月四貫数百文の鎌倉滞在費を費やして借銭と利子に圧迫され、東大寺執行法眼某も関東下向の「旅粮」に五九貫八四五文の巨費を計上した[56]。同様の無理を冒してまで西国御家人を鎌倉に召した事実に、東国で射手を確保する困難さを読み取れよう。

右を踏まえれば、御内人の大量進出や筆頭射手の独占化傾向にも、新たな評価が可能となる。時頼は射手の供給源を西国御家人へと拡大したが、もとより地理的・経済的制約のため、それを大規模・恒常的に行うことは不可能だ。そこで、最も手近にある動員可能な武士（しかも本質的には御家人）であり、かつ動員命令に絶対従順な御内人に目をつけ、彼らを的始射手に本格的に動員する方針に踏み切った可能性が高い、と。それは権勢欲に基づく支配強化ではなく、本来の供給源（公的資源）からの人的資源が調達不能に陥り、幕府儀礼が回らなくなったため、得宗が自腹を切って（私的資源から）不足分を供給し肩代わりした、という構図である。

それは、幕府の構造に対する得宗勢力の浸潤には違いない。しかし、将軍権力簒奪のための蚕食ではなく、自立できない幕府の維持費の肩代わりであった。かつて筧雅博は、「『吾妻鏡』なかんずく承久乱後の幕府の日常生活にかかわる記事を通読するものは、鎌倉に催されるさまざまな儀式・行事に際し、北條氏一門の人々が如何に莫大かつ多様な出費をおしまなかったか、一驚を喫せざるを得ぬ。それは、まさしく、かれらが自分自身を幕府それ自体と信じていたがゆえであって、得宗家以下、一門の人々の勤仕する関東御公事は、他の御家人とは異なる価値観の上に立ってなされつつあったといえよう」と、幕府政治史に不可欠の視角を示した(57)。本章の右の考察結果は、この筧の総括に誤りないことを示している。

## 三　政争の負債としての得宗の幕府儀礼負担

幕府の維持費を得宗が肩代わりした明徴は、時頼期の『吾妻鏡』に複数得られる。例えば、正元二年（一二六〇）三月二八日条に、御所奉行二階堂行方(58)が管理する「御息所御服月充註文」を将軍宗尊が確認した記事がある。当該注文は、御息所（宗尊室近衛宰子）の衣料・装飾品・日用品の供出担当者を月別に割り振ったリストで、そのうち正月分を例示すると、「正月分　御小掛二陪織物三陪　御表着二陪織物三陪　重御衣下綾上二陪織物　御単　紅御袴　三御小袖　三御衣　二御衣　二御小袖二具　薄御衣　白御衣　御裳　色々御小袖五具　御夜衣　御明衣二　今木二具　御櫛一束　御櫛払　御払　御畳紙　御眉墨　御眉造　御赭　御白粉　御護」等とある。そして同条に「已上七ヶ月可為奥州（重時）禅門御沙汰……已上五ヶ月相州（時頼）禅門御沙汰也」とあるように、一年分を北条重時（七ヶ月分）と時頼（五ヶ月分）の二人のみで負担した。時頼・重時ともに出家の身で、現任の執権・連署ではなく、したがって彼らは職位に基づかず、〈北条氏の最上層（宿老筆頭）[59]が幕府自体の維持費調達に責任を負うべき〉という認識に立脚して負担したに違いない。

こう考えると、『吾妻鏡』宝治元年（一二四七）八月一日条の「恒例贈物事可停止之由、被触諸人、令進将軍家之条、猶両御後見之外者、禁制云々」という八朔進物禁止令にも、先学と異なる評価が可能となる。盛本は、年始垸飯や御行始の主役を北条氏が独占してゆく傾向の中で、御家人が将軍と結びつく機会として、八朔等の新たな贈与慣行が成立・流行したと解した[60]。〈北条氏の他氏排斥に対する対抗〉という構図である。しかし、北条氏による元日垸飯沙汰人の独占は、奪権闘争の手段でなく、執権泰時が自己を御家人一般と同じ〝傍輩〟に位置づけ、儀礼運営を一手に引き受ける政治的配慮であった（本書第四章）。したがって、垸飯を例証にして、儀礼をめぐって北条氏と一般御家人が対抗関係にあったという構図を描くことはできない。

垸飯沙汰人の独占といい、上述の将軍御所の維持費負担といい、泰時期以降の北条氏は、他の御家人が負わない負担を独自に引き受けてゆく傾向が強い。執権・連署以外が将軍に八朔贈物を贈ることを禁じた右禁令もまた、北条氏だけに八朔進物の経済的負荷をかける法令であったことを見逃すべきでない。八朔進物禁止令は弘長元年（一二六一）関東新制で「八月一日贈事々／近年有此事、早可停止之」と繰り返されたが、それは同じ新制のうちの、「旅籠振舞」（過分の饗応）を禁じた「客人饗応皆存略儀、可止過分」という条規や、「御儲事／御引出物以下、各々可存略儀」という条規等の、過差停止令と同じ文脈にある[61]。すなわち、過度の饗応・贈答を是とする社会的諒解（空気）に御家人が呑みこまれて財産を持ち崩す趨勢の一部として、八朔進物もまた社会的に強いられる任意の出費として御家人経済を圧迫していたのであり、禁止令にはその社会的義務から御家人を解放する効果を期待し得た。八朔進物禁止令の本質が御家人の出費抑制（による御家人財政健全化を通じた御家人役負担の正常化）にあったならば、執権・連署のみが八朔進物を行うことは、御家人救済のために八朔をほぼ全廃しつつ、経済的余裕のある北条氏だけが負担を引き受ける形で、せめて将軍に八朔進物を奉呈したい社会的欲求を満たそう、という配慮と解することができる。

以上を踏まえると、上述の得宗専制期の諸現象も、単純で一貫した説明が可能となろう。

鶴岡放生会における将軍の桟敷の財源は、関東御領の収入か関東御公事による賦課であろう。前者ならば将軍家に出費を強いて幕府財政を直撃し、後者ならば御家人財政を圧迫して御家人の所役遂行意欲をさらに削ぐことになる。しかし、得宗が莫大な得宗領の収入を財源として桟敷を造営することは、全く過負荷でなかったであろう（庶流の金沢氏さえ、公事賦課の対象となる公田だけで六五〇〇町以上の田地を知行した[62]。得宗家の知行する田数は計り知れない）。

ならば、正応五年《（一二九二）》に将軍が桟敷を構えず得宗貞時の桟敷で見物した事実は、将軍桟敷造営を略して、将軍家や御家人の経済的負担を緩和する方策と理解可能であり、文永二年《（一二六五）》に得宗時宗以外の御家人の桟敷が停止されたのも、御家人負担の軽減策と理解可能である。両度とも得宗だけが桟敷を造営することで、鶴岡放生会流鏑馬に最低限必要な設備を得宗が丸抱え的に負担したと見なし得る。得宗専制期の幕府儀礼では、可能な限り将軍・御家人一般の負担軽減を図りつつ、同時に得宗が集中的に負担する構図が共通して見出される。それは換言すれば、幕府儀礼の遂行に得宗が集中的に責任を負うことにほかならない。かかる全体の潮流を鳥瞰すれば、永仁二年《（一二九四）》に固い物忌中の貞時が流鏑馬見物を強行した事実もまた、この責任感の顕れと理解するのが適当である。

その責任感は、得宗権力に寄生して権力者たり得た北条一門にも波及した可能性が高い。

金沢貞顕は元徳二年（一三三〇）の書状(63)に「塩田陸奥入道、明年諏方七月頭役之間、暇申て奥州所領へ下向候とて……□年に一度の役之由承及候し二、当世ニハ数ヶ度勤仕候、深信之故候歟」と記した。北条一門の塩田国時（重時孫、義政子）は「諏方御頭役者廿箇年一度為巡役」といわれた(64)まれな諏方社七月（御射山祭礼）頭役を何度も勤め、その貢献度に貞顕が感心しているのである。

また、貞顕自身、元徳元年には「来三月上旬御所の旬雑掌にて候、白土器・村雲など可入候、来月中下着候やうに可沙汰進」と、一〇日ごとに将軍御所中の消耗品調達等を（恐らく結番制で）担う「旬雑掌」の役に就き、京都と連絡して土器《かわらけ》（「京土器」）等の調達に奔走した(65)。当時の貞顕は前執権・一門宿老筆頭であり、かつて一門宿老の筆頭時頼・重時が担った将軍御所の日常的運営の系譜を引く所役が、制度化されて北条一門（特に長老）に分担されるに至っていたことが知られる。また貞顕は、翌年二月二二日の「御所入御相州亭事」（将軍守邦の執権守時亭渡御）に息男貞冬を供奉させるよう小侍所から求められ、難渋せずに従っている(66)。

国時の熱心な神役勤仕を、貞顕は単純に「深い信仰心の故か」と推量したが、貞顕の御所旬雑掌や貞冬の将軍出行供奉をも総合する時、御家人一般による神役対捍訴訟の多さや所役対捍傾向の高さに比して、北条一門全体の熱心さは十分特筆に値する。

かくして得宗専制期、（御内人・一門を含む）得宗勢力は、既存の御家人制で担えなくなった幕府儀礼を、主催（得宗の観覧や動員発令）・儀礼従事者確保（御内人の動員）・財源提供（得宗領収入の充当）・事務（御内人の動員）という全方面から丸抱え的に担うに至った。得宗勢力はなぜ、かかる負担を受け入れ、独り幕府維持に責任を負ったのか。

上述の通り、得宗勢力の幕府丸抱えは、御家人一般が負担能力を喪失したことに起因する。そして、その御家人の弱体化は多分に、得宗勢力自身が繰り返した内乱・粛清に起因している。それらの粛清を経るたび、北条氏の政治的優越は確実化し、幕府中枢に占める人数的割合は上昇し、〈幕府は北条氏が運営するもの〉という性質が濃厚となり、その分、生き残った御家人一般にとって幕府運営は他人事となった。〈幕府が次第に北条氏のものになってゆくならば、幕府運営に責任を負う者も我々御家人ではなく北条氏であるべきだ〉という認識は、広く醸成されたであろう（時頼期の御家人が、幕府の垸飯役負担を難渋する一方で、私的な垸飯や「旅籠振舞」と称する過差的饗応を繰り返したのはその証左であろう〔本書第五章第三節Ⅰ〕）。

そうした中で最も深刻であったと思われるのが、御家人の絶対数減少と体力低下である。頼家期の畠山重忠・梶原景時ら幕府草創功臣の粛清に始まり、和田合戦で相模・武蔵の主力御家人の相当部分が族滅・没落し（敵方に誅殺者一五九名・降人二八名、味方に討死五〇名・一〇〇〇名以上の負傷者[67]）、さらに宝治合戦で「泰村（三浦）以下為宗之輩二百七十六人、都合五百余人令自殺[68]」という被害（余波で討たれた千葉秀胤一族を含まない）を出して三浦氏・毛利氏らが族滅・没落し、霜月騒動（と派生的な岩門合戦）では安達泰盛以下「五百人或自害」といわれ、泰盛分国の「武蔵・上野御家人等自害者」も多数に及んだ[69]。

御家人の総数が多くて二〇〇〇家程度と推算される中[70]、右の粛清で出た被害はあまりに大きく、幕府を担うべき御家人の絶対数自体が激減していた。そして、徳治三年（一三〇八）の著名な『平政連（実は中原）諫草』[71]第四条に「諸御家人所領分限事、昔過半不劣千町歟、今千町分限、不過十余人乎、十分九者、四・五十町歟、其以下二・三十町、十・二十町許也」とあるように、かつて「過半」といわれるほど多数存在した、所領規模一〇〇〇町以上の御家人は鎌倉末期には十余人に過ぎず（筧は、その中に金沢氏等の北条氏有力一門が含まれないと見る[72]）、御家人一人あたりの負担能力も激減していた。それは、激減前の規模（絶対数×分限）の御家人総体で担うよう設計された幕府制度が破綻し、生き残った御家人が総力を結集しても、物理的に幕府を担う人的・経済的資源を確保できない状況に至ったことを意味する。

しかも、秋山哲雄によれば、同じ頃までに、一族分業による全国散在所領の運営コストや鎌倉駐在コストの負担により、「鎌倉中」御家人の分解・分散化が進行し、鎌倉常駐の御家人が減少の一途をたどって、幕府儀礼催行時には御家人らの多くが儀礼参仕のためだけに鎌倉に参ずるような状況が現れていた(73)。そうした中で幕府に史上最大規模の軍事的負担を強いた二度の元寇は、西国に所領を持つ御家人の現地下向・定住を一挙に加速し、右の「鎌倉中」御家人の分解・分散傾向を決定的にしたに違いない。

以上より、得宗専制期の鎌倉、特に元寇以後の鎌倉では、幕府草創期や執権政治の盛期と比べ、著しい空洞化が進行していたと推察される。その中で、政権首班であるが故に鎌倉を離れられない得宗勢力（と複数の官僚世襲氏族の一部）は、鎌倉でしか行い得ない幕府中央の儀礼の参仕者を潤沢に供給可能な、唯一の物理的な供給源であった。そして幕府儀礼を担う御家人の絶対的不足は、（元寇を除けば）北条氏自身が招いた事態である。その穴埋めを北条氏が専ら担う以外の選択肢は、存在すべくもなかったというべきだろう。

## 四　幕府の並列な二系列化 ――「公方」と「御内」――

御家人の所役遁避傾向に対して、時頼政権は評定で徹底した調査と対話を行い、丁寧（執拗）な理非究明を個別に行い、理路整然と御家人の所役免除申請を論駁した（本書第六章）。時頼政権の対策が成果を挙げなかったのは、理非による御家人の説伏にこだわったためと見られる。佐藤が指摘した通り、時頼政権の裁判理念は「不応訴を罪とする」、すなわち理非究明の場に当事者を強制的に縛りつける姿勢を現した点で、泰時期の執権政治より強権的であったが(74)、なお理非究明こそ至高の正義と信じた点では、執権政治的である。

ところが、時頼が没して二年後の文永二年《(一二六五)》、執権政村・連署時宗の政権は「射手有故障等不可有免許」と、年始的始射手の免除申告を一律に門前払いする方針に転換した[75]。理非発見を略して「とにかく不出仕は認めない」と、政権の決定をいかなる事情よりも優先させた強権主義への転換は、まさに、佐藤が貞時期について「理非の発見から公権力による規制・鎮圧に変わった」と総括したのと同じ現象である。〈成り行きと負担能力の両面から、幕府組織の維持運営を一身に担わざるを得ない〉という決意が得宗勢力に生まれた時期は、右の強権主義化、すなわち儀礼運営への危機意識が急激に高まった時宗期の初世ではないか。

かかる決意のもたらした最終形は、『北条貞時十三年忌供養記』[76]に観察できる。盛本は同記により、元亨三年《(一三二三)》の貞時十三年忌仏事の「参加者は幕府儀礼と共通し、得宗家の家の儀礼があたかも幕府の儀礼の如き様相を呈している」(四五頁)とした。ただし、当該期の幕府儀礼参加者の全容は不明で、実際に参加者が共通したかは定かでない。盛本は、同記巻末の「諸方進物」注文に挙がる、得宗被官でない外様御家人(少弐貞経・大友貞宗・千葉貞胤・足利貞氏・同上総前司《(吉良貞家カ)》・三浦介《(時継カ)》・小山下野前司《(貞朝カ)》ら)の存在を踏まえたのであろう。

しかし、総数一八二名のその交名は、儀礼参加者ではなく進物進呈者のリストに過ぎない。少弐・大友ら九州在住の、間断なき異国警固を担う守護が、鎌倉の仏事に参加した可能性はないからである。一一月二五日条の「一品経調進方々」三四名のうちに「足利殿《(貞氏)》」が見えるものの、その三四名中、少なくとも二五名が得宗一門・姻戚・乳母・被官等関係者であり、外様御家人も二階堂道蘊・摂津親鑒ら高時政権の中心人物[77]に限られ、足利貞氏だけが異質である上、これも法華経各品等を分担供出した人々の交名であり、参仕者の交名ではない。参加が絶対確実な者は、実は布施取の公卿八人・殿上人一五人・諸大夫六人と手長の御内人に限られ、盛本が想定した、幕府全体を挙げての儀礼とは見なし難いことに注意する必要がある。

とはいえ、仏事参列者の記載に、極めて興味深い幕府の秩序が読み取られることは間違いない。まず、一〇月二四日条に、法華八講の公卿座と殿上人・諸大夫座に加えて、「太守（高時）御聴聞所、左大夫殿（泰家）以下御一族御坐席」と「左右雨打間懸渡簾、為聴聞所、右公方人々、左御内人々」が見える。京下りの公卿・殿上人・諸大夫を除くと、幕府構成員は得宗以下北条氏一族とその他御家人に大別され、後者が「公方人々」と「御内人々」という二群から成るという、当該期幕府の基本構造が明記されている。「御内」の対義語[78]（非得宗被官）として、しばしば「外様」といわれる人々を指す「公方」の語が確立していたこと、そして「御内人々」が「公方人々」（外様御家人）と並列なカテゴリーを形成していたことは重大である。

また、一一月二六日条は、幕府構成員を「太守（貞時）（得宗）」、「修理権大夫殿（金沢貞顕）以下御一族宿老」、「別駕（安達時顕）・洒掃（長井宗秀）・長禅（長崎円喜）以下御内宿老」、「評定衆・諸大名以下」、「御内人以下国々諸御家人等」に分類する。その中で、安達時顕・長井宗秀・長崎円喜の三人は「御内」[79]かつ「宿老」として、別格の特権集団を成した。「評定衆・諸大名以下」の「以下」とは、後段の「国々諸御家人等」（在国中の御家人）に含まれない御家人、すなわち「鎌倉中」の御家人を指していよう。また、「御内人以下国々諸御家人等」という表現は、非「鎌倉中」御家人が、御内人という追加的属性を持つ者とそれ以外に二分され、前者が後者に優越したことを窺わせる。御内人の大多数は御家人の後裔として、御家人という本質的属性を保ち続けたが、かつて「関東射手似絵」が作成された時、モデルに推された御内人の掲載を、泰時は遠慮して強く辞した[80]。高時期の御内人が平均的御家人より上位にあった事実は、その泰時期の段階からは考えられない、特筆に値する変容である。

顧みれば、かつて御内人筆頭平頼綱は次男資宗を検非違使・左衛門尉に就け、五位に昇らせ、阿波守に任じさせていた。御内人の受領就任は空前であり[81]、検非違使尉は御家人の中でも極めて限られた特権的氏族（佐々木・二階堂・三浦・宇佐美氏等）のみが就任できる地位である[82]。既に正応六年（一二九三）の平禅門の乱の段階までに、御内人筆頭の地位は諸大夫となり、侍たる平均的御家人を凌駕しており、官位秩序上、相互の最上層が伍する形で、御内人は御家人と並列な二系列化を果たしていた。

さらに、『北条貞時十三年忌供養記』一〇月二〇日条には、経供養禄役人の合田遠貞・粟飯原常忠・尾藤資広・本間助茂・五大院高繁の動員について「長崎孫左衛門尉師光于時小侍所催促之」とある。盛本は幕府機関の小侍所が得宗家儀礼の運営に携わったと見て「幕府と得宗家の儀礼の混同化」を指摘した（四五頁）。単に「小侍所」と書く記法は小侍所別当を示唆するが、長崎師光は系譜上の位置が不明ながら長崎氏庶流と思われ、得宗時宗・高時や金沢実時・貞顕らが勤めた幕府小侍所別当となるには身分が低すぎる(83)。また、動員された合田ら五人も師光も明らかに御内人だが(84)、得宗家行事のために御内人が御内人を動員する作業、すなわち得宗家家中で完結する動員が幕府小侍所を経由する必然性は皆無であり、メリットも想像し難い。

ところで、嘉暦四年（一三二九）三月一三日金沢貞顕書状(85)に「宗正（北条宗政）与党人等注進……同与党人等も今日申剋下着之間、為御内侍所工藤右近将監（貞光）沙汰、被預御内之仁等之旨承候」と見え、得宗家には御内人の検断沙汰を担う「御内侍所」が存在した(86)。その機能から見て、御内侍所は幕府侍所を模倣した機関であろう。この時期、幕府侍所は検断沙汰を専らとして、初期侍所が職掌とした御家人の儀礼動員・管理機能(87)は小侍所に分出させたから、御内侍所が幕府侍所の模倣であるならば、御内侍所も検断沙汰を専らとして、御内人の儀礼動員・管理機能は〝御内小侍所〟というべき機関に委ねられた可能性が高い。その可能性と、担った機能と、長崎師光の出自等を総合するに、師光が在任した「小侍所」は御内小侍所であったと推断できよう（「御内」の接頭辞を欠くのは、行事・関係者の性質から自明だからであろう）。

こう考えると、当該仏事の参仕者・運営形態のいずれの面においても、得宗家と幕府（御内と公方〔外様〕）が混淆していたとはいえなくなる。むしろ、印象的かつ確実なのは、公方人々と御内人々、あるいは評定衆・諸大名以下と御内宿老、さらには幕府侍所・小侍所と御内侍所・御内小侍所、といったように、幕府が人的にも機関的にも、「公方」と「御内」の二系列に整然と分離し、併存した様子である。正和三年（一三一四）～元亨元年（一三二一）頃の年未詳正月七日貞顕書状に(88)「今日評定幷御寄合始候之間」云々と見え、「寄合始」という儀礼まで生み出すほど制度化された寄合が、儀礼体系において評定と並列に現れた事実も、かかる二系列化の反映であろう。そして、その二系列化は、後の元弘の乱で「御内御使長崎四郎左衛門尉高貞、関東両使秋田城介高景・出羽入道道蘊」が並行して上洛した事実（(年)裏書元徳三年（一三三一）条）が確認できるように、幕府滅亡まで継続したのである。なお、右で「御内御使」が「関東両使」より先に挙げられた事実や、前述の法華八講で聴聞所の右に「公方人々」が着して左に「御内人々」が着した事実等は、朝廷の左右大臣の如く、並列ながらも「御内人々」が「公方人々」の上に位置した可能性を疑わせる。

## 五　幕政請負の合理化と評定の存在意義

右のような二系列化は、なぜ生じたのか。その経緯を推測して本章を終えたい。

前述の通り、鎌倉中期、幕府は自己の資源（人材・資金等）で儀礼等を継続運営できなくなり、得宗が幕府の負担を肩代わりし始める。それは主に、二つの手段から実現された。

第一は、得宗が調達可能な資源を幕府運営に割き与え供給したことである。具体的には、組織・行事等の従事者と事務運営者の双方に御内人を大量投入する人材供給と、将軍御所運営費や社会的贈答慣行の費用等を得宗勢力だけで丸抱えする資金供給で実現された。

得宗専制期における得宗と幕府財政の関係を最も明瞭に示すのが、弘安六年（一二八三）四月日の追加法四九〇条で、そこには「恒例臨時公事間事、或就政所、或定頭人、被仰下之処、給主幷寄子等、称令対捍、不遣其道之条無謂、然者、頭人幷政所先致沙汰、可注申子細、寄子幷給主等、背彼催促、致自由対捍者、随公事之体、可被付寄子所帯於頭人」とある。同法は関東御教書に必須の執権・連署の日下署判を欠き、袖に「御判有之」と付記され、「政所頭人可有其咎之状如件」と直状形式の書止を持ち、『貞応弘安式目』本は冒頭に「御内」と傍書する。すなわち、これは得宗時宗袖判の書下であり、得宗家中の立法である。したがって文中の「恒例臨時公事」は関東御公事ではなく、得宗が得宗領に賦課する、〝御内公事〟と呼ぶべき公事である。御内の恒例臨時公事とは、徳治二（一三〇七）年五月の大斎番文[89]に載せる、円覚寺毎月四日大斎（北条時宗忌日）の如きが該当しよう（総計一二番九六人で毎月結番し分担された大規模な公事には、関東御公事と並び立つ十分な存在感が認められる）。

ただし、当該期の得宗と幕府の関係に照らせば、該法は事実上の「幕府法の一部とみるべき」[90]で、それは幕府政所の職責・処罰規定の存在に明らかであろう（得宗家に政所は存在しない）。より興味深いのは、恒例・臨時公事の徴収時に、政所や担当頭人の催促に給主・寄子が従わない場合には政所・頭人に調査・報告を命じ、寄子らに所領没収刑を課す、という内容である。文永五（一二六八）年七月日若狭東郷大田文案の後代の付箋・追記に「関東領之時、給主塩鉋〔飽カ〕三郎□□〔兵衛〕入道給之」「富田郷給主塩飽修理進」と、また元弘四（一三三四）年正月日若狭太良荘百姓国正申状に「関東御内御領之時、彼石見房覚秀為給主代官」と見えるように[91]、該法中の「給主」は、得宗が得宗領（「御内御領」）を割いて被官に知行させた「御内御恩之地」[92]を知行する御内人と解される。

得宗領給主（御内人）からの公事徴収を幕府機関（政所ら）が担った事実は、得宗領収入の一部が幕府の収入とされたことを意味しよう。得宗は幕府財政を肩代わりすべく収入の一部を幕府に割き与えるにあたり、手数軽減のため、公事が得宗の手（家務機関）を経由せず直接下地から幕府へ流れるよう、幕府政所等と得宗領と直結する徴収構造を整備したと考えられる。得宗被官が公然と幕府機関の運営を担い始めたのと同様に、幕府職員もまた公然と得宗家運営を担い始めたのであり、この実務レベルの得宗・幕府の一体化は、得宗による幕府運営の丸抱えにおいて、迂遠な手続きを徹底的に排した結果と評価し得る。

得宗による肩代わりの第二は、得宗自身が将軍の果たすべき役割を引き受けたことである。例えば、貞時は鶴岡放生会流鏑馬見物で将軍の桟敷を略し、得宗の桟敷で将軍に密々に見物させた。それは経済効果の視点から見れば、『増鏡』（下―一一―さしぐし）に「（八月）十六日にも猶かやうの事なり、桟敷ともいかめしく造りならへて色の幔幕などひきつゝけて」云々と見える如き、質素とはいい難い将軍桟敷の造営費の節約であり、将軍の活動の財源（将軍料所や、地頭御家人から徴収する恒例・臨時関東御公事）にかかる負荷の軽減にほかならない。

また、宗尊の嗣立以降、幕府では将軍出行が親王行啓扱いとなったため、必要な資源（人員・物品費等）が摂家将軍期より格段に増した。宗尊の鎌倉下着直後には「親王行啓不可輒」という理由で鶴岡臨時祭の将軍参宮が廃止され(93)、弘安七年新式目第一四条（追加法五〇四条）でも「御行始・御方違之外、人々許入御、可有猶予事」と、年始御行始・方違以外の将軍出行全般を制限せねばならなかったほどに、親王将軍出行は幕府財政を圧迫した（詳細は本書第七章参照）。

将軍には密々に見物させつつも将軍の桟敷を省いて、表向きは将軍の参宮を〝なかったこと〟にすれば、晴の将軍出行に要する莫大な諸費用（主に、桟敷等の滞在先の贅を尽くした設営費用や、供奉人の装束料）を節約でき、それを負担する幕府や御家人（高価な装束を自弁せねばならず、それがしばしば供奉人役の遁避・対捍を招いた〔本書第六章〕）の負担を軽減できる。得宗専制期の放生会においては、将軍も得宗も、出御したりしなかったりと区々だが、大抵どちらかは出御している。将軍と得宗が一つの責務を分散負担していたと解釈できよう。

ただ、そのような運用には制約がある。第一に、鶴岡放生会では将軍自身の参宮・観覧に重大な意義があり、だからこそ臨時祭の将軍参宮が停止されても、最重要祭礼たる放生会の将軍参宮は廃止されなかった。かかる将軍の責務を得宗が一定割合肩代わりするには、得宗が将軍と同じ役割を負う立場に立たねばならない。平家滅亡の二年後の文治三年（一一八七）に創始された鶴岡放生会には、明らかに対平家戦争時の幕府加護に対する報賽の側面があり、将軍は幕府を体現して、幕府成立を扶けた神に報謝すべく参宮・奉幣した。したがって、得宗もまた、幕府を体現する立場に立たねば、祭祀面で将軍の責務を肩代わりできない。

本質的に得宗その人の人格と等しい寄合が評定と同様に「公事」と呼ばれ、得宗の人格が幕府の「公」的側面を（すなわち幕府自体を）体現するという関係は、かかる要請から生じたと推察される。そのようにして幕府と同体となった得宗は、自分自身（幕府）の成立を加護した神への報賽として、鶴岡放生会に臨み、同じ理由で二所詣を行ったと解される。

ただし、根本的に幕府は将軍の存在を大前提とし、将軍もまた自ら幕府と同体であって、幕府という形を取り続ける限り、将軍を退場させることはできない。そして、理由が何であれ、得宗は自ら将軍となる道を選ばなかった（一般には出自の卑しさや、将軍の後見としてのみ存立する権力の態様等が理由とされる）[94]。その結果、将軍と得宗がそれぞれ、ともに〈自らは幕府と同体〉という自覚・社会的承認を持ちながら併存するしかなく、その場合に競合を避けるため、相互に干渉しない役割に棲み分けたと考えられる。

得宗の役割が幕政運営実務の掌握であったことは、幕府の諸機関・諸儀礼における参仕者や事務運営スタッフを得宗の手足（一門や御内人）が占めてゆく趨勢、そして寄合の存在に明らかであろう。得宗は評定の外に、得宗の意志決定を輔ける従順なブレイン・手足のみで構成された寄合を設け、幕府の最重要事項（人事や制度・対朝廷方針に関する根幹的政策等）の決定の場を寄合に移し[95]、また官途沙汰を評定の審議事項から外して得宗の直接決定事項に移し（㊮六月一六日条）、評定から権限を奪って形骸化させた。

では、将軍に特化された役割は何か。ここで、得宗が重要な権限を寄合に吸収した後も評定を廃止せず、幕府の議決機関を寄合に一本化しなかった事実が意味を持とう。引付方・越訴方等を何度も自在に改廃し、そもそも評定衆の人事権を完全に掌握していた得宗時宗・貞時の権力を踏まえれば、評定は意図的に残された、すなわち寄合は最初から評定と並立する別系統の会議として制度化されたと考えねばならない。

　寄合・引付方・越訴方はすべて本質的に、得宗の理非決断を導く補助的手段、いわば決断の形成を支える入力《インプット》を担った。それらは決断を導く道具に過ぎず、したがって決断がより望ましい形で導かれるならば、任意に設置・改変・廃止して差し支えない。それに対し、いかなる経緯を経たものであれ、得宗の理非決断は、原則として評定を経て裁許状（下知状・関東御教書）として形を成す。すなわち得宗の理非決断は、評定という回路を経て出力《アウトプット》されることで、初めて法的有効性を獲得する。ここで、五味文彦が『吉田家本追加』の傍例から、「仰之詞」がないという理由で「北条殿（時政）幷右京大夫殿（北条義時）御下知」が単なる「執事御方御下知」とされ、「公方御下知」と認められずに「棄置」かれた「法」を指摘したことが想起される[96]。

　単なる「執事」発給文書（家中で完結する家務文書）と「公方」御下知（広く社会を捉える行政文書）を分かつ「仰之詞」（「依仰」の二字）を、北条氏発給文書に書き込む唯一正当な手続きこそ、（どれだけ形骸化しても）評定後に行われる将軍への事書進覧・裁可手続きである。得宗政治期の「御評定始」の詳細を伝える(建)正月一五日条に「三ヶ条沙汰以後、御□（事カ）書上覧」とあり、手続きが酷似する惟康新宅移徙に伴う評定（始）を伝える(建)七月一九日条に「三ヶ条御沙汰之後、書進事書、以武州（連署義政）・城務（安達泰盛）為御使、被進御所、可施行之由、即被仰下了」とあるように、得宗専制期においてもなお、評定では事書が将軍に進覧され、将軍の「可施行」という命令を待って執行される手続きが保たれた。

　寄合と評定は、得宗の理非決断の入力《インプット》・出力《アウトプット》を分担し、「御内」の領域たる寄合で形成された得宗の決断は、「公方」の領域たる評定で法的効力を帯びて「成敗」の形を獲得する。評定は、得宗個人と社会を接続し、両者の対応関係を定位する界面《インターフェイス》として機能している。

　かかる評定の機能は、佐藤が指摘した評定衆・引付衆の肩書化とも照応する。佐藤以来の通説はそれを評定の形骸化と捉えたが、それは物ごとの一面に過ぎない。若年の北条一門に与え続ける価値がある以上、それら肩書には、彼らが何者かを社会に対して説明し理解を得るのに十分な機能、個人と社会を接続する界面《インターフェイス》の機能があったはずだ。それはちょうど、内実を失った朝廷の諸官職がなお前近代を通じて、全社会を捕捉する普遍的な身分標識として積極的に機能した事実と共通する。寄合の成立に伴う評定の権限縮小は、奪権の被害者という後ろ向きの評価ばかりでなく、権限を分掌してくれる外部機関の成立により、雑多な機能群から余計な機能が削ぎ落とされ、役割が純化・定立したという前向きな評価が可能である。「評定衆」「引付衆」等の肩書きを形骸化させることによって、幕府はようやく自ら管理可能な〝官途〟を手に入れたのであり、それは朝廷においてそうであったように、統治機構に有益な、強力な武器の獲得と評価すべきである。

　かくして、得宗の理非決断形成を焦点として、幕府全体がその入力《インプット》系領域と出力《アウトプット》系領域に画然と二分され、前者を体現する得宗と、後者を体現する将軍という二頭の下で、他の構成員が〈公方人々（外様御家人）／御内人々〉の二系列で把握される体制が記録されるに至る。

　かつて時頼は、律宗の叡尊への「関東平均之帰依」の「標幟」として西大寺への荘園寄進を企図した時、「私之沙汰者、猶似聊爾、仍可擬将軍御寄進、切々懇望、何無納受乎」と叡尊に伝えた[97]。「得宗の個人名での寄進は、幕府が皆等しく帰依する証とするには「聊爾（軽率・失礼・疎か）」なので、将軍の名で寄進したい」という時頼の認識は、将軍の〈「仰之詞」を帯びない得宗は、将軍家の「執事」に過ぎない〉という上述の構造と類似する。それを劣等感として表明した時頼は、未だ将軍―得宗の関係を直列の上下関係と理解していた。それが、得宗専制の本格化に起因して、「公方」「御内」という並列の二系統を担う、並列の二頭へと変容した。その二系統並列化が始まった時期は、それが最初に寄合の制度化・定例化として顕れた時宗期に始まったと推定できよう。当該体制下の得宗を示す制度的名辞は見えないが、「金沢文庫文書」の仏事関係文書（廻向文等）に現れる「副将軍[98]」

は、最もそれに近い。

右の二系列が画然と領域を保った事実の根底には、得宗の決断形成とその執行の両過程の円滑さを最重要視する、割り切った運営方針があろう。その方針は、両過程の合理性向上のため、得宗勢力が幕府各業務を直接掌握・監督する、手続上の短絡回路《ショートカット》を多く生み出し、結果的に公方と御内の癒着、得宗勢力による幕府侵蝕に見える現象が多発した。その現象としては、従来指摘されてきた北条氏一門・御内人による幕府の機関・役職の占取の他にも、次の事例を挙げ得る。

まず、鎮西訴訟における奉行人の不正弾劾権を、少弐経資以下四人の鎮西特殊合議機関の管掌から尾藤・小野沢ら御内人二人に移した正応四年（一二九一）の追加法六三一条。次に、寺社本所領関係裁判取り扱いの怠慢の弾劾権を、「奉行人并五方引付」から飯沼資宗・大瀬惟忠・長崎光綱・工藤杲禅・平宗綱ら御内人五人（平頼綱の子弟三人を含む）に移して、引付を頼綱の直接監督下に置いた同年の追加法六三二条。また、正安二年（一三〇〇）の越訴方廃止に伴う「相州家人五人」（貞時被官）による越訴奉行掌握（(年)同年条）。そして、長崎高資の評定衆就任。これらは、幕政と得宗勢力の短絡回路《ショートカット》の顕著な例である。そして、これらと同時に、表裏のものとして、政所が得宗領から御内公事を直接吸い上げるという、上述の逆方向の短絡回路《ショートカット》も存在した。

選択肢が乏しかったとはいえ、幕府を丸ごと抱え込む負担を独り担うという決断を、なぜ得宗は行ったのか。それは、鎌倉幕府滅亡後も存続した氏族と比較すれば明らかであろう。三浦・河越・千葉・小山・結城氏ら東国大名は、幕府成立以前から在地に存在基盤を持つ点でも、また幕政中枢から最終的に疎外された点でも、存続を鎌倉幕府に依存しなかったという共通点があり、それ故に幕府滅亡後も生き残った。九州の少弐（武藤）・大友氏は元来の在地領主でないが、変転を繰り返した北条氏の九州統括官と異なり、約一世紀も継続的に現地支配を担い、しかも幕政中枢にいなかったため、同様に生き残った。また、北条氏とともに幕政中枢を担った三善（町野・大田・矢野）氏・大江（長井）氏・中原（摂津）氏・二階堂氏らは京下り官人の子孫として、文筆官僚たる卓越した特殊技能を有したため、建武政権・室町幕府でも能力を買われ存続した。

しかし、弱小領主出身の北条氏は元来の在地基盤を持たず、鎌倉に常駐したため巨大領主に成長しても在地基盤を確立できず[99]、文筆官僚としての特殊技能も持たない。鎌倉殿外戚から出発し、鎌倉殿「後見」職として幕府運営者に終始した北条氏の地位は、幕府を離れては成立し得ないのであり、自己の生存と幕府の死守は全く同義なのであった。

## 結論と展望 ――「公方」「御内」並列化の意義と室町幕府二頭政治――

本章では、儀礼の観察を糸口として、得宗専制期幕府の見取り図を描写し直してみた。最後に本章の所論を整理して、結論としたい。

鎌倉期を通じて、幕府儀礼を担うべき御家人の絶対数は減少し、個別の負担能力も減衰し続け、時頼期（特に宗尊嗣立後）には御家人の幕府儀礼所役の「自由対捍」が収拾不能に陥り、幕府儀礼の自力運営が不可能になった。そこで得宗時頼は、幕府・御家人が負担すべき幕府・将軍の維持コストを自ら肩代わりし、儀礼の担い手に御内人を大量投入して必要数を賄う等、自己負担で幕府運営を賄う路線へと舵を切り始める。そして、続く時宗期以降、御家人の絶対数・負担能力が元・高麗との戦争やその再発に備えた国防に割かれ、御家人の負担能力に依存した幕府運営は絶望的となった。幕府がなくとも自立できる有力豪族出身の他氏と異なり、北条氏は全く幕府と運命共同体であり、幕府の死守と自己の生存が同義であるため、得宗勢力は幕府を丸抱えで担うほかなくなり、幕府の維持費や儀礼負担が北条氏の責務となった。

この幕府丸抱えは、得宗とその勢力が幕府と同化する形で実現した。得宗は将軍の負担・役割を軽減すべく、代行可能なものは肩代わりして、建前上も将軍とともに幕府を代表して幕府の「公」を体現し、将軍・得宗の二頭体制を築いた。ただし、幕府の根幹が〈将軍の御家人の集団〉である以上、将軍の排除は幕府の瓦解に等しく、したがって幕府に依存する得宗（北条氏）が将軍の排除へと指向・帰着する可能性は、論理的にない。

得宗が幕府と同化し、将軍と幕府の「公」を分掌した結果、得宗の意思決定に属する領域と、将軍によるオーソライズ・執行に属する領域は混淆せず、むしろ画然と分離されて、幕府の意思決定の入力系と出力系として整理され、制度化された。政策・人事決定や御内人による訴訟制度の直接掌握で前者を担う、得宗の人格そのものというべき寄合が「公事」扱いとなって制度化される一方、得宗の意思を幕府の成敗へと法的に昇華させる評定と麾下の執行機関が、後者の領域を担った。法源を担う将軍と、意思決定を担う得宗という、性質の異なる「公」が、幕政制度として二領域に整理されたのである。

従来御家人が担った役割を代位させるべく得宗が投入した人材＝御内人は、御家人と同等の存在感を獲得し、幕府構成員は最終的に、「公方人々（御家人）」と「御内人々」という並列な二系列の混成に収斂した。後者は得宗に連なるが、得宗は「公」の存在なので、「御内」もまた字面に反し、ある種の「公」を含意する。鎌倉幕府は、将軍の担う「公」の領域を「公方」というラベルで表現し、得宗の担う「公」の領域を「御内」というラベルで表現したことになる。

かかる「公方」「御内」の二系列化を念頭に置くと、「公方」という言葉がなぜ鎌倉幕府で生まれてきたのか、という問題にも示唆が得られる。すなわち、「御内」を一方とする二系列の成立が、「御内」の対義語を生み出す必要を生じさせ、「公方」の語を生んだのではないか。そして、結果的に「公」へと昇格した「御内」と、元祖「公」というべき将軍の「公」を区別すべく、後者を殊更に「公方」と呼んだのではないか、と。

かくして、草創期に〝一揆型組織〟として発足した鎌倉幕府は、泰時～時頼期に執権政治の都合で〝一揆型組織〃へと転換し、さらに時宗期以降は得宗専制の都合で、将軍・得宗を二頭として「公方人々」「御内人々」が並立する〃二系列型組織〃へと行き着いた。そして、如上の整備された二系列を制度的基盤としつつ、実際の運営は、得宗勢力が幕府と同化した利点を最大限に活かし、合理化された。評定衆以下の幕政の要職に御内人が就任する等、御内人が「公方」面に進出し、逆に幕府政所が得宗領の公事徴収に直接関わる等、御家人が「御内」面に進出して、「公方」と「御内」が双方向的に触手を伸ばし合って短絡回路《ショートカット》を形成した。それは、〈得宗が幕府と同化した〉という自覚を突き詰めた末に生じた一種の割り切りと解されるが、上述の幕府の人材不足を考慮すると、乏しい人材で巨大な組織を運営するために、不可避の合理化であったと評価できよう。

従来、北条一門・御内人が幕政を壟断し、形骸化させ、運営実務を奪取した徴証だとされてきた諸現象や、得宗の意思が公然と幕政の制度的中心となる諸現象、そして得宗の絶対化等は、得宗の幕府丸抱えによる〈幕府の実質的支配者〉から〈幕府そのもの〉への転換であり、それは乏しい人材で幕府を維持運営する得宗勢力の、どちらかといえば窮余の策であったと、本章は結論する。

その人材不足をもたらした一大要因の一つは、間違いなく得宗勢力自身が重ねてきた政争にある。それらは幕府の人材を減少・弱体化させ続け、その果てに深刻な幕府の人材難を招き、すべてを得宗自らが背負わねばならなくなった。得宗の幕府運営丸抱えとは、積極的な現在進行中の奪権闘争ではなく、過去の奪権闘争で他者に強いた犠牲が、そのまま負債として得宗に跳ね返った結果として消極的に採用された手法であり、いわば執権政治確立過程の因果応報的な結末であった。

ところで、後期鎌倉幕府の将軍・得宗の二頭体制は、室町幕府成立史に直接影響を与えた可能性がある。幕府滅亡の約二年半後に足利氏が再生させた幕府が、成立当初から二頭体制だったからである。観応の擾乱まで続いた〈将軍足利尊氏を戴きつつ、弟直義が執政する〉という二頭体制は、尊氏から直義に政務が譲られた建武二年(一三三五)

の挙兵段階まで遡る。その室町幕府の母胎となった建武政権の鎌倉府では、元弘三年《一三三三》以来、直義が鎌倉幕府執権の形態・権限を継承して振る舞った事実があり、しかも建長寺正続院に「毎月斎料」を支給した建武鎌倉府の〝執権〟直義の「公文所」は、得宗領の関東御願所に所務関係の命令を発した得宗家「公文所」の模倣である[100]。直義政権は、表向きには北条義時・泰時の執権政治を範としたが(『建武式目』)、実際には得宗専制体制下の得宗家の要素が流入しており[101]、その得宗家は将軍と並ぶ二頭体制の一方であった。これらの事実は、後期鎌倉幕府の二頭体制が、初期室町幕府の二頭体制の直接の淵源であった可能性を示唆し、室町幕府発足時の政権構想に一定の知見を与える可能性がある。今後の課題としたい。

(1)佐藤進一「鎌倉幕府政治の専制化について」(『日本中世史論集』、岩波書店、一九九〇、初出一九五五)六九頁。
(2)前掲注(1)佐藤論考七八頁。
(3)佐藤進一『日本の中世国家』(岩波書店、二〇〇一、初出一九八三)一三八頁以下。
(4)〝得宗専制〟概念に関わる研究史については、秋山哲雄・細川重男報告『討論　鎌倉末期政治史』(日本史史料研究会、二〇〇九)四一～三頁秋山発言参照。
(5)前掲注(4)書四四頁以下。
(6)細川重男「専制と合議」(『鎌倉政権得宗専制論』、吉川弘文館、二〇〇〇)三三四～五頁。
(7)秋山哲雄「若狭国守護職をめぐって」(『北条氏権力と都市鎌倉』、吉川弘文館、二〇〇六、初出二〇〇〇)二三五頁以下、同「長門国守護職をめぐって」(同、初出二〇〇五)二八三頁以下。
(8)前掲注(1)佐藤論考七〇頁。
(9)杉橋隆夫「執権・連署制の起源」(日本古文書学会編『日本古文書学論集5　中世Ⅰ』、吉川弘文館、一九八六)。
(10)『吾妻鏡』貞応三年六月二八日条に「相州《時房》・武州《泰時》為軍営御後見、可執行武家事之旨、有彼《政子》仰」。
(11)前掲注(3)佐藤著書一五八頁・一六一頁。

(12) 村井章介「執権政治の変質」(『中世の国家と在地社会』、校倉書房、二〇〇五、初出一九八四) 一六一～四頁。
(13) 細川重男『北条氏と鎌倉幕府』(講談社、二〇一一) 一九四頁。
(14) 『建治三年記』＝建⃝、『永仁三年記』＝永⃝、『鎌倉年代記』＝年⃝、『鎌倉遺文』＝鎌⃝、永井晋・角田朋彦・野村朋弘編『金沢北条氏編年資料集』(八木書店、二〇一三) ＝金⃝。金⃝収載文書の年次比定は主に金⃝に拠る。
(15) 鎌⃝三八－二九二五五 (金⃝七一九)。
(16) 鎌⃝三五－二七一七四 (金⃝五七六)・鎌⃝三八－二九四三一 (金⃝六〇一)・鎌⃝三八－二九四一四 (金⃝七一一)、鎌⃝三八－二九三三一 (金⃝五九七)。
(17) 鎌⃝三一－二三五六一 (金⃝四四四)。
(18) 細川重男「北条高時政権の研究」(前掲注(6)著書、初出一九九一) 三〇六～七頁は、当該書状の発信年を高時の引付・評定出仕始があった文保二年頃と推定したが、文面は正和五年(一三一六)の執権就任・判始(一四歳)を指す「御成人」からさほど遠くない時期を示唆するので、高時が「太守」と呼ばれる八ヶ月後の任相模守(文保元年三月一〇日)から近い時期ではないか。
(19) 鎌⃝三四－二五八八二。
(20) 『吾妻鏡』建久二年正月一五日条・仁治元年一二月二一日条。
(21) 前掲注(1)佐藤論考七七頁以下(特に七九頁)、前掲注(6)細川論考三三三頁以下(特に三三五頁)。
(22) 細川重男「寄合関係基本史料」(前掲注(6)著書) 三四五頁以下。
(23) 前掲注(6)細川論考三三五頁。
(24) 前掲注(1)佐藤論考七一頁、八〇頁以下。
(25) 前掲注(12)村井論考一五四頁。
(26) 前掲注(3)佐藤著書一三六頁。
(27) 佐藤進一「鎌倉幕府職員表復原の試み」(前掲注1著書、一部初出一九八三～八七) 三〇八頁は、「長崎は御内人であるから正式の評定衆ではなく、評定奉行と見るべきであろう」としたが、本書では採らない。典拠の正中三年三月某日金沢貞顕書状 (鎌⃝三八－二九三九〇〔金⃝七八四〕) の「被始行評定候了、出仕人々、予・陸奥守・中務権少輔・刑部権大輔入道・山城入道・長崎《（高資）》新左衛門尉以上東座、武蔵守・駿河守・尾張前司遅参・武蔵左近大夫将監・前讃岐権守・後藤信濃入道以上西座」という表記法を見る限り、高資だけを評定衆でないと見なすには、より積極的な根拠が必要である。

(28) 前掲注(27)史料に「参否安東《（貞忠）》左衛門尉候き」と見える。

(29) 前掲注(1)佐藤論考八二～三頁、佐藤進一「訴訟対象を基準とする訴訟制度の分化」（前掲注(1)著書、初出一九四三）九六～一〇〇頁。

(30) 前掲注(12)村井論考一五六頁以下。引用は一五七頁。

(31) 前掲注(3)佐藤著書一五八～九頁、一六一頁。

(32) 前掲注(6)に同じ。

(33) 盛本昌広「鎌倉幕府儀礼の展開」（『鎌倉』八五、一九九七）三七頁・四三～四頁。

(34) (鎌)三九-三〇八五四（(金)八二九）。発給年月日推定は鈴木由美「金沢貞冬の評定衆・官途奉行就任の時期について」（『鎌倉遺文研究』一七、二〇〇六）に拠る。

(35) 前掲注(33)盛本論考四五頁、また中澤克昭「武家の狩猟と矢開の変化」（『狩猟と権力――日本中世における野生の価値』、名古屋大学出版会、二〇二二、初出二〇〇八）が詳細に事実関係を跡づけている。

(36) 『吾妻鏡』仁治二年一二月二一日条・建長四年四月一四日条。

(37) (鎌)四〇-三〇九四九（(金)九一八）。

(38) 前掲注(33)盛本論考四四頁。

(39) (鎌)三九-三〇八一〇（(金)九六五）。

(40) 前掲注(33)盛本論考四四頁。

(41) 岡田清一「鎌倉幕府と二所詣」（『鎌倉幕府と東国』、続群書類従完成会、二〇〇六）は、「箱根権現・伊豆山権現は……頼朝追討勢（引用者注・平家軍）を阻止できる一大軍事基地であったといっても過言ではない。……それは、伊豆国一宮たる三島社にもあてはまる。／したがって、大きな軍事力を有する両社・三島社への参詣には、それに対抗する、あるいは鎌倉殿の軍事力を誇示する必要があった」（九九頁）とする。しかし、平家滅亡以前に三社が特筆すべき軍事力を有した徴証は皆無である。治承四年八月一九日条に「自土肥辺、参北条之勇士等、以走湯山、為往還路、仍多見狼藉之由、彼山衆徒等参訴之間、武衛今日被遣御自筆御書、被宥仰之」と、また一〇月一八日条に「伊豆山専当捧衆徒状馳参路次、兵革之間、軍兵等以当山結界之地、為往反路之間、狼藉不可断絶歟、為之如何云々」と、走湯山に衆徒が存在した徴証がわずかに見えるのみであり、箱根・三島の衆徒は史料上直接の所見すらない。しかも、右二例も、合戦時に軍勢の狼藉に戸惑い狼藉禁止を求める内容であって、平家軍・頼朝軍を脅かす軍事力を有したとは到底考え難い。そして、平家軍に対する防波堤の役割を三社に期待するならば、頼朝が三社に軍事力を誇示し、それをもって対抗姿勢を見せるのは筋が通らない。宗教勢力の軍事力を過大視した予断である。

(42) 田辺旬「鎌倉幕府二所詣の歴史的展開」（『ヒストリア』一九六、二〇〇五）。

(43) 筧雅博『蒙古襲来と徳政令』（『日本の歴史』一〇、講談社、二〇〇一）二六三頁。

(44) 〔鎌〕三八-二九三二三（〔金〕七八二）。

(45) 桃崎有一郎「昇進拝賀考」（『古代文化』五八-Ⅲ、二〇〇六）。

(46) 『薩戒記』応永三二年（一四二五）一一月七日条に載せる中院通淳の中納言拝賀の手続きによれば、通淳は「明後日八日可申拝賀、申次事可令与奪給候哉」と頭中将四条隆夏に依頼し、隆夏は蔵人頭として「御拝賀申次事、早可仰蔵人候也」と請文を献じ、「明日中院中納言可奏慶云々、申次事可被存知之状如件」と蔵人に命じている。

(47) 前掲注(33)盛本論考四〇～四一頁・四四頁。

(48) 八月一六日の流鏑馬は〔建〕・『増鏡』（下-一一-さしぐし）・『とはずがたり』（巻四）に惟康の見物が、また『親玄僧正日記』正応五年（一二九二）・同六年・永仁二年（一二九四）・〔永〕に久明の見物が、そして『鶴岡社務記録』正中二年に守邦の見物が、それぞれ確認できる。

(49) 永井晋「鎌倉幕府の的始」（『金沢文庫研究』二九六、一九九六）。

(50) 滑川敦子「鎌倉幕府における正月行事の成立と発展」（上横手雅敬編『鎌倉時代の権力と制度』、思文閣出版、二〇〇八）一八二頁。

(51) 鴇田泉「流鏑馬行事と鎌倉武士団」（『芸能史研究』九九、一九八七）、高橋昌明「鶴岡八幡宮流鏑馬神事の成立」（『武士の成立　武士像の創出』、東京大学出版会、一九九九、初出一九九六）、野口実『武家の棟梁の条件』（中央公論社、一九九四）等。通説的な流鏑馬成立論が根本から慎重な見直しを要することは、近藤好和「武器からみた中世武士

論」（『中世的武具の成立と武士』、吉川弘文館、二〇〇〇、初出一九九七）・同「騎射と流鏑馬」（『日本歴史』六三〇、二〇〇〇）を参照。

(52) 前掲注(50)滑川論考一八三頁。

(53) 前掲注(51)鴇田論考五頁。

(54) 本書第六章で詳論した。先学では前掲注(51)鴇田論考一五頁以下、前掲注(41)岡田論考一〇七頁以下等に言及がある。

(55) 川添昭二『北条時宗』（吉川弘文館、二〇〇一）三七頁。

(56) 正応五年一二月一八日加治木頼平在鎌倉用途結解状（「東寺百合文書と」、鎌二三―一八〇七〇）、永仁七年四月日関東下向旅粮結解状案（「東大寺文書第四ノ二十二」、鎌二六―二〇〇五六）。

(57) 筧雅博「鎌倉幕府掌論」（『三浦古文化』五〇、一九九二）四〇頁注31。

(58) 将軍御所の諸業務を統括した御所奉行二階堂行方・武藤景頼については、青山幹哉「鎌倉幕府将軍権力試論」（大石直正・柳原敏昭編『展望日本歴史9 中世社会の成立』、東京堂出版、二〇〇一、初出一九八三）一三七頁参照。

(59) 時頼・重時らが幕府「宿老」であった事実は、高橋慎一朗「宗尊親王期における幕府「宿老」」（『年報中世史研究』二六、二〇〇一）一二〇頁以下、また本書第四章参照。

(60) 前掲注(33)盛本論考三九頁。

(61) 弘長元年二月二〇日関東新制事書（『式目追加条々』、鎌一二―八六二八）、追加法三五八・三七六・三五六条。

(62) 鎌二四―一八四四五。前掲注(57)論考注31における筧の言及も参照。

(63) 元徳二年二月一七日貞顕書状（鎌三九―三〇九〇六・三〇九一〇（金九一〇））。

(64) 嘉暦二年四月二三日六波羅下知状（「早稲田大学所蔵佐草文書」、鎌三八―二九八二〇）。

(65) 元徳元年正月二三日貞顕書状（鎌三九―三〇八七五（金九〇一））・同二年三月四日貞顕書状（鎌四〇―三〇九四九（金九一八））・年月日欠貞顕書状（同三〇九五〇（金九二二））・元徳二年三月中旬ヵ貞顕書状（同三〇九八六（金九二六））。

(66) 前掲注(63)貞顕書状。

(67) 『吾妻鏡』建暦三年五月六日条。

(68) 『吾妻鏡』宝治元年六月五日条。

(69) 安達泰盛乱聞書・安達泰盛乱自害者注文（「熊谷直之氏所蔵梵網戒本疏日珠抄裏文書」、㊙二一―一五七三六・一五七三八）。
(70) 今野慶信「鎌倉幕府と御家人」（葛飾区郷土と天文の博物館編『鎌倉幕府と葛西氏』、名著出版、二〇〇四）六九頁。
(71) ㊙三〇―二三三六三（尊経閣文庫所蔵）。
(72) 前掲注(57)筧論考四〇頁注31。
(73) 秋山哲雄「都市鎌倉の東国御家人」（前掲注(7)著書、初出二〇〇五）。
(74) 前掲注(3)佐藤著書一五八頁以下。
(75) 『吾妻鏡』文永二年一二月一八日条。
(76) 「円覚寺文書」（『神奈川県史 資料編2 古代・中世(2)』二三六四号、㊎七〇五）。
(77) 前掲注(18)細川論考三二九頁。
(78) 御内人の定義については佐藤進一「御内と外様」（『鎌倉幕府訴訟制度の研究』、岩波書店、一九九三、初出一九四三）、細川重男「渋谷新左衛門尉朝重」（『鎌倉北条氏の神話と歴史』、日本史史料研究会、二〇〇七、初出二〇〇五）参照。
(79) 安達氏は代々得宗の姻戚。長井宗秀が御内扱いなのは、宗秀の母と、時宗の正室覚山志道（安達義景女堀内殿）が姉妹であったことによろう。
(80) 『吾妻鏡』仁治二年一一月二七日条。
(81) 細川重男「飯沼大夫判官資宗――「平頼綱政権」の再検討――」（前掲注(78)著書、初出二〇〇二）。一二〇頁以下。
(82) 桃崎有一郎「鎌倉幕府の秩序形成における拝賀儀礼の活用と廃絶」（阿部猛編『中世政治史の研究』、日本史史料研究会、二〇一〇）二八二頁以下。
(83) 時宗は㊝文永元年条、高時は同正和五年条、実時は『吾妻鏡』文暦元年六月三〇日条。貞顕は元応元年七月二〇日貞顕書状（㊙三五―二七一四〇〈㊎五七四二〉）に「越訴・小侍所両条奉行事、自去春雖辞申候、無御免候之間」云々と見える。
(84) 御内人の網羅的交名と思しい徳治二年五月日相模円覚寺毎月四日大斎番文（「相模円覚寺文書」、㊙三〇―二二九七八）に合田遠貞、五大院高繁の同一人らしき人物、名字・官途から見て粟飯原常忠・尾藤資広・本間助茂と同一人の可能性が高い人物が見える。奥富敬之「名字順得宗被官一覧」（『日医大基礎科学紀要』二七、一九九九）をも参照。

(85) ㊙三九-三〇五三一（㊎八二四）。

(86) 小泉聖恵「得宗家の支配構造」（『お茶の水史学』四〇、一九九六）三一頁以下に踏み込んだ考察がある。

(87) 佐藤進一「訴訟対象を基準とする訴訟制度の分化」（前掲注(78)著書、初出一九四三）八二頁以下、『吾妻鏡』建保六《一二一八》年七月二二日条。

(88) ㊙三八-二九三二六（㊎六二八。年次比定は同書三四七頁に拠る）。

(89) 前掲注(84)史料。

(90) 佐藤進一・池内義資編『中世法制史料集　第一巻　鎌倉幕府法』（岩波書店、第一三刷、一九九三、初版一九五五）三九六頁補注48。

(91) 「東寺文書百合外」（㊙一三-一〇二八四）、「東寺百合文書は」（同四二-二二八四〇）。

(92) 正和四年六月二一日安東道常寄進状（「相模円覚寺文書」、㊙三三-二五五五一）。

(93) 『吾妻鏡』建長四年四月一六日条。

(94) 前掲注(12)・(13)参照。

(95) 細川重男「寄合関係基本史料」（前掲注(6)著書）。

(96) 追加法参考資料九九条、五味文彦「執事・執権・得宗」（『吾妻鏡の方法』、吉川弘文館、一九九〇、初出一九八八）二〇一頁以下。

(97) 『関東往還記』弘長二年七月一三日条。

(98) 元亨三《一三二三》年一〇月六日入殿三十五日回向文土代（㊙三七-二八五四四）、嘉暦元《一三二六》年ヵ九月一八日相模極楽寺長老順忍四十九日回向文（㊙三八-二九六一五）元徳二《一三三〇》年一二月三〇日不断両界供遍数状（㊙四〇-三一三二九）、同三年六月一二日顕弁四十九日仏事廻向文（㊙四〇-三一四四三）。

(99) 細川重男「摂津と京極」（阿部猛編『中世政治史の研究』、日本史史料研究会、二〇一〇）。

(100) 桃崎有一郎「建武政権論」（『岩波講座日本歴史　第7巻　中世2』、岩波書店、二〇一四）六五～六六頁。

(101) 花田卓司氏の御教示による。

# 第一〇章　鎌倉末期の得宗儀礼に見る長崎円喜・安達時顕政権の苦境

## ――得宗空洞化・人材枯渇・幕府保守――

### 緒　言――問題の所在――

後期鎌倉幕府においては、得宗やその家を主人公・場とする儀礼群（以下〝得宗家儀礼〟）が創始され、幕府全体を巻き込む儀礼体系の変容をもたらした。それは、得宗専制の政治史的評価（専制化の進行や幕府機構の侵蝕）[1]の影響によって、得宗が将軍と対抗し、将軍位を窺窬した奪権闘争の一部と考えられがちであったが[2]、鎌倉時代を通じた得宗家儀礼の位置を踏まえると実は違う、ということを筆者は本書第八章で詳論した。元服に代表される得宗儀礼は、頼朝期における北条泰時の元服、すなわち幕府草創の最初から幕府儀礼として誕生したため、そもそも〈得宗家儀礼と幕府（将軍）儀礼の対立〉という構図が原理的に成立し得ない。幕府（将軍）儀礼は幕府滅亡まで励行され、むしろ、その存続・興行を得宗勢力側こそが望み、推進したと評価できる余地がある、と。

〝得宗対将軍〟の構図を離れ、得宗家儀礼自体を客観視すると、一つの疑問に行きあたる。延慶二年（一三〇九）の得宗高時の元服を、金沢貞顕は「一昨日（高時）御元服之儀、無風雨之難、有天地之感、無為無事被遂行候了、天下之大慶此事候、幸甚々々」と記した[3]。幕府儀礼の一部として成立した得宗家儀礼が、得宗権力の成長に伴って、家や幕府を超えた「天下」の重大事へと成長したことは怪しむに足りない。しかし、本書第八章で指摘した通り、時頼期以降、得宗家儀礼には〝家〟という私的性質が急速に浸潤し、家的・族的論理が拡大する一方であった。とすると、得宗家儀礼は「天下」、すなわち〝公〟の最たるものの領域に属しながら、同時に〝私〟の領域に属したことになる。すると、もはや公私の二項対立で捉えきれないその得宗家儀礼とは何であり、いかなる枠組みで理解すべきか。これが本章の主題である。

その追究の糸口は、当該期幕府の政治体制・得宗家儀礼に対する細川重男の評価と、史実との間に観察される、微妙な差異にある。得宗貞時は死去に先立ち、「世事」を長崎円喜・安達時顕に「申置」き、二人が「申談」じて「如形」く幕政を執る体制が発足した（『保暦間記』）。高時は文字通り「如形」く、時宗・貞時期の態様を忠実に模倣させられた。

ここに細川は「先例と伝統の偏重、政治の儀式化」、いわば盲目的な形式主義の極北という幕府政治の終着点を見た。得宗家執事の長崎（平）氏と得宗家姻戚の安達氏が得宗を奉じて幕政を主宰する体制自体が、時宗期の平頼綱・安達泰盛の先例を踏んで必然的に実現すべき形式であり、そこでは所与の血統・家格と、それに基づく各人の出世コースが幕府の将来の姿を規定し、幕府全体を現状に保ったまま同じサイクルが繰り返されようとしたという[4]。

右の細川説はほぼ肯かれるが、かかる指向性がなぜ幕府の最終形となったのか、その必然性・理由は未だ示されていない。さらに、「鎌倉幕府は、衰退期をもたなかった。最後の三十年が、すなわち極盛期である」という筧雅博の説があり[5]、一定の支持があるが、ならばなぜ最盛期に滅びたのか、という素朴な疑問が残る。本章では、それらの疑問に答えることを意識しつつ、末期鎌倉幕府の構造（得宗・北条一門・御内人と幕府の関係）と幕閣の危機的状況、その原因、幕閣の対応と限界、そしてそれにもかかわらず観察される幕府の堅牢性とその崩壊理由を、鎌倉幕府滅亡・室町幕府成立まで視野に入れて論じたい（頻出する主要史料・史料集は略号で示し[6]、出典が金沢文庫文書〔聖教裏文書含む〕である場合は文書群名を略した）。

## 一　高時元服に見る金沢貞顕の得宗家庶流待遇と抜擢主体

本書第八章で論じた通り、〝家〟の確立が一般的御家人より遅れた北条氏は、純粋な〝家〟の儀礼を持つ機会を持たなかった。得宗家儀礼が〝家〟の儀礼らしさを獲得したのは、執権経時の夭亡に伴う嫡流交替によって、庶子時頼の先例が嫡子の儀礼に流入した結果に過ぎない。

〈得宗家嫡の元服は幕府儀礼である〉という性質は執権政治の進展を通じて強まり、特に泰時執権期以降にその性質は、元服する得宗家嫡に引出物を手交する役を、評定衆筆頭・引付頭人ら幕府職制上の重職在任者が担うことによって表現された。例えば、時宗元服では剣役を大仏朝直（評定衆筆頭・一番引付頭人）が勤め、貞時元服では大仏宣時（評定衆五位・二番引付頭人）が勤めた如きである(7)（以下、幕閣・北条氏らの経歴は先学の調査に拠る(8)）。

ところが、延慶二年（一三〇九）正月二一日の高時元服に、一つの異変が観察される。自身で書状に「御元服御剣役事、被仰下候之際、面目無極候」(9)と記した通り、金沢貞顕が剣役を勤めた事実がそれにあたる。乾元元年（一三〇二）以来、六波羅南方であった貞顕は頻りに辞任・鎌倉帰還を願い、この年に受諾された。貞顕の帰還は高時元服の一九日前であり、元服当日に彼は幕府職制上、無職であった。それにもかかわらず、かつて評定衆筆頭・引付頭人たる大仏父子が勤めた剣役を、貞顕が勤めたのである。時頼・時宗期に幕府職制と密接にリンクした当該役は、貞時期に至り、現有の職位が適任者の要件から明確に外された。

では、貞顕が適任と判断された理由は何か。その理由の萌芽は、貞時元服に観察できる。本書第八章で指摘したように、時宗元服の剣役を大仏朝直が勤めた理由は、彼の評定衆筆頭（座次一位）という職位にあったと目される。しかし、貞時元服で剣役を勤めた大仏宣時（朝直の子）は、二番引付頭人の要職にあったとはいえ、評定衆五位に過ぎない。とすれば、宣時は〈時宗元服の剣役朝直の子〉たる血統を最大の理由として、剣役に起用されたと見てよい。すなわち、得宗元服の諸役人の選定理由は、貞時期には職位から血統へと比重を移す、いわば〝血統主義〟になりつつあった。

高時元服における無職の貞顕の起用が、かかる職位の軽視傾向の極端化であることは明らかである。そして、職位が剣役の選定理由から完全に外れた以上、他の大きな選定理由があったはずで、右の貞時期の傾向を踏まえるに、それは血統以外に考え難い。

ところが、貞時元服の剣役選定の論理からすれば適任であるはずの、大仏宣時の子宗宣は選ばれなかった。宗宣は評定衆・越訴頭人・各番引付頭人・六波羅探題南方を歴任し、三八歳までに寄合衆となり、当時五一歳で連署の地位にあり、二年後には執権となる幕閣の重鎮であって、血統・地位ともに父祖の役を継承するに申し分ない。これに対し、過去に金沢氏が得宗元服で当該役を担った形跡はない（本書第八章）。幕府職制上、六波羅南方の経歴しかなく、得宗儀礼に奉仕した経験もなく、無職であった三二歳の貞顕の起用は、いかなる先例や一般的基準からも逸脱している。しかも、大仏宗宣は二年前、高時の矢開《やびらき》（人生初の乗馬・弓射儀礼）で高時の扶持役（介添え）を勤めていた（後述）。その実績さえ度外視した右人事には、当該期固有の政情に基づく、強力で恣意的な政治的判断が窺われる。では、それは誰の、いかなる事情による、いかなる判断か。そして貞顕はいかなる意味で剣役に相応しい血統を有したのか。

連署大仏宗宣は高時元服の二年後の応長元年（一三一一）に執権に昇格し、翌正和元年（一三一二）に出家し、その直後に没して、当時の体制で順調に経歴を終えた。したがって、問題の剣役人事の主眼は宗宣の疎外ではない。ならばその主眼は、金沢貞顕の抜擢にあろう。貞顕は、高時元服の三ヶ月後の延慶二年三月一五日に評定衆・三番引付頭人に就任、(10)二四日後の四月九日に寄合衆に就任、四ヶ月後の八月に二番引付頭人に昇格する等、この時期に急速に幕閣枢要に登用された。貞顕の抜擢は高時元服時に既定路線であり、それが貞顕の異例の剣役起用で表現されたと見てよかろう。

ここで注意されるのは、「引付を経ずに評定衆となることは、得宗家一門と赤橋家の嫡男のみに許された特権である」(11)という、細川重男の指摘である。細川によれば、嘉元三年（一三〇五）の嘉元の乱までに成立した、貞時率いる得宗家専制の完成形においては、貞時の従兄弟（時宗の弟宗政の息）師時が執権、同じく従兄弟（時宗の弟宗頼の息）宗方が侍所所司・得宗家執事として、得宗貞時の輔翼となった。評定衆・引付頭人となるまでの彼らの経歴を確認すると、師時は一〇歳で小侍所別当、一九歳で評定衆、その数日後に三番引付頭人となった。また、宗方は二〇歳で六波羅北方、二三歳で評定衆、その一〇日あまり後に四番引付頭人となった。なお、赤橋家では、嘉元二年に寄合衆となった久時（高時元服の二年前に死去）が、二一歳で六波羅北方、二七歳で評定衆、三〇歳で一番引付頭人となった。

ところで、二五歳で六波羅南方、三二歳で同日に評定衆・三番引付頭人となった貞顕の経歴が右三人と酷似することは、従来注意されていない。実は貞顕は、師時・宗方ら得宗家庶流や赤橋家嫡男に近い待遇を得ていたのである。しかも、評定衆就任から引付頭人就任までの期間に着目すると、それが同日であった貞顕は、その間に三年を要した赤橋久時より、数日～一〇日あまり程度の師時・宗方に近い。なおかつ、評定衆の就任年齢が三二歳であった貞顕は、一九歳で評定衆となった師時には遠く及ばないながらも、六波羅探題を経歴した点が宗方と共通する。すなわち、貞顕は単なる北条氏庶流を脱して、得宗家庶流の宗方と同等の待遇を得たのである。

幕府における職歴が六波羅探題から始まる事例は、赤橋家三代（重時息長時・孫義宗・曽孫久時）や常葉時茂（重時息）・普恩寺基時（重時曽孫）・佐介時盛（時房息）・佐介時国（時盛孫〔養子として嫡子〕）の例に限られる。すなわち、それはかつての得宗の最大の輔翼（泰時期の時房、時頼期の重時）の子孫が踏む経歴であり、乾元元年（一三〇二）の貞顕の六波羅南方就任も、同様の立場を貞顕に期待した得宗貞時の構想に基づいた可能性が高い。

ところが、三年後の嘉元の乱で、「貞時ほどの強権を握った人は、鎌倉幕府史上誰もなかったであろう」(12)といわれた貞時率いる得宗家専制は崩壊した。乱のさらに三年後（高時元服の前年）の徳治三年（一三〇八）に貞時に呈された『平（実は中原）政連諫草』が、月五回の評定や月三回の寄合に出席せず「連日酒宴」する貞時を諫め、二年後の延慶三年（高時元服の翌年）に貞顕が「連日御酒、当時何事もさた《沙汰》ありぬとも不覚候」と幕政停滞を歎いたように(13)、乱後から応長元年の死去まで、貞時は政務を放擲し、失意のうちに没した。乱を境に幕閣の主体が変わり、以後の貞顕の人生階梯は、貞時の構想に束縛される必然性を失ったのである。

貞顕は、四年後の六波羅辞任・高時元服を機に、今度は亡き宗方と酷似する職歴を歩み始める。誅殺された宗方の穴を埋めるべく、従前の宗方に相当する地位を担うべき人物として、抜擢されたと見てよい。ただし、それは宗方の完全な再現ではない。宗方が一翼として期待された得宗家専制は挫折していたし、貞顕は得宗家庶子ではない。しかも、長崎氏が、宗方に奪われていた得宗家執事の職を取り戻していた。

それらを総合すれば、次のように概括できよう。貞顕は宗方に代わって、得宗家庶流に准ずる待遇をもって、ともに得宗を支える執権師時の相方となるべく抜擢された。同時に貞顕を一門庶流から抜擢することで、得宗家偏重を是正して一門庶流が得宗家護持に参画する構図が構想され、しかもその構図は往年の時宗期同様に、御内人筆頭平氏（長崎氏）の既得権を脅かさない形で描かれた、と。それは、〈得宗一門・北条氏庶流一門・御内人の調和を実現するよう調整し直された上での、直近の体制の維持〉と評価できよう。

では、それを仕組んだのは誰か。貞顕自身の書状によれば、評定衆・三番引付頭人任命は「城介」を使者として、寄合衆任命は「長崎左衛門」を使者として「被仰下」れた(14)。城介は安達時顕、長崎左衛門は盛宗（高綱とも。出家して円喜）で、この二人を介して右の職位、特に御内人長崎氏を介して寄合衆任命を「仰下」す主体は、得宗貞時しかいない。しかし上述の通り、貞時は既に幕政の主導者ではなく、それは形式上の「仰」に過ぎまい。

ここで、正和五年七月の貞顕書状に[15]「抑典厩（高時）御署判事、今日御寄合出仕之時、別駕（安達時顕）・長禅門（長崎円喜）両人申云、御判事、任先例、来十日可有御判候、七月者、最勝園寺殿（貞時）御例候云々」と見え、元服の七年後の高時の判始の催行とその日程を、長崎円喜・安達時顕が決定して、連署貞顕に通告していた事実が参考となる。かかる高時の通過儀礼の企画・運営がこの両人に担われたならば、遡及して同じく高時の通過儀礼たる元服も同様であったと類推可能である。円喜と時顕は、貞時が死去にあたり後事を談合して運営するよう託した二人であり（『保暦間記』）、それは当然その直前の地位の延長線上にあり、貞時死去の二年前の高時元服時まで遡る可能性が高い。そして、貞顕の評定衆・引付頭人・寄合衆拝命を使者として伝達した張本人が、この二人であった。右の地位への貞顕の抜擢は、貞時末期の、事実上の長崎円喜・安達時顕主導政権の意向と推定してよかろう。

## 二　高時・邦時の通過儀礼と長崎・安達政権

### I　高時執権就任儀礼の創出――判始・出仕始――

長崎円喜は御内人筆頭で、嘉元の乱後、亡き宗方の跡を襲って侍所所司・得宗家（公文所）執事（御内管領）となった（得宗家公文所執事の地位は、『保暦間記』に「貞時ガ内官（管）領平左衛門尉頼綱」「高時官（管）領長崎入道」等とあるのによって長らく「内管領」と信じられてきたが、本書第九章で詳論した通り、得宗専制期の得宗家家政の機関・地位は「御内侍所工藤右近将監（貞光）[16]」や後述の「御内宿老」等の如く「御内〇〇」と呼ばれるのが常であり、当該期には得宗家を示す「内」に必ず尊敬語「御」を冠したに違いなく、「内管領」も「御内管領」と呼ばれたと推断すべきである。『保暦間記』の「内管領」という表記は、朝敵として滅び去った得宗家に「御」字を付加するのを不適切と見なした後代の政治的忖度の所産に過ぎまい）。また、安達時顕は得宗の姻戚（高時の舅）である。

長崎円喜・安達時顕は幕政主導者であり、同時に得宗家の運営者であった。安達氏を、御内人と対比すべき御家人代表と見る見解が根強いが、明らかな誤解である。安達氏は遅くとも時頼期の義景以来、得宗の忠実な姻戚であり、得宗家の柱石であった[17]。特に時顕は、元亨三年《一三二三》一〇月二〇日条「公方人々」と「御内人々」を書き分ける『北条貞時十三年忌供養記』[18]の同年一一月二六日条において「別駕《時顕》・洒掃《長井宗秀》・長禅《長崎円喜》以下御内宿老」と記された、明白な御内人であり、「御内宿老」の筆頭であった。高時期の得宗儀礼は、御内人の論理で運用・改変されていたと理解して差し支えない。

元来、得宗家嫡元服は幕府行事であったから（本書第八章第三節）、右の事実は、幕府行事の担い手が、御内人の意向で、御内人・北条一門へと移行・収斂した傾向を意味し、得宗家（率いる北条氏）と幕府が顕著に融合・一体化を果たしつつあったことを意味する。それは、通念的には〈得宗家による幕府の私物化〉と理解されやすいが、本書第九章でも論じたように、その理解は誤っていよう。得宗家嫡元服が一貫して幕府儀礼であった以上、得宗家という〝私〟が幕府を侵蝕したのではなく、逆に得宗家が〝私〟的性質を払拭し、幕府の〝公〟を丸ごと担ったと見るべきである。

この問題を掘り下げるため、得宗専制期に生じた新たな儀礼を検討しよう。その代表格は、正和五年《一三一六》七月一〇日の高時の執権就任の関係儀礼であり、中でも注目すべき新儀礼が得宗の判始（初めて文書に花押を据える儀式）である。『鎌倉年代記』に「同年七・十為執権、十四、同五・七・十判始」と見え、前掲の同月金沢貞顕書状にも「典厩《高時》御署判事」の詳細が記されている。高時は、一四歳で執権就任と同時に判始を行い、貞顕書状によれば、それは貞時の例の踏襲であったという。貞時以前に実例が確認できず、右でも先例として貞時のみが名指しされているので、貞時期に始まった新しい慣行と推認できる。

この得宗判始は直ちに、後の室町幕府将軍・鎌倉公方の、一五歳で判始を行う慣行を想起させる。百瀬今朝雄によれば、室町幕府初期までに、元服の有無を問わず一五歳で判始を行い、それ以前は署判しないか、署判に法的効力を認めない、という法慣習が成立した[19]。百瀬が指摘した通り、得宗の一四歳の判始はそれに反し、したがって当該慣習は鎌倉幕府まで遡らないことになるが、中世社会が概ね一四～五歳以降を署判可能な年齢と見なした傾向は認めてよい。

その年齢は偶然にも、時宗死没時の貞時の年齢（一四歳）と重なる。中継ぎの執権を立て、時宗の経歴を踏襲（一四歳で連署就任）する選択肢もあった貞時が一四歳で執権に就任したことは、署判可能な、すなわち関東御教書・下知状の発給主体たり得る年齢を大きな理由とした可能性が高い。貞時が初めて行った、執権就任と同時の明示的な判始は、彼が政務の主体たり得ることの誇示、若くして執権に就任する正当性の補強と考えられる。そしてこれを高時が踏襲した結果、判始という得宗儀礼が、執権就任と結合して、幕府儀礼として成立した。

『喜連川家年代記』[20]正和五年条に「一説、七・十、高時出仕始云々」とあることから、執権に就任し花押を据え始める一連の儀礼パッケージは「出仕始」と呼ばれたようだ。執権以外の出仕始の事例は、『武家年代記裏書』元亨二年条に「同八・廿五、南方（六波羅）維貞出仕始也」と末期六波羅探題（大仏維貞）の出仕始が見え、同時代史料では金沢貞将の六波羅探題在任中（嘉暦元年（一三二六）～元徳二年（一三三〇）の正月発信と推定される）の貞顕書状[21]に「年始吉事等……彼出仕始事、十五日以前者、公方御計会候、十九日吉日之由、晴村（安倍）朝臣撰申候之際、可有出仕候、無相違候へかしと念願之外、無他候」とある。書状に見える「彼」は、元徳元年一二月四日に評定衆となった息貞冬かと思われ、同年一二日の貞顕書状[22]に「貞冬昨日十二日評定ニ令初参候了」と見えることにより、「初参」が「出仕始」と同義であったと推定される。

右の貞顕書状二通のうち、後者は新任時の出仕始の存在を伝え、前者は新任時でない、年始行事としての出仕始の存在を伝えている。しかし、執権・六波羅探題・評定衆の「出仕始」は『吾妻鏡』に見えず、高時期かその直前に成立した、新しい幕府儀礼と思しい。そして管見最古の事例が高時の出仕始であり、その内実が貞時の例を踏襲した執権就任＋判始であるならば、出仕始という儀礼形態の発生・普及は、得宗儀礼を震源地とした可能性が十分にある。

## Ⅱ　邦時誕生と参賀慣行の創出・確立

かくして得宗を主人公とする儀礼は漸増し、高時期にはさらに加速した。特に高時の長子邦時誕生に関する諸儀礼は、得宗儀礼の行方として注目されている[23]。正中二年（一三二五）一一月二二日貞顕書状[24]によれば、この日に「太守（高時）御愛物常葉前」が男子邦時を産んだので、貞顕は高時亭に参上した。取り次いだ長崎高資（円喜の子。得宗家執事＝御内管領）に促され、彼と同道して、乳母に抱かれた邦時や女房らが居並ぶ若御前の御坐所へ参上すると、兵庫頭入道某・大夫僧都貞昭・長崎高資らが順次「賀申」した。その後、貞顕は高時の御坐所に参じ、まず長崎円喜に謁して（通じて）「賀申」し、次いで高時と対面した。この日、ほかに北条泰家（高時弟）・大仏維貞・相模新左近大夫将監某・赤橋守時らが参上し、大方殿（高時・泰家の母）もすぐに「参賀」する予定であったという。

右のように、当該期の得宗家の慶事に際しては「賀申」「参賀」と称し、まず北条一門の有力者達が得宗亭に参じ、御内管領長崎氏を介して得宗に引出物（剣・鎧・馬等）を進上する慣習があった。後に室町政権で、将軍（室町殿）の慶事に際して社会的義務として繰り返された「参賀（御礼）」慣行[25]は、実はほぼ同じ形で得宗専制期に確立していた。これは、室町幕府儀礼体系が得宗専制体制下の鎌倉幕府から受けた影響を考える上で、念頭に置くべき重要な事実である。

話を戻すと、邦時誕生の翌年、正中三年正月一七日貞顕書状[26]によれば、正月一一日に貞顕の嫡孫（貞将息）忠時が引出物の砂金一〇両を携えて、高時亭に参上した。兼日の内々の申し合わせ通り、参会した長崎高資に「引導」されて忠時は高時に謁し、高時の御前で三献があり、高資を介して引出物の剣を下され、邦時も乳母に抱かれて高時の御前に御出した。その後、忠時は叔父貞冬とともに将軍御所へ参じ、将軍守邦の御前に参じて（女房兵衛督を介して）剣を下された。慶事に伴う参上・対面・引出物授受というこの形態は参賀にほかならず、その慶事は明らかに年始であるから、臨時行事でなく恒例行事としての年始参賀も、成立していたと確認される（貞顕は年欠正月二日書状[27]でも、称名寺長老釼阿に「千万御吉事、近日可参賀候」と年始参賀を約している）。

室町期と同様、当該期の参賀は引出物を伴った。邦時の誕生時[28]、貞顕は高時との対面後に帰宅し、改めて剣一柄・鎧一領・馬一疋を（息貞匡分の野剣一腰も）使者に託し、高時に進上した。使者は高資と対面して種々の物を給わり、進物への謝意を言付けられた。

一方、貞顕は、他の誰が、何を進上したか、情報収集に余念がなかった。彼は、高時亭に参上した時には泰家からの剣・馬以外の進物が見えなかったことから、「外さまの人」の進上はこれからか、と推測した。また、若御前の傍らには簡《ふだ》（進上者の名札であろう）をつけた太刀五〜六本があった（貞顕は、長崎円喜が整理したかと推量）。貞顕はこれらの事細かな観察結果を、息男の六波羅探題南方貞将に書き送った。そして「急ぎ使者を下して進物を奉呈せよ。進物は太刀・鎧だけとし、京都からの運搬が面倒な鎧は当方で用意するので太刀だけ鎌倉に送るように。六波羅探題北方の常葉範貞らにも内々に伝えよ」と指示した。かかる指示の具体性・詳細さは、引出物の瑕疵（怠慢、不適切な時機・品目・量等）が自己の不利益に直結する、という認識の反映に違いない。

そのため、貞顕は高時の別の子が誕生した時、「太守禅閤御愛物、今月可有御産之由承候、男子御生候者、御剣・鎧等可被進候歟、御賞翫候之間、ひきつくろわれ候へく候、例の鎧唐櫃者、是ニ可令用意候」と貞将に書き送った[29]。出産前から引出物の手配を心配し、男子なら剣・鎧等の進呈がよく（鎧を納める唐櫃は貞顕が提供）、「生母は特に高時の寵愛が深い女性なので『ひきつくろう（引出物を十分に華美上等にする）[30]』べし」と助言した。

右により、参賀・引出物の重要性は畢竟、権力者の感情というプリミティブな原理に依存したと知られる。権力者の寵人の慶事を祝う参賀・引出物は、特段の注意を払い、かつ迅速に果たされねばならない、と貞顕は認識した。参賀・引出物に瑕疵があると、権力者は〈自分の寵愛する人が疎かに扱われた〉と感じ、〈自分への敵意である〉と認識する危険性が予想されるからだろう。

かかる緊張感は、参賀の遂行自体にも顕れる。貞顕は頻繁に、他者に幕府有力者の慶事を報せ、速やかな参賀を促した。例えば、安達時顕の所領拝領に関して、元応元年(一三一九)後七月二三日の書状[31]で「抑今日酉刻、城務(安達時顕)広博御恩拝候了、自愛候歟、可被賀申候乎」と記し、また正中三年頃一一月一日ヵ書状[32]でも「抑別駕(時顕)御訪のためにハ何日御出候哉」と記し、さらに翌日と思われる年欠一一月二日付書状[33]でも「別駕の越後国白川庄御拝領、被賀申候哉、未無其儀候者、尤可有御参候也」と記して、速やかに鎌倉で参賀するよう称名寺長老釼阿に助言している。また、同年頃の二月晦日書状では「陸奥左馬助(大仏貞直)妻室之腹、一昨日始男子出生之間、彼家中喜悦之外、無他事之由承候、可被賀仰事、忩可有御計候」と、大仏貞直の男子出生を報じて速やかな参賀を釼阿に促し[34]、元徳二年頃の年月日欠書状[35]でも「新加六人者……城式部大夫(安達顕高)所望之□々可被賀候……新加引付衆も有御計」と、安達顕高(時顕の次男)の引付衆就任への参賀を促した。これらは文面に明らかな通り、参賀が遅れて権力者の不審を蒙る事態を回避するよう促す、親切心からの助言であった。

参賀で重要なのは主体—客体間の個別具体的関係であり、客体側の慶事を主体側が喜ぶ必然性の程度であるので、参賀の本質は服属儀礼ではない。文保元年(一三一七)~元亨元年ヵ正月一一日貞顕書状[36]に、貞顕室の男子出産に関して「只今自太守(高時)も御剣くたされて候之間、面目無極候、御使工藤七郎右衛門尉候、返々悦存候」とある。嫡宗(得宗)が庶家(金沢氏)の慶事を喜ぶのもまた社会的に当然であり、引出物を与える責務が生じたのであろう。これは上から下への祝賀行為であり、したがってかかる祝賀行為が上からも下からも行われたことと、下から行われれば「参賀」と呼ばれるが本質的には服属儀礼でなかったことが明らかである。

『花園天皇宸記』正中二年一一月二〇日条に、「高時去廿二日男子誕生云々、付先例可被遣御剣之由有沙汰、勅使下向哉否同有沙汰、永仁兄《高時》、止勅使、然而今度止勅使之由別不申、又其時例難被用歟、文永貞時誕生之時例不分明、或云有勅使云々、終日有沙汰、被仰合人々、内府《西園寺実衡》・俊光《日野》・定資《坊城》等卿、皆御使下向可宜、但有其煩不叶者、力不及事歟、然者可為院宣歟之由申之、但定資卿、猶可為勅使歟之由頻申之」とある。邦時誕生が報じられるや、花園上皇は直ちに剣を賜与する決定をした。問題は〈あえて勅使を下向させるか否か〉に絞られ、近臣の間では勅使発遣を主張する声が強かった。翌一二月一日条に「経顕《勧修寺》参申曰、勅使事猶可宜歟、禁裏《後醍醐》被遣季房《万里小路》、春宮《邦良親王》本自御使在国之間、被遣有忠《六条》卿許、即御剣可持向云々、然者此御方一方不被遣御使之段如何云々、尤可然歟之由答了」と見え、「天皇（後醍醐）が勅使を下し、春宮も偶然鎌倉下向中の使者六条有忠に剣を託すらしいので、こちらだけ使者を送らないのはいかがなものか」という勧修寺経顕の意見に花園院が同意している。

得宗の男子誕生に対しては、天皇・院・皇太子さえもが引出物（剣）を与えることが当然の社会的責務と認識され、その点で朝廷の反応には何ら遅滞がない。得宗の慶事への表祝は、帝王の義務と化していた。問題は、勅使（院の使者も含む）を立てるという厚礼を、今回から採るべきかであった。得宗の権力拡大に伴い、得宗に対する礼節は次第に、なし崩し的に厚礼化を重ね、しかもそれを当然視する廷臣の声高な主張が、朝廷の空気を形成していた。そして傍点部に顕著なように、参賀すべき場面には、〈皆が祝う空気に乗り遅れる恐怖感〉が伴った。後醍醐天皇・皇太子（後二条院皇子邦良親王）が速やかに賀した事実がある以上、花園院が乗り遅れれば幕閣の心証を悪くし、皇位継承競争において持明院統の不利益に直結する。

朝廷からの表祝は上意下達なので、「参賀」とは呼ばれず「賀し仰す」形を取るが、行為の本質は参賀と同根である。かかる慣習の成立を「参賀」の成立と見てしまうと、服属儀礼としての面以外を捉え損なう。本質は身分上下を問わぬ、社会的な祝賀義務である。

しかも、問題は慶事にとどまらない。元徳元年八月二九日書状に[37]「能登大夫判官入道息女、昨日早世候、長崎入道（円喜）孫女候、判官入道可有御訪候歟、因幡入道も当参候、可為同前候歟、御計候へく候、杉谷伊世（勢）入道時を待之由承候」とあるのによれば、貞顕は某人に対して能登大夫判官入道の息女早世を「訪《とぶら》」う（弔問する）よう助言し、既に因幡入道某は「訪」を済ませたので同様に「訪」うよう促した。〈皆が訪う空気に乗り遅れないように〉という助言である（「訪」う時機を見計らう杉谷伊勢入道の如き人物もいた）。そして、速やかに訪うべき最大の理由は、早世した女子の外祖父が長崎円喜、すなわち権力者だからであった。この事例においても、事態の構造は全く参賀と共通している。慶事に対する祝意表明義務と、凶事に対する弔意表明（訪）義務は、同じ社会的関係・思考様式に根差す、本質的に同じ現象と見るべきである。

参賀・引出物進呈の義務は、根源的には権力者の恣意に基づくので、誰が、いつ、どの程度行うべきか、明確なルールが原理的に存在し得ない。社会の個々の構成員が空気を読み合い、腹を探り合いながら、何となく実践するほかない。かかる社会では、当方が不要・不急と考えても、いつ権力者が〈参賀・引出物がない／遅い／粗末だ〉と怒り始めるか分からない。そのリスクを回避するため、皆が権力者のすべての慶事に参賀し、引出物を贈るようになる。

かかる行動様式は、遅くとも高時の判始まで遡る。正和五年七月一七日六波羅御教書案[38]は鎮西奉行少弐貞経・大友貞宗に命じ、「依典厩（高時）御連署事、不可進使者之由、所被仰下也（高時の判始に伴って使者を鎌倉に送るな）」という決定を九州地頭御家人に周知させた。

地頭御家人が七日前の得宗の判始に起因して鎌倉に使者を送る理由は、祝賀しかない。彼らが使者を発遣するのは、第一に表祝の時機を逸せぬよう急ぐからであり、第二に自身が直ちに所領を離れられないからに違いない（特に異国警固番役に従事中の者は、絶対に離れられない）。全国からの使者殺到が予想されたならば、無論、鎌倉在住の地頭御家人らは自ら参賀したであろう。すなわち、この段階で、右のように釘を刺さねばならないほど、得宗の慶事を祝賀する参賀は、幕府全体を覆う社会慣行・社会的義務と化していた。

しかも、右は九州地頭・御家人一般の使者発遣を念頭に置く禁令なので、彼らは得宗との個人的関係ではなく、〈地頭・御家人＝幕府の構成員であるが故に、得宗の慶事を賀すべき社会的責務がある〉と自覚していたと考えざるを得ない。元来から幕府儀礼であった得宗の通過儀礼は、参賀慣行との結合により、幕府全体からの参賀という付随的な幕府儀礼を生み出していた（幕閣が九州だけにこれを禁じたのは、異国警固への専念を促したからであろう）。

## Ⅲ　邦時誕生時の安達一門の参賀遅滞

ところが、この参賀の社会的義務が、邦時の誕生時に幕府中枢で遅滞した。〈祝うべき時に、祝うべき人が、祝意を形（所作・物品）で表明する社会的義務〉を果たさないと、社会は不審の目を向ける。この時、貞顕は「大方殿ハ、いまゝてハ御産所へ無御出候、只今可参賀之由思給候、城務《安達時顕》一門、御産所ニも太守ニも不見候つ、不審候也」と、不審を表明した。大方殿は高時・泰家兄弟の生母（安達氏庶流の大室泰宗の女）で、時顕と同じく安達義景の曽孫である。その大方殿・時顕ら安達氏「一門」が邦時誕生時に、直ちに参賀しなかった。それは邦時の母が、高時の正室たる時顕の女ではなく、御内人五大院宗繁の妹（『太平記』）であり、安達氏歴代の得宗外戚の地位を脅かしたため、とする説がある。

永井晋は、この安達一門不参賀の一件と、三ヶ月後の正中三年三月の高時の出家・執権辞任に端を発する嘉暦の騒動（金沢貞顕の執権就任を憤った大方殿が泰家を出家させ、貞顕誅殺の風聞が流れて貞顕が辞任した事件）を総合して、長崎氏と安達氏の全面衝突と評した。(39) しかし、子細に観察すると、大方殿は即座に産所に参賀しなかったものの、参賀する意思は表明したし、右の貞顕書状は産所への参賀と高時への参賀を書き分け、大方殿が高時に参賀しなかったとは書いていないので、高時への参賀は済んでいた可能性が高い。

一般に、参賀すべき社会的義務の強さは、参賀される客体との関係の強さに依存する。時顕の参賀不遂行が不審視されたのは、彼と高時の関係（高時の舅という親近関係、高時政権の首脳）と釣り合わないからだ。貞顕は、北条一門が即座に参じたこと、大方殿が未だ参じていないが不参の意志がないこと、外様の人が右段階で参上・進物奉呈していないこと等を報じている。総じて、得宗に近い人々ほど速やかな参賀が当然視されたのであり、逆にいえば、参賀は速やかであるほど、相手への強い敬意・親愛の情の表明として機能した。当然、大方殿は直ちに高時に参賀すべきであるし、史料上も参賀したと解せる。彼女の不満にかかわらず、得宗の長男誕生は幕府全体（というより、前述の朝廷の反応に照らせば日本全体）が喜ぶべき慶事であり、〈参賀しない〉という選択肢が、得宗の母という立場上、あり得たはずがない。

しかも、彼女は（彼女の予告通りなら）邦時生母へも参賀を欠かさず、最低限の社会的責務を果たした。ただ、その参賀をあえて急がないことで、庶長子を生んだに過ぎない一御内人の妹と、現得宗の生母にして名族安達氏の自分との格差を、主張・強調したに過ぎまい。中世社会の礼節では、かかる微妙な一挙手一投足で自分の立場を精密に表明するのが常であって、参賀拒否という子供じみた対応は、中世の貴顕の行動として想定し難い。

奇怪なのは、時顕以下の安達一門が高時・邦時生母のいずれにも、即座に参賀しなかった事実である。これは、もし室町期（特に義教期）なら、それだけで二心ありと見なされ、処罰・討伐の対象となる態度であった。永井は先に言及した研究で、これを三ヶ月半後の嘉暦の騒動の前哨戦と見て、時顕が安達氏の得宗外戚たる地位の確保を狙い、嘉暦の騒動では大方殿の所生泰家を次期執権に推して貞顕の執権就任を阻んだ、と分析した。

しかし、騒動に関わる史料上、時顕の積極的な動きは全く管見に入らない。また、貞顕の書状群から知られる末期幕府の意志決定は、本章で取り上げた儀礼運営も含め、少なくとも表面上、例外なく円喜・時顕の二人三脚で果たされており、彼が円喜と敵対的であった明徴はないし、時顕が策謀や暴走・暴発の徴候を見せた形跡もない。

貞顕書状群や当時の古記録が描く時顕像[40]は、現体制への反逆者（正中の変の容疑者ら）に断固厳しく臨む一方、幕政運営や皇位継承問題の処理においては慎重・穏便であり、長崎氏をさしおいて目立った動きを起こす人物ではない。しかも、後述の通り、当時の幕府は危機的状況にあり、〈安達氏の利益を優先して長崎氏と抗争しては、得宗家・幕府全体の崩壊を招く〉という自覚が、時顕になかったとは考え難い。そして、泰家の執権職継承に固執して貞顕殺害に走る可能性が信じられた大方殿と、幕府・得宗家自体の維持に責任を負う時顕は、根幹で利害が一致せず、時顕が大方殿と同心して邦時・長崎氏と抗争した可能性は乏しい。

繰り返すが、剝き出しの抗争を演じて社会を混乱させる覚悟がない限り、〈参賀すべき時にあえてしない〉という選択肢は、中世社会にはない。まして、故貞時から、円喜との二人体制で高時政権を託された幕閣首脳として、〈高時の子息誕生に参賀しない〉という選択肢はあり得ない。高時期に、安達一門で露骨に牙を剝いたのは大方殿（とその所生泰家）だけであって、邦時生誕の不参賀問題は、大方殿を主、時顕ら一門を従と見て解釈するほかかない。

大方殿が高時に参賀する一方で邦時生母への参賀を遅らせたのに対し、時顕ら安達一門がいずれにも（貞顕が見た段階で）参賀していなかった事実は、大方殿と時顕らが別個に行動したことを意味する。そして貞顕は、時顕ら一門の参賀遅滞を「不審」と記す一方、大方殿の参賀遅滞にはそう記さなかった。大方殿の反発が想定内だからであり、時顕らの遅滞が意外だからに違いない。貞顕の理解の範囲内では、時顕は抵抗勢力ではなかった。

時顕らの参賀遅滞が参賀拒否であり得ない以上、それは様子見であったと解される。観察対象の第一は大方殿の動向だろう。彼女が高時と邦時生母にいつ参賀するかを、時顕は見極めていたのではないか。大方殿はわずか三ヶ月半後に暴発の徴候を露顕させた女性なので、邦時誕生時にも暴発して幕政を攪乱し、安達氏をまずい立場に追い込む可能性が想定され、彼女が暴発した場合に直ちに対処できるよう、時顕らが身構え待機していた可能性があろう。

見極めるべき対象の第二は、邦時の今後の待遇であろう。あたかも往年の時頼の庶長子時輔のように、邦時があくまで庶長子であることを考えれば、〈後に正室安達氏が男子を儲けた場合、邦時は執権職も得宗家家督も嗣がない〉という確約を、時顕らは高時や長崎円喜・高資父子に求め、反応を待っていたのではないか。その確約は時顕らの利益に資するばかりでなく、大方殿を少しは安心させ、暴発を防ぎ、邦時生母へのつつがない参賀を誘発するであろう。

以上、推測を交えたが、貞顕書状群が伝える事態は長崎対安達の全面衝突ではなく、当事者各人の微妙な意思表示や腹の探り合いにとどまると、礼制史的には理解すべきである。

## 三　得宗の空洞化・幕府の人材枯渇と長崎・安達政権の幕府保守

### Ⅰ　高時・邦時の御馬乗始・御弓あそばし初め

以上から、貞時～高時期の得宗家において、幕府全体を巻き込む複数の儀礼（判始・出仕始・参賀）が相次いで成立した事実が確認された。では、それらは当該期幕府のいかなる特質を示すのか。

最も明白なのは、邦時の通過儀礼に顕著な、儀礼の創出・更新を急ぐ得宗家の性急さである。嘉暦四年(一三二九)五月五日発給と推定される貞顕書状に[41]「太守(高時)禅閤嫡子若御前(邦時)、来九日御馬乗始、御弓あそはしそめ候へしとて候、扶持事、可為相州(執権赤橋守時)之由承候、自両方可有御引出物之旨承候、元服なとのやうに候ハむするけに候、無先例候歟、雖然徳治ニ当殿(高時)御時、宗宣(大仏)奥州始此沙汰候云々、不可然事候哉」とある。これは元服に類する成長儀礼たる、高時の嫡子邦時の「御馬乗始」と「御弓あそばし初《ぞ》め」の企画を伝える史料である。
矢開《やびらき》（人生初の弓射）にあたるこの儀礼について、中澤克昭は、右書状末尾にいう徳治年間の高時の先例が実在することを論証した(42)。『蜷川家文書』や内閣文庫本『小笠原礼書』に、徳治二年（一三〇七）七月一二日の、六歳の成就（寿）御所（高時）の矢開の記事と、御内人長崎左衛門尉盛宗（円喜と同一人と考えられる(43)）以下の諸役人の交名を確認したのである(44)。

中澤が不審視したように、徳治二年に高時は六歳でなく五歳なので、『小笠原礼書』の「一　鳥ノ餅ノ日記　徳治二年七月十二日／成就（寿）御所ノ六歳ニテ雀ヲアソハシ給フ」云々という記事には混乱があるが、登場人物の地位等に矛盾がなく、中澤は徳治二年の年紀を史実と認めた。時宗以降の得宗が父祖と同年齢で同じ立場を歩んだ事実（本書第八章）は、その結論を補強する（邦時は正中二年（一三二五）生まれなので、矢開を行った嘉暦四年には五歳。高時も五歳の徳治二年に矢開を行ったと解するのが順当で、「六歳」が誤写と見なされる）。

邦時の矢開で注目すべきは、人生初の乗馬と人生初の弓射が同時に行われたことである。これは、得宗家嫡にとって乗馬と弓射が別個ではなく、両者一体で意義を有したことを示唆する。

幕府が反政府の武力闘争組織として誕生した必然として、源頼朝は構成員が「弓馬堪能」「弓馬達者」であることを常に重視した。頼朝は弓馬芸に特に長ずる者を明示的に賞し(45)、秀郷流藤原氏ら（西行・下河辺行平等）弓馬芸の長い伝統を持つ人々の技術・作法を記録・共有させ(46)、平時にもしばしば彼らに芸を披露・鍛錬・競争させ、飯富宗季・諏方盛澄・河村義秀ら捕虜・降参者にも弓馬芸を課して、優秀なら御家人に加えた(47)。

そこで重視されたのは、必ず弓術・馬術を合わせた弓馬芸（騎射術）であり、個別の弓術・馬術ではなかった。虜囚となった平重衡が「携弓馬之者、為敵被虜、強非恥辱」と述べたように(48)、「弓馬」は内乱を戦う「源平之輩」や麾下の武士の代名詞であり、彼らの自己規定《アイデンティティ》そのものであった。その自己規定は「奉行諸国守護」する鎌倉殿・御家人の根本的な存在理由となり[49]、特に鎌倉殿においては顕著に純化して、頼朝が嗣子頼家の学ぶべき芸について「若君（頼家）漸御成人之間、令慣弓馬之芸給之外、不可有他事」と断言したほどであった[50]。

幕府構成員のかかる根幹的な自己規定《アイデンティティ》については本書第二章・第三章でも詳述した通りだが、それが執権政治期の得宗家においてもなお、自覚的に再生産された明徴を補い得る。例えば、鶴岡八幡宮放生会で泰時が孫時頼に流鏑馬射手を勤めさせ、頼朝時代の「故実之堪能」の生き残り海野幸氏に指導させ、幕府「宿老」らを巻き込んだ弓馬故実の一大談議にまで及んだ[51]。時頼自身も将軍に「弓馬御練習」を求め、またしばしば御家人（特に将軍近習）に弓術・騎射術の鍛錬を求めた[52]。弓術・馬術を同時に始めた邦時の矢開が、かかる幕府・得宗家の伝統の継承・展開として位置づくことには、疑問の余地がない（儀礼自体が初乗馬と初弓射に分離したのは、いずれも高度な技能・習熟を要する乗馬と弓射を、初学者がいきなり同時に行うことが技術的に不可能であったからに過ぎまい）。

しかも、邦時の矢開が行われた五月九日は、京都の新日吉小五月会流鏑馬の式日と同じである。新日吉小五月会の流鏑馬は、承久の乱以降、両六波羅指揮下の御家人が運営・実践（射手・的立）を請け負っており、事実上の幕府行事といってよい[53]（本書第八章第一節Ⅰ－G－c）。

小五月会の源流は、奈良〜平安初期の朝廷が熱心に行った五月五日（端午節）の騎射である。端午節の騎射は本来、天皇が親臨して左右近衛府・兵衛府の騎射技術を競わせた恒例行事であったが、村上朝以降は主に近衛府だけが参加し、平安中期までに端午節騎射自体が廃絶すると、本来は予行演習であったはずの荒手結・真手結が五月三日〜六日にかけて行われるだけになり、院政期にはそれも低調になった[54]。後白河院が創始した新日吉社小五月会流鏑馬は、五月九日という式日から見て、それらの古代国家的な端午節騎射やその残骸的な手結に代位する中世的な騎射行事に違いなく、かかる源流を考える時、新日吉社小五月会流鏑馬の参加者には〈国家警衛の担い手〉という自己規定《アイデンティティ》が通底している。邦時は得宗家嫡として、その自己規定を強化すべく、矢開を行わされたと解される。

では、それは誰の都合で、何のために行われたか。前掲書状の末尾で、貞顕が高時の先例を疑った事実が注意される。その先例は実在したが、前執権・北条一門長老の貞顕さえ不審視するほど、右の儀礼は幕府・得宗家に定着していなかった。「御馬乗始」はともかく、「御弓あそばし初め」という儀礼名は、「判始」「出仕始」や伝統的な「弓始（的始）」「御行始」「吉書始」「評定始」等と違い、いかにも熟していない（当該期、この儀礼を「矢開」と呼んだ史料は管見に触れない）。御家人が年始に弓を射る「弓始」が存在する以上、得宗の人生初弓射儀礼を「弓始」とは呼べなかったのであろう。

しかも、高時の時には連署（大仏宗宣）が担った扶持（介添え）役が、邦時の時には執権（赤橋守時）に割り当てられた。すなわち、儀礼の格式も、二代と維持されずに急速に向上されたのであり、当時の幕閣中枢は、得宗儀礼の創出・向上に急であった。

## Ⅱ　長崎・安達政権と得宗の空洞化・幕府の人材枯渇

その幕閣中枢の実態は御内人にほかならず、高時矢開の徳治二年には長崎円喜・安達時顕に違いない。邦時矢開の嘉暦四年には状況が微妙で、円喜は御内管領（得宗家執事）の職を息高資に譲りつつ健在[55]、時顕も従前の地位を保っていたが、三年前の嘉暦元年三月に政情不安（嘉暦の騒動）が起こり、幕府が分裂・内訌の危機に瀕していた。

騒動の過程で貞顕を執権に据えた人事は、長崎父子（特に「高資心ニ任テ天下ノ事ヲ行」と『保暦間記』に記された「高時（御内）官〔管〕領」高資か）・安達時顕によって決したと考えられるが[56]、重要なのは、得宗家運営者（にして幕政運営者）の長崎・安達らが、得宗家の最も有力な構成員たる泰家・大方殿を支持しなかったことである。嘉暦の騒動から三年後、高時の嫡子邦時の矢開儀礼を、高時の先例を超えた格式で行うよう長崎・安達らが演出した事実は、彼ら得宗家（そして幕政）運営者が泰家に与せず、高時系の血統の堅持をもって得宗家を維持するという、基本方針の周知徹底を図ったものと解される。

ところで、緒言で指摘した通り、細川は貞時以降（特に高時期）の得宗家儀礼の態様を「想像を絶する形式・先例偏重主義」[57]、いわば盲目的な先例墨守主義と評した。幕閣（長崎・安達）は確かに、高時の通過儀礼や官途・幕府職制上の出世コースを、時宗・貞時のそれに忠実に模させた。しかし、高時期まで記録上に見えない出仕始は、高時期の独創であった可能性がある。そして、高時の御馬乗始・御弓あそばし初めは明らかに新儀であり、邦時のそれらを執権に扶持させたことも新儀であって、父祖の模倣からの逸脱である。すなわち、細川の指摘にもかかわらず、末期鎌倉幕府においては先例踏襲が完全性に欠けている。

かかる先例逸脱は、いずれも高時・邦時の幼少期に生じた。それは、得宗専制といわれながらも実際には得宗の政治的主体性が皆無で、肝腎の得宗が空洞化していた時期にほかならない。高時期の「得宗は将軍と同様にただ存在すればよい装飾的存在」[58]であり、幕政はほぼすべて、長崎・安達を二頭とする寄合で決した。貞時が得宗一身への権力集中を強行して失敗した事件と見られる嘉元の乱[59]以降、幕府の基本構造は右の通りであったが、貞時死没直後と高時引退直後は、とりわけ得宗の存在の空洞化が極大まで進行した時期である。

かかる政治的段階と、得宗儀礼の肥大化（創出・格式向上）は、時期的に全く対応関係にある。とすれば、幕閣首班の長崎・安達にとって、得宗儀礼の肥大化は、得宗自身の存在の小ささを埋める貴重な手段であった、という構図が導かれよう。

ただし、その意義は、〈儀礼の荘厳化で権威を誇示し、支配者の地位を正統化する〉という古い儀礼論の通説では解けない。得宗の権力が全く血統に依存した以上、高時・邦時の正嫡たる正統性は（たとえ一時的に泰家が執権となっても〉自明であり、揺るがない。泰家派の凶刃が邦時ではなく金沢貞顕に向けられようとしたことは、〈問題が得宗（家の当主・家嫡）と北条氏有力一門の関係にある〉と泰家派が理解したことを示すが、それは焦った泰家派の早合点であって、真の問題はそこにはない。長崎・安達二頭の貞顕に対する圧倒的権力に照らしても、また貞顕の書状群に見られる彼の思考様式に照らしても、〈貞顕が得宗家に取って代わる危険性が現実にあり得る〉と幕閣において考えられた可能性は、限りなく低い。

得宗の御内人・姻戚という私的関係に全く立脚する長崎・安達の権力にとって、得宗家の衰亡は自身の（政治的）生存と一体の問題なので、彼らの至上命題は得宗家の保守・維持自体にあったに違いない。しかし、泰家は得宗家の一員であるにもかかわらず、自己の利益のために流血抗争さえ辞さずに得宗家を分裂に導くという、得宗家維持に有害な存在となった。これとは対照的に、貞顕は有害どころか得宗専制の維持に必須の人材であった。すなわち、嘉元の乱後に長崎・安達政権が、貞時独裁体制の頃の宗方を部分的に継承すべき得宗の輔翼として抜擢し、庶流一門の最有力者に育てた人物なのであって、長崎・安達主導体制に異心を抱かず、邦時成長まで執権職を預けて保守を任せられる適任者であった。

したがって、嘉暦の騒動で貞顕が身を引いたことは、長崎・安達政権にとって大打撃であった。政権が有力な切り札を一枚失ったからである。高時期の幕政は、長崎円喜・安達時顕という主導者二頭と、これに執権赤橋守時・前執権金沢貞顕を加えた四人の寄合構成員を、事務方首班（官途推挙等の実務を統轄）の摂津親鑒が輔佐する体制で運営された[60]。『増鏡』（二〇−月草の花）には「あづまの将軍は守邦親王にておはします、御うしろ見つかふまつる高時入道・貞顕入道・城介入道円明〔延〕（時顕）・長崎入道円基〔喜〕などいふものども」と端的に見え、また特に嘉暦四年段階では、両統迭立等の重要問題については、円喜・時顕が守時・貞顕から「意見」を徴しつつ最終決定するという意志決定プロセスが存在した[61]。このように、幕閣の政治的意志決定は、〈首脳の長崎円喜・安達時顕〉＋〈輔翼の赤橋守時・金沢貞顕〉で構成されていたから、貞顕を失うことは、幕閣の貴重な有力北条一門を失うことを意味する。

特に、この段階の長崎・安達政権にとって、有力北条一門の後退は大打撃であった。得宗自身が執権職を担えない間、執権職には北条氏の誰かが中継ぎとして在任し保守する必要がある。執権職の保守は得宗家の保守に等しく、幕府の維持に等しい重役で、それを担えるのは、庶流の北条一門だけである。貞顕の執権辞任は、執権職（ひいては得宗家・幕府）の保守を担える協力者という切り札を、長崎・安達政権が一枚喪失することを意味した。

長崎・安達政権の持ち札は、実は尽きつつあった。得宗家庶流においては既に嘉元の乱で宗方が討たれ、貞時の次の執権師時（貞時の従兄弟）も貞時の死去直前の応長元年（一三一一）に没していて、有力者が既に壊滅していた。一方、非得宗家においては、師時没後の執権大仏宗宣（時房流）が有力であったが、宗宣は正和元年（一三一二）に死去し、その嫡男維貞は当時二八歳の若年で、未だ引付頭人に過ぎなかった。宗宣の没後、連署から執権に昇格した北条煕時（政村流）は、祖父時村を嘉元の乱で喪い、自身も三年後の正和四年に三七歳で死去し、嗣子の茂時は極めて若年か幼少であったに違いない。後任の執権普恩寺基時（重時流）は、正和四～五年の実質一年間だけ執権に在任し、三一歳で高時に譲ると出家して政界から消え、嗣子仲時は未だ一一歳の少年であった。

邦時の矢開があった嘉暦四年、幕閣を構成した北条一門には評定衆塩田俊時・大仏家時・金沢貞冬、引付頭人北条茂時・塩田時春・大仏貞直があった[62]。塩田俊時は弘安四年（一二八一）に四〇歳で没した義政の孫（国時息）なので壮年か老年、塩田時春は義政の子なので老年と推測されるが、家格は低く、しかも義政が自由遁世した咎で「所帯収公」の処罰を受け[63]、地位を落とした家系である。茂時は正和四年に極めて若年か幼少なので、一四年後の嘉暦四年に三〇歳前後を上回ることはなかろう。貞顕の子貞冬は、父が五二歳、庶長兄の顕助が三六歳（『仁和寺諸院家記』真乗院）なので三〇歳前後を超えまい。大仏貞直は元亨三年（一三二三）に八六歳で没した宣時の孫なので、六年後の嘉暦四年には四〇代に達していた可能性があるが、大仏維貞の子家時は一八歳の若年であった。

このように、幕閣の北条一門は若年者か家格の低い者ばかりで、執権職や幕政の意思決定は、金沢貞冬か大仏貞直あたりしか担えない。貞顕が政争からの離脱表明として執権職を捨てて裏方へ退いた以上、子の貞冬も当面は執権職を担うはずがなく、貞直も大仏氏の庶流なので執権職は担えまい。

かかる状況下で、金沢貞顕は邦時矢開の嘉暦四年に五二歳、六年前の元亨三年の『北条貞時十三年忌供養記』の段階で既に「御一族宿老」筆頭、すなわち北条氏庶流の代表者であった。邦時成人まで、執権職の保守を担うべき最も有力な一翼たるその貞顕が執権職を捨てた時、執権職さえもが空前の空洞化に直面した。北条氏を支え得る庶流有力者は、三二歳で執権職を継いだ赤橋守時と、四二歳の連署大仏維貞（宗宣の子）しかなく、しかも連署維貞は邦時矢開の前年嘉暦二年に四三歳で没し、嗣子家時は一六歳の少年に過ぎなかった[64]。

かくして邦時矢開の嘉暦三年、長崎・安達二頭が政権の正面に看板として立てられる北条一門は、執権守時ただ一人にまで減っていたといっても過言ではない。ならば、矢開の扶持を執権守時が勤めたのは、得宗の権威の向上・正統化を意味しまい。嘉暦二年の連署大仏維貞の没後、元徳二年（一三三〇）に凞時の子茂時が就任するまでの三年間弱、幕府は連署を置けなかった。矢開の扶持を、高時の先例通り勤めるべき連署が、そもそも存在しないのである。邦時の儀礼が先例を逸脱した、最大にして根幹的な理由は、幕府の人材欠乏という即物的理由であった。

守時以外では貞顕が唯一その矢開扶持役を担い得たが、彼は身を引いた。当然であろう。邦時の矢開を扶持することは、〈得宗家中の後継者争いで邦時に与する〉というメッセージを発するに等しく、それでは泰家派の襲撃を免れるために執権職まで放棄した意味が全くないからである。前掲の書状で、貞顕は邦時矢開の情報をすべて伝聞で聞いており、完全に蚊帳の外にあった。

貞顕は書状の末尾で「不可然事候哉」と、執権守時を扶持役に起用することに反対した。連署不在のため高時の先例を逸脱するしかない中で、貞顕は闇雲に地位の高い者が得宗儀礼に進出することに反対したと解される。これに対し、長崎・安達の首脳二頭は、評定衆・引付頭人等に勤めさせて儀礼の格を落とすよりも、執権に勤めさせて格を上げることを選んだ。前述の通り、この政権が得宗家の維持にあたり、泰家ではなく邦時の護持を選んだことの強調であろう。

如上の人材欠乏に加え、得宗高時は「頗亡気ノ体ニテ将軍家ノ執権モ難叶カリケリ」といわれた「正体無」き得宗であり（『保暦間記』）、邦時の成長まで後見を託すことは困難と判断された可能性が高い。かかる空前の得宗空洞化を前にして、長崎・安達政権が取り組んだのは、得宗権威の向上・正統化・荘厳化ではなく、それ以前の問題、すなわち得宗儀礼の維持であり、すべての大前提としての、得宗家の維持に過ぎないと見るべきである。幼少の高時・邦時の矢開が殊更に創始・再演されたのは、本来なら得宗の人格で恒常的に表現されるべき〈「諸国守護」の「奉行」に責任を負う〉得宗の存在感が、得宗の人格の限りない希薄化によって空洞化の危機に瀕したため、儀礼を用いて存在感を補完した現象と解される。

## Ⅲ　内憂外患――公武関係の破綻と得宗家・幕府の保守――

幕府・得宗家のかかる空洞化状況を、後醍醐天皇は認識していた可能性がある。既に、邦時矢開に五年も先立つ正中元年、後醍醐天皇の倒幕計画が発覚する正中の変が起こっていた。最悪の事態は回避されたが、人格的な求心力において長崎・安達とは根源的に桁違いの高さを誇る天皇が牙を剝いて外敵となる可能性、したがって幕府崩壊が現実の危機としてあり得るという新段階に、幕府は直面していた。幕府は内憂外患という二正面作戦を強いられたのである。

この段階で幕府は、乏しい人材を糾合して一致団結すべきところ、熾烈の度を増して収拾不能な段階までこじれていた皇位継承競争に関わって、幕閣に不協和音が生じていた。この件に関する筧雅博の考察と関係文書[65]を総合すると、次の事態が起こっていた。

嘉暦四年三月、東使二階堂道蘊が上洛し、「後醍醐天皇の退位を幕府から促して欲しい」と求める持明院統の希望に反して、両統間の「御和談」（談合）に皇位問題を委ねる方針を提示した。ところが、これに対して後伏見院が不服の意を示そうとし、それを察知した道蘊が（大覚寺統に有利な）「御和談」の履行を図る動きを「張行」した。あたかもこの頃、京都には、関東護持僧の経歴を持ち、後醍醐天皇と不和ながらも反持明院統の動きを取る、東北院僧正覚円（西園寺実兼息）があった。道蘊は覚円と接触し、覚円の姉妹で後伏見院中宮であった永福門院を動かし、彼女に「後伏見院の不服表明は、院の側近の法勝寺執行浄仙や近臣が唆した結果に過ぎず、院の真意ではない。院の真意は『御和談』にある」という内容の「御書」を書かせ、幕府に示した。

女院が非難した浄仙は、実は安達時顕の「扶持」を受ける者で、その時顕は親持明院統であった。そのため、親大覚寺統として動く道蘊は時顕の発言力を封ずべく、浄仙の策謀を殊更に強調し、後伏見自身の真意は「御和談」の諒承である、と強調した。道蘊は時顕を「たのみたる者」＝恩顧・庇護関係にあったはずにもかかわらず、右の経緯では裏で動いて時顕を裏切っている、というのが貞顕の観察であり、貞顕はこれを非難した。その貞顕自身は、父顕時が小侍所で宗尊親王に親近した縁から、宗尊の息女永嘉門院（後宇多法皇配偶）を気にかけ、同年八月二九日に彼女が没するまでは、大覚寺統に親近感を覚えていた可能性がある。

以上、筧説に学びつつ、一部筧説と異なる史料解釈[66]を交えれば、事態は右の通りであった。幕閣首脳の時顕が両統の一方に肩入れした可能性があり、幕閣の決定事項を伝える東使が裏で独自に両統の他方に肩入れし、幕閣の一員貞顕がその東使を非難した。幕閣は表面上、両統迭立への積極的介入を避けながら、各構成員が私的なパイプ経由で両統からの圧力に晒されて揺らぎ、疑心暗鬼に囚われ、しかも東使を完全な制御下に置けなかった。

右の経緯は嘉暦四年三月～八月にかけての出来事で、邦時矢開はまさにその最中の五月九日に行われている。その時の幕府は、内部では人材の枯渇のため政権の屋台骨が崩壊寸前に追い込まれていた上、外部からは皇位継承問題に揺さぶられていた。しかも、三年前の嘉暦元年以来、後醍醐天皇の中宮西園寺禧子の懐妊祈禱が三年越しに続けられ、邦時矢開の五ヶ月後の一〇月頃に、懐妊は「不実」として祈禱が停止されながら、一一月にまた中宮懐妊と称して祈禱が始まった。幕閣は両度の懐妊が虚偽だと見抜いており、懐妊祈禱が実は幕府調伏祈禱である可能性を既に疑っていた。加えてその頃、後醍醐天皇自身が護摩を焚き、（「悪人悪行」の「退散」に効験が期待される）聖天供を自ら修しているとの情報が幕府に伝えられ、幕府は後醍醐の幕府調伏、すなわち倒幕活動の再燃を把握していたが、積極的に手を打てなかった(67)。

このように、朝廷の一部の明白な敵対行動を把握しながら、人材不足と統率不足で手を拱くしかないという、内憂外患で極限まで追い詰められた苦境が、当時の幕府の偽らざる状況であった。

その時期の得宗家嫡の儀礼については、単なる形式の踏襲という評価を超えて、より積極的な評価が可能だ。史料上わずかに痕跡を残す邦時の成長儀礼は、末期鎌倉幕府の幕閣によってなされた、得宗家保守の希少な手段であり、すなわち得宗家とほぼ同一化していた幕府を延命させる希少な手段であった。そしてそれは、幕府の内政面に即しては、当時の長崎・安達政権が打てる、最も積極的な幕府・得宗家維持の手段の一つであった、と。そして、政権の攻勢がその程度の、守株に類する儀礼的形式の堅持にとどまらざるを得なかったこと、また、本来ならそのレベルの儀礼における所役を担うべきでない執権を動員せねば儀礼の維持さえ不可能であった点に、八方塞がりに陥った当該政権の無力さを観察し得る。

後醍醐の二度目の倒幕計画が再度密告で発覚し、後醍醐が南山城の笠置山に籠城して捕らえられたのは、邦時矢開の二年後の元弘元年（一三三一）であった。翌年に後醍醐は隠岐に流され、足かけ二年に及ぶ楠木合戦で東西は騒乱の巷に陥る。そして元弘三年夏、鎌倉幕府は滅び、時宗〜高時の栄光の人生を完全に再現したに違いないはずの邦時の将来は、永遠に閉ざされた。

## Ⅳ　中継ぎ政権の行き詰まりと幕府システムの堅牢性

本章の最後に、右の状況を必然化した、幕府の政治的背景と構造的問題を論じたい。

末期幕府の人材枯渇は数多の政争の結果であったが、決定的であったのは、貞時の異常に急進的な完全専制化の試みと、その挫折を決定づけた嘉元の乱であろう。得宗への権力集中を急ぎすぎた貞時は、平禅門の乱で平頼綱を討って最有力の御内人平（長崎）氏を弱体化させ、嘉元の乱で得宗家を構成する人材（得宗家庶流の宗方ら）まで失って、得宗自身の力を激減させた末に、成人後でさえ「正体無」いといわれた幼年の高時を残して没した。これにより、得宗の君臨という後期鎌倉幕府の政治体制自体が、実質を失ってしまった。唯一の望みは高時が儲けた長子邦時であったが、彼の成長を待つ間、なおも嘉暦の騒動が起こったため得宗の権威は分裂し、貞顕ら有力支持層が政治の後景へと退いた。当時の幕府に可能であったのは、辛うじて存続する御内人・姻戚たる長崎・安達二頭のもと、〝得宗の君臨〟という形式を維持することだけであっただろう。

従来明らかでなかった、得宗家・幕政運営が極度の形式主義に陥った理由も、右の経緯・構造から説明できる。かつての時頼による執権職と得宗の分離、時宗による寄合の本格化・権限集中、貞時による得宗自身の権限集中等、後期鎌倉幕府では得宗の世代ごとに、得宗家・幕政の態様に大きな（貞時期には劇的な）変化がもたらされた。それを可能にしたのは間違いなく得宗自身の意志と実行力であり、それに幕閣を賛同させた得宗自身の求心力であって、すなわち得宗自身の人格に全く依存していた。得宗の人格が厳然と屹立する限り、得宗政治（幕政）は変容し続けるのが基本であり、形式主義に陥る必然性がない。

しかし、時宗が夭亡し、政争に敗れた貞時が無気力化し、高時が「正体無」くなって、得宗の人格が空白になると、得宗の人格への極度な依存へ邁進した北条氏の権力掌握過程が裏目に出る。得宗を代行して幕政を主導する姻戚安達氏や御内人平（長崎）氏には、政治改革の裏づけとなる、得宗と同等の求心力がない。そのため、鎮西名主職を御家人同様に扱おうとする法令を含む弘安徳政を矢継ぎ早に実行した安達泰盛や、泰盛路線を否定し、将軍・天皇・治天を任意に改替し、時宗生前の構想を捨てて源氏将軍惟康を親王にした平頼綱のような劇的な幕政改革は、(68)他勢力の劇的な反発を招き、いずれも嫡流が族滅した。

庶流から両氏を復興させた長崎円喜・安達時顕は、これを教訓化し、同じ轍を踏まぬよう注意を払ったに違いない。得宗家・幕府の大きな変形は、得宗にしか決断できない。〈御内人の責務、そして御内人に可能（支持を得られる）な政務は、次代得宗の成人まで中継ぎ的に現状の得宗家・幕府を維持・保守することである〉という長崎・安達政権の自覚の結果が、幕府・得宗儀礼に観察される全体的な形式主義と細部の更新であったと推断される。従来通り得宗家が存続しているという形式、その一事が、御家人・御内人を瓦解させず、幕府を維持する条件だと、彼らは信じたと考えられる。

ただ、その一時的な保守業務が三〇年も長引き、幕府滅亡時まで解消されなかったことは、長崎・安達政権にとって想定外であっただろう。幕府・得宗家の保守に徹すべき二頭政権は、持明院統に加え、大覚寺統内部さえ恒明（亀山院息）・邦省（後二条院息）・尊良（後醍醐天皇息）に分裂した、こじれきった皇位継承問題に揺さぶられた。(69)この末期的な収拾不能の皇位継承問題は、〈幕府の保守〉以上の決断ができない中継ぎの政権の対処能力を超えていた。この、両統迭立さえ壊す混乱をもたらしたのが、大覚寺統全体と利害を異にする「一代の主」後醍醐であり、彼の三度の倒幕活動が最後は幕府を滅ぼすに至る。

しかし、最も興味深いのは、この空洞化著しい中継ぎ政権が、正中の変以降の倒幕の陰謀に対して大規模な幕府軍を動員・組織でき、楠木合戦や元弘の乱で幕府軍が正常に戦い、元弘三年五月の鎌倉攻防戦でさえ頑強な抵抗を見せた事実である[70]。得宗の空洞化や皇位継承問題、後醍醐の活動・求心性自体は、長崎・安達政権を崩壊させなかった。それは、幕府という組織全体の堅牢性が、幕閣の脆弱性の影響を受けない領域に存在していたことを意味する。

幕府という組織自体は、それが実際に誰の意志に発したかによらず、幕閣の適切な命令に対して、期待通りの適切な行動を取る組織であった。それが実際の意志の出所に依存しなかった事実は重要で、それは結局、御家人が将軍・執権・得宗ら特定個人に対して忠義なのではなく、将軍率いる幕府の主従関係一般に対して、そして得宗周辺が担う「諸国守護」の職分に対して忠義であったから、と解さざるを得ない。その職分に沿った命令が、得宗家内部のしかるべき場所から発して、将軍の命令として執権を通じた回路で発令されるならば、それが長崎・安達二頭の専断体制か否かにかかわらず、御家人もまた職分を果たす、という行動様式が確立していた。正中の変で後醍醐の勧誘を受けながら幕府に密告した土岐頼員の、「関東恩之難謝」（『花園天皇宸記』元亨四年九月一九日条）という動機こそ、幕府というシステムの中で生きる御家人の思考様式・帰属意識を端的に表したものである。

その意味で、細川が示した〝システムとしての得宗専制〟という捉え方[71]は、得宗専制のみならず幕府自体の理解に資する。幕府が幕府として機能する要件が右回路の存在ならば、そこにこそ、将軍・執権・得宗がすべて、実権を失ってもなお必要とされた理由を見出し得よう。

## 結論と展望――得宗家・幕閣の衰退と幕府滅亡の相関性――

得宗儀礼は、高時期にも変容を重ねた。特に、かつて幕府職制と関連づけられて奉仕された役が、職制と無関係に、北条一門有力者という血統由来の社会的地位に依存して賦課され始める。それは、家や氏族という私的側面が幕府を乗っ取ったというよりも、彼らが家・氏族に付随する私的側面を希薄化させ、幕府の公的側面を丸ごと担い始めた現象である。

当該傾向の表面化は、貞時末期以後の幕政を主導した御内人二頭＝長崎円喜・安達時顕の政治体制に由来した。貞時以降の判始、高時以降の出仕始や、幕府全体を覆う参賀（得宗家慶事・年始）、凶事の訪、御馬乗始・御弓あそばし初め等、得宗儀礼はこの二頭政治期に目立って増加した。かかる儀礼体系の肥大化・改変は、嘉元の乱以後に生じた得宗の人格的存在感の顕著な空洞化を、御内人二頭政治が儀礼によって補塡しようとした結果と考えられる。特に、高時の出家・執権引退や、安達家を外戚としない邦時の誕生は、泰家を一方の極とする得宗家内部の抗争の火種となり、得宗家自体の安定化・保守が幕閣喫緊の課題となった。

しかし、そこに、人材枯渇という当該政権最大の課題が直撃した。その最大の要因は本書第九章で指摘した通り、得宗家自身による政争であろう。得宗家は、宝治合戦・建長三年（一二五一）の政変までに有力他氏族の勢力削減を繰り返した上、その後も二月騒動・霜月騒動・平禅門の乱・嘉元の乱等の内訌を重ね、得宗家・北条氏自身の有力な人材を自ら大量に駆逐した。そして、幕閣が得宗家・北条氏に完全に依存していたため、得宗家・北条氏の空洞化は、直ちに幕閣自体の空洞化を意味した。幕府史上、最も華やかな部類に入る邦時の誕生・通過儀礼は、この問題に直面した長崎・安達政権が、得宗儀礼の興行によって幕府の体裁を保ち、統治者の人格や人材の空洞化を儀礼の規模・格式で補塡して得宗家を保守し、得宗家を、ひいては幕閣を、最終的には幕府の崩壊を阻止するための、残された数少ない手段であったと結論される。

「鎌倉幕府は、衰退期をもたなかった。最後の三十年が、すなわち極盛期である」のに、なぜ最盛期に滅亡したのか。緒言で触れたその疑問の答えは、本章で取り上げた数々の史料・史実に基づいて、シンプルに答えられる。その三〇年を極盛期と見なしたのは単なる先学の誤解であり、実際には、それは滅びへと向かう衰退期にほかならなかった、と。それは、眼前に社会の大変動を見ながら、得宗専制が事実上得宗を欠くという欠陥構造に囚われ、社会変動に対応した大変革を遂行し得ない御内人主導の中継ぎ政権が長期化しすぎた三〇年であった。得宗家・幕閣は人材枯渇によって確実に衰退していたし、政争によって御家人の絶対数と個々の実力が激減していたことも疑いない。

しかし、それらは、御家人の集合体として幕府を機能させるシステム自体を劣化させず、幕府全体の滅亡に直結しなかった。そのシステムの破綻は、もう少し幕閣の人材枯渇が進めば、現実化しただろう。しかし、システムの瓦解以前に、後醍醐天皇の策謀と足利尊氏の離反が、力押しで幕府中枢を滅亡させた。新田義貞と尊氏の鎌倉・六波羅攻撃が幕閣首脳部や出先機関の構成員の討滅に過ぎず、右の幕府システム全体との対峙・克服ではなかったこと、むしろ六波羅を滅ぼした尊氏軍自体が、右システムによって動員され機能した幕府軍の転用であったことに注意すべきである（なぜ転用可能であったかは、追究すべき重大な課題となろう）。

そして、幕閣がなぜ、幕府軍の一方の大将を尊氏に任せ、六波羅を滅ぼし得る大軍を預けたか、という問題こそ、本章が結論を出し得る重要な問いとなる。楠木合戦以来、幕府滅亡まで、尊氏は幕府軍で唯一の北条氏でない大将であった。建長三年（一二五一）の政変で高祖父泰氏が逼塞して以来、有力御家人でありつつも幕府政治史の表舞台から完全に消えた足利氏が、なぜ幕府の命運を握る最も重要な合戦の大将として突如現れるのか。

ここで、元弘の乱で尊氏とともに一方の大将を勤めた名越高家が、正確な年齢は不詳ながら、「気早の若武者」[72]と伝えられることがヒントとなろう。かかる若年の北条氏庶流をあの重大な局面で幕府軍の両大将の一人に任じた理由は、上述の幕府の人材不足に由来した可能性が高い。

また、幕府滅亡の二年前の元弘元年（一三三一）九月、後醍醐の挙兵に対して、尊氏は大仏貞直とともに幕府軍の大将として派遣された。尊氏は同月初旬（『尊卑分脈』は五日、『常楽記』は六日とする）に父貞氏を喪った直後で、服喪の暇も与えられず動員され、そのため幕府を怨んだという（『太平記』『梅松論』）。そのような無理な動員が、なぜなされたのか。この問いを立て、解いた研究は管見に触れない。

しかし、本章の行論を踏まえれば、この問いには一つの有力な回答を得られる。すなわち、この無理な動員も、幕府の人材難に起因した。そう考えれば、疑問が氷解するのである。もはや、尊氏より適任といえる者を北条氏一門から調達できなかったのであり、それは人材が枯渇した得宗家（長崎・安達政権）が藁にもすがる思いで足利氏に求めた協力体制であった、と考えるのが順当であろう。

本章初出時には触れ得なかったが、『とはずがたり』（巻四）に、正応二年（一二八九）の新将軍久明親王の鎌倉到着の場面について「御所には、当国司（貞時）・足利（貞氏）より、みなさるへき人々は布衣なり、御馬引かれなとする儀式めてたくみゆ」という記述がある。ここに、貞時期の正応二年までに、幕府行事の表舞台において得宗と並んで唯一その名が記されるほどの御家人代表格として、足利貞氏が存在感を得ていた事実が明らかである。泰氏の逼塞以来、沈潜してきた足利氏は、泰氏の曽孫貞氏の代に、一般御家人（公方人々）代表の地位を堂々と明記される待遇を伴って、劇的な復活を果たしていた。詳細な事情は不明だが、それは、高時期に息子尊氏が北条氏庶流同等の待遇をもって重要な職責を担うに至った伏線に違いない。それが、人材難に由来するのか、それとも貞時独特の構想に由来するのかは、今後追究すべき課題である。

いずれにせよ、尊氏を幕府軍大将に起用した長崎・安達政権の見通しは甘すぎた。足利氏に協力を決意させるに値するほどの綿密な準備、すなわち従来からの潜在的な緊張関係を解きほぐす努力をせずに、ただ突発的に、貞氏の死という足利氏側の事情に顧慮を示すことなく、服喪中の尊氏を動員して無理を強いるだけ、という拙劣な手を打った。その結果、足利氏に協力どころか自ら離反を促し、幕府（得宗家）滅亡を早めたのである。

幕府が人材難でなければ尊氏は起用されなかった可能性が高く、ならば尊氏率いる幕府軍の六波羅攻撃は起こらず、幕府はあの形で滅亡しなかった。その意味で、幕府の人材難は間接的に幕府を滅ぼしたことになる。得宗儀礼の検討から観察された幕閣の人材不足は、平時に幕閣の弱体化を進行させて幕府を苦しめた上、最後に劇症化して幕府滅亡の一つの主要因にまでなった、末期幕府の最も重大な病巣であった、と評価してよい。

室町幕府との関連でいえば、矢開という鎌倉末期の得宗儀礼が、足利義満らに継承されたことが指摘されている(73)。ほかにも、本章で検討した判始・出仕始・参賀が、室町幕府の将軍・室町殿を主役とする儀礼として定着した。得宗儀礼が室町幕府・室町殿研究の基礎・継承元として存在するという接続関係が明らかであり、したがって後者の解明に前者の解明が不可欠であることは、南北朝・室町期武家文化研究において避けられない視座として、強調しておく価値がある。ただし、将軍でない得宗の儀礼が、室町幕府の将軍儀礼へと継承されるには、その間に一つの飛躍がなければならない。その飛躍を可能にするロジックが何であり、それがいつ、なぜ生まれたかは、機会を改めて検討したい。

（1）佐藤進一「鎌倉幕府政治の専制化について」（『日本中世史論集』、岩波書店、一九九〇、初出一九五五）六九頁、同『日本の中世国家』（岩波書店、二〇〇一、初出一九八三）一三八頁以下、村井章介「執権政治の変質」（『中世の国家と在地社会』、校倉書房、二〇〇五、初出一九八四）一五三頁以下。

（2）盛本昌広「鎌倉幕府儀礼の展開」（『鎌倉』八五、一九九七）四三～四頁等。

（3）(鎌)三一-二三五六一、㊎四四四。以下、史料集の略号として『鎌倉遺文』＝(鎌)、永井晋・角田朋彦・野村朋弘編『金沢北条氏編年資料集』（八木書店、二〇一三）＝㊎と略称する。また、㊎収載文書の年次比定は主に㊎に拠る。

（4）細川重男「北条高時政権の研究」（『鎌倉政権得宗専制論』、吉川弘文館、二〇〇〇、第二節初出一九九一）三一九～三二〇頁。

（5）筧雅博『蒙古襲来と徳政令』（『日本の歴史』一〇、講談社、二〇〇一）三四五頁。
（6）前掲注（3）参照。
（7）『吾妻鏡』康元二年二月二六日条、『建治三年記』一二月二日条。
（8）佐藤進一「鎌倉幕府職員表復原の試み」（『鎌倉幕府訴訟制度の研究』、岩波書店、一九九三、一部初出一九八三〜八七）、細川重男「鎌倉政権上級職員表」（前掲注（4）著書）、同編『鎌倉将軍執権連署列伝』（吉川弘文館、二〇一五）。
（9）延慶二年ヵ正月一七日金沢貞顕書状（(鎌)三一-二三五六〇（㊎四四三））。
（10）前掲注（8）細川表No.56は貞顕の評定衆・三番引付頭人就任を立項しないが、前掲注（8）佐藤論考二七二頁以下が、延慶二年三月一五日貞顕書状（(鎌)三一-二三六三七、㊎四四七）に「評定出仕幷三番引付管領事、被仰下候之間、面目無極候」とあるのと『鎌倉年代記』により同日の貞顕の両職就任を、また『武家年代記』『鎌倉年代記』により八月某日の二番引付頭人転任を確認している。
（11）細川重男「嘉元の乱と北条貞時政権」（前掲注（4）著書、初出一九九一）二八九頁。
（12）前掲注（1）佐藤著書（一九八三）一五六頁。
（13）金沢貞顕書状（(鎌)三一-二四三二二（㊎四六五））。年次比定は㊎二八〇頁による。
（14）(鎌)三一-二三六三七（㊎四四七）、(鎌)同二三六六三（㊎四四八）。
（15）(鎌)三四-二五八八一（㊎五一二）。
（16）嘉暦四年（一三二九）三月一三日金沢貞顕書状（(鎌)三九-三〇五三一、㊎八二四）。
（17）細川重男「秋田城介安達時顕」（『鎌倉北条氏の神話と歴史』、日本史史料研究会、二〇〇七、初出一九八八）。
（18）「円覚寺文書」（『神奈川県史 資料編2 古代・中世（2）』二三六四号、㊎七〇五）。
（19）百瀬今朝雄「「歳十五已前之輩」と花押」（『弘安書札礼の研究』、東京大学出版会、二〇〇〇、初出一九八六）。
（20）『喜連川町史 第五巻 資料編5 喜連川文書 下』二四三号。同書六六九頁解説によれば、生田本（東京国立博物館寄託本）『鎌倉大日記』が底本かという。
（21）(鎌)三九-三〇八一〇（㊎九六五）。
（22）(鎌)三九-三〇六三五（㊎八三一）。

(23) 盛本昌広「鎌倉幕府儀礼の展開」(『鎌倉』八五、一九九七)四四頁。

(24) (鎌)三八-二九二五五(㊎七一九)。

(25) 専論に金子拓「室町殿をめぐる「御礼」参賀の成立」(『中世武家政権と政治秩序』、吉川弘文館、一九九八、初出一九九七)がある。

(26) (鎌)三八-二九三一三(㊎七八二)。

(27) (鎌)三八-二九三一四。

(28) 前掲注(24)書状。

(29) 年欠三月七日金沢貞顕書状((鎌)三八-二九二五六〔㊎九一五〕)。

(30) 儀礼(特に贈答儀礼)では、高級品で殊更華美に仕立てることを「刷《かいつくろ》ふ」という(動作の強調を意味する「掻き」+「つくろふ」の複合語の音便化であろう。『宣胤卿記』永正一四年(一五一七)正月九日条に「刷《カイツクロフ》衣装」と訓が見える)。文脈・語感から見て、「ひきつくろう」も同様の語義であろう。

(31) (鎌)三五-二七一七四(㊎五七六)。

(32) (鎌)三八-二九四三二(㊎六〇一)。「朔日御慶申篭候了」という、朔日を特段祝う冒頭の文言は、一一月に相応しい(一一月一日は古代中国の年始にあたり、冬至と重なれば朔旦冬至として特別に祝われた)。

(33) (鎌)三八-二九四一四(㊎七二一)。

(34) (鎌)三八-二九三三一(㊎五九七)。陸奥左馬助の比定は㊎五九七号。

(35) (鎌)三九-三〇八七七(㊎八八六)。

(36) (鎌)三五-二七一二四(㊎六〇六)。年次比定は同書に拠る。

(37) (鎌)三九-三〇七三〇(㊎八五五)。

(38) 「大友文書」((鎌)三四-二五八九一)。

(39) 永井晋『金沢貞顕』(吉川弘文館、二〇〇三)一〇九頁以下。

(40) 細川重男の専論(前掲注(17))も参照。

(41) (鎌)三九-三〇八五四(㊎八二九)。発給年月日推定は鈴木由美「金沢貞冬の評定衆・官途奉行就任の時期について」

（『鎌倉遺文研究』一七、二〇〇六）に拠る。
(42) 中澤克昭「武家の狩猟と矢開の変化」（井原今朝男・牛山佳幸編『論集　東国信濃の古代中世史』、岩田書院、二〇〇八）。
(43) 細川重男『鎌倉幕府の滅亡』（吉川弘文館、二〇一一）七三頁。
(44) 『蜷川家文書之五』（附録六六、『矢開幷元服之次第』）、国立国会図書館所蔵内閣文庫本『小笠原礼書』（第一七冊『弓矢記』「矢披之事」）。
(45) 『吾妻鏡』建久三年六月三日条に、藤田能国が「継弓馬芸之故」に「父勲功賞跡」の永代伝領を認められた話がある。
(46) 『吾妻鏡』文治三年八月一五日条、建久五年一〇月九日条、嘉禎三年七月一九日条。
(47) 『吾妻鏡』元暦二年六月五日条、文治三年八月一五日条、建久元年八月一六日条。
(48) 『吾妻鏡』寿永三年三月二八日条。
(49) 『吾妻鏡』建久一〇年二月六日条。
(50) 『吾妻鏡』文治六年四月七日条。
(51) 『吾妻鏡』嘉禎三年七月一九日条。
(52) 『吾妻鏡』建長二年二月二六日条、同年三月二六日条、同六年閏五月一日条、同一一日条、正元二年正月二〇日条。
(53) 山本真紗美「新日吉小五月会の成立と展開」（『鎌倉遺文研究』二一、二〇〇八）一〇〇頁以下は、治天の臨幸の有無が競馬・流鏑馬の催行に直結した事実を理由に、幕府でなく院に主導権があったとするが、本書では採らない。後鳥羽院政期までの院が自ら武士を動員して催行した権限を幕府が奪った事実、そして承久の乱後の治天が、幕府の明示的／暗黙的同意なしに、いかなる大事業（特に武力動員）も行えなかった事実を、軽視すべきでない。
(54) 古代学協会・古代学研究所編『平安時代史事典』（角川書店、一九九四）「騎射《うまゆみ》」「手結《てつがい》」の項。
(55) 細川重男「得宗家執事長崎氏」（前掲注（4）著書、第一・二節初出一九八八）一六九頁。
(56) 前掲注（4）細川論考三二三頁。
(57) 前掲注（4）細川論考三一六頁。
(58) 前掲注（43）細川著書一四五頁。

(59) 前掲注(11)細川論考二九八頁。
(60) 前掲注(4)細川論考三二九頁。
(61) 嘉暦四年七月二六日金沢貞顕書状（「金沢文庫文書」、鎌三九―三〇六七七〔金八四五〕）。
(62) 前掲注(8)佐藤論考三一二頁。彼らの経歴は前掲注(8)細川表№35～39・56・74・71。
(63) 『関東評定伝』建治三年条。
(64) 以上各人の経歴は前掲注(8)細川表№30・42・43・47・56・72・73・74。
(65) 筧雅博「道蘊・浄仙・城入道」（『三浦古文化』三八、一九八五）、嘉暦四年七月二六日金沢貞顕書状（鎌三九―三〇六七七、金八四五）、同年ヵ月日未詳金沢貞顕書状（同、鎌未収、金八三六）。
(66) 筧は前掲注(65)論考で、後伏見院の和談反対の真因を浄仙の策謀であると強調することを通じて後伏見に対する幕府の心証悪化を和らげるため、道蘊が永福門院に「御書」を書かせた、よって道蘊の動きは親持明院統であるとし、ならば同じ親持明院統の時顕の発言を封じようとした意図を測りかねる、と困惑した。しかし、それでは史料解釈の手順が逆である。親持明院統の時顕の発言を封じようとし、かつ持明院統に不利な「御和談」を推進したなら、素直に道蘊は親大覚寺統と考えるべきで、そこから永福門院に「御書」を書かせた動機を推定すべきであろう。
(67) 百瀬今朝雄「元徳元年の「中宮御懐妊」」（前掲注(19)著書、初出一九八五）。
(68) 網野善彦『蒙古襲来』（小学館、二〇〇〇、初出一九七四）三一一頁以下、細川重男「右近衛大将源惟康」（前掲注(17)著書、初出二〇〇二）等。
(69) 森茂暁『後醍醐天皇』（中央公論新社、二〇〇〇）六二頁以下。
(70) 山本隆志『新田義貞』（ミネルヴァ書房、二〇〇五）九三頁以下。
(71) 細川重男「専制と合議」（前掲注(4)著書）三三七頁以下。
(72) 『太平記』（九―山崎攻事付久我畷合戦事）。
(73) 前掲注(42)中澤論考二〇四・二〇六頁。

# 結章　古代・中世礼制史と鎌倉幕府論・室町幕府論の新地平の展望

## ――誰が、なぜ、何になろうとしたのか――

### 緒言

本書では、鎌倉幕府の最重要儀礼の一つ「垸飯」の基礎的研究と応用的研究を通じて、鎌倉幕府儀礼体系の本質・根幹を部分的ながら解明した。そして、これと北条氏権力の各段階を比較検討することにより、草創期から滅亡期にわたる鎌倉幕府の組織態様の変遷過程、特に不動の理念たる〈傍輩連合体〉という原則の成立・持続と、それに反する北条氏の圧倒的権力という実態、そして後者が前者と共存する落とし所であるかのように出現する二系列化（二つの「公」として並立する将軍と得宗、それらの下に連なる「公方人々」＝御家人集団と「御内人々」＝得宗家勢力）の態様を、時系列的に素描した。

本書執筆の発端となった垸飯の基礎的研究（本書第一章）に着手した段階では、筆者の関心は単に鎌倉幕府の儀礼をめぐる理念と実態のみにあり、鎌倉幕府組織論に踏み込む意図はなかった。ところが、鎌倉幕府垸飯の存在意義が、〈御家人皆傍輩〉という理念的原則を年始・代始に確認・再生産する水平方向の紐帯確認儀礼たることにあったと判明した結果、問題関心は鎌倉幕府組織論へと広がらざるを得なくなった。そして、儀礼が自己規定《アイデンティティ》の表明行為である以上、鎌倉幕府儀礼とは要するに〈当事者の主観的認識における鎌倉幕府論〉にほかならぬことに気づいた。そこは従来の客観的な（歴史学的な）鎌倉幕府論のみでは窺い知り得なかった知見の宝庫であり、ならばそれを既存の客観的な鎌倉幕府論と対比して鎌倉幕府論の掘り下げを試みるのは、取り組むべき課題として自明であった。

垸飯が傍輩関係の確認儀礼であるなら、垸飯催行の実例は当事者のいかなるメッセージを意味したのか。執権北条氏の権力が傍輩（御家人一般）に対して超越的となってゆく実態に対して、〈御家人皆傍輩〉原則の堅持を意味する垸飯が幕府滅亡時まで繰り返された事実は、理念と実態のいかなる関係の変容を意味し、実態はいかにして、どこまで理念を侵蝕したか、あるいはしなかったか。また、垸飯の本質が贈与行為であるならば、垸飯の物資調達負担を御家人に賦課する税制たる垸飯役は、いかにして成立可能であったのか。

如上の疑問が直ちに立ち現れ、それらの解決なくして垸飯の理解が十全たり得ず、したがって垸飯を根幹とする鎌倉幕府儀礼の全体的理解があり得ないこともまた、明白であった。そのため、本研究が鎌倉幕府儀礼論の全体像解明に資するには、新たに提唱した〈垸飯＝傍輩紐帯確認儀礼〉という理解が、既知の事実・史料の解釈をどう変えるのかを全面的に再検討し、明白な事実から作業仮説に至るまで、現状で示し得る限りの見解を提示すべきと考えた。その成果が、本書収載の一連の論考である。

儀礼の本質は〈当人が信じようとする自己規定《アイデンティティ》を表明する記述〉であり、なおかつ垸飯は御家人全員（すなわち幕府構成員のほぼ全員）の傍輩関係を表明する儀礼であった。ならば、〈鎌倉幕府の構成員は、鎌倉幕府を何であると信じようとしていたのか〉という意味において、垸飯論は鎌倉幕府やその構成員の自己規定《アイデンティティ》の問題そのものであり、したがって鎌倉幕府の組織論（組織の根幹を成す理念や、それに基づいて目指された組織態様の構想）として論じられざるを得ない宿命を有する。そのため、垸飯研究を軸とした本書は、鎌倉幕府の自己規定《アイデンティティ》論という軸をも一貫して持つことになった。

さらに、垸飯の傍輩紐帯確認儀礼たる性質は、執権制の確立・専制化傾向と、明白に矛盾した。そのため、

〈傍輩連合体たるはずの御家人社会において執権とは何か〉という意味において、〈執権とは何か〉という問題との直面も不可避となった。執権制は、その成立を必然化した過程（執権制成立以前＝幕府草創期）においても幕府論の核となる問題であり、したがって〈執権とは何か〉を論ずることは、〈鎌倉幕府とは何か〉を論ずるに等しい。その観点からも、垸飯論は鎌倉幕府組織論と表裏一体に論じねばならなかった。

以上の理由により、〈初の総合的・網羅的な垸飯の専論〉という姿は、本書の表層に過ぎない。垸飯があらゆる鎌倉幕府儀礼の根幹にあり、その性質が本書（の原型となった諸論考）発表以前に誤解されていた以上、本書は、中核的儀礼の総合的解明を通じて鎌倉幕府儀礼論の再構築の基点たらんと志した新生鎌倉幕府儀礼論の序説であり、その意味において武家文化論の一里塚たらんことを目指している。さらに本書は、儀礼以外の材料・手法（政治史・制度史等）によっては復元不可能であった鎌倉幕府の組織構想・理念のいくつかを初めて復元し、既知の諸事実や既往の政治史・制度史的学説と対比して、それら学説のうち一部の有効性を補強し、一部の誤解を批正した取り組みであった。その点において、本書は、鎌倉幕府組織論の新ジャンル構築の試みでもあると、筆者は考えている。

以上に基づき、筆者は本書の役割を、〈鎌倉幕府組織論の新ジャンル構築という側面から発して、集団（主に政体）の自己規定《アイデンティティ》や、それと表裏の関係にあって自己・他者双方の認識として生じる社会的定位を儀礼史料から割り出す、応用可能な新たな方法論の提示〉と措定したい。日本史上の様々な枠組みの理解を左右し得るよう願った幕府論と、それを一部とする日本前近代組織論として、本書を学説史上に投下したい。

以上の観点から、本章では、各章末尾等で示した結論を総合した先に展望し得る研究課題や地平を、やや大風呂敷を広げて述べたい。先に純然たる儀礼論に即して述べた後、幕府儀礼論再構築へ向けた展望や武家文化論としての展望を意識して述べ、さらにその中では幕府論・日本前近代組織論としての展望を強調する形で述べたい。

## 一　礼制史上の到達点と課題の展望

本書が扱った材料から派生し得る話題は多様であり、それらは相互に強く連関することもあれば、全く別の話へと展開するものもある。そこで、近接する話題ごとに一定のまとまりを持たせつつも、箇条書き的な列挙にとどめざるを得ない部分があることを諒とされたい。それらの話題は、礼制史に強く即したものと、すぐれて政治史的なものに大別し得るので、まずは本節で前者から述べ、次に節を改めて後者を述べたい。

### Ⅰ　日本中世史学から学際的儀礼論へ参加する道筋

序章では、儀礼が表現・記述・主張に過ぎず、その点で特定人物の発言と本質的に相違がないことを確認した。それは、儀礼が記述する内容の信頼性における大きな限界を意味するが、同時に、主体的・主観的な主張としては極めて有用な研究素材であることをも意味する。したがって、その内容が鎌倉幕府の組織自体と直結する場合には、儀礼は当事者による鎌倉幕府論として、文字で著された言説の少なさを補う貴重な情報源となる。

〈儀礼とは何か〉という問題と長らく直面してきた文化人類学等の他分野に対して、日本中世史学から解答を提示することは容易でない。しかし逆に、それら非歴史学的儀礼論は、日本中世史学に根差した儀礼論的成果に拠る以外に、日本中世社会の儀礼の実態・性質を知り得ない。すなわち、日本中世儀礼論の停滞は、他分野の儀礼論の停滞に直結する。論理的帰結として、東アジアの、それなりの存在感と独自文化を千年単位で有した社会の儀礼のかなりの割合について、文化人類学等はほぼ何も知らない、ということである。歴史学固有の技術によって膨大な関係史料を分析し、体系的かつ独自の儀礼実践を提示して理論化できれば、非歴史学的儀礼論は大きく更新できる。それには歴史学側が非歴史学的儀礼論の蓄積を入念に消化して、その論点に適切な知見を投じねばならないが、基礎レベルの実践例分析と再理論化の端緒までを射程とした本書にとっては今後の課題である。

## Ⅱ　垸飯の起源の問題

### （A）東アジア史的鳥瞰の問題

本書では、垸飯の起源を旧説より大きく遡って追跡した点と、垸飯の絵画的表現を史上初めて発見・提示した点に、垸飯論としての大きな成果があると考えている。ただし、課題は多い。特に、垸飯の起源自体の追究と、それが天皇親政・摂関政治の政治史的構造とどう連関したかの考究は、不可欠であろう。現段階では、垸飯の記事は『西宮記』を最古とし、垸飯の成立を九世紀より遡らせ得る徴証を得ない。しかし、〈飯を高く盛り饗応・共食する〉という形態を念頭に、あるいは内裏等を場とする仏事・五節や傍輩相当関係における饗応等の催行契機を念頭に、共通性のある習俗を探索することが、目下の端緒となろう。

その場合、他の諸儀礼（節日の薬猟・騎射練武等）と同様に、わが国独自の習俗と、中国大陸・朝鮮半島の習俗の移入という両側面からアプローチせねばならない。となると、大陸・半島における類似習俗を該地の史書に探る必要が生じる。しかも、右の諸儀礼がそうであったように、儒教の理念的影響を受けていたか否かも確認する必要があり、したがって五経をはじめとする儒教テクストも渉猟せねばならない。長期的課題である。

### （B）寛平・延喜・天暦の治や摂関政治の影響の問題

成立状況の問題の先には、展開状況の問題がある。平安後期的な垸飯の性質は、いかなる政治史的・文化史的脈絡から生まれたか。第一章で述べた通り、内裏仏名の垸飯から分派したらしい殿上垸飯の成立期が、おおよそ宇多・醍醐・朱雀・村上朝頃に相当する事実を、いかに理解すべきか。すなわち、それは天皇親政指向の所産なのか、摂関政治進展の所産なのか。そして、菅原道真という希代の儒学者（紀伝学者）が朝廷首脳にのし上がった事実や、彼の失脚に伴う朝廷政務からの儒教色の後退は、いかに影響したか。そうした儒教色の濃淡の推移は、垸飯慣行確立の礼制史的評価を大きく左右しよう。その追究はさらに、鎌倉幕府論と同様に、垸飯の成立事情・原初的態様が逆に当該期の天皇親政・摂関政治の仕組みについて新知見を提供する可能性、すなわち政治史の深化に貢献する可能性が高い。

### Ⅲ　儀礼における物品の静的性質と動的状態

第二章により、垸飯とそれに付帯する引出物が、元来は別個の行為と判明した。これは、儀礼分析において、記録上に一体のものとして記される儀礼・行事が、真に一つの行事であるかを疑い、慎重に腑分けせねばならないという教訓となる。また、同章の考察によって、儀礼における物品の分析においては、物品の静的性質の分析のみでは不十分、という教訓も得られた。弓が袋から出され弦が張られているか、剣が佩かれず即時抜刀可能な状態か、甲冑を最速で着用可能な状態か、といった物品の動的状態に着目して分析する作業の重要性が、同章の考察によって改めて明らかとなった。

### Ⅳ　贈答品循環サイクルと租税化する贈与の問題

#### （A）　贈答品循環サイクルを念頭に置いた服属儀礼観の相対化

もう一つ重要な教訓がある。先学は皆、垸飯を服属儀礼と信じて疑わなかった。その理由は、垸飯を貢納と信じ、その貢納物は受け取り手が純粋な利潤として私物化したと信じたから、と推察される。しかし、第二章の考察によって、垸飯も垸飯付帯引出物も「献」じられた鎌倉殿の手に長く留まらず、受贈品が時を経ずして贈与品として手放されたと判明した。すなわち、貢納品は受け取り手の利潤とならず、贈り手側コミュニティに再配分されるという循環構造が、垸飯関係の貢納行為に明らかである。

その垸飯が鎌倉幕府儀礼の最重要・根幹であったのならば、他の儀礼においてもかかる貢納行為の循環的性質を疑わねばなるまい。そして、しばしば貢納を一方的搾取と見なして服属行為と速断してきた古代・中世史の研究視角を、改めねばなるまい。貢納が、実は大きな物流の一部、贈答・再配分の循環的構造の一部に過ぎないかもしれない、という疑いを、歴史学的儀礼論は再認識すべきである。そもそも、幕府垸飯が〈鎌倉幕府は傍輩の連合体たることを組織の本質とする〉という理念の反復的主張であったからには、論理的帰結として、ピラミッド型組織的な上から下に対する一方的搾取など起こり得ない。

ところが、その起こり得ない一方的搾取が起こる回路が存在した。将軍に納めたものが幕府内に再配分されず幕府外へと流出するケースである。その最たるものは、宗尊親王の将軍嗣立の直前に御家人経済に大打撃を与えた閑院内裏修造に代表される、内裏造営役であった。

内裏造営の経済的負担は幕府の伝統であり、その発端は内乱直後に源頼朝が後白河院政に対して、内裏再建を幕府の職責として請け負ったことにある。頼朝のその方針は、幕府が日本国の治安維持を担う唯一の機関であるという自負を証明するために生まれた。朝敵征伐の責任遂行のために戦乱で（都を含む）国土を荒廃させざるを得ず、その国土の再生まで含めて内乱平定に責任を負う幕府の責任範囲に、内裏修造も含まれたのである(1)。

してみると、幕府内において必ずしも一方的搾取でなかった御家人負担は、外部流出という回路の介在によって実質的に一方的搾取の色を濃くしたと見なし得るのであり、その上に得宗勢力が競合者弾圧や親王将軍擁立等で御家人の体力を奪う政治を重ねた結果が、得宗勢力による幕府運営の丸抱え的請負という帰結をもたらした、という鳥瞰図を得られよう。建前上は搾取的でなかった傍輩連合体たる⼇型組織は、朝廷という、元来が搾取的なピラミッド型組織に財を吸い取られる回路に接続し続けた結果、搾取の被害者たる性質を強められた。その回路を設けた頼朝が御家人らの傍輩でなかったという点に、傍輩連合体たる幕府における主君と傍輩集団の利害相反的な緊張関係を見出せるであろう。

## （B）中世後期的な循環的贈与サイクルの淵源

垸飯に伴う物品流通における循環構造は、桜井英治が描き出した中世後期の循環的な贈与の実態[2]を直ちに想起させる。そこでは、貴顕のコミュニティにおいて高度に習慣化した贈与経済において、受贈品がほとんど直ちに贈与品として他者への贈与に流用され、短時日の間に流用が重ねられて最初の贈呈者の手に戻ってくることさえ珍しくなく、太刀等の耐久性が高い物品に至っては半永久的に贈与サイクルの中を循環し続けた。そして、室町幕府においては、将軍が引出物として受贈した物品を即座に寺社等へ寄進することにより、全く自腹を切ることなく寺社保護目的の財政支出を果たすことが可能であったり、逆に将軍が寺社御成を頻繁・計画的に繰り返すことで寺社側からの引出物を将軍家財政の重要な収入源とする等、贈与に依存した室町幕府特有の財政体質が明らかにされている。

寺院の修理費について「将軍の手もとに献物がとどまっている時間はほんの一瞬であるにもかかわらず、修理費はあくまでも将軍が支出したものとみなされたのである」（一二六頁）と桜井が述べた表現は、垸飯や垸飯付帯引出物（伊勢式年遷宮料の鷲羽や大仏鍍金料の砂金）の様態に極めて近い。本書は、桜井が提示した中世後期の贈答品循環サイクルと似た態様を、鎌倉幕府や平安期貴族社会に求め得ると示した点で、贈与儀礼・贈与経済論に一石を投じ得たと考えている。

もっとも、中世後期と同じく主君の「手もとに献物がとどまっている時間はほんの一瞬である」とはいえ、垸飯付帯引出物は直ちに朝廷に進納され、鷲羽は神宝の矢に加工されて伊勢神宮に奉納され、砂金は大仏の鍍金に使われて、循環せずに消費されて終わってしまう。また、垸飯は贈呈者から主君を経て受贈者の手に渡る点で、特に贈呈者・受贈者が傍輩として同じ狭いコミュニティに属する点で循環的だが、食物であるため、受贈者が消費（食用）して終わってしまう。すなわち、前者はそもそも循環的でないし、後者は循環性が極めて限定的であった。それは、中世後期の純粋に循環的な態様といかに関わるだろうか。

蕩尽的な過差を省みない接待を繰り返した御家人個々人レベルの垸飯の態様を踏まえても、垸飯関係の贈答は消費が大前提であり、回数に正比例して財政的負担そのものとなった。その点で、当事者の懐がほとんど痛まない中世後期的な循環的贈与とは、やはり本質が異なる。それは直線的な歴史的展開、すなわち贈答慣習に伴う痛みを軽減する工夫として中世後期的な循環的贈与が考案されたことを意味するのか。それとも、淵源・沿革や本質的存在意義が全く異なる別系統の贈与慣習であったのか。換言すれば、純粋な循環的贈与はどこまで遡れるのか。遡れるとしたら、その淵源は朝廷文化・武家文化・民衆文化・宗教文化等のいずれに求め得るのか。循環性の度合いの違いは、それぞれの贈与慣習が組み込まれた社会構造の違いをどう反映していたのか。特に、室町幕府的な贈与依存体質は、鎌倉幕府においてどの程度まで観察可能なのか。観察可能ならば、その共通点と差異はいかにして生じたのか。これら諸問題の考究が、歴史学的な贈与儀礼論において今後の課題となろう。

### (C)　税・贈与の境界と当事者意識

かかる観点から本書の成果を見直してみると、一つのことに気づく。後期鎌倉幕府において、儀礼や将軍生活を含む幕府運営費用・労働力の大部分を、得宗勢力が丸抱え的に肩代わりした（第九章）。これは、本質的には贈与的であり、有徳税的であり、究極的には室町幕府の守護出銭と選ぶところがない。〈得宗勢力のかかる出費負担は当事者意識の発露であった〉という本書の結論を踏まえると、幕府に対する贈与的出費の財源・金額は当事者意識の所在とその度合いを示している、すなわち〈この幕府は誰のものか〉という主観的認識のメルクマールである、と一般化できる可能性が高い。

逆に、得宗勢力による財政的丸抱えが〈鎌倉幕府は得宗勢力の掌中にあるべき〉という主張を伴ったならば、守護出銭が〈室町幕府は守護大名の掌中にあるべき〉という主張を含んだと容易に類推できる。そして、その守護出銭を守護大名らが出し渋り始めた時、そこには室町幕府に対する守護大名らの当事者意識の希薄化を読み取ることが可能であり、室町幕府が将軍家政機関・幕府機関（を実質上世襲的に担う伊勢氏・摂津氏らや右筆方奉行人）を主な担い手とする〝小さな政府〟へと凝縮されてゆく義政期以降の傾向と表裏一体の現象として、分析可能となろう。一般化すれば、贈与的出費の出所と金額の推移を追跡することで、室町幕府やその麾下の統治機関（鎌倉府等）の理念の変遷を追跡可能になるのではないか、と展望されるのである。

これを敷衍すると、朝廷の恒例・臨時行事における大規模支出を幕府が「御訪」という贈与的出資で担った事実も(3)、新たな観点から分析可能となろう。北朝やそれに由来する室町期朝廷がそもそも室町幕府によって樹立された経緯を思えば、朝廷支出を幕府が担うのは当然ではある。とはいえ、幕府がなぜ臨時出費の負担を「臨時役」として税に区分せず、「御訪」という贈与の範疇で捉え続けたのか、という問題は追究する価値があろう。

この問題は、朝廷内部において行事参仕者に朝廷（しばしば真の財源は幕府）から経費充当目的の「御訪」が支給された事実と(4)、関係する可能性がある。当該期の諸記録を通覧すると、参仕者からの「御訪」支給要請は簡単に通らず、受諾されるのに相応の審査を要した。室町中期には、「御訪」の支給なくしては廷臣の恒例行事への出仕も困難になっており、「御訪」支給申請の却下を理由に出仕を拒否する廷臣も現れ始める。「御訪」支給に朝廷は抵抗感を示したのであり、それは出仕経費の支給を定例化して朝廷の義務的出費を肥大化させられることへの抵抗感と目される（抵抗感の根源は、いくら不知行・退転・飛行しがちとはいえ、出仕経費と利得を兼ねた所領を廷臣に給与してあるはずという建前、すなわち、所領知行の完全回復を諦めるべきでないという建前にあろう）。

これを参考にすれば、室町幕府もまた類同する思考様式を有した可能性を導ける。朝廷の大行事のたびに幕府が出費を担う構造を、あくまでも好意・善意の範疇にとどめたく、決して義務化させたくないという室町幕府の意思があり、それは朝廷が元来領有する国衙領・荘園によって賄われるべきという建前を放棄したくないからであり、根本に国衙領・荘園の保護回復を指向する建前を幕府が捨てなかったことを意味する、と。

かかる贈与起源の資金収集・出費の問題は、最終的には〈税との境目はどこに、なぜあったか〉という問題へと帰着する。桜井は、この問題について次のように述べた（七〇頁）。

「定例」でない礼銭は、機を逸すれば取り損ねてしまう、つまり建前上はあくまでも任意の贈り物にとどまっているということである。それがひとたび「定例」化した途端、その任意性は失われ、贈り物は贈与者にとっては義務、受贈者にとっては権利として安定化する。儀礼の域を超えて法的、経済的な域にふみこむのである。それがさらに進めば、完全な税への転化がおこるであろうことはたやすく想像のつくところだが、ここでみてきた礼銭はあるいはまだその域には達していなかったのかもしれない。

右で桜井が話題にした室町期の礼銭は、税に近づこうとする強いモーメントを有しながらも、ついに税とはならなかった。中世開始期以来の長い時間の中で工夫・洗練を経てもなお、どれほど強い暗黙的義務感に促されようとも、贈与的な礼銭は税とならなかった。ならば、それが工夫・洗練の結論であり、〈税と完全に同化させない〉という選択であり、その選択が当該贈与行為の踏み外してはならない本質であるという自覚であったと推測するべきであろう。室町期までかけてその結論が出された中世贈与慣行の歴史を鑑みれば、鎌倉前期というかなり早い段階で、垸飯という贈与行為が垸飯役という租税と化したことがいかに特異であり、思い切った試行錯誤であったかが、改めて実感できるであろう。

## 二　室町幕府儀礼論を視野に入れた到達点と課題の展望

### Ⅰ　室町幕府儀礼論への接続と建武政権下武家儀礼の問題

その垸飯役は鎌倉幕府で生まれたが、実は少なくとも室町中期（四代将軍義持期の応永二二年《一四一五》）まで室町幕府の地頭御家人役として存続したことを、山家浩樹が指摘している(5)。

それによると、当時の垸飯役は、賦課の柱たる三種の税目として「百文たんせん《段銭》・五十分一・わうはん」という形で並び称され、〈平時・戦時を問わず一家中で分限に従い負担すべきもの〉と強調された。「百文たんせん」は段別一〇〇文の段銭であり、「五十分一」は室町幕府初期の新恩地年貢の後身として少なくとも右史料の時期まで存続した、公田所出に五〇分の一の税率を乗じた年貢（五十分一年貢）であった。重要なのは、それらの賦課原理が、〈公田に税率を乗じた賦課〉という垸飯役の態様と全く共通する事実である。

そしてさらに重要なのは、通例、名目（使途）を明記する税目が臨時的賦課であるのに対して、名目を明記しない税目は恒常的賦課である（したがって五十分一年貢は恒常的賦課）、という山家の指摘（一二二頁）である。なぜ重要かといえば、その通例に反して、垸飯役は恒常的賦課であるにもかかわらず名目が明記され続けたからであり、そこに税として百文段銭・五十分一年貢と決定的に異なる性質が示唆され、贈与に由来する資金収集という垸飯役固有の歴史的特質の反映を読み取り得る。数種類の税目が〈公田に税率を乗じた賦課〉という形へと収斂してゆく中で、徴税形態に実質的な差がないにもかかわらず、垸飯役が他の役に吸収されず独立し続けた点に、〈幕府の人的関係の根幹〉に端を発するという垸飯役の特殊性と、それに由来する息の長さ（第一章Ⅰで指摘した通り、一三代将軍義輝の天文一九年《一五五〇》まで年始垸飯は存続）の意義を認めたい。

室町幕府儀礼との関係を視野に入れると、そこへいかにして鎌倉幕府儀礼が接続したかが、大きな論点となる。

第八章・第九章の調査にて、鎌倉幕府の恒例行事はいずれも廃絶することなく幕府末期まで励行され、臨時行事も宗尊期の態様が幕府末期まで保たれ、その上で高時期に得宗固有の儀礼が数種類新設されたことが確認された。室町幕府草創期の足利尊氏・直義兄弟が、〈将軍職を継承する尊氏と、得宗家的な執政（執権）を継承する直義〉という分掌を指向した事実を踏まえると、その先には、鎌倉幕府滅亡直前期の将軍儀礼・得宗儀礼が、いかなる取捨選択・変容を受けつつ初期室町幕府へと継承されたか、あるいは継承されなかったか、という課題が浮上する。

この課題は、解決が容易でない。なぜなら、鎌倉幕府滅亡から室町幕府成立へと至る道が、短時日の間に極端な曲折を繰り返したからである。

足利兄弟は元弘三年（一三三三）の鎌倉幕府滅亡後にまず、幕府主導者ではなく建武政権の一員になった。後醍醐天皇は幕府の復活を許さなかったが、その間、武家儀礼はどうなっていたのか。筆者は以前、「建武政権論」と題して建武政権の全体像を素描したことがあるが(6)、政治過程・制度史の分析で手一杯となり、礼制史的視角からの分析は保留していた。建武政権における武家社会の日常を伝える史料は乏しく、解明は困難だが、〈儀礼の態様から自己規定《アイデンティティ》の表明を引き出し得る〉という本書の方法論を応用可能な儀礼史料が見出されれば、〈新時代の最有力の武士代表格たる足利尊氏は、建武政権における自らを何であると認識していたのか〉という問いを立てられ、追究可能になる。

建武政権（後醍醐）自身は尊氏を（軍事指揮権なき）軍政官にとどめようと躍起になっていたが、尊氏自身の自覚はどうであったか。室町幕府は、次に述べる直義の建武鎌倉府と京都の尊氏が合流して成立したのであるから、その一方たる建武政権期の尊氏の自覚を究明することは、室町幕府成立史の解明に欠かせない課題である。

## Ⅱ　法的に幕府でない建武鎌倉府が幕府を自覚する問題

一方、直義は京都の尊氏とは別個に、建武元年（一三三四）末に成良親王を奉じて鎌倉に軍政府を発足させた。それは幕府に近い実態と形式を有し、直義自身が実質的に幕府の再起動と位置づけたことが明白だが、法的な政権内の位置づけは雑訴決断所の地方分局であった(7)。

この組織はしばしば〝鎌倉将軍府〟と呼ばれるが、重大な誤認である。擁立された成良親王が征夷大将軍に補されたのはこの組織との縁が切れた後であり、鎮守府将軍尊氏と合流した末期を除き（尊氏の将軍職も合流直後に反逆者として剝奪）、この組織は一度たりとも官制上の「将軍」を戴いたことがない。かつて佐藤進一はこの組織を、義良親王を奉じる北畠親房・顕家親子の「奥州小幕府」と並ぶ「小鎌倉幕府」と呼び、併せて「二つの小幕府」と呼んだが(8)、筆者はこの組織が制度上の将軍を欠くことを重視して〝幕府〟の語を避けたく、かつ室町幕府の鎌倉府の母胎たる性質が濃いことから、「建武政権論」では「建武鎌倉府」「直義の鎌倉府」等と呼んだ。この組織は、実質的な主導者たる直義の認識では幕府だが、公家法圏の法的観点から見れば幕府ではない。

この〈幕府であって幕府でない組織〉をいかに評価するかは、建武政権自体の評価が困難なこともあって、容易でない。ただ、直義はこの組織で垸飯を行った形跡があり、法的にどうあれ、当人らの自意識では紛れもない幕府であった（現に、この組織は尊氏を迎え入れて「将軍」扱いすると決めるだけで、そのまま室町幕府へと転身を果たした）。〈法的定位を欠きながらも幕府たる自意識を垸飯によって表明する〉という営みは、源頼朝が建久二年までに行ってきたことと全く軌を一にしており、実際にも、成良・直義の鎌倉下向の日程は建久元年の頼朝初度上洛の帰路を意図的に踏襲しており、極めて強い自覚をもって〈幕府の再生〉と当事者が位置づけたことに、疑問の余地がない。その建武鎌倉府で、垸飯以外の儀礼はいかに運営され（る予定であっ）たのか。

この組織の始動日は成良・直義が鎌倉に到着した翌日の建武二年元日であり、同年七月には北条時行一派の攻撃〈中先代の乱〉により戦時に突入し、合流した尊氏がこれを撃破して平時を取り戻した直後の九月、建武政権から独立してそのまま室町幕府になってしまった。建武鎌倉府が平常運営されたのは建武二年前半のわずか半年あまりで、短命すぎるため分析が容易でない。

しかし、どれほど短命でも、室町幕府の直接の前身である以上、室町幕府成立史の解明において等閑視してよい理由はない。法的定位の有無にかかわらず、というよりも明らかに法的定位を確信的に逸脱した組織が〈幕府の再生〉と自覚・主張する術は、実際の運営と儀礼を措いて他に見出し難く、室町幕府成立史の一部としての建武鎌倉府研究はもう少し儀礼分析の側面から掘り下げられないか、と筆者は検討している。

この組織と合流して建武二年九月に室町幕府を始動させた尊氏は、暦応元年《一三三八》に北朝から補されるまで征夷大将軍でなかった。にもかかわらず、建武二年の独立直後までに尊氏を「将軍家」、彼の組織を「関東」、彼の公的発給文書を「御教書」、彼に従う者を「御家人」と、自他ともに呼んだ形跡が出現する[9]。これは、〈長が征夷大将軍の官を帯びる〉という法的定位が幕府成立の絶対必須の条件でない、と当時の武士社会で広く認識されたことを示す。重大な事実だが、源頼朝の征夷大将軍就任が幕府成立の必須条件でなく、既に成立させた幕府の総仕上げに過ぎなかった事実を想起すれば、何ら異とするに足りない。

しかし、それならば幕府成立に必須条件とは何か。本書の考察を踏まえて、儀礼論的には次のように解答〈の一部を提示〉できる。頼朝集団も直義集団も、組織の始動時から垸飯を定例的に行った。〈我々は傍輩だ〉と表明する垸飯を行うことで、〈我々の間に傍輩関係を措定する共同体がある／発足した〉と当事者間が確認することが、「将軍家」「関東」「御教書」「御家人」の自称を可能にする組織の発足要件であり、それが主観的には幕府の成立要件であり、当時の言葉でいう「武家」の成立要件だったのであろう、と。

Ⅲ　室町幕府における「将軍」「鎌倉殿」の分離・錯綜問題

足利氏勢力は建武二年秋の独立直後から後醍醐方（新田義貞軍）との戦争準備を始め、冬に戦争を始め、そのまま本州を西へ横断して長期間転戦した。その結果、室町幕府は創立当初、平時の儀礼を全く欠く組織として始まった。しかし、建武三年に後醍醐勢力との抗争が一段落すると、室町幕府が初めての平時へと向かい始める。

その時、鎌倉幕府儀礼はいかにして室町幕府へ継承されたのか。その中で、将軍・得宗が両者並んで幕府の「公」を体現した末期鎌倉幕府的態様は、いかに処理されたのか。成立期室町幕府の儀礼分析の研究は管見に入らない。『吾妻鏡』や金沢文庫文書の如き武家側のまとまった史料群を欠く困難さに由来すると思しいが、新たな史料や方法論を見出して究明を図らねば、室町幕府成立史は不完全さを脱し得ない。その切り口として筆者は「称号」が有望と考えている[10]が、これは政治史とあまりに密接に絡み合っており、前後に類を見ない展開をたどったため分析が困難を極め、しかもその後の室町幕府・鎌倉府並立体制の直接的淵源となる重大さを孕んでおり、一朝一夕には成果を期待し難い。

解明は困難だが、困難な理由は明白で単純である。すべての焦点に足利直義がいた。

そもそも、建武二年秋～冬の室町幕府の初動段階で政務が尊氏から直義に委譲され、直義主導の政権として室町幕府が発足した事実がある。その直義と対立し、直義の地位を観応の擾乱直前に継承した義詮が「鎌倉殿」と名乗り、京都で将軍と別人の「鎌倉殿」が執政するという、鎌倉幕府の常識を完全に逸脱した経緯へと展開した。さらに、観応の擾乱で東下した尊氏が鎌倉に腰を落ち着けると、鎌倉の尊氏が将軍として東日本を統治する〝東幕府〟と、京都の義詮が鎌倉殿として西日本を統治する〝西幕府〟が分立するという、これでもかと鎌倉期の常識を嘲うかのような展開を迎えた。

その後、南朝・旧直義派の京都襲撃を却けて尊氏が京都に戻ると、京都で将軍尊氏と鎌倉殿義詮が共同統治す

るという また新たな展開を迎え、尊氏が没すると義詮が将軍となって「鎌倉殿」と呼ばれなくなる。そしてしばらくすると、最初「関東管領」と呼ばれていた鎌倉の足利基氏（義詮の弟）やその子孫が「鎌倉殿」と呼ばれるようになり、〈幕府の長として西国（京都分国）を統治する将軍義詮と、鎌倉府の長として東国（関東分国）を統治する鎌倉殿基氏〉という体制が固まり、ここにようやく「鎌倉殿」＝鎌倉公方という着地点が定まる。(11)

これだけでも複雑で一貫性を欠くが、その間に室町幕府の「執事」の問題が絡んで、事態は複雑を極める。室町幕府の執事は、執権とは別物として始まり（直義執政期は直義が執権）、直義と高師直の抗争を経て、設置・不設置を繰り返しつつ、将軍家の家政機関の長でありながら次第に執政として活動し始める。そして、その「執事」と直義的な執政が合流した終着点としての「管領」制の成立の問題が、この課題の終着点に待ち受ける。その「管領」は、細川頼之執政期に一定の実権を行使しつつも、康暦の政変や、前後して進行した将軍義満の「室町殿」化という現象に揺さぶられてさらに変転し、最終的に〈京都の「室町殿」と鎌倉の「鎌倉殿」が並立する〉という着地点の中へと落とし込まれる。

このように、室町幕府成立史は、尊氏・直義兄弟の段階から義満期の「室町殿」誕生まで極端な変転を繰り返したのであり、時系列的ゴールとして「室町殿」論まで視野に入れねばならない。筆者はその巨大な大テーマに取り組む準備として一定数の論考を積み重ねてきたが、(12)未だ入口に立ったに過ぎない、というのが正直な実感である。

如上の過渡的な変転を繰り返した「将軍」と「鎌倉殿」の関係史は、絶望的に混沌として理解困難だが、その間、「将軍」と「鎌倉殿」を様々な形で戴いた室町幕府は、自らを何者と認識したのか。直義執政期・義詮執政期・観応擾乱期・東西幕府併立期・尊氏晩年・義詮将軍期と、大雑把に数え上げても六つの異なる段階があり、そのほぼすべてが過渡的であり、なおかつ直義執政期を過ぎると鎌倉幕府との整合性が急速に失われたのであるから、その各段階・過程における彼らの自己規定《アイデンティティ》の変遷を跡づけることは容易でない。

ただ、本書の如き観点からの当該期室町幕府・鎌倉府儀礼論は手つかずと見受けられるので、今後の課題に設定する価値がある。少なくとも、義満期・義持期の一部については『花営三代記』という幕府官僚の日記があり、平時の儀礼体系の復元が他の時期よりも相対的に容易である。その中で、年始垸飯が励行された形跡は直ちに見出し得るし、その沙汰人を諸大名が毎日交替で勤めていた様子も確認できる。

さらに、室町幕府では室町殿の慶事に際して公武寺社が慶意表現のため参上する行事が定着し、それは「御礼」または「参賀」と呼ばれた(13)。儀礼構造や名称から見て、それは明らかに、得宗専制期に成立した得宗に対する「参賀」行事を踏まえている。これは、室町殿儀礼に継承された得宗儀礼の貴重な実例であり、室町殿・室町幕府儀礼の構造を淵源ごとに腑分けして分析する上で、鎌倉幕府将軍儀礼や公家儀礼のみならず得宗儀礼を重要なカテゴリーとして念頭に置かねばならないことを意味する。

重要なのは、「参賀」をめぐるこの共通性が、単純な直線的推移をもって得宗専制から尊氏・義詮期を経て室町殿権力へと幕府儀礼が継承されたのではない可能性を示唆する点である。「参賀」儀礼が顕著に史料上に現れるのは、得宗専制期と室町殿の時代であって、それに挟まれた尊氏・義詮期は空隙となっている。すなわち、将軍の権力・権威が極めて相対的で脆弱であった尊氏・義詮期を挟んで、ともに絶大・絶対的な権力・権威を有する一巨頭というべき得宗専制と室町殿権力のもとで「参賀」が重視された。換言すれば、「参賀」のあり方は、室町殿権力の源流が単に前段階の室町幕府将軍権力にあったのではなく、それを飛ばして、得宗専制的な態様を源流とした側面が強かったことの明徴なのであり、室町殿権力の評価に新たな光をあてる視座を提供しているのである。

これら室町期の将軍周辺の儀礼の具体的態様を、本書の如き成果・方法論の応用によって分析すると、いかなる自己規定表明《アイデンティティ》が聞こえてくるか。後日を期して取り組んでみたい。

### Ⅳ　武家政権・武家社会の故実論

なお、この問題に関連しては、序章で行った次の指摘を強調しておきたい。すなわち、室町幕府史上最も強力な専制的権力を実現した義満にして、なお礼節的所作を法的に公定することを諦めたという、中世武家文化の最大の特質を示すであろう事実である。その意義は従来、そして今日でも、武家文化論や武家儀礼論において重視されてきたとはいい難い。しかし、〈権力者が権力に任せて一定の所作を強要すべきでない〉と権力者自身が結論するに至った事実は、武家文化・故実の重要な本質と関わるに違いない。故実は、権力とは別次元において正当性を有した。それはそもそも、いかなるメカニズムに根差すのか。そして、中世武家権力はなぜ、その気になれば可能であったかもしれない権力による強要を避けたのか。そのことは中世武家権力のいかなる本質を示すのか。これらの問いが、武家儀礼論や、それを通じた幕府論・室町殿論の新展開を期待し得る研究課題たり得よう。

## 三　鎌倉幕府成立論をめぐる到達点と課題の展望

### Ⅰ　幕府論における礼と法の関係史の重要性

右に、〈直義の建武鎌倉府が、公家法圏では法的に幕府でないが、当事者の認識上は幕府であった〉という問題に言及した。これは、源頼朝が史上初めて幕府を設立する時に抱えたのと同じ問題であり、幕府論の本質たるべき論点の一つがそこにある。一体、幕府論において、〝法〟という考え方をどこまで、どのように組み込むのが適切か。そしてそこに、〝法〟と伝統的な相互補完関係にある〝礼〟の問題をいかに組み込み、鳥瞰図を描くべきか。本書ではその序説として第三章を収めたが、〝礼〟まで視野に入れた場合、〝法〟の歴史についての専門家である法制史家さえも十分な研究蓄積を持たない問題へと拡大するため、ほとんど暗中模索の試行錯誤となった。

礼と法の関係を鎌倉幕府草創期に探るにあたり、最も勇気を必要とした試みは、第三章にて、制度・法を公家法のみと捉える弊害に改善を求めるべく〝公家法圏〟〝武家法圏〟という造語を用いたことである。

〝法域〟という言葉もあり、それは〈法の効力が及ぶ範囲に対応する地域（多くは国家）〉を指すが、公家法・武家法の効力範囲が必ずしも地理的条件のみで完結しなかった実態には適さない上、暗黙裏に国家を含意する点が、公家・武家に二分された日本国内の状況の表現にも不適切と考えて、使用を断念した。

法学においては、〝法圏〟は、あらゆる法を体系的に分類した時の各類（〝法系〟や〝法属〟と同義。〝英米法圏〟〝フランス法圏〟〝ドイツ法圏〟等）を指したり、あるいは一般法が捉える領域内部における特別法の及ぶ範囲（荘園法・レーン法・帝国法・ラント法の法圏等）を指すと聞く。第三章では後者に近い用法でこれを用いることにしたが、法制史家の用法と厳密に合致しない（すなわち、法制史との対話が不可能になる）可能性を危惧している。よりよい対案があれば提唱されたい。

かかる危惧を抱えてまで公家法圏・武家法圏という造語を用いた必然性は、既往の鎌倉幕府成立論の欠点を克服するために、不可欠と判断したことにある。筆者は、鎌倉幕府成立論が先学の多くの議論にもかかわらずついに決着を見なかった最大の原因が、源平合戦前後の制度・法を公家法の観点からのみ捉え、権限の法的源泉を公家法のみと捉えて、公家法に基づく授権論に傾き過ぎたことにあると見ている。一方当事者の主張にのみ耳を傾け、なおかつ法という限定的な表現手法にのみ囚われれば、実相が見えないのは当然である。そのため、幕府側の主張を聞く必要性を感じ、現状ではそれを法以外の表現手法、すなわち儀礼に求めるしかないこと、それが垸飯の分析から可能であることに気づき、法と礼の相互補完関係を見出して同章の論を構成した。

顧みれば、法と礼に相互補完関係を認めて車の両輪の如く併用する発想は、中国の前漢に萌芽を見せ、後漢までに成立を見、その後は唐まで一貫した。その唐から法（律令）と礼を移入したわが国において、法と礼に相互補完関係を求める発想が連綿と存在したであろうことは、当然想定すべきといわねばならない。本書が鎌倉幕府創立に即して法と礼の相互補完関係を認めたこと自体については、かかる法と礼の関係史が十分な裏づけとなる。その相互補完関係が、飛鳥時代の法・礼の本格的導入から鎌倉幕府成立までの約五世紀の間、直線的・自明に連続したとは、無論考えられない。その間、かかる関係がまずは朝廷においていかに展開し、それを武士の文化がいかに継受したか、特に中央においては平家政権がいかにそれと向き合い、他方で地方の武士コミュニティがいかに向き合ったか、という観点から間を埋めてゆく作業が、今後の課題となろう。

## Ⅱ　鎌倉幕府成立論における礼と法の関係史の重要性

法と礼の相互補完関係は、元来の古代中国で「礼は庶人に下らず、刑は大夫に上らず」といわれたように（「法」と「刑」は、古くは同義語）、〈君主の俸禄で生きる臣を礼が捉え、生業で自活する民を法が捉える〉という分業であったり、それと関連して〈刑罰への恐怖で他律的に行動を制限する法と、理性に基づき自律的に最適行動を取るべき礼〉、あるいは〈現実主義的な法と、理想主義的な礼〉というような、人的・理念的な分業関係にあった。[14] その具体相は時代・地域・王朝によって異なったが、〈法が果たし得ない役割を礼が果たし、礼が果たし得ない役割を法が果たす〉という根幹的関係は変わっていない。

第三章で扱った事例では、〈法で表現するには機が熟していない社会的地位を、礼が即座に表現した〉という補完関係にあったが、それが後白河の寿命滅尽を待つというすぐれて政治的な理由に起因した点に特色がある。[15] そして、その法的表現とは公家法圏における問題に過ぎず、武家法圏においては何ら遅滞なく実体が始動していた事実に、注意を要する。後白河の寿命を待つという長期的かつ不透明な待機期間の間、公家法圏の法的側面において幕府の存在が宙に浮いたままであることを、頼朝は全く厭わなかった。その事実は、公家法圏からの〝授権〟の持つ意義が、鎌倉幕府の自己認識・実質の両面において極めて限定的かつ従属的であった明証であり、公家法圏からの〝授権〟に依存した鎌倉幕府成立論の不十分さの明証にほかならない。

鎌倉幕府は、組織態様・社会的位置ともに空前の、したがって既存の知識体系から浮いた未知の組織であり、したがってそれを既知の法的言語・概念で表現することは、原理的に困難を極めた。その法的表現たる「征夷大将軍」は、既存の「征夷大将軍」の性質を大きく変改し、「征夷」の語義・語感を捨て去り、空前の頼朝勢力の実態と鎮守府将軍の性質（平時の常置の将軍）を混淆して取り入れたもの、すなわち既知の法的言語の意味を強引・恣意的に書き換えたものであるから、言語的表現としての不完全さが著しい。

それに対して、儀礼的表現の強みは、言語的表現ほどの直接性・厳密性を要求されない曖昧さと、個別的性質（共通の主君を戴く傍輩連合体たること、弓騎兵集団たること、準臨戦態勢を解かないこと等）を誤解の余地なく表現する儀礼的要素（垸飯、引出物となる戦闘装備、その即時使用可能な状態等）を羅列的に（あたかも、接続詞を用いずに単語を羅列するかのように）結合すれば済む簡便さにある。その結合体の全体を何と呼び、どう説明するかは、言語的表現と違って求められない。それでも、誤解の余地なき個々の要素は、全体として誤解の余地なきメッセージを構成し、受信者側に届くことが期待できる。儀礼の個々の要素もそれらの総体も、極言すれば〝示唆〟に過ぎないのだが、それでも受信者側に一定のリテラシーが期待できる環境においては、誤解の余地なき強い〝示唆〟は十分に明瞭なメッセージたり得た。それが儀礼の威力であり、頼朝はそれを活用して（というよりも、活用するよりほかに選択肢がなく）、後世〝幕府〟と命名された空前・未知の組織・概念を表現し、自他に対して宣言した、と本書は結論する。

## Ⅲ　〈鎌倉幕府の成立は治承四年一二月一二日〉説の儀礼論的実証

かかる観点から本書では、礼制史学が日本中世政治史に対して与えた最大のインパクトとして、〈頼朝が儀礼を用いて行った非言語的な鎌倉幕府成立宣言を受信・読解した〉という成果を強調したい。

序章では、垸飯の分析により次の二つの結論を得た。第一に、鎌倉幕府儀礼の態様とは〈鎌倉幕府が外部に対して何者であるか〉〈そうした鎌倉幕府の構成員たる自分は、幕府外部に対して、また幕府内部において何であるか〉という自己規定《アイデンティティ》の表明であること。第二に、頼朝の鎌倉入部時や将軍代替わりに垸飯がなされたならば、それらの垸飯は〈頼朝勢力を祖とする鎌倉幕府とは何か〉を当事者が最も直截に語った鎌倉幕府論であること。

これら二つに、幕府最初の垸飯が（後に垸飯と年始行事パッケージを構成する弓始・御行始とともに）治承四年（一一八〇）一二月の頼朝の鎌倉新亭移徙に伴ってなされた事実とかけ合わせると、結論が一つだけ出る、と筆者は考える。すなわち、治承四年一二月の幕府初の垸飯は鎌倉幕府成立宣言であり、したがって諸説紛々たる鎌倉幕府の成立年をめぐる議論は、治承四年一二月説を提唱した石井進説で決着させてよい、と。

初出時には行論の主眼がそこになかったため、筆者は右主張を抑制した。しかし、筆者の垸飯研究のうち最大の成果の一つとして、〈礼制史的手法によって鎌倉幕府の成立年を治承四年と証明した〉と主張しておきたく、かつ、当初は一般向け概説として執筆した当該主張の初出文章を学術書の中に、本書各論と一体の形で記録しておきたく、当該文章を本書に補論として再録した。本書は可能な限り初出時の形を温存したいという方針を採ったので、補論では当該主張を抑制したまま改めず、また補論では当該主張を、頼朝の鎌倉新亭移徙による公家法圏離脱と「推而為鎌倉主」という『吾妻鏡』の記述のみによって論じているが、ここで垸飯を関連づけて、次の通り主張を整理・強化しておきたい。

①頼朝の鎌倉新亭移徙の八日後の垸飯・弓始・御行始は、年始儀礼パッケージの定型と一致する。

②年始儀礼は、年始に自己規定をやり直す行為（アイデンティフィケーション）である。
③これら年始行事三種によって〈鎌倉殿を戴く傍輩連合体たる武人組織〉たる自己規定《アイデンティティ》が反復的に表明された。
④同じ行事三種が治承四年の鎌倉新亭移徙に伴って行われたのは、鎌倉幕府の出発を含意すると見るほかない。
⑤宗尊期までに垸飯の催行契機が年始と鎌倉殿代始のみに収斂した事実は、幕府垸飯の本質を追求して果たされた整理結果と見なされる。本質とは、年始が定期的な再出発であったことと、代始が新たな鎌倉殿の就任による再出発であったことである。
⑥第七章で指摘した通り、後期鎌倉幕府が倹約（過差の排除）を徹底的に指向したにもかかわらず、過差の中で唯一、そして最たる過差というべき垸飯が執拗に維持された。
⑦それは垸飯が幕府にとって絶対的に不可欠であった証拠であり、垸飯の存続と幕府の存続が一体・表裏の関係にあった証拠である。
⑧したがって垸飯の催行時期・催行内容は〈鎌倉幕府そのものの記述〉である。
⑨ところで、頼朝の鎌倉新亭移徙の八日後の垸飯・弓始・御行始は、第八章で述べた建治三年（一二七七）の将軍惟康の新宅移徙に伴う代始儀礼パッケージとも一致する。
⑩したがって、頼朝の鎌倉新亭移徙に伴う諸行事も、代始儀礼である。
⑪そして、頼朝期における代始とは、鎌倉幕府の成立にほかならない。
⑫右の諸点、特に④・⑤や⑨〜⑪を総合すると、幕府最初の垸飯は、その契機となった新亭移徙が行われた治承四年一二月一二日をもって鎌倉殿が就任し組織が出発したことを意味し、すなわち鎌倉幕府成立を意味する。少なくとも、それが当時の頼朝勢力の主観的な自覚・宣言である。
⑬さらに、客観的にも石井進によって治承四年末に「鎌倉殿をいただく軍事政権としての特徴は出そろってい

る」(16)と確認されている。

⑭ならば、公権授受論の呪縛から自由な立場に立つ限り、主観的自覚が儀礼の形で明確に宣言され、客観的にも実質を備えたと確認できる治承四年一二月一二日を、鎌倉幕府成立の日と認定しない理由はない。

⑮なお、頼朝の鎌倉新亭移徙とは、公家法圏の律に基づく流人待遇を無視するという頼朝の宣言にほかならない。すなわちその日は、頼朝勢力が公家法圏から明確に離脱した日である。公家法圏から離脱した日が、当事者の自覚において鎌倉幕府成立の日であったという事実は、公家法圏からの授権を鎌倉幕府成立の必須要件と考えてきた先学諸説が誤りであることの、明白な証拠となる。

右論法により、本書公刊を機に、補論初出時に披露した〈鎌倉幕府の成立は治承四年一二月一二日〉説を、改めて強く主張したい（また、鎌倉幕府の完成は、親王将軍宗尊の鎌倉入り当日にまず垸飯が行われた建長四年四月一日である、とも主張したい）。そしてこれが、政治史・制度史で解決できなかった日本中世史の難問を、儀礼の基礎研究に発する礼制史的研究が解決した事例であり、礼制史的研究に特有の重要性を証する明徴であると主張したい。

## Ⅳ　鎌倉幕府の自己規定——準臨戦態勢の傍輩連合体たる日本国常備軍——

右の鎌倉幕府成立論は、〈鎌倉幕府の自己規定《アイデンティティ》論〉という、本書を貫く一つのテーマに沿っている。それに関連して、第二章では垸飯付帯引出物を分析素材とし、鎌倉幕府儀礼のメッセージ性、それも自らに向けたメッセージ性に着目し、それを読み取ることによって幕府の自己規定《アイデンティティ》を解読した。垸飯付帯引出物が示すのは、〈我々は常に準臨戦態勢を解かない〉という幕府のメッセージであり、それを通じた〈幕府だけの終わりなき戦時〉という幕府の世界認識であり、その根底にある〈将軍のもとに準臨戦態勢を解かない武士が結集し続ける〉ことの正当化であり、それを垸飯と結合することで〈傍輩連合体たる日本国常備軍である〉と強調したメッセージであった。それらは〈幕府とは何か〉を彼ら自らが定義した自己規定表明《アイデンティティ》であり、それを礼制史的手法により解明したことが第二章の成果と考えている。

## Ⅴ　礼制史学は平家政権論に寄与できるか

右成果は、儀礼論の問題というよりも、政治史・人物論・組織論を掘り下げるツールの提示である。すなわち、〈○○とは何か〉を解明するには、客観的視点から帰納した学術的評価も重要だが、当事者自らがそれを宣言している可能性がある。その宣言が言語でなく儀礼でなされた場合は、研究者側にリテラシーがなければ聞き逃す危険性がある。それを聞き届けるリテラシーは、儀礼の基礎研究を進める以外の手段で獲得できない。それらを念頭に置き、当事者自ら述べた主観的な自己規定をまずは聞き届け、それを客観的事実や利害相反者・第三者の視点と総合せねば、十分な歴史学的評価は不可能である。この教訓が機能するためには、儀礼の基礎研究を省略して儀礼論を我田引水的に弄し政治史的結論を急ぎたい、という誘惑を却けられるほどの魅力を、礼制史学自体が獲得する必要があろう。

かかる儀礼的メッセージを読解するリテラシーが十分に獲得されれば、鎌倉幕府成立論と同様に、従来の手法で決着し難かった問題を解く新たな鍵として活用できる。例えば、〝幕府〟と評価すべきか否か評価が分かれ、そもそもの実態にも不明点が多い平家政権について、理解を深め得る。

朝廷と融合したか否かで立場が決定的に異なる平家政権と鎌倉幕府が、礼制史的に全くの別物であることは疑いないが、では平家政権とは何なのか。その問題に踏み込む時、儀礼の形を取る声を聞き取れれば、彼らの自己認識を割り出し、議論の基点にできる。ただ、『吾妻鏡』の如き構成員自身によるまとまった著述を欠き、朝廷組織と融合し、廷臣の日記の断片的記述に頼らねばならないため、朝廷外で、廷臣の関心の外で平家政権がいかなる儀礼を実践していたかを知ることは難しい。そこにも、新たな方法論の開拓を要する。

## Ⅵ　頼朝の征夷大将軍辞任と大姫入内問題

頼朝期幕府の自己規定《アイデンティティ》の問題にも、大きな課題が残されている。第三章結語で述べた通り、「朝大将軍」たる地位を法的に表現した征夷大将軍を辞する意思を、頼朝は建久五年（一一九四）に表明した（辞任実現は建久七年までのどこか）。その事実は、相前後する建久六年の再度上洛にて頼朝最晩年の政治課題として立ち現れた、大姫入内問題と関連することが予想される。その大姫入内問題の意味は、かつて佐藤進一が親王将軍擁立構想であると看破したもの[17]の、その後、その観点からの具体相解明が進められた形跡は管見に触れない。

この問題は、本書（特に第三章）の成果を踏まえた場合、直ちに次の疑問群を浮上させる。征夷大将軍辞任は、頼朝勢力の自己規定《アイデンティティ》の法的表現が後退したことを意味するのか。さもなくば、法的表現自体の価値が後退したことを意味するのか。もしいずれの後退でもなかったならば、何を意味するのか。逆に、もし後退であるなら、その穴埋めを担う代替手段は用意されたのか。されたとすれば、それは何か。それは儀礼的表現であったのか。そこに、本書で詳論した垸飯をはじめとする諸儀礼の何が、いかに関わったのか、等々。法との関係を視野に入れた礼制史の観点からは、これらの疑問を放置できない。

一方、政治史的観点から見れば、〈頼朝が将軍たる後鳥羽院皇子の外祖父となる〉ことは、頼朝にいかなる利益を期待させ、御家人集団やその本質たる傍輩連合体にとっていかなる損益をもたらすと期待されたか。そして頼朝や、本来なら次代将軍となるべき嫡子頼家、本来なら次代将軍の外戚となるべき北条時政・政子・義時ら親子、そして御家人らやそれら総体としての幕府の自己規定《アイデンティティ》は、どう変容すると期待され、それが誰の利益になり、誰の損失になると考えられたのか。そして最終的に、入内計画の挫折はそれらの観点からいかなる結果を招いたのか。

如上の疑問の解明が今日まで取り組まれなかったのは、大姫の病死によって入内が白紙となり、順当に頼家の将軍嗣立が実現したため、現実の政治過程にさしたる影響を与えなかったと速断されたことに加え、政治史的・制度史的な既往のアプローチでは具体的・決定的証拠を摑める見通しが立たなかったから、と推察される。となると、この問題に対しては、鎌倉幕府成立年の問題と同様に、礼制史的視角から取り組むことが、目下解決を期待し得る数少ないアプローチと考えられる。とはいえ、現状では解決の糸口とすべき礼制史的現象を摑めていない。白紙から慎重に取り組むべき課題である。

## 四　執権政治論をめぐる到達点と課題の展望

### Ⅰ　「宿老」概念と〈宿老定員一三人説〉の問題

幕府草創期の北条氏がいかなる将来像を描いたにせよ、北条氏が将軍外戚として他の御家人とは異なる特権的な地位にあり続けるという大前提は、ほとんど疑うべくもない。頼朝の後家にして頼家・実朝の生母、頼経の養母である北条政子が、後家権・母権を存分に行使して准鎌倉殿と自他ともに認めた事実は、北条氏の権勢がそもそも御家人という地位に発していなかった明証である。したがって、その政子から「理非決断職」たる「軍営御後見」の権柄を授権された泰時の執権政治が〈御家人皆傍輩〉原則を強調し、北条氏自ら一般御家人と全く同等の傍輩と主張するに至ったことは、政子の死去まで誰にとっても想定の外にあった可能性が高い。

強力な後家権・母権に由来する実質的な単独主導者の地位を、〈御家人皆傍輩〉原則と整合させる論理的回路は、泰時を〈傍輩筆頭集団たる「宿老」の筆頭〉と位置づけるというトリックによって用意された。第四章で論じた通り、この「宿老」概念は、幕府儀礼体系において執権の地位と垸飯沙汰人独占という現象を結ぶ回路として現出した。「宿老」にはその本質からして厳密な定義が存在し得ないが、第四章にて、理念レベルにおける具体的特徴として〝一三人〟という人数と直結していたことが判明した。一三人合議制と草創期評定がいずれも一三人の、合議体であることは、両合議体が「宿老」の論理に正当性を求めたことを意味するが、かかる観点からそれらの合議体を分析した研究は管見に触れず、今後そこから掘り下げる余地がある。

また、「宿老」の適正人数を一三人とする思考様式（いわば宿老定員一三人説）は、現状では鎌倉幕府の右合議体二つと鎌倉期寺院の一例にしか確認できない。筆者が調べた限り、一三という名数は、仏教・儒教関係の名数を集成した典籍によっても、一般の名数辞典によっても確認できず、いつ、何に由来して生まれ、なぜ鎌倉幕府の合議体に導入されたのか、全く跡づけられない。見通しや作業仮説すら抱けない徒手空拳の状態だが、今後の課題である。

## Ⅱ　北条氏の基本路線としての血統主義、逸脱としての職分主義

北条泰時が「宿老」概念を活用して傍輩連合体の代表格と位置づけた執権の態様は、鎌倉期北条氏の歴史上、前後の時代と整合しない。前段階の時政・義時・政子らが強い特権階級意識を有したことは前述の通りであるし、次段階の得宗専制は一般御家人を超越した専制的権力者たる地位を隠そうとしなかった。自らを当然に特権階級と信じた二つの時期に挟まれて一般御家人の傍輩たらんとした泰時期は特別に異質であり、鎌倉期北条氏の歴史の中で浮いている。北条氏の権力を最も端的に述べる時に、学校の教科書でさえ必ず言及する〈泰時が固めた執権政治〉は、全く北条氏らしくない、という逆説がそこに現れる。

この泰時的な執権政治期の特異性は、儀礼で明瞭に証明できる。第八章本論では詳論しなかったが、得宗家嫡子の元服に参仕する諸役人が評定衆等の幕府職制とリンクしたのは、泰時期の経時元服から時頼期の時宗元服の

間のみであった。これは、執権政治盛期と全く重なる。評定制は、義時までのカリスマ（政子）依存的な執権の態様とは異なる、システム依存的な泰時独自の執権政治構想の代表的な所産であるから、泰時的な執権政治が最後の存在感を示した時頼期までに得宗家嫡子元服儀で評定衆が重要視されたことは、当然といえよう。執権は評定構成員の筆頭であり、評定は宿老の論理で成立しており、宿老は傍輩の部分集合であるから、得宗家嫡子の元服に評定衆が多く協力することは、〈得宗家嫡子が御家人集団の傍輩である〉という主張になっており、なおかつ〈得宗家嫡子の将来は幕府の宿老集団とともにある、と宿老集団が自負している〉という主張になっている。

その後、時宗期の貞時元服で幕府職制とのリンクが切断され血統主義に転換したのは、寄合の確立によって評定の形骸化が既に済み、泰時的な執権政治との訣別が果たされていたことと対応していよう。重要儀礼の参仕者が血統の論理で動員される方向へ転換したことは、〈この組織は職位よりも世襲的家柄を基本軸に据えた体制にある〉というメッセージを発している。それはすなわち、執権職を現有するか否かにかかわらず時頼の直系子孫のみが幕府の主導者として屹立する、得宗専制体制の血統主義の正当化にほかならない。これは通常、執権政治からの逸脱と捉えられやすいが、そもそも幕府初段階における北条氏の権勢は外戚という血統主義ベースの論理に依存していたのだから、話が逆である。〈政治を担う地位が職制で説明されねばならない〉と信ずる職分主義的な執権政治こそ、血統主義として始まり血統主義で完成すべき北条氏の基本路線に対する逸脱であることに、気づかねばならない。得宗専制は逸脱ではなく、本来の正しい（北条氏権力草創期に構想された、という意味で）基本路線への回帰と考えた方がよい。

逆にいえば、北条氏権力の歴史上、泰時的な執権政治は完成ではなく、逸脱である。その泰時的逸脱が生じた根本理由を、本書は、権力として未成熟な状態で君臨者の地位に取り残された泰時の保身・生存戦略に求めた。第四章は垸飯沙汰人の存在意義、第五章は垸飯役の具体相という二つの異なる角度から、次の結論を導いた。庇護者を失った執権泰時は保身のため、自らの鋭すぎる権力を押し隠すべく〈一般御家人の傍輩だ〉と主張し、そのために傍輩意識を強調する沙汰人独占と垸飯役創始に踏み切った、と。

## Ⅲ　泰時の失政

### （A）〈御家人皆傍輩〉原則と実態の齟齬

第五章は、第四章と共通する結論を御家人役という視角から裏づけたが、なお一歩踏み込んで、泰時の政策の同時代的な成否を論じた意義を強調したい。すなわち、第四章では、泰時が〈御家人皆傍輩〉原則を強調して自らその一員と強調したことが後世に大評判であり、その意味で長期的スパンの情報戦略としては成功したと論じたが、第五章では、同時代的に見れば泰時の政策は失敗したと論じた点に、執権政治論としての意義を筆者は見出す。

〈御家人皆傍輩〉原則は、幕府成立当初から、個別の御家人の具体的態様を意図的に捨象した共同幻想という本質を有した。個別具体的実態とのかかる齟齬のゆえに、御家人ら自身の共感を呼ぶ効力には一定の限界があり、その限界を自覚せずに無闇に振り回すと現実との懸隔が無視できない矛盾となり、スローガンとして破綻してしまう宿命を有した。泰時がそのことにどこまで自覚的であったか、現状の材料では窺い知り難い。しかし、いずれにせよ、泰時は〈御家人皆傍輩〉原則を大々的に喧伝し、関東御公事という全員負担の税制にまで組み込み、極限まで強くアピールした。意図的か否かは別として、〈御家人皆傍輩〉という場合の「傍輩」が、当事者たる御家人らにとって現実的にいかなる照準範囲《スコープ》を持つ同輩意識か、という視角を、泰時は捨象した。原則を強調し、制度に組み込んでしまえば、現実との多少の齟齬を押し隠して、強引に現実化できると踏んだものと目される。しかし、泰時の見通しは甘く、「傍輩」概念は遂に、〈御家人皆傍輩〉原則が主張するほどの広がりを持てず、当該原則は御家人の実感としては根づかなかった。それが第五章の見立てであった。

（B） 通貨管理政策の裏づけなき銭納税制

さらに、同様の見通しの甘さに基づく泰時の失政としては、関東御公事の大部分を銭納化したことが致命的であった。彼は、それを下支えする銭の供給量管理を行わない（行い得ない）まま、膨大な現銭を必要とする銭納の関東御公事を全御家人から徴収し、最大規模の富裕な御家人をも現銭調達の苦しみに陥れた。この話題に関連しては、第五章で垸飯役の税率を算出して示した（公畠は段別二〇〇文、公田は段別六四文）ことが重要な成果と考えている。この税率と、公田・公畠の総面積を基に、垸飯役や関東御公事全体の歳入額を概算できれば興味深いが、残されている大田文が極めて断片的であるため、公田・公畠の総面積の算出が大きな壁となろう。今後の課題である。

失政の話に戻せば、垸飯役の徴収システムにおいて、有力御家人に寄子からの徴収の取りまとめ責任を負わせたことも、大きな失政といえよう。連帯責任制は常に、一部構成員の不始末が、他の構成員の意欲を削ぐ。寄子の不始末が（寄親というべき）有力御家人の責任に帰せられた可能性は大いに高く、その場合、有力御家人は中間管理職として最もストレスに晒され、損をする。かつて平安時代、国司は徴税を郡司に一任し、郡司が徴税を完遂できなかった時には、国司は不足分の賠償責任を郡司に負わせた。その結果、郡司はしばしば進退谷まり、職責に責任感を抱くことが馬鹿らしくなり、群盗へと転身した[18]。末端レベルの徴税の責任を中間職の者に負わせるデメリットを無視した失敗は、平安期に数えきれぬほど蓄積され朝廷を困らせたはずだが、泰時はそれを教訓化できず、中間職の者を不必要に高いストレスに晒した可能性が高い。

## Ⅳ　御家人・御内人の管理システムの問題

### （A）　鎌倉幕府の御家人把握システム

第六章と続く第七章ではいずれも、〈過負荷を嫌って幕府と距離を置き始める御家人たちと、その対策に躍起になる時頼の挫折〉の具体相を論じた。『吾妻鏡』を信ずる限り、時頼は実に真面目に、冷静に、理知的に、所役逋避を狙う御家人らを折伏して幕府儀礼運営を正常化させようとした。それは最高権力者にしては律儀・愚直に過ぎる取り組み姿勢であったが、時頼は最後までその姿勢を失わず、垸飯参仕者から御行始供奉人を選び出す二重選抜方式を考案する等、最大限に現実主義的で効果的な工夫を凝らした。

垸飯参仕者の中から御行始供奉人を選び出す二重選抜方式の考案については、これを旧説の如き御家人支配の問題としてではなく、即物的・現実的な幕府儀礼運営の合理化という観点から評価した点に、第七章の独自性があると考える。当該方式は、同章で述べたように〈今この時、鎌倉で物理的に把握・動員可能な御家人の具体的かつ完全な名簿〉を幕府に獲得させたが、それは六条八幡宮・閑院内裏等の大規模造営に顕著な「某跡」把握方式と、根本的にメカニズムも使途も異なる。個別の御家人一家の人的構成の異動について逐一届け出る制度があったとは考えられない鎌倉幕府において、幕府の頭脳たる幕閣が、幕府の身体そのものというべき御家人の総体について把握する意図や能力をどこまで有していたか。そして、時を経るごとに実態と乖離してゆく「某跡」把握方式と、今現在の鎌倉の状況のスナップショットでしかない二重選抜方式の名簿は、その中でどう位置づけられ、どこまで有用に機能していたか。これらは興味深い問題である。

### （B）　得宗家の御内人管理システムと初期室町幕府の連続性

それに関しては、後期幕府の構成員がもはや御家人にとどまらず、大量の御内人の進出を迎えていた事実が、さらに自体を複雑にする。第八章以降で何度も言及するように、得宗専制期の幕府は「公方人々（一般御家人）」

と「御内人々（御内人）」の二系列に整然と分かれ、両者が並列的に幕府を構成し、幕府運営のかなりの部分を御内人が担った。その中では、御家人の把握だけでは幕府運営が成り立ち得ないことは明らかで、御家人把握と同等の重要性と規模をもって御内人を把握するシステムが必要とされたに違いない。そのシステムの一端は、「御内侍所」「御内小侍所」の存在によって推知し得るが、その実態には不明点が多い。

得宗勢力（を支える御内人集団）が幕府の主力であったならば、当該期幕府の解明の大部分は得宗勢力のシステムの解明と同義になる。さらに、第九章で述べた通り、建武政権期・室町幕府草創期の足利氏勢力は得宗家のシステム（公文所等）を模倣した形跡があり、したがって初期室町幕府の研究深化のためにも、その祖型の一部を成した得宗家のシステムの解明は必須である。建武政権論や室町幕府成立史を研究テーマの一つとする筆者としては、本書収載諸論考の執筆を通じて初めて得られた右の視座を念頭に、今後の研究課題として取り組んでゆきたい。

## V　専制権力と〈御家人皆傍輩〉原則の矛盾——当事者意識低下と垸飯役百姓転嫁——

得宗専制期に編纂された以上、『吾妻鏡』における時頼像を全面的に信ずるのは躊躇されるとはいえ、さしあたり『吾妻鏡』の文面を忠実に読む限り、幕府儀礼催行事業を含む時頼の幕政運営に悪意や利己性が見えず、責任感と熱意に溢れていた様子は、否定すべくもない。しかし、時頼を善き為政者として描こうとする『吾妻鏡』においてさえ、事態が大きく改善を見せた形跡はないのであって、そこに第六章の論題で「挫折」と断言した理由がある。

問題の本質は、所役遁避を狙う御家人らが、ありとあらゆる口実を用意し、虚偽申告を躊躇せず、見破られてもとぼけ通し、責められても無視し、祭礼のために清浄を義務づけられた期間中に故意に鹿食して、なりふり構わず逃げ切ろうとしていた事実、果てはその中に時頼に協力すべき北条一門さえ含まれていた事実にある。

幕府成立当初、幕府への参加は本質的に自発的意思に基づいていた。当時は戦争中で、頼朝は東国を面的に支配して本拠地たる地盤を確保する必要があったので、少なくとも東国においては参加しないなら敵対するしかなかったが、東国から脱出して幕府支配の及ばない西国・京都の諸権門に身を投ずる選択肢もあった。実際、西国においては希望者のみが御家人となる形が取られる国があった。そして少なくとも、頼朝の反乱軍としての挙兵に参加した最初期のメンバーは、間違いなく自発的意思で参加していた。

しかし、内乱が終わり、御家人の地位が世襲的に、すなわち惰性的に存続して数世代を経た時頼期までの間に、気づけば幕府の舵取りが執権北条氏とその一味に乗っ取られ、その障碍となるものは有力御家人のみならず北条一門や将軍まで容赦ない排除の対象となり、その裏で機械的に算出される銭納の垸飯役等の関東御公事が創設され、御家人の態様は様変わりした。御家人は、なぜ君臨しているのかいま一つ腑に落ちない北条氏得宗家、しかも次第に君臨者としての顔を隠そうとしなくなってきたにもかかわらず〈北条氏も御家人も傍輩〉という見え透いた綺麗事を掲げる北条氏得宗家のもと、御家人の自発性も個別的由緒（≒エリート的特権意識）も切り捨てた顔の見えない公田・公畠領有者として、すなわち単なる納税者として把握され、負担を求められるようになった。

前述の泰時の失政により、銭納の関東御公事は税額の額面以上の負担感を恒常的に御家人に与え、そして第七章で述べた通り、なぜ御家人が苦しんで供出せねばならないのか（前述の通り頼朝の決断に由来する相応の由緒はあるし、理も皆無でないが）腑に落ちない閑院内裏再建の巨額負担が臨時の大出費として乗りかかり、果ては親王将軍擁立によって、恒常的出費まで肥大化した。負担自体が大きすぎた上、それに見合うメリットも、見合う責任感を抱くに足る納得できる理由も乏しかった。御家人が均しく財政破綻へと転落する道へと踏み出すに等しいと事前に知っていたら、誰が親王将軍擁立に賛同したであろうか。

御家人は幕府成立当初からエリート意識を伴う特権集団であり、その価値自体が、時頼期までに消滅したわけではあるまい（非御家人の合流に対して御家人集団が執拗に拒否感を示し続けた事実がその証左）。問題は、コストパフォーマンスの悪さにあったと考えるべきであろう。リターン（御家人たる特権）に対してコスト（御家人役）が高すぎたのであり、このコストパフォーマンスの低い収支構造、というよりも根本的な赤字体質の組織・地位に、なぜ御家人が縛りつけられ耐え抜かねばならないのかを納得できる理由の提示もなければ、コストの劇的な削減やリターンの劇的な増加を見込める抜本的改革もなかった。その結果、幕府構成員の多くにとって幕府は、自ら率先して参加したい特権・誇りあるコミュニティあるいはエリート組織等ではなく、深く関わり合った分だけ損をする災厄のようになってしまった。かかる幕府の根幹的欠陥構造に手をつけず、（それ自体は正論であるところの）御家人の責務を説いて折伏し続ける以上の取り組みをせず、その折伏の場に御家人を引きずり出すために強権を露わにしてさらに反感を買うという悪循環へと突入した点に、時頼の失敗の根本要因があったと考えられる。

寛元政変・宝治合戦・建長政変と立て続けに、治世確立の根幹を競合者・障碍物への大規模な暴力的制圧に依存してきた時頼は、治世の基盤に染みついた独裁性・暴力性を拭い去れない宿命にあった。いくら理非の重視を謳っても、その根底に通奏低音のように流れる独裁性・暴力性が、理非重視という綺麗事の底の浅さを露呈させ、そもそも時頼が理非によって詰め寄ってくる所役遁避問題自体が時頼の独裁性・暴力性の産物（前掲の複数の政争）だということが一度御家人らに見抜かれてしまえば、御家人たちの白けた対応はあまりに当然の反応といわねばなるまい。時頼の幕府儀礼運営の正常化・合理化の努力は、病気の根源から目をそらして場当たり的な対症療法を繰り返したレベルに過ぎず、原理的に治癒する見込みがなかった。病気の根源に目を向けようにも、病気の根源が、最初に無茶な外科的手術で体の多くを切り取って捨ててしまったことにある以上、もはや取り返しがつかないのである。根治不可能なその病体を作ったのは時頼であり、因果応報というほかない。

ただし、時頼をそれに駆り立てた根本要因の一つは、「大殿（前将軍）」頼経を求心点としたらしき新たな政治勢力の蠢動であって、『吾妻鏡』からは全貌を窺い難い当該勢力の構想や関係政変の実態については、幕府論として未だ追究する価値がある。彼らは敗れ去ったが、もし敗れ去らなければ、彼らは幕府をいかなる組織として運営する構想を抱いていたのか。その構想に対する（過剰であったかもしれない）反応が時頼勢力の暴力的粛清であった以上、時頼政権の基調を決めたのは頼経勢力（とされるもの）の構想・動向といっても過言ではないのであり、それは敗者側の〝絵に描いた餅〟という以上に鎌倉幕府の進路を決めた要因として、追究する価値があろう。

なお、前述の御家人の当事者意識に深く関係する重要な問題として、もう一つ興味深いのは、垸飯役の百姓転嫁を幕府がついに根絶できなかったらしいことである。傍輩の証たる垸飯役を百姓に転嫁すれば、負担する百姓に傍輩意識を抱く権利を自覚させる可能性が論理的にあることを本論で指摘したが、それが単に論理的な可能性でしかなく現実社会に影響を与えなかったのか、それとも実際に百姓・非御家人等に具体的な行動を起こさせる効果があったのか、筆者は興味を抱く。今後の課題としたい。

## Ⅵ　「専制」概念と「理非」概念の不備と再整理

なお、時頼政権の政策基調について、本書第六章は初出時の副題に「理非と専制の礼制史的葛藤」と謳い、論旨においても理非と専制を対置する論述を行ったが、初出時の拙稿に対して、山本隆志氏から口頭で重要な批正を得た。専制は意思決定の形の問題であり、かつて佐藤進一が論理構成したように、専制と対置されるべきは合議であるが、理非は別次元の問題（理非を重視する専制政治は十分にあり得る）であろう、と。この指摘は正しく、本書再録にあたっては論旨が大きく変わらない範囲で表現を改めた部分がある。

筆者の論述趣旨は、理非追究による当事者の納得をある程度まで重視した時頼政権と、当事者の納得に価値を置かなくなって「命令だから従え」という短絡回路《ショートサーキット》を採用した時宗政権以降との違いを際立たせることにあった。専制と理非を正しい論理構成に再配置して筆者の主張を整理し直せば、次のようになろう。時頼期は、出仕を望む政権側と出仕を拒む御家人側との対話が不可欠であったという点では合議的であり、時宗期以降は、政権と御家人の対話を排除したという点で専制的であった。ただし、別次元から見れば、時頼期においても時宗期以降においても、〈理は政権側にある〉という確信と、それを絶対に譲ろうとしない態度は本質的に変わるところがない、と。

## Ⅶ 将軍—得宗間関係と派生する足利氏の評価の見直し

対話という話題に即しては、本書第七章で次の構図を強調した。時頼は宗尊を幼少期から将軍として鍛え、自覚の育成を図り、将軍近習や出行供奉人編成への主体的な関与を求め、それらの意思決定を宗尊の自発的なものへと次第に切り替えてゆきつつも、後見者として時頼がトラブル回避・処理を担った、と。従来、北条氏得宗家は将軍権力を奪い去るべく、将軍の権力行使を警戒し、制約・圧迫し、将軍の無力化を一方的に図り、宗尊はそれに不満・対抗心を抱いた、と確たる証拠も考えられてきたのに対して、史料的証拠が伝えるのは正反対の史実である、と強く警鐘を鳴らしたかったからである。

宗尊の事例においても、あるいは本書第八章・第九章で強調した得宗と将軍の並立体制（並列的な「公」化）を踏まえても、得宗家と将軍が単純に権威・権力をめぐって一つのパイを奪い合う相剋関係にあった、という単純素朴かつ未証明の予断は、もはや捨て去るべきことが明らかである。この予断を離れた時、執権政治・得宗専制の進展過程における将軍権力・権威の位置づけは、大いに描き直される余地があろうと予想できる。

本書ではほとんど踏み込んで言及しなかったが、従来、反北条氏・反得宗家勢力を糾合する御輿や首魁として描かれがちであった将軍頼経・将軍頼嗣が、本当に鎌倉幕府においてそれだけの役割しか果たさなかったのか否か、大いに興味がある。特に、時頼が自ら擁立した宗尊に対して将軍たる自覚の育成に熱心であった事実を踏まえると、同じ時頼のもとで将軍を務めた頼嗣に対しても時頼が同じ態度で臨んだ可能性は大いに予想されるのであり、その問題と、時頼が主導した頼嗣追放の政変との関係の追究が今後の課題となろう。

この問題は、当該政変が足利氏の幕閣参加の芽を摘む遠因の一つとなったと見られる点で、室町幕府成立前史としても重要な意味を持つ。特に本書で指摘した通り、貞時期に足利貞氏が御家人代表格として再浮上し、高時期に幕閣の重要な施策の執行責任者（幕府軍の大将）として足利尊氏が大抜擢された事実の歴史的評価を固める上で重要である。この問題について礼制史的に切り込める余地がないかどうか、今後検討したい。

## 五　得宗専制論をめぐる到達点と課題の展望

### Ⅰ　時宗政権の求心的強権化と元寇の問題

時頼の挫折が根治不能な宿痾に由来するという構造に気づいてか気づかずか、時頼の没後、未熟な時宗を中心とした執権政村・外戚安達泰盛・御内管領平頼綱らの政権は、理非の究明自体を放棄し、「動員に従わねば処罰する」という強権的態度で問題の解決を図った。亡き時頼の取り組みが徒労たることを宿命づけられていたことを思えば合理的といえるが、重要な臓器・器官を失った病体の各所に鞭打つ荒療治に踏み込むことが、病人の快復をもたらす可能性はないに等しかろう。時宗政権がそれに気づかずに荒療治に踏み込むほど浅はかであったのか、それとも気づいていながら他に手段がないと諦めて拙速に走ったのか、そのあたりは追究の余地がある。一ついえるのは、この急速な強権化が明らかに時宗政権の焦りを示していたことであって、その焦りが、曲がりなりにも強い権力者であった得宗時頼の死によって取り残された時宗の年齢的・経験的未熟さだけに由来するのか、他のファクターに対する危機感があったのかも、時宗政権研究の課題となろう。

時宗政権といえば、無論、元寇の影響が想定され、元寇とその後始末としての異国警固番役が御家人・北条氏に尋常ならぬ負荷を強いたことも周知に属し、幕府儀礼運営も多大な影響を受けたであろうことは、想像に難くない。その具体相の解明に、本書は踏み込めなかった。時宗政権後半から貞時政権期にかけては、時頼段階まで頼ってきた『吾妻鏡』や、高時期の金沢文庫文書のようなまとまった史料を得られず、史料残存状況のエアポケットとなっており、具体相・全体像の解明に向けた十分網羅的な材料の蒐集が、一朝一夕には困難だったからである。この時期以降については、史料の発掘も含め、長期的な課題とならざるを得ない。

## Ⅱ　得宗の親王待遇獲得と惟康臣籍降下の捻れ現象問題

時宗期に固有の課題としては、得宗の親王待遇獲得と将軍惟康の源氏賜姓の問題が、本書の成果を踏まえた先に立ち現れて重要である。

本書第八章の初出時に、得宗家嫡子の元服年齢が時宗以降に七歳で固定化された事実をもって、その身位を摂家同等と結論し、親王将軍との比較を行わなかったことには、相応の理由がある。親王の人生階梯は、摂家以下の人臣一般とは制度的に異なり、数値化される身分は位階と全く別系統の品階であって競合関係にも比較可能な関係にもなく、官職も親王しか就かないもの（親王任国太守や中務卿・式部卿等）を歩んで人臣一般と競合しない。そのため、得宗の人生階梯と比較しても意味が乏しいと判断したのである。実際には、こと元服年齢に即する限りにおいては比較すべきことが明らかとなったが、位階（品階）・官職における系統の違いによって比較する意義に限度があることは変わらない。どこまで、何をもって両者を比較検討する意義があるかは、今後の課題として残る。

ただ、時宗期の文永七年《一二七〇》に実現し、頼綱政権期に撤回された惟康の臣籍降下（源姓賜与）という試行錯誤は、この問題と関わる可能性がある。なぜなら、将軍が源氏（すなわち親王でなく人臣一般）として官途を歩めば、得宗の官歴との関係において整合性を保たねばならない、という現実的課題が直ちに浮上するからである。

厳密にいえば、惟康は親王（宗尊）の子なので、生来親王ではなく諸王であり、源氏賜姓を待つまでもなく、文永三年に三歳で征夷大将軍に就任し従四位上に叙された時から、通常の御家人や得宗と同次元の位階官職の世界にあった。我々は通常、彼を惟康親王と認識し、また宗尊以後の四人の将軍が全員親王であった印象から惟康を語るが、惟康王として生まれた彼が、親王の子であるにもかかわらず親王宣下を受けるのは少しも当然・自明でなかった。誕生段階で想定し得る彼の生涯のパターンは、「惟康王」のまま通すか、特例的ながら親王宣下を受けて「惟康親王」となるか、臣籍降下して「源惟康」になるかの三パターンがあり得、いずれが選択されても不思議でなかった。

その中で、時宗は惟康を「源惟康」とする道を選んだ。泰時・貞時以外の得宗の極位を軽々と超えて、貞時の極位と同じ従四位上に三歳で叙され、七歳で従三位の公卿となり、一六歳で正二位の極位に至った惟康は、もとより得宗と対等ではあり得ない。しかしその裏で、時宗を「相大守《太》」と呼んで親王扱いする同時代史料が、惟康一四歳の建治三年《一二七七》までに現れる（『建治三年記』一〇月二五日条）。位階秩序では将軍に大きく劣る得宗が、氏姓秩序では（王家から別れた後に経た世代数を度外視すれば）源氏たる将軍より決定的に劣るとはいえない平氏であり、しかも元服年齢と官職秩序において源氏に勝る親王同等の身位が示唆される、という捻れ現象が発生したのである。

これを鎌倉幕府の秩序全体から見ていかに理解するかは、極めて難しい。礼制史的には、第九章で述べた如く、将軍・得宗の双方が幕府の「公」として並立する二頭体制に至ったと結論されるわけだが、それは高時期という最終段階でのことである。数年〜一〇年単位で大きな変転を繰り返してきた得宗権力の可変性を思えば、高時より二世代も遡り、未だ得宗の親王扱いが初動段階にあった時宗期に、高時期の態様をそのまま遡及できそうにないことは明らかであろう。時宗期の右の形式上の捻れが、いかなる構想のもとで何を表現していたかは、今後追究する余地がある。

## Ⅲ　在地官途としての鎌倉幕府官位体系と武家官位

その糸口の一つは、京都を核とする現実の官職秩序と、鎌倉における仮想的な官職の扱いの関係にあろう。時宗以後の得宗は、現実の形式の上では相模守に過ぎないが、鎌倉ではこれを「(相)太守」と呼ぶことで、現実を逸脱して仮想的に得宗を親王扱いした。幕府という閉じた組織内においてのみ通用する官職の拡大解釈が生み出されたのであり、本来なら日本国内全域に対して完全に均質に及んだはずの官職秩序が、本式を逸脱したローカルな方言圏というべき小世界を抱え込んだのである。

かかる手法がいつ、いかにして生み出され、いかに正当化され、官職秩序全体を整合的に理解可能ないかなる論理が用意されたのか、追究する価値があろう。少なくとも、同じく官途のローカルな〝方言圏〟を形成した在地官途が鎌倉期から次第に地方社会に芽生え始めた事実[19]と、無関係であったとは到底考え難い。武家官途が朝廷の官職体系と全く別枠で処理される体系は、近世に完成した。その萌芽は、室町幕府に既に見られる。そしてさらに遡れば、平安期に諸国国衙で在庁官人が独自に称した「介」「権介」等[20]や、や知行国主の「大介」私称へと淵源を辿り得る。そうした思考様式の歴史的大局の中に、鎌倉幕府の「相太守」等も位置づけてよいのではないか。そこに見出される鎌倉幕府官位体系の〝在地官途〟的性質と、それが後の武家官位の淵源を成した可能性を、改めて検討の俎上に上げてよいのではないか。

## Ⅳ　ゼロサム関係に従ってバランス変動する当事者意識

右に述べた様々な意味において、時宗期は本書が論じ残した大きな空白であり、不明点が多い。ただ、鎌倉幕府儀礼体系に対する御家人の貢献姿勢・当事者意識は、元寇を待つまでもなく時頼段階で崩壊に瀕していたことが明らかである。したがって問題は、元寇がいかにその崩壊を加速させたか、幕閣はそれに対していかなる手を打ち、どこまで効果を得たか、そして中国・朝鮮半島からの侵略の危機が一応過ぎ去った後、貞時・高時期にこの問題についていかなる解決が図られたか、等々に絞られる。

これらのうち、元寇前後の実情については今後の課題とせざるを得ないが、最後の問いについては本書第七章以下で一定の解答を示した。すなわち、鎌倉在住御家人・東国在住御家人の動員による参仕者確保は諦められ、西国を含む全国への動員によって補塡を図った過渡期を経て、得宗が抱える武士集団＝御内人を全面的に動員することで、一応は潤沢な人材供給源を得宗が確保した、と（第九章）。得宗が将軍と同等の儀礼を行い、御内人に幕府儀礼を担わせたのは、権力奪取のためではない。既に果たし終えた権力奪取の後始末であり、力任せに競合者を滅ぼしてきた末の自業自得であり、その上で幕府維持の責任を丸ごと抱え込んだ努力の痕跡であった。

地頭御家人役がそうであったように、鎌倉幕府では分限と責任の大きさが比例する。その中で得宗勢力が他者の分限を削減し、自らの分限を太らせれば、幕府運営における責任が増大するのは当然である。幕府において大部分の利権と責任を得宗勢力が担うようになれば、幕府が得宗家と同一化するのは当然である。

また、総量が決まっている鎌倉幕府の権益の中で、御家人一般と得宗勢力は、一方が太れば他方が痩せるゼロサム関係にある。その中で得宗勢力が幕府との同一化を進めれば、一般御家人にとって幕府という存在自体が他人事になり、当事者意識を喪失するのも当然である。足利尊氏・新田義貞らによる鎌倉幕府追討戦（鎌倉攻め・六波羅攻め）が、ほぼ純粋に〈得宗勢力・北条一門の討滅〉と同義になった必然性は、そこにある。

しかも、第九章で述べた通り、北条氏は文筆官僚世襲御家人や豪族由来御家人と異なり、幕府が権勢を保つ唯一の足場であり、幕府の衰亡と得宗家の衰亡は同義であった。文筆官僚世襲御家人や豪族的御家人が鎌倉幕府滅亡後も何食わぬ顔で存続したのに対し、北条氏・得宗家のみが鎌倉幕府とともに族滅した理由も、そこにある。

## Ⅴ　得宗が君主でなくして「公」たり得る論理の問題

御家人らが当事者意識を大きく損ない、彼らの不参加により幕府運営が支障を来し、穴を埋めるべく得宗家が丸抱え的に幕府運営を請け負い、躊躇なく御内人をそこに投入するようになった結果、実質的に御内人が幕府運営当事者となり、御家人らと反比例して得宗勢力だけが当事者意識を肥大化させてゆく。そして、高時期までのどこかの段階で、幕府運営に参加する層（特に史料上顕著なのは金沢家）は、得宗を「公」すなわち幕府そのものと理解する方向へと舵を切った（寄合を「公事」といい切った事実に顕著）。しかしその一方で、御内人と対置される（将軍のみを主君とする）御家人らは「公方人々」と呼ばれ、そこでは明らかに将軍が「公」扱いを受けており、将軍・得宗がともに「公」を体現する二頭体制が存在するに至っていた。これは、極めて説明困難な現象である。

遅くとも藤原頼経の将軍嗣立以降、得宗（頼経嗣立時には政子）を実質的な長とし、将軍を形式的な長とする二頭体制は存在していたが、そこには実質と形式の棲み分けがあった。ところが、高時期までに、得宗は実質のみならず形式の領分でも「公」となった。問注所執事・政所執事が寄合に参加して執権制度を介さない得宗の使役に甘んじたのも、得宗が既に幕府の「公」であり、得宗という一私人に使役されているとはもはや認識していなかったからと理解できる。

得宗家は、摂家将軍や親王将軍の儀礼として始まった儀礼を高時期に模倣し、儀礼面で将軍と同等の存在感をアピールした。それは、晩年の貞時以降の得宗に為政者としての人格的空白が生じたことを穴埋めするための、長崎円喜・安達時顕政権の苦し紛れの策であったことを第一〇章で明らかにしたが、それは問題の十全な解決とはいえない。

なぜなら、得宗を将軍と並べて「公」の体現者とする扱いが、いかなる論理によって正当化・説明されたかが、未だ明らかでないからである。この問題について、未だ筆者は成案を得ない。通常、君主制組織における「公」の体現者は君主であり、君主でない者がいくら実権を握ろうとも「公」の代行者・代弁者に過ぎないのであって、それを「公」そのものであるといえる論理は、それまでの日本史上に存在したことがない。

そもそも、幕府成立以前の「公《オホヤケ》」は天皇その人を指し、天皇の名のもとになされる朝廷の行事が「公事」なのであって、天皇以外の何者も「公」そのものになり得ない論理構成であった（院政は、「公」たる天皇を私権たる父権で支配したもの）。中世まで、「公」であるためには君主その人である必要があり、したがって形式上君主とならなかった得宗が「公」の体現者となるには、常識を逸脱した空前の飛躍を必要とする。

ここで、次のように考えられる余地がある、と思われるかもしれない。得宗が公然と「公」の体現者として自他ともに認めた以上、それをもって得宗が君主になったと判定してよいのではないか、と。

しかし、このアイディアは成立しない。なぜなら、第九章で述べたように、幕府における命令系統は最後まで、形式上、必ず「依仰」の文言を記載した関東御教書の形を必要とし、その文言は評定で鎌倉殿（将軍）の裁可を受ける手続きを踏んだ場合にのみ記載可能であり（関東御教書の書止文言が時期により「依鎌倉殿仰」という形式を取ったことからも明らか）、ほとんどその手続きを踏むためだけに評定が最後まで温存された事実があるからである。関東御教書の命令が武家法圏において法的正当性を有する理由は、それが〈鎌倉殿の発令だから〉という一点にあり、これを欠く文書は北条氏の私文書に過ぎず、幕府の正式命令たり得なかった[21]。もし得宗が君主となったのなら、幕府の公的命令書の書式がそれを表現する形態に変化したはずだが、その痕跡は現段階で見出し得ないのである。

以上を踏まえると、問題は次のように整理される。

君主でなくして「公」の体現者であり得ること、そしてそれが君主たる「公（将軍）」と並立可能であることは、いかなる論理に基づけば可能であるのか。

後の足利義満に顕著なように[22]、勢いに任せて実力で権勢を極めた中世日本の権力者は、自らの権力を論理的に正当化する説明責任を全く認めず、ただ現実の権力によって君臨する実態だけで満足することがある。わずか約一世紀後にそのような権力の態様が現実化した史実がある以上、得宗権力も同様であった可能性は、否定しきれない。しかし、そうと断じてよい材料が、得宗研究にはまだない。

## Ⅵ　「公方」たる将軍と「公」たる得宗の二頭体制

### （A）「公」たる得宗勢力が「御内」と呼ばれた問題

しかも、義満は将軍であり、既に日本の「公」の一部を担う地位が制度的に保障されていた権力を足場としており、説明可能性が皆無でなかった。そして、そのような将軍が左大臣として太政官を主宰する地位に就き、内覧として関白と同等の権限を得ていた以上、それである程度の説明にはなっていた。そして、「公」の部分的体現者であった将軍の地位に基づき、彼の最高権力者たる地位は「公方」と呼ばれ、彼の立場を全社会的な肩書きとして言語化した「室町殿」の地位は、彼以降に「公方様」と呼ばれるようになった[23]。

それを可能ならしめた「公」としての制度上・論理上の足場が、得宗にはない。その証拠に、鎌倉幕府における「公方人々」は〈御内人でない御家人〉を指し、得宗を主君とする「御内人々（御内人）」から画然と区別された「公方人々」は将軍のみを主君とする人々であって、「公方」の語は将軍に属し、得宗（御内）の対義語であった。南北朝・室町期の記録に「内者」という言葉が私的従者たる被官を指して頻出するように、「内」という語は、どれほど畏敬を籠められて「御」の字を冠そうとも私的関係を意味するのであって、どれほど権勢を誇ろうとも「御内人」は得宗の私的従者に過ぎない。もし得宗が真に「公」の体現者となったのなら、彼の従者が「御内」の語を冠して呼ばれるはずがないのである。ここに、問題の焦点となる矛盾点が現れ、次の問いが導かれる。明らかに「公」として自他ともに認めながら、その勢力が徹底して「御内」と呼ばれ続けた事実は、いかなる論理によれば説明可能なのか、と。

### （B）得宗が血統上不可能な親王扱いを受けた問題

この疑問を解く鍵は、得宗自身が何と呼ばれたのか、という呼称の体系に求められる可能性がある。実際、室町幕府の主導層が各自の社会的地位をいかに自己認識していたかは、「将軍」「三条殿（直義）」「鎌倉殿（義詮）」「室町殿（義満以降）」等の呼称（「将軍」以外は当時「称号」といわれた）によって、かなりの深さまで分析可能であった[24]。

ところが、これを得宗に応用するのは容易でない。現在知られている限り、得宗に対する他者の呼称法は「（相）太守」「相州」が主であって、称号に該当するものを得宗が持った形跡が確認できないからである。「太守」は親王扱いを示すが、逆にいえば親王扱いしか示せないのであって、君主ならずして「公」の体現者であることを説明できない。右の疑問は、天皇の子や親王宣下を受けた諸王でない限り論理的に不可能であるはずの親王扱いが、四位・相模守を極位・極官とする平姓の得宗家に対して、いかなる論理で可能であったのか、という問題と一体に考えねば解けないと予想される。

## （C）長井宗秀を「御内宿老」とする論理の問題

これらの問題は、高時期までに幕府構成員が「公方人々（外様＝一般御家人）」と「御内人々（御内人）」の二系列にカテゴライズされ、両者が並列関係にあった事実の評価にも関わる。多くの御内人が没落御家人に由緒を持つとはいえ、泰時期には北条氏の被官に過ぎず、将軍の陪臣であったはずの御内人が、将軍直臣たる一般御家人とほとんど同列にまで地位を上げていた。これは、御内人の主人たる得宗がもはや一般御家人の傍輩でなかった明証として注目すべきことだが、問題はその先にある。高時期に、安達時顕・評定衆長井宗秀が「御内宿老」に数えられていた事実があるからである。

安達氏は元来から得宗家外戚であり、外戚らしく概ね得宗家と一体に振る舞ってきたので、異とするに足りない。しかし、長井宗秀が「御内」に挙げられた事実は、一驚に値する。長井宗秀は得宗家との間に、姻戚関係も血縁関係も持たない。そしていうまでもなく、長井氏は大江広元の子孫にして歴代評定衆を務めてきた御家人中の名門であって、得宗被官に成り下がる没落を経験した氏族ではない。

得宗家との特別な縁故と見なせる情報は、宗秀の母が安達義景の女であり、したがって彼女の姉妹（覚山志道）を母とする得宗貞時は宗秀の従兄弟であった、という関係のみである。この得宗家との間接的な姻戚関係が宗秀を御内人に区分する決定的理由となったか否かは、同じ安達義景の女を母とする宇都宮貞綱らと対比するなどして慎重に見極める必要があり、長井氏がいかなる論理・契機をもって御内人に、それも御内人最上層の「御内宿老」に納まったかが、極めて興味深い問題として浮上する。

## （D）長井氏・金沢氏・得宗家を結ぶ安達氏の縁戚関係

この長井宗秀は、永仁三年（一二九五）に東使として上洛した時、嫡子貞秀を伴い、貞秀を蔵人・検非違使・左衛門尉という栄誉ある地位に一挙に就任させ、それぞれの初出仕の儀礼を（蔵人であるから当然、天皇を巻き込んで）大々的に行い、これを公家社会の貴顕が熱狂的に迎えるという、異常な厚遇を受けた。その事実にかつて筆者が言及した時には、初出仕儀礼（昇殿初出仕・畏申・拝賀等）の方に主たる関心があったため政治史的意義を深く掘り下げず、蔵人就任について高祖父長井時広や同族長井泰元の先例があった事実を指摘するにとどめた(25)。しかし、顧みれば、貞秀ほどの厚遇・盛大さをもってかかる行事を遂げた人物は、従前の長井氏にない。貞秀の事例は明らかに常軌を逸しており、父宗秀のもとで長井氏が極端な最盛期を迎えたことが明らかである。

永仁三年は平頼綱滅亡の二年後であるから、宗秀親子の特別な出世は得宗貞時の意思と推断できる。しかも、貞秀を産んだ宗秀の妻は金沢実時の女（顕時の姉妹）であり、すなわち貞秀は金沢貞顕（顕時の子）の従兄弟であった。貞顕の父顕時は、安達泰盛の女の尼無着を後室としていたため(26)、弘安八年（一二八五）の霜月騒動で泰盛に縁坐し、「総州垣〔埴〕生庄」に流され、八年後の正応六年（永仁元年）に頼綱が滅ぶと召し返されて幕府に復帰した(27)。

このように、長井氏と金沢氏は直接の姻戚であるとともに、安達氏を介した縁戚ネットワークでも結合しており、しかもそのネットワークには得宗貞時もいた。貞時は、頼綱を滅ぼして実権を握ると、頼綱に没落させられた安達氏所縁の勢力を一挙に再登用して自らの輔翼にせんと図り、その流れで金沢氏とともに長井氏も貞時の股肱となったのであろう。

このうち金沢氏の顕時は貞時から多大な信任を受けて政権を支え、正安三年（一三〇一）に没すると、子の貞顕が兄三人をさしおいて家督を継いだ(28)。その貞顕は、嘉元の乱後、高時元服と時を同じくして北条氏庶流の扱いを脱し、得宗家庶流同等に家格を上げた（本書第一〇章）。すると、長井宗秀も似たような文脈で、貞時の腹心たる政権柱石に据えるべく、家格を上げられた可能性が高い。

ただし、得宗家庶流と家の格が同等になったことが、直ちに「御内」になったことを意味した可能性はない。なぜなら、長井宗秀を「御内宿老」とする『北条貞時十三年忌供養記』が金沢貞顕を「御一族宿老」と表現して両者を書き分け、貞顕が得宗家庶流同等となってもなお「御内」でなく「御一族（北条氏庶流）」のカテゴリーから脱していなかったことが明らかだからである。長井氏が「御内」となるには別の決め手を要したわけだが、得宗専制がいかなる形で、いかなる論理をもって「御内」待遇を与えたかは慎重な考証を要し、今後の課題である。

### （E）足利尊氏を長崎・安達政権に組み込む赤橋登子との婚姻

なお、幕府最末期の幕閣最上層は主導者二頭（長崎円喜・安達時顕）＋輔翼二名（赤橋守時・金沢貞顕）で構成されたが、このうち赤橋守時の妹（久時の女登子）が足利尊氏に嫁ぎ、嫡子義詮以下を産んでいる。登子は嘉元四（一三〇六）年生まれ（『師守記』貞治四（一三六五）年五月四日条）、義詮は元徳二（一三三〇）年生まれであるから、尊氏と登子の婚姻はちょうど右体制下の出来事である。この体制が極度の人材不足に悩み、打開策の一環として尊氏が数年以内に幕府軍の大将軍に抜擢された事実を踏まえれば、この尊氏と赤橋家の婚姻は、長崎円喜率いる政権が足利氏との結束を策して行った可能性が高い。幕府軍大将ながら寝返る、という形で足利氏の倒幕戦を可能にした政治史的伏線は、この点でも長崎・安達政権に既に張られていたと見なし得る。

## Ⅶ 〈得宗はなぜ自ら将軍にならなかったのか〉問題

### （A） 嘉元の乱以降については本書で解決済み

右の如く、得宗家が「公」となる論理にも、得宗家が「公方人々（御家人）」や「（北条氏）御一族」を「御内」に取り込む論理にも、あまりに不明点が多い。そして、これらの問題はすべて、〈得宗はなぜ自ら将軍にならなかったのか〉という、学界を悩ませてきた大問題へと帰着する。

これについては、出自の卑しさにより将軍位簒奪への世論の支持を望み得なかったという見解や、「御後見」たる地位に根差す最高権力に満足していたという見解等がある。(29) いずれも一理あるが、決定打を欠くように見え、このままでは議論が決着しない。当該問題の解決は一朝一夕に望み難いが、解決に向けた努力を行う余地は、まだ残されている。本書の成果を活かせば、問題の枝葉を削ぎ落とし、問いの範囲と答えの範囲を絞り込める。具体的にいえば、長崎・安達政権の除外である。

少なくとも貞時が嘉元三年（一三〇五）の嘉元の乱で政権運営（独裁化の極度な推進）の失敗を自覚して政務を放擲して以降の幕府では、政権における得宗の人格は（政務が務まらない高時も含め）空白化し、幕府は滅亡まで長崎円喜・安達時顕が得宗権力を代行して、得宗家・幕府の保守のみに汲々とした政権であった。この段階では、得宗自身に将軍位を奪取する意欲がなく（そもそも幕府支配に対する意欲が不十分）、旧来の得宗専制の形式を維持するだけで精一杯であった長崎・安達政権に、将軍位窺窬という大それた決断を下せる余裕があったとは考え難い。それが本書第一〇章の成果の一つであり、嘉元三年以降については、〈得宗はなぜ自ら将軍にならなかったのか〉という問いは〈将軍として君臨しようという意欲を有した得宗がいなかった〉という形で解決したと考えてよい。

### （B）時宗期は時宗の未熟と対元戦争により除外可能

すると問題は、得宗自身が専制的な幕府支配に意欲を有した時宗期・貞時期前半に絞られよう。そのうち、時宗期に果たされた将軍宗尊追放は文永三年（一二六六）のことで、当時の時宗はまだ一六歳の連署であって、執権ですらなかった。将軍位を窺窬するとすれば、最低限、執権就任を果たしていなければ話にならないから、将軍位窺窬の構想が具体化された可能性があるのは、文永五年に一八歳で執権に就任した後に絞られよう。その文永五年は、蒙古への服属を求める高麗の国書が届いた年であり、以後、時宗は晩年まで元寇対策から解放されることがなかった。その中では、本所一円地住人の動員を公家法圏で合法化させる等して段階的に軍事動員権を完全化するのが精一杯であり、北条氏の歴史上最大規模の動員を成功させる上で、余計な政治不安を惹起することが明白な将軍位窺窬を図る余裕はあるまい。

（C）　問題は正応六年の平禅門の乱から嘉元三年の嘉元の乱までの一二年間

すると、時宗期に将軍位窺窬を得宗が図った可能性は限りなく低くなり、可能性があるのは貞時期前半に絞られる。その貞時期前半のうち、安達泰盛が政権を主導した弘安七年（一二八四）四月から霜月騒動で滅ぼされる弘安八年一一月までと、それから正応六年（一二九三）四月まで平頼綱が政権を主導した時期、すなわち貞時が最高権力者でなく、頼綱を打倒して最高権力者たらんと決意するまでの時期には、将軍位を窺窬する意向は現実的に生まれ得まい。

すると、得宗自身が将軍位窺窬を企図し得る時期を、現実的には正応六年の平禅門の乱から嘉元三年の嘉元の乱までの、わずか一二年間に絞って考えてよいことになる。すなわち、〈北条氏は将軍位を窺窬したか〉という大問題は、現実的には〈貞時が権勢と君臨意欲を兼ね備えた全盛期一二年間に、将軍位窺窬を企図したか否か〉という問いに落とし込むことができる。この期間、貞時は極端に独裁化へと邁進し、得宗として史上最大の権勢を誇った。それが、将軍位窺窬を指向した形跡を残したか否か、あるいは指向しなかったと推断可能な徴証があるか否か。そこに問題を絞れよう。

## Ⅷ　システムとしての幕府の堅牢性と足利氏の立ち位置

### （A）　元弘の乱における幕府軍の正常な稼働

最後に、〈システムとしての幕府〉という観点から、課題と展望を述べたい。

第一〇章で論じた通り、末期鎌倉幕府では得宗の人格的求心力が完全に空洞化し、それを後見する長崎・安達政権では首脳部以下の人材が決定的に不足し、幕府・得宗家の維持に汲々とした。そして、それにもかかわらず、元弘の乱では幕府軍が正常に機能した。

元弘元年（一三三一）の後醍醐勢が籠城する笠置山攻撃には、大仏貞直・金沢貞冬・足利尊氏を大将軍として「諸国御家人上洛、都合二十万八千騎」（『北条九代記』）とも「東夷二十一万騎」（『笠置寺縁起』）とも「数万騎」（『保暦間記』）ともいわれた大軍が参加し、笠置に着くや否や約一日でこれを陥れ（『光明寺残篇』『北条九代記』）、後醍醐の身柄を確保した。この軍勢は転進して楠木正成を赤坂城に攻め、和田助家の一連の軍忠状（「和田文書」）や『光明寺残篇』等によって、御家人らが大将軍・河内守護代らの指揮下で奮戦したことが確認され、一ヶ月後に（正成らは取り逃がしたものの）赤坂城を陥落させた。さらに、幕府は引き続き翌年以降の楠木正成討伐戦に御家人を動員し、苦戦しながらも正慶二年《一三三三》二月に赤坂城を落とし（『楠木合戦注文』）、翌閏二月に東使二階堂道蘊が率いる「数万騎」の幕府軍が金峯山を攻めて護良親王を没落させた(30)。

これらの記録、特に「和田文書」や「熊谷家文書」に伝わる地頭御家人の軍忠状を見る限り、末期鎌倉幕府は数万騎規模の多数の地頭御家人を動員し、敵と戦わせることに成功していた。乱の進行に従って後醍醐や護良の動員に応える反幕軍が増えたが、それは綸旨・令旨の効力に依存した調略の成功であって、幕府軍の機能不全を意味しない。むしろ、元弘元年の笠置山攻撃では、つい先日まで天皇であった上皇（攻撃直前に幕府が後醍醐を退位させ、光厳天皇を擁立）を相手にしながらも、幕府軍は動揺・躊躇なく一挙に笠置山を攻め落とした。次第に後醍醐勢の調略に侵蝕されたとはいえ、幕府軍に組織された御家人集団の幕府に対する忠義心は決して低くなく、総じて幕府軍は正常に機能していた。

### （B）長崎・安達政権の悪政回避と人心収攬

政権最上層が極限の空洞化状態にあったにもかかわらず、幕府軍が正常に機能し幕府たる面目を十分に示したのはなぜか。その問いに、本書第一〇章では次のように答えた。一世紀半に及ぶ稼働実績によって、運営者集団の脆弱性を補って自律的に稼働可能なように、幕府の堅牢なシステム化が果たされていた、と。これには、いま少し補足できることがある。それは、長崎円喜率いる政権が、その三〇年近い統治期間（政権発足の契機となった嘉元の乱から元弘の乱勃発まで二六年、幕府滅亡まで二八年）の間に、目立った悪政を行わなかったという実績である。

得宗専制自体を悪政・堕落と見なす先入観を離れ、得宗勢力が幕政を丸抱えする体制を〈権力欲に任せた将軍位窺窬〉ではなく〈因果応報的とはいえ幕府維持のために最大限払った努力〉と評価した本書第八章〜第一〇章の論旨を踏まえ、筆者は次のことを強調したい。長崎・安達政権には、実は悪政の形跡がない、と。御家人に対する抑圧も認められず、両統迭立問題への対処でも目立って恣意的・利己的な要素は認められず、何より政敵排除のために殺戮に走ったことがない。

長崎・安達政権の治世を〝善政〟とまでいえるかは慎重な検討を要するが、この政権が行ったことは、平頼綱・得宗貞時が直近に積み重ねた悪政の尻拭いとしての幕政の軌道修正である。頼綱・貞時の失政がいかに多大であったか（頼綱は安易に皇位に干渉して皇位継承紛争の激化を招き、貞時は嘉元の乱で幕府首脳や忠実な御内人を無闇に死に追いやった）を考慮すれば、その尻拭いは並大抵の仕事でなく、軌道修正という言葉が与える印象以上の理不尽な辛苦に、政権はよく対応したと見なせる。しかも、泰家と生母大方殿が新任の執権金沢貞顕を誅殺するという風聞が立った嘉暦の騒動では、政権側は、柱石たる執権貞顕の第一線引退を認める形で被害を甘受し、泰家討伐等に走ることを自重する忍耐力を見せて、第二の二月騒動ともなり得たこの事件を、一人の死者も出さずに収束させた。

総合的に見て、長崎・安達政権は世論の支持を失う恣意的・利己的悪政を行わず、むしろ何もかもを悪化・混乱させてから政権を放擲した貞時の困難な尻拭いをやり遂げて三〇年近くも政権を維持し、降りかかる火の粉というべき皇位継承紛争にも慎重で理性的な対応、かつそれを恣意的・利己的に乱す後醍醐に対して断固たる対応を取るという、当時の所与の条件下で一つの最善の政権運営を果たしたと見なされ、高評価を与えるべき理由がある。我々が漠然と抱いている印象に反して、長崎・安達政権は当時の幕府構成員から一定の好意的評価を受け、人心収攬に一定程度成功していたのではないか。この仮説は現状で、右の諸事実を最もシンプル・合理的に評価し得るものではないか、と筆者は考えている。

### （C）幕府軍が倒幕戦に転用可能であった問題

この仮説の当否と関わる重要な疑問が、鎌倉幕府滅亡に即して存在する。長崎・安達政権下で正常かつ継続的に機能した幕府軍が、元弘三年四月二七日の久我縄手の戦いで一方の大将名越高家を失い、残るもう一方の大将足利尊氏の麾下に属した後、足利家の寝返りに完全に同調し、六波羅攻撃を完遂した。幕府軍が正常に機能していたなら、なぜ足利家にたやすく全軍が掌握され、得宗勢力を攻撃する軍勢へと転用可能であったのか。

直前に後醍醐の綸旨が全軍に公表されたことは間違いないが、綸旨の効力のみをもって説明するのは過大評価である。後醍醐の綸旨は全国の諸勢力にばらまかれていたが、それらがなお、尊氏・新田義貞の挙兵以前に幕府を内部から自壊させたり諸国御家人を後醍醐方へ雪崩れ込ませる効力を持たなかったことは、史実が証明している。しかも九州では、綸旨の存在を知った大友貞宗・少弐貞経が、尊氏の六波羅殲滅を確認するまで、なおも鎮西探題に味方して後醍醐方を取り締まる職務を遂行していた。

では、筆者が幕府を自律的に稼働する堅牢なシステムと評価したことは、誤りであったか。その堅牢な幕府システムは、なぜ尊氏の幕府攻撃に簡単に転用可能であったのか。ここに、後醍醐・尊氏らが用いた一つの重大なトリックの存在を想定せざるを得ない。

後醍醐や護良が多数発した軍勢催促文書はすべて、幕府や将軍守邦親王を攻撃対象とせず、得宗高時一党のみを攻撃対象として名指しした。そして六波羅を殲滅した直後から、尊氏は京都において、従来の鎌倉幕府の着到受理システム（「御奉行所」宛の着到状に証判を据える形式）を踏襲した形で麾下の武士らの着到を受理した。さらに決定的なことに、建武政権の初段階において、倒幕に参加した武士らは「御家人」を自称していた。

それらの事実が示すのは、ただ一つの筋書きである。すなわち、尊氏麾下の軍勢は、六波羅攻撃の段階でもなお幕府軍であった。彼らは六波羅攻撃をもって鎌倉幕府への攻撃とは認識せず、ただ幕府内の北条氏勢力の討滅のみを目的とする、幕府の内紛と認識した。それは、幕府の主導層から北条氏を族滅させた内紛に過ぎなかった。あたかも、かつて和田氏を族滅させた建保合戦や、三浦氏主流を族滅させた宝治合戦や、安達氏主流を族滅させた霜月騒動等と同じ、幕府内の有力勢力排斥戦争の一つであると認識された、と。

後醍醐勢力があくまでも高時一党のみを討伐対象としたのは、幕府自体を討伐対象とすれば幕府軍を自軍に転用できないと気づかれていたからであり、尊氏が六波羅攻撃の意向を後醍醐の綸旨とともに麾下の軍に公表した段階で、何らかの理由により〈尊氏麾下の軍こそが最も正当な幕府軍〉という共通諒解が生まれ、正規の幕府軍による、幕府を守る正規の戦争として、六波羅攻撃が行われた。そのように解するのが適当である。幕府システムに依拠する幕府軍は、寝返って幕府を攻撃したのではなく、あくまでも最後まで幕府軍として行動したのであり、その点において、堅牢な幕府システムはなお健在であり、それどころかこの堅牢な幕府システムをもってしか鎌倉幕府（北条氏勢力）討滅は果たし得なかった、という皮肉な構造を見出し得る。

したがって問題は、〈誰が正規の幕府軍の総司令官と認定されるか〉を決定できる要素が何であり、その決定を当の幕府軍構成員たる多数の御家人全員に、ほぼ即時に受け入れさせる要素が何であったか、という問いに帰着する。その役割の少なくとも一部を綸旨が果たしたことは疑いないが、前述の通り綸旨のみで説明するのは困難であり、別の要因を想定せねばならない。

### （D）〈得宗勢力としての足利氏〉の立ち位置の問題

そこで二つの事実が参考になる。まず、中先代の乱を機に建武政権と決裂して東下する尊氏に、後醍醐の命令に逆らって多数の武士が従軍した事実。そして、乱後に後醍醐の制止に反して独自の恩賞配分を行って公家法圏から違法組織と認定された尊氏・直義勢力に対して、諸国の武士が「御家人」と自称し、将軍職にない尊氏を「将軍」と呼んで参集した事実である。尊氏は明らかに、彼自身の人格に由来する「御家人」統率者たる資格、それも他者が持たない唯一の資格を、広汎に武士社会から認定されるという輿望を有した。その輿望は、尊氏が六波羅殲滅後に京都で幕府軍の御家人らの着到を受理した段階で明らかに存在し、一ヶ月ほど遡って尊氏が六波羅攻撃の意向を公表した段階で、すなわち得宗専制下の鎌倉幕府で既に存在したと見るのが順当である。

では、その輿望の具体的内実は何であり、いつ、いかにして獲得されたのか。この問題は、赤橋守時・金沢貞顕・長井宗秀らを不可欠の輔翼とする長崎・安達政権の体制に、赤橋家との通婚を通じて足利氏が組み込まれていた事実と、無関係ではあり得まい。換言すれば、〈末期鎌倉幕府における得宗勢力としての足利氏は何者と位置づけられていたのか〉という問題を解明せねばならない。本書が解明した諸事実を踏まえて当該時代史に提起したい、今後の課題である。

# 結論 ――幕府由来在地儀礼・流鏑馬・出行儀礼への展望――

## Ⅰ　礼制史学が組織論を包含する必然性

本書では、日本礼制史学という学問分野の再構築に向けた初発的な試みとして、儀礼分析に基づく鎌倉幕府組織論を試みた。礼制史学の探究対象が必ず組織論に帰着する必要はないが、ほとんどの場合、儀礼分析の研究材料は組織に属する。宗教行事を除けば、純粋に一個人で完結する儀礼は想定し難く、日本古代・中世に即する限り、そのような儀礼を筆者は想起し得ない。

筆者が知る日本古代・中世の儀礼はメッセージ発信の機能を有しており、したがって他者の存在を大前提としており、すなわち社会の一部であるという前提のもとに存在している。社会のすべてが組織ではなく、組織とは別の論理で形成される組織内コミュニティ（例えば個々の親交関係に基づく御家人社会）や、組織と無関係のコミュニティ（例えば神仏と個々人）等、組織でない社会は枚挙に遑がないが、儀礼はほとんどの場合、組織において定まり、実践される。そして何より、我々が接し得る、儀礼の実践に関するまとまった記録は組織において作成され、我々はまとまった記録に基づく儀礼分析の基礎作業を、まずは組織が残した記録に頼らざるを得ない。そのため、儀礼分析は自ずから、特にまとまった記録を分析する段階においては、組織論という性質を包含せざるを得ない。本書が鎌倉時代武家社会の儀礼分析を行う端緒として、武士の組織すなわち鎌倉幕府の儀礼分析から着手し、結論の多くが組織論的なものになった必然性はそこにある。

## Ⅱ　鎌倉幕府組織論の結論──亠型で発足し、一揆型へ転換し、二系列型へ帰着──

かかる理由によって儀礼分析に基づく鎌倉幕府組織論としてまとめた本書で、最も筆者自身が特筆したい成果は、三つある。第一に、鎌倉幕府成立年論争の決着（筆者は決着と信ずるが、少なくとも決着に向けた大きな前進）。第二に、それと不可分の問題として、鎌倉幕府の根本的な組織形態を〈武士の傍輩連合体たる亠《なべぶた》型組織〉と概念化したこと。第三に、その亠型組織から把手部分（鎌倉殿の人格）が実質的に失われ、泰時の執権政治が垸飯役の創出をもって幕府を純粋な傍輩連合体と定義し直して以降、〈理念的に鎌倉幕府は一つの巨大な一揆〉と評価できる、と指摘したことである。

第一点について、本書では、垸飯儀礼の発するメッセージを受信・解読するリテラシーを獲得したことにより、源頼朝率いる御家人集団が自ら発した、治承四年の鎌倉幕府成立宣言を聞き取ることに成功した。これにより、少なくとも幕府自身の主観による鎌倉幕府成立年を確定した。これを、客観的状況から同時点を幕府成立の瞬間と判断した石井進説と対照し、主観的・客観的双方の視点から同時点を幕府成立と見なすべきことの妥当性を指摘し、他説より一段階強力な妥当性があることを示して、〈治承四年一二月〉という解答をもって鎌倉幕府成立年論争を決着に大きく近づけた。

本書は、かかる治承四年説の直接的補強にとどまらず、他の説の弱点・欠陥を法制史的・礼制史的に指摘し、それらの説得性を従来より低く見積もるべきと指摘する形でも、治承四年説の妥当性を強めた。すなわち、他説はすべて朝廷による法的認証を最重要視してきたが、それらは朝廷の法を唯一絶対の法と見なす歴史観に囚われてきた結果であり、それは史料に即する限り法制史的に誤っていた。当該期社会には公家法圏・武家法圏という複数の法圏の存在を認めざるを得ず、ために〈朝廷の法によって認証される〉意義は相対化されるべきことが明らかであり、したがって朝廷法の絶対性を前提とする各説の説得性は大きく下方修正せざるを得ないのである（各説は鎌倉幕府の成立指標の重要な一側面を示したが、一側面でしかなく、他の同等以上に重要な側面を見落としている、という意味において）。

また第二点については、〈武士の傍輩連合体たる一型組織〉が鎌倉幕府の理念において不動の組織形態であったという本書指摘の事実を念頭に置き、これと対照させて考える視角により、当該理念と原理的に整合しない北条氏権力の強化過程の意義を立体的に把握可能になる道筋が開けたと考えている。かかる視角からは、北条氏権力の強化過程を以下のように素描可能になる。

鎌倉幕府は、〈武士の傍輩連合体たる一型組織として今後を歩む〉というメッセージを垸飯儀礼によって明言する形で治承四年に発足し、年始や代始等の節目ごとにそのメッセージを連呼し続けてこれを不動の建前としたが、それと裏腹に激しく流動を重ねた組織の実態をいかにこれと整合させるか、という課題と格闘し続けた。その建前と実態が最も接近したのは、傍輩の原理から外れた権力（後家権・母権）で幕府を率いた北条政子が没し、一から把手部分が失われ、北条泰時が執権政治を〈傍輩代表が傍輩を率いる政体〉と再定義し、幕府が実質的に一つの巨大な一揆として捉えられようとした段階である。

しかし、北条氏権力の元来の形（鎌倉殿外戚）からして、この建前は実態と合致しない宿命を本質的に抱えており、放置すれば乖離してゆくはずの建前と実態を、どちらかといえば強引に合致させた努力が泰時的な執権政治であった。それは根本的に避け得ない無理を冒した体制であったため、時頼期の権力闘争の結果、極めて自然に、かつ急速に、実態が建前から乖離した。そして、得宗勢力が競合者の弾圧を完了した段階で、乖離の阻止は構造的にあり得なくなり、時頼没後の得宗勢力は開き直ってこの乖離の是正を表面的にさえも志向しなくなり、極めて自然に専制権力の極大点へ向けて邁進した、と。

これを要約すれば、〈鎌倉幕府は亠型組織として発足し、執権政治期に一揆型組織へと転換し、得宗専制期に二系列型組織へと帰着した〉と総括できよう。

## Ⅲ　課題①――中世後期垸飯の展開過程と朝廷垸飯の廃絶過程――

かくして鎌倉幕府組織論としての礼制史には一定の展望が開けたが、論じ残した問題も多い。まず、本書で行った平安期朝廷垸飯の考究は、あくまでも鎌倉幕府垸飯の諸前提解明を主目的としたため、鎌倉幕府垸飯の成立以後について、朝廷垸飯を追跡しなかった。鎌倉期以降の朝廷記録（主に廷臣日記）を通覧すると、垸飯の催行事例は明らかに減少傾向にある。本書第一章にて実例を示したように、鎌倉期には未だ朝廷垸飯が行われているが、南北朝・室町期の朝廷記録において、朝廷垸飯の痕跡は管見に触れない。朝廷垸飯は、その間に廃絶した可能性が高い。過差を不可欠とした垸飯の本質を念頭に置けば、廃絶の理由が未曽有の長く大規模な内乱にあること、具体的には内乱による朝廷財政・廷臣経済力の急速かつ不可逆的な低下にあることは容易に推測されるが、その推測の裏づけや具体的過程の提示は今後の課題とせざるを得ない。

垸飯は、朝廷に由来しながら、鎌倉期以降に朝廷では廃絶する方向へと存在感を薄め、他方で幕府・武家社会においては存在感を高め（特に幕府では、自らを幕府たらしめる不可欠の儀礼として）、完全に定例化された年中行事と化すことに成功し、少なくとも室町幕府滅亡直前まで生き残った。その室町幕府の垸飯も、鎌倉期と同じものであった保証がない。ただでさえ、一般に、歴史の長い儀礼は多くの変容を重ねる。まして、幕府としての根幹的態様において、室町幕府が明らかに鎌倉幕府と異なる形に落ち着いたことを思えば、その組織態様と直結していた垸飯が変容を蒙らなかったと考える方が不合理である。かかる観点から南北朝・室町時代的な垸飯（をはじめとする幕府儀礼）の展開過程を跡づけることも、今後の長期的な課題となる。

## Ⅳ　課題②――在地武家儀礼・垸飯の実態と幕府の影響――

加えて、本書では在地の武家儀礼について、ほとんど言及し得なかった。武家儀礼が、幕府から地方へ波及するというモーメントを有したことは疑いない。したがって、地方の武家儀礼を分析するためには、大前提として幕府儀礼の分析を一定度済ませておく必要がある。そのため、本書ではまず幕府儀礼に注力した。次なる課題は、それを踏まえた在地武家儀礼の追究である。

この作業では当然、時系列的に古い時期における原態を突き止めてから、その変化型・派生型として後代の態様を分析する必要があるが、本書第一章で具体的に挙げた僅少な事例（特に寺院関係）以外に、平安期の在地垸飯の徴証を得られない。そのため、史料残存状況が格段に改善する鎌倉期の在地垸飯の分析から着手する必要があり、『鎌倉遺文』をはじめとする在地の文書・記録の網羅的調査が必要になる。その作業は、垸飯に関する概念・語彙・文脈をある程度念頭に置いて行わねば、拾うべき史料を見落とす可能性が高いので、本書ではまずそれらの基礎的知識を抽出すべく幕府垸飯の分析に専念した。

それを一定程度果たした今、在地史料の全面的洗い直しに着手すべきと考えているが、本書執筆の作業を通じて、わずかながら断片的な情報を得られた。それらを基に、簡単な見通しを示しておきたい。

安芸厳島社では、建長三年(一二五一)までに、神楽を司る楽頭が「式日・臨時垸飯」を差配する体制が確立していた。すなわち、垸飯を行う慣習と、それを定例開催する「式日垸飯」という発想が定着していた。これを単に、西国地方の大神社に垸飯慣行が普及した事実としてのみ解釈すると、理解を誤る可能性が高い。なぜなら、厳島神主職はかつて平清盛の腹心佐伯景弘が在任した地位であり、彼が平家滅亡に伴って退場した後、その地位は鎌倉幕府御家人藤原氏（厳島神主家）が世襲したからである。すなわち鎌倉期の厳島社の垸飯慣行は、鎌倉幕府から、武士の慣行として持ち込まれた可能性が高い。特に、垸飯の定例開催を朝廷は行わなかったが、鎌倉幕府は年始行事として行った。その事実を踏まえれば、「式日垸飯」という発想は幕府由来と予想すべきである。この事例は、〈地方の神社に、領主となった御家人が幕府儀礼を持ち込んでゆく〉という全体的傾向の一部であった可能性が高い。

文化の地方伝播に関する言説において、学界はしばしば、右のような現象を〈地方が中央を真似た／地方が中央に憧れた／領主が中央由来の権威を地方で誇示した〉という単純素朴な論調で片づけてきた。かかる言説が妥当な場合も多いことは認めざるを得ないが、後に述べる流鏑馬の起源が反証となり得るように、万能のマスターキーでないことも明らかで、つまるところ先入観に過ぎない。右に述べた在地垸飯の態様の礼制史・文化史的意義を解明するにあたっては、こうした学界因習的な先入観を離れ、在地社会（地縁的コミュニティ、権門の人脈に連なるコミュニティ、信仰コミュニティ等）における幕府儀礼の受容とフィードバックの相互関係を、慎重に探ってゆく必要がある。

また、筆者は今日までに二点、「守護所垸飯」の徴証を得た。一つは「大隅台明寺文書」宝治二年(一二四八)の田地売券に、「守護所御方垸飯用途銭段別弐拾文」と見えるもの。いま一つは「大隅禰寝文書」の正嘉二年（一二五八）の建部親綱和与状に、七種の「御公事」の一種として「守護所御院〔垸〕飯用途」と見えるものである[31]。正嘉二年和与状の発給者建部親綱は御家人であり、したがって守護所に対して「御垸飯用途」の納入を義務づけられていた御家人の存在が確認できる。

問題は宝治二年売券で、売主の沙弥西願は御家人か否か確定が難しい。ただ、売却された「重冨名内宮冨名太迫田陸段」には関東御公事と断定し得る御公事が付帯しておらず、ならば売主西願も御家人でなかった可能性が低くない。さらに、この「（大隅国噌於郡）重冨名」は、文永九年（一二七二）に関東下知状[32]によって「関東御成敗之地」でないと認定され大隅正八幡宮の知行が保証されているので、やはり御家人領ではないと推定できる。すると、大隅においては、御家人領でない田地に、守護が「守護所御方垸飯用途段銭」を賦課していたことになる。

問題は、これらの「守護所御方垸飯」「守護所御垸飯」が、どこで、誰が誰に提供する垸飯であったか、である。守護が御家人として鎌倉で行う幕府垸飯を指すのか。それとも、その将軍麾下の傍輩連合体を縮小コピーしたような傍輩連合体の如きものが在地社会にあって、幕府垸飯の鎌倉殿に該当する立場に守護が位置する在地の垸飯が独自にあったのか。

正嘉二年和与状は、この垸飯用途を、「一、守護所御院〔垸〕飯用途、／一、同借屋造、／一、同鎌倉長夫」という三種の守護所関係の公事の一つとして挙げている。このうち「（守護所）鎌倉長夫」は、守護が職責に基づいて鎌倉と往還させる夫の人件費の財源を指していると見られるので、同じ文脈上の「守護所御垸飯」も、守護が（御家人たる）職責に基づいて行う垸飯の財源、すなわち幕府垸飯の財源であった可能性が高い。ただし、確実にそうと断定できる材料は未だ得られない。

また、宝治二年売券の「守護所御方御垸飯用途」は、明らかに御家人でない領有者の田に賦課されており、売主の沙弥西願も、買主の理性御房も、大犯三箇条以外で守護所の支配に従うべき立場にない。そのため、〈守護に仕える傍輩連合体の垸飯〉ではなく、やはり守護が御家人として務める幕府垸飯の財源であった可能性が高い。すなわち、本書第五章・第七章で話題にした、垸飯役の百姓転嫁の実例であった可能性が高い。ただし、守護が管国で独自に垸飯を口実とした収取を始めていた可能性は否定できず、在地社会・守護管国における幕府儀礼の浸潤の実態を、より慎重に見極めてゆく必要がある。

それにあたっては、山本隆志が近年、下野の足利鑁阿寺や宇都宮神宮寺に着目して描き出した、祭礼・法会を場・契機として御家人が所領で展開した地域秩序の維持・再生産活動の世界(33)が、大いに参考となる。そうした在地社会においては、「武士は地域寺社の法会を、野蛮なものとしてでなく、形式的に整えられた、混乱のない形で執行するのである。こうして武士は地域社会に公的な存在として存在する（野の武士ではなく、地域の秩序を保つ武士に転生する）（中略）こうした武士の活動は制度的支配ではなく、私的人格的支配でもない。また族縁的関係の表現でもない。法会という行事に毎年参画するという事実がもつ政治的効果である。事実が継続されることが政治力（地域社会の公的秩序の創出）となっている」（四四頁）と、山本説は総括する。

祭礼が、地域秩序形成の拠点として領主に利用されることは普遍的現象であり、それが地域住民を服属させようとする領主側からの圧力を伴うことも珍しくない。ただし、それを剝き出しの暴力ではなく、儀礼行為という形式を通した統御という形で東国武士が果たし、単純な隷属要求ではなく安定的生活を地域全体に保証しようとする秩序形成の形で果たし始めた点を、山本は重視した。

筆者はその上に立って、当該回路を通じて地域社会で発生する各種文化の流入とアレンジの実態・メカニズムに興味を抱く。山本が指摘したように、宇都宮に奉納された神宮寺二十首歌には、宇都宮氏所縁の武士の多くが和歌を詠んで奉納した。その作者は宇都宮氏一族・被官のみならず、同じ下野の足利氏一族・被官にまで広がり、領主的な支配領域を超えた文化的交流が見られた。さらに、そこには下総の千葉氏一族の東氏や常陸の小田氏、さらには東国に特定に基盤を持たなかった可能性がある後藤氏も歌を寄せていた。これは、鎌倉での交流に基づく人脈と見てよい。鎌倉で個別御家人レベルでいくつも形成されていた御家人コミュニティが、その構成員の領知する在地社会へと投影され、都の歌壇に学んだ和歌文化が在地社会に流入し、もって在地の秩序形成に寄与していた。

## Ⅴ　課題③――流鏑馬論の停滞と演武系儀礼論の再構築――

都の公家文化が、御家人コミュニティを媒介項として、在地社会の秩序形成の一部となる。そのような現象は、鎌倉幕府成立が、公家社会・武家社会・在地社会を貫通する文化流通という形で各地域・各階層の文化をシャッフルし、日本文化自体の活性化を促すのに果たした多大な役割を想像させる。

かかる観点から筆者が最大の興味を抱くのは、和歌よりも直接的に御家人コミュニティに依存する武家文化がいかに在地社会へ流入し、受容され、変容したか、という問題である。特に、その淵源を単なる武家文化に求めることが困難で、公武双方が様々な濃度で関わり合い変容させてきた末に、幕府の最重要祭礼たる鶴岡八幡宮放生会に採用され、幕府の最重要武家儀礼となった流鏑馬が、鎌倉期には地方社会に浸透し始める。それは、いつ、いかなる契機で、いかなる仕組みを通じて果たされ、そしてそれが中央の変容といかに対応して（あるいは対応せずに）変容してゆき、あるいは保たれてゆくのか。

ここで第六章を顧みると、時頼期の御家人の所役遁避問題は、鶴岡放生会の流鏑馬と直接関連する形で表面化した点に、著しい特色があった。御家人らはなぜ、流鏑馬役の遁避を躊躇なく、そして徹底的に行ったか。その問いに、本書は未だ答えられていない。それに答えるには、流鏑馬の歴史的全体像を捉えねばならない。すなわち、〈そもそも鎌倉幕府（鶴岡放生会）における流鏑馬は、幕府儀礼体系において、そして御家人・武士社会において、いかなる意味を有したか〉という問いに答えておかねばならない。そのためには、流鏑馬の文化的源流と沿革を一定程度把握せねばならない。要するに、第六章で扱った問題の全貌は、流鏑馬の基礎研究を踏まえて初めて窺い知り得る。

ところが現状では、流鏑馬の基礎研究は極めて不十分といわざるを得ない。先学がある程度まで取り組んできたものの[34]、不明点があまりに多い。流鏑馬の起源が東国・西国のいずれにあるのかも、都・地方のいずれにあるのかも、古代東アジア文化史全体のどこに淵源を求め得るのかも、鎌倉幕府儀礼に登場するに至るまでの沿革も、朝廷との関係性も、流鏑馬の行事・事例としての本質も、そして流鏑馬をなぜ「ヤブサメ」と訓むのかさえも、定説を得ず、右の問いの一部に対しては着手すらされていない。

幕府儀礼は、垸飯に代表される非演武系儀礼と、演武系儀礼に大別される。本書は垸飯に即して様々な話題を論じたが、それは非演武系儀礼の範疇を出ない話であり、したがって幕府儀礼体系の半分にしか言及できていない。鎌倉幕府儀礼論は、これに残り半分の演武系儀礼をも総合して、初めて成り立ち得る。その演武系儀礼の頂点が流鏑馬である。それは非演武系儀礼の頂点たる垸飯と並立する儀礼、というよりも、幕府が武士の組織である以上は非演武系儀礼より重要であるはずの儀礼であった。

ところが、その流鏑馬の基礎研究が停滞し、流鏑馬の歴史全体を大局的に見る確かな鳥瞰図がない。それは、鎌倉幕府儀礼体系の半分（演武系儀礼）が見通せないことを意味し、したがって鎌倉幕府儀礼体系の全体を見通すには程遠い状況に我々があることを意味する。鎌倉幕府儀礼論は、喫緊に流鏑馬の基礎研究を進展させねばならない。

垸飯と同様に、その作業は白紙から、そして中世史家がなかなか踏み込まない上古の日本、さらには古代東アジア世界にまで視野を広げて取り組まねば、流鏑馬の礼制史的意義の解明は果たされない。すべき作業は見えており、それらの大部分は既に公表する準備を終えてある。鎌倉幕府礼制史の二本柱のうち、非演武系儀礼の基礎を固めるべく垸飯論に取り組んだ本書に続けて、演武系儀礼を論ずる基礎を固めるべく、近いうちに流鏑馬論を世に問いたい。

## Ⅵ 課題④——幕府出行儀礼論——

なお、鎌倉幕府の非演武系儀礼としては、拝賀に代表される鎌倉殿・御家人の出行儀礼が、無視できない割合を占める。拝賀もまた、武家政治史において基礎研究が停滞したまま我田引水的に言及されてきた儀礼であり、特に源頼朝や足利義満が歴史に残る大規模な拝賀を挙行した事実が公武社会に記憶されてきたことから、武家政治史のみならず武家礼制史にも重要なテーマとなる。拝賀は元来が公家儀礼であるから、朝廷における催行事例を洗い出して帰納的に儀礼的本質を見抜いてからでなければ、本来なら武家儀礼体系の一部として論ずることができない。公家儀礼としての基礎研究や武家儀礼における応用の実態の解明については、筆者が一部着手し、いくつかの成果を公表したが、(35)それらを総合した上でなお進める余地がある。

しかも、「直衣始」という儀礼がある。それもやはり公家儀礼由来の出行儀礼であり、しばしば拝賀とセットで行われ、鎌倉殿が採用して武家儀礼に取り入れられた。直衣始と拝賀は〈鎌倉幕府の出行儀礼論〉として総合的に論ずる必要がある。これについても準備を進めているが、直衣という装束の根源的由来や着用の意味を探るのが容易でない。直衣着用については近年初めて中井真木が専論を世に問い、(36)総合的な研究が緒に就いたばかりである。これを鎌倉幕府礼制史の立場から進展させるにはなお時間を要するが、本書の関心・成果を基に取り組みたい。

本書の成果も、その先に展望する研究課題も、煎じ詰めれば次のように要約できる。鎌倉幕府を中心とする武家社会に即して、礼制史を切り口とした、〈誰が、なぜ、何であろうとしたのか〉の追究である、と。極言すれば、〈中世武家礼制史的自己規定《アイデンティティ》論〉の一言に縮約できる。この研究視角でどこまで新たな歴史像や議論を切り拓けるか、試みたい。

（1）桃崎有一郎『京都を壊した天皇、護った武士――「一二〇〇年の都」の謎を解く』（NHK出版、二〇二〇）四九頁以下。
（2）桜井英治『贈与の歴史学』（中央公論新社、二〇一一）一一〇頁以下。
（3）松永和浩「室町期における公事用途調達方式の成立過程―「武家御訪」から段銭へ―」（『室町期公武関係と南北朝内乱』、吉川弘文館、二〇一三、初出二〇〇六）三五～四四頁、早島大祐「公武統一政権論」（『首都の経済と室町幕府』、吉川弘文館、二〇〇六）一〇～一九頁、久水俊和『室町期の朝廷公事と公武関係』（岩田書院、二〇一一）、特に第一章「公事用途収支構造研究の再整理と課題」三九頁以下等。
（4）本郷恵子「公家政権の経済的変質」（『中世公家政権の研究』、東京大学出版会、一九九八）二六五頁以下、桃崎有一郎「中世後期における朝廷・公家社会秩序維持のコストについて―拝賀儀礼の分析と朝儀の経済構造―」（『史学』七六―一、二〇〇七）一三頁以下等。
（5）山家浩樹「室町幕府初期の財政基盤」（『史学雑誌』一二〇―六、二〇一一）一六頁以下。東京大学史料編纂所所蔵（旧中川四郎氏所蔵文書）「中川文書」応永二一年四月五日佐波正連置文。
（6）桃崎有一郎「建武政権論」（『岩波講座日本歴史 第7巻 中世2』、岩波書店、二〇一四）。
（7）同前。
（8）佐藤進一『日本の歴史9 南北朝の動乱』（中央公論新社、二〇〇五、初出一九六五）五四頁以下、五七頁。
（9）家永遵嗣「建武政権と室町幕府との連続と不連続」（『九州史学』一五四、二〇一〇）、桃崎有一郎「初期室町幕府の

執政と「武家探題」鎌倉殿の成立過程―「将軍」尊氏・「執権」直義・「武家探題」義詮―」（『古文書研究』六八、二〇一〇）等。

（10）桃崎有一郎「中世公家における複数称号の併用について―南北朝・室町期の正親町家を例に―」（『年報三田中世史研究』九、二〇〇二）、前掲注（9）桃崎論考。

（11）前掲注（9）桃崎論考、桃崎有一郎「観応擾乱・正平一統前後の幕府執政「鎌倉殿」と東西幕府」（『年報中世史研究』三六、二〇一一）。

（12）前掲注（6）・（9）・（10）・（11）諸論考の他、「室町殿の朝廷支配と伝奏論―〈公武統一政権〉論の再考に向けて―」（中世後期研究会編『室町・戦国期研究を読みなおす』、思文閣出版、二〇〇七）、「足利義満の公家社会支配と「公方様」の誕生」（『ZEAMI』四、二〇〇七）、「足利義持の室町殿第二次確立過程に関する試論―室町殿の同時代的・歴史的認識再考―」（『歴史学研究』八五二、二〇〇九）、『中世京都の空間構造と礼節体系』（思文閣出版、二〇一〇）、「足利義嗣」（榎原雅治・清水克行編『室町幕府将軍列伝』、戎光祥出版、二〇一七）、『室町の覇者 足利義満――朝廷と幕府はいかに統一されたか』（筑摩書房、二〇二〇）等。

（13）金子拓「室町殿をめぐる「御礼」参賀の成立」（『中世武家政権と政治秩序』、吉川弘文館、一九九八、初出一九九七）。桃崎有一郎「古代における法と礼」（高谷知佳・小石川裕介編著『日本法史から何がみえるか』、有斐閣、二〇一八、第一部第一章、一四～三六頁）、同「中世における法と礼」（同第一部第四章、六四～七八頁）。

（14）前掲注（13）桃崎論考、また桃崎有一郎『礼とは何か――日本の文化と歴史の鍵』（人文書院、二〇二〇）。

（15）桃崎有一郎『平治の乱の謎を解く――頼朝が暴いた「完全犯罪」』（文藝春秋、二〇二三）第一五章。

（16）石井進著・石井進著作集刊行会編『石井進の世界① 鎌倉幕府』（山川出版社、二〇〇五、初出一九六五）一七一頁。

（17）佐藤進一『日本の中世国家』（岩波書店、二〇〇一、初出一九八三）一〇五頁以下。

（18）桃崎有一郎『武士の起源を解きあかす――混血する古代、創発される中世』、筑摩書房、二〇一八）。

（19）薗部寿樹「中世村落における宮座頭役と身分―官途、有徳、そして徳政―」（『日本史研究』三二五、一九八九）等。

（20）峰岸純夫「治承・寿永内乱期の東国における在庁官人の「介」」（『日本中世の社会構成・階級と身分』、校倉書房、二〇一〇、初出一九八七）。

(21) 五味文彦「執事・執権・得宗―安堵と理非―」（石井進編『中世の人と政治』、吉川弘文館、一九八八）。

(22) 前掲注(12)桃崎「足利義満の公家社会支配と「公方様」の誕生」、同『室町の覇者 足利義満』。

(23) 前掲注(22)に同じ。

(24) 前掲注(11)に同じ。

(25) 桃崎有一郎「鎌倉幕府の秩序形成における拝賀儀礼の活用と廃絶」（阿部猛編『中世政治史の研究』、日本史史料研究会、二〇一〇）。

(26) 山家浩樹「無外如大と無着」（『金沢文庫研究』三〇一、一九九八）。

(27) 『武家年代記』『北条九代記』弘安八年一一月一七日条。『北条九代記』は顕時の召還を「永仁四年」とするが、『武家年代記』が伝える「永仁元四廿七」は平禅門の乱の五日後であり、召還の時機としてはより蓋然性が高い。流刑地の「垣生庄」は「埴生庄」の誤りと見られ、下総国埴生荘である。埴生荘はかつて足利氏領で、足利泰氏がその地で無断出家したため没収されて金沢実時（顕時の父）が獲得した所領である（『吾妻鏡』建長三年一二月二日条、七日条）。

(28) 永井晋『金沢貞顕』（吉川弘文館、二〇〇三）。

(29) 第一〇章注(12)・(13)参照。

(30) 「金峯神社文書」建武元年二月日金峯山吉水院院主律師真遍言上状（『大日本史料』六―一―四六五頁）。

(31) 宝治二年閏一二月九日沙弥西願田地売券（「大隅台明寺文書」、『鎌倉遺文』一〇―七〇三〇）、正嘉二年九月二一日建部親綱和与状（「大隅禰寝文書」、同一一―八二八二）。

(32) 文永九年一〇月二五日関東下知状（「大隅台明寺文書」、『鎌倉遺文』一五―一一一三〇）。

(33) 山本隆志「東国における武士と法会・祭礼との関係―足利鑁阿寺・宇都宮神宮寺の一切経会を中心に―」（『歴史人類』三九、二〇一一）。

(34) 鴇田泉「流鏑馬行事の成立」（『お茶の水女子大学人文科学紀要』四〇、一九八七）、同「流鏑馬行事と鎌倉武士団」（『芸能史研究』九九、一九八七）、髙橋昌明「鶴岡八幡宮流鏑馬神事の成立―頼朝による騎射芸奨励の意味―」（『武士の成立　武士像の創出』、東京大学出版会、一九九九、初出一九九六）等。

(35) 桃崎有一郎「昇進拝賀考」（『古代文化』五八―Ⅲ、二〇〇六）、前掲注(4)「中世後期における朝廷・公家社会秩序維

持のコストについて―拝賀儀礼の分析と朝儀の経済構造―」、前掲注(25)「鎌倉幕府の秩序形成における拝賀儀礼の活用と廃絶」、「中世における朝儀出仕と里内裏周辺空間秩序―陣中・陣家・外直廬と乗車忌避―」(『中世京都の空間構造と礼節体系』、思文閣出版、二〇一〇)、「陣家出仕の盛行と南北朝・室町期朝儀体系の略儀化―公家社会の経済的窮乏と室町殿義満の朝廷支配―」(同前)、「鎌倉殿昇進拝賀の成立・継承と公武関係」(『日本歴史』七五九、二〇一一)、「『西宮記』に見る平安中期慶申(拝賀・奏慶・慶賀)の形態と特質」(『立命館文学』六二四、二〇一二)。

(36) 中井真木『王朝社会の権力と服装――直衣参内の成立と意義』(東京大学出版会、二〇一八)。

# 成稿一覧

序　章　鎌倉幕府儀礼論・垸飯論再構築の意義と派生的諸問題（新稿。ただし第二節・第三節は、遠藤基郎編『生活と文化の歴史学2　年中行事・神事・仏事』〔竹林舎、二〇一三年三月一五日〕に収めた「中世武家礼制史の再構築に向けた鎌倉幕府垸飯儀礼の再検討」を大幅に加筆したもの）

補　論　鎌倉幕府の儀礼と年中行事――導入としての鎌倉幕府儀礼世界の素描（五味文彦・本郷和人・西田友広・遠藤珠紀・杉山巖編『現代語訳吾妻鏡　別巻　鎌倉時代を探る』、吉川弘文館、二〇一六年三月二〇日。原題は副題なし）

## 第一部　創立期鎌倉幕府の儀礼――一型組織の発足――

第一章　中世武家礼制史の再構築に向けた垸飯儀礼の再検討序説――垸飯の源流と幕府儀礼化以前の沿革――（遠藤基郎編『生活と文化の歴史学2　年中行事・神事・仏事』〔竹林舎、二〇一三年三月一五日〕に収めた「中世武家礼制史の再構築に向けた鎌倉幕府垸飯儀礼の再検討」を大幅に加筆、原題は副題なし）

第二章　鎌倉幕府垸飯付帯引出物の儀礼的メッセージ――終わりなき戦時と伊勢遷宮・大仏再建――（新稿）

第三章　創立期鎌倉幕府のアイデンティティ模索と礼制・法制――公武法圏の接続と常置の将軍――（『日本史研究』六九五号、二〇二〇年七月二〇日）

## 第二部　執権政治期鎌倉幕府の儀礼――一揆型組織への転換――

第四章　鎌倉幕府垸飯儀礼の変容と執権政治――北条泰時の自己規定と傍輩・宿老・御家人――（『日本史研究』六一三号、二〇一三年九月二〇日）

第五章　鎌倉幕府垸飯役の成立・挫折と〈御家人皆傍輩〉幻想の行方――礼制と税制・貨幣経済の交錯――（『日本史研究』六五一号、二〇一六年一一月二〇日）

第六章　北条時頼政権における鎌倉幕府年中行事の再建と挫折――対話的理非究明と専制的権力の礼制史的葛藤――（『鎌倉遺文研究』三七号、二〇一六年四月二〇日。原題の副題「理非と専制の礼制史的葛藤」を改めた）

第七章　鎌倉幕府垸飯行事の完成と宗尊親王の将軍嗣立（『年報中世史研究』四一号、二〇一六年五月二八日）

## 第三部　得宗専制期鎌倉幕府の儀礼――二系列型組織への帰着――

第八章　得宗専制期における鎌倉幕府儀礼と得宗儀礼の基礎的再検討（『鎌倉遺文研究』四一号、二〇一八年四月二〇日）

第九章　北条氏権力の専制化と鎌倉幕府儀礼体系の再構築――得宗権力は将軍権力簒奪を志向したか――（『学習院史学』五五号、二〇一七年三月二〇日）

第一〇章　鎌倉末期の得宗儀礼に見る長崎円喜・安達時顕政権の苦境――得宗空洞化・人材枯渇・幕府保守――（『日本史研究』六八四号、二〇一九年九月二〇日）

結　章　古代・中世礼制史と鎌倉幕府論・室町幕府論の新地平の展望――誰が、なぜ、何になろうとしたのか――（新稿）

# あとがき

一冊目の研究書『中世京都の空間構造と礼節体系』（思文閣出版、二〇一〇。以下『中世京都〜』）を公刊してから、改めて数えると一四年も経過していた。『中世京都〜』は、中世京都という物理的な舞台装置と、そこで演じられる礼節的所作の関係を掘り下げることにより、主に南北朝・室町期の都市論・京都論と、権力論・公武社会論を交叉させた内容であった。私は南北朝・室町の研究者と認識され、そう自認していたが、今日までの一四年間、私はそれを逸脱した成果ばかり発表してきた。本書にまとめた鎌倉幕府儀礼論からして時代がずれているし、その他の成果の中には鎌倉時代より遡るものもあり、古代中国思想だけを論じたものや、果ては邪馬台国問題の論文さえ書いた。一見脈絡がないのだが、私自身は大きな研究テーマを心に抱いており、すべてはその巨大なパズルのピースとして位置づくように発表しているつもりである。とはいえ、現状では私の専門は不明瞭で、学会で研究者と話しても「彼はどこへ向かっているのだろう？」という疑問を言外に受け取ることが少なくない。そこでこの場を借りて、本書と今日までの研究成果の関係や今後の青写真について述べたい。

私は、博士論文を基にした前著『中世京都〜』を公刊してから、次の研究テーマの選定に苦慮していた。その中で、幸運にも三つの原稿執筆依頼が、私の次の研究テーマを導き出してくれた。

一つ目は、『生活と文化の歴史学2　年中行事・神事・仏事』（竹林舎、二〇一三）の編者遠藤基郎氏から頂いた依頼で、〈南北朝・室町期の朝廷儀礼と向き合ってきた私の視点から、鎌倉幕府儀礼論を評価し直して、総論的に論じて欲しい〉と求められた。私は鎌倉幕府儀礼について全く無知であったが、鎌倉幕府儀礼論が厚い研究蓄積を持つことは知っていた。私は、その研究史を総ざらいし、論点の摘出とそれらの研究史を簡単にまとめ、最新の知見や共通了解を紹介して、最後に少しスパイスとして私見を付け加えれば済むと思っていた。

ところが取り組んでみると、鎌倉幕府の最重要儀礼である垸飯を服属儀礼と見なす不動の定説に、何ら実証的根拠がないことが判明した。根拠がない以上、信じられない。信じていない説を総括して紹介する気にはなれず、その上に私が鎌倉幕府儀礼論を今後積み重ねても、土台が砂上の楼閣のように崩壊する危険性が高いので、今後の研究が無価値になってしまうリスクが高すぎる。その中で依頼原稿の責を果たすため、私は不本意ながら、垸飯の基礎研究をやり直した。そして、古代朝廷の古記録を洗い直して垸飯の古い実例を網羅的に検出し、〈元来、垸飯は縦方向の服属関係ではなく横方向の傍輩饗応儀礼であった〉ことを証明した（つもりである）。

その過程で、私は垸飯に関する網羅的な調査と考察を大雑把に済ませていたが、分量的にも内容的にも、当該論文だけには収まりきらなくなった。また、不動の定説に反旗を翻した自分の垸飯論がそもそも学術的に一定水準に達しているか否か、客観的な審査が欲しかった。そこで、残りの部分を意識的に学術雑誌に投稿した。掲載に至る査読プロセスには時間を要するので、最後に発表した本書第三章が掲載に至った段階で二〇二〇年になっていた。その間に一〇年が経過し、気づけば、二〇一〇年代を私は、鎌倉幕府の垸飯論に軸足を置く儀礼論の論者として過ごしていた。図らずも私は新たな研究テーマを獲得できていたのである。

並行して、二つ目の幸運があった。『岩波講座日本歴史』の中世担当の編者桜井英治氏から、〈南北朝・室町期の朝廷儀礼・公武権力論と向き合ってきた私の視点から、建武政権論を評価し直して、総論的に論じて欲しい〉という趣旨の執筆依頼が来たのである。右と同様に、私は建武政権について全く無知であり、研究史と関係史料をゼロから洗い直すことになった。建武政権の研究史も厚く、しかも鎌倉幕府・室町幕府に挟まれた短命で特異な政権であったため、容易に正体が掴めなかった。私は、自分の研究蓄積を踏まえつつ、史料から語れることだけ語ろうと決め、先行研究を集めた上で、既知の論点について白紙から分析した。能力の制約により、論文体で書きながらでないと考えをまとめられないので、すべて論文体の分析メモにした。依頼されたのは原稿用紙七〇枚であったが、分析メモは一〇倍になった。そのすべての論証過程を略し、結論だけ提出したのが「建武政権論」(『岩波講座日本歴史 第7巻 中世2』、岩波書店、二〇一四)であった。

鎌倉幕府儀礼(垸飯)論も建武政権論も、『中世京都~』とは直結しない。しかし、私に執筆依頼が来たということは、『中世京都~』に至る研究蓄積とそれらの間に有意義な関連性を一流の研究者が認定してくれたということであり、図らずも私は自分の研究の大テーマを鳥瞰する好機を与えられた。自分なりにまとめ直せば、〈礼制の基礎・応用研究を足場とする中世公武権力論〉として一つの大研究を成している、といえそうである。

三つ目の幸運は、高谷知佳氏から、氏を共編者とする『日本法史から何がみえるか――法と秩序の歴史を学ぶ』(高谷知佳・小石川裕介編、有斐閣、二〇一八)において「古代における法と礼」と「中世における法と礼」のパートを執筆するよう依頼を頂いたことである。これは今日的水準の法制史の教科書を編みたいという趣旨の本であり、ならば私(の研究テーマ)は無関係であるはずだった。ところが高谷氏は、「法の歴史を概括する上で、別次元の規範として法と相補性を持った礼の話は欠かせない」という趣旨の依頼を下さった。極めてありがたく、そして悩みの種が増えた。先の二つと同様に、私は礼の歴史の全容について全く無知であったからだ。

これは難敵だった。いくら先行研究を整理し、個別具体的な事例を挙げても、《礼》なる概念の正体が摑めない。中国思想史の先行研究でも、《礼》の様々な側面を列挙するものはあっても、《礼》の根幹を定義するものに出会えなかった。実は、それは一冊目の『中世京都〜』を仕上げるまでに感じていた限界とつながる問題であった。

歴史学は、前代からの継承部分と当代の新規要素を弁別し、相互関係を評価せねばならない。室町期朝廷の儀礼を素材に室町殿権力を分析する作業は、鎌倉期の朝廷・幕府儀礼について確かな知見を一定度持たねば、表層的観察や誤解に終わる。だから鎌倉幕府儀礼論に取り組んでいたが、同じ限界がそこにもある。中世以前に日本人が、いかなる儀礼をいかなる理由で行ってきたのかを踏まえねばならず、それには古代倭国以来の在来思想と古代中国等の外来思想の同定、そしてそれらの相互関係理解が不可欠である。なおかつ《礼》が古代中国の儒教に由来する以上、そもそも儒教において《礼》が何として始まり、古代中国でいかなる変容を経てわが国に導入され、その段階でいかにわが国特有の変容を蒙り、その後にわが国特有の変容をどう経てきたかを、追跡せねばならない。これは大仕事であり、そしてもはや日本中世史ではない。私は目下、中世公武政権論をある程度片づけてから、定年退職後にでも、ライフワークとしてそのテーマに取り組もうと考えていた。

しかし、高谷氏の依頼によって、その目論見は潰えた。直ちにこれに取り組み、儒教経典や関連文献から帰納して《礼》の適切な定義を示し、古代中国・朝鮮半島での沿革と、わが国への移入以来の沿革を、大雑把にでも摑まねば、教科書的記述ができない。幸い、趣味で読み始めた『春秋左氏伝』からかなり直截に《礼》の定義が導けそうだという手応えがあり、『礼記』を通読してさらに手応えがあったので、覚悟を決めて、五経から唐代の関連文献までを網羅的に読んでみた（二〇一三年に『武蔵大学人文学会雑誌』第五五巻第一号に発表した「邪馬台国畿内説の新証左—「倭」「ヤマト」地名の相互転移と王業・諸侯国—」は、その過程で気づいたことを、せっかくなので一文にまとめてみたものである）。そして、五経に基づく〈礼とは何か〉に始まり、中国における《法》と《礼》の関係史を述べ、わが国における《法》と《礼》の移入の特色を述べ、その後の沿革を室町期まで視野に入れて述べた。

求められた原稿は確か七〇枚で、下原稿はやはり一〇倍になったので、極限まで圧縮して提出し、何とか受理に漕ぎ着けた。その本の二年後に『礼とは何か——日本の文化と歴史の鍵』（人文書院、二〇二〇）を出版したのは、右の概説の根拠を示す説明責任を、少しでも果たすためであった。ただ、それは《礼》の定義を述べるだけで終わり、以後の沿革については公表できないまま四年が経過してしまった。続編とすべき下原稿はあるが、まだ公表できる段階にない。それを妨げる最大の障碍は、発表の前提となる重要な事実が未解明であることだ。

『礼とは何か』を端緒として、古代中国に発した《礼》なる思想がいかなる経路でわが国の中世社会の一部へと結実したかを、私は解明したい。一言でいえば、〈礼の来た道〉を同定したい。思想は、時代と土地によって変容する。したがって、《礼》思想がいつ、どこを通って来たかは、導入段階のわが国の《礼》思想の内実そのものを決める不可欠のファクターである。ところが、〈いつ〉はともかく、〈どこ〉をほとんど同定できない。

《礼》思想は、漢・魏や中国南朝との国交等によって、朝鮮半島を経由して弥生時代から古墳時代にかけて断片的にわが国に入ってきた。ところが、漢代の朝鮮半島の、どこまでが地理的に漢でどこまでが原住者の政体（高句麗や馬韓・辰韓・弁韓等）であったのかが諸説あって、判然としない。前漢が衛氏朝鮮を滅ぼして設置した楽浪郡以下の四郡の境界が判らず、楽浪郡から三国時代の公孫氏が分立させた帯方郡の境界が判らず、それらを奪う形で成立した高句麗や百済の国境が判らず、王都の場所さえ判らない。諸説あるが定説を見ず、そして信頼できる全体像は未だ示されていない。これでは、ある時期に《礼》思想が朝鮮半島のある土地を通過した時、そこが中国であるのか、それとも異民族の諸国であるのか判らず、《礼》思想がいかなる変容を受けたかを同定できず、したがってその積み重ねとしてわが国に渡来した《礼》思想の正体を摑めない。それでは、日本の礼制史を確かな足場から語り起こせない。それは、中世礼制史を〈気づけば〉専門としている私にとって致命的に思える。私は〈礼の来た道〉の解明作業の入口として、これに取り組んで公表する準備を進めている。

しかしその前に、鎌倉幕府儀礼論に一段落つけねばならない。垸飯論で非演武系の幕府儀礼を論じた結果、武士の儀礼としては本命というべき演武系の儀礼についても論じなければ話にならない、と気づいたからである。その代表格である流鏑馬も、研究史を調べてみると不明点が多すぎ、実証なき先入観が克服されず、特に流鏑馬の成立過程が五里霧中のままである。私は流鏑馬も白紙から研究し直すべきと考え、科研費を受給し、垸飯論と同様に、中世史学者が踏み込まない古代史料の総ざらいを行って、源流から廃絶までを分析し直した。これもちょうど研究書一冊分となった。これを本書のように逐一投稿していると、また一〇年かかってしまう。それは避けたいので、流鏑馬論は全編書き下ろしの新著として近々に出版したいと考えている。

とはいえ、私は今でも自分の専門を〈室町殿論を焦点とする中世後期社会論〉と信じており、それゆえに『室町政権の首府構想と京都―室町・北山・東山―』（山田邦和氏と共編、文理閣、二〇一六）や『室町の覇者 足利義満――朝廷と幕府はいかに統一されたか』（筑摩書房、二〇二〇）を世に問うた。

しかし、これには付随する問題が多い。室町殿は、京都と同化したことを最大の特色とする武家権力である。したがって、京都の正体と、室町幕府の正体を見極めねばならない。前者については、古代平安京と中世京都の違いとして掘り下げたくなり、『平安京はいらなかった―古代の夢を喰らう中世―』（吉川弘文館、二〇一六）として取り組んでみた。それを踏まえて後者を考える時、そもそも室町殿は京都にとって自分の一部だったのか、それとも外来者が京都を弄んだに過ぎないのか、という疑問が不可避であった。それは煎じ詰めれば、〈武士はどこで生まれたのか〉という疑問に帰着する。そこで私は武士成立論として『武士の起源を解きあかす――混血する古代、創発される中世』（筑摩書房、二〇一八）を執筆して平将門段階までを考察し、続く源平並立段階として『平安王朝と源平武士――力と血統でつかみ取る適者生存』（筑摩書房、二〇二四）を執筆した。その過程で、古代氏族がいかに巧妙に中世武士団として生き残ったかに気づき、その話に特化した続編を準備している。

さらに、「室町殿」は朝廷の「称号」という慣習に由来し、かつ鎌倉幕府の長「鎌倉殿」の後継である。そして、京都の将軍が「室町殿」、関東の鎌倉公方が「鎌倉殿」という関係に落ち着くまでに、数多の変転があった。特に、初期室町幕府では足利尊氏・義詮親子が「鎌倉左馬頭」「鎌倉大納言」等の称号を名乗り、義詮に至っては鎌倉を拠点としない時期に「鎌倉殿」と称していた。この過程を跡づけねば「室町殿」論は行き詰まる、という問題意識から、称号制度自体や義詮の「鎌倉殿」に着目した論文を何本か公表した。その後、鎌倉幕府儀礼論に本腰を入れたため、「あの話は途中で放擲された」と時折指摘されてしまうが、これも続きに取り組みたい。

ただ、室町幕府の執政たる「鎌倉殿（義詮）」の問題は、その前身となる執政直義の権力の問題と直結し、それは執事権力の問題と直結し、管領制成立の問題とも直結し、ならば「鎌倉殿」と呼ばれる以前の鎌倉公方を指して呼んだ「関東管領」の問題に直結し、したがって鎌倉・室町幕府の地方の管領・探題（鎮西・九州探題、中国管領、奥州管領等）も視野に入れて総合的に論じる必要がある。そして、直義の権力は建武政権の鎌倉府における直義の地位に由来しているため、建武政権論とも直結する。岩波講座に発表した「建武政権論」は、今から省みればいくつかの心残りもあるが、その訂正も含め、ちょうど研究書一冊分の分量と体裁になった分析メモが手もとにある。これらも早めに発表したいが、私としては最も好きなテーマなので後に取っておき、《礼》の話を先に一段落させたい。また、『中世京都～』や『室町の覇者』では、義満の右大将拝賀を大きく取り上げたが、公家儀礼としての拝賀の基礎研究が不在ではやはり研究が行き詰まると考え、拝賀論も何本か書いた。これも途中で棚上げになっているが、着陣や直衣始等の関連儀礼と総合して、先に進める準備をしている。

省みると、一冊目の『中世京都～』以降の私の研究テーマ選定が、いかに他律的で自主性に乏しいか、我ながら驚かされる。一冊目以降、私が新たに着手した研究のすべてが、私の研究に着目してその新たな発展型を思い描いて下さった複数の研究者の導きの賜物であった。私自身では恐れて立ち入らなかったであろう分野への進出を、有意義と認めて背中を押して下さったことに、ただただ感謝の念を抱くのみである。そして、その間に私が研究に没頭できる時間を得られるよう有形無形の支援や黙認を与えて下さった家族・先生方・先輩方・後輩諸氏・同僚・教え子・出版社の方々に衷心より謝意を表したい。また、本書刊行には二〇二四年度武蔵大学学長裁量経費による助成を受けた。併せて深甚の謝意を表するものである。

令和六年（二〇二四）一〇月三〇日

桃崎有一郎

◎著者略歴◎

桃崎有一郎（ももさき・ゆういちろう）

1978年生．慶應義塾大学大学院文学研究科史学専攻後期博士課程単位取得退学，博士（史学）．武蔵大学人文学部教授．著書に『中世京都の空間構造と礼節体系』（思文閣出版，2010年），『平安京はいらなかった―古代の夢を喰らう中世―』（吉川弘文館，2016年），『武士の起源を解きあかす――混血する古代、創発される中世』（筑摩書房，2018年），『礼とは何か――日本の文化と歴史の鍵』（人文書院，2020年），『室町の覇者 足利義満――朝廷と幕府はいかに統一されたか』（筑摩書房，2020年），『「京都」の誕生――武士が造った戦乱の都』（文藝春秋，2020年），『京都を壊した天皇、護った武士――「一二〇〇年の都」の謎を解く』（NHK出版，2020年），『平治の乱の謎を解く――頼朝が暴いた「完全犯罪」』（文藝春秋，2023年），『平安王朝と源平武士――力と血統でつかみ取る適者生存』（筑摩書房，2024年），共編著に『室町政権の首府構想と京都―室町・北山・東山―』（文理閣，2016年）ほか．

鎌倉幕府礼制史《かまくらばくふれいせいし》――儀礼論《ぎれいろん》と組織論《そしきろん》

2024（令和６）年12月10日発行

著　者　桃崎有一郎

発行者　田中　大

発行所　株式会社　思文閣出版

〒605-0089 京都市東山区元町355

電話 075-533-6860

装　幀　北尾崇（HON DESIGN）

印　刷
製　本　株式会社 思文閣出版 印刷事業部

 ISBN978-4-7842-2088-5　C3021

# 索　　引

## 【事　項】

### A-Z



### あ

か

## き

## く



## け

## こ

さ

す



せ

ち



つ

## に



## ぬ

へ



ほ

## む



## め



## も

## れ



## ろ



## わ

## 【史料名】

### あ行



### か行

## さ行



## た行

## な行



## は行

## ま行



## や行



## ら行



## わ行



## 【研究者名】

## あ行

## か行



## さ行



## た行



## な行

## は行



## ま行



## や行



## わ行